Alfred Wiedemann

Das alte Ägypten

DOGMA

Alfred Wiedemann

Das alte Ägypten

ISBN/EAN: 9783955802264

Auflage: 1

Erscheinungsjahr: 2013

Erscheinungsort: Bremen, Deutschland

DAS ALTE ÄGYPTEN

VON

A. WIEDEMANN

MIT 78 TEXT- UND 26 TAFEL-ABBILDUNGEN

HEIDELBERG 1920
CARL WINTERS UNIVERSITÄSBUCHHANDLUNG

Vorwort.

Der vorliegende Band, dessen Grundlagen, außer in der Literatur und in den Museen, während mehrmaligen längeren Aufenthalten im Niltale selbst gesammelt wurden, behandelt das ägyptische Volk, sein Land und seine Kultur von dem Ende der Steinzeit bis zu dem Eindringen des Griechentums. Die Überlieferung, wie sie in Darstellungen, Inschriften und sonstigen Überresten für die in Betracht kommenden drei Jahrtausende erhalten vorliegt, ist eine sehr umfangreiche. Es war daher erforderlich, bei ihrer Schilderung eine Beschränkung auf die Hauptpunkte eintreten zu lassen, um ein allzu starkes Anschwellen des Buches, welches sich in den Rahmen der „Kulturhistorischen Bibliothek" einfügen sollte, zu vermeiden. Vor allem konnte eine Reihe von Kulturelementen nur in knappen Zügen geschildert werden. Die Schrift und Sprache hätten nur unter Heranziehung fachmännischer, philologischer Erörterungen, die Religion nur bei eingehender Besprechung grundlegender Einzelfragen, die Kunst nur mit Hilfe zahlreicher Abbildungen einigermaßen erschöpfend vorgeführt werden können. Eine Kürzung erschien hier um so eher angängig, als es möglich war, für die besonders in Betracht kommende Religion und Kunst auf leicht zugängliche neuere Bearbeitungen zu verweisen. Leider zwang die Rücksicht auf den Umfang weiter zum Verzicht auf die Vertiefung in eine Reihe kulturgeschichtlicher Probleme, auf die Verfolgung verschiedener Entwicklungsvorgänge und mancher Einzelbeziehungen und Parallelen zu anderen Kulturen. Bei dem so gut wie vollständigen Fehlen abschließender kritischer ägyptologischer Vorarbeiten hätte sich jede derartige Auseinandersetzung zu einer besonderen Abhandlung auswachsen müssen.

Unter diesen Umständen wurde das Schwergewicht des Werkes auf die Kulturbeschreibung gelegt, und in diesem Sinne gesucht, von altägyptischer Sitte und Brauch ein

möglichst klares Bild zu entwerfen. Das Buch richtet sich,
der Anlage der Sammlung, in der es erscheint, entsprechend,
nicht nur an ägyptologische Fachleute, sondern an den
weiteren Kreis der Ethnologen, Historiker und allgemein
Gebildeten. Dieser Leserkreis brachte es mit sich, daß in
den Anmerkungen nicht nur die ägyptischen Inschriften
anzuführen waren, welche wesentlich den Ägyptologen zugänglich und verständlich gewesen wären, sondern auch die
Stellen, an denen diese Texte sich bearbeitet und übersetzt
finden. Es sollte hierdurch dem Benutzer erleichtert werden,
die jeweiligen Angaben in ihrem Zusammenhange weiter zu
verfolgen, um hiervon ausgehend sich eingehender mit ihn
interessierenden Einzelfragen beschäftigen zu können. Dementsprechend ist denn auch sonst in dem Werke durch-
gehend auf die Anführung neuerer zuverlässiger Literatur
über die kulturgeschichtlichen Erscheinungen im alten
Ägypten besonderer Wert gelegt worden. Die Verhältnisse
haben es dabei mit sich gebracht, daß die ausländischen
Veröffentlichungen der letzten Jahre nicht in dem Umfange
zur Verfügung standen, wie vor dem Kriegsausbruche. Es
war aber immerhin möglich, während eines großen Teiles
dieser Zeit die wichtigeren fremdländischen Zeitschriften
einzusehen und auch sonst eine Reihe von Angaben zu
erhalten, so daß hoffentlich nicht allzu viel Wichtiges hat
unzugänglich bleiben müssen.

Bonn, den 7. März 1920.

                           Alfred Wiedemann.

Inhalt.

Verzeichnis der Abbildungen.

A. Text-Abbildungen.

I.

Einleitung: Quellen.

§ 1. Für die Schilderung der Kulturverhältnisse des
alten Ägyptens[1] liegen sehr vielseitige und reichhaltige Angaben vor. In den Denkmälern, welche durch die Er-
schließung des Landes und die Entzifferung der Hieroglyphen
zugänglich geworden sind, werden vielfach kulturgeschicht-
liche Vorgänge erwähnt und, besonders in Gräbern, abgebildet. Nach der verbreitetsten ägyptischen Anschauung
war das Leben im Jenseits eine unmittelbare Fortsetzung
des irdischen Daseins. Was der Mensch hienieden gewesen
war, das blieb er nach dem Durchgange durch den Tod für
alle Zeiten, falls er sich nicht mit Hilfe der Magie ein Los,
wie es den glücklicher als er gestellten Erdenbewohnern zuteil
geworden war, zu bereiten vermochte. Der König blieb
im allgemeinen König, der Krieger Krieger, der Bauer
Bauer. Um es dem Verstorbenen zu ermöglichen, seinen

---

[1] Die Einteilung der ägyptischen Geschichte bis zu der
Eroberung des Landes durch Alexander den Großen erfolgt in
31 aufeinanderfolgende Dynastien, welche man in größeren
Gruppen zusammenzufassen pflegt: Dyn. 1—3 Nagada-Zeit,
4—6 Altes Reich, 7—11 Übergangszeit, 12—17 Mittleres Reich,
15—16 Hyksoszeit, 18—31 Neues Reich, 18—22 Thebanische
Zeit, 26—31 Saitenzeit, 26 bis in die hellenistische Zeit hinein
Spätzeit. Absolute Zahlen lassen sich erst von der 26. Dynastie
(664—525 v. Chr.) an abwärts geben, wenigstens annähernde
Zahlen auch für die übrigen Dynastien des Neuen Reiches
(Beginn der 18. Dyn. um 1650, der 19. um 1350, der 20. um 1200,
der 21. um 1100, der 22. um 950). Die Zeitdauer der 13.—17. Dynastie ist unbekannt, die modernen Chronologen schwanken bei
der Berechnung der Dauer der Periode zwischen rund 200 und
rund 1500 Jahren. Wahrscheinlich gehört die 12. Dynastie um
2500 v. Chr. Unbekannt ist ferner die Dauer der 7.—11. Dynastie
und die der Nagada-Zeit. Das Alte Reich setzt man meist um
3000 v. Chr.

gewohnten Beruf im Jenseits ohne weiteres auszuüben,
stattete man sein Grab mit seinen jeweiligen Bedürfnis-
gegenständen aus. An den Grabwänden fanden sich Szenen
aus seinem irdischen Leben, welche er, so oft es ihm beliebte,
durch Zauberformeln zu beleben vermochte. Dann verkörperte er sich in seiner abgebildeten Gestalt, aß von den
vor ihm stehenden Speisen, ging auf die Jagd, feierte Feste,
hatte seine Diener und Verwandte nicht nur im Bilde, sondern in der Wirklichkeit vor sich. Einem entsprechenden
Zwecke diente die Beigabe von Geräten aller Art, welche
häufig aus seinem irdischen Eigentume ausgewählt wurden
und daher nicht selten Abnutzungsspuren zeigen.

Diese Grabbeigaben lassen sich mit Hilfe der sie enthaltenden Gräber datieren, und ist es in einer Reihe von
Fällen möglich, von ihnen ausgehend die ägyptische Kultur
nicht nur als Ganzes, sondern auch in ihren wesentlichen
Entwicklungsperioden wieder herzustellen. Freilich wird
man dabei häufig dem Toten Dinge mitgegeben haben,
welche ihm persönlich lieb und wert waren, die aber zur
Zeit seines Todes im übrigen Volke unmodern geworden
sein konnten, so daß die Beigaben gelegentlich einer um
mehrere Jahrzehnte vor der Beisetzung üblichen Sitte entsprachen. Bedenklicher für eine genaue Datierung der
Gegenstände als diese nicht sehr einschneidende Fehlerquelle ist es, daß dank des trocknen Klimas Ägyptens die
Grabbeigaben meist vortrefflich erhalten blieben und der
Grabraub im Niltale stets eine große Rolle spielte. Noch
brauchbare, in Gräbern gefundene Gegenstände wurden
vielfach von neuem verwendet und gegebenenfalls wiederum
Toten mitgegeben, unbekümmert darum, daß ihr Ursprung
in längst vergangenen Jahrhunderten lag. Noch im heutigen Ägypten werden von den Dorfbewohnern bisweilen
antike Tonschalen als Speiseteller, steinerne Schmink-
töpfe als Tintenfässer, neolithe Steinmesser als Schaber
verwertet. Zu dieser Weiterbenutzung antiker Gebrauchsgegenstände kommt das Weiterleben einer Reihe uralter
Formen neben jüngeren Gestaltungen. Die Entwicklung
der Keramik, der Schnitzerei und ähnlicher Gewerbe ist
im Niltale keine einheitliche. Wenn in den großen Zentren
neue Formen auftraten, so wirkte dieser Umstand nicht ohne
weiteres auf das ganze Land ein. Abgelegene Bezirke hielten

lange Zeit an ihren althergebrachten Formungen fest. Bis
in die Neuzeit hinein fertigt man in Nubien Töpfe in den
Gestaltungen und in der Technik, welche im ältesten Ägypten
üblich gewesen waren.

Auch den Darstellungen der Reliefs gegenüber ist ein
gewisser Vorbehalt am Platze. Für die Ausschmückung
der einzelnen Gräber wurden die Bilder nicht jeweils neu
entworfen. Man entnahm hierfür die einzelnen Szenen
Musterbüchern, welche teilweise Jahrhunderte lang im
Gebrauch geblieben sind. So entspricht beispielsweise das
Grab eines Aba zu Theben aus der Zeit um 600 v. Chr.
in seinem Wandschmucke großenteils dem Grabe eines
gleichnamigen Mannes, welcher um 2800 v. Chr. lebte[1].
Wenn man auch im allgemeinen nicht diejenigen Szenen
wiederholt haben wird, welche völlig vergessene Sitten darstellten, so konnte dies doch in einzelnen Fällen geschehen,
und beweist daher das Vorkommen einer Sitte in einem
bestimmten Grabe nicht ohne weiteres, daß sie zur Zeit
der Entstehung dieses Grabes tatsächlich noch bestand.

Infolge dieser Verhältnisse läßt sich eine streng historische Entwicklungsreihe der einzelnen Gerätformen und
Techniken für das Niltal nur mit großer Vorsicht auf-
stellen. Dies um so mehr als das Beibehalten alter Formen
neben neu eingeführten durch den ausgeprägt konservativen
Charakter des Volkes unterstützt wurde, welcher es veranlaßte, stetig an den Vorstellungen und Sitten festzuhalten,
welche es von seinen Vorfahren ererbt hatte.

Neben den zur unmittelbaren Verwendung bestimmten
Beigaben finden sich in den Gräbern häufig Votivgegen-
stände, kleine, meist aus glasiertem Steingut gefertigte
Bildnisse von Speisen, Geräten usf.[2]. Daneben formte man
aus Kartonnage kleine Tische und befestigte auf diesen
aus bemaltem Ton hergestellte Gestalten von Speisearten

---

[1] Davies, „Deir el Gebrâwi" I, Taf. 1—20, 24—5; S. 1, 36 ff.
Ein weiteres Beispiel Erman, Zeitschr. f. ägypt. Sprache und
Altertumskunde (abgekürzt: Äg. Z.) LII, S. 90 ff. Vgl. auch Bissing,
Äg. Z. LIII, S. 148.

[2] Beispiele bei Reisner, „Amulets" (Kat. Kairo), Kairo
1907, wo diese Stücke von den wirklichen Amuletten nicht geschieden worden sind.

und Geräten[1] oder stellte Votivaltarplatten aus Stein her und grub auf diesen die Bilder der Eßwaren und Trinkgefäße ein[2]. Durch magische Formeln vermochte es der Verstorbene, diese Nachbildungen in ihre Urbilder zu verwandeln. Diesem Zwecke entsprechend mußten die Votivgaben naturgemäß Bilder wirklich brauchbarer Dinge darstellen, und kann man dieselben daher ebensogut, wie die wirklichen Gegenstände und die Bilder an den Gräberwänden, zur Feststellung der Formen der einstigen Gebrauchsgegenstände verwerten.

Ergänzt wird dieses Material durch eine große Zahl von Einzelangaben und Schilderungen von Sitten und Gewohnheiten in den Inschriften und Papyris und außerdem durch zahlreiche Angaben auswärtiger Gewährsmänner, welchen nicht selten Dinge auffielen, die den Ägyptern selbst allzu alltäglich erschienen, um Aufzeichnung zu verdienen. Zeitlich kommen hierbei zunächst Bemerkungen der israelitischen Schriftsteller in Betracht, welche in zuverlässiger Weise ägyptischer Sitten gedenken[3]. Dann ist die sehr ausgedehnte klassische Literatur zu nennen, welche sich mit Ägypten beschäftigt und von der vor allem das 2. Buch Herodots[4], das 1. Buch Diodors, das 17. Buch Strabos, eine wesentlich religiösen Fragen gewidmete Schrift Plutarchs[5] und zahlreiche Angaben der ältesten christlichen Schriftsteller[6] wichtig sind.

---

[1] Daressy, Annales du Service des Antiquités de l'Égypte (abgekürzt: Ann. Serv. Ant.) I, S. 26, 34.

[2] Vgl. z. B. Kamal, „Tables d'Offrandes" (Kat. Kairo), Kairo 1909.

[3] J. Heyes, „Bibel und Ägypten" I (Genesis, Kapitel 12—41 inkl.), Münster 1904. Für die späteren Teile des Alten Testaments fehlt eine entsprechende zusammenfassende Untersuchung.

[4] A. Wiedemann, „Herodots Zweites Buch, mit sachlichen Erläuterungen", Leipzig 1890; Sourdille, „La durée et l'étendue du voyage d'Hérodote en Égypte", Paris 1910 und „Hérodote et la religion de l'Égypte", Paris 1910. Die Kompilation von Wells in How und Wells, „A Commentary on Herodotus", Oxford 1912, S. 155 ff. hat keinen selbständigen Wert.

[5] G. Parthey, „Plutarch über Isis und Osiris", Berlin 1850 (jetzt vielfach veraltet).

[6] Fr. Zimmermann, „Die ägyptische Religion nach der Darstellung der Kirchenschriftsteller und die ägyptischen Denkmäler", Paderborn 1912 (sehr sorgfältig).

Endlich sind die mittelalterlichen und neuzeit-
lichen Verhältnisse im Niltale heranzuziehen. Die
ägyptische Kultur ist mit dem Lande eng verwachsen und
haben daher fremde Einwanderer dieselbe zwar gelegentlich zu beeinflussen, aber nicht wirklich umzugestalten vermocht. Bis in die Mitte des vorigen Jahrhunderts hinein
waren, wie es vor allem die vortrefflichen Schilderungen von
Lane[1] zeigen, der Bauer und Arbeiter in Ägypten in seinen
Gewohnheiten und Geräten von denen der Pyramidenzeit
nicht wesentlich verschieden. Erst das übermächtige Eindringen der abendländischen Kultur, die Dampfmaschine,
die Neuregelung des Bewässerungswesens, besonders während der englischen Besetzung, die Hereinziehung des
Landes in den Weltverkehr haben in manchen Punkten
den allmählichen Untergang altgewohnter Sitten und Gebräuche herbeigeführt.

Im allgemeinen war, wie diese Quellenreihen zeigen, die
ägyptische Kultur im Lande eine einheitliche[2]. Naturgemäß
hatten die verschiedenen Lebensbedingungen in den einzelnen Teilen des Niltales Unterschiede in der Beschäftigung
der Bevölkerung zur Folge. Im Delta überwog Fischerei
und Viehzucht, im Fayûm Fischerei, bei Theben Ackerbau,
bei Assuan Steinbruchbetrieb. Zwischen den verfeinerten
Städtern und den roheren Bauern waren andauernde Verschiedenheiten in der Kulturhöhe und Lebenshaltung vorhanden. So bildeten die Bukoloi, die Rinderhirten, in den
Marschen des Delta während des Altertums und bis in die
Neuzeit hinein einen auf niederer Kulturstufe beharrenden,

---

[1] E. W. Lane, „An Account of the Manners and Customs
of the Modern Egyptians", London 1837 (seither zahlreiche
unveränderte Ausgaben); deutsch von Zenker, „Sitten und Gebräuche der heutigen Ägypter", Leipzig (nach der 2. Ausgabe im
folgenden angeführt).

[2] Dies fiel bereits Herodot II, 92 auf. Auf die Mischkultur
der hellenistischen Zeit (vgl. für diese u. a. Poland und Wagner,
„Die hellenistisch-römische Kultur", Leipzig 1913 und für die
reichhaltigen Angaben der griechischen Papyri Mitteis und
Wilcken, „Grundzüge der Papyruskunde", 2 Bde., Leipzig 1912;
Fr. Preisigke, „Antikes Leben nach den ägyptischen Papyri",
Leipzig. 1916) konnte im folgenden nicht eingegangen werden.
Dieselbe läßt sich nur im Zusammenhange mit der Gesamt-
entwicklung der griechisch-römischen Kultur erörtern und er-
fordert daher eine gesonderte Bearbeitung.

widerspenstigen Bestandteil des ägyptischen Staates[1] und waren ähnliche Gegensätze auch in anderen Teilen des Landes zu finden. Diese Unterschiede gingen aber nicht so weit, daß man von Kulturprovinzen im alten Ägypten sprechen könnte. In den Städten des Delta herrschten die gleichen sozialen Zustände, wie in denen Oberägyptens, und die Lebensweise der Arbeiter und Bauern bei Memphis unterschied sich nur wenig von der der entsprechenden Kreise bei Theben. Einschneidende Änderungen in den Bestattungsarten, in Kleidung, Schmuck usf. beeinflußten das ganze Land, wenn auch bisweilen, wie bereits betont, einzelne Gegenden noch lange Zeit sich ihre alten Sitten bewahrten. In solchen Fällen handelte es sich aber nicht um einen einheitlichen abweichenden Provinzialkreis, sondern nur um zufällig sich abschließende Kulturschichten, welche sich sporadisch über das Land verteilen konnten.

§ 2. Die modernen Behandlungen[2] der ägyptischen Kulturgeschichte sind so gut wie alle für weitere Kreise bestimmt. Von den beiden Werken, welche für die Entwicklung der modernen Kenntnisse besonders wichtig waren, ging Wilkinson[3] von den Darstellungen aus und besitzen seine Illustrationen, welche mehrfach jetzt ver-

---

[1] Wiedemann, „Herodot", S. 371 f.

[2] G. Jéquier, „Histoire de la Civilisation Égyptienne", Paris 1913 (ill., scheidet die Kulturperioden); Bissing, „Die Kultur des alten Ägypten", 2. Aufl., Leipzig 1919 (kurze, ill. Übersicht); E. Mahler, „Ókori Egyiptom", Budapest 1909 (ungarisch); H. Schneider, „Kultur und Denken der alten Ägypter", Leipzig 1909 (der Verfasser ist Philosoph, nicht Ägyptologe); A. Gayet, „La Civilisation pharaonique", Paris 1907 (nicht immer zuverlässig); B. Stern, „Ägyptische Kulturgeschichte", Magdeburg 1896 (schöpft aus zweiter Hand); F. Kayser und E. M. Roloff. „Ägypten einst und jetzt", 3. Aufl., Freiburg 1908 (populär); A. B. Gosse, „The Civilisation of the ancient Egyptians", New York 1916 (populär); usf. Insbesondere die thebanische Zeit schilderte in Gestalt einer Erzählung: G. Maspero, „Lectures historiques", Paris 1890 (deutsch als „Ägypten und Assyrien" von D. Birnbaum, Leipzig 1891); die materielle Kultur einer Arbeiterstadt der 12. Dynastie: Petrie, „Kahun", S. 21 ff.

[3] J. G. Wilkinson, „Manners and Customs of the ancient Egyptians", 6 Bde., London 1837—42 (Auszug daraus: Wilkinson, „Popular Account of the ancient Egyptians", 2 Bde., London 1854); neueste Ausgabe, besorgt von Birch, 3 Bde., London 1878 (abgekürzt: Wilkinson-Birch).

schwundene Originale vorführen, dauernden Wert. Erman[1]
dagegen benutzte wesentlich Inschriften und Papyri und
suchte im Gegensatze zu Wilkinson, welcher die alten Ägypter als ein einheitliches Volk auffaßte, Unterschiede in
ihrer zeitlichen Entwicklung festzustellen. Seine Illustrationen entnahm er meist dem Tafelwerke von Lepsius[2],
dessen Abbildungen im allgemeinen weit zuverlässiger sind
als die Zeichnungen bei Wilkinson. Gelegentlich freilich
ist auf den Tafeln der künstlerische Stil der Zeit Thutmosis' III. als klassisch angesehen und auf Denkmäler
anderer Perioden übertragen worden. In solchen Fällen
treffen nicht selten die sonst, besonders in der Wiedergabe
der Inschriften weniger sorgsamen älteren Tafelwerke[3]
den Charakter der Originale besser.

§ 3. Ein sehr reichhaltiges neues Material wurde für
die ägyptische Kulturgeschichte in den letzten Jahrzehnten
durch systematische Ausgrabungen in den Überresten
von Ortschaften und Gräberfeldern zutage gefördert[4].
Zunächst geschah dies durch Flinders Petrie, der seit
1882 eine lange Reihe von Trümmerstätten von der neolithen
bis zu der koptischen Zeit untersuchte und in ihrem Gesamt-
inhalte veröffentlichte. Seine Werke wurden ergänzt durch
die ähnlich angelegten, teilweise von seinen Schülern hergestellten Veröffentlichungen des Egyptian Research
Account, des Egypt Exploration Fund und des

---

[1] A. Erman, „Ägypten und ägyptisches Leben im Altertum", 2 Bde., Tübingen [1885—7], daneben eine Titelauflage als
Volksausgabe, englisch als Erman, „The Life in ancient Egypt",
translated by Mrs. H. M. Tirard, London 1892.

[2] K. R. Lepsius, „Denkmäler aus Ägypten und Äthiopien",
12 Bde., Berlin 1849—58 (894 Tafeln).

[3] Fr. Champollion, „Monuments de l'Égypte et de la Nubie",
4 Bde., Paris 1835—45; J. Rosellini, „Monumenti dell' Egitto
e della Nubia", 3 Tle. („Monumenti storici", „M. civili" und
„M. del Culto") mit 400 Tafeln und 9 Bde. Text, Pisa 1832—44;
F. Cailliaud et Jomard, „Voyage à l'Oasis de Thèbes", 2 Bde.,
Paris 1822—24 und „Voyage à Méroé", 4 Bde., Paris 1823—7.
— Die Abbildungen in der „Description de l'Égypte", 12 Bde.
mit 898 Tafeln und 10 Bde. Text, Paris 1809—28, sind veraltet.

[4] Eine Übersicht über die antiken Ruinenstätten des Niltales gewinnt man am besten aus dem von G. Steindorff bearbei-
teten, mit Karten und Plänen reich ausgestatteten Handbuch
für Reisende von K. Bädeker, „Ägypten", 7. Aufl., Leipzig 1913.

Archaeological Survey of Egypt. Weitere streng
wissenschaftlich durchgeführte Ausgrabungen und Publikationen verdankt man der Deutschen Orient-Gesell-
schaft, bei denen besonders L. Borchardt tätig war, und
sonstigen wissenschaftlichen Vereinigungen und Einzel-
forschern.

Das Material an kulturgeschichtlichen Darstellungen
in den Reliefs des Alten Reiches[1] verzeichnete Louise
Klebs[2] in großer Vollständigkeit. Zahlreiche für die
Kultur des alten Ägyptens wichtige Bildwerke, vor allem
aus der Zeit des beginnenden Neuen Reiches aus den Gräbern
von Theben, daneben aber auch aus andern Perioden
veröffentlichte auf Grund eigener photographischer Aufnahmen unter eingehender Besprechung ihrer Einzelheiten
Wreszinski[3].

Von den Ergebnissen der neueren Ausgrabungen wird
außer von den ältern Bearbeitungen und Tafelwerken die
Darstellung auf den folgenden Seiten auszugehen haben.
Die dabei angeführte Literatur[4] soll nicht nur die erforderlichen Belege bringen, sondern es auch dem Leser ermöglichen, selbständig ihn besonders interessierende Punkte
weiter zu verfolgen.

---

[1] Zu der Darstellungsart dieser Reliefs äußerte sich Klebs,
Äg. Z. LII, S. 19ff.; zu ihren Inschriften Erman „Reden,
Rufe und Lieder auf Grabbildern des alten Reiches" in Abh.
Ak. Berlin. 1918. Nr. 15.

[2] „Die Reliefs des Alten Reiches" in Abh. Heidelberger
Akademie, Philos.-hist. Klasse, Abh. 3, Heidelberg 1915 (abgekürzt: Klebs, „Reliefs").

[3] „Atlas zur altägyptischen Kulturgeschichte", Leipzig 1914
bis 1915 (bisher 5 Lieferungen mit 100 Tafeln; abgekürzt:
Wreszinski, „Atlas").

[4] Der Zusatz „(Lit.)" bei einer Arbeit weist darauf hin, daß
sich in ihr die ältere einschlägige Literatur verzeichnet findet
und daher nicht nochmals angeführt zu werden brauchte.

II.
Allgemeine Charakteristik.

A. Land.

1. Abschließung des Landes.

§ 4. Seiner geographischen Lage entsprechend rechnete man bereits im Altertume Ägypten vielfach zu Afrika, obwohl es in diesem Erdteile eine Art Fremdkörper bildete, eine im Nordosten des Kontinents sich längs der Ufer des Nils hinziehende Oase, welche nach allen Seiten hin von schwer überschreitbaren natürlichen Grenzen umgeben ist. Diese Begrenzung gewährte dem Lande eine Abgeschlossenheit, welche trotz gelegentlicher fremder Einwanderungen und trotz ausgedehnter Handelsbeziehungen die Kulturentwicklung seiner Bewohner dauernd zu einer im wesentlichen in sich selbständigen machte.

§ 5. Im Süden des eigentlichen Ägypten lagen die Felsenriegel der Katarakte, welche von Ost nach West das in der Regel von Süden nach Norden streichende Flußbett des Nils durchquerten. Ohne eigentliche Wasserfälle zu sein, bildeten sie Stromschnellen mit sehr erheblichem Gefälle, in deren Mitte zahlreiche Felseninseln lagen. Die Schiffahrt war in ihrem Bereiche nicht unmöglich, aber doch, vor allem für die wenig ausgebildeten Boote der Frühzeit, sehr erschwert. Man hat daher im Altertume mehrfach versucht, die hier entstehenden Gefahren zu verringern, indem man an besonders bedrohlichen Stellen Kanäle zog[1]. Es konnte sich bei diesen Anlagen der Zeit zwischen 2500 und 1500 v. Chr. naturgemäß nur um kurze Strecken handeln; für größere Arbeiten bot der bei den Katarakten anstehende Granitboden allzu große Schwierig-

---

[1] Wilbour und Maspero, RT. XIII, S. 202 ff.; Wilbour, Äg. Z. XXXII, S. 63 f.; Fourtain, Ann. Serv. Ant. VI, S. 1 ff.

keiten dar. Zu gewinnen war in den südlicher gelegenen
Gegenden für die Ägypter nur wenig. Gold, Vieh, Sklaven
waren die Beute, welche die ägyptische Soldateska von
ihren Raubzügen aus Nubien zurückzubringen pflegte.

Ein Kulturaustausch war in älterer Zeit mit der barbari-
schen hamitischen und erst allmählich mit Negerblut sich
vermischenden Bevölkerung nicht möglich. Er trat erst
ein, als etwa 2500 v. Chr. Nubien bis zu dem zweiten Katarakt hinauf von den Pharaonen endgültig erobert und
ägyptisiert worden war. Damals erstreckte sich das fest-
gefügte ägyptische Reich bis zu der Gegend des heutigen
Semne und Kumme etwas südlich von dem zweiten Katarakte, wo man zu beiden Seiten des Niles Festungen erbaute und Stationen für die Beobachtung der Höhe der
Nilüberschwemmung anlegte. Eine im 8. Regierungsjahre
Usertesen' III. (um 2500 v. Chr.) errichtete Grenzstele[1]
verbot hier den Schiffen der Neger weiter stromab zu fahren.
Nur für diejenigen Schiffe wurde eine Ausnahme gemacht,
welche mit Rindern, Ziegen und Schafen beladen waren,
und für die Neger, welche kamen, um in den Grenzgebieten
Handel zu treiben.

§ 6. Noch schärfer als nach Süden hin war die Abschließung Ägyptens nach Norden. Hier dehnte sich die
weite Fläche des Mittelländischen Meeres[2], des „Großen
Grünen" der Ägypter aus. Dieses wird im Winter häufig,
im Sommer nicht selten von Stürmen durchtobt und er-
mangelt in den für das Niltal in Betracht kommenden
Teilen leicht erreichbarer Inseln. Das zunächst gelegene
Kreta zeigt sich dem Deltabewohner nur im Trugbilde der
Fata morgana, bleibt ihm aber sonst unsichtbar. Häfen
fehlen an der ägyptischen Nordküste, und da die Ägypter
niemals kühne Seefahrer waren, so nahmen sie, wenn die
Bedürfnisse des Handels sie nordwärts trieben, ihren Aus-

---

[1] Lepsius, „Denkm." II, 136 i; übers.: Brugsch, „Geschichte
Ägyptens", S. 152 und Breasted, „Ancient Records of Egypt" I,
S. 293 f.
[2] Die Ägypter unterschieden als Meere: Das Mittelmeer, die
Bitterseen („das große Schwarze"; vgl. für diese: Müller, „Asien
und Europa", Leipzig 1893, S. 39 ff.) und die verschiedenen
Teile des Roten Meeres (Erman, Äg. Z. XXIX, S. 44 f.; Lefébure,
Sphinx VII, S. 51) und personifizierten dieselben gelegentlich
(Naville, „Deir el bahari", pl. 128).

gangspunkt zu Tanis am östlichen Rande des Delta und
folgten von hier aus dem Laufe der Küste weiter nach Osten
hin, bis diese selbst nach Norden umbog.
§ 7. Nach Osten zu grenzt das Niltal von etwa der
Höhe des heutigen Kairo an südwärts an eine unwirtliche
Felsenwüste. Diese ist im allgemeinen schwer zu durchqueren, und nur wenige Täler laufen in der Richtung vom
Nile zum Roten Meere. Bereits frühe haben die Ägypter
gesucht, diese Taleinschnitte durch Wasserstationen zu
leichter benutzbaren Straßen auszugestalten. Zisternen
wurden angelegt, um das in größeren Zwischenräumen
fallende Regenwasser aufzufangen, und Brunnen in die
Tiefe gesenkt, um zu unterirdischen Wasseradern zu gelangen. In diesen artesischen Brunnen stieg das Wasser
in die Höhe und bildete bisweilen oben auf der Talsohle
einen kleinen Teich[1]. Freilich wurde die Straße gerade bei
diesen Wasseranlagen durch herumstreifende Beduinen gefährdet, und blieb der Zeitaufwand bei der Durchquerung
der Wüste stets ein sehr erheblicher. Der kürzeste Weg von
Koptos in Oberägypten durch das Wadi Hammâmât nach
Kosêr am Roten Meere[2] erfordert unter günstigen Verhältnissen 5—6 Tagereisen, für die anderen Wege rechnet man
etwa 10 Tage. War der Zug gelungen, so befand man sich
an einer unwirtlichen Küste und konnte erst nach langer
Seefahrt das durch seine Handelsprodukte wichtige Land
Punt erreichen. Vereinzelt nahm man freilich im Altertume
fälschlich an, man könne auch auf einem bequemeren Wege
zum Roten Meere gelangen; es gäbe südlich von Ägypten
eine Wasserverbindung nach Osten hin, so daß man von
der Schlangeninsel im Roten Meere nilabwärts nach Ägypten
zu fahren vermöge[3].

---

[1] Inschrift Ramses' II. zu Kuban (Prisse, „Monuments
égypt.", pl. 21; Virey, RT. XIV, S. 96 ff.; Brugsch, „Geschichte
Ägyptens", S. 531 ff.).
[2] Schiaparelli, Rendiconti Acad. Lincei XIX, S. 489 ff.;
XXI, S. 1 ff.; Couyat et Montet, „Les inscriptions hiéroglyphi-
ques et hiératiques du Ouâdi Hammâmât" (Mém. de l'Institut
Français d'Archéologie Orientale du Caire XXIV), Heft 1—2;
Maspero, „Études de Mythologie" IV, S. 1 ff.; VI, S. 1 ff. Für
Kosêr und den Handel auf dem Roten Meere vgl. Klunzinger,
„Bilder aus Oberägypten", S. 262 ff.
[3] Wiedemann, ZfE. XXII (1890), Verh. S. (48); Maspero,
RT. XVII, S. 76 ff.

Etwas günstiger lagen die Verhältnisse nördlich von
Kairo[1]. Hier gelangte man durch das fruchtbare Delta zu
den Bitterseen, von wo man durch die nördlichen Teile
des Gebirgsstockes der Sinaihalbinsel oder längs des Meeres
nach Palästina ziehen konnte. Letztere Straße[2] war durch
Wanderdünen und gelegentliche Springfluten gefährdet, bei
denen es vorkam, daß der ganze Küstenstreifen über-
schwemmt wurde und nur die höchsten Spitzen einzelner
Dünen wie Inseln aus dem Meere hervorragten. Ganze
Heere haben hier bei derartigen Katastrophen ihren Untergang gefunden. Die südlichere Verbindung war länger und
wasserlos, die in diesen Gegenden hausenden Beduinen gefährliche Räuber. Trotzdem haben die Ägypter andauernd
gefürchtet, daß auf diesem Wege fremde Eroberer in ihr
Land einzudringen vermöchten und daher bereits frühzeitig diesen Zugang durch Befestigungen zu sperren
gesucht.

§ 8. Am schärfsten war die Abschließung nach Westen,
wo sich am Rande des Niltales eine Hochebene erhob, eine
Tagereise breite Bergwüste, welche allmählich in das Sand-
meer der Sahara überging. Die nächstgelegenen Oasen
traten zeitweise zu dem Niltale in Verbindung, besonders
Wein wurde von hier eingeführt, und kennt man einige der
zu ihnen führenden Wüstenstraßen[3], deren Benutzung freilich durch gefährliche Sandstürme erschwert wurde. Einzelne Pharaonen führten in den Ägypten zunächst gelegenen
Oasen Tempel auf oder benutzten sie als Verbannungsort,
doch blieb ihre Beziehung zum Reiche stets eine lockere[4].

---

[1] Vgl. Küthmann, „Die Ostgrenze Ägyptens", Berlin 1911.
[2] Wiedemann, „Herodot", S. 62 ff.; Clédat, Ann. Serv. Ant.
X, S. 209 ff.; XV, S. 15 ff.; RT. XXXVII, S. 33 ff.
[3] Legrain, Ann. Serv. Ant. IV, S. 221 f. Einzelne der Straßen
waren durch Wegemarken bezeichnet (Petrie, „Season in Egypt",
S. 33 ff.).
[4] Brugsch, „Reise nach der großen Oase el Khargeh",
Leipzig 1878; Dümichen, „Die Oasen der Libyschen Wüste",
Straßburg 1877; Steindorff, „Durch die Libysche Wüste zur
Amonsoase", Bielefeld 1904; Moritz, Bull. Soc. Khédiviale de
Géographie Sér. V, Nr. 8 (vgl. Bissing, Sphinx V, S. 53 ff.). Für
die Wichtigkeit der Brunnen in den Oasen vgl. die Inschrift bei
Spiegelberg, RT. XXI, S. 12 ff.; für die Anlage artesischer
Brunnen in ihnen Olympiodor bei Müller, „Fragmenta Histori-
corum Graecorum" IV, S. 64.

In diesen fruchtbaren Gebieten und in den sie umgebenden
Wüsten hausten kriegerische libysche Stämme, mit blauen
Augen und blonden Haaren, welche in den heutigen Berber-
stämmen ihre Nachkommen haben. Während sich die
ihnen urverwandten ältesten Bewohner Ägyptens allmählich zu einem Kulturvolke entwickelten, blieben sie auf
einer niederen Entwicklungsstufe stehen. Noch jetzt
fertigen sie in der gleichen Technik und in denselben Formen ihre Schalen und Töpfe, wie ihre Vorfahren im Niltale
vor fünf Jahrtausenden[1].

2. Der Nil.

§ 9. Die Möglichkeit des Daseins des ägyptischen Volkes
beruht auf dem Nile. Er hat das Land zu einem kultur-
fähigen Boden gemacht und ihm die grundlegenden Lebensbedingungen gegeben, er spielt daher in der Gedankenwelt
der Bevölkerung eine große Rolle. Woher sein Name
stammt, ist unbekannt. Die antiken Versuche[2], das Wort als
„Neuer Schlamm" oder als die Summe der Zahlen-
werte seiner Buchstaben 365 zu deuten, sind ebenso wertlos
wie die späteren, es von dem hebräischen Worte *nahal* für
Fluß abzuleiten. Die ägyptische Bezeichnung *Ḥâpi*[3] er-
mangelt gleichfalls einer befriedigenden Ableitung.

Der einheitliche Teil des Stromes entsteht bei Chartûm
aus der Vereinigung zweier Flüsse, des Weißen und des
Blauen (dunkelfarbigen) Nils. Letzterer ist ein Gebirgs-
fluß, welcher bei Regen schnell steigt, alles mit sich fort-
reißt und dadurch seine Färbung gewinnt, während ersterer
durch weite Grasebenen fließt und in diesen seine festen
Bestandteile zurückläßt. Er liefert Ägypten dauernd das
notwendige Wasser, während das Land dem Blauen Nile
die Überschwemmungen und den Nilschlamm verdankt,

---

[1] Für die Beziehungen Ägyptens zu Libyen vgl. Oric Bates,
„The eastern Libyans", London 1914. (Vgl. O. Bates, JRAS.
1915, S. 717 ff.; Proc. Soc. Bibl. Arch. XXXVII, S. 201 ff.;
Ancient Egypt II, S. 158 ff.; Fourtain, Bull. Inst. Égypt. V.
Sér. VII, S. 99 ff.)

[2] Wiedemann, „Herodot", S. 93. Auch die Ableitung des
griechischen Namens des Landes Αἴγυπτος ist nicht bekannt.

[3] Der Vorschlag, den Flußnamen auf Grund einer vereinzelten Stelle *Ḥapr* zu lesen (Äg. Z. XLVII, S. 163 f.), erscheint
bei der Häufigkeit der Schreibung *Ḥâpi* ausgeschlossen.

welcher im wesentlichen ein Zersetzungsprodukt der abessinischen Gebirge und ungemein fruchtbar ist[1]. Seine Färbung ist, besonders in feuchtem Zustande, dunkelschwarz, und nannten daher die Griechen Ägypten „die schwarze Erde" und die Ägypter selbst *Kam-it* oder *Kem-it* „Das Schwarze", ein Name, auf welchen vermutlich der des biblischen Ham, des Sohnes des Noah, und sicher der der Chemie[2] zurückgeht. Das Wort wurde im Ägyptischen mit dem Bilde eines Kohlenhaufens, eines Stückes Fischhaut oder eines Krokodilschwanzes[3] geschrieben, Dinge, in denen das Volk etwas besonders Schwarzes zu erkennen glaubte. In scharfem Gegensatze zu dem schwarzen Boden des Niltales steht der aus gelblichem oder rötlichem grobkörnigen Sande bestehende Boden der Wüste, welcher in einer haarscharfen Linie an die Ackerkrume anstößt. Das „rote Land" ist daher zum Unterschied von Ägypten das Ausland, vor allem das Land zwischen dem Nil und dem Roten Meere, welches letztere der Ägypter daher „Das Meer des roten Landes" oder, an die Bedeutung von rot = ausländisch denkend, „Das rote Meer" nannte[4].

§ 10. Der Wert des Niles für Ägypten und seine Kultur wird vor allem durch die Regenarmut des Landes bedingt[5]. Im Sommer regnet es im Delta fast nie, im Winter an etwa 42 Tagen, in Kairo, die Tropfenfälle mitgerechnet, an etwa 26 Tagen. In Theben fallen jedes Jahr einige Tropfen, alle paar Jahre wolkenbruchartige Sturzregen. Diese klimatischen Verhältnisse, welche einen wirklichen Nutzen des Regens für die Feldbestellung ausschließen, waren im Altertume die gleichen, und beruht die Behauptung antiker Schriftsteller[6], in Ägypten oder doch in Ober-

---

[1] Analysen bei Regnault in Mém. sur l'Égypte I, S. 348 ff.; John bei Minutoli, „Reise zur Oase des Jupiter Ammon", S. 341 f.; Hartmann, „Nilländer", S. 89 f.; Wiedemann, „Herodot", S. 76.

[2] Wiedemann, „Herodot", S. 76 f.; G. Hoffmann in Ladenburg, „Handwörterbuch der Chemie" II, S. 516 ff.

[3] Borchardt, Äg. Z. XXXV, S. 105; Griffith, „Beni Hasan" III, S. 31, Fig. 102−3; „Hieroglyphs" S. 23, Fig. 83; Horapollo I, 70.

[4] Wiedemann, „Herodot", S. 71, 77.

[5] Angaben über ägyptische Regenfälle, Luftfeuchtigkeit usf. bei Hartmann, „Nilländer", S. 141 ff.

[6] Herodot III, 10; Dio Cass. LI, 17; weitere Stellen bei Wiedemann, „Herodot", S. 107.

ägypten regne es gar nicht oder kaum, auf falscher Verallgemeinerung der im Vergleiche zu den kleinasiatischen
oder griechischen Verhältnissen auffallend geringen Regen-
menge im Lande. Die Randgebirge sind von Erosions-
tälern durchfurcht, welche, wie die Abwaschungen an ihren
Steilwänden und an dort angebrachten ägyptischen Reliefs
und Grabanlagen zeigen, bis in die historische Zeit hinein
von dem Regenwasser zum Abflusse bis zum Rande des
Niltales benutzt wurden. An dieser Stelle versickerte das
Wasser und floß nicht als Bach bis zum Nil selbst, da der
Boden, welcher sich von dem Randgebirge bis zum Frucht-
lande senkt, hier zu steigen beginnt. Ursprünglich floß der
Nil naturgemäß an der tiefsten Stelle des Felsspalts, der
sein Tal bildet. In diesem Bette lagerte er seinen Schlamm
ab und erhöhte hierdurch seine Flußrinne und den Ufer-
rand, so daß er in historischer Zeit auf der Höhe des Tales
floß. Die ägyptischen Texte sprechen mehrfach von dem
Regen, betonen, daß er gelegentlich zu ungewohnter Jahreszeit fiel[1], daß nach beendetem Regen der Himmel wieder
klar wurde[2] oder daß ein König eine Stadt wie ein Regen-
wetter einnahm[3]. Ihre Person haben die Ägypter gegen den
Regen nicht geschützt, der Regenschirm war unbekannt.
Dagegen suchte man Bauwerke durch Wasserspeier, denen
man gern die Gestalt von Löwen gab[4], durch Rinnen-
systeme auf dem Dache[5] oder durch unterirdische Leitungs-
kanäle mit Kupferrohren[6] oder Granitrinnen[7] gegen Schädigung durch Regengüsse zu sichern. Trotz dieses gelegentlichen Vorkommens blieb der Regen aber doch stets eine

---

[1] Metternich-Stele, Z. 15 (Äg. Z. XV, S. 62; XVII, S. 3);
Wiedemann, RT. XVIII, S. 126.

[2] Brugsch, Äg. Z. XII, S. 140f.

[3] Piānchi-Stele, Z. 27, 94 (übersetzt: Brugsch, „Geschichte
Ägyptens", S. 682ff.). — Auch den Tau haben die Ägypter beobachtet (Schäfer, Äg. Z. XXXI, S. 51ff.); den Gott Amon-Rā
nennen sie den Fürsten des Taus (Pap. Bulaq 17, S. 2, Z. 4).

[4] Äg. Z. XXXIX, S. 100; Ann. Serv. Ant. II, S. 256; Lepsius,
„Denkm." I, 21 (Altes Reich); RT. XI, S. 91 (Zeit Seti' I.);
Lepsius, „Denkm." IV, 67 (Ptolemäerzeit).

[5] Borchardt, Äg. Z. XXXIV, S. 130 (Zeit Amenophis' III.).

[6] Borchardt, Äg. Z. XXXIX, S. 100; Mitt. Deutsche Orient-
Ges. XXXVII, S. 23ff. (Altes Reich).

[7] Hölscher und Steindorff, Äg. Z. XLVI, S. 9f.

verhältnismäßig seltene Erscheinung, und erklärt es sich
hieraus, daß er in der ägyptischen Mythologie keine irgendwie
wichtigere Rolle spielte[1].

§ 11. Die unmittelbare Folge der Regenarmut Ägyptens
ist das so gut wie vollständige Fehlen von Quellen[2] und
Bächen. An dieser Tatsache ändert es nichts, daß sich bei
Heluan südlich von Kairo und sonst in der Nähe[3] Mineral-
quellen finden. Die einzige wichtige Süßwasserquelle im
Niltale tritt bei Mataryc unweit Heliopolis zutage. Bei
ihr handelt es sich vermutlich um Grundwasser, welches
durch Spalten des harten Kiesbodens in die Höhe steigt.
Den Ägyptern galt das Wasser dieser Quelle als die Milch
des himmlischen Ozeans, in welcher der Sonnengott sein
Antlitz zu waschen pflegte[4]. Ihre Heiligkeit hat den Fall
des Heidentums überdauert, und hat man sie und die bei
ihr stehende Sykomore mit der christlichen Legende in
Verbindung gebracht[5]. Die Hochschätzung der letzteren
beruht auf dem altägyptischen Glauben an das Vorhandensein eines heiligen Baumes bei Heliopolis, auf welchem sich
der Vogel Phönix selbst verbrannte, unter welchem die
Sonnenkatze dem in einer Schlange verkörperten Dämon
der Finsternis den Kopf abschnitt, in deren Blätter die
Gottheit den Namen des Königs eintrug, um ihm ewige
Dauer zu verleihen[6].

§ 12. Die die Erdoberfläche umgestaltende Tätigkeit des
Flusses innerhalb des Niltales läßt sich in historischer Zeit
an einzelnen Stellen zahlenmäßig verfolgen. Oberhalb des

---

[1] Der Versuch von Renouf, „Life-Work" II, S. 251 ff., eine
solche nachzuweisen, ist nicht geglückt.
[2] Für Wüstenquellen, welche tropfenweise Wasser liefern,
vgl. Hartmann, „Nilländer", S. 77 ff.; Klunzinger, „Bilder aus
Oberägypten", S. 231 f.; Covington, Ann. Serv. Ant. IX, S. 97 f.
[3] Vgl. Hartmann, „Nilländer", S. 60 f.
[4] Piānchi-Stele, Z. 101 ff.; übers.: Brugsch, „Gesch. Äg.",
S. 699.
[5] Jullien, „Der Muttergottesbaum in Matarieh", übersetzt
von C. zur Haide, Regensburg 1906 (wenig kritisch).
[6] Vgl. für die Quelle: Stern, Äg. Z. XII, S. 95 f.; für die
Sykomore: Loret, Sphinx VI, S. 99 ff.; für den heiligen Baum
von Heliopolis: Lefébure, Sphinx V, S. 1 ff., 65 ff.; für den Phönix:
Wiedemann, Äg. Z. XVI, S. 89 ff.; Zimmermann, Theologie und
Glaube IV, S. 202 ff.

zweiten Katarakts finden sich an den Felsen bei Semne
und Kumme Angaben, wie hoch im Mittleren Reiche (um
2500 v. Chr.) das Überschwemmungswasser stieg. Ihnen
zufolge lag das damalige durchschnittliche Hochwasser-
niveau 22′ höher wie das jetzige, der Fluß hat sich demnach
über 5′ im Jahrtausend in die Felsenbarre, welche sein
Bette kreuzte, eingegraben[1].

Andererseits erhöhte sich, wie bereits bemerkt, durch
die Schlammablagerungen das Niveau des Fruchtlandes,
und wurde dieses gleichzeitig nach Norden vorgeschoben.
Hier wurde das Delta aus einer schwach besiedelten,
sumpfigen Lagunenlandschaft, welche es noch im Alten
Reiche bildete, allmählich in festes Land verwandelt. Auch
im übrigen Ägypten spielte die Schlammablagerung eine
wichtige Rolle. Zahlreiche Bauten, welche sich einst über
das Überschwemmungsniveau erhoben, sind jetzt bis zu
beträchtlicher Höhe vom Nilschlamm bedeckt. Am Kai
des Tempels von Karnak finden sich Pegelmarken aus der
Zeit von 1000—600 v. Chr., welche zeigen, daß sich hier
der gewachsene Boden im Jahrhundert durchschnittlich
um 143 mm, das hiermit zusammenhängende Hochwasser-
niveau um 96 mm hob[2]. Dieses Steigen des Bodens erfolgte
aber nicht gleichmäßig genug, um zu chronologischen
Schlüssen verwertet werden zu können. Häufig reißt der
Fluß an einzelnen Stellen bereits abgelagerten Schlamm
wieder fort, um ihn an anderen Stellen niederzulegen.

Die Beschlammung erfolgt vor allem während der jähr-
lich mit großer Regelmäßigkeit eintretenden und verlaufenden Überschwemmung. Nach ägyptischer Ansicht[3] beruhte diese nicht auf einem Zuströmen des Wassers
von Süden her, sondern darauf, daß das Wasser in sich
selbst schwoll und infolge dessen über seine Ufer trat. Tatsächlich liegt die Veranlassung in den tropischen Gebirgs-
regen und Schneeschmelzen, welche eintreten, sobald sich
die Sonne nach der Wintersonnenwende den Quellgegenden
des Niles nähert. Das Steigen tritt daher zuerst im Süden

---

[1] Wiedemann, „Herodot", S. 78.   [2] Ventre-Pacha, Äg. Z.
XXXIV, S. 95 ff.; Legrain, Ann. Serv. Ant. IV, S. 30 ff.
[3] Wiedemann, Sphinx XVI, S. 12 ff.; sonstige antike Ansichten:
Wiedemann, „Herodot", S. 99 ff., 115; Capelle, Neue Jahrb.
f. Philol. XXXIII, S. 317 ff.; Aly, Rhein. Mus. LXX, S. 479 f.

auf und rückt entsprechend dem schwachen Gefälle des
Niles verhältnismäßig langsam nach Norden vor. Es zeigt
sich in Chartûm Anfang April, bei den Katarakten Anfang,
bei Kairo Ende Juni. Mitte Juli beginnt der Fluß bei
Kairo stark zu steigen, und erfolgte hier bis Ende des
19. Jahrhunderts Mitte August der Durchstich des Dammes
bei der Insel Roda, bei welchem ein runder Erdhaufen,
die sog. Arûseh „Braut", von der eindringenden Flut
fortgeschwemmt wurde. Es war dies die Ablösung eines
einst bei dieser Gelegenheit dargebrachten Menschenopfers,
welches nach einer vielfach sagenhaften Erzählung El-
Makrizi's noch 640 n. Chr. von den Bewohnern verlangt,
dann aber nicht mehr dargebracht wurde[1].

Das normale Maximum der Überschwemmung liegt in
der ersten Hälfte Oktober. Dann beginnt ein zunächst lang-
sames, bald aber schnelleres Sinken bis der Strom von April
bis Juni seinen niedersten Stand inne hat. Während der
Überschwemmung findet ein Farbenwechsel des Wassers
statt. Bei dem niedern Wasserstand ist dasselbe weißlich
oder etwas bräunlich. Beim Steigen wird es durch auf-
gewirbelten rotgelben Ton schmutzig rot, dann für kurze
Zeit durch herabgeführte faulende Pflanzenreste grün und
ungesund[2], hierauf wieder rot und endlich wie am Anfange
weißlich. Die Höhe der Überschwemmung, die Differenz
zwischen dem tiefsten und höchsten Wasserstande, ist entsprechend der jeweiligen Breite des Niltals, der Höhe der
Ufer, der durch Verdunstung und Verteilung auf die Felder
nach Norden zu abnehmenden Wassermenge in den verschiedenen Gegenden Ägyptens verschieden. Bei Assuan beträgt sie 15 m, bei Theben 11,7 m, bei Kairo 7,6 m, Unterschiede, welche bereits den Klassikern auffielen[3]. Wenn
diese meist von 16 Ellen reden, so denken sie dabei an den
Wasserstand bei Memphis. Um über die jeweilige Höhe

---

[1] Lane III, S. 124 f.; Wiedemann, „Herodot", S. 215;
Lefébure, Sphinx III, S. 87; Hackländer, „Reise in den Orient",
2. Aufl., S. 211 f. Die Erzählung ist von G. Ebers in seinem bekannten Roman „Die Nilbraut", Stuttgart 1887, verwertet
worden.   [2] Vgl. Abd-Allatif, „Relation de l'Égypte", traduite
par de Sacy, S. 333 f., 344 ff.   [3] Wiedemann, „Herodot",
S. 77 ff. Tabelle der Nilhöhen bei Kairo 1849—78 bei Anderlind,
„Die Landwirtschaft in Ägypten", S. 73.

unterrichtet zu sein, wurden teilweise erhaltene Nilmesser[1]
angelegt, schachtartige Vertiefungen, in welche Treppen
hinabführten und an deren Rändern durch Striche das
Normalmaß und die Pegelhöhen angedeutet waren.

§ 13. Auf der richtigen Höhe der Überschwemmung[2]
beruht der Wohlstand und die Steuerkraft Ägyptens. Bei
zu starkem Steigen treten ausgedehnte Verwüstungen, bei
zu schwachem Hungersnot und Dürre ein[3]. Derartige Schädigungen können durch eine Regelung der Wasserzufuhr ver-
mindert werden, und wurden daher bereits im Altertume
große Seebecken angelegt, welche Wasser während der
Überschwemmung aufnahmen und dann je nach Bedarf
allmählich abgaben. Von einem solchen Stausee, dem jetzt
verschwundenen, angeblich von Amenemhāt III. um
2500 v. Chr. herrührenden Möris-See, der für das Fayûm und
nahe gelegene Teile des Niltales in Betracht kam, berichten
antike Schriftsteller[4] und ägyptische mythologische Texte[5]
in wenig klarer Weise. Vermutlich am Anfange des Neuen
Reiches wurde auf der Westseite von Theben der Birket Habu
angelegt, von dessen Umwallung sehr erhebliche Reste
noch vorhanden sind[6]. Einen ähnlichen, kleineren See von
3600 Ellen Länge und 600 Ellen Breite begründete Amenophis III. zu Ehren seiner Gattin Tii bei der sonst unbe-

---

[1] Borchardt, „Nilmesser und Nilstandmarken" in Abh. Akad.
Berlin 1906; ferner: Ann. Serv. Ant. I, S. 91 ff.; IV, S. 283;
XI, S. 154 f.; Proc. Soc. Bibl. Arch. IX, S. 311 ff.; Bull. Inst.
Franç. Caire V, S. 63; Petrie, „Tanis" II, S. 13 f.
[2] Antike Überschwemmungsdaten aus Theben: Spiegel-
berg, „Zwei Beiträge zur Geschichte der Thebanischen Nekropo-
lis", S. 10, 16. Zu hohe Überschwemmung zu Theben unter
Osorkon II. um 860 v. Chr.: Daressy, RT. XVIII, S. 181 ff.;
XX, S. 81; unter Tiberius: Erman, Äg. Z. XXXVIII, S. 123 ff.;
Piehl, Sphinx V, S. 125 f.
[3] Wiedemann, „Herodot", S. 79 f. (Lit.); Heyes, „Bibel und
Ägypten", S. 280 ff.
[4] Wiedemann, „Ägypt. Geschichte", S. 256 ff.; „Herodot",
S. 533 ff. Vgl. R. H. Brown, „The Fayûm and Lake Moeris",
London 1892 und dazu Maspero, „Études de Myth." VI, S. 137 ff.
[5] Pleyte, „Over drie Handschriften" in Letterk. Verh. Akad.
Amsterdam XVI; Lanzone, „Les Papyrus du Lac Moeris",
Turin 1896; Newberry, „The Amherst Papyri, Egyptian Papyri",
London 1899, S. 44 ff., Taf. 15 — 8.
[6] Plan bei Lepsius, „Denkm." 1, 73.

kannten Stadt T'arucha[1]. Zu diesen Stauseen trat ein ausgedehntes Kanalsystem, welches ganz Ägypten überzog[2]. Seine Unterhaltung und die Beaufsichtigung der Dämme, welche im Altertume wie in der Neuzeit während der Überschwemmung gleichzeitig als Straßen dienten, war eine Hauptaufgabe des Staates. Der Verlauf der Kanäle, deren Schädigung als schweres Verbrechen galt, deckte sich, wie ihre Überreste zeigen, vielfach mit dem jetzigen Systeme.

§ 14. Die Aufsicht über den Nil wurde Gottheiten zugeschrieben, vor allem dem widderköpfigen Chnuphis[3] und der Isis. Nach einer Legende ließ letztere ihre Träne in das Wasser fallen und veranlaßte hierdurch das Schwellen der Flut, wie auch noch nach koptischer Erzählung ein himmlischer Tropfen die Überschwemmung brachte[4]. Bei andern Göttern, wie bei Amon[5], geht die Verbindung mit dem Nile auf das Bestreben zurück, alle göttlichen Eigenschaften dem jeweils angerufenen Gotte zuzuschreiben, hat aber keine sachliche Begründung.

Neben diesen Gottheiten, welche sich nebenbei dem Nile widmeten, gab es einen Sondergott Nil[6] (Ḥāpi), welcher sich mit dem Flusse deckte. Dargestellt wurde dieser als ein Mann mit dickem Bauche und zitzenartigen Brüsten, halbweibliche Züge, welche auf seine Fruchtbarkeit und nährende Kraft hinweisen sollten. Als Bekleidung trug er meist einen Gürtelschurz aus aneinander gebundenen Schilfblättern und auf dem Haupte bisweilen eine Blumenkrone. Dieses dem Schönheitsideale der klassisch ägyptischen Zeit nicht entsprechende Aussehen erweist ihn als alten Volksgott, und damit stimmt es überein, daß er zwar vielfach angebetet wurde und zahlreiche, wenn auch kleine,

---

[1] Steindorff, Äg. Z. XXXIX, S. 62 ff.; Wiedemann, Proc. Soc. Bibl. Arch. XXXV, S. 257 f.   [2] Vgl. § 15.   [3] Inschrift von Schel, publ.: Morgan, „Cat. des Monuments de l'Égypte" I 1, S. 78 ff.; bearbeitet: Brugsch, „Die biblischen sieben Jahre der Hungersnot", Leipzig 1891.   [4] Wiedemann, „Herodot", S. 101; Lane III, S. 119; Savary, „Zustand Ägyptens" III, S. 337; Lefébure, Muséon XIII, S. 182. — Nach anderer koptischer Ansicht ist die Überschwemmung dem H. Michael zu danken (Guieysse, RT. XIII, S. 14).   [5] Gardiner, Äg. Z. XLII, S. 38 f. [6] Palanque, „Le Nil à l'Époque pharaonique" (Bibl. École des Hautes Études, Nr. 144), Paris 1903. Für moderne Auffassungen des Niles als göttliches Wesen vgl. Legrain, „Louqsor sans les Pharaons", S. 129 ff.

Heiligtümer besaß, in den großen Tempeln des Landes aber keine entsprechende Rolle spielte.

Im allgemeinen nahmen die Ägypter an, daß es nicht nur einen Nilstrom und damit einen Nilgott gebe, sondern deren zwei, den Nil von Ober- und den von Unterägypten, so daß es heißt[1]: „Der Nil des Südens inmitten von Senemit (die Insel Bige oberhalb der Katarakten), der Nil des Nordens, der hervorgeht aus Heliopolis." Gelegentlich ließ man den Strom noch weiter zerfallen und schrieb jedem der etwa 42 ägyptischen Gaue einen eigenen Nil zu. Dann floß der Nil überhaupt nicht mehr als einheitlicher Strom von Süden nach Norden, er kam in jedem Bezirk als selbständiger Fluß aus unterirdischen Strudeln auf die Oberfläche und verbreitete sich über ein fest abgegrenztes Gebiet, an dessen obern und untern Ende andere Stromteile ihrerseits aus eigenen Quellöchern hervorbrachen[2]. Die wichtigsten Quellöcher befanden sich in der Kataraktengegend. Von Elephantine erhielt der vergöttlichte Tote sein Wasser[3], und ein Relief zu Bige bei Philä zeigt, wie der Nilgott, von einer Schlange geschützt, hier in einer Höhle sitzt und sein Wasser spendet[4].

Der Nilgott des Südens und der des Nordens werden vielfach vorgeführt, wie sie die Wappenpflanzen ihrer beiden Landesteile unter dem Throne des Königs an das Zeichen der Vereinigung anbinden und damit für den Herrscher Nord und Süd zusammenfassen (Taf.-Abb. 1)[5]. Die 42 Gau-Nile erscheinen in den Tempeln alle oder in Auswahl, wie sie in langer Reihe heranschreiten oder hinter einander knien, **um als Vertreter ihrer Gaue dem Könige deren Gaben, besonders Pflanzen und frisches Wasser darzubringen**[6]. Statuen des

---

[1] Schiaparelli, Museo archeologico di Firenze (Katalog) I, S. 419 (Ptolemäerzeit).   [2] Wiedemann, Sphinx XVI, S. 12 ff.   [3] Pyramide Rā-mer-en. Z. 181.   [4] Wiedemann, „Herodot", S. 114 ff. (Lit. vgl. auch Boussac, RT. XXXVII, S. 23 ff.). Das Relief publ. z. B.: Champollion, „Mon." I, pl. 93; Rosellini, „Monumenti del Culto", pl. 27; Renouf, „Life-Work" III, S. 41 ff.   [5] Gautier und Jéquier, „Fouilles de Licht", S. 33 ff. (12. Dyn.); Naville, „Deir el bahari", Taf. 110; Lepsius, „Denkm." III, 222 c (Neues Reich).   [6] Gautier und Jéquier, a. a. O., S. 23 ff., Taf. 8 (12. Dyn.); Naville, „Deir el bahari", Taf. 128 (Neues Reich); Bénédite, „Temple de Philae", Taf. 1 ff., 11 ff., 22 ff., 43 ff., 86 ff.; Gauthier, „Temple de Kalabchah", Taf. 3 ff. (Spätzeit).

Nilgottes oder Doppelstatuen der beiden selbständig nebeneinanderstehenden Nilgötter sind verhältnismäßig selten[1]. In Inschriften, Hymnen usf. der höhern Stände kommt der Gott nur gelegentlich vor, während er in volkstümlichen Texten weit häufiger auftritt. Dem Ackerbauer mußte die Gunst der wasserspendenden Gottheit sinnfälliger erscheinen wie dem vornehmen Herrn, welchem der Ertrag der Felder nur mittelbar zufloß. Bisweilen aber haben auch diese höhern Kreise es für erforderlich gehalten, dem Nilgotte ihre Huldigung darzubringen, vor allem wenn Mißwachs eintrat und man fürchten mußte, irgendwie den Unwillen des Gottes hervorgerufen zu haben. Dann wurden Hymnen gedichtet, um seine Wohltaten zu preisen[2], oder ihm große Opferstiftungen geweiht[3]. Meist erscheint der Gott dabei ohne Familie, nur ganz vereinzelt werden ihm zwei Töchter zugeschrieben, die Mer-t des Südens und die des Nordens[4], welche dann dem Sonnengotte behilflich zu sein hatten.

3. Bewässerung.

§ 15. Die Hauptsorge des ägyptischen Bauern mußte es stets sein, Wasser in genügender Menge auf seine Felder zu bringen[5]. Entsprechend dem Gefälle des Landes liefen die in zahlreiche kleine Rinnsale sich verteilenden, vom Nile ausgehenden Kanäle im allgemeinen nach Norden zu. Sie mußten so angelegt sein, daß das Wasser dauernd im Fließen blieb, um ein vorzeitiges Senken des feingelösten Schlammes zu verhindern, auf dessen richtiger Verteilung die Düngung des Bodens beruhte. Sonstige Dungstoffe waren im Lande nur spärlich zu finden. Die Tauben und Fledermäuse, deren Exkremente noch jetzt als Dünger benutzt werden[6], gewähren nur kleine Mengen. Der Dung der Rinder wurde nur ausnahmsweise für die Felder ver-

---

[1] Zimmermann, „Die ägypt. Religion", S. 73; Daressy, „Statues de Divinités" (Kat. Kairo), Taf. 7, Fig. 38101—2. [2] Papyrus von etwa 1200 v. Chr. bei Maspero, „Hymne au Nil", Paris 1912 (Zusatz dazu von Grapow, Äg. Z. LII, S. 103 ff.); übers.: Guieysse, RT. XIII, S. 1 ff.   [3] Stern, Äg. Z. XI, S. 129 ff. [4] Piehl, Sphinx IV, S. 150.   [5] Über die moderne Bewässerung vgl. Cromer, „Ägypten" II, S. 430 ff.   [6] Legrain, Ann. Serv. Ant. I, S. 69.

wendet; er diente allein oder mit Stroh vermischt als
Brennmaterial. Kinder sammeln ihn noch jetzt auf den
Straßen, kneten ihn mit den Händen[1], um ihm gleichmäßige
Dichtigkeit zu geben, und lassen ihn dann in flachen Kuchen
an den Hauswänden trocknen, um einen Brennstoff zu gewinnen, welcher in den offenen Öfen eine erst fliegende,
dann schwälende, zum Brotbacken genügende Hitze gewährt.

Um den Zufluß des Wassers auf die Felder zu regeln,
werden diese heutzutage in kleine, von etwa 30 cm hohen
Erdrändern umgebene Vierecke zerlegt, welche der Bauer
mit einem Fußtritte öffnen oder schließen kann, um je nach
Bedarf Wasser einzulassen oder abzusperren. Die Reliefs
zeigen, daß eine solche schachbrettartige Zerlegung der
Felder bereits im Altertume üblich war[2].

§ 16. Für die Bewässerung derjenigen Felder, zu denen
die Kanalverzweigungen nicht gelangten, war es erforderlich,
das Wasser auf die hohen, nach der Wüste zu abfallenden
Ufer zu heben, von wo es das natürliche Gefälle zu den Feldern führen konnte. In zahlreichen Fällen stiegen daher
Arbeiter zum Flusse nieder und füllten Töpfe mit Wasser,
welches sie dann am oberen Uferrande in die hier beginnenden Gräben ausschütteten. Um sich das Tragen zu erleichtern, legte man über die Schultern ein hölzernes Joch,
dessen beide Enden erhöht waren. Hier befestigte man
Stricke oder Lederbänder, an denen die Töpfe hingen, wie
man an ähnlichen Jochen auch sonstige Lasten, Ziegel,
Körbe, gefangene Tiere usf. zu tragen pflegte[3].

---

[1] Vgl. Herodot II, 36.   [2] z. B. in der 12. (Newberry, „Beni
Hasan" I, pl. 29; größer Champollion, „Mon." IV, pl. 358) und
in der 18. Dynastie (Lepsius, „Denkm." III, 11 c; Naville,
„Deir el bahari" V, Taf. 142; Wilkinson-Birch I, S. 375).
[3] Originaljoch: Wilkinson-Birch I, Fig. 145. Modelle: Davis,
„Tomb of Jouiya", pl. 21; MacIver, „El Amrah", pl. 38, S. 86.
Abbildungen: Champollion, „Mon." IV, pl. 358; Newberry, „El
Bersheh" I, pl. 15; Wilkinson-Birch I, S. 282; Davies, „El
Amarna" VI, pl. 4; usf. — Lepsius, „Denkm." III, 40 (Tragen
von Ziegeln); Petrie, „Deshasheh", Taf. 27 (von Körben); Lange,
„Grabsteine des Mittleren Reichs" Taf. 115 (von
Milchtöpfen); Prisse, „Histoire de l'Art égyptien" II, Taf. 49
(von Jagdbeute in Käfigen) und zahlreiche andere Stellen.
Siehe auch Wilkinson-Birch II, S. 82, 83, 86.

Von den beiden im jetzigen Ägypten[1] gebräuchlichen
Hilfsmitteln für eine umfassendere Bewässerung, Sakije und
Schâdûf, wird ersteres, das für das Mittelalter verbürgte[2]
Schöpfrad, nirgends dargestellt, während letzteres, der
Schöpfbrunnen, im Lande verbreitet war. Bei dem heutigen Schâdûf errichtet man zwei etwa 5′ hohe und etwa 3′
auseinanderstehende Pfeiler aus Holz oder Lehm, welche
oben ein Querholz, auf dem quer eine Holzstange festgebunden ist, verbindet. An
dem einen Ende dieser Stange
ist ein Klumpen Lehm als Gewicht befestigt, während am
anderen Ende ein Stab hängt,
der zu unterst eine Art
Schüssel aus Korbgeflecht
oder einen Sack aus Leder
oder Leinwand trägt. Ein
neben dem Schâdûf stehen-
der Mann ergreift den Stab,
taucht das Gefäß in das
Wasser, hebt es etwa 8′ hoch,
wobei der Lehmklumpen als
Gegengewicht dient, und
gießt das Wasser in das auf
die Felder führende Rinnsal.

Abb. 1.
Schâdûf.

Das gleiche Schâdûf erscheint bereits im Altertume
neben einer auch jetzt noch vorkommenden Abart
(Abb. 1), bei welcher der Hebebaum nicht zwischen zwei
Pfeilern ruht, sondern in der vertieften Rille eines Pfeilers.
Hier pendelt er, kommt aber bei tiefem Eintauchen in das
Wasser leicht in das Rutschen[3]. Infolge dessen diente letztere

---

[1] Lane II, S. 158f.; Klunzinger, „Bilder aus Oberägypten",
S. 132ff.; vgl. Reil, „Beiträge zur Kenntnis des Gewerbes im
hellenistischen Ägypten", S. 82ff.

[2] Mardrus, „Le Livre des Mille Nuits et Une Nuit" I,
S. 265; XV, S. 313f. Vgl. Spiegelberg, „Ein koptischer Vertrag"
in Abh. Ges. Wiss. Göttingen, N. F. XVI, Nr. 3, S. 77ff.; Äg. Z.
LIII, S. 113 (wenig klare Anspielung aus dem Neuen Reich).

[3] Wilkinson-Birch I, S. 281; Champollion, „Mon." II, pl. 185;
Scheil, Mém. Miss. Franç. Caire V 4, S. 607, Taf. 1 (daraus Steindorff, „Blütezeit des Pharaonenreiches", Fig. 87 und Spiegelberg, Äg. Z. XLV, S. 86f.). — Holzhaken, an denen der Schâdûf-

Form weniger zur Bewässerung von Feldern als zu der
von Gartenanlagen und besonders schönen Bäumen von
einem nur wenig tiefer gelegenen Teiche aus.

4. Einteilung des Landes.

§ 17. Das Kanalsystem beeinflußte sehr wesentlich die
politische Einteilung des Landes. Dieses zerfiel in häufig
durch Kanäle abgegrenzte oder längs solcher sich erstreckende
Gaue (ägyptisch ḥesp, griechisch νόμος), welche man jeweils in vier, freilich nicht immer streng geschiedene Unterabteilungen zerfallen lassen konnte: die Hauptstadt mit
dem Sitze der Behörden und dem Mittelpunkte des Kultus,
das regelmäßig bebaute Fruchtland, das gelegentlich bebaute, meist aber als Weideland oder Jagdgebiet verwendete
Hinterland und endlich die Kanäle[1]. Größere Verwaltungsbezirke sind niemals dauernd anerkannt worden. Die oft
erwähnte Einteilung in Ober- und Unterägypten wurde als
Erinnerung an die Vorzeit, die Bezeichnung der beiden
Niluferseiten als zwei Heiligtümer aus religiösen Gründen beibehalten, doch hat erstere nur zeitweise, letztere überhaupt
niemals Bedeutung für die Verwaltung zu gewinnen vermocht. Die gelegentlichen sonstigen Versuche, statt der
Nomen andere Verwaltungsbezirke einzuführen[2], haben
keinen Bestand gehabt.

Die Zahl der Nomen schwankte je nach den Zeitverhält-
nissen zwischen 36 und 47, meist werden 42 genannt. Sie
beruhten nicht auf künstlicher Schöpfung, sondern waren
im wesentlichen historische Gebilde, welche teilweise auf
die Kleinstaaten zurückgingen, aus denen während der
Nagada-Zeit der ägyptische Staat erwuchs, teilweise sich
in Verfallszeiten selbständig entwickelten oder durch Erb-
teilungen entstanden. Seinen inneren Zusammenhang erhielt
der einzelne Nomos durch seine religiöse Selbständigkeit
seinen Nachbarn gegenüber, welche er gegebenenfalls noch

Eimer hing, sind aus der Nagada-Zeit (Petrie, „Memphis" V,
pl. 10, Fig. 6) und aus römischer Zeit (Petrie, „Hawara", pl. 13,
Fig. 2) erhalten geblieben.
[1] Lepsius, Äg. Z. III, S. 38ff.; Wiedemann, „Herodot",
S. 8ff.
[2] Steindorff, Abh. Ges. Wiss. Leipzig, Philol. Kl. XXVII,
S. 863ff.

in der römischen Kaiserzeit mit bewaffneter Hand verteidigte[1]. Die großen Nomenlisten, besonders im Tempel von Edfu[2], legten daher das Hauptgewicht auf die religiösen Eigenheiten des Nomos, seine Gottheit, heilige Barke, Feste, etwaige religiöse Verbote.

§ 18. Eine eigenartige Stellung im Staatsganzen nahmen die frommen Stiftungen[3] ein, welche bei Heiligtümern begründet wurden, um den Kult oder das Andenken eines Königs oder einer sonstigen einflußreichen Persönlichkeit auf ewige Zeiten zu sichern. Sie entsprachen in etwa dem arabischen Wakf, galten als juristische Person, hatten einen eigenen Namen und Grundbesitz, waren steuer- und abgabenfrei. Ihre Zahl war, entsprechend der religiösen Gesinnung der Ägypter, sehr groß, und wenn auch viele von ihnen im Laufe der Zeit eingezogen worden sind, so erfolgte doch im allgemeinen ein andauerndes Wachsen dieses Besitzes der Toten Hand[4].

5. Weltbild.

§ 19. Den Ägypter interessierte im Grunde nur das Niltal, die übrigen Länder und Völker hatten nur in Beziehung auf dieses Bedeutung, und hielt man es daher für überflüssig, sich von der sonstigen Erde eine geographisch genaue Vorstellung zu bilden. Das Weltganze[5] teilte man in Erde, Unterwelt und Himmel. Wie erstere beiden zusammenhingen, wurde nicht genauer erörtert. Der Himmel galt im allgemeinen als eine Fläche, welche über der Erde sich erstreckte und der Stützung bedurfte. Als Träger galten bisweilen Gottheiten, wie der Gott der Luft Schu oder seltener

[1] Plutarch, de Iside cap. 72; Juvenal, Sat. 15.
[2] Publ.: Brugsch, „Dict. géogr.", S. 1358ff.; Rochemonteix, Mém. Miss. Franç. Caire X, S. 329ff. (Piehl, Sphinx IV, S. 133ff.).
[3] Moret, RT. XXIX, S. 57ff.; JA. 10. Sér., XX, S. 73ff.; CR. Acad. Inscr. 1916, S. 318ff.; Weill, „Les Décrets Royaux de l'Ancien Empire Égyptien", Paris 1912 (Maspero, Rev. crit. XXXXVI, S. 222ff.; Gardiner, Proc. Soc. Bibl. Arch. XXXIV, S. 257ff.); Daressy, Ann. Serv. Ant. XV, S. 140ff.; H. Sottas, „La préservation de la propriété funéraire dans l'ancienne Égypte", Paris 1913.
[4] Maspero, „Histoire ancienne des Peuples de l'Orient classique" II, S. 313f.
[5] Vgl. u. a. Maspero, „Études de Myth." I, S. 330ff.

Bes[1]. Meist aber nahm man an, es seien an den vier Kardinal-
punkten je eine oben gegabelte Stütze errichtet und auf
diesen ruhe der Himmel. Diese Stützen hielt man für die
Enden der Welt, und es wurde häufig betont, daß bis zu ihnen
das Machtgebiet des Pharao zu reichen habe[2]. Es galt als
nicht ausgeschlossen, daß sie nachgeben könnten, und ließ
man daher bestimmte Gottheiten mit ihrer Bewachung
betraut sein[3]. Über die Möglichkeit, von der Erde in den
Himmel zu gelangen, wird wenig gesprochen. Der zauberkräftige Tote vermochte es, indem seine Seele in Vogel-
gestalt hinaufflog oder indem er eine von Göttern beauf-
sichtigte Leiter benutzte[4].

B. Volk.

1. Einteilung der Völker[5].

§ 20. Die verschiedenartige Färbung ihrer Nachbarvölker hat die Ägypter frühzeitig auf den Gedanken gebracht, es gebe verschiedene, durch ihre Farbe charakteri-
sierte Menschenrassen. Ein hierauf begründetes System,
welches vier Rassen aufstellte, findet sich mehrfach in
Thebanischen Gräbern des 14. und 13. Jahrhunderts[6]
(Abb. 2) und scheidet zwischen den rotbraunen Ägyptern,
welche aus den Tränen des Sonnengottes entstanden[7], den
gelblichen Asiaten und den weißlichen Libyern, welche die
Göttin Sechet erschuf, und den schwarzen[8] Negern, welche
Masturbation des Gottes hervorrief.

---

[1] Virey, „Religion de l'ancienne Égypte", S. 187.
[2] Müller, „Asien und Europa", S. 283 (Lit.).
[3] Grab Seti' I. ed. Lefébure IV, pl. 18; vgl. Pyramide
Rā-mer-en, Z. 122 ff.
[4] Pyramide Unas, Z. 493 (= Pyramide Pepi I., Z. 192;
Pyramide Pepi II., Z. 974), 579 ff.
[5] Wiedemann, Umschau VIII, S. 64 ff., 84 ff.
[6] Lepsius, „Denkm." III, 136, 204; Rosellini, „Monumenti
storici", Taf. 155—9; vgl. Lefébure, Transact. Soc. Bibl. Arch.
IV, S. 44 ff.; Brugsch, Äg. Z. XXIX, S. 56 f. — Bei Naville,
„Textes rel. au Mythe d'Horus", Taf. 21, Z. 2—3 werden geschieden: Äthiopen, Asiaten, Libyer, Beduinen zwischen Ägypten und Palästina.
[7] Hierauf wird häufig angespielt; vgl. Wiedemann, Urquell,
N. F. II, S. 67.
[8] An anderen Stellen bezeichnet die schwarze Farbe nicht
Neger, sondern im Anschluß an eine gelegentlich, jedenfalls auf

§ 21. Neben diesem Versuche, die Menschen nach der
Farbe zu gliedern, trat ein anderer auf, welcher sie in die
9 „Bogenvölker" einreihen wollte[1]. Dieser Gedanke ist
uralt, er umspannte ursprünglich Ägypten und seine unmittelbaren Nachbarn, später verstand man unter den
Bogenvölkern die verschiedenen Stämme der Ausländer und
sah deren Hauptunterschied in der Art und Weise, in welcher

Abb. 2.
Die vier Menschenrassen.

sie ihr Wasser gewannen, ob aus dem Nile oder durch Regen
oder aus Bächen[2].

2. Das ägyptische Schönheitsideal.

§ 22. Man hat häufig gesucht, auf Grund der aus dem
Altertume vorliegenden Darstellungen einen einheitlichen
Typus für das ägyptische Volk festzustellen. Der Ägypter
wäre schlank gebaut, die Schultern breit, Arme und Beine
sehnig, Hand und Fuß lang und dünn, die Finger zart, der
Kopf verhältnismäßig groß, die Stirn viereckig, die Augen

Grund der Mumienfarbe, dem Gotte Osiris zugeschriebene Färbung, Tote (Beispiele bei Wiedemann, „Äg. Gesch.", S. 309, 313 ff.).
Auch sonst haben in ägyptischen Darstellungen die Farben gelegentlich konventionelle Bedeutung; so wird zwar weißes Haar
weiß dargestellt, dagegen graues grün (Naville, „Funeral Papyrus
of Jouiya", S. 2).
    [1] Vgl. für die Liste dieser Völker: Brugsch, Äg. Z. III, S. 25 ff.;
Verh. V. internat. Orient. Kongreß, Berlin 1881, II 2, S. 25 ff.;
Müller, „Asien und Europa", S. 11 ff. — Ausnahmsweise erscheinen 15 Bogenvölker (Lepsius, „Denkm." II, 150 c).
    [2] Brugsch, Äg. Z. III, S. 25 ff.; Bondi, Äg. Z. XXXIII,
S. 68 (Lit.).

groß, die Backen voll, die Lippen dick, der Mund breit, die
kurze Nase habe eine rundliche Endigung. Gelegentliche Abweichungen von diesem Typus schrieb man der Beimischung
fremden Blutes zu. Besonders auffallend erschien die fast aus-
nahmslose Schlankheit der Körper, die Länge der Beine, die
geringe Entwicklung der Hüften und der weiblichen Brust[1],
welche, soweit die Mumienfunde Schlüsse gestatten, tatsächlich bei der ägyptischen Bevölkerung vorhanden waren
und auf die jetzigen Bewohner des Landes übergegangen
sind. Diese Schlankheit bildete im Altertume die Grundlage des ägyptischen Schönheitsideales, wie es in gleicher
Weise für Gottheiten und für Menschen galt (Taf.-Abb. 2)[2].
Infolgedessen läßt sich aus den Darstellungen nicht ersehen,
inwieweit neben der schlanken Menge wohlbeleibtere Leute
auftraten, da in den Reliefs auch bei Porträts von Schön-
heitsfehlern in der äußeren Erscheinung der Dargestellten
möglichst abgesehen wurde[3].

In bestimmten Perioden wechselte freilich das Ideal: die
Darstellung des wohlbeleibten Menschen trat häufiger auf
und lief als gleichberechtigt neben der mageren Bildung
einher. Sie findet sich vereinzelt im Alten[4], häufiger im
Mittleren Reiche[5], wo dann nicht an Eunuchen gedacht
werden darf. Im Neuen Reiche erscheinen gelegentlich (Taf.-
Abb. 3) naturalistische, fettere und auch sonst die Eigen-
arten der Körper bisweilen karrikaturenhaft übertreibende
Bildungen (Abb. 75). So geschieht dies bei den Darstellungen
Amenophis' IV. und seiner Familie, bei der von alten Männern mit fetter Brust[6], bei anthropologischen Merkwürdig-

---

[1] Zur Darstellung der weiblichen Brust vgl. Bissing, RT. XVI,
S. 106f. Auffallend ist bisweilen das spitze Vortreten der Warze
aus der sonst flachen Brust (z. B. Taf.-Abb. 6).
[2] Wiedemann, Sonntags-Zeit. (Wien) 11. und 18. Jan. 1902.
[3] Sehr selten zeigen daher Pharaonen naturalistische Züge,
wie Psammetich I. (Schäfer, Äg. Z. XXXIII, S. 116ff.), Taharka
(ib., S. 114ff.) oder Amenophis IV.
[4] Madsen, Äg. Z. XLII, S. 68; Junker, Anz. Akad. Wien,
10. Juli 1912, Taf. 4.
[5] Legrain, „Statues" (Kat. Kairo) 1, pl. 22ff.; Capart,
„Rec. de Mon. égypt.", pl. 26; Budge, „Guide to the Eg. Coll.
in the Brit. Mus.", pl. 4.
[6] Legrain, a. a. O., pl. 74—6. Über die frühesten Darstellungen des Alters in der ägyptischen Kunst handelte Spiegelberg, Äg. Z. LIV, S. 67ff.

keiten, wie bei einer steatopygen Fürstin des Landes Punt[1],
oder bei häßlichen Negern mit langen dünnen Armen und
schlauchartigen Brüsten der Frauen[2] oder bei der Abbildung
einer schwangeren Frau[3]. In der Spätzeit wurden in Ägypten[4] und im späteren Äthiopenreiche[5] die weiblichen
Formen im allgemeinen voller gebildet und später in
letzterem Reiche auch die Ausbiegung des weiblichen
Beckens stark betont[6]. Bei der Darstellung der weiblichen
Brust scheidet man damals häufig, unter gelegentlichen
Übertreibungen in den Darstellungen, zwischen der festen
Brust der Jungfrau und der schlaffen der Mutter[7].

Bei der Schilderung einer schönen Frau begnügte sich
der Ägypter meist mit der Angabe, sie sei schön an allen
Gliedern und jeder Gott war in ihr[8], oder sie sei schön an
ihren Gliedern, Brüsten und Locken und habe noch keine
Kinder geboren[9]. Nur einmal[10] wird eine Königin eingehender
beschrieben: „Die Süße, süß an Liebe, die Süße, süß an
Liebe bei dem Könige, die Süße, süß an Liebe bei den
Männern, die Gebieterin der Liebe bei den Frauen, eine
Königstochter, süß an Liebe. Die Schönste der Frauen,
ein Mädchen, dessen Gleichen man niemals sah. Schwärzer
ist ihr Haar als das Dunkel der Nacht, als die Beere des
Adeb (eine sonst unbekannte Pflanze). Schöner (?) sind
ihre Zähne als die Feuersteinsplitter der Sichel[11]. Zwei
Kränze sind ihre Brüste, die sich fest anlegen an ihren Arm.“

3. Die Mumien.

§ 23. Für das körperliche Aussehen der alten Ägypter
gewähren die Mumien eine wichtige Grundlage, deren Wert
man aber andererseits nicht überschätzen darf. Dieselben

---

[1] Davis, „Tomb of Hâtshopsitû“, S. 36.
[2] Lepsius, „Denkm.“ III, 120.
[3] Garstang, „El Arábah“, pl. 19 (18. Dyn.).
[4] Pap. Bulaq Nr. 2.
[5] So die Königin Kandake der Apostelgeschichte: Lepsius,
„Denkm.“ V, 17; vgl. Wiedemann, Muséon III, S. 117ff.
[6] Lepsius, „Denkm.“ V, 25.
[7] Lepsius, „Denkm.“ V, 55a.
[8] Pap. d'Orbiney 9, 7 (Wiedemann, „Altägypt. Sagen“, S.67).
[9] Pap. Westcar 5, 9 (Wiedemann, a. a. O., S. 8).
[10] Stele Louvre C. 100 (um 750 v. Chr.) bei Müller, „Liebespoesie der alten Ägypter“, S. 44f.; Maspero, Äg. Z. XVII, S. 53f.
[11] Vgl. für diesen Vergleich § 35.

unterlagen naturgemäß allen den Veränderungen, welche
der Tod und die in dem heißen Klima des Landes sehr bald,
häufig noch vor dem Beginn der Einbalsamierung einsetzende
Verwesung mit sich brachten. Hierzu traten im Verlaufe der
Mumifizierung[1] selbst eine Reihe von Verletzungen, welche
zunächst den Kopf betrafen.

§ 24. Im Innern des Mundes nahm man meist keine
Veränderung vor, legte nur gelegentlich in der Römerzeit
flache Goldplättchen auf die Zunge des Toten[2]. Die Nase
wurde dagegen stark verändert. Die fest angezogenen Binden
drückten die Spitze nach unten und gaben hierdurch dem
Gesichte häufig etwas Affenartiges. Ferner wagte man es
im allgemeinen nicht das leicht verwesende Gehirn in der
Schädelhöhle zu belassen, in welche die konservierenden
Flüssigkeiten nicht genügend einzudringen vermochten,
und suchte es daher zu entfernen. Zu diesem Zwecke durchbohrte man innerhalb der Nase den Schädelknochen und
kratzte durch diese Öffnung die Hirnhöhle mit einem gebogenen Haken aus. Die Spuren dieser Behandlung zeigen
sich vielfach in Brüchen im Nasenbein, Rissen in der Nasen-
haut und in den Knorpeln. Ein zweiter, bereits am Ende der
dritten Dynastie gelegentlich angewendeter[3] Weg zur Entfernung des Gehirns war der, den Toten zu enthaupten und
das Hirn durch das Hinterhauptloch herauszukratzen. War
dies geschehen, so wurden Rückgrat und Hirnloch durch
einen Stab verbunden und auf diese Weise der Leiche der
Kopf wieder aufgesetzt[4].

§ 25. Eine weitere Schädigung des körperlichen Aus-
sehens betraf das Innere des Leibes, in welchem zahlreiche,
leicht zersetzliche Organe lagerten. Um zu diesen zu gelangen, wurde quer über den Bauch oder an der Seite desselben ein langer Einschnitt gemacht. Diese Verletzung des
toten Körpers erschien notwendig, galt aber trotzdem als
Sünde, und mußte noch in später Zeit der Paraschist, welcher
sie vollzogen hatte, fliehen, da ihn die Umstehenden, um
den Fluch der Tat von sich abzuwälzen, mit Steinen warfen

---

[1] Eine kurze Übersicht über die Entwicklung der ägyptischen
Mumifikation gab Elliot Smith, Journ. of Egypt. Arch. I,
S. 189 ff.; eine vollständige Behandlung derselben fehlt bisher.
[2] Petrie, „The Labyrinth", S. 36, Taf. 36.   [3] Wainwright
bei Petrie, „Memphis" III, S. 16.   [4] Vgl. § 85.

und verfolgten[1]. Durch den Einschnitt nahm man in zahlreichen Fällen die inneren Organe heraus, wusch sie mit dem
antiseptisch wirkenden Zedernwein und setzte sie in besonderen Gefäßen bei[2], welche man in neuerer Zeit, ohne
tatsächliche Gründe hierfür zu besitzen, als Kanopen zu
bezeichnen pflegt[3]. Den leeren Bauch füllte man mit Leinwandbinden, bisweilen auch mit Sand[4], denen man Amulette
beimischte. Vor allem gehörten hierher als Verbürger und
Förderer der Unsterblichkeit das Bildnis eines Skarabaeus-
käfers, das eines mit Henkeln versehenen Väschens ⚱ oder
in älteren Zeiten ein Rollstein, welche dem Toten während
seiner Wanderungen durch die Unterwelt das ihm bei der
Leichenöffnung genommene Herz ersetzen sollten[5].

In andern Fällen wurden die innern Organe nach dem
Waschen in Binden eingewickelt und in den Bauch zu-
rückgelegt. Bei armen Leuten begnügte man sich damit,
in den geöffneten Bauch Natronlauge zu gießen und hierdurch die Eingeweide auszutrocknen. Auf diese Weise
blieben sie in ihrer ursprünglichen Lagerung und Gestalt
erhalten, und gestatten daher diese Leichen, trotz ihres
sonstigen vielfach wenig guten Zustandes, eine Reihe von
Rückschlüssen auf einzelne im Niltale vorkommende Erkrankungen. So ließ sich Darmvorfall, die nicht seltene
Blinddarmentzündung, die häufige Tuberkulose, einschließlich der Knochentuberkulose, Rheumatismus in den verschiedensten Formen, Altersgicht, gewöhnliche Gicht nachweisen[6]. Die Mumie Ramses' V. zeigte Spuren von über-

[1] Diodor I, 91.
[2] Wiedemann, „Herodot", S. 354f.
[3] Der Ausdruck wird in ähnlicher Form bereits von Jablonski,
„Pantheon Aegyptiorum" III (Frankfurt 1752), S. 151 als üblich
bezeichnet. Die Ausführungen von Lefébure, Actes du XIV. Congrès internat. des Orientalistes (Algier) II, 4, S. 3ff. über die
verschiedenen Bedeutungen von Canopus bringen zwar reichhaltiges Material, sind aber in ihren Schlußfolgerungen vielfach
nicht zutreffend.
[4] Smith, Ann. Serv. Ant. IV, S. 159f.
[5] Wiedemann, Bonner Jahrbücher LXXVIII, S. 116ff.;
„Die Amulette der alten Ägypter", S. 13ff. Die Behandlung von
Herz und Nieren bei der Einbalsamierung besprachen Smith und
andere Gelehrte im Journ. Manchester Oriental Society I, S. 41ff.,
76ff.
[6] Smith und Derry in „Archaeol. Survey of Nubia", Bull. I,
S. 32ff.; II, S. 55ff.; III, S. 32; IV, S. 22ff.; V, S. 29f.; Smith

standenen Kinderpocken[1], die Amenophis' III., daß er gegen
Ende seines Lebens viel von Zahnschmerzen und Zahnabszessen zu leiden hatte[2]. Sehr häufig war Aderverkal-
kung, welche auch bei dem Könige Merenptah auftrat[3].
Syphilis hat sich dagegen bisher bei den Mumien nirgends
gefunden. Die Leibesöffnung wurde in einzelnen Fällen
wieder zugenäht[4], meist legte man über dieselbe eine Platte
aus Wachs[5] oder Silber[6], auf welcher das Zeichen der Wohlfahrt 𓂀 angebracht war, oder ein sonstiges Amulett[7],
um ein Eindringen von Dämonen an dieser Stelle in den
Körper zu verhindern.

Welche Behandlungsweise der Eingeweide man aber auch
vorzog, in jedem Falle wurde die äußere Erscheinung des
Bauches stark beeinträchtigt. Meist erscheint er tief ein-
gefallen, dann wieder, wenn man zu viele Leinwandbinden
hineingestopft hatte, unnatürlich aufgetrieben.

§ 26. Auch die Gesamtheit des Körpers litt durch die
Einbalsamierungsprozesse. Das Bad in Natron oder Koch-
salzlösung trocknete die Gewebe aus und gab der Mumie
hierdurch das Aussehen von dürrem Holze. Die fleischigen
Teile, die Wangen, die Muskeln an Brust, Armen und Beinen
sanken in sich zusammen, die weibliche Brust legte sich
schlauchartig an den Rumpf. Der ausgedörrte Körper
färbte sich in dem Bade von heißem Asphalt schwarz. Infolgedessen entsprechen die Mumien nur teilweise der Erscheinung der lebenden Ägypter. Zuverlässig erhalten ist
das Skelett, welches Aufschlüsse über die Größe der Gestalten, den Knochenbau, die Schädelindizes, die Becken-
bildung gewährt, die weichen Teile sind nur teilweise
und dann vielfach stark verändert überkommen.

---

und Ruffer, Zeitschr. hist. Biologie der Krankheitserreger 1910,
Heft 3; Jones in „Archaeol. Survey of Nubia", Bull. II, S. 262 ff.
Für Krankheitserscheinungen bei koptischen Mumien, besonders
ihre schlechten Zähne, vgl. Ruffer, Journ. of Pathology XVIII,
S. 149ff.
   [1] Smith, „Royal Mummies" (Kat. Kairo), S. 91.   [2] a. a. O.,
S. 50.   [3] a. a. O., S. 67; Nuova Anthologia CLXI (1912),
S. 170f.   [4] Smith, Ann. Serv. Ant. IV, S. 159f.   [5] Daressy,
Ann. Serv. Ant. III, S. 154; IV. S. 152f.; VIII, S. 22ff. usf.
[6] Barsanti, Ann. Serv. Ant. I, S. 271.   [7] Daressy, Ann.
Serv. Ant. IV, S. 82; Barsanti, ib. II, S. 103; Smith, „Royal
Mummies", Taf. 76.

4. Moderne Ansichten über die somatischen Verhältnisse.

§ 27. Die zusammenfassenden Versuche, auf Grund der
Darstellungen und Mumien die somatischen Verhältnisse
der alten Ägypter festzustellen, haben sehr verschiedenartige Ergebnisse gehabt, je nachdem man das Volk als
Ganzes auffaßte oder Überreste aus bestimmten Zeiten,
Bevölkerungsklassen, Gegenden zum Ausgangspunkte nahm.
Das Material ist ein äußerst zerstreutes und immer noch
wachsendes, so daß wirklich abschließende Resultate bisher
in keiner Weise erzielt worden sind. Dies ist umsoweniger
der Fall, als es bisher nur an vereinzelten Stellen möglich
war, den Einfluß fremder Rassen klar nachzuweisen und
damit eine wesentliche Fehlerquelle auszuscheiden. Ehe
man auf diesem Gebiete zu einem in knapper Form faß-
baren Abschlusse gelangt, wird es noch zahlreicher ausgedehnter kritischer Untersuchungen genau datierten Materiales bedürfen.

Das Ergebnis der älteren Schädelmessungen hat Erich
Schmidt zusammengestellt und durch eigene Beobachtungen vermehrt[1]. In den Schädeln erkannte er drei Typen:
einen rein ägyptischen mit mittellangem, mittelbreitem und
mittelhohem Gesicht; dann einen nubischen von plumperem
Bau, dessen physiognomischer Ausdruck wesentlich durch
die flachere Bildung im oberen Teile und durch das breite,
schnauzenartige Hervortreten der unteren Hälfte bestimmt
wird; endlich eine aus diesen beiden entstandene Mischform.
Weiter nahm er einen brachykephalen Typus an, welcher
auf zahlreiche Schädel einwirkte und eine ägyptisch-brachy-
kephale und eine nubisch-brachykephale Mischform hervor-
brachte.

Von Messungen von Königsmumien des 2. Jahrtausends
v. Chr. ging Virchow aus[2]. Die meisten der Herrscher-
köpfe erscheinen dolichokephal. Das Haar ist glatt, lang,

---

[1] E. Schmidt, „Über alt- und neuägyptische Schädel",
Leipzig 1885; Äg. Z. XXXVI, S. 114ff.; Stahr, „Die Rassenfrage
im antiken Ägypten", Berlin 1907.
[2] Sitzb. Akad. Berlin 1888, S. 767ff.; CBlAEU. 1888,
S. 105ff. Genaue Messungen dieser und weiterer Mumien bei
Elliot Smith, „Royal Mummies" (Kat. Kairo), Kairo 1912; Ann.
Serv. Ant. VII, S. 155ff.

wellig, zuweilen lockig; die Kieferstellung ist orthognat; die
Nase schmal, meist mit leichter Adlerform des Nasen-
rückens. An Negerköpfe ist keinerlei Anklang nachweisbar.
Von der Dolichokephalie finden sich Ausnahmen. Die
Thutmosiden zeigen zum Teil mesokephalen Schädelbau,
andere Schädel nähern sich sehr der Brachykephalie. Wie
der Kopf der verschiedenen Persönlichkeiten Abweichungen
vom Schema zeigt, so tut dies auch ihr übriger Körperbau,
so daß von einem einheitlichen, klar ausgesprochenen Rasse-
charakter bei diesen Mumien keine Rede sein kann, es sich
vielmehr um Mischtypen handelt.

Nach Elliot Smith[1] war die älteste Bevölkerung Ägyptens ein kurzgewachsenes, dunkelhaariges Volk. Unter der
zweiten Dynastie zeigen sich die Spuren des Einfalls eines
rundköpfigen Stammes. Einer der ältesten bekannten ägyptischen Schädel besitzt die eigenartige Beule am Hinter-
kopfe und die unklaren Gesichtszüge, welche die neolithe
Rasse in Europa zeigt. In Unterägypten war das rund-
köpfige, wohl aus Asien stammende Volk bereits unter der
zweiten Dynastie mit den einheimischen Ägyptern gemischt, deren vorpyramidale Gräber in Gizeh einen andern
Typus, einen abschüssigen Vorderkopf, schärfere Züge und
keinen Vorsprung am Hinterkopf zeigten. Negerblut drang
erst während der dritten Dynastie in stärkerem Maße ein.
Abweichend deutete Jéquier[2] die ältesten Funde. Nach
diesem war der ägyptische Volkstypus in der ältesten Zeit
bei Eindringlingen und Urbewohnern der gleiche. Sie waren
verhältnismäßig groß, von heller Hautfarbe, das Haar
wechselte von blond bis zu schwarz, der Schädel war
dolichokephal; sie ähnelten den Berbern, aber nicht den
Semiten oder Negern. Bei den zahlreichen über die Frühzeit auch sonst ausgesprochenen Ansichten sprechen vor-
gefaßte Meinungen über die Entstehung des ägyptischen
Volkes vielfach mit. Jedenfalls zeigen die unausgleichbaren
Widersprüche in den Aufstellungen der modernen Forscher,
wie wenig spruchreif diese Fragen noch sind und daß man
sich daher einstweilen mit einer Registrierung des Materiales
begnügen muß.

---

[1] „The ancient Egyptians and their influence upon the
civilization of Europe", London 1911; Rep. Manchester Egypt.
Association 1912, S. 15f.   [2] BSNG. 1912, S. 127ff.

5. Charakterzüge.

§ 28. Ein Gesamturteil über den Charakter eines Volkes von so langer Lebensdauer, wie es das ägyptische war, kann naturgemäß nur bedingte Gültigkeit haben, jeder hervortretenden Eigenschaft werden zahlreiche Ausnahmen gegenüberstehen. Nur unter diesem Vorbehalte können die folgenden Charakterzüge aufgestellt werden[1].

§ 29. Der Ägypter entbehrte, wohl unter dem erschlaffenden Einflusse des Klimas des Landes, wie bereits gelegentlich im Mittelalter betont wurde[2], im allgemeinen des persönlichen Mutes. Wenn ein kriegerisches Volk in das Land eindrang, so dauerte es nicht lange, bis es ebenso friedfertig wurde wie die Eingeborenen. So geschah dies in der Nagada-Periode, in welcher die Kriegsdarstellungen, zahlreiche Waffenfunde, der Waffenkult[3] auf kampfesfrohe Eroberer hinweisen, welche dann aber bald ihre Stoßkraft einbüßten. Schon im Mittelalter fiel eine derartige schnelle Anpassung der Einwanderer an die ägyptischen Verhältnisse auf. „Wer das Wasser des Nils trinkt, vergißt, wenn er ein Fremder ist, sein Vaterland"[4]. Man fürchtete den Tod und alle Gefahren, welche ihn bringen konnten, und wenn man vereinzelt das Totenland pries[5], so suchte man doch stets die Reise dorthin möglichst spät anzutreten. Die Kriege der historischen Zeit wurden durch Söldnerheere ausgefochten; die Ägypter selbst griffen nur im äußersten Notfalle zu den Waffen und waren auch dann schlechte Soldaten. Wirklicher Patriotismus lag ihnen fern. Die gelegentlich ausgesprochene Liebe zu Ägypten[6] gilt weniger dem Vaterlande als dem angenehmen Aufenthalte im Niltale, wo man Kinder, Weib und Haus, die als besser als alle

---

[1] Für die Frömmigkeit des Volkes vgl. § 249.

[2] Maqrizi, übers. von Bouriant (Mém. Miss. Franç. Caire XVII), S. 126.

[3] Wiedemann bei Hastings, „Encyclop. of Religion" VI, S. 275; AfR. XIX, S. 452ff.

[4] Maqrizi, a. a. O., S. 138.

[5] Gardiner, Proc. Soc. Bibl. Arch. XXXV, S. 165ff.; Erman, „Gespräch eines Lebensmüden mit seiner Seele" in Abh. Akad. Berlin 1896.

[6] Saneha-Erzählung bei Wiedemann, „Altägypt. Sagen", S. 34 ff.

Dinge galten[1], besaß. Der Wunsch, in Ägypten begraben
zu werden, war durch die Hoffnung bedingt, dort sichereren
Anteil an den Totenopfern gewinnen zu können als in fernen
Gegenden[2].

§ 30. Mit dem Mangel an wirklichem Mute geht in
Ägypten, wie vielfach auch bei andern Völkern, ein stark
renommistischer Zug Hand in Hand. Die Inschriften
feiern in der übertriebensten Weise die Größe, den Mut,
die Taten ihrer Helden, besonders der Pharaonen, welche
alles besiegten, vernichteten, persönlich die Feinde er-
schlugen. Wo man die Angaben nachzuprüfen vermag, erweisen sie sich als unzuverlässig und dies besonders an denjenigen Stellen, an denen ihre Wahrheit mit großem Nach-
drucke betont wird. Die Wahrheitsliebe der alten Ägypter
war nicht größer wie die der modernen[3], obwohl sie in der
Theorie auf Wahrhaftigkeit großes Gewicht legten und Gott
und König Wahrheit essen und trinken, um ganz von ihr
erfüllt zu sein[4].

§ 31. Von spätern Autoren[5] wird der boshafte Witz der
Ägypter hervorgehoben. Dabei handelte es sich jedoch um
die mehr griechische als ägyptische Mischbevölkerung von
Alexandrien, deren Eigenschaften nicht ohne weiteres auf
die alten Ägypter übertragen werden dürfen[6]. In der älteren
Literatur scheinen Witze keine Rolle zu spielen, doch könnte
dies daran liegen, daß uns das Verständnis für Feinheiten
der Sprache, welches zu ihrer Erkennung erforderlich wäre,
abgeht. In Reliefs werden komische Episoden und Gestalten gelegentlich eingeflochten, einige satyrisch-parodisti-

---

[1] Erzählung vom Schiffbrüchigen, Z. 133 f. bei Erman,
Äg. Z. XLIII, S. 17; Wiedemann, a. a. O., S. 31.

[2] Vgl. § 87.

[3] Lane II, S. 135 ff.

[4] Wiedemann, AMG. X, S. 561 ff.

[5] Stellen bei Wiedemann, Muséon V, S. 456 ff.; Lumbroso,
„L'Egitto dei Greci e dei Romani", 2. Aufl., S. 99 ff. Rose,
„Anecdota" I, S. 109: „Aegyptii sunt dociles, callidi, leves,
temerarii, in venerem proni".

[6] Auch das demotische sog. Satyrische Gedicht (Brugsch, Äg. Z.
XXVI, S. 1 ff.; Revillout, „Le Poème satyrique", Paris 1885;
Rev. égypt. III, S. 98 ff., 148 ff.; IV, S. 196) ist ein später Text.

sche Papyri sind erhalten geblieben[1], in denen Tiere Handlungen verrichten, welche sonst in den Reliefs von Menschen
ausgeführt werden, Brett spielen, miteinander kämpfen,
Opfer spenden, andere Tiere zur Weide bringen, in Prozession
einherziehen. Der Witz ist dabei ziemlich plump, wie dies
auch in einer satyrischen Schilderung verschiedener Berufe[2]
und in der ironischen Behandlung einer Reisebeschreibung
nach Palästina[3] der Fall ist.

§ 32. Sehr stark ausgeprägt ist bei dem Volke eine
konservative Gesinnung in allen Lebensfragen, vor
allem in der Religion. Es hat sich nie dazu entschließen
können, irgend einen Gedankengang aufzugeben, welcher
jemals in der Vorzeit als wahr gegolten hatte. Lieber als
einen solchen Verzicht zu leisten sah man die widersprechend-
sten Vorstellungen nebeneinander als gleichberechtigt an,
wenn neue ganz andersartige Gedankenkreise sich Geltung
verschafften. Ähnlich verfuhr man im Staatsleben, in Sitte,
Sprache und Schrift, und erklärt sich vor allem hieraus die
sehr geringe Veränderung, welche die Gebräuche des ägyptischen Volkes während der Jahrtausende seiner Geschichte
erlitten haben.

§ 33. Moralische Eigenschaften des Volkes[4] lernt
man vor allem aus den Sammlungen von Lebensregeln
kennen und aus Texten, in denen der Tote leugnet, bestimmte,

---

[1] In London und Turin (Lepsius, „Auswahl der wichtigsten
Urkunden", Taf. 23) und in Kairo (Brugsch, Äg. Z. XXXV,
S. 140f.). Vgl. Devéria, „Mémoires" II, S. 13ff. Von dem
erotischen Teile des Turiner Papyrus eine purifizierte Seite:
Pleyte und Rossi, „Papyrus de Turin", pl. 145, S. 203ff. — Das
Vorhandensein einer ausgebildeten Tierfabel ist in Ägypten
nicht erwiesen; der eine solche Fabel enthaltende Abschnitt
(Lauth, Sitzb. Akad. München 1868, II, S. 42ff.; Brugsch,
Äg. Z. XVI, S. 47ff.) eines demotischen Papyrus, der sonst
(Spiegelberg, „Der ägyptische Mythus vom Sonnenauge",
Straßburg 1917; Sitzb. Akad. Berlin 1915, S. 876ff.; Junker,
„Die Onurislegende" in Denkschr. Akad. Wien IL, Abh. 1 u. 2)
auf altägyptisches mythologisches Material zurückgeht, verwertet,
wie aus seiner Fassung hervorgeht, ein griechisches Vorbild (vgl.
Wiedemann, Wochenschr. Klass. Philol. XXXV, Sp. 102f.).

[2] Vgl. § 67.
[3] Pap. Anastasi I. Vgl. § 221.
[4] Vgl. Gardiner in Hastings, „Encyclopaedia of Religion"
V, S. 475ff.; Verrier, „La Morale dans l'ancienne Égypte",
Sisteron 1909; Flinders Petrie, „Religion and Conscience in

freilich nicht dogmatisch festgestellte Vergehen begangen zu
haben und daher der Neubelebung im Jenseits würdig zu
sein. Wenn auch im allgemeinen die Unsterblichkeit durch
die Kenntnis magischer Formeln gewonnen wurde, so tritt
doch daneben der Gedanke auf, das Gute, welches man auf
Erden getan habe, werde im Jenseits Belohnung finden.
Aus derartigen Texten ergibt sich, daß die Ägypter als
tadelnswerte oder verbrecherische Empfindungen und
Taten ansahen: Mord, Grausamkeit, einzelne Arten der
Unsittlichkeit, Raub, Lüge, Schadenstiften, Rachsucht,
Stolz, Übermut gegen Niedriggestellte, Vernachlässigung
der Götter. Empfohlen oder verlangt wurden dagegen:
Milde und Wohlwollen gegen andere Menschen, Wohl-
tätigkeit, Gastfreundschaft, Ehrfurcht vor dem Alter, be-
sonders vor Vater und Mutter, Rücksichtnahme und Liebe
gegenüber der Ehefrau, Gerechtigkeit, gute Laune, Gehorsam
gegen Höhergestellte, Verschwiegenheit, Fleiß, Feiern der
Götterfeste.

§ 34. Im großen und ganzen kann man sagen, daß die
alten Ägypter ein gutmütiges, vergnügtes, leichtherziges,
sinnenfreudiges, selbstzufriedenes Volk waren. Ehrlichkeit,
Wahrheitsliebe, Unbestechlichkeit galten als erstrebenswerte,
aber nicht immer wirklich vorhandene Eigenschaften. Das
Volk besaß eine leichte Auffassungskraft, aber keine Be-
harrlichkeit und Tiefe, so daß es in den intellektuellen Gebieten des Wissens verhältnismäßig wenig zu leisten vermochte. Sein Hauptbestreben war, sich ein möglichst an-
genehmes materielles Leben zu schaffen, und dieses Ziel
hat es im allgemeinen zu erreichen gewußt. Die niederen
Bevölkerungsklassen mußten zwar den Druck der Verhältnisse empfinden, dann aber halfen ihnen die ungewöhn-
lich leichte Gewinnung des Lebensunterhalts unter dem
gesegneten Himmel Ägyptens und der angeborene Leicht-
sinn des Volkes über die Unannehmlichkeiten des Augenblicks hinweg. Wirklicher Pessimismus hat im Niltale nur
ausnahmsweise bestanden. Wenn die Schlechtigkeit der

Ancient Egypt", London 1898; J. Baillet, „Introduction à
l'Étude des Idées morales dans l'Égypte ancienne", Blois 1912;
„Le Régime pharaonique dans ses Rapports avec l'Évolution de la
Morale en Égypte", Blois 1913.

Welt geschildert wird, so geschieht es stets im Hinblick auf
die bestehenden Verhältnisse im Gegensatze zu der guten
alten Zeit und zu der Zukunft, in welcher dem Lande wieder
ein Retter erstehen werde[1]. Ganz vereinzelt sind Ausführungen, daß das Leben eigentlich nicht lebenswert sei[2].
Im allgemeinen verfolgen die Hinweise auf die Vergänglich-
keit des Diesseits und die Unsicherheit des Jenseits ausschließlich den Zweck zu um so größerem Genusse des
Lebens und des Augenblicks aufzufordern[3].

---

[1] Weill, „Les derniers Siècles du Moyen Empire Égyptien.
I. Les Hyksos", Paris 1911 (aus JA. X. Sér., XVI—XVII),
Fortsetzung in JA. XI. Sér., I, S. 535 ff.; Lietzmann, „Der
Weltheiland", Bonn 1909, S. 23 ff., 52 ff.; Wiedemann, AfR.
XIII, S. 349 ff.; XVII, S. 203.

[2] Erman, „Gespräch eines Lebensmüden mit seiner Seele"
in Abh. Akad. Berlin 1896 (vgl. Piehl, Sphinx II, S. 112 ff.).

[3] Vgl. die Texte bei Müller, „Die Liebespoesie der alten
Ägypter", S. 29 ff. und die Parallelen bei C. H. Becker in „Aufsätze zur Kulturgeschichte, gewidmet E. Kuhn", S. 87 ff.

III.
Kulturgeschichtliches.

1. Steinwerkzeuge.

§ 35. Das Vorhandensein einer Steinzeit[1] in Ägypten
ist lange Zeit geleugnet worden, vor allem weil in dem Lande
noch in historischer Zeit Feuerstein nicht nur zur
Leichenöffnung[2], sondern auch sonst vielfach verwendet
wurde. In Gräbern, besonders des Alten Reiches[3], und in
Stadtruinen bis in die griechisch-römische Zeit hinein fanden
sich in erheblicher Zahl Steinmesser und daneben in letz-
tern rundliche harte Steine, welche als Schläger dienten.
Zur Herstellung von Sicheln verwendete man noch im
Mittleren Reiche ein gebogenes Holz, in welchem man scharfe
Feuersteinsplitter befestigte[4]. Auch sonst bediente man
sich damals noch vielfach neben den Metallgeräten der
Steinwerkzeuge[5] und trugen die Pfeile, wie Holzsoldaten-
gestalten aus einem Grabe zu Siut zeigen, Feuersteinspitzen[6].
Für die gröbere Arbeit in der thebanischen Totenstadt[7],

---

[1] Wiedemann, Globus XCVI, S. 293ff. Ein Verzeichnis von
Fundorten bei Morgan, „Recherches sur les Origines de l'Égypte" I,
S. 67ff. und Seton-Karr, Ann. Serv. Ant. V, S. 145. Typische
Beispiele bei Currelly, „Stone Implements" (Kat. Kairo), Kairo
1913.
[2] Wiedemann, „Herodot", S. 353f.
[3] Lepsius, Äg. Z. VIII, S. 120.
[4] Vgl. § 196.
[5] Spurrell bei Petrie, „Illahun", S. 51ff.; Petrie, „Kahun",
S. 26; Griffith, „Beni Hasan" III, S. 33ff., Taf. 7—10 (die von
diesem und Borchardt, Äg. Z. XXXV, S. 105f. gegebene Deutung
einiger Darstellungen als Herstellung und Schärfung von Feuer-
steinmessern ist, wie Morgan, „Recherches sur les Origines de
l'Égypte" II, S. 104 hervorhob, nicht möglich; es handelt sich
an dieser Stelle um Metallwerkzeuge).
[6] Borchardt, „Statuen" (Kat. Kairo), S. 164.
[7] Seton-Karr, Ann. Serv. Ant. VI, S. 176ff.

in den Granitbrüchen zu Assuan und in den Kupfergruben
der Sinaihalbinsel[1] benutzten die Arbeiter dauernd neben
Metallwerkzeugen Steingeräte. In dem aus dem Ende der
18. Dynastie stammenden El Amarna traten rohe Steinwerkzeuge auf[2], eine Werkzeugspitze im Palaste Amenophis' III. zu Theben bestand aus Feuerstein[3], und Pfeile
derselben Zeit besaßen Kieselsplitter als Spitzen[4]. Säge-
artige Feuersteinwerkzeuge erscheinen noch in Resten aus
der Ptolemäerzeit[5]. Zu kleineren chirurgischen Eingriffen
und zum Rasieren wird man geradeso, wie noch im heutigen
Ägypten, gelegentlich Feuersteine zu Hilfe genommen haben.

§ 36. Mehrfach finden sich in Ägypten Hinweise auf
einen althergebrachten Steinkult. Ein kegelförmiger, als
Pyramide oder als Obelisk stilisierter Stein galt in Heliopolis
als eine Verkörperung des Sonnengottes, der man große
Heiligtümer weihte[6] und deren Bild man in Gräbern und
vor Tempeln aufstellte. Als Schriftzeichen für das Wort
Gott diente ein Stab, an dem oben ein Steinkelt befestigt
war[7]. Eine Bergkuppe bei Theben wurde göttlich verehrt[8].
Alle diese Kulte hatten jedoch nichts mit Erinnerungen an
eine alte Steinzeit zu tun; sie hingen mit semitischen Anschauungen von heiligen Steinen, einem alten Waffenkulte,
der Verehrung alles Auffallenden in der Natur durch die
Ägypter zusammen.

§ 37. Neben den der geschichtlichen Zeit entstammenden
Steingeräten treten andersartige, rohere, aber an künstliche
Erzeugnisse erinnernde Steinformen in großen Mengen auf
der ägyptischen Hochebene und eingebacken in den ter-
tiären Kalkstein der Randgebirge auf. In ihnen sah man[9]
zunächst im allgemeinen Naturprodukte und erklärte die
Messerformen, Schlagstellen usf. durch natürliche Ursachen,

---

[1] Petrie, „Researches in Sinai", S. 48ff., 159ff.; Bracht,
ZfE. XXXVII, S. 173ff.
[2] Spurrell bei Petrie, „Tell el Amarna", S. 37f.
[3] Daressy, Ann. Serv. Ant. IV, S. 168.
[4] Schweinfurth, Sphinx III, S. 106.
[5] Daressy, Ann. Serv. Ant. XIII, S. 2.
[6] Vgl. § 252.
[7] Wiedemann bei Hastings, „Encycl. of Religion" VI,
S. 275; AfR. XIX, S. 454.
[8] Maspero, „Études de Myth." II, S. 402ff.
[9] Lepsius, Äg. Z. VIII, S. 94ff., 113ff.; Ebers, ib. IX, S. 17ff.

das Rollen der Feuersteinknollen in vorhistorischen Bächen,
das Stürzen der Steine von verwitternden Höhen herab,
das Zerspringen derselben unter der Einwirkung des jähen
Wechsels von Kälte und Hitze bei Sonnenaufgang. Demgegenüber wiesen andere Forscher[1] einen großen Teil der
Stücke der paläolithen Zeit zu und deuteten sie als
menschliche Erzeugnisse in der Arbeitsweise von Chelles
und von St. Acheul und Le Moustier.

Neben diesen paläolithen Artefakten finden sich nach
Schweinfurth[2] im Niltale ältere eolithe Stücke, welche
teilweise in der diluvialen Schotter Terrasse eingebacken
sind, also aus der Zeit vor und während der Entstehung
dieser Gebirgsmassen stammen, teilweise aus derselben aus-
gewittert sein sollen. Sie zeigen die Typen von Reutel und
Mesvin, welche auf belgischem Boden gefunden und für
Artefakte erklärt worden sind. Nach dem gleichen Forscher
hätte das Klima Ägyptens in der paläolithen Zeit etwa dem
jetzigen entsprochen, in der eolithen Zeit habe zunächst eine
Regenperiode geherrscht und seien zahlreiche Binnenseen
vorhanden gewesen; dann sei ein trockenes Klima eingetreten, und endlich sei gegen Ende der Periode unter vermehrten Niederschlägen die Schotterterrasse von Qurna bei
Theben, der Hauptfundort der Stücke, entstanden. Bezüglich dieser ägyptischen Eolithen ist die Frage viel behandelt worden, ob man es bei ihnen überhaupt mit künstlichen Erzeugnissen oder nur mit Naturprodukten zu tun
habe. Jedenfalls läßt sich, da nur Steinformungen vorliegen
würden, über die eigentliche Kultur der derart angenom-
menen eolithen Periode ebensowenig etwas sagen, wie über
die der paläolithen Zeit im Niltale.

Ganz anders liegen die Verhältnisse für die sich an diese
Zeitläufte anschließende neolithe Periode, welche man in
Ägypten vielfach nach einem ihrer Hauptblütepunkte, der

---

[1] Schweinfurth, ZfE. XXXIV, S. 293ff.; XXXV, S. 504ff.,
798ff.; XLI, S. 735ff.; ZGEB. 1904, S. 574ff.; v. Luschan, ZfE.
XXXVI, S. 317ff.; H. de Morgan, Rev. de l'Éc. Anthr. Paris XIX,
Mai—Sept. 1909; Lortet, „Faune momifiée" IV, S. 191ff.; Hall,
Man 1905, Nr. 42.

[2] ZfE. XXXV, S. 504ff.; XXXVI, S. 766ff.; XXXVII,
S. 622f., 912ff.; Chantre, Bull. Soc. Anthrop. Lyon XXIII,
S. 152ff.

Umgegend der Stadt Nagada (Naḳâde) in Oberägypten, als
Nagadazeit benennt. Diese Periode liegt im Niltale auch in
ihren Einzelheiten in großer Klarheit zu Tage, vor allem weil
mit ihr nicht nur reiche kulturelle Funde einsetzen, sondern
in ihr auch die Schrift bekannt war, es sich hier also um
eine historische Periode im strengen Sinne des Wortes
handelt.

2. Nagada-Kultur[1].

§ 38. Die Nagada-Kultur, welche bereits am Anfange
der bisher bekannt gewordenen Periode eine verhältnismäßig
hohe war, kennt man wesentlich durch Gräber und deren
Beigaben. Nur wenige Stücke stammen aus Tempeln, in
denen sie als heilige Überreste aufbewahrt oder vergraben
wurden.

Unter den Grabbeigaben sind Erzeugnisse der Töpferei
sehr zahlreich; für ihre Formungen war stets das praktische
Bedürfnis maßgebend, ästhetische Gesichtspunkte kamen
dabei nicht irgendwie wesentlich in Betracht. Die Ausführung erfolgte sehr sorgsam, aber ohne Töpferscheibe, in
zwei Hauptarten. Die erste derselben erhielt eine glänzend
rote Oberfläche, welche durch das Drücken des noch feuchten Topfes mit einem Stäbchen und durch gelegentliche
Beimischung von Ocker erzielt wurde und vielfach an die in
neuerer Zeit in Siut in Oberägypten hergestellte Ware erinnert. Nicht selten ließ man den Rauch in den Ofen schlagen
und färbte so den oberen Rand, seltener das ganze Gefäß
schwarz. Eine weitere Verzierung konnten weiß gemalte,
nicht eingebrannte Ornamente und naturalistische Bilder
von Gazellen, Bergziegen, Krokodillen, Nilpferden bilden.

---

[1] Morgan, „Recherches sur les Origines de l'Égypte" I und II,
Paris 1896—7; „Les premières Civilisations", Paris 1909; Wiedemann, Umschau I, S. 561ff., 590ff., KBlAEU. XLV, S. 19f.,
22f.; Capart, „Les Débuts de l'Art en Égypte", Brüssel 1904
(vgl. Peet, Journ. Egypt. Arch. II, S. 88f.); Moret, „Au Temps
des Pharaons", S. 89ff.; Jéquier, „Hist. de la Civilisation Égyptienne", S. 51ff. — Material bei Quibell, „Archaic Objects" (Kat.
Kairo), 2 Bde., Kairo 1904—5; Bissing, „Tongefäße" I (Kat.
Kairo), Kairo 1913. — Die Datierung der Periode durch Petrie
(„Naqada and Ballas", London 1896) und Schäfer (Äg. Z.
XXXIV, S. 161) zwischen das Alte und Neue, bzw. an das Ende
des Alten Reiches war irrig.

Die zweite Gefäßart hatte keine geglättete Oberfläche, sie
war porös und zeigte die natürliche rotbraune oder gelbliche Tonfarbe. Häufig wurde sie mit braunen Malereien
verziert, welche Ornamente, Bilder von Menschen, Tieren,
Schiffen, Pflanzen zeigten. Dieselben sind mit guter Natur-
beobachtung in einfachen Linien ohne jede Schattierung
hingeworfen. Die Herstellung derartiger roher Ware ist in
Ägypten als Frauenarbeit dauernd üblich geblieben[1],
während die Herstellung der geglätteten Töpfe in Ägypten selbst im allgemeinen verschwand, dagegen im südlichen Nubien und bei den westlichen libyschen Grenz-
nachbaren sich erhielt und bei den im Laufe der Zeit
mehrfach erfolgten Vorstößen dieser Völker in das ägyptische
Fruchtland auch dort zeitweise vorübergehend wieder Boden
fand.

Parallel mit den Tongefäßen laufen solche aus Stein,
besonders aus Alabaster, Granit, Diorit, die gleichfalls ohne
Drehscheibe und Drehbohrer gefertigt sind. Die Arbeit war
eine sehr schwierige, die Gefäße besaßen infolgedessen hohen
Wert, und hat man mehrfach den Versuch gemacht, zer-
brochene Steintöpfe zu flicken. Man bohrte zu diesem
Zwecke auf beiden Seiten der Bruchfläche Löcher ein, zog
durch diese Fäden oder Kupferbänder und band beide
Stücke zusammen.

Von Künsten des Friedens kannte man das Fahren in
Schiffen, welche groß und niedrig waren und die man mit
Rudern, mit Segeln oder mit unten mit Spitzen versehenen
Stoßstangen[2] fortbewegte. Das Schwimmen war in Gestalt
des Pudelns verbreitet. Spinnwirtel und Stoffreste weisen
auf Weberei hin. In den Speiseabfallhaufen fand man
Reste von Rindern, Muscheln und Datteln. Man jagte
Gazellen, Strauße, Löwen, bisweilen in großen Jagdgesell-
schaften und unter Verwertung von Locktieren bei der
Raubtierjagd. Die Kriege waren blutig, zum Schlusse
wurden eine Anzahl von Gefangenen als Siegesopfer getötet.
Als Wohnung diente den Bessergestellten ein von einer
Mauer umgebener Bezirk, welcher das, wie es scheint, bereits
damals in seinem Grundplane im allgemeinen viereckige
Wohnhaus enthielt, welches man durch angehängte Stier-

---

[1] Vgl. § 230.   [2] Petrie, Ancient Egypt I, S. 34.

schädel gegen bösen Zauber zu schützen suchte[1], ferner
Ställe für das Vieh, Magazine und nicht selten einen
kleinen viereckigen Teich.

Frauen erscheinen in den Darstellungen meist in unter-
geordneten Tätigkeiten, als Klageweiber bei Beerdigungen,
beim Brotkneten, Bierbrauen und ähnlichem. Nach dem
Tode wurden Frauen und Männer gleich behandelt und erhielten dieselben Beigaben. Beide schmückten sich in
gleicher Weise. Man trug Halsbänder, welche sich aus
flachen Knochenplatten und rundlichen oder länglichen
Perlen zusammensetzten. Letztere bestanden bisweilen aus
ähnlichem, meist hellgrün glasiertem Steingut, wie in späterer Zeit, daneben aus schwach gebrannter oder ungebrann-
ter Erde, aus gefärbten Knochen, Edelmetall, besonders
Gold, weit seltener Eisen oder Bernstein. Armbänder band
man mit Kupferfäden aus Schildkrötenschalen zusammen[2]
oder schlug sie aus Steinen heraus oder fertigte sie aus Ab-
schnitten von Meermuscheln. Ihre Weite war, entsprechend
der Zartheit des Knochenbaues der Skelette der damaligen
Zeit, auffallend gering. In die Haare, die man lang zu
tragen pflegte, steckte man flache Knochenkämme (Abb. 24)
und, ähnlich wie noch heutzutage die nubischen Stämme
in der Kataraktengegend, lange Knochennadeln.

Auf der Brust der Leichen liegen häufig flache Schieferplatten, welche vielfach zum Anhängen durchbohrt sind
und wohl bei Lebzeiten an dem Halse befestigt getragen
wurden. Unter ihnen treten Platten von rundlicher oder
viereckiger Form auf, welche als heilige Steine anzusehen
sind, ferner flache Bilder heiliger Tiere, Gazellen, Stein-
böcke, Fische, Elefanten, Vögel, ein Vogel mit zwei Köpfen,
und andere Gestaltungen. Selten werden derartige Tierbilder aus Feuerstein gefertigt[3]. Eine Reihe der Schieferplatten[4] zeigt technisch bisweilen ungeschickte, aber gut
naturalistisch aufgefaßte Darstellungen von Siegen, Festen,

---

[1] Quibell, „Hierakonpolis" I, Taf. 14.
[2] Petrie, „Memphis" V, Taf. 2, 6; S. 22.
[3] Schweinfurth, Umschau VII, S. 804 f.; Petrie, „Abydos" I,
Taf. 26, S. 12; Budge, „Guide to the Eg. Coll., Brit. Mus.",
S. 95, 148; „Guide to the third and fourth Egyptian Rooms,
Brit. Mus.", S. 58; Rev. de l'École d'Anthr. Paris 1903, S. 395 ff.
[4] Zusammenstellung bei Legge, Proc. Soc. Bibl. Arch. XXII,
S. 125 ff., 270 ff.; XXVI, S. 262 f.; XXVIII, S. 87.

Jagden und ähnlichem. Diese Ereignisse hatten unter dem
Schutze der Gottheit stattgefunden, standen also mit ihr
in engem Zusammenhange. Außerdem sollte ihre Verbindung mit dem Götterbilde hier, wie in anderen Fällen in
Ägypten, ihre Wiederkehr unter dem Einfluß der Götter
sichern.

In sehr großer Zahl finden sich endlich unter den Beigaben zum Schutze für das Jenseits bestimmte Waffen:
Messer, Äxte, Keulenköpfe, Pfeilspitzen. Als Material
diente so gut wie regelmäßig Feuerstein. Bisweilen wurden
diese Steinwaffen auch durch Modelle ersetzt. Die Formen
entsprachen im allgemeinen[1] den aus andern Ländern für
die neolithe Zeit bekannten Gestaltungen.

3. Entstehung des ägyptischen Volkes.

§ 39. Abgesehen von ihrem kulturhistorischen Werte
haben die geschilderten Funde einen historischen. In der
Periode ihrer Entstehung entwickelte sich, wie auch aus
vereinzelten halbmythologischen Berichten und sonstigen
Andeutungen hervorgeht, das ägyptische Volk der rein-
geschichtlichen Zeit. Dabei war vermutlich der Werdegang
der folgende[2]:

In einer Zeit, welche der Pyramidenerbauung um mehrere
Jahrhunderte vorherging, war das Niltal von einer den
westwärts wohnenden Libyern verwandten Bevölkerung
besiedelt. Dieselbe besaß eine beträchtliche, der neolithen
Steinzeit zuzurechnende Kultur. Sie verehrte in ausgedehn-
tem Maße heilige Tiere und glaubte an eine persönliche
Unsterblichkeit. Da drang von Osten her über die Straße
von Kosêr nach Koptos[3] ein anderes Volk in Oberägypten
ein, welches zwar urverwandt mit den Bewohnern des
Landes war, sich aber längst sprachlich und kulturlich von
ihnen getrennt hatte. Es stand in seiner Kultur den ältesten
Bewohnern Babyloniens nahe, kam demnach vermutlich,

---

[1] Illustrierte Übersicht: Petrie, Ancient Egypt II, S. 59ff.,
122 ff. Für die Keulenköpfe und schneidenden Pfeilspitzen vgl.
§ 176 u. 177.

[2] Vgl. Wiedemann bei Morgan, „Recherches sur les Origines
de l'Égypte" II, S. 203ff. und die übrige S. 44, Anm. angeführte Literatur.

[3] Vgl. § 7.

wie diese, aus dem Innern Arabiens, dessen Menschenüber-
fluß nach Westen und Osten hin ausströmte. Sie erschienen
als Eroberer und wurden bei ihrem Unternehmen dadurch
unterstützt, daß sie die Verwertung der Metalle, besonders
des Kupfers, kannten. An kriegerischer Veranlagung über-
trafen sie die Bewohner des Landes bei weitem[1]. Ihre
religiösen Anschauungen waren durchgeistigter, ihre Haupt-
götter höherstehende, intelligente, sich in menschlicher
Gestalt verkörpernde Wesen[2]. Ihre ersten Wohnsitze
fanden sie in Oberägypten und eroberten dann von hier aus
in langen Kämpfen[3] das Niltal flußabwärts zunächst bis
Memphis und dann bis zum Meere. Gleichzeitig rückten
sie nach Süden über die Katarakten hinaus nach Äthiopien
vor und paßten in dieser Zeit bei der Vermischung mit den
Eingeborenen ihre Kultur völlig dem Boden an, auf dem sie
Wurzel faßten. Es erscheinen daher in der Schrift, welche
sie verwendeten, die Bilder echt ägyptischer Pflanzen und
Tiere[4].

§ 40. Neben den besprochenen beiden Elementen fand
sich in Ägypten bereits sehr frühe ein semitischer Einschlag[5], welcher aber nirgends in geschlossener Masse auftrat. Über die Landenge von Suez und durch die Gebirge

---

[1] Vgl. § 29.
[2] Wiedemann, „Der Tierkult der alten Ägypter", S. 27 ff.;
Muséon N. F. VI, S. 113 ff.
[3] Für die Begleiter (*mesen-u*, nach Maspero „Schmiede",
nach Sethe, Äg. Z. LIV, S. 50 ff. „Harpunierer") des Horus,
welche in den diesbezüglichen mythologischen Texten eine
große Rolle spielen, vgl. Maspero, „Études de Myth." II,
S. 313 ff. — Naville, Archives suisses d'Anthropologie I,
S. 54 ff. vermutete, daß die Kenntnis und Bearbeitung des
Kupfers zu den Ägyptern vom oberen Nil kam, doch erscheinen
seine Ausführungen angesichts des häufigen Vorkommens des
Kupfers innerhalb des babylonisch-vorderasiatischen Kulturkreises nicht überzeugend.
[4] Vgl. u. a. Bissing, L'Anthropologie IX, S. 409 f.
[5] Dieses Element betonte einseitig Hommel, Transact.
9th internat. Congress of Orient. (London) II, S. 118 ff.; Memnon I,
S. 80 ff., 207 ff. Vgl. Jeremias, „Der Alte Orient und die ägyp-
tische Religion", Leipzig 1907; Petrie, „Ancient Egypt" IV, S. 26 ff.
Eine Übersicht über die Beziehungen zwischen Ägypten und
Asien im Alten und Mittleren Reiche gaben Weill und Lévy,
Sphinx VIII, S. 179 ff.; IX S. 1 ff., 70 ff. und Peet, Journ.
Manchester Egypt. Soc. 1914/5, S. 27 ff.

zwischen Nil und Rotem Meere zogen, besonders wenn Hungersnot in Palästina oder in Nordarabien ausbrach, vielfach einzelne Familien in das Niltal ein. Trotz ihrer jeweils geringen Zahl gewannen sie doch infolge ihrer Häufigkeit Einfluß auf die Bevölkerung und veranlaßten den semitischen Typus zahlreicher Deltabewohner, die Aufnahme semitischer Lehnworte in die ägyptische Sprache und die Übernahme einer Reihe ursprünglich den Ägyptern fremder religiöser Gedankengänge.

Sonstige Kulturbeeinflussungen vom Auslande her kommen in dieser Zeit nur für Einzelheiten in Betracht. Die Ähnlichkeit mit nubischen Sitten[1] erklärt sich aus der gleichartigen Urkultur im östlichen Nordafrika und aus den gleichen klimatischen und Bebauungsverhältnissen in dem südlich an das eigentliche Ägypten anstoßenden oberen Niltal, wo bis tief in die historische Zeit hinein zerstreut Anverwandte der Libyer saßen. Negereinflüsse aus dem inneren Afrika sind in der Frühzeit nirgends nachweisbar.

4. Spätere Kulturbeziehungen zum Auslande.

§ 41.   Die geschilderten geographischen Verhältnisse[2] mußten eine engere Beziehung Ägyptens zu andern Ländern[3] jederzeit sehr erschweren und der Entwicklung der Kultur im Niltale ein eigenartiges Gepräge geben. Diese Erscheinung wurde unterstützt durch die Eigentümlichkeiten des Landes, den Nil und seine Überschwemmungen, welche bestimmte, in anderen Gebieten nicht in gleichen Formen wiederkehrende Grundlagen für die Wassergewinnung und

---

[1] Diese hoben hervor v. Bissing, L'Anthropologie IX, S. 241 ff., 408 ff.; Naville, Rev. arch. XXII, S. 47 ff.; RT. XXXII, S. 52 ff., XXXIII, S. 193 ff.; Jéquier, RT. XXXIV, S. 112 ff. Petrie, Ancient Egypt I, S. 115 ff., 159 ff. Sehr reichhaltiges Vergleichsmaterial ergeben G. Schweinfurth, „Im Herzen von Afrika", 3. Aufl., Leipzig 1918, und E. A. W. Budge, „Osiris", 2 Bde., London 1911.

[2] Vgl. § 4 ff.

[3] Die sehr umfangreiche, meist Einzelfragen behandelnde Literatur verzeichnet bei Bissing, „Der Anteil der ägyptischen Kunst am Kunstleben der Völker", München 1912 und Wiedemann, Jahresberichte der Geschichtswissenschaft seit 1902. Besonders hervorzuheben ist: Müller, „Asien und Europa", Leipzig 1893.

Feldbestellung mit sich brachten. Der vorzügliche Lehm und
Ton des Fruchtlandes mußte die Ziegelei und Keramik, der
sandige Kiesboden der Wüstenränder die Herstellung von
Steingutwaren, die weichen Gesteine der Randgebirge die
von Steingefäßen, der Feuersteinüberfluß die von Stein-
werkzeugen fördern. Die Notwendigkeit einer geregelten
Bewässerung bedingte eine straffe staatliche Ordnung und
die Einteilung des Landes in Bewässerungsprovinzen, über
deren gegenseitiges Verhältnis am besten eine Monarchie
zu wachen vermochte. Die Gleichförmigkeit im klimatischen
Verlaufe des Jahres bewirkte eine große Regelmäßigkeit
im Ackerbau und in den sonstigen Beschäftigungen des
Volkes und bestärkte damit seine bereits[1] hervorgehobene
ausgeprägt konservative Gesinnung. Dazu kam eine durch
die günstigen Lebensverhältnisse hervorgerufene und dauernd
begünstigte frühzeitige Entwicklung der Kultur, welche zu
einer Verachtung der niedriger stehenden Ausländer führte,
eine Denkart, an welcher das Volk festhielt, auch als die
Nachbarvölker eigene, in manchen Beziehungen höherstehende Kulturen errungen hatten. Mitwirkend war ferner
die bereits betonte außerordentlich große Assimilationskraft
des Landes, dank deren die Nachkommen fremder Ansied-
ler in verhältnismäßig kurzer Zeit der ägyptischen Lebens-
art sich unterwarfen, den ägyptischen Typus gewannen und
nach wenigen Generationen von den alteingesessenen Bewohnern des Landes kaum mehr unterschieden zu sein
pflegten[2].

§ 42. Die ältere Ansicht, die Kulturentwicklung Ägyptens sei eine völlig selbständige gewesen, war freilich un-
richtig. Im Laufe seiner Geschichte wurde das Land mehrfach von fremden Stämmen heimgesucht. In der Nagada-
Zeit erzeugte der eben geschilderte Einfall von Osten her
eine Mischkultur im Niltale. Spätere Eroberer, wie die
längere Zeit herrschenden Hyksos und Perser ebenso wie die
nur Raubzüge beabsichtigenden Babylonier, Assyrer, Äthiopen, Libyer, waren der gefestigten Kultur des Landes
gegenüber zu einer Kulturumgestaltung nicht in der Lage.
Ebensowenig haben friedliche Einwanderungen, wie sie aus
dem semitischen Osten[3], daneben auch aus dem libyschen
Westen und dem hamitischen, später negerbevölkerten

---

[1] Vgl. § 32.   [2] Vgl. § 29.   [3] Vgl. § 40.

Süden erfolgten, stärkere Einflüsse ausgeübt. Die Ägypter
ihrerseits sind mehrfach als Eroberer über ihre Grenzen vor-
gedrungen, aber außer in Nubien[1] und vereinzelt in den
Oasen[2] ist es nirgends zu einer dauernden Besetzung gekommen. Die fremden Länder wurden ausgeplündert,
gelegentlich kleine Garnisonen zurückgelassen, vereinzelte
Ägypter fanden auch auf friedlichem Wege im fremden
Lande Aufnahme, aber alle diese Ansiedlungen hatten
kurzen Bestand und ließen nur vereinzelte ägyptische
Kulturelemente zurück.

§ 43. Einen größeren Einfluß übte der Handel aus,
weniger durch das Bringen umfassender Kulturauffassungen
als durch die Einfuhr von Gegenständen, welche in den
erwerbenden Ländern auch zur Nachbildung reizen konnten.
Im Vergleiche zu europäischen Verhältnissen war aber auch
hier die Einwirkung auffallend gering. Die Zahl von Import-
gegenständen, welche die Ausgrabungen im Niltale zutage
fördern, ist vor der hellenistischen Zeit sehr klein. Keramische Erzeugnisse der Insel- und der Mykenäischen Kultur[3],
bestimmte Waffenarten, Schmucksachen und ähnliche
Gegenstände wurden während kurzer Zeit in beschränktem
Maße eingeführt. Nicht anders lagen die Verhältnisse für
die Ausfuhrwaren. In Palästina haben sich mehr ägyptische
als babylonische Erzeugnisse gefunden[4]; es handelt sich
aber auch bei ihnen um verhältnismäßig wenige Götter-
statuetten, Amulette und entsprechende Dinge. Die Inschriften bestätigen diese geringen Beeinflussungen, auf
welche die Funde hinweisen. Die Zahl der in Ägypten eingeführten fremden Gottheiten ist eine beschränkte, ihr Kult
hat nur örtliche Bedeutung[5]. Die Handelszüge[6] vermochten nur wenig Waren ein- und auszuführen. Bei den schwierigen Verbindungen drangen die ägyptischen Erzeugnisse
nur in die unmittelbaren Nachbarländer und den Nil auf-

---

[1] Vgl. § 5.
[2] Vgl. § 8.
[3] Literatur bei Fimmen, „Zeit und Dauer der kretisch-
mykenischen Kultur", S. 40ff.
[4] Einzelangaben und Literaturnachweise bei Kittel, „Geschichte des Volkes Israel" I, 3. Aufl., Gotha 1916; Vincent,
„Canaan", Paris 1907.
[5] Wiedemann, „Die Religion der alten Ägypter", S. 81ff.
[6] Vgl. § 221.

wärts bis etwa Chartûm vor. Die angeblichen Funde
ägyptischer Gegenstände in Westafrika, am Zambesi usf.
haben sich als Irrtum, als moderne Einfuhr oder als Betrug
herausgestellt[1].

---

[1] Der von Peters, „Im Goldlande des Altertums" (München
1902), S. 294 ff., 207 besprochene, angeblich südlich vom Zambesi gefundene Uschebti mit dem Namen Thutmosis' III. ist
eine moderne Fälschung (vgl. Wiedemann, Jahresber. d. Ge-
schichtswiss. XXV, S. 14; Schäfer, ZfE. XXXVIII, S. 896 ff.),
von der sich weitere Exemplare bei einem thebanischen Fälscher
(Wakeling, „Forged Egyptian Antiquities" Taf. 6, Fig. 4, S. 47)
und in Bonn (Wiedemann, Bonn. Jahrb. CXXVI) gefunden haben.

IV.
Kulturbeschreibung.

A. Der Staat.

1. Stellung des Königs[1].

§ 44. Dem Könige (Pharao)[2] kam nach ägyptischer Anschauung eine dreifache Stellung zu. Den Göttern gegenüber war er höchster Priester, den Ausländern gegenüber oberster Feldherr und für alle seine Untertanen absoluter Herrscher. Theoretisch galt dabei die priesterliche Stellung als die wesentlichste, und weisen daher die Haupttitel des Herrschers auf diese hin. Die später als König von Ober- und Unterägypten aufgefaßte Bezeichnung bedeutete ursprünglich Oberpriester von Heracleopolis magna in Mittel- und von Koptos in Oberägypten[3]. Die auf diese Einführung folgenden Eigennamen des Herrschers schloß der Ägypter zum Schutze gegen dämonische Angriffe in die sogenannte Kartusche ⬭ ein, außer in denjenigen Fällen, in welchen der König völlig als Gott auftrat und sich daher selbst Schutz genug war. Nicht nur an den hier ausdrücklich genannten Orten war der König Priester. Er hatte das Recht, jederzeit vor jedem Gotte zu erscheinen und die großen Tempelzeremonien zu vollziehen, wie dies sonst nur

---

[1] Wiedemann, Muséon XIII, S. 367 ff., 450 ff.; Moret, „Du Caractère religieux de la Royauté Pharaonique", Paris 1902; „Mystères Égyptiens", S. 143 ff.; J. Baillet, „Le Régime Pharaonique dans ses Rapports avec l'Évolution de la Morale en Égypte", Blois 1912; J. Thierry, „De religieuze Beteeknis van het aegyptische Koningschap: I. De Titulaturer", Leiden 1913.

[2] Das Wort Pharao geht auf die ägyptische Bezeichnung des Herrschers per-āa „Großes Haus" zurück (vgl. Spiegelberg, Äg. Z. LIII, S. 130 f.), mit der man etwa das moderne Hohe Pforte vergleichen kann. Aus Ehrfurcht vor dem Fürsten nennt man nicht ihn selbst, sondern seine Behausung.

[3] Renouf, „Life-Work" II, S. 345 ff.

dem jeweiligen Oberpriester zustand. Ursprünglich handelte
es sich bei der Ausübung solcher priesterlichen Tätigkeiten
nicht um ein Recht, sondern um eine Pflicht des Herrschers, und blieb die Erinnerung an diese Verpflichtung bis
in die spätesten Zeiten bestehen. So hatte er einst persönlich das wichtigste Totenopfer für jeden seiner Untertanen
darzubringen gehabt, und wurde dasselbe im Anschluß an
diese Tatsache dauernd als königliche Opfergabe bezeichnet,
auch als der Umfang des Reiches den Pharao zwang, die
Weihung der Gaben und Formeln durch einen Stellvertreter
vollziehen zu lassen. Bei bestimmten Festen blieb es stets
üblich, daß der Pharao in eigener Person die Opfer vollzog,
wie vor allem bei einer großen Siegesfeier und bei dem Haupt-
erntefeste.

§ 45. Die Berechtigung des Herrschers zum Ober-
priestertume ergab sich aus der Überzeugung, daß er selbst
ein Gott sei, welcher auf einige Zeit hier auf Erden weilte,
ohne dadurch seiner Göttlichkeit verlustig zu gehen, und
welcher infolgedessen als Gleichgestellter seinen himmlischen Genossen im Gottume Gaben spendete und berechtigt war, von ihnen als Entgelt die Erfüllung seiner Wünsche
zu fordern[1]. Als „großer Gott"[2] oder als „schöner Gott"
beanspruchte der König göttliche Verehrung. Sie erlangte
er so gut wie regelmäßig nach seinem Tode, und hat der
Kult einiger ägyptischer Herrscher, wenn auch mit Unterbrechungen, Jahrtausende lang bestanden. Bei den meisten
Pharaonen geriet er freilich bald in Vergessenheit, lebte
aber bei einzelnen von ihnen gelegentlich in späteren Perioden
wieder auf, wie die Verehrung der Pyramidenerbauer in der
saitischen Zeit (um 600 v. Chr.)[3], welche auch sonst vielfach
an die Traditionen des Alten Reiches anzuknüpfen suchte.

Der König wurde nicht nur nach seinem Eingange zu
den Göttern, sondern auch bereits bei Lebzeiten als Gott
aufgefaßt, und heißt es von einem Pharao[4]: „Wenn Du

---

[1] Wiedemann, Muséon X, S. 42 ff.
[2] So nennen sich bereits Snefru und Cheops (Lepsius,
„Denkm." II, 2) am Anfange des Alten Reiches.
[3] Wiedemann, Proc. Soc. Bibl. Arch. IX, S. 180 ff.
[4] Pap. Anastasi II, 6, Z. 3 ff. = IV, 5, Z. 6 ff. (um 1300
v. Chr.; Maspero, „Genre épistolaire chez les anciens Égyptiens",
S. 80).

ruhst in Deinem Palaste, dem Leben, Heil und Gesundheit
zuteil werden möge, dann hörst Du die Worte aller Länder,
denn Du bist mit unendlich vielen Ohren[1] begabt. Dein
Auge ist klarer wie der Stern des Himmels, es versteht
besser zu beobachten wie die Sonne[2]. Wenn man spricht,
dann mag sich der sprechende Mund in einem verschlossenen
Orte befinden, das Wort dringt doch an Dein Ohr. Wenn
man etwas im Verborgenen tut, Dein Auge erblickt es."

Abb. 3.
Saḥurā tötet einen Feind.
Links Saḥurā als König von Unter- und als König
von Ober-Ägypten.

Von einem anderen Könige wird gesagt[3]: „Seine Majestät
weiß, was geschieht. Nichts geschieht, was er nicht wüßte,
er ist der Gott Thot selbst in allen Dingen, es gibt kein
Wort, das er nicht durchführte." Die Könige waren von

---

[1] Auch der Gottheit schrieb man viele, gelegentlich bis zu
376 Ohren zu und stellte diese auf Stelen dar (Petrie, „Memphis"
I, pl. 8—13, S. 7), damit sie die von allen Seiten auf sie ein-
stürmenden Bitten gleichzeitig hören könne.

[2] In anderen Fällen galten Beamte als die Organe des Sehens
und Hörens des Königs und erhielten Titel wie „Die beiden Augen
des Königs von Oberägypten, die beiden Ohren des Königs von
Unterägypten" (Proc. Soc. Bibl. Arch. XVIII, S. 82; Petrie,
„Memphis" V, pl. 79, S. 33) oder wie „Der Mund des Königs
von Oberägypten, die beiden Ohren des Königs von Unterägypten" (Petrie, a. a. O. pl. 12, S. 108, 110).

[3] Newberry, „The Life of Rekhmarā" Taf. 7, Z. 8—9 (um
1600 v. Chr.).

dieser ihrer Göttlichkeit[1] so fest überzeugt, daß Herrscher des Neuen Reiches, wie besonders Amenophis III. und Ramses II., ihren göttlichen Doppelgänger oder auch sich selbst göttlich verehrten, sich Opfer darbrachten, Tempel weihten und sich von ihrer eigenen Göttlichkeit himmlische Gaben verleihen ließen.

Der Gott, zu dem der König in nächster Beziehung steht, ist der Sonnengott in seinen verschiedenen Gestaltungen. Seit alter Zeit wird der Pharao regelmäßig als der Sohn des Sonnengottes Rā bezeichnet. Mehrfach wird, bisweilen unter Beifügung von Darstellungen, geschildert, wie dieser oder eine seiner Erscheinungsformen, welche zu diesem Zwecke die Gestalt des augenblicklich auf dem Throne sitzenden Herrschers annehmen konnte, den künftigen Herrn Ägyptens erzeugte. Vor allem geschah dies im Neuen Reiche durch Amon-Rā, eine Verbindung des thebanischen Gottes Amon mit dem Sonnengotte, und lebt diese Vorstellung noch fort in dem hellenistischen Glauben an die Erzeugung Alexanders des Großen durch Jupiter Amon[2].

§ 46. Neben Titeln, welche auf die Göttlichkeit des Pharao Bezug haben, trug der Herrscher eine Reihe anderer, welche historische Erinnerungen enthielten und in einer Vorzeit entstanden, in welcher das ägyptische Reich aus zwei bis dahin selbständigen Staaten sich zusammenschloß. Der Pharao galt nicht als der König von Ägypten als eines Ganzen, sondern als der König von Oberägypten und als der König von Unterägypten und besaß in jeder dieser Stellungen eine ausgeprägte Selbständigkeit. Man

---

[1] Gelegentlich gelang es auch anderen Menschen Aufnahme in den Götterkreis zu finden; vgl. Wiedemann, Or.Lit.-Z. III, Sp. 361 ff. (Lit.).

[2] Pap. Westcar, publ.: Erman, „Die Märchen des Papyrus Westcar", Berlin 1890, übers.: Wiedemann, „Altäg. Sagen", S. 1 ff. (Könige der 5. Dyn.); Naville, „Deir el bahari" II, pl. 46 ff., S. 12 ff. (Königin Ḫātschepsut); Colin Campbell, „The miraculous Birth of King Amenhotep III.", Edinburgh 1912 (Amenophis III., Ramses II.); Weinreich, „Der Trug des Nectanebos", Leipzig 1911 (Alexander der Große. Wenn die Alexandersage als Vater den als Amon erscheinenden letzten König Ägyptens Nectanebos auftreten läßt, so handelt es sich da um eine Umkehrung des Motivs der ursprünglich als Tatsache angesehenen Zeugung durch den Gott selbst; vgl. Wiedemann, Wochenschrift klass. Philol. XXXIV, Sp. 591 ff.).

ließ ihn in Reliefs doppelt erscheinen (Abb. 3), die großen
Opfer in den Tempeln brachte er zweimal dar, man errichtete ihm zwei gesonderte Gräber[1]. Charakterisiert wurde er
in seiner Doppelnatur durch seine Kronen; die rote oder
grüne ⚑ bezeichnete ihn als Herrn Unterägyptens, die
weiße ⚐ als den Oberägyptens. Er vermochte dieselben
in dem aus beiden zusammengesetzten *Pschent* ⚑ zu
vereinigen, eine einheitliche Krone für ganz Ägypten
fehlte. Auf den gleichen Dualismus wies der Titel „Herr
des Schlangendiadems" der Göttin Buto von Unterägypten
und „Herr des Geier-Diadems" der Göttin Nechebit von Oberägypten hin. Hier handelte es sich nur um eine Bezeichnung der Doppelstellung, nicht um ein tatsächliches Tragen
dieser Diademe, denn der Pharao trug als Herrscherzeichen
nur eine oder zwei Uräusschlangen an der Stirn. Das
Geierdiadem kam, entsprechend der Verwendung des
Zeichens 𓅐 für das Wort Mutter, der Königin als der
Mutter des künftigen Pharao zu. Der Titel sollte darauf
hinweisen, daß der König die selbständige Schutzmacht
von Oberägypten und die von Unterägypten in seiner
Person vereinigt habe. Die sonstigen Kronen, welche er
trug, hatten mit dem Herrschertum im engeren Sinne des
Wortes nichts zu tun, es waren Götterkronen, die ihn jeweils
als Verkörperung und als Inhaber der Macht des einen oder
anderen Gottes erscheinen lassen sollten[2]. Diese Übertragung des Einflusses durch Inanspruchnahme eines bestimmten Kennzeichens fand sich wieder in dem Herrscherszepter ⚕, einem unten gegabelten Stabe, an dem oben
ein Tierkopf befestigt war[3]. Wer dieses Abzeichen recht-
mäßig besaß, war damit Herrscher, und gab man es daher

---

[1] Beispiele bei Hall, Journ. Hell. Studies XXVI, S. 176ff.
[2] Für diese Kronen, Szepter, Keulen, Geißel, welche denen
der einzelnen Götter völlig entsprechen konnten (Erman, „Hymnen an das Diadem der Pharaonen" in Abhandl. Akad. Berlin
1911), und ihre Heiligkeit vgl. Moret, „Du Caractère religieux
de la Royauté Pharaonique", S. 283ff.; Prinz, „Altorientalische
Symbolik", S. 45ff. Beispiele für Götterkronen siehe in
Abb. 18, 19, Taf.-Abb. 8.   [3] Wiedemann, RT. XVIII, S. 127ff.

in kleinen Modellen oder als Bild nicht selten dem Toten
in das Grab, in der Hoffnung, ihm dadurch für das Jenseits
die Königswürde verschaffen zu können.

§ 47. Als erster rein menschlicher Pharao, welcher auf
die Götter, Halbgötter und Manen[1] folgte, scheinen die
Ägypter den halbsagenhaften Menà oder Menes angesehen
zu haben. Von dieser Zeit an galt als der rechtmäßige
Thronerbe im allgemeinen der älteste Sohn, den dem
Könige seine „Große Königliche Gemahlin, die Königin
von Ober- und Unterägypten" vor oder nach der Thronbesteigung geboren hatte. Diese Gattin war sehr häufig
die leibliche Schwester des Pharao, eine Geschwisterehe,
welche auch volkstümliche Erzählungen für das Fürsten-
haus als selbstverständlich voraussetzen[2].

Nach ägyptischem Rechte galten Söhne und Töchter
als Erben, und scheint diese Anschauung gelegentlich auch
bezüglich des Thrones gegolten zu haben, freilich mit der
Einschränkung, daß die erbberechtigte Tochter ihre Herrschergewalt auf ihren Gatten zu übertragen hatte. Nur
einmal im Verlaufe der ägyptischen Geschichte machte eine
Frau, Hātschepsut, den Versuch (um 1550 v. Chr.) sich
selbst als alleinige Herrin durchzusetzen. Aber auch sie
mußte sich dabei eine Reihe von Einschränkungen gefallen
lassen. Bei Kulthandlungen hatte sie in männlicher Kleidung zu erscheinen, bei der Darstellung ihrer göttlichen
Geburt in ihrem Totentempel mußte sie sich als nackten
Knaben abbilden lassen[3]. In ihren Inschriften nannte sie
sich König von Ober- und Unterägypten, daneben aber
Tochter der Sonne. Um Erbstreitigkeiten zu vermeiden,
ehelichten mehrfach die Pharaonen nicht nur ihre Schwester,
sondern auch ihre leiblichen Töchter, falls diese einem Gatten
Thronansprüche mit in die Ehe hätten bringen können,
vor allem von Ramses II. sind eine Reihe derartiger Ehe-
schließungen inschriftlich verbürgt[4].

---

[1] Für die Götterdynastien vgl. Maspero, „Études de Myth."
II, S. 279ff.; für die Manen: Chassinat, RT. XIX, S. 23ff.
[2] Wiedemann, „Altägyt. Sagen", S. 122.
[3] Naville, „Deir el bahari" I, Taf. 48, 56.
[4] Ein Beispiel aus dem Alten Reiche: Sethe, Äg. Z. L, S. 57ff.
(Der Widerspruch von Sottas, Rev. égypt. XIV, S. 150ff. erscheint nicht zutreffend).

Inwieweit die Geburt eines Kronprinzen gefeiert wurde,
läßt sich nicht verfolgen. Eine politische Rolle spielte dieser
nur, wenn sein Vater ihn zum Mitregenten ernannte, eine
Sitte, welche auf vereinzelte Perioden beschränkt geblieben
ist. Erzogen wurde er zusammen mit den übrigen Prinzen
und den Söhnen hoher Würdenträger[1] von besonderen Er-
ziehern[2], und bildeten diese Knaben später seine Haupt-
anhänger. Mit ihnen wurden Prinzessinnen vermählt, wie
der Pharao überhaupt auf die Anknüpfung von Familien-
beziehungen zu den Großen seines Reiches großes Gewicht
zu legen pflegte, um auf diesem Wege „seine Familie zu
vergrößern"[3]. Er selbst ehelichte daher auch Töchter aus
angesehenen Geschlechtern oder ging mit deren Angehörigen
eine Milchverwandtschaft ein[4].

§ 48. Von den Gebräuchen, welche den Übergang des
Königtums von einem Pharao zum andern begleiteten, ist wenig bekannt. Meist wird in den Texten nur
darauf hingewiesen, die Seele des Pharao sei in Sperbergestalt zum Himmel aufgeflogen[5], der neue Pharao habe
das Königtum ergriffen, sich auf den Thron des Sonnengottes gesetzt usf. Etwas ausführlicher berichtet eine
sagenhafte, aber die Allgemeinverhältnisse richtig schil-
dernde Erzählung aus dem Mittleren Reiche[6]: Der König
nahm seinen Weg zum Himmel und vereinigte sich mit
der Sonnenscheibe, seine göttlichen Glieder drangen ein
in das Wesen, das ihn geschaffen hatte (den Sonnengott).
Im Palaste herrschte Schweigen, die Herzen waren in
Trauer, das große Flügeltor war versiegelt, die Umgebung
des Königs saß voller Kummer da, und die Bevölkerung
war von Schrecken ergriffen. Die hervorragendsten Freunde
des Königshauses sandten Boten an den abwesenden Kronprinzen und forderten ihn auf, eiligst zurückzukehren, um
sich des Thrones zu versichern.

---

[1] Diodor I, 53 (Sesostris-Sage). Ägyptische Angaben bei
Lefébure, Proc. Soc. Bibl. Arch. XIII, S. 466 ff.; Loret, ib. XIV,
S. 205 ff.; Bergmann, RT. XII, S. 11 f.; Bouriant, RT. XIV, S. 70;
Erman, Äg. Z. XXX, S. 81, „Ägypten" S. 118 f.
[2] Maspero, RT. XIII, S. 193 (12. Dyn.); Äg. Z. XIX, S. 118
(20. Dyn.); Lefébure, Ann. Serv. Ant. IX, S. 233 ff. (Ptolemäerzeit).
[3] Wiedemann, „Altäg. Sagen", S. 122.
[4] Vgl. § 59.
[5] Stellen bei Cumont und Gardiner, RHR. LXIII, S. 208 ff.
[6] Wiedemann, „Altäg. Sagen", S. 35.

Eine der ersten Handlungen des Königs pflegte es zu
sein, sich des Harems seines Vorgängers zu bemächtigen, um
die königlichen Frauen in seiner Hand zu haben[1]. Dann
ließ er sich von den Priestern oder den Göttern seine Namen
und Titel zusammenstellen[2], auch von einer angeblichen
Krönung im Himmel durch die Götter ist die Rede[3]. Hierauf wurden vier Vögel[4] ausgesandt, um aller Welt zu ver-
künden, daß sich der neue Herrscher die rote und die weiße
Krone genommen habe. Durch ein besonderes Schreiben
wurde die Thronbesteigung, die volle Titulatur des neuen
Landesherrn, die Form, in welcher seiner beim Kulte und bei
der Eidesleistung zu gedenken war, den Beamten mit-
geteilt[5]. Dann wurde eine Amnestie verkündet, Flüchtlinge
konnten zurückkehren, Gefangene wurden entlassen, ein
Volksfest gefeiert[6]. Endlich trat der König eine Reise
durch die Hauptheiligtümer des Landes an[7], um den in
seiner Person erfolgten Übergang der oberpriesterlichen
Würde den Göttern Ägyptens kund zu tun.

§ 49. Unterstützt von seinen Priestern vertrat der
König sein Volk vor den Göttern, unter Beihilfe seines
Heeres trat er als oberster Feldherr dem Auslande
gegenüber auf. Nach althergebrachter Sitte unternahm der
Pharao persönlich beim Beginne seiner Regierung einen Feldzug, um den Nachbarn Ägyptens, besonders den Äthiopen,
seine Macht zu zeigen und ihr Land auszuplündern. In ihm
verkörperte sich das siegreiche Ägypten, und so stellt man
zur Erinnerung an den Kampf den Herrscher dar, wie er
einen oder mehrere Feinde mit der Keule (Abb. 3), in späterer Zeit auch mit dem Sichelschwerte tötet[8]. Noch in

---

[1] Wiedemann, Muséon XIII, S. 381 f.
[2] Naville, RT. XVIII, S. 96 ff.; XIX, S. 211 ff. und bei
Davis, „Tomb of Hâtshopsîtû", S. 6 ff.
[3] Naville bei Davis, a. a. O., S. 21.
[4] Boussac, RT. XXXIII, S. 59 ff.
[5] Erman, Äg. Z. XXIX, S. 116 ff.
[6] Maspero, RT. II, S. 116 f. (Thronbesteigung Ramses' IV.).
[7] Naville bei Davis, a. a. O., S. 3 f.
[8] Bénédite, Mém. Acad. Inscr. Fondation Piot IX, S. 123 ff.
Der Typus erscheint bereits in der Nagada-Zeit (Spiegelberg,
Äg. Z. XXXV, S. 8) und im Alten Reiche (Lepsius, „Denkm." II,
2a, c). Später wird er als Lebendes Bild gestellt (12. Dyn.:
Newberry, „Beni Hasan" I, 29; Lepsius, „Denkm." II, 126;
Rosellini, „Mon. civ.", pl. 101). Vgl. auch § 174.

thebanischer Zeit wird diese Darstellung häufig wiederholt,
daneben aber der Sieg auch etwas naturalistischer vorgeführt. Der Pharao fährt in solchen Fällen allein auf
seinem Kriegswagen und schießt von diesem aus seine Pfeile
gegen die Feinde[1], die Begleitinschriften schildern dann in
der übertriebensten Weise seine Tapferkeit und seine
Leistungen, er allein habe alle seine Gegner besiegt. War
der Kampf beendet, so kehrte der Fürst an der Spitze des
Heeres zurück, an der Grenze wurde er feierlich empfangen[2]
und begab sich dann zur Hauptstadt, um der Gottheit
für ihre Unterstützung im Kampfe zu danken, ihrem Tempel
einen erheblichen Teil der Beute zu weihen und dadurch
sich auch für die Zukunft den politischen Einfluß der Priester
zu sichern.

§ 50. Erst an dritter Stelle kommt für den Pharao sein
Beruf als höchster Leiter des Staates in seiner innern
Organisation in Betracht. Über die Art und Weise, in
welcher er dieser Aufgabe im einzelnen gerecht zu werden
suchte, läßt sich kein klares Bild gewinnen[3], da aus den
gelegentlichen Angaben der Texte selten zu ersehen ist, ob
es sich um eine dem Herrscher gesetzlich zukommende
Verpflichtung handelte oder nur um ein in diesem besondern
Falle geltend gemachtes Eingreifen seiner Autorität. In
der Theorie[4] wurde an dem Gedanken festgehalten, daß
alles durch seine Hand gehe. Er ordnete Palast- und Tempel-
bauten an und legte die Fundamente derselben, er regelte
die Kanalanlagen, fällte Gerichtsurteile, entschied Verwal-
tungsfragen und sorgte für jeden Untertanen. Wie einst
der Sonnengott, so war er der Führer der Lebenden[5], vor
allem seines Volkes, und wies auf diese Stellung der Schakalschwanz[6] hin, den er an seinem Gürtel hinten angebunden

---

[1] Lepsius, „Denkm." III, 126, 127, 160.
[2] a. a. O. III, 128; Rosellini, „Mon. stor.", Taf. 50—51
(Zeit Seti' I.).
[3] Die Schilderung bei Diodor I, 70f. (aus Hekataeus von
Abdera) geht auf einen utopistischen „Fürstenspiegel" zurück
und ist daher für historische Zwecke nicht verwendbar.
[4] Textstellen bei Erman, „Ägypten", S. 105f.
[5] z. B. Naville, „Deir el bahari", Taf. 6, 19, 21, 55, 56, 59,
64, 92; Lepsius, „Denkm." III, 65a (18. Dyn.).
[6] Maspero, „Hist. anc. de l'Orient classique" I, S. 55, 265;
Ann. Serv. Ant. X, S. 143; Lefébure, Sphinx II, S. 72. —

trug. Durch diesen wurde er dem Schakalgotte Áp-uat-u
„dem Eröffner der Wege" angeglichen, dessen Standarte
außerdem bei feierlichen Gelegenheiten dem Herrscher
vorangetragen oder vor ihm aufgepflanzt wurde[1] (Abb. 3).
In der Praxis lag naturgemäß die Last der Arbeit und die
tatsächliche Entscheidung in den Händen der Beamten.
Um diesen bei besonders wichtigen Fragen die nötigen
Anweisungen zu geben, wurde bisweilen unter dem Vor-
sitze des Königs eine Ratsversammlung abgehalten, in
welcher äußerst zeremoniell verhandelt wurde. Jede
Äußerung mußte in lange Lobeserhebungen auf den König
eingekleidet und als dessen eigenste Ansicht vorgetragen
werden[2]. Selbstverständlich wird auch in solchen Fällen
die Entscheidung bereits vorher festgelegt worden sein, und
handelte es sich nur um ihre formale Bestätigung durch
den Pharao. Da dieser als Gott galt, so wurde der Beschluß
auf diesem Wege als unbedingt richtig erwiesen, und waren
damit die Beamten jeder eigenen Verantwortung enthoben.

2. Beamtenschaft.

§ 51. In ihren Grabinschriften schildern die ägyptischen Beamten häufig ihre Vortrefflichkeit[3] und behaupten dabei: „Keinen minderjährigen Sohn habe ich geschädigt, keine Witwe gequält, keinen Ackersmann an seiner
Arbeit gehindert. In meiner Zeit gab es keinen Armen und
keinen Hungrigen. Als Hungersjahre eintraten, da erhielt
ich die Bewohner meines Gaus am Leben und gewährte
ihnen Nahrung. Ich gab der Witwe so gut wie der Frau,
welche noch einen Gatten besaß. Nie zog ich bei dem Geben
den Großen dem Kleinen vor" usw. Derartige Angaben
zeigen, was man von einem mustergültigen Beamten er-

Ein 54 cm langer derartiger hölzerner Schwanz: Maspero,
„Cat. Musée de Marseille", S. 92.

[1] z. B. Spiegelberg, Äg. Z. XXXV, S. 8 (Nagada-Zeit);
Lepsius, „Denkm." II, 2b, 33f.

[2] Inschrift von Kuban bei Prisse, „Mon. égypt." Taf. 21;
übers.: Erman, „Ägypten", S. 109f.; Breasted, „Ancient
Records" II, S. 117 ff.

[3] Zahlreiche Beispiele bei J. Baillet, „Le Régime Pharaonique", Blois 1912. Kurze Übersicht bei Thurnwald, „Staat und
Wirtschaft im alten Ägypten" in Z. f. Sozialwiss. IV, S. 697ff.,
769ff.

wartete, wenn dieses Idealbild sich auch in zahlreichen
Fällen mit der Wirklichkeit nicht gedeckt haben wird.
Nicht selten ist in den Texten von unehrlichen, habgierigen,
bestechlichen Beamten die Rede und sahen sich die Könige
gezwungen, gegen diese mit strengen Strafen vorzugehen[1].
Die breite Masse des Volkes wandte sich daher bei Streitigkeiten mit Vorliebe an eine Art Friedensrichter, an Leute,
welche durch Alter oder Abstammung hervorragten und,
ähnlich wie dies noch jetzt im Oriente geschieht, an Markt-
tagen an den Dorfeingängen Recht sprachen[2]. Daneben
gab es aber eine ungemein große Zahl von angestellten Beamten aller Art, welche sich in Rangstufen gliederten[3],
doch ist es im einzelnen vielfach nicht möglich festzustellen,
worin die Tätigkeit der betreffenden Leute bestand und inwieweit es sich um tatsächliche Ämter oder nur um Ehren-
bezeichnungen handelte.

§ 52. Um an dem ägyptischen Hofe eine Rolle zu spielen, mußte man zu dem Pharao in persönlicher Beziehung
stehen, ihn kennen oder von ihm gekannt sein. Auf diesen
Vorzug weist der in allen Zeiten übliche Titel *rech suten*
„den König kennend" hin, bei dem man bisweilen zwei
Klassen, die wahren Kenner des Königs und die Kenner
schlechthin, unterschied. Höher angesehen war der *sechmer*
„Freund", bei denen es wiederum Freunde und wahre
Freunde gab. Während dieses reine Ehrentitel waren, mit
denen vermutlich nie ein bestimmtes Amt verbunden gewesen ist, hatte ein solches ursprünglich bei dem „Wedelträger zur Rechten des Königs" bestanden. Diese Leute
hatten den König, besonders bei feierlichen Gelegenheiten,
zu begleiten gehabt, um ihm mit flachen Brettern oder

---

[1] Dekret des Königs Horemheb (um 1350 v. Chr.); vgl.
Maspero bei Davis, „Tomb of Harmhabi", S. 45ff. (Lit.).
        [2] Maspero, Rev. crit. XLVI, S. 225f.; Moret, CR. Acad.
Paris 1916, S. 378ff.
        [3] Einen Papyrus, der ein nach dem Range angeordnetes
Verzeichnis der Dinge und Stände im Himmel und auf Erden
enthält, behandelte Maspero, „Études égypt." II, S. 1ff. (für
Duplikate der Liste vgl. Golenischeff, RT. XV, S. 88; Äg. Z. XL,
S. 101ff.; Spiegelberg, „Hieratic Ostraka", Taf. 47); übers. auch:
Brugsch, „Ägyptologie", S. 211ff. Andere nach dem Rang ge-
ordnete Listen: Spiegelberg, RT. XIX, S. 92ff.; Erman, Äg. Z.
XXXIII, S. 20.

Straußenfedern 🪶 oder mit einem flachen Halbrund,
das aus Schilfblättern und Palmrippen zusammengebunden
war ⚗, Kühlung zuzufächeln[1]. Später wurde die Bezeichnung ein Ehrentitel, während man die Arbeit, an welche
sie erinnerte, niederen Bediensteten überließ. Die vornehmen
Titelträger trugen häufig einen kleinen Fächer als Rang-
zeichen auf den Rücken geschnallt mit
sich (Abb. 4)[2], wie man in ähnlicher
Weise auch den als Herrscherzeichen

dienenden Krummstab ⌐ als Ehrenzeichen in der Hand oder auf den
Rücken geschnallt tragen konnte[3].
    Ein sehr häufiger Titel war
„Siegelbesitzer", er hob das Recht
hervor, ein Siegel zu führen, welches
meist an einer langen Kette aus bunten
länglichen Perlen ⟨⟩ oder an einem
einfachen Bande um den Hals getragen wurde[4]. An diesem Bande war
in älterer Zeit ein kleiner Zylinder
befestigt, in welchen die Schriftzeichen vertieft eingeschnitten wurden

Abb. 4.

Wedelträger.

und welchen man beim Gebrauche
über die Siegelfläche rollte. Später
wurden die Zeichen auf einer Platte eingegraben und
diese auf die Siegelfläche aufgedrückt. Daneben verwendete man Handsiegel oder auch Siegelringe, die man
am Finger trug. Als Siegelmaterial diente meist fettiger,

---

[1] Beispiele bei Birch, Transact. Soc. Bibl. Arch. VIII,
S. 386ff.; für die Konstruktion des Fächers vgl. Loret, Sphinx
VI, S. 105.
    [2] Davies, „El Amarna" I, Taf. 41; III, Taf. 27ff.; Lepsius,
„Denkm." III, 141.
    [3] Davies, a. a. O. VI, Taf. 1, 31, 39; I, Taf. 41. — Ein ge-
bogener, aber oben nicht eingezogener Stab kommt in den Saty-
rischen Papyris (Lepsius, „Auswahl der wichtigsten Urkunden
des ägypt. Altertums", Taf. 23) als Herrschaftszeichen und als
Hirtenstab vor.
    [4] Borchardt, Äg. Z. XXXV, S. 106; Griffith, „Beni Hasan"
III, Nr. 36.

etwas angefeuchteter Ton, seltener eine gipsartige Masse
oder seit der 20. Dynastie Wachs. Das Siegel[1] galt,
ebenso wie im heutigen Ägypten[2], als der Unterschrift
gleichwertig, es machte eine Urkunde rechtsgültig[3], und
wurde seine Fälschung angeblich mit Abhauen beider
Hände bestraft[4]. Die Verleihung des Siegels gehörte zu
den die Einsetzung eines Beamten begleitenden Zeremonien[5].

Sehr groß war die Zahl der Beamten, deren Titel darauf
hinweisen, daß ihnen die Bedienung der Person des Königs
oblag[6]. Mehrere sorgten für

seine Kleidung und deren
Reinigung, ein weiterer,
welcher bereits auf Denk-
mälern der Nagadazeit dargestellt wird[7], trug ihm die
Sandalen nach. Andere
waren für seine Haarpflege,
seinen Schmuck, seine
Metallgeräte tätig, weitere
für die Königin und den
Harem, für die Verwaltung
des königlichen Besitzes, den
Palast, die sonstigen bau-
lichen Anlagen, Speicher,
Magazine, Schatzkammern,

Abb. 5.

Beamter mit Ehrenhalsbändern.

Schiffe, Sänften, Jagd- und
Fischereiplätze, dann für
die Bereitung des Mund-
vorrates Köche, Fleischer, Bäcker, Schenken usf.

Bewährte sich ein Beamter und gelang es ihm vor allem
die königliche Gunst zu gewinnen, so wurde er hoch geehrt
und reich belohnt[8]. Es wurde ihm eine Behausung mit

---

[1] Für Siegelringe und Siegel vgl. Heyes, „Bibel und Ägypten", S. 235 ff.; Hall, „Catalogue of Egyptian Scarabs in the
British Museum" I, London 1913.
[2] Lane I, S. 27.
[3] Mariette, „Abydos" II, 17—8; Pyramide Unas, Z. 601.
[4] Wiedemann, „Herodot", S. 181 ff.
[5] Sethe, Äg. Z. XXXVI, S. 71; Crum, ib. XXX, S. 30 f.
[6] Erman, „Ägypten", S. 97 ff.
[7] Legge, Proc. Soc. Bibl. Arch. XXII, Mai, Taf. I.
[8] Vgl. besonders Moret, RT. XIX, S. 126 ff.

allem Zubehör angewiesen, er erhielt seinen Unterhalt und
seine Kleidung vom Hofe geliefert, bekam Diener zur Verfügung gestellt, ein Grab wurde für ihn erbaut und mit
reicher Ausstattung versehen. Vor allem wurde ihm er-
laubt, seine Statue in einem Tempel aufzustellen, um auf
diesem Wege Anteil an den in dem Heiligtume dargebrachten Opfergaben zu gewinnen. Außerdem konnte er bei Lebzeiten auch durch die Verleihung von Orden und Ehrenzeichen ausgezeichnet werden[1]. Diese bestanden aus schwerfällig gearbeiteten wertvollen goldenen Halsketten (Abb. 5),
die man mehrfach erhalten konnte[2], in goldenen
Löwen, Fliegen und anderen Zeichen, die man an einer
Halskette oder einem Halsbande befestigt auf der Brust
trug (Abb. 6)[3]. Da die Grabinschriften häufig solcher Ver-
leihungen gedenken, müssen die Ägypter auf dieselben
großes Gewicht gelegt haben.

§ 53. Unter den Provinzialbeamten waren die wichtigsten die Nomarchen, die Herren der einzelnen Gaue des
Landes. Jeder dieser Bezirke war von Grenzsteinen umgeben und bildete für den Gaubewohner seine eigentliche
Heimat, in welcher er meist sein ganzes Leben verbrachte.
Starb ein Ägypter in der Fremde, so ließ man, wenn irgend
möglich, seine Mumie nach dieser Heimat zurückbefördern[4],
damit er hier Anteil an dem Schutze der heimischen Götter
und an den in der Totenstadt dargebrachten Opfergaben
gewinne. Freilich hoffte man andererseits, daß, falls die
Leiche in der Ferne verblieb, es dann wenigstens der körperlich gedachten Seele vergönnt sein werde, die Mumien ihrer

---

[1] Heyes, „Bibel und Ägypten", S. 248 f.; Jéquier, RT.
XXXIV, S. 122 f.; Klebs, „Reliefs", S. 25 f. (Altes Reich; hier
sind auch Beispiele für die Belohnung von sonstigen Unter-
gebenen durch die Verteilung von Schmuck aus dem Alten
Reiche verzeichnet); Erman, „Die Hieroglyphen", Neudruck,
Tafel (Zeit Thutmosis' III).

[2] Verleihung solcher Halsketten z. B. Lepsius, „Denkm."
III, 97, 103, 105, 108.

[3] Newberry und Bissing, Proc. Soc. Bibl. Arch. XXII,
S. 166 ff.; Davis, „Tomb of Harmhabi", S. 27 f.; „Tomb of Siph-
tah", S. 36; Roeder, „Führer durch das Pelizäus-Museum zu
Hildesheim", S. 374 (Zeit Ramses' II.).

[4] Vgl. § 87.

Verwandten in deren Gräbern zu besuchen[1]. Auch die
Höhergestellten pflegten sich innerhalb ihres Gaus ihr Grab
herzurichten. Eine Ausnahme von dieser Regel trat nur
in den Zeiten überwiegender Königsmacht ein, wenn es
dem Pharao gelang, die vornehmen Herren zu bewegen,
ihre Heimat zu verlassen und als Höflinge in seiner Umgebung zu weilen. Dann ließen sie sich vielfach in der Nähe
des königlichen Grabes bestatten, sich außerdem aber gelegentlich innerhalb ihres Nomos ein zweites Grab als eine
Art Absteigequartier anlegen[2]. Noch häufiger freilich suchte

man ein solches weiteres
Grab in Abydos, in der
Nähe der Bestattungsstätte
des Totenherrschers Osiris
zu gewinnen: entweder in
Gestalt einer wirklichen
Gruft oder in der einer
diese ersetzenden Grab-
stele, welche man von
Zeit zu Zeit mit Hilfe der
im Grabe aufgestellten

Abb. 6.
Ehrenhalsband.

Votivschiffe besuchte, wenn es galt, dem König des Jenseits seine Aufwartung zu machen[3].

Der Sonderbestand des Nomos war ein religiöser und
ein politischer. Der Nomarch gewann seine Würde durch
Erbschaft, wenn es auch zeitweise erforderlich erschien, daß
er beim Antritte seines Amtes eine, wohl rein formale Bestätigung durch den König empfing[4]. In seiner Stellung
hatte er eine Reihe von Amtshandlungen als Vertreter des
Landesherrn auszuführen, auf die Ordnung im Nomos zu
achten, Steuern einzutreiben und einen bestimmten Teil

---

[1] Wiedemann, „Altägypt. Sagen", S. 143ff. Vgl. Totenbuch
des Mittleren Reiches bei Lacau, RT. XXVI, S. 67ff.; übers.:
Baillet, JA. 10. Sér. IV, S. 307ff.; teilweise Röder, „Urkunden
zur Religion des alten Ägyptens", S. 201.
[2] Ähnlich besaß der Fürst Hep-t'efa, der zu Kerma in der
heutigen Provinz Dongola bestattet wurde (Reisner, Äg. Z. LII,
S. 43), ein großes Grab in seiner Heimatstadt Siût (vgl. Griffith,
„The Inscriptions of Siût and Dêr Rifeh", Taf. 1ff.).
[3] Wiedemann, Globus XCIV, S. 122; Orient. Lit.-Z. VII,
Sp. 285ff.
[4] Vgl. Maspero, „Histoire ancienne de l'Orient classique" I,
S. 299f.

derselben an die Staatsmagazine abzuliefern. Dann hatte er
Truppen anzuwerben und im Kriegsfalle zu dem Reichs-
kontingente stoßen zu lassen, als Richter aufzutreten, wenn
auch der König es sich vorbehielt, bei besonders wichtigen
Prozessen königliche Richter in die Nomen zu entsenden
oder auch selbst einzugreifen. Eine Reihe der Nomarchen
war gleichzeitig Priester oder suchte durch Stiftungen
und Verträge Einfluß auf die Priesterschaft und Anteil
an den Opfereinkünften zu erlangen. So kam es vor, daß
der Nomarch ein festes Einkommen an Brot, Bier und
Fleisch aus den Tempelweihungen oder von jedem in der
Nekropole seiner Hauptstadt geschlachteten Stier einen
Schenkel erhielt[1]. Der Nomarch war von einem großen
Stabe von niederen Beamten, Schreibern, Aufsehern,
Steuereinnehmern usf. umgeben. Ebenso war die Verwaltung der Städte, Dörfer, Ortsbezirke eine sehr ver-
wickelte, doch ist über die Kompetenz, Entwicklung, Be-
zahlung der dabei tätigen Beamten so gut wie nichts irgendwie Sicheres bekannt.

Eine sehr große Bedeutung für die Staatsverwal-
tung besaß besonders am Anfange des Neuen Reiches der
T'at, dessen Titel man mit Vezir wiederzugeben pflegt und
dessen Stellung sich häufig mit der eines Stadtvorstehers
der Hauptstadt verband. Zahlreiche dieser Männer, welche
als Vertreter des Pharao zu wirken hatten und deren Amt
in einzelnen Familien erblich werden konnte, werden in den
Inschriften aufgeführt[2]. Sie wurden von dem Könige selbst
in ihr Amt eingesetzt, und hielt dieser dabei eine stereotyp
vorgeschriebene Rede, in welcher er den neuen Vezir zur
gewissenhaften Ausübung seines Amtes und vor allem zur
Gerechtigkeit in seiner richterlichen Tätigkeit ermahnte[3].

[1] Verträge von Siût aus dem Mittleren Reich publ.: Griffith,
„The Inscriptions of Siût and Dêr Rifeh", London 1889; bearbeitet:
Maspero, Transact. Soc. Bibl. Arch. VII, S. 6 ff.; Erman, Äg. Z.
XX, S. 159 ff.

[2] Sethe, Äg. Z. XXVIII, S. 43 ff. (Altes Reich); Weil, „Die
Vezire Ägyptens zur Zeit des Neuen Reiches (1600 —1100 v. Chr.)",
Straßburg 1908.

[3] Newberry, „The Life of Rekhmarâ", Taf. 9 f.; Maspero,
„Études de Myth." VII, S. 150 ff.; Gardiner, RT. XXVI, S. 1 ff.;
Sethe, „Die Einsetzung des Vezirs unter der 18. Dynastie" in
„Untersuchungen zur Geschichte Ägyptens" V, S. 49 ff.

3. Bevölkerungsklassen.

§ 54. Man hat vielfach auf Grund einiger Angaben klassischer Schriftsteller angenommen, das ägyptische Volk sei in eine Reihe streng voneinander abgesonderter Kasten eingeteilt gewesen. Die Inschriften haben gezeigt, daß diese Ansicht auf Irrtum und falscher Verallgemeinerung beruhte[1]. Man konnte im Niltale ohne weiteres Ämter aus den verschiedensten Verwaltungskreisen, priesterliche, beamtliche, militärische in einer Hand vereinigen, die Söhne brauchten nicht den Beruf des Vaters zu ergreifen und konnten außerhalb ihres Standes heiraten. War aber im Prinzip eine derartige Freiheit vorhanden, so hat sich doch andererseits, wie fast überall auf der Erde, sobald eine Trennung der verschiedenen Berufe eingetreten ist, so auch im Niltale bereits frühzeitig das Bestreben entwickelt, dem Sohne die Stellung des Vaters zu erhalten. So kennt man Familien, in denen 23 Generationen Baumeister oder 9 Generationen Oberpriester oder 7 Schreibervorsteher waren. Geradezu erbliche Priestertümer treten jedoch erst in der Ptolemäerzeit auf, wenn es auch bereits früher als eine Belohnung der Götter angesehen wurde, wenn der Sohn in einem Amte dem Vater folgte[2]. Um einer solchen Entwicklung nachzuhelfen, sorgte bisweilen der Inhaber eines Priestertums rechtsverbindlich dafür, daß seine priesterlichen Einkünfte auf seinen Sohn übergingen[3] und andern unzugänglich waren. Es galt zeitweise geradezu als Verwünschung, wenn man erklärte: Sein Sohn soll nicht auf seinem Platze bleiben[4]. Bei allen diesen Bestrebungen und Gedankengängen handelte es sich aber nicht um staatliche oder religiöse Bestimmungen zugunsten einer sozialen Trennung der Stände, sondern ausschließlich um jederzeit durchbrechbare, auf rein praktischen Gründen beruhende Gewohnheiten.

§ 55. Neben den freien Bürgern gab es in Ägypten zahlreiche Sklaven[5], ohne daß über deren Rechtsstand sich

---

[1] Wiedemann, Muséon V, S. 79 ff. (Lit.).
[2] Ranke, Äg. Z. XLIV, S. 45; Piehl, ib. XXV, S. 122 f.
[3] Maspero, Ann. Serv. Ant. III, S. 131 ff.
[4] Schäfer, Äg. Z. XXXIII, S. 109.
[5] Belegstellen bei Baillet, RT. XXVII, S. 32 ff., 193 ff.; XXVIII, S. 113 ff.; XXIX, S. 6 ff. Für die Stellung der Sklaven im neuen Ägypten vgl. Lane I, S. 100 ff., 198 ff.

ein klares Bild gewinnen ließe. Es handelte sich bei ihnen teils um gefangene Ausländer, welche in privaten oder öffentlichen Besitz übergegangen waren[1], teils um geborene Ägypter, welche durch widrige Umstände in Sklaverei verfielen. Aus Urkunden des 6. Jahrhunderts v. Chr. geht hervor, daß sich Ägypter selbst durch einen Rechtsakt in die Sklaverei anderer Ägypter begaben[2].

B. Gesellschaft und Recht.

1. Geburt.

§ 56. Die Ursache der Empfängnis sah man im Geschlechtsverkehr, und galt es als Pflicht des Mannes, die Frau zu schwängern[3], doch konnte nach mythologischen Berichten ein Kind auch durch Masturbation[4] oder durch homosexuellen Verkehr[5] erzeugt werden.

§ 57. Wenn die Entbindung herannahte, so setzte sich die Frau auf einen Stuhl oder hockte in knieender Stellung nieder. Hierbei verwendete sie, um Raum für das erwartete Kind zu gewinnen, als Unterlage zwei oder vier flache Steine, in denen sich der Ägypter geburtshelfende Göttinnen verkörpert dachte[6]. Der Vorgang galt als lebensgefährlich[7] und unangenehm; ein Beamter, den der Zorn einer Göttin getroffen hat, meint, er säße (schmerzbewegt) auf den Steinen, wie eine Schwangere[8]. Bei den ägyptischen

---

[1] Ebers, „Ägyptische Studien", S. 420 ff. Vgl. § 173.

[2] Griffith, „A Catalogue of the Demotic Papyri in the Rylands Library" III, S. 50 ff.

[3] Erman, Äg. Z. XLII, S. 101; vgl. Wiedemann, Sphinx XVIII, S. 170.

[4] Wiedemann, Am Urquell VII, S. 57 ff.; Chassinat, Bull. Inst. Franç. Caire X, S. 159.

[5] Totenbuch ed. Naville, Kap. 17, Z. 51 ff.

[6] Spiegelberg, ZA. XIV, S. 269 ff.; AfR. IX, S. 144 f. Für die Stellung der Frau bei den verschiedenen Völkern bei der Geburt vgl. Ploss u. Bartels, „Das Weib", 10. Aufl. II, S. 172 ff., 211 ff. Angaben über ägyptische Gebräuche bei der Geburt, dem Nähren der Kinder, Erziehung, Spiel, Kindersterblichkeit auch bei Griffith und Foucart in Hastings, „Encyclopaedia of Religion and Ethics" II, S. 646 ff.; III, S. 532 ff. Vgl. ferner F. Weindler, „Geburts- und Wochenbettsdarstellungen auf altägyptischen Tempelreliefs", München 1915.

[7] Pap. de Turin, ed. Pleyte und Rossi, Taf. 121, Z. 10—11.

[8] Maspero, RT. II, S. 109 f., wo statt „Bett" zu lesen ist „Stein"; Erman, Sitzb. Ak. Berlin 1911, S. 1098.

Tempeln befanden sich besondere Bauten für die Geburt des Gotteskindes, und scheint es wenigstens zeitweise auch für die Menschen abgesonderte Häuser gegeben zu haben, in denen man die Niederkunft erwartete[1]. Traten Wehen ein, so stützte eine Frau die Mutter und umfing sie von hinten, während eine zweite neben ihr hockte, um das Kind,

Abb. 7.
Die Göttin Thueris.

als dessen wünschenswerte Größe im Märchen eine Elle angegeben wird, in Empfang zu nehmen. Aus Worten, welche bei der Geburt gesprochen wurden, bildete man gelegentlich, wie bei den Israeliten, den Namen für das Kind[2]. Handelte es sich um die Geburt eines Thronerben, so kamen angeblich die Götter und Göttinnen selbst von dem Himmel herabgestiegen, um der Wöchnerin beizustehen[3]. Vor allem waren dabei die auch für die Geburt anderer Menschen wichtigen Bes und Thueris tätig. Bes[4] (Taf.-Abb. 4) war ein ursprünglich afrikanischer Gott von grotesker Gestalt mit kurzen, krummen Beinen, langen Armen, dickem Bauche, breitem tierischen Gesicht, häufig mit einer Federkrone auf dem Haupte. Allein oder mit einer Reihe ähnlich gestalteter Genossen hatte er durch seine Sprünge das neugeborene Kind zu dem dämonenverscheuchenden Lachen zu bringen und außerdem durch Musik, mit

---

[1] Chassinat, Bull. Inst. Franç. Caire X, S. 183 ff.
[2] Erman, „Märchen des Papyrus Westcar", S. 62; Maspero, Äg. Z. XVIII, S. 42; Lefébure, Sphinx I, S. 93 ff.
[3] Naville „„Deir el bahari" II, Taf. 51; Campbell, „Miraculous Birth of Amen-hotep III.", S. 31 ff.
[4] Krall, Jahrb. der Wiener Kunsthist. Samml. IX, S. 72 ff.; Wiedemann, „Die Religion der alten Ägypter", S. 85 ff.; Ballod, „Prolegomena zur Geschichte der zwerghaften Götter in Ägypten", Moskau 1913; Grenfell, Proc. Soc. Bibl. Arch. XXIV, S. 21 ff.; Daressy, „Statues de Divinités" (Kat. Kairo), Taf. 38 ff. (Statuetten des Gottes); Jéquier, RT. XXXVII, S. 114 ff.

dem Schwerte und anderen Waffen schädigende Geister
zu verscheuchen[1]. Das weibliche dickbäuchige Nilpferd
Thueris (Abb. 7), welches man meist aufrecht auf den
Hinterfüßen stehend darstellte, hatte einst die Welt geboren; entsprechend gebildete Gestalten galten als die
Mütter verschiedener Götter. Es lag daher nahe anzunehmen, daß das Geschöpf in seinem mütterlichen Empfinden
sich auch den Menschen hilfreich erweisen werde[2].

Bei der Geburt trat zugleich
mit dem Menschen sein *Ka* in das
Dasein, sein göttlicher Doppelgänger, welcher während des
Lebens eng mit ihm verbunden
blieb und nach dem Tode den wichtigsten seiner unsterblichen Teile
bildete[3]. Am ausführlichsten wird
dieser Vorgang von dem Könige
berichtet und dabei hervorgehoben,
daß der widderköpfige Gott Chnuphis den König und seinen Ka vor
der Geburt auf der Töpferscheibe
bildete. Es handelt sich demnach
um eine Vorformung der menschlichen Gestalt, welche der Gott
vornahm, ähnlich wie die acht
verwachsenen Zwerggestalten der

Abb. 8.
Der Tote erhält von
einer Göttin das Leben.

Chnumu bei der Weltschöpfung und bei der Wieder-
geburt des Menschen im Jenseits bildend tätig waren[4].
War das Kind geboren, so reichten ihm die Götter vor allem
die Zeichen ☥ „Leben" und ⚶ „göttlicher Schutz", zwei
Knotenamulette, von denen ersteres ein zusammengebunde-
nes Gürtelband[5], letzteres eine zusammengebundene Matte[6]

---

[1] Bes, Mut, Sechet und andere alte Göttergestalten gelten
jetzt in Karnak als Gespenster (Maspero, „Ruines et Paysages
d'Égypte", S. 147 ff.).
[2] Wiedemann, „Die Religion der alten Ägypter", S. 88 f.;
Daressy, RT. XXXIV, S. 189 ff.
[3] Wiedemann, a. a. O., S. 126 f.; Z. f. rhein. Volksk. XIV,
S. 3 ff.; Maspero, Memnon VI, S. 129.
[4] Wiedemann, Orient. Lit.-Z. XI, Sp. 180 ff.
[5] Wiedemann, „Die Amulette der alten Ägypter", S. 21 f.
[6] Borchardt, Äg. Z. XLIV, S. 77 ff.; vgl. Jéquier, RT. XXX,
S. 39 f.

(vgl. Abb. 47) darstellte. Das Leben wurde durch die Nase eingeatmet (Abb. 8) und hielt man es für nutzbringend, wenn die Gottheit diese Lebensspendung für den Pharao öfters wiederholte, damit der Herrscher in Stand gesetzt sei, dieses Leben den verschlossenen Nasen seiner Untertanen unmittelbar oder durch seinen Anblick weiter zu verleihen.

Sobald als möglich wurde das Geschlecht des Kindes festgestellt, und freute sich die Mutter besonders, wenn sie einen Knaben geboren hatte[1]. Wurde einer Witwe noch ein Kind zuteil, so begrüßte sie dieses als einen Ersatz für ihren verstorbenen Gatten[2]. Die Lebensfähigkeit des Kindes suchte man aus seinen ersten Lauten zu erschließen. Sagte es zuerst *ni*, so blieb es am Leben, sagte es zuerst *mba*, d. h. wohl nein, so mußte es sterben, ebenso wenn man aus seiner Stimme einen rufenden Ton heraushörte oder wenn es das Gesicht der Erde zukehrte[3]. Kurz nach der Geburt kamen den Märchen zufolge die sieben Hathoren herbei, besahen das Kind und verkündeten, in welcher Weise es den Tod finden werde[4]. Der Mutter gab man einen mit Honig gemischten Kuchen ein, um ihren Leib und ihre Säfte wieder in Ordnung zu bringen[5].

§ 58. Die Kinderzahl war eine sehr große. Die klassischen Autoren sprechen von der durch das Nilwasser veranlaßten Fruchtbarkeit der ägyptischen Frauen und behaupten in übertreibender Weise, diese hätten bis zu sieben Kinder auf einmal geboren[6]. Die Inschriften geben zwar keine Andeutungen über die gleichzeitige Geburt mehrerer Kinder, bestätigen aber den teilweise durch die Vielweiberei veranlaßten sehr großen Kinderreichtum in den einzelnen, besonders in den königlichen Familien. So hatte Ramses II. mindestens 170 Kinder[7], ein Beamter Baba im Mittleren

---

[1] Piānchi-Stele, Z. 158.
[2] Metternich-Stele, Z. 168f. (herausgeg. von Golenischeff, Taf. 7; vgl. Äg. Z. XVII, S. 6).
[3] Papyrus Ebers, Taf. 97, Z. 13ff.; Schäfer, Äg. Z. XLIV, S. 132f.
[4] Maspero, „Contes populaires de l'Égypte ancienne", 4.Aufl., S. LIVf.
[5] Chassinat, Bull. Inst. Franç. Caire X, S. 183ff.
[6] Wiedemann, Proc. Soc. Bibl. Arch. XI, S. 32.
[7] Listen z. B. Lepsius, „Denkm." III, 179; Mariette, „Abydos" I, Taf. 4; Gauthier, „Le Temple de Ouadi es-Seboua", S. 79, 84, 89, 97f.; Blackman, „Temple of Derr", S. 14ff.

Reiche scheint deren 60 gehabt zu haben[1]. Wenn trotzdem die Bevölkerungszahl im Laufe der Zeit kaum wuchs, so lag dies an der ungemein starken Kindersterblichkeit, welche im alten wie im neuen Ägypten infolge der geringen Fürsorge für die Kinder herrschte. In den Gräberstädten finden sich auffallend viele Kinderleichen, welche zuweilen zu fünf und sechs in die gleichen Töpfe verpackt worden sind[2], und noch heutzutage sterben in Karnak, wo Schwangerschaft und Geburt normal zu verlaufen pflegen, etwa sechs Zehntel der Kinder[3].

2. Milchverwandtschaft und andere künstliche Verwandtschaften.

§ 59. Beim Säugen des Kindes pflegte die Ägypterin zu sitzen oder zu hocken, das Kind saß meist auf ihrem Schoße. Mit der einen Hand wurde sein Rücken oder Kopf gestützt, mit der andern die Brust an seinen Mund gehalten[4]. Es war üblich, die Kinder mehrere Jahre lang mit weiblicher Milch zu nähren[5], ähnlich wie der Koran vorschreibt, die Mütter sollten ihren Kindern zwei volle Jahre die Brust reichen, wenn er daneben auch ein früheres Entwöhnen oder das Nehmen einer Amme gestattet[6]. Für das Mittelalter geben die häufig auf ägyptischen Verhältnissen aufbauenden Märchen von 1001 Nacht[7] als Zeitdauer $1\frac{1}{2}$, $2\frac{1}{2}$ und 4 Jahre an, und noch jetzt ist im Lande ein langes Nähren üblich. Bei der schnellen Vermehrung der ägyptischen Familien im Altertume war die Mutter

---

[1] Brugsch, „Geschichte Ägyptens", S. 245; „Recueil de Monuments", Taf. 72, Nr. 3.

[2] Duncan, „The Exploration of Egypt", S. 122.

[3] Legrain, „Fellah de Karnak" (Les Ouvriers des deux Mondes III, 5), S. 289 ff.

[4] Sehr häufig wird in Statuen und Reliefs Isis dargestellt, wie sie derart Horus nährt. Für entsprechende menschliche Verhältnisse vgl. z. B. Lepsius, „Denkmäler" II, 104 b.

[5] Drei Jahre im Pap. Louvre 3118, pl. 11, Z. 10, publ. Pierret, „Études égypt." I, S. 42 ff.; Pap. Bulaq I, 20, Z. 17 f. (Chabas, „Les Maximes du Scribe Ani" II, S. 44).

[6] Sure 2; vgl. Lane I, S. 44 f.

[7] Übers. von Weil, „Tausend und eine Nacht" I, S. 285; II, S. 310, 331; von Mardrus, „Le Livre des Mille Nuits et Une Nuit" V, S. 208, 281; IX, S. 179.

außerstande, diese Pflicht allein zu erfüllen und mußte sich
daher an eine Amme wenden. Neben dieser erscheint in
zahlreichen Fällen eine Ernährerin, welche etwa unserer
Erstwärterin entsprochen haben wird und welcher die sonstige Körperpflege des Kindes oblag. In kleinen Haushaltungen fielen beide Aufgaben der gleichen Persönlichkeit
zu, während in vornehmen Häusern mehrere Ammen und
Ernährerinnen vorhanden sein konnten[1]. Je mehr die
Familie wuchs, umsomehr lag die Aufsicht über die Kinder
in den Händen der Ammen, und werden sich die ägyptischen Kinder nicht selten über diese nicht weniger geärgert
haben wie die modernen über ihre Kindermädchen. Den
Notschrei eines solchen gequälten Wesens enthält eine
thebanische Schreibtafel[2]: „Wenn es keine Ammen gäbe,
würde mein Herz sehr fröhlich mit mir sein. Wenn ein
Kind in den Ort hinausgeht und weinend zurückkommt,
dann ist die Amme zufrieden und sagt: Du weinst sicherlich
[weil Du böse warst]. Der, dessen Lob jedermann singt,
der ist [leicht] zu erkennen, denn sein Herz ist fröhlich.“

Die Amme wurde zur Familie gerechnet; ihr Name erscheint häufig, gelegentlich von dem ihrer nächsten Anver-
wandten begleitet, in den Familienlisten des Mittleren
Reiches, hinter den Namen der Kinder und Eltern des Verstorbenen[3]. Da nach ägyptischer Ansicht geistige Eigenschaften auf materiellem Wege aufgenommen werden konnten[4], so mußte das Trinken der Milch zwischen dem Säug-
ling und der Amme eine innige Verbindung schaffen, wie
dies auch das alte Rom[5], das Mittelalter[6] und das moderne
Ägypten[7] angenommen haben. Vor allem besaßen die
königlichen Ammen große Bedeutung. Das heutige Beni
Hasan hieß noch unter der 12. Dynastie Menät-Chufu

---

[1] Piehl, Sphinx VI, S. 147 f.; Loret, RT. XIV, S. 16.

[2] Carnavon and Carter, „Five Years Exploration at Thebes“,
ergänzt von Maspero, Rev. crit. XLVI, S. 207.

[3] Wiedemann, Am Urquell III, S. 259 f.

[4] Vgl. § 208.

[5] Gellius, Noct. Att. XII, 1.

[6] Erasmus von Rotterdam, „Puerpera“ in „Colloquia“,
Nürnberg 1784, S. 455.

[7] Hier gilt die Verwandtschaft durch die Amme als Ehe-
hindernis (Lane I, S. 96).

„Stadt der Amme des Königs Cheops"[1], war also wohl
seinerzeit von diesem Herrscher seiner Amme übergeben
worden. Aus dem Neuen Reiche[2] sind zahlreiche königliche Ammen bekannt, von denen einige sogar göttliche
Verehrung genossen.

Den weiblichen traten männliche Ammen zur Seite.
Durch eine derartige Milchverwandtschaft, über deren
Abschlußzeremonien nichts überliefert ist, traten hohe
Beamte zu dem Herrscher in eine nahe Beziehung, welche
etwa der im alten Ägypten fehlenden Blutbrüderschaft des
inneren Afrika und anderer Länder entspricht.

Eine dritte Ammenklasse bildete für Könige,
seltener für verstorbene Privatpersonen eine Reihe von
Göttinnen, an deren Brust die Herrscher sogen, wobei
die in diesem Zusammenhange besonders häufig erwähnte
Göttin Hathor gern die Gestalt ihrer heiligen Kuh annahm[3].
Mit der Milch nahm der König die Haupteigenschaft der
Göttin, die Unsterblichkeit, in sich auf.

§ 60. Von sonstigen künstlichen Verwandt-
schaften findet sich die Bruderschaft, bei welcher man
jedoch zwischen dem Wahlbruder und einem wirklichen
Bruder einen Unterschied machte[4]. Sodann konnte man mit
„Vater" zunächst alle seine Vorfahren und mit „Sohn"
seine Nachkommen bezeichnen[5], in den Briefen von El
Amarna (um 1450 v. Chr.) sind außerdem „Vater" und
„Bruder" Ehrentitel, geradeso wie „Königsvater" und
„Königsbruder" in der Ptolemäerzeit[6]. Die Bezeichnung
„Königsohn" kam in der klassischen Zeit des Ägypter-

---

[1] Lepsius, „Denkm." II, 124. Für andere mit *Menât*
„Amme" zusammengesetzte Ortsnamen vgl. Maspero, Proc. Soc.
Bibl. Arch. XII, S. 246. Die Besucher der Gräber von Beni
Hasan im Neuen Reiche haben den Ortsnamen mißverstanden
und geglaubt, hier den Grabtempel des Königs Cheops zu sehn
(Maspero, „Ét. de Myth." IV, S. 127 f.).
[2] Vgl. zum folgenden: Wiedemann, Am Urquell III, S. 259 ff.;
Maspero, Proc. Soc. Bibl. Arch. XIV, S. 308 ff.; Jacoby, AfR.
XIII, S. 525 ff.
[3] Darstellungen z. B. Naville, „Deir el bahari" IV, Taf. 104,
105; „The XIth Dynasty Temple at Deir el bahari" I, Taf. 28, 30.
[4] Piehl, Sphinx III, S. 3.
[5] Gardiner, „Inscription of Mes", Leipzig 1905; Bissing,
RT. XXVIII, S. 6 f.; Naville, Arch. suisse d'Anthrop. III,
S. 203 ff.
[6] Wiedemann, Sphinx XIV, S. 37 ff.

tums nicht nur entfernten Verwandten des Königshauses zu[1],
sie diente auch mit bestimmten Zusätzen als Beamtentitel.
So bekleidete der „Königsohn von Nechebit" (das heutige
El-Kâb in Oberägypten) am Anfange des Neuen Reiches eine
hohe Verwaltungsstellung[2] und „Königsohn von Kusch" war
während mehrerer Jahrhunderte der Titel des Statthalters
von Äthiopien. Nicht in diese Reihe von Verwandtschafts-
bezeichnungen gehört der Ausdruck „göttlicher Vater", in
welchem man eine Benennung des Schwiegervaters des
Königs hat erkennen wollen[3]. Die Inschriften verstehn
unter dem Ausdrucke einen verhältnismäßig niedrig gestellten Priester. Nach ägyptischer Sitte behielt der Träger
dieses Titels denselben bei, auch wenn er zu höheren Würden
aufgestiegen war, und ist es wohl nur Zufall, wenn es einigen
derart bezeichneten Männern gelang, ihre Tochter dem
Pharao zu vermählen.

3. Kindheit.

§ 61. Für den Verlauf des kindlichen Lebens liegen
neben einigen Textangaben auch Abbildungen vor, in
welchen das Kind genau in den gleichen Proportionen, wie
der Erwachsene, nur als Ganzes kleiner vorgeführt wird.
Sollte daher über die Jugendlichkeit einer dargestellten
Persönlichkeit kein Zweifel bestehen, so mußte man zu
äußerlichen Kennzeichen greifen. Man ließ das Kind den
Zeigefinger der rechten Hand in den Mund stecken, was
nicht immer auf die kindliche Gewohnheit hinwies, sondern
nur die verhältnismäßige Jugendlichkeit betonen sollte.
So konnte beispielsweise Ramses II. als König, also etwa
20jährig, derart vorgeführt werden[4]. Ein zweites Jugend-
zeichen ist eine lange geflochtene Locke hinter dem rechten
Ohr. Dieselbe bestand meist in einer schmalen Haarsträhne

---

[1] Wiedemann, Äg. Z. XXIII, S. 79f.; Bergmann, RT. XII,
S. 2; Sethe, Äg. Z. XXXVI, S. 28.
[2] Gauthier, Ann. Serv. Ant. X, S. 193ff.
[3] Borchardt, Ber. Ges. Wissensch. Leipzig LVII, S. 254ff.
[4] Perrot-Chipiez, „Ägypten" (Leipzig 1884), S. 641. Wenn
hier der König den Finger scheinbar am statt im Munde hat,
so liegt dies an der ägyptischen Perspektivregel, daß in der
Darstellung nichts Wichtiges, also in diesem Falle der Finger,
verdeckt erscheinen darf.

mit umgebogener unterer Spitze $\mathcal{J}$, in andern Fällen
war sie kleiner und lockenartiger ? oder wurde zu einem
bandartigen Streifen[1]. Wie die Form der Locke wechselte,
so war auch ihr Tragen überhaupt Modesache. In einzelnen
Zeiten trug man sie häufig, in andern selten, ohne daß sie
dabei auf bestimmte Stände beschränkt gewesen wäre. Sie
findet sich bei dem Kinde aus dem Volke so gut, wie bei
jugendlichen Göttern, besonders bei Chunsu (Taf.-Abb. 5)
und bei Harpokrates (Hor-pe-chret „Horus das Kind"), dem
Sohne der Isis. Auch das Alter, bis zu welchem man sie
beibehielt, wechselte. Während gelegentlich auf ein Ab-
legen der Locke mit 10 Jahren angespielt wird, zeigt sie
andererseits die Mumie des etwa 20jährigen Königs Rā-
mer-en[2]. Sehr verbreitet war sie in der Form eines Zopfes
in der römischen Zeit, in welcher sie als Zeichen des Frei-
geborenen[3], nicht aber als solches vornehmer Herkunft galt[4].
Endlich zeigen die Kinder bisweilen lebhaftere Bewegungen
wie die Erwachsenen und erhielten vielfach eine sitzende
Stellung $\mathcal{A}$ $\mathcal{A}$ $\mathcal{A}$, wie sie dieselbe auf dem Schoße
der Mutter einzunehmen pflegten.

§ 62. Die Kleidung der Kinder war eine sehr einfache.
Kleine Knaben liefen stets, kleine Mädchen, auch aus vornehmen Ständen, häufig nackend umher, wenn man letzteren auch Bein-, Arm- und Halsbänder verschiedener Art
anlegte. Bei beiden Geschlechtern befestigte man vielfach
auf der Höhe des Nabels ein Band um den Körper[5], welches
ebenso, wie der geknotete Bindfaden um den Leib der

---

[1] Abbildungen z. B. Taf.-Abb. 6; Garstang, „El Arábah",
pl. 17; Quibell, Ann. Serv. Ant. II, S. 142, pl. 2; Maspero,
„Lectures historiques", Fig. 8—9.
[2] Abbildung: Maspero, „Hist. anc. de l'Orient classique" I,
S. 435.
[3] Lucian, Navigium § 2; vgl. Heydemann, Ber. Ges. der
Wiss. Leipzig XL, S. 295 ff.; Edgar, Bull. Soc. Arch. Alexandrie
II, S. 161 ff.
[4] In diesem Sinne faßte noch Ebers, „Antike Portraits",
Leipzig 1893, die Locke.
[5] Zwei Prinzessinnen der 18. Dyn.: Rosellini, „Mon. stor.",
Taf. 19; zwei andere: Petrie, „Tell el Amarna", Taf. 1, nr. 12.
Beamtentochter: Budge, „Wall Decorations of Egyptian Tombs,
British Museum", Taf. 3 (farbig).

jetzigen ägyptischen Bauernkinder, als Knotenamulett[1]
diente und dem Zeichen des Lebens[2] entsprach, nicht aber
als eine Art Kleidungsstück anzusehen ist.

§ 63. Brachte die Mutter das Kind in das Freie, ehe
es selbständig zu gehen vermochte, so trug sie es auf der
Schulter[3], wie man noch jetzt in Ägypten die Kinder ritt-
lings auf der Schulter oder bei kurzen Strecken auch auf
der Hüfte sitzend trägt[4], oder man nahm es in den Schoß
der in die Höhe gehobenen Kleider[5]. Ausländer, sowohl
Syrer wie Äthiopen, welche bei ihrer Wanderung nach
Ägypten kamen, setzten ihre Kinder auf ihre Schulter oder
noch lieber in Körbe oder Säcke, die sie auf ihrem Rücken
befestigten[6]. Vereinzelt ist eine Darstellung der Spätzeit,
in welcher der als Amme des Gottes bezeichnete Priester
das Gottesbild in seinen weiten Mantel eingeschlagen
trägt[7].

4. Schule und Schreibkunst.

§ 64. Die Zeit der Kindheit wurde in Ägypten auf vier
Jahre veranschlagt, dann folgten zwölf Jahre des Jüng-
lingsalters. Während dieses letzteren erhielt der Knabe
aus angesehener Familie bereits einen Titel, wie etwa
„Vorsteher der königlichen Stallung", ohne daß diesem
bei der Jugendlichkeit des Trägers ein wirkliches Amt

---

[1] Für Knotenamulette im Allgemeinen vgl. Scheftelowitz,
„Das Schlingen- und Netzmotiv im Glauben und Brauch der
Völker" (Religionswiss. Versuche XII 2), Gießen 1912; in
Ägypten: Bissing, AfR. VIII, Beiheft, S. 23 ff.

[2] Vgl. S. 72.

[3] Budge, „Guide to the Eg. Coll., Brit. Mus.", S. 25.

[4] Lane I, S. 44.

[5] Rosellini, „Mon. civ.", Taf. 131. — Für die entsprechenden
Tragarten im arabischen Mittelalter vgl. „Le Livre des Mille Nuits
et Une Nuit", Traduction par Mardrus V, S. 151 f.; VIII, S. 159 f.

[6] Budge, „Guide to the Eg. Coll., Brit. Mus.", S. 25; New-
berry, „Beni Hasan" I, Taf. 45; Virey, „Tombeau de Rekhmara"
(Mém. Miss. Franç. Caire V), Taf. 8; Wreszinski, „Atlas", Taf. 35,
56 (je vier Kinder in einem Korb); Capart, „L'Art Égyptien",
S. 26, Taf. 74; Quibell, „Excavations at Saqqara 1908—10",
Taf. 66A; Blackman, „Temple of Derr", Taf. 20.

[7] Dyroff und Pörtner, „Ägypt. Grabsteine", Taf. 24, Nr. 37,
S. 48 f.

entsprochen haben könnte[1]. Gleichzeitig besuchte der
Knabe die Schule, von Mädchenschulen ist dagegen nichts
bekannt.

§ 65. Erlernt wurde in erster Reihe Lesen und Schreiben, um hierauf gestützt den Titel „Schreiber" zu gewinnen,
dessen Hieroglyphenzeichen [figure] das ägyptische Schreibzeug darstellt[2]. Der Besitz eines solchen Gerätes galt
nicht nur für das Diesseits, sondern auch für das Jenseits
als sehr wichtig. Der Verstorbene hatte es dort dem schreib-
kundigen Gotte Thoth zu überreichen[3], offenbar um sich
als Gelehrter und damit als des besonderen Schutzes gerade dieser Gottheit würdig zu erweisen. Das Gerät selbst
bestand aus einer länglichen Tafel aus Holz oder Stein[4],
in welcher oben zwei Vertiefungen für rote und schwarze
Tusche angebracht waren. Die Tafel war häufig durchbohrt, ein Band durch die Öffnung gezogen und an diesem
außer dem Pinsel ein Wassergefäß befestigt, aus welchem
man den Pinsel vor dem Gebrauche anfeuchtete.

Das Hauptschreibmaterial bildete seit der ältesten
Zeit der Papyrus. Seine in Einzelheiten im Laufe der
Jahrtausende wechselnde, im wesentlichen aber gleich-
gebliebene Zubereitung aus der Papyruspflanze (Cyperus

[1] Devéria, „Mémoires" I, S. 285. Für die tatsächlichen Be-
amten bei einer solchen Stallung und in den mit ihr verbundenen
Geschäftsgebieten vgl. Virey, Mém. Miss. Franç. Caire X,
S. 481 ff.
[2] Darstellungen von Schreibern und Schreibzeug in den
Reliefs des Alten Reichs verzeichnet Klebs, „Reliefs", S. 38 ff.
[3] Totenbuch, Kap. 94; vgl. Renouf, „Life-Work" IV, S. 170;
Pietschmann in „Aegyptiaca für G. Ebers", S. 82 ff.; Naville,
Proc. Soc. Bibl. Arch. XXVI, S. 251 ff., 286 ff.
[4] Abbildungen z. B. Budge, „Guide to the Eg. Coll.", Brit.
Mus.", S. 54; Petrie, „Kahun", Taf. 18; Nash, Proc. Soc. Bibl.
Arch. XXXVI, Taf. 15—16. Für hellenistisches Schreibmaterial
vgl. Mitteis und Wilcken, „Grundzüge der Papyruskunde" I, 1,
S. XXVIII ff.; Schubart, „Das Buch bei den Griechen und
Römern", Berlin 1907; Plaumann, Amtl. Berichte aus den Kgl.
Kunstsammlungen Berlin XXXIV, Sp. 210 ff. — Gerät eines
Schreibers aus der 19. Dyn.: Winlock, Bull. Metropolitan Museum
of Art (New York) IX, S. 181 f.; eines Malers, welches dem eines
Schreibers etwa entsprach, aus der 18. Dyn.: Davies, „Five
Theban Tombs", S. 6, Taf. 17. Darstellungen von Malern bei der
Arbeit aus dem Alten Reich verzeichnet Klebs, „Reliefs", S. 80 f.

papyrus L.) erfolgte nach den durch die Funde bestätigten
Angaben der Klassiker[1] in der Hauptsache in folgender
Weise: Man schnitt aus den Papyrusschäften Stücke von
gleicher Länge und Stärke, löste die äußere holzige Schicht
ab und zerlegte das innere, schwammige Gewebe in der
Längsrichtung durch schnelle Schnitte mit einem scharfen
Messer in bandartige Streifen. Diese ordnete man je nach
der gleichartigen Struktur und legte die entsprechenden
Stücke derart nebeneinander, daß ihre Ränder sich deckten.
Dann preßte man die Ränder aufeinander oder schlug
sie, wenn nötig, mit einem Hammer, bis sie fest aneinander
hafteten. Bisweilen genügte dabei der natürliche Klebstoff
der Pflanze. War dies nicht der Fall, so bestrich man die
Ränder mit dünnem Kleister, den man aus durchgesihter
Krume von gesäuertem Brot, auf welche man siedendes
Wasser gegossen hatte, bereitete. Einen andern Kleister,
der den Papyrus geschmeidiger als Leinwand machte,
stellte man aus feinem, in heißem Wasser und Essig gelösten
Mehle her. Sehr wesentlich war es, die Klebstellen stark
zu pressen, um zu verhindern, daß sie beim Austrocknen
zusammenschrumpften und sich bei ihnen Löcher bildeten[2].
Zugleich wurden die ganzen Blätter glatt gedrückt. Ihre
Haltbarkeit war eine große, sie ließen sich lange Zeit hindurch leicht rollen, ohne zu brechen. Erst nach gänzlicher
Austrocknung aller Fasern stellte sich Brüchigkeit ein[3].

Eine einfache Lage von Papyrusstreifen ergab ein sehr
dünnes und daher wenig festes Blatt. Man legte infolgedessen regelmäßig über diese erste Lage eine zweite, deren
Fasern die der ersten im rechten Winkel schnitten. Das
Blatt mit horizontal verlaufenden Fasern war am leich-

---

[1] Wönig, „Die Pflanzen im alten Ägypten" (Leipzig 1886;
2. Aufl. 1892), S. 88 ff. Für den Papyrus in der rabbinischen
Literatur vgl. Bondi, Äg. Z. XXXIII, S. 64 ff.

[2] Die gelegentlich aus den Papyris ausschwitzenden Kristalle
scheinen von dem salzhaltigen Boden herzurühren, in welchem
dieselben gelegen haben (Karabacek und Barth, Mitt. aus der
Samml. der Papyrus Rainer I, S. 117 ff.).

[3] Diese Brüchigkeit gestattet ein Aufrollen der Papyri jetzt
erst, wenn sie angefeuchtet worden sind. Man umwickelt die
Rollen zu diesem Zwecke mit leicht angefeuchtetem Papier oder
hält sie über Warmwasserdampf.

testen beschreibbar und diente daher als Vorderseite[1]. Bei
der Rückseite mit Vertikalfasern stieß der Pinsel leicht an
die Fasererhöhungen an und ergab fleckige Stellen; diese
Seite wurde daher, wenn genug Papyrusmaterial vorlag,
am liebsten ganz freigelassen. Wollte man größere Rollen
erhalten, so klebte man eine Reihe der geschilderten Blätter
aneinander. Da hierbei der Rand am Anfange und in etwas
geringerem Maße der am Ende besonders gefährdet erschien, so klebte man hier bisweilen noch einen vertikalen
Schutzstreifen über den Blattrand. Die Länge der Rolle
konnte beliebig ausgedehnt werden; der große Papyrus
Harris aus der Zeit Ramses' III. ist 40,5 m lang. Die Höhe
war eine beschränkte, da die Struktur der Papyrusstengel
in ihrem Längenverlaufe wechselte. Im Mittleren Reiche
war die Blatthöhe meist nur etwa 17 cm, im Neuen Reiche
konnte sie bis etwa 40 cm steigen. Die Färbung der Papyri
war je nach der Feinheit des Materials und der Stärke der
Bleichung verschieden. Im Mittleren Reiche waren sie
dunkelbraun, in der Thebanischen Periode wechselten sie
von hell- bis dunkelbraun, in der Saïtischen Zeit wurden sie
hellbraun und später hellgelblich und bisweilen fast weiß[2].

Neben dem Papyrus wurde, wenn auch weit seltener,
Leder als Schreibmaterial verwendet, dann kam Holz in
Betracht[3], welches man in viereckige flache Tafeln zerschnitt
und gelegentlich mit Stuck bedeckte, um eine glattere
Fläche zu gewinnen. Wichtigere Texte schrieb man nur
vereinzelt auf Steinplatten[4], während diese für das Eingraben von Inschriften beliebter waren. Für kürzere Notizen kamen neben kleineren flachen Steinplatten in sehr
großer Zahl die sog. Ostraka in Betracht. Es sind dies
Bruchstücke von Tontöpfen, welche man sich auf den
Abfallhaufen zusammenlesen konnte und welche als be-
quemes und billiges Schreibmaterial Jahrtausende hin-

---

[1] Seyffarth, „Beiträge zur Kenntniß der Literatur des alten
Ägyptens" I, S. 3; II–V, S. 20; Wilcken, Hermes XXII, S. 487;
Borchardt, Äg. Z. XXVII, S. 118ff.
[2] Borchardt, Äg. Z. XXVII, S. 118ff.
[3] Pietschmann, Beitr. z. Kenntn. d. Buch- u. Bibliotheksw.
1895, S. 106ff.; 1898, S. 52ff. (Lit.).
[4] Beispiele: Gardiner, „Theban Ostraca", Toronto 1913,
S. 13 (Magischer Text), 16aff. (Briefsammlung) und in sonstigen
Ostraka-Publikationen.

durch im Gebrauche blieben. Sie tragen Texte in hieroglyphischer, hieratischer, demotischer, griechischer, koptischer und vereinzelt arabischer Schrift[1].

Geschrieben wurde mit einer tiefschwarzen, aus einem
Gemisch von pulverisierter Holzkohle und Gummi hergestellten Tusche[2], welche im allgemeinen den Papyrus
nicht angriff[3] und im Laufe der Zeit sich nicht zersetzt hat.
Daneben verwertete man für Textanfänge und besonders
wichtige Stellen eine rote Tusche. Da diese in einer Reihe
von Fällen Löcher in den Papyrus eingefressen hat, war ihr
allem Anscheine nach bisweilen eine Säure beigemischt,
deren Bestandteile bisher freilich nicht festgestellt worden
sind. Der Schreibpinsel bestand aus einem Rohr, dessen
eines Ende man in Fasern zerkaut hatte, oder für feinere
Schriftzeichen aus einem zugespitzten Rohr oder aus den
scharfspitzigen, weichen Hüllblättern der Doldenstrahlen
der Papyrusstaude[4].

§ 66. Aufbewahrt wurden die Papyri in Rollenform und
dabei mit einem Leinwand- oder Papyrusstreifen um-
bunden und dieser gegebenenfalls zugesiegelt. Die
Rollen legte man in große Töpfe[5], in Sykomorenholz-
schachteln[6] oder in Steinkisten[7]. Mit den Tempeln waren

---

[1] Publikationen verschiedenartiger Ostraka z. B. Daressy,
„Ostraca" (Kat. Kairo), Kairo 1901; „Hieratische Papyrus aus
den Kgl. Museen zu Berlin" III, Taf. 26—42; Spiegelberg,
„Hieratic Ostraka and Papyri found in the Ramesseum", London
1898. — Arabische Ostraka: Karabacek, Mitt. Samml. Papyrus
Rainer V, S. 63 f.; Wiedemann, Proc. Soc. Bibl. Arch. XIII, S. 279.
[2] Wönig, „Die Pflanzen im alten Ägypten" (Leipzig 1886,
2. Aufl. 1892), S. 105.
[3] Wenn ausnahmsweise die Tusche Leinwandbinden an-
gegriffen hat, auf welche sie aufgetragen war (Daressy, Ann. Serv.
Ant. IV, S. 152), so war ihr, in Widerspruch zu der sonst geltenden
Regel, vermutlich eine Säure beigemengt worden.
[4] Wönig, a. a. O.
[5] Brugsch, Äg. Z. XIV, S. 2; Erman, ib. XVII, S. 71.
[6] Marucchi, Acad. Pontif. d'Archeol. VI, S. 219 ff. Etiketten
von Schachteln: Winckler, Äg. Z. XXVII, S. 62 f.; Borchardt,
ib. XXXIII, S. 72 f.
[7] z. B. Wiedemann, „Altägyptische Sagen und Märchen",
S. 15. Für Darstellungen von Aktenbehältern vgl. Pietschmann,
Beitr. z. Kenntn. d. Buch- u. Bibliotheksw. 1898, S. 75 ff.; für
das Futteral der königlichen Bestallungsurkunde: Spiegelberg,
Äg. Z. LIII, S. 101 f.

Bibliotheken verbunden, welche wesentlich religiöse
Schriften enthielten[1]. Ob daneben staatliche Bibliotheken vorhanden waren, ist unbekannt, doch bestanden
für die staatlichen Urkunden, Briefe, Erlasse Archive[2],
während Privatleute ihre Urkunden in ihren Häusern aufbewahrten oder auch in Gräbern niederlegten und damit
unter den Schutz der Toten stellten.

§ 67. Die Schüler scheinen bisweilen in der Schule gewohnt zu haben, doch hatten die Eltern für ihre Verkösti-
gung zu sorgen. Nach einem Papyrus brachte die Mutter
zu diesem Zwecke ihrem Sohne täglich zwei Krüge Bier
und drei Brote. Bei dem Unterrichte spielten Prügel
und moralische Ermahnungen die Hauptrolle. Bei letzteren wurde vor allem der Nutzen hervorgehoben, welchen
das Wissen für seinen Besitzer habe. Die Schattenseiten
der bürgerlichen und militärischen Berufe wurden in grellen
Farben geschildert und demgegenüber der über alle Menschen
erhabene Schreiberstand hoch gepriesen. Als bestes Mittel
zum Vorwärtskommen in der Welt wurde geduldige Füg-
samkeit gegen Vorgesetzte und einflußreiche Persönlichkeiten anempfohlen[3].

Über das, was im einzelnen in den Schulen getrieben
wurde, liegen nur spärliche Andeutungen vor. Zusammen-
gehörige Schreibtafeln aus etwa der 22. Dynastie zeigen
Übungen im Schreiben einzelner Zeichen und außerdem
eine Übertragung eines Textes des Mittleren Reiches in
die übliche Sprache des Neuen Reiches[4]. Dann haben sich
die Schüler bemüht, Listen von Namen von Gesichts-
teilen, Tieren, fremden Ländern, Ausländern, Festen usf.
zusammenzustellen[5]. Aus der Spätzeit liegen Versuche vor,
demotische Hauptwörter zu bilden[6]. Aus der römischen

---

[1] Vgl. Zimmermann, „Die ägyptische Religion", S. 173 ff.
[2] Für Archive im alten Orient vgl. Winckler, Mitt. Vorderas.
Ges. XVIII, 4.
[3] Maspero, „Du Genre épistolaire chez les anciens Égyptiens", S. 24 ff.; Erman, „Ägypten", S. 442 ff.
[4] Erman, Äg. Z. XXXII, S. 127 f.
[5] Spiegelberg, „Hieratic Ostraka", London 1899 (vgl. dazu
Spiegelberg, Äg. Z. L, S. 28; Müller, Orient. Lit.-Z. II, S. 367 ff.);
Müller, Mitt. Vorderas. Ges. V, 8; Gardiner, Journ. of Egypt.
Arch. III, S. 184 ff.
[6] Hess, Äg. Z. XXXV, S. 147 f.

Zeit ist eine Liste hieroglyphischer Zeichen mit Beifügung
ihrer Bedeutungen erhalten geblieben[1], wie auch Überreste
ähnlicher Verzeichnisse in den Bruchstücken des Chaeremon
von Naucratis, eines Lehrers des Kaisers Nero[2], und in dem
Werke des zwischen 379 und 395 n. Chr. tätigen Horapollo
von Nilopolis[3] verwertet worden sind. Letzteres griechische
Werk beschränkte sich dabei nicht auf eine sinngemäße
Erklärung der Zeichen, sondern suchte diesen Sinn aus einer
fabelhaften Naturgeschichte oder Mythologie zu deuten,
wobei es außer altägyptischen Vorstellungen auch griechische philosophische Gedankengänge heranzog. Infolgedessen bildete das Werk einen Vorläufer des weit verbreiteten, in zahlreichen verschiedenartigen Fassungen zusam-
mengestellten Physiologus[4], welcher neben den heidnischen
Vorstellungen israelitische und christliche in seine Erklärungen hinein verflocht und mit seinen Deutungen weitergehend vielfach die christliche Bildersprache und Tier-
symbolik des Mittelalters beeinflußte.

§ 68. In den modernen arabischen Schulen[5] ist das
Hauptbestreben, den Lesestoff möglichst genau wörtlich

[1] Publ. Griffith und Petrie, „Two hieroglyphic Papyri from
Tanis", London 1889, zusammen mit einem Papyrus, der Listen
von Orten, heiligen Gegenständen, Festen usf. enthielt.
[2] Birch, Transact. Roy. Soc. of Literature, NS. III, March 1850.
[3] Beste Ausgabe von Leemans, Leiden 1835. Für Horapollo
selbst vgl. J. Maspero, Bull. Inst. Franç. Caire XI, S. 163ff.;
Röder in Pauly-Wissowa, „Realencyclopädie der class. Altertumskunde" VIII, Sp. 2313ff. Kunst- und kulturgeschichtlich sehr
wichtig sind die Illustrationen von Dürer zu den Hieroglyphica
des Horapollo in Verbindung mit den Hieroglyphenstudien der
Humanisten besonders in Italien (Giehlow, Jahrb. der Wiener
Kunsthist. Samml. XXXII, S. 1 ff.).
[4] E. Peters, „Der griechische Physiologus und seine orientalischen Übersetzungen", Berlin 1898 (Lit.). Für die koptische
Fassung vgl. Erman, Äg. Z. XXXIII, S. 51 ff.; Lemm, „Koptische
Miszellen" (Bull. Acad. Petersburg 1910), § 81, S. 357 ff.
[5] Lane I, S. 50 ff. — Für griechisches Schulwesen und Schultexte in Ägypten im Altertume vgl. Bendel, „Qua ratione Graeci
liberos docuerint", Münster i. W. 1911; Ziebarth, „Aus dem
griechischen Schulwesen", Leipzig 1913; Schemmel, Neue Jahrb.
f. Philol. XXIV, S. 438ff.; Kenyon, Journ. Hell. Stud. XXIX,
S. 29ff.; Brinkmann, Rhein. Mus. LXV, S. 149ff.; Wilcken,
„Grundzüge der Papyruskunde" I 1, S. 136ff.; I 2, S. 162ff.
Über den koptischen Unterricht im Mittelalter vgl. Krall, Mitt.
Samml. Papyrus Rainer IV, S. 126ff.

auswendig zu lernen; in dem schreibfreudigen Ägypten legte
man das Schwergewicht darauf, daß die Schüler sich schriftlich in richtiger Weise auszudrücken lernten. Man ließ sie
zu diesem Zwecke Mustertexte, welche man neuerdings als
„Schultexte" zusammenzufassen pflegt, in sorgsamer
Schrift aufzeichnen oder nach Diktat niederschreiben, der
Lehrer verbesserte dann die Arbeiten[1]. Diese Texte wurden
so ausgewählt, daß der Schüler auch aus ihrem Inhalte
etwas lernen konnte. In erster Reihe kamen hierfür die
sog. Moralischen Papyri in Betracht, buntgemischte Sammlungen von Sprichwörtern und Vorschriften für den guten
Ton in allen Lebenslagen, im Verkehr mit Höher-, Gleich-
und Niedrigergestellten, ohne daß bei der Zusammenstellung irgend eine systematische Anordnung gewahrt
würde. Als Verfasser galten vielfach die Götter oder die
Weisen der Vorzeit, auch wenn es sich um verhältnismäßig
junge Sammlungen handelte. So behauptet der älteste erhaltene derartige Text[2] aus der 4. und 5. Dynastie zu
stammen, seine ältesten Abschriften gehören in das Mittlere
Reich.

Weiter erscheinen unter den Schultexten die bereits
erwähnten Lobpreisungen des Schreiberberufes und zahlreiche religiöse praktisch verwertbare Texte, welche die

---

[1] Derartige Schultexte sind jetzt u. a. in London („Select
Papyri in the Hieratic Character", London 1844—60), Bologna
(Lincke, „Korrespondenzen aus der Zeit der Ramessiden",
Leipzig 1878), Berlin (Wiedemann, „Hieratische Texte aus den
Museen zu Berlin und Paris", Leipzig 1879). Bearbeitet von:
Maspero, „Du Genre épistolaire chez les anciens Égyptiens",
Paris 1872; Lincke, „Beiträge zur Kenntnis der altägyptischen
Briefliteratur", Leipzig 1879. Vielfach benutzt von Erman,
„Ägypten", der auch eine Spezialgrammatik („Neuägyptische
Grammatik", Leipzig 1880) für diese Texte herausgab.

[2] Papyrus Prisse. Zusammenfassende Ausgabe: Jéquier, „Le
Papyrus Prisse et ses Variantes", Paris 1911; weiteres stark ab-
weichendes Duplikat: Budge, „Facsimiles of Egyptian Hieratic
Papyri in the British Museum", London 1910, Taf. 34—8,
S. XVII ff.; neueste vollständige Ausgabe des zweiten Teiles
des Textes: Dévaud, „Les Maximes de Ptahhetep", Fribourg
(Suisse) 1916. Die Übersetzungen von Virey („Études sur le
Papyrus Prisse", Paris 1887), Revillout (Rev. égypt. VII, S.
188 ff.; X, S. 101 ff.), Griffith (Proc. Soc. Bibl. Arch. XIII,
S. 65 ff., 145 f.) beruhen vielfach auf Vermutungen.

erforderlichen Zeremonien und Gebete für den Privat- und
Tempelkult lehren sollten. Sie enthalten Ritualtexte für
die Verehrung der verschiedenen Gottheiten[1], magische
Formeln und Hymnen, besonders an den Sprecher und Auf-
zeichner der göttlichen Worte Thoth[2], welcher als Schutz-
herr der Schreiber galt. Ihm und dem ihm in seiner Bedeutung nahestehenden, besonders in jüngerer Zeit hoch-
verehrten Imḥetep[3], den die Griechen ihrem Asklepios
gleichstellten, pflegte der Schreiber vor der Benutzung seines Wassernapfes ein Libationsopfer darzubringen. Dabei
sprach er gelegentlich den Wunsch aus, jeder künftige Benutzer des gleichen Topfes möge seiner gedenken und zu
seinen Gunsten eine Opferformel sprechen, welche seiner
Persönlichkeit im Jenseits 1000 Brote und Krüge Bier
verschaffen sollte[4].

Einen besonders großen Umfang unter den Schüler-
texten nehmen die Briefe ein, teils wirklich geschriebene,
welche später als mustergültig angesehen wurden, teils er-
fundene, welche zeigen sollten, welche Fassung der Kanzlei-
stil im gegebenen Falle verlangte. Sie behandelten zu
diesem Zwecke die verschiedensten Punkte der Verwaltung,
Reisen des Pharao und hoher Beamter, Bauten an Tempeln und Städten, Reparaturen von Barken, Transport von
Steinen, Eingaben niederer Beamter, Antworten der Vorgesetzten, Bitten um Urlaub, Tadelserteilungen u. a. m.
Seltener finden sich Erzählungen und Sagen[5], obwohl an

---

[1] Moret, „Le Rituel du Culte divin journalier en Égypte",
Paris 1902.
[2] B. Turajeff, „Gott Thoth", 1898 (russisch); Pietschmann,
„Hermes-Trismegistos", Leipzig 1875; Budge, „The Gods of the
Egyptians" I, S. 400ff. Hymnen an ihn z. B. Turajeff, Äg. Z.
XXXIII, S. 120ff.; Erman, ib. XXXVIII, S. 36f.
[3] Sethe, „Imhotep" (Unters. z. Gesch. Ägyptens II 4),
Leipzig 1902 (doch ist Imhotep kaum als vergöttlichter Mensch,
sondern als alter, später zu hohen Ehren gelangter Sondergott
aufzufassen); Lanzone, „Diz. di Mitol.", S. 151ff.; Budge,
„The Gods of the Egyptians" I, S. 522ff.
[4] Schäfer, Äg. Z. XXXVI, S. 147f.; Gardiner, ib. XL,
S. 146.
[5] Wiedemann, „Unterhaltungsliteratur der alten Ägypter",
2. Aufl., Leipzig 1903; Spiegelberg, „Die Novelle im alten Ägypten", Straßburg 1898. Übersetzungen bei Maspero, „Les Contes
populaires de l'Égypte ancienne", 4. Aufl., Paris 1911; Wiedemann, „Altägyptische Sagen und Märchen", Leipzig 1906.

diesen das ägyptische Volk zu allen Zeiten großen Gefallen
gefunden hat, vermutlich weil die Schreiber die Beschäftigung mit solcher volkstümlicher Literatur ihrer erhabenen
Bildung nicht recht angemessen fanden. Als klassisch galten
die im früheren Mittleren Reiche und die während der
19. Dynastie abgefaßten Stücke, wobei letztere durch die
Verwendung zahlreicher, vor allem semitischer Fremdworte[1],
ihren Texten ein schöneres und gebildeteres Gepräge zu
verleihen suchten.

Mehrfach finden sich am Schlusse der Schultexte Angaben, welche durch „Gemacht von" eingeleitet werden
und dann den Namen eines Schreibers aufführen. Es
waren dies nicht die Verfasser der Schriftstücke, sondern
die jeweiligen Abschreiber. So ist Pentaur, der in einem
Papyrus am Schlusse eines Berichtes über die Cheta-
schlacht Ramses' II. erwähnt wird, nicht ein großer Dichter
und Kämpfer, wie dies angenommen worden ist[2], sondern
ein Schreiber, welcher 67 Jahre nach dem Ereignisse tätig
war[3]. Eine praktische Verwertung der Schreiber bereits
während ihrer Lernzeit in der Verwaltung ist nicht erweis-
lich. Die hierfür angeführten[4] Notizen über Lieferungen
am Rande der Schreibertexte stammen nicht von diesen
Schreibern während ihrer Ausbildungszeit her, sondern von
Leuten, welche derartige Papyri als altes Papier ansahen
und freigelassene Stellen für gelegentliche Bemerkungen
verwerteten.

5. Ehe.

§ 69. Die Grundlage des ägyptischen Staates bildete
die Familie. Diese galt als ein festgefügtes Ganzes, dessen
Bestand man über das Grab hinaus zu erhalten trachtete;
eine bereits im Mittleren Reiche vorhandene Formel sollte
daher dem Verstorbenen im Jenseits die Vereinigung mit

---

[1] Bondi, „Dem hebräisch-phönizischen Sprachzweige an-
gehörige Lehnwörter in hieroglyphischen und hieratischen
Texten", Leipzig 1886.
[2] Ebers, „Uarda", Stuttgart 1877, mit einer dichterischen
Schilderung des ägyptischen Tempelschullebens.
[3] Lepsius, „Chronologie", S. 53; Erman, „Neuägypt. Grammatik", S. 7.
[4] Erman, „Ägypten", S. 447.

allen näheren und ferneren Verwandten gewährleisten[1].
Um eine eigene Familie zu gewinnen, galt es als selbstverständlich, daß der Ägypter, sobald er das nötige Alter erreicht hatte, heiratete[2], wie es noch jetzt im Niltale als un-
passend angesehen wird, wenn ein Mann ohne triftige
Gründe unverehelicht bleibt[3]. Das Heiratsalter beträgt
jetzt für das Mädchen meist 12—13, selten weniger oder
mehr Jahre, und kann das Mädchen bereits mit 13 Jahren
oder noch früher Mutter werden. Zahlenangaben für das
Altertum fehlen im allgemeinen, doch wird berichtet, daß,
sobald der Jüngling nicht mehr in den Kleidern der Knaben
schlief, er sich ein Haus nahm[4], also eine Ehe begründete.
Ferner wurde empfohlen, frühzeitig zu heiraten, damit
das Weib dem Manne einen Sohn gebäre[5]. Ein Witwer
betonte in einem Briefe an seine verstorbene Frau, er habe
sie jung geheiratet[6]. Ein Priester der Ptolemäerzeit heiratete
ein 12½jähriges Mädchen[7] und die griechischen Papyri
des 2. und 3. Jahrhunderts n. Chr. sprechen von 12 und
13jährigen Frauen[8].

§ 70. Die Überzeugung von der Notwendigkeit der Ehe
war so groß, daß die Hinterbliebenen für einen unverheiratet
Verstorbenen nach einem auch sonst weitverbreiteten Gebrauche eine Totenhochzeit bereiteten[9]. Ursprünglich
wird man am Grabe ein weibliches Wesen geopfert und so
dem Toten in das Jenseits nachgesandt haben. Als allmählich das Menschenopfer außer Gebrauch kam, wurde statt

---

[1] Baillet, JA. 10. Sér. IV, S. 307 ff.
[2] Reiches Material für die Stellung der Frau, Ehe usf. bei
Müller, „Die Liebespoesie der alten Ägypter", Leipzig 1899;
Heyes, „Bibel und Ägypten", S. 129 ff. Vgl. ferner Revillout,
JA. 10. Sér. VII, S. 57 ff., 161 ff., 347 ff.
[3] Lane 1, S. 165 f.
[4] Inschrift des Schiffsführers Aḥmes, Z. 5 (Anfang der
18. Dyn.; publ. u. a. Sethe, „Urkunden der 18. Dynastie" I,
S. 1 ff.).
[5] Pap. Bulaq IV, 16, 1; Chabas, „Maximes du Scribe Ani",
S. 17 ff.; Brugsch, Äg. Z. X, S. 51.
[6] Pap. Leyden J 371; vgl. Maspero, „Études égypt." I,
S. 148.
[7] Lepsius, „Auswahl der wichtigsten Urkunden des ägypt.
Altertums", Taf. 16, Z. 5.
[8] Wessely, Sitzb. Akad. Wien 1891, S. 65.
[9] Wiedemann, Z. f. rhein. Volksk. IX, S. 166 ff.; Sphinx
XVIII, S. 169 ff.

dessen die plastische Figur einer Frau in das Grab gelegt. Meist hat dieselbe die Gestalt eines nackten, auf einem Ruhebette gelagerten Weibes, neben dem ein nackter Knabe liegt, der Sohn, welchen die Frau dem Verstorbenen schenken sollte. Seltener treten statt dessen Rundfiguren auf oder flache plastische Bilder der Frau allein.

§ 71. Inwieweit die Schließung einer Ehe von äußerlichen Förmlichkeiten begleitet war, ist nicht bekannt[1]. Nach den hierfür freilich nicht unbedingt maßgebenden Märchen erfolgte dieselbe in der einfachsten Weise. So ließ einer Erzählung zufolge[2] der König, als er seine Tochter mit seinem Sohne vermählen wollte, das Mädchen in das Haus des Jünglings bringen und ihr Geschenke geben. Nachts verkehrten beide miteinander. Als die Zeit der Reinigung kam, trat diese bei der Frau nicht ein. Man meldete dies dem Könige, der sich darüber sehr freute und der Frau reiche Geschenke zukommen ließ.

§ 72. Ob im allgemeinen bei der Vermählung die Zuneigung des Paares eine Rolle spielte, läßt sich nicht verfolgen. In der Regel wird die Ehe von den Eltern angeordnet oder durch das geschwisterliche Verhältnis der künftigen Gatten nahegelegt worden sein. Wenn in einem Märchen das Mädchen erklärt, sterben zu wollen, wenn man seinen Geliebten töte, so kann man hieraus keine weitergehenden Schlüsse ziehen. Das Mädchen tut dies erst, nachdem der Jüngling durch die Lösung einer schweren Aufgabe sich als der ihm von dem Schicksale bestimmte Gatte erwiesen hat[3]. In den Liebesliedern[4] wird von dem Mädchen der Wunsch ausgesprochen, dem Geliebten die Speise zu bereiten als Herrin seines Hauses, während ihr Arm auf dem seinigen ruhe. Da daneben aber von einem intimen Verkehr der beiden die Rede ist, so kann es sich nicht um eine Art Brautpaar handeln, wie auch sonst diese Liebeslieder sich in sehr sinnlicher Sprache nur mit freien Verhältnissen beschäftigen. Wenn aber vor der Ehe die wechselseitige Zuneigung zurücktrat, so wird nach Abschluß derselben

---

[1] Die umständlichen modernen ägyptischen Zeremonien schildert Lane I, S. 167 ff.

[2] Wiedemann, „Altägypt. Sagen", S. 123; Maspero, „Contes populaires de l'Égypte ancienne", 4. Aufl., Paris 1911, S. 130.

[3] Wiedemann, „Altägypt. Sagen", S. 82.

[4] Müller, a. a. O.

häufig auf die Zärtlichkeit der Ehegatten hingewiesen.
Die Ehepaare stehen in Darstellungen Hand in Hand, wie
das Hand in Hand gehn noch jetzt im Orient häufige Sitte
ist. In andern Fällen sitzen beide nebeneinander oder steht
die Frau neben dem Gatten, den sie mit ihrem Arme um-
schlingt oder dem sie ihre Hand auf die Schulter legt (Taf.-
Abb. 2). Bei der Nennung der Frau in den Inschriften wird
häufig bemerkt, daß der Gatte sie liebe, und auch die Sammlungen von Lebensregeln[1] empfehlen liebevolle Sorgfalt für
die Ehegattin. Die Bestattung der Frauen war nicht selten
eine sehr prunkvolle und kostspielige[2]. Die weiblichen
Eigennamen wiesen vielfach auf die Schönheit, Süße, Ge-
liebtheit und ähnliche Eigenschaften hin.

§ 73. Der Rechtszustand der Frauen[3] war ein
verhältnismäßig günstiger, sie konnten vor Gericht erscheinen, selbständig Vermögen erwerben und vererben.
Aus späterer Zeit liegen zahlreiche Ehekontrakte vor, welche
zeigen, daß damals, und nach Andeutungen der Texte war
dies bereits im alten Ägypten der Fall, gesetzlich und ver-
traglich fest geregelte Eheverhältnisse bestanden. Es
scheint, daß im allgemeinen die Einzelehe drei Entwicklungs-
stufen durchmachen konnte, in deren jeder die Frau einen
besonderen Titel führte. Diesen behielt sie bei, auch wenn
sie in eine höhere Stufe eingetreten war, ähnlich wie der
Mann in seiner Titulatur die verschiedenen, auch die niederen Titel beibehielt, welche er nacheinander im Laufe
der Zeit erlangt hatte.

---

[1] z. B. Pap. Prisse X, 8—10.
[2] Vgl. den Brief eines Witwers in Pap. Leyden J 371,
Z. 32 ff. (Maspero, „Ét. égypt." I, S. 154 ff.).
[3] Mitteis und Wilcken, „Grundzüge der Papyruskunde" II
1, S. 199 ff.; II 2, S. 313 ff. (hellenistische Zeit); Nietzold, „Die
Ehe in Ägypten zur ptolemäisch-römischen Zeit", Leipzig 1903;
Paturet, „La condition juridique de la femme dans l'ancienne
Égypte", Paris. — Eheverträge besonders bei Spiegelberg,
„Demotische Papyrus" (Kat. Kairo), Straßburg 1908; „Der
Papyrus Libbey" (Schriften der wissensch. Ges. Straßburg 1),
Straßburg 1907; RT. XXVIII, S. 190 ff.; Äg.Z. XLVI, S. 112 ff.
(Probeehe; vgl. Sethe, Nachrichten Ges. Wiss. Göttingen 1918,
S. 288 ff.); LIV, S. 93 ff.; Möller, Abh. Ak. Berlin 1918, Nr. 3;
Griffith, Proc. Soc. Bibl. Arch. XXXI, S. 212 ff.; H. Hitzig,
„Griechische Heiratsverträge auf Papyrus" (Festgabe der phil.
Fakultät der Univ. Zürich), 1914.

Die drei Stellungen der Frau[1] waren: 1. *sen-t* Schwester, wörtlich „die Zweite" im Verhältnis zum Gatten oder Bruder[2]. Hierbei handelte es sich um eine Art Probeehe, ein Zusammenleben unter Zusicherung eines Reugeldes an die Frau und eines Erbrechtes für einen etwaigen Sohn für den Fall, daß die Ehe nicht weiter fortgeführt wurde. Diese Einrichtung gewährte die Möglichkeit, sich über die Fruchtbarkeit der Ehe, als deren Zweck die Kindererzeugung galt, Gewißheit zu verschaffen, und wurde daher die Dauer des Verhältnisses im allgemeinen auf ein Jahr festgesetzt. — 2. *ḥem-t* Frau, wie das für die Schreibung des Wortes gewählte Hieroglyphenzeichen zeigt, in geschlechtlichem Sinne gedacht. Die Frau war hierbei rechtmäßige Gattin und hatte Anteil an dem Besitze und an der Verwaltung des Vermögens. — 3. *neb-t pa* Herrin des Hauses. Hier war der Frau der Besitz des Hauses und des Hauswesens übertragen, wobei sie die Verpflichtung übernahm, für dieses und den Gatten in angemessener Weise Sorge zu tragen.

Die Eheschließung galt, wohl in Anbetracht ihrer Rechtsfolgen, als ein wichtiges Ereignis, und erschien es wünschenswert, dessen Eintritt weiteren Kreisen mitzuteilen[3]. So machte Amenophis III. seine Vermählung mit der aus verhältnismäßig niedrig gestellter Familie stammenden Tii durch zahlreiche Skarabäen seinen Untertanen bekannt[4]. Ob ähnliche Mitteilungen bei Ehescheidungen stattfanden, läßt sich nicht verfolgen; jedenfalls pflegte man aber für den Fall der Verstoßung ein an die Frau zu zahlendes Reuegeld in dem Heiratsvertrage festzusetzen[5].

§ 74. Im allgemeinen herrschte im Volke, ebenso wie im heutigen Ägypten, aus praktischen Gründen Einehe. Nur reichere Leute vermochten es, mehrere Frauen zu unter-

---

[1] Wiedemann, „Hieratische Papyri aus den Museen zu Berlin und Paris", S. 16.

[2] Dieser Doppelsinn des Wortes macht es unmöglich, über den Umfang der Geschwisterehe in den bürgerlichen Kreisen im alten Ägypten ein klares Bild zu gewinnen.

[3] Wiedemann, „Hieratische Texte", S. 17; Spiegelberg, RT. XVI, S. 64 f., 183.

[4] Maspero bei Davis, „Tomb of Queen Tîyi", S. XVII; Wiedemann, Proc. Soc.. Bibl. Arch. XXXV, S. 257.

[5] Griffith, „Cat. of the Demotic Papyri in the Rylands Library" III, S. 116 (Zeit des Darius).

halten und sich einen Harem einzurichten, doch zeigen
Beispiele[1] aus den verschiedensten Zeiten, daß dies vorkommen konnte, ohne daß darum die Freiheit der einzelnen
Frauen beschränkt zu sein brauchte[2]. Anders wie in Privat-
familien lagen naturgemäß die Verhältnisse am Königs-

Abb. 9.
Ausfahrt Amenophis' IV. und seiner Gattin.

hofe. Hier galt eine Frau, welche häufig die Schwester des
Herrschers war[3], als die Große Königliche Gemahlin, die
Gattin des Gottes[4], und pflegte während des ganzen Ver-
laufes der ägyptischen Geschichte zu dem Pharao in einem
nahen Verhältnisse zu stehen, wenn auch bildliche Dar-
stellungen aus diesem Familienleben nur aus der Zeit
Amenophis' IV. vorliegen. In diesen sieht man, wie die
Königin bei einer Ausfahrt ihren Gatten küßt (Abb. 9),

---

[1] Altes Reich: Mariette, „Mastaba", S. 138; Petrie, „Athribis", S. 3, 16, Taf. 7 (6 Frauen). Mittleres Reich: Newberry,
„Beni Hasan" I, Taf. 16, 29. Neues Reich: Lepsius, „Denkm."
III, 106 a. Ptolemäerzeit: Metternich-Stele, Stele des Pa-
schera-en-Ptah.
[2] Für sehr schematische Haremsdarstellungen aus dem Alten
Reiche vgl. Lefébure in „Études dédiées à Leemans", S. 69 ff.
[3] Vgl. S. 58.
[4] Die verschiedenen ägyptischen Königinnen behandelte
J. R. Buttles, „The Queens of Egypt", London 1908.

wie sie und ihre Tochter ihm Wasser bringen und ihn begleiten[1], wie die kleinen Prinzessinnen unbekleidet zusammen
sitzen[2]. Nur ausnahmsweise besaß ein Herrscher, wie Ramses II., mehrere solcher Hauptgemahlinnen. Sehr groß war
dagegen zu allen Zeiten die Zahl der sonstigen Insassinnen
des königlichen Harems, welche der Pharao teils aus seinen
Untertaninnen sich auserwählte, teils aus dem Auslande
erhielt, in dessen Bereich fremde Fürsten bestrebt waren,
dem Pharao ihre Töchter als Geschenk zuzusenden. Gelegentlich kamen die Mädchen mit großem Gefolge. So
hatte die syrische Prinzessin Kirkipa, als sie zu Amenophis III. kam, 317 Gefährtinnen mit sich[3]. Aus dem Leben
und Treiben solcher Mitglieder seines Harems hat RamsesIII.
im Vorbau des Tempels von Medinet Habu einige Szenen
abbilden lassen. Hier erblickt man den König, wie er mit
auffallend schlanken Mädchen Brett spielt, wie er sie am
Kinn streichelt und sie ihm Gaben bringen[4]. Zur Beaufsichtigung des Harems waren zahlreiche Angestellte erforderlich, und mußten sich hier naturgemäß ähnliche
Eifersüchteleien und Intriguen entwickeln, wie sie auch
sonst aus der Geschichte des Orients bekannt sind. Sie
erreichten in Ägypten mitunter einen so hohen Grad, daß
sie sogar das Leben des Königs bedrohten[5].

6. Besonders beachtenswerte Sitten.

§ 75. Von sonstigen Sitten der Ägypter, welche in
manchen Beziehungen sehr ausgebildet waren, im Laufe
der Zeit aber vielfach wechselten, kann hier nur weniges,
worauf das Volk selbst besonders großes Gewicht legte,
hervorgehoben werden.

---

[1] Davies, „El Amarna", mehrfach; Lepsius, „Denkm." III,
98b.
[2] Petrie, „Tell el Amarna", Taf. 1, Nr. 12.
[3] Brugsch, Äg. Z. XVIII, S. 81 ff.; Breasted, „Ancient
Records" II, S. 347.
[4] Lepsius, „Denkm." III, 208.
[5] Hochverratsprozeß unter Ramses III.: Erman, Äg. Z.
XVII, S. 76 ff.; Devéria, „Mémoires" II, S. 97 ff.; Renouf,
Records of the Past VIII, S. 57 ff.; in der 6. Dyn.: Andeutungen in der Unà-Inschrift (Erman, Äg. Z. XX, S. 12).

§ 76. Die Begrüßung erfolgte zunächst mit Worten, wobei gute Wünsche wie „Sei gesund", „Freue Dich", „Komme in Frieden" ähnlich wie im heutigen Niltale mit nicht böse gemeinten Schimpfworten sich kreuzten. Gute Freunde näherten ihre Nasen und berochen sich[1]. Von Liebenden wird betont, daß sie sich an allen ihren Gliedern berochen, während das Beriechen der Hand als Zeichen der Ehrfurcht galt[2]. Der Niedrigergestellte warf sich vor dem Herrn auf den Boden und beroch vor ihm die Erde. Es galt als eine besondere Vergünstigung, wenn man in einem solchen Falle statt der Erde die Füße des Vorgesetzten beriechen durfte (Abb. 5)[3]. Im Neuen Reiche wurden die Ehrfurchtbezeugungen sehr verschiedenartig entwickelt. Niederknien, Niederwerfen, bestimmte Haltungen der Hand, des Kopfes, Verbeugungen, Freudensprünge waren je nach dem Range der sich Begegnenden geregelt[4]. In andern Fällen rieb man dem Gegenüberstehenden das Gesicht mit dem gelegentlich eingesalbten Zeigefinger[5], während das Küssen (Abb. 9) selten war[6] und ein Umarmen wesentlich dann erscheint, wenn ein König durch den Gott zu seinem Stellvertreter ernannt wird[7].

§ 77. Auf die körperliche Reinheit wurde sehr großes Gewicht gelegt[8]. Sie erschien, ebenso wie in dem heutigen muhammedanischen Ägypten[9], vor allem für die Vornahme einer Reihe kultischer Handlungen erforderlich. Der Priester hatte sich zahlreichen Waschungen zu unterziehen und wird daher als der (körperlich) Reine bezeichnet. Vor allem mußte er sorgsam Hände und Finger waschen[10],

---

[1] Vgl. z. B. Maspero, „Contes populaires de l'Égypte ancienne", 4. Aufl., S. 111.
[2] Daressy, RT. XVI, S. 56, 58.
[3] de Rougé, „Inscriptions hiéroglyphiques", Taf. 80 (Erman, Äg. Z. XX, S. 3).
[4] Vgl. z. B. Davies, „El Amarna" I, Taf. 13; IV, Taf. 12, 21; VI, Taf. 29; Naville, „Deir el bahari" III, Taf. 69, 76.
[5] Maspero, „Études de Myth." V, S. 455 ff.
[6] Davies, a. a. O. IV, Taf. 22, 41; Schäfer, Amtliche Ber. aus den Kgl. Kunstsammlungen Berlin XXXV, S. 139.
[7] Naville, Sphinx VIII, S. 68; Moret, Sphinx XI, S. 26 ff.
[8] Wiedemann, „Herodot", S. 168 ff. Für die Darstellungen des Waschens, Salbens, der Toilettegegenstände usf. aus dem Alten Reiche vgl. Klebs, „Reliefs", S. 19 ff., 137 ff.
[9] Lane I, S. 60 ff.
[10] Junker, Äg. Z. XLIII, S. 109 f.

und waren zu diesem Zwecke in den Tempeln Waschgefäße aufgestellt[1]. Im Privatleben galten ähnliche Sitten. Wenn der Bauer abends nach Hause kam, so machte seine Frau Feuer an und goß Wasser auf seine Hand[2]; kam ein Fremder, so wusch man ihn und salbte seine Füße[3]. Vor dem Mahle wusch man Gesicht und Hände[4] und spülte sich bisweilen auch den Mund aus[5]. Um diese Reinigung zu erleichtern, konnte auf dem Eßtische eine Wasserkanne, über welche ein Handtuch gelegt worden war (Abb. 10), aufgestellt werden[6]. Neben den Händen wusch man sich die Füße[7], und fanden sich in den Häusern vermögen-

der Privatleute Badezimmer[8] und in Palästen größere Baderäume mit Plattenbelag und Wasserableitung[9]. Um dem Toten die Fort-führung der Waschun-gen im Jenseits[10] zu er-möglichen, gab man ihm

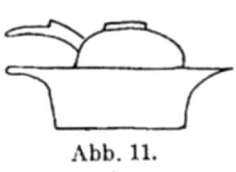

Abb. 11.
Waschgerät.

Abb. 10.
Wasserkanne und Handtuch.

das auf Erden üblichste Waschgerät im Originale oder im Bilde mit in das Grab, eine hohe Schale mit abge-schrägtem Rande und einen Topf mit Ausguß (Abb. 11), den gelegentlich ein Henkel handlicher machen konnte[11].

---

[1] Wiedemann, Proc. Soc. Bibl. Arch. XXIII, S. 263 ff.

[2] Wiedemann, „Altägypt. Sagen", S. 63. Die Sitte, dem kommenden Gaste Wasser zum Waschen, besonders des Gesichts und Bartes, zu reichen, herrscht im Orient noch im Mittelalter („Le Livre des Mille Nuits et Une Nuit", Traduction par Mardrus IV, S. 258) und in der Neuzeit.

[3] Wiedemann, a. a. O., S. 81.

[4] Griffith, „Stories of the High Priests", S. 44; Pyramide Pepi I., Z. 66 ff. Vgl. Weill, „Des Monuments des IIe et IIIe Dynasties égyptiennes", Paris 1908, S. 146 ff.

[5] Jéquier, RT. XXXII, S. 171 ff.; analoge moderne Sitten: Lane I, S. 151.

[6] Davies, „Five Theban Tombs", Taf. 26.

[7] Schäfer, Äg. Z. XLIII, S. 68.

[8] Borchardt, Mitt. Deutsche Orient-Ges. L, S. 19; Z. für Bauwesen LXVI, Sp. 540 ff.

[9] Sphinx VII, S. 231.

[10] Baillet, RT. XXII, S. 188 ff.

[11] Wilkinson-Birch II, S. 425, wo aber die Gestaltung des Gefäßes auf kretisch-mykenäischen Import dieses Exemplars

Eine feierliche Waschung, bei welcher die Götter selbst Wasser über den häufig auf einem Topfe sitzenden Toten gossen, begleitete seinen Eingang in das Jenseits[1], und ähnlich gossen die Götter von Zeit zu Zeit als Reinigung und Verklärung die Zeichen des Lebens und der Macht über den König[2].

§ 78. Die Ägypter waren große Blumenfreunde. Fuhr der König aus, so legte er bisweilen einen Blumenkranz um den Hals[3], und es galt zeitweise als Auszeichnung, wenn der Herrscher einem seiner Getreuen gestattete, ein gleiches zu tun[4]. Bei Gastmählern wurden den Damen Kränze um den Hals gebunden, eine Blume über den Kopf gelegt, so daß die Blüte vorn über die Stirn herabhing, und eine weitere Blume in die Hand gegeben[5]. In anderen Fällen band man einen Kranz in der Stirnhöhe um den Kopf und ließ bisweilen einzelne von dessen Blumen steif in die Höhe stehen (Taf.-Abb. 6)[6], eine Anordnung, welche man bei den Diademen von Prinzessinnen in Edelmetall nachbildete[7]. Den Göttern und Toten wurden einzelne Blumen oder auch

hinweist. In einem Relief des Alten Reiches (Lepsius, „Denkm." II, 36) befindet sich auf dem Tische neben dem Waschgerät ein viereckiger Gegenstand, der wohl als Kästchen für Schminke, sicher nicht als Seife zu deuten ist.

[1] Davies, „Five Theban Tombs", Taf. 21; Newberry, „El Bersheh" I, Taf. 10, S. 15. Vgl. Lepsius, „Denkm." III, 11 f. (Begräbniszeremonie).

[2] Capart, „Rec. de Mon.", Taf. 39; Gauthier, „Amada", Taf. 23; „Kalabchah", Taf. 65; Blackman, „Temple of Derr", Taf. 43 usf.

[3] Wiedemann, „Altägypt. Sagen", S. 74.

[4] Birch, Äg. Z. XIV, S. 5; Spiegelberg, RT. XIX, S. 99 (18. Dyn.).

[5] Champollion, „Mon." II, Taf. 187; Virey, „Tombeau de Rekhmara" (Mém. Mission du Caire V), Taf. 41 ff. (gute Wiedergabe der Bekränzung: Wreszinski, „Atlas", Taf. 10, 89, 90); usf. Vgl. für die Verwendung der verschiedenen Lotusarten als Schmuck und in der Kunst: Spanton, Ancient Egypt 1917, S. 1 ff. (Nachtrag dazu von Armitage, ebenda, S. 178).

[6] Newberry, „El Bersheh" I, Taf. 29; Davies, „Deir el Gebrâwi" II, Taf. 17; Lepsius, „Denkm." III, 9. Vgl. Klebs, „Reliefs", S. 23 (Altes Reich).

[7] Capart, „L'Art égyptien", Taf. 49; Petrie-Capart, „Arts et Métiers de l'ancienne Égypte" (Brüssel 1912), Fig. 99—100; Davies, „Tomb of Siphtah", S. 35. Vgl. Spiegelberg, RT. XLIII, S. 156 f.

Blumensträuße dargebracht[1]. Dabei erhielten letztere häufig Stabform, indem man entweder die Blumen an langen Stöcken übereinander befestigte oder ihre Blüten ineinander steckte. Die Wände der Gräber wurden mit meist stark stilisierten Bildern von Blumen geschmückt[2], und sollte dem Verstorbenen ein heiliger Kranz auf das Haupt gesetzt und dabei geweihräuchert werden. Geschah dies, so werde er gegenüber seinen Gegnern im Jenseits gerechtfertigt erscheinen und vor dem Gotte Osiris Speise und Trank erhalten[3]. In der thebanischen Zeit wurde es üblich, die Mumienhülle mit Blumengirlanden zu umgeben[4], und fügte man im Anschluß an diese Sitte häufig dem Namen des Toten das Bild von Blumen 𓇬 als Deutzeichen bei. Noch bis in die hellenistische Zeit hinein tragen zahlreiche Mumien um den Hals und auf dem Kopfe Kränze von Papyrus, Akazienblüten, Lotusblumen[5]. Sogar künstliche Blumen wurden damals[6], wie bereits im Mittleren Reiche[7], dem Verstorbenen mitgegeben. Wenn in religiösen Texten der Tote selbst mit der Lotusblume verglichen wurde und sich in den blauen Lotus, die Blume des Gottes Nefer-Tum, verwandelte[8], so

---

[1] Für die Blumen im ägyptischen Kulte vgl. Joret, „Les Plantes dans l'Antiquité" I, S. 301 ff.; Röder, Äg. Z. XLVIII, S. 115 ff.

[2] Jéquier, „L'Art décoratif dans l'Antiquité. Décoration égyptienne", Paris 1910—2. — Für die ägyptischen Pflanzensäulen und ihre Urbilder vgl. G. Foucart, „Histoire de l'ordre lotiforme", Paris 1899 (Naville, Sphinx II, S. 18 ff.); A. Köster, Äg. Z. XXXIX, S. 138 ff.; RT. XXV, S. 86 ff.; U. Wilcken, Äg. Z. XXXIX, S. 66 ff.; L. Borchardt, „Die ägyptische Pflanzensäule", Berlin 1897 (Naville, Sphinx II, S. 224 ff.); Äg. Z. XL, S. 36 ff. — Das Amulett der Pflanzensäule besprach Wiedemann, „Die Amulette der alten Ägypter", S. 21.

[3] Pleyte, Actes VI. Congrès des Orientalistes (Leiden) IV 3, S. 1 ff. (Lit.). Für die religiöse Bedeutung des Kranzes bei andern Völkern des Altertums vgl. Klein, „Der Kranz bei den alten Griechen", Günzburg 1912; Köchling, „De coronarum apud antiquos vi et usu", Gießen 1914.

[4] Zahlreiche Beispiele: Smith, „Royal Mummies" (Kat. Kairo), Kairo 1912.

[5] z. B. Rubensohn und Knatz, Äg. Z. XLI, S. 11 f.; Cecil, Ann. Serv. Ant. IV, S. 58; usf.

[6] Breccia, „La Necropoli di Sciatbi" (Kat. Alexandria), S. 163 ff.; Taf. 76—7.

[7] Ahmed Bey Kamal, Ann. Serv. Ant. II, S. 41.

[8] Pyramide Unas, Z. 392; Totenbuch, Kap. 81.

hing dies jedoch nicht mit dieser Bekränzung zusammen.
Die Angabe beruhte auf der ägyptischen Vorstellung, daß
sich die Auferstehung des Menschen entsprechend dem Neu-
emporsprossen der Pflanze vollziehen könne.

Um die Blumen, welche man auf den Tisch vor sich
stellte, frisch zu erhalten, verwendete man, außer weiten
Schalen, mit Wasser gefüllte Vasen, welche oben und an
den Seiten Öffnungen zeigten, in welche man in sehr steifer
Weise die Stiele stecken konnte (Abb. 12)[1]. Bei feierlichen Gelegenheiten nahm man Palmzweige und grüne Blätter
in die Hand und hielt dieselben entweder ruhig geschultert,

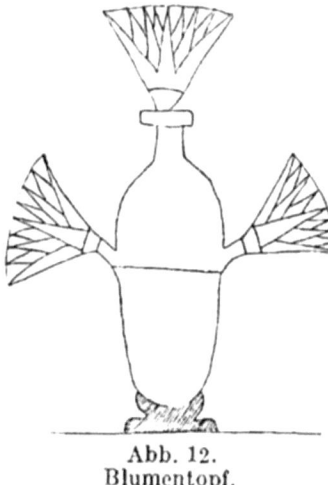

wie die Soldaten bei der Begrüßung einer Statue bei
ihrer Ankunft von den Steinbrüchen[2], bei dem Heran-
nahen eines hohen Beamten[3],
bei Festzügen[4], oder man
schwenkte bei Begräbnissen
die Zweige mit jähen Be-
wegungen, um etwa herum-
flatternde Dämonen zu verscheuchen.

§ 79. Auf Grund der Jo-
seph-Episode im Alten Testa-
mente und einiger frauen-
feindlichen Anekdoten bei den
Klassikern hat man vielfach
die Sittlichkeit bei den
alten Ägyptern sehr niedrig

Abb. 12.
Blumentopf.

eingeschätzt. Die Denkmäler bestätigen dieses ungünstige
Urteil im allgemeinen nicht, die Zustände scheinen in
dieser Beziehung besser gewesen zu sein als etwa im
antiken Griechenland. Ein Schamgefühl[5] im üblichen

---

[1] Lacau, RT. XXV, S. 177 ff.; Bissing, RT. XXV, S. 180 f.;
XXVI, S. 178; Wrede, Äg. Z. XLIII, S. 71 f.; Schäfer, „Altägyptische Prunkgefäße", S. 10 ff.
[2] Newberry, „El Bersheh" I, Taf. 15.
[3] Lepsius, „Denkm." III, 117; Davies, „El Amarna" II,
Taf. 11.
[4] Naville, „Deir el bahari" IV, Taf. 91; V, Taf. 125; VI,
Taf. 155.
[5] Heyes, „Bibel und Ägypten", S. 137 ff., 129 ff. (Lit.).

Sinne des Wortes bestand freilich in Ägypten nicht.
Das naturalistische Bild der männlichen[1], das schematische der weiblichen Geschlechtsteile[2], die vollständige[3]
oder abgekürzte Darstellung[4] des ehelichen Verkehrs dienten
als Schriftzeichen. In Reliefs[5] und bei Statuen[6] nackter
Männer sind die Geschlechtsteile häufig dargestellt, während
dies bei Frauen, außer bei den auf die Totenhochzeit bezüglichen Gestalten und einigen Puppen, selten der Fall ist[7].
Zu beachten ist aber immerhin, daß gelegentlich bei Gastmählern die Frauen von nackten, die Männer dagegen von
bekleideten Mädchen bedient wurden[8], was auf eine gewisse
Scheu vor der Entblößung vor dem anderen Geschlechte
hinweisen könnte. An sonstigen Stellen freilich erscheinen
bei ähnlichen Festlichkeiten, an denen Männer und Frauen
teilnehmen, die Dienerinnen und Tänzerinnen nur mit
einem Gurt etwas unter dem Nabel, der die Geschlechtsteile freiläßt, und meist mit Hals- und Armbändern bekleidet[9].

[1] Lacau, Sphinx XVI, S. 69ff.; Montet, ib., S. 186ff.

[2] Borchardt, Äg. Z. XXXV, S. 105; Piehl, Sphinx III,
S. 238.

[3] Lepsius, „Denkm." II, 143b.

[4] Pyramide Unas, Z. 181, 182, 628.

[5] Lepsius, „Denkm." II, 47, 63.

[6] Borchardt, „Statuen" (Kat. Kairo), Nr. 23; Junker, Anz.
Akad. Wien 1913, Nr. 14, S. 35f. — Für den naturalistisch dargestellten Gott Min (früher fälschlich Chem oder Amsu gelesen)
vgl. Wiedemann, „Herodot", S. 223ff.; für den allem Anscheine
nach auf alte Sitte zurückgehenden erotischen Tänzer bei
muhammedanischen Hochzeiten in Ägypten: Burckhardt, „Arabische Sprüchwörter", S. 177.

[7] z. B. Garstang, Ann. Serv. Ant. VIII, S. 135, Taf. 2;
Stratz, Äg. Z. XXXVIII, S. 149. Bei weiblichen Mumien liegen
die Hände bisweilen auf der Schamgegend (Smith, Ann. Serv.
Ant. IV, S. 158, 160; Bissing, RT. XXXIV, S. 18); diese Haltung
tritt aber zu vereinzelt auf, als daß man in ihr einen Einfluß von
Schamgefühl sehen könnte.

[8] Scheil, Mém. Miss. Franç. Caire V, 4: „Tombeau des Graveurs", Taf. 5 zu S. 564.

[9] Budge, „Wall Decorations of Egyptian Tombs, British
Museum". Taf. 4—5; vgl. Wreszinski, „Atlas", Taf. 28, 43, 76, 91
und die vortreffliche Zeichnung einer solchen Tänzerin auf einer
Scherbe aus der thebanischen Zeit bei Schäfer, Jahrb. der Kgl.
Preußischen Kunstsammlungen 1916, S. 23.

Eine Hervorhebung des Wertes der Keuschheit findet
sich nur in religiösen Texten. So sollten die Figurantinnen
bei den Klagegesängen für Osiris Jungfrauen sein[1], und galt
in der Spätzeit ein Knabe, der mit keiner Frau verkehrt
hatte, als besonders geeignet für Zauberhandlungen[2]. Durch
das religiöse Sittengesetz war der geschlechtliche Verkehr
mit einer verheirateten Frau und andere Unzucht ver-
boten, vor allem dann, wenn der Mann priesterliche Funktionen auszuüben hatte[3]. Von Vorschriften für Frauen ist
in letzterem Zusammenhange nicht die Rede, doch war
in dem römischen Isiskulte den Frauen geschlechtliche
Enthaltsamkeit vorgeschrieben[4]. Nach einem griechischen
Gewährsmanne[5] hätte man den Notzüchter einer frei-
geborenen Frau entmannt, dem Verführer 1000 Stock-
schläge gegeben, der Frau selbst die Nase abgeschnitten.
Aus den ägyptischen Texten gewinnt man eher den Eindruck, als habe man die Bestrafung des Ehebruches der
Privatrache überlassen. Die ehebrecherische Frau konnte
verbrannt und ihre Asche in den Fluß geworfen, der Ehe-
brecher einem Krokodil überlassen werden, oder die schul-
dige Frau wurde getötet und ihre Leiche den Hunden vor-
geworfen[6]. Auch der Rat, den Umgang mit verheirateten
Frauen zu meiden, da er mit dem Tode bedrohen könne[7],
spielt vermutlich auf die mit einem derartigen Unterfangen
verbundene Gefahr, der Privatrache zu verfallen, an.
    Wenn hier vor Unsittlichkeit gewarnt wird, so war das
Leben des Ägypters doch nicht regelmäßig sittenrein. Die

<hr>

[1] Papyrus Nes-Min bei Budge, „Egyptian Hieratic Papyri
in the British Museum“, Taf. I, Z. 3.
[2] Maspero, RT. I, S. 28f., 35.
[3] Vgl. zum folgenden: Heyes, „Bibel und Ägypten“, S. 137ff.;
Wiedemann, „Herodot“, S. 268f.; Sphinx XIV, S. 39; Brugsch,
„Dict. géogr.“, S. 1372; Legrain, RT. XXXI, S. 139f.; für die
antike Prostitution: Iwan Bloch, „Die Prostitution“ I, Berlin
1912; für eine Steuer auf die Einfuhr von Prostituierten in Koptos
aus dem Jahre 90 n. Chr.: Hogarth bei Petrie, „Koptos“, S. 31.
[4] Juvenal 6, 535f.; Tibull I, 3, 26.
[5] Diodor I, 78.
[6] Wiedemann, „Altägypt. Sagen“, S. 6, 66.
[7] Papyrus Prisse 9, Z. 7—12 (Madsen, Sphinx XII, S. 239ff.);
Papyrus Bulaq IV, 16, 13ff. (Chabas, „Les Maximes du Scribe
Ani“, S. 64ff.); Demotischer Moralischer Papyrus des Louvre
bei Pierret, RT. I, S. 41. — Lane II, S. 124ff. betont, daß die
heutigen Ägypterinnen als außerordentlich ausschweifend gelten.

Liebeslieder zeigen, daß man außereheliche Verhältnisse
mit einer gewissen Poesie zu umkleiden suchte[1]. Ein Prinz
hält es in einer Erzählung für selbstverständlich, daß er
ein Mädchen zur Gewährung ihrer Gunst zwingen kann,
in einer andern schickt ein Fürst in Philistäa einem Reisenden eine ägyptische Sängerin, um ihn in der Nacht zu
trösten[2]. Bei Gelagen fanden sich Mädchen ein[3], über die
Vergewaltigung von Frauen durch Arbeiter wird geklagt[4],
doch steht dabei Notzucht hinter Betrug und Diebstahl,
galt also wohl als verhältnismäßig geringeres Verbrechen.
Dem Sieger im Kampfe scheinen die Frauen der Besiegten
zugefallen zu sein, und wird ein König besonders gerühmt,
weil er keinen Blick auf diese Beute warf[5]. Andererseits
erklärte ein hoher Beamter in seiner Grabinschrift, er habe
schöne Augenblicke mit Frauen verbracht[6], und hoffte man
im Jenseits den Gatten ihre Frauen fortnehmen und sogar
mit Göttinnen geschlechtlich verkehren zu können[7].

Erotische Darstellungen haben sich bisher nur in einem
Papyrus der Zeit um 1200 v. Chr. gefunden[8]. Auf Sodomie
spielt eine öfters auftretende Verwünschungsformel an:
„Es soll ein Esel mit ihm verkehren, ein Esel soll mit seiner
Frau verkehren, er soll mit seiner Frau und seinen Kindern
verkehren"[9], doch handelte es sich hier kaum um ein verbreitetes Laster, sondern um eine anzutuende Schändung.
Bei der Entblößung von Frauen vor heiligen Tieren, besonders dem Widder oder Bocke von Mendes, und dem
Umgang mit diesen dachte man nicht an das Tier selbst,
sondern an den in diesem verkörperten Gott[10]. Erst in

---

[1] Müller, „Die Liebespoesie der alten Ägypter", Leipzig
1899 (Lit.).
[2] Wiedemann, „Altägypt. Sagen", S. 137, 109.
[3] Vgl. S. 100.
[4] Heyes, a. a. O.
[5] Piānchi-Stele, Z. 63 (Brugsch, „Gesch. Ägyptens", S. 692).
[6] Gardiner, Äg. Z. XLV, S. 130.
[7] Pyramide Unas, Z. 627 f., 181 f.
[8] Vgl. S. 38.
[9] Spiegelberg, RT. XXV, S. 193 ff.; Möller, Sitzb. Akad.
Berlin 1910, S. 945; Sottas „La Préservation de la Propriété
funéraire", Paris 1913, S. 149 ff.
[10] Wiedemann, „Herodot", S. 217; für das heilige Tier von
Mendes vgl. Bergmann, Äg.Z. XVIII, S.92; Wiedemann, Sphinx
XVI, S. 15 ff.

hellenistisch-römischer Zeit ging dieser religiöse Grundgedanke verloren und wurde der Vorgang grob naturalistisch
verzerrt dargestellt[1]. Durch Masturbation erschuf der
Sonnengott zwei andere Gottheiten[2]; die Erduldung der
Päderastie, welche im alten Griechenland eine große Rolle
spielte[3], wurde von den Ägyptern als Schmach empfunden[4].
Die im Mittelalter in Ägypten stark verbreitete weibliche
gleichgeschlechtliche Liebe[5] wird in den Texten nirgends
erwähnt, ebensowenig wie die nach Herodots Behauptung[6]
in Ägypten vorkommende Nekrophilie.

Das Zurücktreten des erotischen Elementes im Niltale
fand mit dem Eindringen der Griechen sein Ende. Das Werk
Herodots zeigt, mit welcher Vorliebe die Eingewanderten
zweideutige Erzählungen verbreiteten. Die Ausgrabungen
in den Ruinen der Griechenzeit haben zahlreiche erotische
Statuetten zutage gefördert, und auch die Ägypter selbst
haben in der saïtischen und hellenistischen Zeit derartige
Stücke gefertigt. In besonders großer Zahl erscheinen sie
in Gebäuderesten und sonst im Bereiche der Necropole von
Memphis verbreitet. Hier wurden auch Räumlichkeiten
aufgedeckt, an deren Wänden große flache Bilder des Gottes
Bes und einer nackten weiblichen Gestalt angebracht waren.
In ihnen wurden solche erotische Figuren hergestellt, und
dienten die Kammern selbst allem Anscheine nach entsprechenden Zwecken[7].

---

[1] Lampen: Homefield, Anthropophyteia IX, S. 270, Taf. 12,
Nr. 1—2 (Wieseler, Bonner Jahrbücher XLI, S. 56); Statuette:
„Ausführliches Verzeichnis der ägypt. Altertümer zu Berlin",
2. Aufl., S. 307, Nr. 7984.

[2] Vgl. § 56.

[3] Bethe, Rheinisches Museum LXII, S. 438ff. Für die Ver-
breitung des Lasters noch in dem italienischen Mittelalter vgl.
Burckhardt, „Die Kultur der Renaissance in Italien", 10. Aufl.,
II, S. 362ff.

[4] Wiedemann, Sphinx XIV, S. 39ff.

[5] z. B. „Le Livre des Mille Nuits et Une Nuit", Traduction
de Mardrus II, S. 81f.; XV, S. 198ff.

[6] Wiedemann, „Herodot", S. 364; für ihr sonstiges Vorkommen vgl. Ploß und Bartels, „Das Weib", 10. Aufl., II, S. 812ff.

[7] Quibell, „Excavations at Saqqara 1905—6", S. 12ff.;
Frontispiece und Taf. 26—9.

7. Recht.

§ 80. Über das altägyptische Rechtswesen[1] ist wenig Sicheres bekannt[2]. Nach den übereinstimmenden Angaben der Klassiker und der Denkmäler war[3] die Verhandlung vor Gericht im allgemeinen schriftlich, doch ist von hierher gehörigen Urkunden fast nichts erhalten geblieben. Meist wird man nach gefälltem Urteil die Akten vernichtet haben; und wenn man sie aufbewahrte, so geschah dies im allgemeinen in Privathäusern, und sind sie mit diesen zugrunde gegangen. Dem regelmäßigen Gange entzogen sich kleine Streitigkeiten, welche die Dorfältesten schlichteten[4], und eine Reihe von Rechtsfragen, bei denen religiöse Interessen berührt wurden und welche man daher den Göttern selbst zum Entscheid vorlegte[5].

§ 81. Der einfachste Geschäftsgang im Prozeßverfahren war, daß der Kläger seinen Fall darlegte, dann sprach der Angeklagte und hierauf erfolgte das Urteil in

---

[1] Auf das ungemein reichhaltige Material, welches die demotischen (für die älteren demotischen Rechtsurkunden vgl. besonders Griffith „Catalogue of the Demotic Papyri in the Rylands Library", Vol. III [Manchester 1909] und Reich, Denkschr. Ak. Wien LV, Nr. 3; für die jüngeren die zahlreichen Publikationen und Arbeiten von Spiegelberg) und griechischen Papyri (vgl. das grundlegende Werk von Mitteis und Wilcken, „Grundzüge der Papyruskunde", 2 Bde., Leipzig 1912) für die Spätzeit bringen, kann hier naturgemäß nicht eingegangen werden.
[2] Spiegelberg, „Studien und Materialien zum Rechtswesen des Pharaonenreiches", Hannover 1892; Thonissen, „Études sur l'organisation judiciaire de l'Égypte ancienne", 1868; Capart, „Esquise d'une histoire du droit pénal Égyptien", Brüssel 1900 (aus Rev. Univ. Bruxelles V); Moret, Actes X. Congrès Internat. Orient. (Genf) IV, S. 141 ff.; RT. XVII, S. 44 ff.; Heyes, „Bibel und Ägypten", S. 158 ff.; Erman, „Ägypten", S. 200 ff.; Wilkinson-Birch I, S. 293 ff. (wesentlich klassische Quellen).
[3] Newberry, „Tomb of Rekhmara", Taf. 3, 21; Griffith, Proc. Soc. Bibl. Arch. XIII, S. 147.
[4] Vgl. S. 63.
[5] Naville, „Inscription historique de Pinodjem III.", Paris 1883; Maspero, Mém. Miss. Franç. Caire I, S. 594 ff., 694 ff., 705 ff.; „Études de Myth." IV, S. 187 ff.; Daressy, RT. XXXII, S. 175 f.; Pleyte, Proc. Soc. Bibl. Arch. X, S. 41 ff. (Diebstahl); Legrain und Erman, Äg. Z. XXXV, S. 12 ff.; Sethe, Äg. Z. XLIV, S. 30 ff. (Priesterernennung); Spiegelberg, RT. XXI, S. 12 ff. Späte Götterdekrete zugunsten Verstorbener: Wiedemann, Muséon X, S. 199 ff.

der Form: Der Kläger hat recht, der Angeklagte hat un-
recht. Eine Liste der Richter und der bei der Verhandlung
anwesenden Zeugen bildete den Schluß des über die Ver-
handlung aufgenommenen Protokolls[1]. Bei schwierigeren
Fällen[2] wurden in dieses außerdem die unter Eid erfolgten
Zeugenaussagen aufgenommen. Der Eid, welcher in dem
Verfahren überhaupt eine große Rolle spielte, wurde bei
den Göttern oder noch häufiger bei dem Könige geschworen.
Er lautete im letzteren Falle in älterer Zeit: „Es lebt für
Euch der König", in späterer Zeit: „So wahr wie der
König lebt. ich spreche die Wahrheit"[3]. Behufs Beschleuni-
gung der Aussage wurde gelegentlich eine Bastonade auf
Füße und Hände erteilt[4]. Der Inhalt des Eides wurde als
wahr unterstellt, die Last des Gegenbeweises fiel dem Pro-
zeßgegner zu.

§ 82. Die Strafen hießen *sbait* „Belehrung". Unter
ihnen findet sich vor allem die Bastonade, welche, wie im
heutigen Orient, auch säumigen Steuerzahlern gegenüber
zur Anwendung kam[5]. Selbst Höhergestellte waren vor
ihr nicht sicher, und hielt es ein Würdeträger des Alten
Reiches für rühmlich, wenn er in seiner Grabinschrift[6]
versichern konnte: „Ich wurde nicht geschlagen von einem
Beamten seit meiner Jugend." Dann kam als Strafe das
Abschneiden von Nasen und Ohren vor, ferner das Verbannen
in Grenzfesten[7] und in die Oasen[8]. Vornehmen Verbrechern
scheint es gestattet gewesen zu sein durch Selbstmord, in

---

[1] Papyrus Berlin 9785 (Erman, Äg. Z. XVII, S. 71 ff.; Gardiner, „Inscr. of Mes", S. 24).

[2] Gardiner, „The Inscription of Mes", Leipzig 1905; vgl.
Loret und Moret, Äg. Z. XXXIX, S. 1 ff.

[3] Spiegelberg, „Studien und Materialien", S. 70 ff. Beispiele
bei Sethe, Sitzb. Ges. Wissensch. Leipzig LXIII, S. 147; Äg. Z.
XLI, S. 49; XLIV, S. 32, 39; Erman, ib. XXIX, S. 116 ff.

[4] Goodwin, Äg. Z. XII, S. 62.

[5] z. B. Davies, „Deir el Gebrâwi" I, Taf. 8, S. 16 (6. Dyn.).
Verzeichnis der Darstellungen aus dem Alten Reiche: Klebs,
„Reliefs", S. 24 f.

[6] Maspero, Proc. Soc. Bibl. Arch. XII, S. 238.

[7] Dekret des Königs Horemheb (Maspero bei Davis, „Tomb
of Harmhabi", S. 45 ff.).

[8] Brugsch, „Reise nach der großen Oase El-Khargeh",
S. 83 ff.

welchem man sonst ein Unrecht sah[1], zu enden. Die Todes-
strafe wurde durch Hängen, Erdrosseln, Verbrennen, selten
durch Köpfen vollzogen[2]. Die geltenden Gesetze waren
vermutlich kodifiziert, wenigstens wird erklärt, wenn der
Vezir richte, so sollten die vierzig Gesetzesrollen offen vor
ihm liegen[3]. Daneben wurden aber unbequeme Leute von
der Regierung auf Grund einfacher Verfügung aus der
Welt geschafft[4], und setzte der König bei Hochverrats-
prozessen[5] eine besondere Kommission zur Untersuchung
ein, wobei er sich das Fällen des Endurteils persönlich vor-
behalten zu haben scheint. Auch bei einem großen Prozesse
gegen Gräberdiebe in der Zeit Ramses' IX., in welchen
eine Reihe angesehener Persönlichkeiten verwickelt war,
scheint ein unmittelbares Eingreifen des Herrschers stattgefunden zu haben[6]. Inwieweit die Blutrache, welche bei
den ägyptischen Beduinen bis zur Neuzeit fortgedauert hat,
im alten Ägypten tatsächlich ausgeübt wurde, läßt sich
nicht feststellen. Die Osirismythe, in welcher die Vollziehung der Blutrache durch Horus für den ermordeten Vater
dessen Auferstehung förderte, deutet aber darauf hin, daß
man die Erfüllung dieser Pflicht für nutzbringend hielt.

§ 83. Die Abfassung von Testamenten[7] und Ver-
trägen[8] erfolgte auf Grund bestimmter Vorschriften, doch

---

[1] Erman, „Gespräche eines Lebensmüden mit seiner Seele"
in Abh. Akad. Berlin 1906.
[2] Heyes, „Bibel und Ägypten", S. 166.
[3] Newberry, „Tomb of Rekhmara", S. 2.
[4] Erman, Abh. Akad. Berlin 1913, Nr. 1; Gardiner, Journ.
Manchester Egypt. Soc. 1912/3, S. 57 ff.
[5] Vgl. S. 68.
[6] Erman, Äg. Z. XVII, S. 81 ff., 148 ff. Vgl. Peet, Journ.
Egypt. Arch. II, S. 173 ff. — Andere Prozesse z. B. Revillout,
Proc. Soc. Bibl. Arch. XXVIII, S. 178 f. (Silberdiebstahl);
Spiegelberg, Äg. Z. XXXIX, S. 73 ff. (Unterschlagung und Ab-
treibung); Griffith, „Cat. of the Demotic Papyri in the Rylands
Library" III, S. 61 ff., 218 ff. (dauerte von der Zeit Psammetich' I.
bis zu der Darius' I.; vgl. Capart, „Un Roman vécu il y a
XXV. Siècles", Brüssel 1914).
[7] Griffith, „Hieratic Papyri from Kahun", S. 19 ff., 101 ff.;
Maspero, „Études de Myth." IV, S. 435 ff.
[8] Maspero, a. a. O. I, S. 62 ff.; Erman, Äg. Z. XX, S.159 ff.;
Petrie, „Memphis" V, S. 33 ff.; Lange, Sitzb. Akad. Berlin 1914,
S. 991 ff. (Verträge mit Priestern über Totenopfer); Müller,
Mitt. Vorderas. Ges. VII, S. 193 ff. (Staatsvertrag Ramses' II.
mit dem Fürsten der Cheta); usf.

ist das vorliegende Material noch zu wenig umfangreich, als
daß sich über deren Einzelheiten ein Bild gewinen ließe[1].

8. Behandlung der Toten.

§ 84. In Ägypten wurden genaue Personenstand- und
Besitzaufnahmen geführt. Wenn auch in den bisher aufgefundenen Bruchstücken[2] das Alter der einzelnen Personen
nicht genannt wird, so
gab es doch zweifels-
ohne andere Verzeich-
nisse, in denen dies
geschah[3] und aus denen
die Sterbealter er-
sichtlich waren. Für
jetzt liegen über diese
nur spärliche Angaben
auf Totenstelen, be-
sonders der Spätzeit,
vor, welche zeigen, daß
sich die Lebensdauer
innerhalb der noch jetzt
in Ägypten geltenden
Grenzen bewegte. Die
höchsten, als wirklich

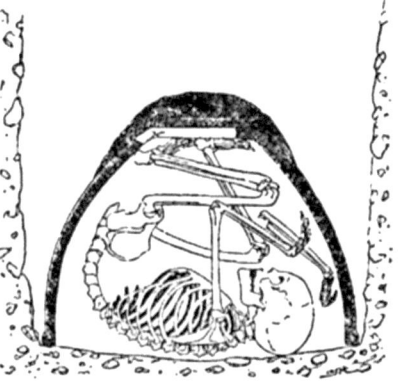

Abb. 13.
Leiche mit übergestülptem Topf.

erreicht verzeichneten Alter betrugen 99 und 106 Jahre[4],
während zahlreiche Texte aus den verschiedensten Perioden
als das wünschenswerte Höchstalter 110 Jahre angeben[5].

§ 85. Die ältesten Gräber im Niltale stammen aus
der Nagada-Zeit[6]. Meist allein, selten zu zwei oder mehreren

---

[1] Für den Rechtszustand der Frauen vgl. § 73.
[2] Griffith, „Hieratic Papyri from Kahun", Taf. 9 ff., S. 19 ff.;
Maspero, „Études de Myth." IV, S. 425 ff. (Mittleres Reich).
[3] Für die Beurkundung des Personenstandes im Altertum
überhaupt vgl. Levison, Bonner Jahrbücher CII, S. 1 ff.
[4] Devéria, „Mémoires" I, S. 283 (99); Gauthier, Bull. Inst.
Franç. Caire XII, S. 142 f. (106).
[5] Wiedemann, „Herodot", S. 325; Jacoby, RT. XXXIV,
S. 16 ff.
[6] Vgl. zum folgenden außer der S. 44 aufgeführten Literatur
Baillet, RT. XXII, S. 180 ff. und das sehr reichhaltige Material
in „Archaeological Survey of Nubia", 4 Bde., Kairo 1910 (Gräber
von der Nagada- bis zur christlichen Zeit).

lagen die ausgedörrten Leichen im Sande des Randes des
Fruchtlandes, wobei sie nicht selten in einen viereckigen
Holzkasten, in ein Gazellenfell[1] oder in eine Schilfmatte
eingehüllt wurden oder man über sie einen großen Topf
stülpte (Abb. 13), um ein Zerdrücktwerden der Leiche durch
die über ihr aufgehäuften Erdmassen zu verhindern. Versuche, die Leiche vor der Verwesung zu schützen, scheinen
damals nur ganz vereinzelt gemacht worden zu sein[2].

Die Behandlung der Leiche war im übrigen vor der
Beisetzung eine doppelte. Vielfach legte man sie in hockender Stellung[3] in ein endgültiges Grab und gab ihr damit
die Embryonallage, welche nach ägyptischer Ansicht die
menschliche Seele unmittelbar vor der Auferstehung anzunehmen hatte[4]. In andern Fällen wurde der Tote enthauptet[5] oder sonst zerstückelt und die Teile zusammen innerhalb
des Fruchtlandes beigesetzt. Man nahm dann an, die Seele
werde zunächst bei der einstigen Wohnstätte verweilen
und sich nur allmählich mit fortschreitender Verwesung
von der Verbindung mit dem Körper und der diesseitigen
Welt lösen. Nach einiger Zeit grub man die Leichen wieder
aus, etwaige Fleischreste wurden von den Knochen entfernt
und dann letztere in ein endgültiges Grab in der Gräberstadt übergeführt. Als wichtig galt hierbei die Erhaltung
des Schädels, in welchem man den Sitz des Lebens sah[6].
Bisweilen ordnete man in dem neuen Grabe die Knochen

---

[1] z. B. Maciver, „El Amrah", S. 8, 31, Taf. 11. Hieran
knüpfen sich die späteren Vorstellungen von der Notwendigkeit
oder Nützlichkeit des Durchgehens des Toten durch ein Fell,
um die Unsterblichkeit zu gewinnen. Vgl. für die anschließenden
Gebräuche (ohne Kenntnis ihres Ursprungs): Lefébure, Proc.
Soc. Bibl. Arch. XV, S. 433 ff.; Crum, ib. XVI, S. 131 ff.; Lefébure
Sphinx III, S. 129 ff.; Moret, „Mystères Égyptiennes", S. 42 ff.

[2] Vgl. S. 112, Anm. 1.

[3] Vgl. für Parallelen zu dieser Hockerstellung: Forrer,
„Über steinzeitliche Hockergräber zu Achmîm", Straßburg 1901.

[4] Vignette zum Totenbuch, Kap. 125.

[5] Wiedemann, Orient. Lit.-Z. XI, Sp. 112 ff.; für den in
Abydos als Reliquie verehrten Kopf des nach dem Tode zerstückelten Osiris vgl. Bergmann, Äg. Z. XVIII, S. 87 ff.; Griffith,
ib. XXXVIII, S. 86; Lefébure, Sphinx V, S. 216 ff.; für anschließende Vampyrvorstellungen: Wiedemann, Sphinx XVIII,
S. 31 ff. (Lit.).

[6] Wiedemann, RT. XX, S. 141.

derart, daß sie ein möglichst vollständiges Skelett mit
richtiger Lagerung der einzelnen Bestandteile bildeten[1].
Kulträume waren anfangs mit den Gräbern nicht verbunden, regelmäßig wiederholte Totenopfer wurden am
Grabe nur vereinzelt dargebracht, während man so gut wie
regelmäßig dem Toten Beigaben, Waffen, Geräte, Speisen,
in die Gruft legte. Das Totenreich suchte man im Westen
und dachte es sich nach dem Vorbilde des Diesseits ausgestaltet.

Großartiger als die Privatgräber waren von Anbeginn
an die Königsgräber angelegt, wenn sie auch gleichfalls
einer Kultkammer entbehrten. Sie bestanden aus zahlreichen mit Beigaben gefüllten Zimmern und erinnerten
in ihrer Anordnung an die Magazingebäude Ägyptens, sie
wurden denn auch häufig geradeso wie diese von einer
festungsartigen Umwallung umschlossen[2]. Die in ihnen
ruhende Königsleiche brauchte nicht als Ganzes beigesetzt
zu werden, man konnte sie zu Asche verbrennen, während
sonst die Leichenverbrennung im Niltale auf das nur vereinzelt vorkommende Menschenopfer beschränkt ist. Eine
Verbrennung des Inhaltes des Königsgrabes samt den Beigaben und der Leiche ließ sich vor allem bei dem Fürsten-
grabe zu Nagada nachweisen; sie erfolgte hier bei oder
unmittelbar nach der Beisetzung. Inwieweit die Verbrennung innerhalb der Herrschergräber zu Abydos im Zusammenhange mit der Beisetzung oder bei späterer Gelegenheit[3] erfolgte, läßt sich bei dem zerstörten Zustande, in
welchem diese Grabstätten sich befanden, als sie der wissenschaftlichen Forschung zugänglich wurden, und infolge der
mangelnden Sorgfalt bei ihrer ersten Ausgrabung nicht mehr
feststellen. Der Grundgedanke, von welchem die Verbrennung ausging, daß mit dem Rauche, welcher dem verbrannten Gegenstande entstieg, dieser selbst oder doch sein

---

[1] Petrie, „Deshasheh", S. 20 ff.; „Naqada", S. 32, 62; „Memphis" IV, S. 19; Wainwright in Petrie, „Labyrinth", S. 11 ff.;
Loat, „Gurob" in Murray, „Saqqara Mastabas" I, S. 3. — Petrie's
ursprünglicher Gedanke, es handle sich bei den zerstückelten
Leichen um Anthropophagie, ist jetzt allseitig aufgegeben.
Vgl. auch Ebers, Äg. Z. XXXVI, S. 106 ff.
[2] Wiedemann, RT. XX, S. 143 f.; Orient. Lit.-Z. III, Sp. 85 f.;
Spiegelberg, ib., Sp. 124 ff.
[3] Dies nahm Petrie, „Royal Tombs" I, S. 7 an.

innerstes Wesen zum Himmel emporsteige, ist von den
Ägyptern dauernd festgehalten worden; er hat vor allem
im Brandopfer[1] fortgelebt. Ein anderer Weg, den man in
der Frühzeit häufig, später mehr gelegentlich wählte, um
Opfer und Beigaben in das Jenseits zu senden, war, sie zu
zerbrechen und damit zu töten[2], ähnlich wie man noch jetzt
in Ägypten Glasringe zerbricht, um sie als Votivgabe
Heiligen darzubringen[3].

Die Möglichkeit einer verschiedenen Behandlung der
Leichen von Privatpersonen und von Königen hing mit den
Vorstellungen von dem einzuschlagenden Wege in das
Jenseits zusammen. Der gewöhnliche Mensch hatte sich
hierhin zu Fuß zu begeben und bedurfte daher eines irdischen
Körpers, die Seele des Königs hatte Sperbergestalt und
konnte infolgedessen nach dem Tode und der Beisetzung
ohne weiteres zu den Göttern hinaufliegen[4]. Der Weg des
Königs in das Jenseits war damit bequemer als der des
Untertanen, das, was ihn und sein Volk dort erwartete,
war aber das gleiche. Zwar konnte der Pharao hoffen, in
Fortführung des irdischen Seins, nach dem Tode König zu
bleiben, aber auch der Untertan vermochte es, falls er die
erforderliche Kenntnis magischer Formeln besaß, sich zu
der gleichen Stellung aufzuschwingen. Wenn im allgemeinen
die Fürstengräber reicher mit Beigaben und Inschriften
ausgestattet wurden wie die Grüfte anderer Menschen, so
ging diese Tatsache nicht auf religiöse Gründe, auf verschiedene Ausgestaltungen der Jenseitshoffnungen zurück[5].
Die Veranlassung war eine weit materiellere. Der Mächtige
und Reiche konnte auf die Einrichtung seines Grabes weit
größere Mittel verwenden als der mit irdischen Gütern
weniger reich ausgestattete Untertan[6].

---

[1] Wiedemann bei Morgan, „Recherches sur les Origines de
l'Égypte" II, S. 213ff. und AfR. XVII, S. 215 (Lit.). Darstellung auch: Scheil, Mém. Mission Franç. Caire V, 4, „Tombeau des
Graveurs", Taf. 5. Für das ägyptische Opfer im allgemeinen
vgl. Kyle, RT. XXVII, S. 161ff. (Lit.).
[2] Lefébure, Sphinx III, S. 208ff.; Maspero, Mém. Mission
Franç. Caire V, S. 449, 465f.
[3] Duncan, „The Exploration of Egypt", S. 185.
[4] Vgl. S. 59.
[5] So Borchardt, „Die Pyramiden", S. 4; Äg. Z. XXXVI,
S. 103.
[6] Maspero, Rev. crit. XLVII, S. 306.

§ 86. Mit dem Ende der dritten Dynastie gewann in Ägypten in weiten Kreisen die Vorstellung die Herrschaft, man müsse im Interesse des Verstorbenen suchen die Leiche als Ganzes zu erhalten. Ihr Fortbestand erschien zwar nicht erforderlich, um die persönliche Unsterblichkeit des Menschen zu gewährleisten, sie bildete aber die wichtigste Gestaltungsform, welche der Verstorbene beleben konnte, um in seiner einstigen irdischen Gestalt auf Erden umzugehen, die Orte seines Wirkens zu besuchen, die Hinterbliebenen an die Darbringung von Opfergaben zu erinnern, sie zu belohnen oder zu quälen. Im Anschlusse an diese Gedankengänge entwickelte sich die Kunst der Mumifizierung[1], deren Durchführung sich im Laufe der Zeit in ihren Einzelheiten vielfach verändert hat, wenn auch der Endzweck, die Erhaltung der Leiche, der gleiche blieb.

In der ältesten Zeit war die Behandlung der Leichen im allgemeinen eine sehr oberflächliche. Infolgedessen zerfallen ihre Überreste, wenn sie der Luft ausgesetzt werden, sehr schnell. Ausnahmen, wie eine als Leiche des Königs Mykerinos angesehene sorgsamer zubereitete Mumie, sind verhältnismäßig selten. Die Mumien der elften Dynastie sind gelblich und sehr zerbrechlich, die der zwölften schwarz[2]. Während der achtzehnten bis einundzwanzigsten Dynastie sind die Mumien in Memphis schwarz, in Theben meist gelblich. An letzterem Orte hat die Kunst der Einbalsamierung, besonders wenn es sich um die Leichen der Könige und ihrer vornehmsten Familienmitglieder handelte[3], ihren Höhepunkt erreicht. In späterer Zeit nahm die Sorgfalt immer mehr ab. Die Mumien aus der saïtischen und aus der hellenistischen Zeit sind schwarz, äußerst hart, schwer und

---

[1] Der Name Mumie geht zurück auf die seit dem 10. Jahrhundert n. Chr. allgemein übliche Bezeichnung des Asphalts (vgl. für diesen in Ägypten: Loret, RT. XVI, S. 157ff.) als *Mûmjâj* und ähnlich. Über seine und der Mumie Verwendung als Heilmittel im Orient und besonders im Abendlande vgl. Wiedemann, Z. f. rhein. Volksk. III, S. 1ff.

[2] Gute Mumien des Mittleren Reiches: Quibell, ,,Excavations at Saqqara 1906—7", S. 13ff. Für die Mumie aus der Pyramide des Mykerinos vgl. Budge, ,,Guide to the first and second Egyptian Rooms, Brit. Museum", S. 20f.

[3] Smith, ,,The Royal Mummies" (Kat. Kairo), Kairo 1912, mit zahlreichen Tafeln.

mit wenigen Ausnahmen unförmlich, so daß sie abschrecken-
der wirken als die Mumien der früheren Perioden[1].

Nicht nur zeitlich lassen sich in der Art der Einbalsamierung Unterschiede feststellen, auch in dem gleichen Zeitabschnitte sprach der Kostenpunkt in erheblicher Weise
mit[2]. Am billigsten war es, den Körper in Salz und heißem
Asphalt oder auch nur in Salz zu baden. Bei einer starken
Behandlung mit Asphalt füllte dieser die Körperhöhlen
und verbrannte die Haare. Die nur eingesalzenen und dann
getrockneten Körper zeigen eine papierartige Haut, Züge
und Haare sind verschwunden, die Knochen sind zerbrechlich und weiß. Die teureren Prozesse, welche die Klassiker
schildern[3], und andere, welche sich aus dem Befund der
Mumien erschließen lassen[4], beruhen gleichfalls im wesentlichen auf einer Behandlung der Leichen mit Natron[5] und
Asphalt. Hierzu traten Balsam, vor allem Styrax, dann

---

[1] Budge, ,,Guide to the first and second Egyptian Rooms,
Brit. Museum", S. 20 ff., 12 ff.; Maspero, ,,Cat. du Musée de
Marseille", S. 182 ff.; Wilkinson-Birch III, S. 470 ff. — In den
mit Beigaben reich ausgestatteten Gräbern von Beni Hasan
(Garstang, ,,The burial Customs of ancient Egypt", London
1907) waren die Leichen nicht einbalsamiert. Dagegen zeigten
sich vereinzelt bereits bei einer Leiche vom Beginn der 3. Dynastie
Versuche, dieselbe durch Anwendung vermutlich von Natron
zu erhalten (Smith, Journ. of Manchester Egypt. Soc. 1912/3,
S. 77 f.; Journ. of Egypt. Archaeol. I, S. 189 ff.).

[2] Für die Behandlung der inneren Teile der Leichen vgl.
§ 25.

[3] Wiedemann, ,,Herodot", S. 347 ff.

[4] Elliot Smith, ,,History of Mummification in Egypt"
(Proc. Roy. Philos. Soc. Glasgow 1910) und die Literatur bei
Smith, ,,Royal Mummies", S. IV. Zusammenstellung der wich-
tigsten Literatur über die Mumifizierung bei Pagel-Sudhoff,
,,Einführung in die Geschichte der Medizin", 2. Aufl., Berlin
1915, S. 33.

[5] Bei Einbalsamierungsstellen fanden sich mehrfach Säck-
chen mit Natron, welches ähnlich, wie das Salz der Natronseen,
zusammengesetzt war (Schweinfurth und Lewin, Äg. Z. XXXV,
S. 142 ff.; ZGEB. XXXIII, S. 1 ff.; Müller, Orient. Lit.-Z. I,
Sp. 222 f.; Spiegelberg, ib., Sp. 259 f.; Naville, ,,Deir el bahari" II,
S. 6. Analyse von Natron aus einem Grabe der 18. Dynastie:
Lucas bei Quibell, ,,Tomb of Yuaa" [Kat. Kairo], S. 76 f.).
Für die Art der Anwendung des Natronbades bei der Ein-
balsamierung vgl. Lucas, Journ. of Egypt. Archaeol. I, S. 41 ff.

Klebstoffe und allerhand andere Gegenstände[1]. So bestand
beispielsweise die Mumifizierungssubstanz in einem Sarge
der 26. Dynastie aus Resten eines aromatischen Holzes,
vermutlich von einer Wachholderart, Chios - Terpentin,
Zedernharz, Styrax von Liquidambar orientalis, Aleppo-
harz und Mastix von Pistacia lentiscus[2].

Die Einwicklung der einbalsamierten Leiche erfolgte in
Leinwandbinden, welche nahe dem Körper am feinsten
waren und dann nach außenhin immer gröber wurden. Sie
bestehen aus einzelnen, meist schmalen Streifen, deren
Gesamtlänge bis zu 400 Ellen steigen konnte. Die Färbung
ist hellbraun, hellgelb und weißlich, nur selten kommen,
besonders unter der 21. Dynastie, leicht farbig getönte
Stücke vor oder solche mit einem feinen rosa oder blauen
Einschlag oder mit Fransen. Innerhalb der Mumienbinden
und auch in den Öffnungen des Körpers befestigte man
Amulette der verschiedensten Art als magische Schutzwehr
gegen dämonische Angriffe auf die Leiche. Für einzelne der
Stücke galt eine bestimmte Lagerung als wünschenswert,
andere wurden beliebig verteilt[3]. Die umwickelte Mumie
bettete man bei ärmeren Leuten gelegentlich in Kästen von
Palmrippen[4], bei Bessergestellten so gut wie regelmäßig in
Särge von sog. Mumienpappe (zusammengeklebte und mit
Stuck bedeckte Leinwandstücke), in Särge von Holz oder
Stein, von denen oft mehrere ineinander gesetzt wurden,
um der in ihnen ruhenden Leiche sichereren Schutz
zu gewähren. Gestalt, Größe und Ausschmückung dieser
Särge, welche im wesentlichen in solche von Kasten- und
solche von Mumienform (vgl. Abb. 15) zerfallen, ist im
Laufe der Zeit zahlreichen Wandlungen unterworfen
gewesen[5].

---

[1] Analysen von Einbalsamierungsstoffen in den Mumienbinden und Untersuchungen der Binden bei M. A. Murray, „The
Tomb of two Brothers (Manchester Museum)", London (Sphinx
XVI, S. 169f.); Reutter, Sphinx XVII, S. 110ff.
[2] Reutter, „De l'Embaumement avant et après Jésus-Christ",
Paris 1912.
[3] Gutes Beispiel für die Verteilung der Amulette: Daressy,
Ann. Serv. Ant. III, S. 151ff.
[4] Vgl. § 137.
[5] Übersicht: Budge, „Guide to the first and second Egyptian
Rooms, Brit. Museum", S. 15ff.

Entsprechend der Umständlichkeit der Einbalsamierung
war ihre Zeitdauer eine lange. Von Herodot wird sie auf
70 Tage veranschlagt, und trifft den Inschriften zufolge
diese Zahl den mittleren Zeitraum[1], welcher sich je nach
der aufgewendeten Sorgfalt und den verfügbaren Mitteln
erhöhen oder vermindern konnte.

§ 87. Als Trauerzeichen[2] entblößten Männer und
Frauen den Oberkörper (Abb. 14), hoben Staub auf und
streuten diesen sich auf den Kopf und
schlugen sich gleichzeitig auf die Brust
und das Haupt. Andere warfen sich
Staub auf den Kopf und legten die Hand
auf das Haupt. Die Haare ließen die
Frauen lang herabfallen, und galt dies
derart als feststehende Sitte, daß man in
der Schrift hinter die Worte für Trauer
als Deutzeichen drei Locken ᧙ setzte.
Die Klageweiber hoben in älterer Zeit die
Hände mit gebogenen Armen über den
Kopf, in späteren Perioden schlugen sie
sich mit den Händen auf den Kopf[3] und
umsprangen gelegentlich den Sarg und
schlugen mit Zweigen in die Luft, um die
Dämonen zu verscheuchen, welche suchten,
in den leblosen und daher widerstandsun-
fähigen Körper Einlaß zu gewinnen.

Abb. 14.
Klagende Frau.

Diese Bedrohung hörte auch mit der Einbalsamierung
und Beisetzung nicht auf, und war man daher bestrebt,
nicht nur durch Amulette einer Schädigung des Toten vorzubeugen, sondern auch als letzte Ruhestätte eine Stelle zu
wählen, welche möglichst große Sicherheit gegen dämonische Angriffe gewährte. Hierzu eignete sich am besten
die Gräberstadt[4] bei der Heimat des Bestatteten, wo man

---

[1] Wiedemann, „Herodot", S. 357 f. Die Stele von Arisch
(Griffith in Naville, „The Mound of the Jew", Taf. 25) veranschlagt die Trauer um einen Gott auf 75 Tage.
[2] Wiedemann, a. a. O., S. 345 ff.; Wilkinson-Birch I, S. 167;
Wreszinski, „Atlas", Taf. 8 (18. Dyn.).
[3] Petrie, „Dendereh", Taf. 21 (11. Dyn.).
[4] Für die Anlage der Gräber (Mastaba, Pyramiden, Felsen-
gräber usw.), deren Mannigfaltigkeit eine Behandlung an dieser
Stelle verbietet, vgl. Perrot-Chipiez, „Ägypten", Leipzig 1884;

den Schutz der heimischen Götter erhoffen konnte. Hier
befanden sich daher nicht nur die Einzelgräber der Reichen
und die Massengrüfte der Armen, sondern auch Tempel
für die Darbringung der Opfer, welche man dem Toten weihte.
Damit diese jeweils die richtige Persönlichkeit erreichten,
wurden diejenigen Mumien, denen man keinen Sarg hatte
weihen können, durch Täfelchen aus Holz, seltener aus
Stein, welche man an sie anband, bezeichnet. Solche
Etiketten sind besonders aus der Spätzeit mit demotischen,
griechischen und zweisprachigen Inschriften erhalten geblieben, doch kommen auch ältere, wie beispielsweise
Stücke aus der 18. Dynastie[1], vor. Sie enthalten in der Regel
die Namen des Toten, meist mit Nennung seiner Eltern,
seines Sterbealters und in den demotischen Texten eines
frommen Spruches. Zuweilen findet sich ein Zusatz, aus
welchem hervorgeht, daß der Tote auswärts verstorben war
und daß man seine Leiche dann nach seinem Heimatsorte
überführt hatte[2].

Die Trauer um einen Dahingeschiedenen wird in den
Texten häufig erwähnt. So sagt beispielsweise eine Gattin:
„Es weint um Dich mein Herz in Wehklagen, ich jammere
um Dich jeden Tag"[3]. Darstellungen des Schmerzes angesichts der Leiche oder kurz nach dem Tode[4] sind selten.

Maspero, „L'Archéologie égyptienne", Paris 1907; „Égypte",
Paris 1912 und die Übersicht bei Wiedemann, „Geschichte von
Altägypten", S. 300ff. Für die mit dem Grabe in Verbindung
stehenden religiösen Vorstellungen der Ägypter: Davies und
Gardiner, ‚The Tomb of Amenemhēt" (Egypt Expl. Fund,
Theban Tomb Series I), London 1915; für eine Begräbnissteuer
von 2 Drachmen in der Ptolemäerzeit: Spiegelberg, Äg. Z. LIII,
S. 120ff.
    [1] Wiedemann, Äg. Z. XXIV, S. 123ff.; RT. XVII, S. 7f.
    [2] Vgl. S. 37. Eine zusammenfassende Publikation dieser
Etiketten fehlt. Zahlreiche Beispiele bei Spiegelberg, „Ägyptische
und griechische Eigennamen aus Mumienetiketten der römischen
Kaiserzeit", Leipzig 1901; „Demotische Inschriften" (Kat.
Kairo), S. 82ff.; Äg. Z. LI, S. 89ff.; Milne, „Greek Inscriptions"
(Kat. Kairo), S. 79ff.; Breccia, „Inscrizioni Grecche"
(Kat. Alexandria), S. 227ff.; Möller, „Demotische Texte aus den
Kgl. Museen zu Berlin, I. Mumienschilder", Leipzig 1913. Kop-
tische Stücke: Steindorff, Äg. Z. XXVIII, S. 49ff.
    [3] Spiegelberg, Äg. Z. XLIII, S. 133.
    [4] Capart, „Rue de Tombeaux à Saqqarah", Taf. 70—2,
S. 56ff.

Um so häufiger finden sich Vorführungen des Leichen-
begängnisses[1], bei welchem der Sarg auf einem von
Rindern gezogenen Schlitten (Abb. 15) oder in der Spätzeit ausnahmsweise auf einem vierräderigen Wagen (Abb. 36)
zur Gruft gebracht und dabei, wenn nötig, auch über den
Nil gefahren wurde. Ein räuchernder Priester ging vor dem
Sarge einher, andere Priester gossen Wasserspenden aus
und sprachen Gebete, Klageweiber umgaben die Bahre,
ein zahlreiches Gefolge bildete den Abschluß des Zuges.

Abb. 15.
Boot mit aufgebahrtem Sarg auf einem Schlitten.

Am Grabe wurde eine größere Feier abgehalten, durch
welche dem Toten die Fähigkeit zu essen und zu trinken
wiedergegeben und ihm die nötige Nahrung für das Jenseits gesichert werden sollte[2]. Bestimmt vorgeschriebene
Formeln, welche von der Pyramidenzeit bis zu der Zeit
der Römer etwa die gleichen geblieben sind, wurden dabei

---

[1] Klebs, „Reliefs", S. 40ff. (Verzeichnis der Darstellungen
aus dem Alten Reiche); Rosellini, „Mon. civ.", Taf. 127—133;
Wilkinson-Birch III, S. 443ff.; Erman, Äg. Z. XXXIII, S. 18ff.;
Madsen, ib. XLI, S. 110ff., XLIII, S. 51ff.; Davies, „El Amarna"
III, Taf. 22; Vignette des Totenbuchs, Kap. 1, usf. — Für die
Begräbniszeremonien vgl. Wilkinson-Birch III, S. 427ff.; Erman,
„Ägypten", S. 431ff.; Maspero, „Études égyptologiques" I,
S. 81ff.; Wiedemann, „Herodot", S. 346f.; für die dabei zu
sprechenden Formeln die Sammlungen von Budge, „The Liturgy
of funerary Offerings", London 1909 (Maspero, „Études de
Myth." I, S. 283ff.); „The Book of Opening the Mouth", 2 Bde.,
London 1909 (Foucart, Sphinx XIV, S. 89ff.). Koptisches
Begräbniswesen bei Schmidt, Äg. Z. XXXII, S. 52ff.; modern
ägyptisches bei Lane III, S. 146ff.
[2] Vgl. § 259.

gesprochen und fest geregelte Handlungen und Bewegungen
vorgenommen. Ein unter lebhaften Gesten sich abspielender
Abschied der hinterbliebenen Frauen von dem an der
Grabestür aufgestellten Sarge bildete einen Teil der Feierlichkeiten. Als Trauerfarbe galt für die weiblichen Wesen
gelegentlich ein helles Blau[1]. An die Bestattung schloß
sich vielfach ein Gastmahl an, bei welchem vor allem ein
Trinkgelage stattfand, bei dem Sänger und Harfenspieler darauf hinwiesen, daß der Tod das Ende bringe und
man sich daher des Lebens und seiner Güter so lange erfreuen solle, wie dies dem Sterblichen vergönnt sei[2].

C. Tracht einschl. Körperpflege und Körper-
verunstaltungen.

1. Kleidung.

§ 88. Die Art der Kleidung[3] hat in Ägypten im Laufe
der Zeit in Einzelheiten vielfach je nach mehr oder weniger
langlebigen Moden und nach persönlichem Geschmacke
gewechselt. Diese Veränderungen betrafen jedoch im allgemeinen nur die höheren Stände, während die Tracht der
breiten Masse des Volkes andauernd die gleiche zu bleiben

---

[1] Gardiner, Äg. Z. XLVII, S. 162 f.

[2] Müller, „Die Liebespoesie der alten Ägypter", S. 29 ff.
behandelte die verschiedenen Fassungen des vorgetragenen
Liedes (vgl. oben S. 40). Mit dieser Sitte hängt das von Herodot
II, 78 berichtete Herumreichen eines Mumienbildes beim Mahle
zusammen; vgl. Wiedemann, „Herodot", S. 330 ff.; „Tote und
ihre Reiche", S. 15; Maspero, „Études de Myth." III, S. 402 ff.

[3] Erman, „Ägypten", S. 280 ff. (eingehend, mit Scheidung
der verschiedenen Perioden); Wilkinson-Birch II, S. 321 ff.;
Weiß, „Geschichte des Kostüms der vornehmsten Völker des
Altertums" I, S. 99 ff.; „Kostümkunde" I, S. 25 ff. (reiches kultur-
geschichtliches Material, aber jetzt veraltet); Capart, „Les Débuts
de l'Art en Égypte", S. 52 ff. (Nagada-Zeit); Klebs, „Reliefs",
S. 21 ff. (Altes Reich); Bonnet, „Die ägyptische Tracht bis
zum Ende des Neuen Reiches" (Untersuchungen zur Gesch.
Ägyptens, hrsg. von Sethe, VII 2), Leipzig 1917 (Bonnet,
„Die altägyptische Schurztracht", Leipzig 1916); B. M. C.,
Bull. Metropol. Mus. of Art, New York, XI, S. 166 ff. Zahlreiche
Einzelheiten ergeben die Statuen für die Tracht, vgl. besonders
Borchardt, „Statuen" (Kat. Kairo), Berlin 1911 (Altes und
Mittleres Reich); Legrain, „Statues" (Kat. Kairo), 3 Bde.,
Kairo 1906—14 (wesentlich Neues Reich).

pflegte. Aber auch die Bessergestellten hielten Dank der
konservativen Gesinnung, welche alle Ägypter beseelte,
an einzelnen Grundformen fest, sie gestalteten diese um,
gaben sie jedoch nicht völlig auf. Traten solche Änderungen ein, so beharrte regelmäßig das Staatsgewand des
Königs und die Amtstracht der Priester auf einer älteren
Entwicklungsstufe, da man es nicht wagte, um einer Mode-
neigung willen der Gottheit gegenüber die alte Tracht zu
wechseln, welche im Laufe der Zeit eine gewisse Heiligkeit
gewonnen hatte und welche der Gott bei seinen Anbetern
und Dienern zu sehen gewohnt war.

§ 89. Von den Gründen, welche den Menschen zur Anlegung von Kleidung veranlaßt haben könnten, spielte in
Ägypten das Schamgefühl[1] keine Rolle. Man hat sich hier
im allgemeinen vor einer Entblößung des Körpers nicht
gescheut. Diener und Bauern waren im Hause und bei der
Arbeit vielfach unbekleidet, bei feierlichen Gelegenheiten
waren Oberleib und Beine des Herrschers unbedeckt, die
Frauen ließen ohne Bedenken die Brust, unter Amenophis IV. sogar den ganzen Vorderkörper sehen, und trugen,
auch wenn sie Kleider anlegten, meist derart eng sich an-
schmiegende und dünne Gewandung, daß die Körperformen hindurchschimmerten. Klimatische Gründe kamen
in dem warmen Lande nur in sehr geringem Maße in Frage.
Der Eingeborene bedarf hier während der Mittagsstunden
einer Umwicklung des Kopfes und Nackens zum Schutze
gegen den Sonnenstich und während der Nacht einer Decke
oder sonstigen Umhüllung gegen die starke Abkühlung. Im
übrigen bleibt er auch jetzt noch, wenn er nicht durch die
andersartige europäische Auffassung beeinflußt wird, bei
der Arbeit am liebsten ganz oder doch im wesentlichen
unbekleidet.

Für den alten Ägypter bildete die Bekleidung einen Teil
des Schmuckes und diente, wie dieser, wesentlich magischen
Zwecken. Bekleidung und umgekehrt Entblößung wirkten
dämonenabwehrend, Knoten- und andere Amulette waren
mit der Kleidung verbunden, und dieses religiöse Empfinden
hat jedenfalls bei dem Festhalten an den althergebrachten
Formen der Gewandung mitgewirkt.

---

[1] Vgl. S. 99 f.

§ 90. Die feierliche Tracht des Königs (Abb. 3) bestand aus einem etwa 1½ Finger breiten Bande, welches
etwas unterhalb des Nabels um den Körper lief und an dem
vorn ein breites steifes Tuch befestigt war, welches bis zur
Mitte des Oberschenkels herabhing. Durch ein weiteres
Band war dieses zwischen den Beinen hindurch mit dem
Hüftbande verbunden und wurde durch dieses gleichzeitig
in seiner Lage gehalten. In der Mitte des Rückens hing
von dem Hüftband ein langer Schakalschwanz[1] herab, auf
der Brust lag ein breites Halsband; auf dem Kopfe trug der

Herrscher verschiedenartige Kronen[2], der
künstliche Bart wurde erst in späterer Zeit
regelmäßig angelegt. Die üblichste Kopf-
bedeckung (Abb. 16, Taf.-Abb. 7, 8) war eine
aus gesteifter Leinwand oder Leder gefertigte
Kapuize, welche in ihrer Form an die
Kuffije des heutigen Ägypters erinnert und
wohl aus einer derartigen Tuchumhüllung
entstanden ist und erst später aus härterem
Material gefertigt wurde, ohne die An-
klänge an die Tuchformen aufzugeben.
Die Grundgestaltung des in der Kaputze
nachgeahmten Tuches ist die folgende:
Ein glattes Stirnband liegt fest etwa in
der Mitte der Stirnhöhe an dem Vorderkopfe an. Von ihm
läuft das mit Fältelungen versehene Tuch über den Kopf,
rechts und links von dem Gesichte fällt es in je einem
Lappen bis zur Brust herab. Hinten ist es zusammen-
genommen und endet in einem auf dem Rücken liegenden,
von Querrippen bedeckten zopfartigen Anhängsel[3].

Abb. 16.
Königliche
Kaputze.

Eine Vervollständigung dieser Tracht erfolgte durch
ein breites Leinwandtuch (Abb. 17), welches in wechselnder Länge von unterhalb des Nabels bis etwas über
die Knie herabreichte. Oben wurde dasselbe an den
Saum des ursprünglich einfachen Hüftbandes ange-

---

[1] Vgl. S. 61.
[2] Vgl. S. 57 f.
[3] Borchardt, Sitzb. Akad. Berlin 1897, S. 755 f.; Sharpe,
Transact. Soc. Bibl. Arch. IV, S. 248 ff. (über die Art, ein derartiges Tuch anzulegen). Für die ägyptischen Kopftücher, besonders die Königshaube, vgl. Winlock, Bull. Metrop. Mus. of
Art, New York, XI, S. 238 ff.; Bonnet, Äg. Z. LIV, S. 79 ff.

näht und durch diesen ein Faden gezogen, vermittelst
dessen man das Tuch zusammenzuziehen und dann festzubinden vermochte. Das Tuch ist entweder ein längliches
Rechteck oder an beiden Enden unten abgerundet. Beim
Anlegen trafen sich die Tuchenden vorn am Körper. Waren
sie abgerundet, so blieb zwischen den Abrundungen eine
Stelle frei, unter welcher das althergebrachte Anhängsel
am Hüftbande sichtbar war. Zahlreiche kleine Abänderungen dieser Tracht traten im Laufe der Zeit im Schnitt

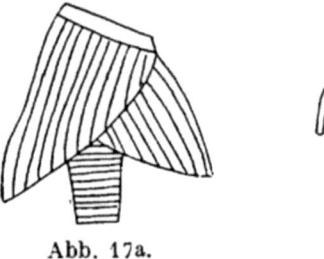

Abb. 17a.   Abb. 17b.
Königliche Lendentücher mit Vortüchern.

und in der Fältelung auf, ohne die Grundlage der Form
dieses Lendentuches umzugestalten. Wichtig ist nur eine
eigenartige Mode im Neuen Reiche. Man trug damals
nicht selten um die Hüften befestigt ein steifes Gestell,
welches nach vorn schräg vom Körper abstand. An der
oberen Ansatzstelle an dem Körper war es schmal, nach
unten hin wurde es breiter, so daß das darübergezogene
Lendentuch dachartig abstehend erschien und vor dem
Körper eine Fläche bildete. Wenn statt dieser Verbreite-
rung an dieser Stelle in den Reliefs eine Spitze erscheint
(Taf.-Abb. 8), welche nicht selten mit dem Bilde eines Tierkopfes verziert ist[1], so handelt es sich dabei um eine der
beiden Seitenspitzen, welche, den ägyptischen Perspektivregeln entsprechend, im Profil gesehen anzubringen war.

Die Verbindung von Lendentuch und Vortuch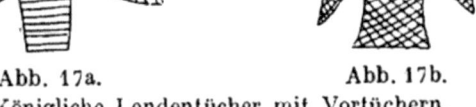

hieß *Schendet*[2], und war sein Anlegen durch den König

---

[1] Maspero, Ann. Serv. Ant. X, S. 141 f.
[2] Vgl. für dieses Spiegelberg, RT. XXI, S. 54 ff. Noch unter
der 13. Dynastie war der Vorsteher des Schendet ein hoher Be-

eine feierliche Handlung, welcher nur Auserwählte bei-
wohnen durften. So heißt es in einer Pyramideninschrift[1]:
„Glücklich sind die, welche sehen, wie sich König Tetá
am Morgen jedes Tages anzieht, wie dann sein Schendet
über ihn kommt, welches so schön ist, wie die Göttin
Hathor."

§ 91. Der Gott, welchen sich der Ägypter auch in der
Kleidung im allgemeinen nach dem Vorbilde des Königs
ausgestattet dachte, trug den glei-
chen Schurz, wie dieser, außerdem
aber häufig einen breiten steifen
Gürtel oder eine bis etwa zum
Nabel reichende breite Binde, welche
unterhalb der Brust um den Körper
herumlief und an welcher weitere Ge-
wandteile befestigt werden konnten.
In ihrer Lage wurde sie jederseits
durch einen Träger gehalten, welcher als schmales Band zur Schulter
und dann wieder steif den Rücken
herab zu dem Bande lief (Abb. 18).
In andern Fällen war der Träger
zwar auf der Schulter schmal, wurde
dann aber vorn nach unten hin
breiter, so daß die unteren Endungen
bei dem Bande fast zusammenstießen.
Ein derartiger Gürtel hat bei seinem
Verlaufe unmittelbar unter der Brust
bei männlichen Wesen wenig Zweck,

Abb. 18.
Gott Amen-Rā.

während er bei Frauen als Stütze der Brüste dienen kann.
Er findet sich denn auch bei den Darstellungen von Göttinnen wieder, welche an diesem Brustband befestigt einen
Rock trugen, welcher bis etwas oberhalb der Knöchel
reichte (Abb. 19). Dieses Göttinnengewand hatte keinen
Schlitz, es mußte daher beim Anziehen als Ganzes über-
gestreift und dann das Brustband festgezogen werden;

---

amter (Legrain, Ann. Serv. Ant. V, S. 134). Bei Statuen aus
Elfenbein oder Holz wurde das Schendet häufig aus einem
besonderen Stück gearbeitet (Borchardt, Äg. Z. XXXVII,
S. 95ff.).
[1] Pyramide Tetá, Z. 43.

dabei war es derart eng gearbeitet, daß es jede lebhafte
Bewegung beim Gehen unmöglich machen mußte. Die
gleiche Tracht war auch diejenige der Königin; sie hat sich
in ihren Grundlagen trotz aller wechselnden Moden ebenso
wenig verändert, wie die Staatstracht der Pharaonen
(Abb. 3). Gelegentlich freilich konnte der König, wohl
aus Kultgründen, den ursprünglich weiblichen Rock anlegen, während das Anlegen von verschieden gestalteten
Mänteln, kurzen Jacken, Tüchern und ähnlichem durch
König oder Königin auf Wärmebedürfnis oder veränderte
Geschmacksrichtungen zurückging.

§ 92. Der Untertan trug im allgemeinen ein Gewand,
welches den Körper von unterhalb des Nabels bis oberhalb
des Knies bedeckte. Im Alten Reiche scheint dieses ausnahmsweise in einer Art enger Hose bestanden zu haben,
welche sich trikotartig an den Körper anschmiegte. In der
Regel besaß man während der ganzen Dauer der ägyptischen
Geschichte als Bekleidung ein mit einem Gürtel verbundenes,
dem königlichen ähnliches, aber meist ziemlich langes
Lendentuch, welches man um den Unterleib und den oberen
Teil der Beine schlang. Über dieses Lendentuch legte man
häufig ein zweites längeres Tuch, welches bis zu der Mitte
der Waden, seltener bis zu den Knöcheln hinabreichen
konnte (Abb. 20). Es war aus dünner Leinwand gefertigt
und ließ infolge dessen das untere Lendentuch durchschimmern. Vorn brachte man an demselben vielfach
zwischen den Beinen eine nach unten hängende Spitze als
Verzierung an. Kurz vor der zwölften Dynastie tritt nicht
selten zu diesen Schürzen ein bereits zur Nagada-Zeit
gelegentlich erscheinender Mantel[1]. Als weitere Verschönerung und wohl auch zu Übel abwehrenden Zwecken verwendete man in wechselnder Anordnung lange Bänder,
welche man bald an den Schurz anband, bald lose um den
Körper schlang, bald um den Hals trug, bald über die Arme
legte. Auf dem Kopfe trug man zum Schutze gegen die
Sonnenstrahlen, ähnlich wie der heutige Ägypter, eine
meist enganliegende, die Haare bedeckende Mütze aus

---

[1] Gute statuarische Beispiele: Ahmed Bey Kamal, Ann. Serv.
Ant. II, Taf. zu S. 126; Legrain, „Statues" (Kat. Kairo) I,
Taf. 25; Bergmann, Jahrb. der Kunsthist. Sammlungen Wien XII,
S. 1 ff.

Leinwand; Hüte im engeren Sinne des Wortes waren im
alten Ägypten unbekannt. Je ärmer der Ägypter war, um so
einfacher wurde seine Kleidung. Bei schwerer körperlicher
Arbeit wurde sie, wie bereits erwähnt, vielfach ganz ab-
gelegt und genügte ein Band um den Bauch als Knotenamulett.

Abb. 19.　　　　　　　Abb. 20.
Die Göttin Sati.　　　Anbetender Ägypter.

§ 93. Die Tracht der Frauen (Taf.-Abb. 2) ähnelte der
der Göttinnen. Sie bestand im wesentlichen in einem eng an-
liegenden Hemde[1], welches von unterhalb der Brust bis
zu den Knöcheln reichte und oben und unten mit einer
nur selten verzierten geraden Linie abschloß. Es war so
eng, daß sich die Körperformen deutlich verfolgen ließen,
und dabei gelegentlich aus der sogenannten „Königlichen
Leinwand" so dünn gearbeitet, daß man alle Glieder hin-

---

[1] Vgl. über das Hemd der Göttinnen oben S. 121.

durchschimmern sah[1]. Gehalten wurde das Hemde durch
Schulterbänder, welche bisweilen die Brüste frei ließen,
meist aber dieselben bedeckten und nur vorn in der Mitte
einen keilförmigen Ausschnitt bildeten. Das Hemde fehlte
nur bei Akrobatinnen und Tänzerinnen. Falls diese überhaupt bekleidet waren[2], trugen sie im allgemeinen einen hinten
zusammengebundenen Lendenschurz, welcher eine völlig freie
Bewegung des Vorderkörpers gestattete (Abb. 21). Außer-

Abb. 21.
Akrobatin.

dem legten sie in einzelnen Fällen ein Band an, welches
durch zwei Achselträger gehalten wurde und im Verein
mit diesen die Brüste nach oben und innen drücken und
dabei stärker vortreten lassen sollte. Neben dem Hemde
trug die Ägypterin des Volkes, ebenso wie die Königin, nicht
selten einen Überwurf, welcher dem Hemde ähnlich, aber
viel weiter und mit weiten Ärmeln versehen war (Taf.-Abb. 9).
Er besaß vorn einen Schlitz und wurde in der Weise um
den Körper gelegt, daß die eine Seite über die andere über-
griff und die Schlitzstelle vorn am Körper senkrecht ver-
lief, wobei man hier am Gewande gern Fransen und lang

---

[1] Wiedemann, „Altägypt. Sagen", S. 140. Wenn in einem
Märchen (a. a. O., S. 8) rudernde Mädchen, um den König zu
erfreuen, Perlennetze anlegen, so handelt es sich nicht um eine
Kleidung im engeren Sinne des Wortes. Derartige Netze (Borchardt, Äg. Z. XXXVII, S. 81 f.) werden sonst über dem Hemde
getragen, aber nicht, wie hier, unmittelbar auf dem Körper.
[2] Vgl. auch S. 100.

herabhängende Bänder anbrachte. Nur in Ausnahmefällen, wie unter Amenophis IV., ließ man das Hemde fort und trug den Mantel allein, sodaß der nackte Körper in der Vorderansicht sichtbar wurde[1].

§ 94. Der Stoff, aus welchem die Kleidungsstücke bestanden, war Leinwand. Von Wollkleidern ist mit Sicherheit erst in hellenistischer Zeit die Rede. Die Färbung der leinenen Gewänder war weiß, und mußten sie daher entsprechend den Reinlichkeitsanschauungen des Volkes häufig gewaschen werden[2]. Dies geschah durch Männer, welche die feuchte Wäsche mit Stöcken schlugen, stark rieben und kräftig ausrangen, was um so notwendiger erschien, als die Seife nicht bekannt war. Zum Ausringen band man die Wäsche vielfach mit dem einen Ende an einen Pfahl, befestigte das andere Ende um einen Stock und drehte mit diesem die Wäsche fest, dann wurde sie gereckt und durch Ziehen geglättet; Plätten und ähnliche Hilfsmittel zum Glätten werden nicht erwähnt. Das Waschen erfolgte an den Ufern der Kanäle oder des Nils, und galt der Beruf des Wäschers, der ein Nachbar des „stromaufschwimmenden Krokodils" und für alle Fehler in der Wäsche verantwortlich war[3], als sehr wenig erfreulich. Nach dem Waschen wurde die Wäsche bisweilen in Falten gepreßt, wozu man besondere Hölzer mit abwechselnden rundlichen Vertiefungen und steilen Kämmen[4] benutzte. Ob man dabei die Wäsche in irgend einer Weise steif machte und stärkte, ist aus den Darstellungen nicht ersichtlich.

§ 95. Die übliche Fußbekleidung[5] bildeten die Sandalen, welche sich der Form der Fußsohle anpaßten und nur

---

[1] Für die Kleidung der Kinder vgl. § 62.

[2] Darstellung der Wäsche: Newberry, „Beni Hasan" I, Taf. 11, 29; II, Taf. 4, 13; Wreszinski, „Atlas", Taf. 57; vgl. Erman, „Ägypten", S. 300ff.

[3] Wiedemann, „Altägypt. Sagen", S. 68.

[4] Rosellini, „Mon. civ.", Taf. 66, Nr. 14; Wilkinson-Birch I, S. 185.

[5] Ch. Vincent, „Histoire de la Chaussure", Paris 1861, S. 63ff. (ausführlich); Wilkinson-Birch II, S. 335ff.; Erman, „Ägypten", S. 311ff., 598f.; Frauberger, „Antike und frühmittelalterliche Fußbekleidungen aus Achmim-Panopolis", Düsseldorf 1896 (Ebers, „Ägyptische Studien", S. 157ff.). Sandalen aus der 12. Dynastie z. B. Petrie, „Kahun", S. 28; aus römischer Zeit: Petrie, „Hawara", Taf. 19, 21.

verhältnismäßig selten etwas über deren Umrißlinien hervorragten. Befestigt wurden dieselben, ähnlich wie die
römischen Sandalen, durch Bänder, welche von der Ferse
rechts und links und von vorn zwischen der ersten und
zweiten Zehe hindurch nach dem Spann liefen. Während
der thebanischen Zeit wurden die Sandalen nach vorn vielfach mit einem langen, nach oben umgebogenen Schnabel
versehen, dessen Spitzen man vermittels eines Bandes am
Spann befestigte. Seitenplatten besaßen die Sandalen nur
ausnahmsweise, oben geschlossene Schluffen kamen nur
vereinzelt vor[1], ein den Fuß allseitig deckender Schuh trat
in Ägypten erst in spätrömischer Zeit auf.

Gefertigt wurden die Sandalen für den Hausgebrauch
vielfach aus Papyrusrinde, welche man in Bänder von etwa
Fingerbreite zerschnitt und dann ineinander flocht. Da
diese Sandalen wenig haltbar waren, so verwertete man
für weitere Gänge solche aus Leder, deren Herstellung
mehrfach dargestellt wird (Taf.-Abb. 24)[2]. Meist freilich ging
der Ägypter aller Stände barfuß, wie dies auch jetzt noch
im Lande in sehr großem Umfange geschieht. Der König
ließ sich dann von einem hohen Beamten die Sandalen nachtragen[3], um sie bei feierlicher Gelegenheit zur Hand zu
haben, für den vornehmen Herrn trug sie einer seiner
Diener[4]. Hatte man keinen solchen zur Verfügung, so band
man unterwegs die Sandalen an den Arm[5]. Wenn man
derart die Sandalen auch nur selten anlegte, so galten sie
doch als ein notwendiger Besitz, den man auch im Jenseits

---

[1] Petrie, „Deshasheh", Taf. 21 (Herstellung solcher Stücke).

[2] Rosellini, „Mon. civ.", Taf. 63—5; Wilkinson-Birch II,
S. 187f.; Klebs, „Reliefs", S. 95f. (Altes Reich); Petrie, „De-
shasheh", Taf. 13, 21 (5. Dyn.); Newberry, „Beni Hasan" I,
Taf. 11; II, Taf. 4; Carter, „Beni Hasan" IV, Taf. 27; Newberry,
„Rekhmara", Taf. 17—8. Vgl. für Lederarbeit auch Wreszinski,
„Atlas", Taf. 79.

[3] Quibell, „Hierakonpolis", Taf. 29 (Naqada-Zeit); Schäfer,
Sitzb. Ak. Berlin 1919, S. 480 (Zeit Amenophis' IV.).

[4] Lepsius, „Denkm." II, 4; Davies, „Ptah-hetep" II, Taf. 8;
Newberry, „Beni Hasan" II, Taf. 16, 32; Davies, „Deir el
Gebrâwi" II, Taf. 19.

[5] Bergmann, RT. IX, S. 36; Scheil, „Tombeau des Graveurs"
(Mém. Mission Franç. Caire V, 4), Taf. 6; Davies, „El Amarna" I,
Taf. 24; Bouriant, „Culte d'Atonou", Taf. 44.

nicht entbehren wollte. Man gab sie daher im Modell oder
im Originale aus Holz, geflochtenem Schilf, Leder, Silber[1]
dem Toten mit in das Grab.

Eine Reihe von Mumien von Priesterinnen aus der
21. Dynastie[2] trägt an den Füßen fausthandschuhartige
Futterale aus rosagefärbter feiner Haut; die große Zehe
hat dabei ihre eigene Höhlung, welche von der gemeinsamen
der vier anderen Zehen getrennt ist. Durch den Spalt
zwischen beiden lief ein Band, welches zusammen mit
einem über den Fußhals laufenden Bande diese Beschuhung
trug, welche nach vorn in einer Spitze mit grünen und roten
Ornamenten endete. Ein ähnlich geformter, aus brauner,
dicker Wolle gestrickter Strumpf wurde in einem Grabe
des 4. Jahrhunderts n. Chr. gefunden[3], so daß diese Gestaltung demnach während Jahrhunderten im Lande üblich
geblieben ist.

§ 96. Einzelne der erwähnten Priesterinnen besaßen
außerdem 35—40 cm lange leinene richtige Fausthand-
schuhe. Eine Schnur ermöglichte es, sie über dem Hand-
knöchel festzubinden[4]. Wirkliche Handschuhe in unserem
Sinne des Wortes haben sich bisher nicht gefunden, doch
spricht die gelegentliche Einwickelung einzelner Finger und
Zehen mit Goldplättchen[5] für das Vorkommen einer ähnlichen Bekleidung dieser Glieder bei Lebzeiten. Ein Finger-
hut aus Leder kommt vereinzelt in römischer Zeit vor[6].

§ 97. Ein endlich zu erwähnendes Bekleidungsstück ist
das lange Penisfutteral[7], welches von den Libyern

---

[1] Ahmed Bey Kamal, Ann. Serv. Ant. II, S. 41. — Daressy,
ib., S. 11. — Daressy, ib. VIII, S. 34; Davis, „Tomb of Jouiya",
Taf. 44. — Davis, „Tomb of Siphtah", S. 44.
[2] Daressy, Rev. égyptienne, Caire 20. Mai 1912, S. 42f.
(S. Reinach, Rev. arch. XX, S. 170).
[3] Petrie, „Hawara", Taf. 18, S. 12.
[4] Ähnliche Modell-Fausthandschuhe aus Silber fanden sich
im Grabe Seti' II. (Davis, „Tomb of Siphtah", S. 43 und Taf.).
[5] Barsanti, Ann. Serv. Ant. I, S. 162, 269; II, S. 103;
Quibell, ib. III, S. 248; Smith, „Royal Mummies" (Kat. Kairo),
S. 106.
[6] Petrie, „Hawara", Taf. 13, Fig. 20, S. 11.
[7] Naville, RT. XXII, S. 68ff. (Lit.). Ethnographische
Parallelen aus Afrika: v. Luschan, Globus LXXIX, S. 197ff., dessen
Schlüsse auf ein Semitentum der Ägypter Naville, Sphinx XIII,

westlich vom Niltale dauernd getragen wurde. Im eigentlichen Ägypten kommt es in der Nagada-Zeit vor, wird dann
aber nur noch selten verwertet, ohne jedoch, wie das gelegentliche Umwickeln des Phallus der Mumie mit einem
Goldplättchen[1] zeigt, völlig vergessen zu werden.

2. Schmuck[2].

§ 98. Außer durch die Kleidung suchte der Ägypter
durch allerhand weitere Gegenstände, welche er an seinem
Körper anbrachte, eine Wirkung auf andere auszuüben[3].
Dabei zeigen die Formen dieser Schmucksachen im Laufe
der Zeit nur geringe Veränderungen. Wenn auch die auf
ihnen angebrachten Verzierungen, ihr Material, ihre Befestigungsart wechselten, die Grundgestaltungen blieben
die gleichen. Die Veranlassung hierfür war, daß die meisten
dieser Stücke einen Amulettcharakter besaßen, dem die
Form zu entsprechen hatte. Der Gedanke, gleichzeitig
eine Verschönerung zu erzielen, kam erst in zweiter Reihe
in Betracht. Damit hängt es weiter zusammen, daß zahlreiche dieser Schmuckgegenstände an den Grab- und Sarg-

---

S. 227 ff. zurückwies. Pfister, Arch. für Gesch. der Medizin VI,
S. 59 ff. (vgl. Verh. Deutsche Ges. für Urologie, Kongreß Wien
1911, S. 457 ff.) sah in dem Futteral einen Schutz gegen die
Krankheit Bilharzia (bei dem Gotte Bes handelt es sich nicht
um ein derartiges Futteral, sondern um einen Schwanz).

[1] Quibell, Ann. Serv. Ant. III, S. 248.

[2] Vernier, „La Bijouterie et la Joaillerie Égyptiennes"
(Mém. Inst. Franç. Caire II), Paris 1907; Maspero, „L'Archéologie
Égyptienne", Paris 1907; „Égypte", Paris 1912; Capart, Ann. Soc.
Arch. Bruxelles XXI, S. 305 ff.; Schreiber, Abh. Ges. Wiss.
Leipzig XIV, Nr. 5 (Spätzeit); Lane III, S. 205 ff. (Arabische
Zeit). — Schmuck der Nagada-Zeit: Petrie, „Royal Tombs" II,
Taf. 1; der 12. Dyn.: Morgan, „Fouilles à Dahchour", 2 Bde.,
Wien 1895—1913; Petrie, Ancient Egypt 1914, S. 97 ff.; Illu-
strated London News CXLIV, S. 1060 f.; der 18. Dyn.: Bissing,
„Ein thebanischer Grabfund aus dem Anfang des Neuen Reiches",
Berlin 1900; im Museum zu Kairo: Vernier, „Bijoux et Orfè-
vreries" (Kat. Kairo), Kairo 1907—9; zu Berlin: Schäfer, „Ägyp-
tische Goldschmiedearbeiten", Berlin 1910; im Louvre: Maspero,
„Essai sur l'Art Égyptien", S. 179 ff.

[3] Für Blumen als Schmuck vgl. § 78; für Muscheln als
Schmuck vgl. § 195.

wänden neben den übrigen Amuletten abgebildet wurden[1],
und daß ihre Anwendung nicht auf den Menschen beschränkt
blieb. Sie wurden auch von den Gottheiten getragen und
zum Schutz gegen Dämonen den Tieren umgehängt, wie
eine derartige Schützung der Tiere noch im heutigen Ägypten üblich ist[2].

§ 99. Halsbänder[3]. Der verbreitetste Halsschmuck
war für beide Geschlechter das Band 〰 *usech* „das Weite",
welches seinem Träger die weite Ausdehnung seines Einflusses sichern sollte (Taf.-Abb. 7, 8, 9). Es fiel breit über
Brust und Schultern herab und wurde hinten am Halse
von zwei Bändern zusammengehalten, an deren Enden man
gerne Troddeln, bisweilen in der Gestalt von aufgeblüten
Blumen befestigte. In seiner einfachsten Form bestand
dieses Halsband aus verschiedenfarbigen Bändern, welche
derart aneinander genäht waren, daß sie eine Reihe etwa
konzentrischer Kreise um den Hals des Trägers bildeten.
Auf die Bänder konnte man Ornamente und Tiergestalten
in glasiertem Steingut oder Edelmetall zu Mustern zusammengestellt aufnähen. Statt Zeugbänder als Grundlage zu
verwenden, verwerteten andere durchbohrte Perlen, welche
man zu Bändern in wechselnder Zahl auf Leinwandfäden
aufzog und zu Mustern zusammenfügte. Die Form der einzelnen Perlen wechselte je nach den zeitlich verschiedenen
Moderichtungen. Am häufigsten sind längere und kürzere
Stäbchen, dann finden sich flache Platten, ovale Eiformen,
kleine und seltener große Kugeln, denen durch Einschnitte
in die Außenrandung eine abwechslungsreichere Gestaltung
gegeben werden konnte. Das Material war meist glasiertes
Steingut, welches bereits zur Nagada-Zeit vorkam, daneben
Glasfluß in verschiedenen, bisweilen streifenartig wechselnden Farben, harter Stein, vor allem Karneol, Gold,
Silber, sehr selten Eisen, und für ganz Arme schlecht gebrannter und dadurch geschwärzter Ton. Den Abschluß

---

[1] Lepsius, „Älteste Texte des Todtenbuchs", Berlin 1867;
Lacau, „Sarcophages antérieurs au Nouvel Empire" (Kat.
Kairo), 2 Bde., Kairo 1903—6. Vgl. Wiedemann, „Die Amulette
der alten Ägypter", Leipzig 1912; Schäfer, Äg.Z. XLIII, S. 66ff.
[2] Duncan, „Exploration of Egypt", S. 158.
[3] Herstellung von Halsbändern: Paget, „Ptah-hetep" in
Quibell, „Ramesseum", Taf. 39; Davies, „Deir el Gebrâwi" II,
Taf. 19. — Für Halsbänder der Nagada-Zeit vgl. S. 46.

nach dem Schlußbande zu bildeten meist mehrere aneinander
gebrannte und zu einer Art Platte vereinte Stäbchen, welche
gleichfalls innen hohl waren, um die Fäden der einzelnen
Perlenschnüre aufzunehmen. Gelegentlich wurden diese
Schlußplatten künstlerisch schöner gestaltet und erhielten
die Umrisse eines flachen Sperberkopfes[1].

Neben dem breiten Halsbande kommt schmälerer Halsschmuck vor. Bei diesem begnügte sich der Arme mit billigem
Material, die Vermögenden bevorzugten Edelmetall. Gol-
dene dünne Ketten am Anfange des Neuen Reiches erinnern
an moderne feingeflochtene Uhrketten. An die Halsketten

und Halsbänder konnte man Anhängsel befestigen[2], Fliegen aus Metall, kleine Kegel
und ähnliche Dinge, vor allem die verschiedensten Amulette, welche zuweilen in längeren
Reihen geordnet hier auftraten (Abb. 22)[3].
Ein eigenartiges Halsband bestand in einem
breiten, um den Hals gelegten Bande, an
dem auf die Brust herab ein langes, oben
durch einen Kuhkopf als Zeichen der Göttin
Hathor geschmücktes Band hing[4]. In andern
Fällen fehlt der Kuhkopf und liegt an
seiner Stelle nur ein sich nach unten ver-
breiternder Bandabschluß vor (Taf.-Abb. 5)[5].

Abb. 22.
Halsband mit
Amuletten.

Auch das kapellenartige Pektoral wurde in
ähnlicher Weise auf der Brust an einem Bande befestigt getragen[6].

---

[1] z. B. Lacau, a. a. O., Taf. 51; Daressy, Ann. Serv. Ant. I,
S. 17f. Hier ist der Sperber wohl zugleich als Gott-Tier übelab-
wehrend gedacht. Sperber- und Schakalkopf erscheinen auch am
Halsschmucke des Oberpriesters zu Memphis (Wiedemann, Proc.
Soc. Bibl. Arch. XX, S. 116; Erman, Äg. Z. XXXIII, S. 22f.).

[2] Vgl. die Ehrenzeichen § 52.

[3] Barsanti, Ann. Serv. Ant. I, S. 269ff.; Maspero, ib. III,
S. 1ff.; Murray, Ancient Egypt 1917, S. 49ff. Vgl. auch die an
einem Halsbande, über dessen Gestaltung aber nichts genaueres
bekannt ist, befestigt getragenen Schieferplatten der Nagada-
Zeit, S. 46.

[4] Newberry, „El Bersheh" I, Taf. 33 (Mann); Davis, „Tomb
of Hâtschopsîtu", S. 58 (Hathor-Kuh).

[5] Newberry, a. a. O., Taf. 29; Frontispiece (junges Mädchen
= Taf.-Abb. 6).

[6] Daressy, Ann. Serv. Ant. II, S. 6, 8f. Vgl. für die Pekto-
rale: Whyte, Proc. Soc. Bibl. Arch. XV, S. 409ff. (ill.).

§ 100. Armbänder am Oberarm und Handgelenk trug
die Ägypterin so gut wie regelmäßig, der Ägypter etwas
seltener. Im allgemeinen scheinen sie aus Metall, Kupfer,
später Bronze, Gold und Silber bestanden zu haben[1]; bei
Darstellungen junger Mädchen sind sie bisweilen so intensiv
grün gefärbt (Taf.-Abb. 6)[2], daß man an aneinander befestigte
Binsenstreifen denken könnte. Meist erscheinen sie als
schmale geschlossene Streifen, welche man über die Hand
zog und dann so hoch an dem Arme hinauf schob, bis sie
sich an der Haut festklemmten und dadurch einen festen
Platz erhielten. Daneben finden sich breitere Formen mit
gewölbtem oder oben in der Mitte zu einem scharfen Grad
erhöhten[3] Rücken (Abb. 5). Das Innere ist, um Metall zu
sparen, meist hohl. Andere Armbänder bestanden in flachen
Platten, welche mit der Schmalseite auf der Haut auf-
lagen und dann senkrecht in die Höhe standen[4]. Verschönt
wurden gelegentlich alle diese Gestaltungen dadurch, daß
man auf ihnen Verzierungen, Königsnamen in ihrer üblichen
Umrahmung, Sphinxe, Götterbilder usf. befestigte, die oft
hoch über die Armbandfläche emporragten[5].

Andere Ringe waren breiter und daher schwerer über
die Hand zu schieben. Um ihr Anlegen zu erleichtern,
richtete man sie zum Öffnen ein. Auf der einen Seite befand sich ein Scharnier mit meist zwei Ösen, durch welche
ein Stab gesteckt war, um den sich die eine Hälfte des Arm-
bandes drehen ließ. An der entgegengesetzten Seite, die
sich dann öffnete, waren wieder einige Ösen angebracht,
durch die ein Verschlußstab gesteckt werden konnte. Auch
bei diesen Stücken wurden auf der Fläche gern Verzierungen
angebracht[6]. Weitere Armbänder waren offen und wohl,
ähnlich wie die modernen arabischen, aus biegbarem Metall
gefertigt, um ihr Anlegen zu ermöglichen[7]. In der Spätzeit
wurde es üblich, ihren beiden Enden die Gestalt von Löwen-

---

[1] Für Muschelarmbänder der Nagada-Zeit vgl. S. 46.
[2] Farbig bei Newberry, „El Bersheh" I, Frontispiece.
[3] Davies, „El Amarna" III, Taf. 2, 3, 20.
[4] z. B. Bissing, „Thebanischer Grabfund", Taf. 4.
[5] z. B. Bissing, a. a. O., Taf. 5.
[6] z. B. Vernier, „Bijoux et Orfèvreries" (Kat. Kairo), Taf.
8—9, 18, 20.
[7] Vernier, a. a. O., Taf. 7.

oder Widderköpfen oder auch die von geflügelten Sphinxen zu geben[1].

§ 101. Fußringe trugen die Frauen im Altertum sehr häufig, ebensogut wie heutzutage die Koptinnen, während sie die ägyptischen Männer verschmähten, obwohl sie von ihren asiatischen Nachbaren als eine Art Auszeichnung betrachtet worden zu sein scheinen[2]. Sie entsprachen in ihrer Gestalt den Armringen und wurden als breite Bänder aus Zeugstreifen oder Metall am Knöchel befestigt und nur selten mit Verzierungen versehen[3]. Daneben treten in der Spätzeit geschlossene schmale Metallstreifen auf, welche man an der Wade emporschob, bis sie sich festklemmten[4].

§ 102. Fingerringe[5] wurden sehr häufig, bisweilen in großer Zahl[6] getragen und konnten sich an den verschiedenen Fingern finden. Sie bestanden aus Metall oder aus glasiertem Steingut. Meist bildeten sie einen schmalen Streifen, welcher an der Oberseite des Fingers eine Platte trug, auf welcher bösesvertreibende Zeichen, Namen von Göttern und Königen, Bilder von Gottheiten und heiligen Tieren und ähnliches angebracht waren. Um diese Amulettwirkung des Ringes zu verstärken, wurde der Platte bisweilen[7] die Gestalt eines heiligen Zeichens, eines Skarabäus, Fisches usf. gegeben. Eine andere Ringform war dick und zeigte nach außenhin einen scharfen Kiel.

§ 103. Ohrringe[8] zerfallen in zwei Klassen, je nachdem man behufs ihrer Anbringung das Ohrläppchen durchbohrte[9] oder hiervon und von der damit verbundenen Körper-

---

[1] Legrain, Ann. Serv. Ant. VIII, S. 52f.; Vernier, a. a. O., Taf. 13, 21, 12.

[2] Müller, Orient. Lit.-Z. XII, Sp. 381f.

[3] Vielfach in Reliefs dargestellt, z. B. Newberry, „El Bersheh", Taf. 29; „Beni Hasan" I, Taf. 18 (Mittleres Reich).

[4] Bissing, a. a. O., Taf. 4.

[5] Vernier, Bull. Inst. Franç. Caire VI, S. 181ff.

[6] Eine Frauenmumie vom Ende der 18. Dynastie trägt 7 Ringe (Daressy, Ann. Serv. Ant. II, S. 11).

[7] Newberry, „Scarab-shaped Seals" (Kat. Kairo), Taf. 18; Vernier, „Bijoux" (Kat. Kairo), Taf. 20ff.

[8] Vernier, Bull. Inst. Franç. Caire VIII, S. 15ff.; Bissing, RT. XXXII, S. 192f.

[9] Durchbohrte Ohren zeigen Könige und Königinnen der 18.—21. Dynastie (Smith, „Royal Mummies", S. 63, 99, 106, 108, 111), eine Priesterin des Amon (Daressy und Smith, Ann. Serv.

verletzung Abstand nahm. In letzterem Falle verwendete
man kleine, wulstige, nach innen abgeflachte kreisrunde
Ringe aus Stein, Knochen und vor allem rotglasiertem
Steingut. Der Ring besaß einen Schlitz, in diesen preßte
man den Ohrzipfel hinein, der durch den Druck anschwoll
und den Ring festhielt. Die bei durchbohrtem Ohrzipfel
getragenen Ohrringe haben bisweilen die gleiche Gestalt,
dann schob man sie am Ohr hinauf, bis der Schlitz an die
Durchbohrung kam, und drehte nun den Ring in das Ohr
hinein, bis er festhing. Lieber brachte man aber an dem aus
Metall oder häufig farbigem Glasfluß gefertigten Ringe
neben dem Schlitze rechts und links kleine Ösen an, durch
welche man, nachdem der Ohrzipfel in den Schlitz gelegt
worden war, einen gleichzeitig durch
den Ohrzipfel laufenden Stab steckte.
Eine andere, besonders in der thebanischen Blütezeit beliebte Art von
Ohrschmuck bestand aus zwei kreis-
runden Platten, an deren einer sich
ein Stäbchen befand, während die
andere eine Tülle trug (Abb. 23).
Diese Platten hielt man die eine

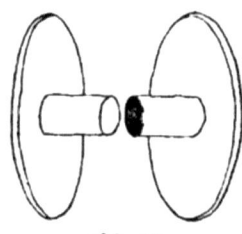

Abb. 23.
Zweiteiliger Ohrpflock.

hinter, die andere vor das Ohr,
steckte dann die Tülle durch die
Ohrdurchbohrung und befestigte in ihr das Stäbchen.
Eine solche Anlegung der Ohrverzierung war um so
leichter, je mehr das Ohr vom Kopfe abstand, eine
Stellung, welche, im Gegensatze zu dem modernen
Geschmacke, zu dem ägyptischen Schönheitsideale gehörte, und welche von den Frauen dadurch befördert
wurde, daß sie ihr schwer herabfallendes Haar hinter
das Ohr legten (Taf.-Abb. 9). An die Platten dieser
Ohrringe wurden vielfach Anhängsel befestigt, welche bisweilen sehr schwer sein und bis zum Halse herunterhängen
konnten[1].

Ant. IV, S. 155, 160) usf. Dabei spielte persönlicher Geschmack
wohl eine Rolle. So hat Tuàa in der 18. Dyn. durchbohrte Ohren,
ihr Mann Juáa nicht (Smith bei Quibell, „Tomb of Yuaa",
S. 73, 69).
    [1] Vernier, „Bijoux" (Kat. Kairo), Taf. 28—9; Ayrton, Proc.
Soc. Bibl. Arch. XXX, S. 116 (Zeit Seti' II.); Vernier, a. a. O.,
Taf. 27 (Zeit Ramses' XII.).

§ 104. Nasenringe spielten im eigentlichen Ägypten keine Rolle, wenn sie auch unter dem Einflusse der afrikanischen Nachbarn, die sie verwendeten, gelegentlich vorgekommen sein mögen.

3. Haartracht[1].

§ 105. Die klassischen Schriftsteller behaupten, daß man sich in Ägypten das Haupt- und Barthaar abschor oder daß dies wenigstens alle oder einzelne Priesterklassen taten. Die Mumien haben demgegenüber gezeigt, daß im allgemeinen Männer und Frauen ihr natürliches Haar trugen, wenn auch dessen Länge der Mode unterworfen war. Von dieser Sitte gab es eine Reihe von Ausnahmen. In hellenistischer Zeit gingen die Isispriester in Griechenland und Rom kahlköpfig, was auf gelegentlich vorkommende ähnliche Sitten in Ägypten selbst hinweist. Die Ptahpriester in Memphis scheinen kahl gewesen zu sein, wie auch die memphitischen Götter Ptah und Imuthes haarlos dargestellt zu werden pflegen. Bei andern Priesterklassen bestanden entsprechende Gebräuche, und auch für Privatleute konnte, jedenfalls im Mittleren[2] und im Neuen Reiche[3], gelegentlich ein Rasieren des Kopfes vorkommen.

§ 106. Über die königliche Haartracht ist wenig bekannt, da die Herrscher in den Darstellungen so gut wie regelmäßig mit bedecktem Haupte erscheinen. Da aber bei Hofe eine große Schar von Haarkünstlern angestellt war[4], so wird die Frisur des Pharao vermutlich eine umständliche

---

[1] J. H. Krause, „Plotina oder die Kostüme des Haupthaares bei den Völkern der alten Welt", Leipzig 1858, S. 15 ff. (ausführlich, aber vielfach veraltet); Wiedemann, „Herodot", S. 154 f.; Zimmermann, „Die ägypt. Religion", S. 154 ff.; Erman, „Ägypten", S. 302 ff.; Bremer, „Die Haartracht des Mannes in archaisch-griechischer Zeit", Gießen 1911 (Parallelen); Legrain, „Louqsor sans les Pharaons", S. 129 ff. (moderne Sitten beim Haarschneiden in Oberägypten). Reiches Material ergeben die Tafeln bei Borchardt, „Statuen" (Kat. Kairo), Berlin 1911 (Altes und Mittleres Reich); Legrain, „Statues" (Kat. Kairo), 3 Bde., Kairo 1906—14 (wesentlich Neues Reich).
[2] Newberry, „Beni Hasan" II, Taf. 4, 13; Wilkinson-Birch II, Fig. 459.
[3] Wreszinski, „Atlas", Taf. 44.
[4] Erman, „Ägypten", S. 97.

gewesen sein. Der ägyptische Bürger trug das Haar meist
kurz geschnitten. Vorn wurde es in die Stirn hineingekämmt,
endete hier in einer steifen geraden Linie und bedeckte häufig
das Ohr (Abb. 20, Taf.-Abb. 20). Ließ man letzteres frei, so
pflegte man die Haare vor ihm in steifer klappenartiger
Form derart zu schneiden, daß ihre Umrißlinien an die
Klappen der Königskapuze erinnerten (Taf.-Abb. 10). Hinten
ließ man die Haare bis zum oberen Nackenansatz wachsen
und schnitt sie hier in Gestalt einer flachen Platte ab.
Ein Schneiden den Kopf herauf war verhältnismäßig selten.
Das Haar des Ägypters zeigte häufig eine natürliche Lockung,
welche man bereits frühzeitig zur Verschönerung der persönlichen Erscheinung auszunutzen suchte. Häufig flocht
der Mann damals so gut wie in späteren Zeiten seine
Haare in kurze Locken, welche er vom Scheitel
her nach allen Seiten hin über den Kopf fallen und im
Nacken in einer Art Platte enden ließ. Die einzelnen
Löckchen stehen steif, gelegentlich treppenförmig geordnet
(Taf.-Abb. 22), vom Kopfe ab und scheinen reichlich einge-
fettet worden zu sein. Zahlreiche Abweichungen von dieser
Tracht, lange gewellte Haare, dachförmige Frisuren usf.
treten daneben auf, sind aber im allgemeinen auf individuelle
Neigungen zurückzuführen und können daher hier un-
erörtert bleiben.

§ 107. Bei den Frauen spielte die Haartracht eine größere
Rolle wie bei den Männern und ist daher auch den Schwan-
kungen der Mode stärker unterworfen gewesen. Die üblichste Frisur bestand darin, daß man die Haare in Strähnen
legte, welche bis auf die Schultern herabfielen und hier
in einer geraden Linie endeten. Auf der Höhe der Stirn
hielt ein Band die starren und daher jedenfalls eingefetteten
Haare in ihrer Lage. In anderen Fällen ließ man die Haare
oberhalb der Achsel in treppenartiger Abstufung endigen.
Der verhältnismäßigen Kürze der Haare, welche das Alte
Reich mehr bevorzugte wie die spätere Zeit, stehen in allen
Perioden Trachten zur Seite, welche das Hauptgewicht auf
lange Haare legten. Dann wurde das Haar gern in dicke
Strähnen gelegt oder in Zöpfe geflochten, von denen die
größere Masse breit über den Nacken herab bis etwa zur
Mitte des Rückens fiel. Nach vorn fielen rechts und links
vom Gesichte eine Reihe von Strähnen und Zöpfen bis

oberhalb der Brust hinab und ließen dabei die Achseln frei
(Taf.-Abb. 9). Im einzelnen treten bei dieser Frisur eine sehr
große Zahl von Abänderungen auf. Vor allem war es bei
ihr im Neuen Reiche beliebt, das Haar in zahlreiche kleine
Zöpfe zu zerlegen und dadurch zu einer sehr umständlichen
Tracht auszugestalten[1].

Tänzerinnen und gelegentlich auch Dienerinnen trugen
in der Regel die große Masse ihrer Haare nicht sehr lang,
bisweilen aber flochten sie, wie im Alten Reiche auch junge
Mädchen höherer Stände, einzelne Teile derselben in lange
dicke Zöpfe, welche häufig in einer dicken Kugel oder rundlichen Scheibe endeten (Abb. 73)[2]. Ihr Zweck war das Zopf-
ende zu beschweren, um es bei lebhafteren Tanzbewegungen
besser herumschleudern zu können.

Eine längere Reihe weiterer Haartrachten, welche in
allen Kreisen verbreitet waren, ließ den ganzen Oberkörper
einschließlich der Schultern von einem einheitlichen, nach
unten als Fläche endenden Mantel von sorgsam in Zöpfe
zerlegten Haaren wie von einer Mähne umschlossen sein[3].
In späterer Zeit wurden statt der Zöpfe wellige Strähnen
beliebt, die vom Scheitel nach beiden Seiten tief hinab
fielen und nur vor den Ohren in einem steifen Zopf zusammengefaßt wurden[4]. Aufsätze auf dem Kopfe wurden, abgesehen
von dem Salbkegel[5] und Blumen, im allgemeinen nicht getragen, doch kommen ausnahmsweise bei Beginn des Neuen
Reiches solche von etwa Kopfhöhe vor, welche die Gestalt
von durchbrochenen Kästen hatten, aus denen sich steife
Blumen erheben konnten[6].

§ 108. Über die Behandlung der sonstigen Kör-
perhaare, abgesehen von denen des Bartes, ist für beide
Geschlechter nichts bekannt. Von einem Ausreißen oder
Rasieren an Armen und Beinen ist in den Texten nicht die
Rede, und wenn bei Mumien sich kaum Haare am Körper
finden, so kann dies eine Folge der Behandlung mit heißem

---

[1] Gutes Beispiel: Bénédite, Mém. Acad. Inscr. Fondation
Piot 1895, S. 29 ff.
[2] Bissing, Äg. Z. XXXVII, S. 75 ff.
[3] Budge, „Some Account of the Egyptian Antiquities of
Lady Meux", 2. Aufl., Taf. 22 (Thebanische Blütezeit).
[4] Budge, a. a. O., Taf. 27 A (Hellenistische Zeit).
[5] Vgl. für diesen § 118.
[6] Wreszinski, „Atlas", Taf. 25.

Asphalt sein. Bei den Klagefrauen für Osiris heißt es, die
Haare ihrer Glieder sollten zerstört sein[1], doch wird nicht
angegeben, ob hiermit der ganze Körper oder bestimmte
Gliedmaßen gemeint sind.

§ 109. Für die Mehrzahl der geschilderten weiblichen,
aber auch für einige der männlichen Frisuren war ein starker
Haarwuchs erforderlich, außerdem galt für beide Geschlechter der Besitz schwarzen Haares als wünschenswert.
Um dem mit dem Alter oder bei Krankheiten eintretenden
Ausfall oder dem Weißwerden[2] der Haare entgegen-
zuarbeiten, wurden von den Ärzten Mittel zusammengestellt,
von denen eine Reihe in den sog. Medizinischen Papyris
erhalten geblieben ist[3]. Sogar eine der ersten Königinnen
des Landes soll ein Mittel gegen das Ausgehen der Haare
entdeckt haben. Das Weißwerden suchte man durch die
Zuführung schwarzen Farbstoffes zu bekämpfen, durch das
Einreiben mit dem Blute eines schwarzen Kalbes oder
einer schwarzen Kuh, Blutarten, denen nach ägyptischer
Ansicht, wie alle sonstigen Eigenschaften so auch die
Schwärze des Geschöpfes selbst inne wohnte. Gegen
Haarausfall verwendete man Fetteinreibungen, wobei
man die verschiedenartigsten Bestandteile, zerstampfte
Eselzähne, Hundefüße, Dattelkerne usf., beimischte. Da-
neben gab es Mittel, um ein Ausgehen der Haare herbei-
zuführen, und Gegenmittel gegen diese Gefahr, falls ein
Feind versuchen sollte, die Mittel gegen den Willen des
Betroffenen in Anwendung zu bringen.

Trat tatsächliche Kahlköpfigkeit ein, so verwendete man
als Ersatz für die Haare Perücken und gab solche auch
dem Toten in das Jenseits mit[4], wobei man sie in dem Grabe
bisweilen in hübsch gearbeiteten Papyrusschachteln auf-

[1] Pap. Nes-Min, publ. Budge, „Facsimiles of Egyptian
Papyri in the British Museum", Taf. 1, Z. 3; S. 1.
[2] Weißhaarige Mumien sind nicht häufig; eine solche bei
Smith, Ann. Serv. Ant. IV, S. 156.
[3] Pap. Ebers, Taf. 65 ff. Für das Fortleben derartiger Vorschriften in arabischer Zeit vgl. Öfele, Äg. Z. XXXIX, S. 84.
[4] Wilkinson-Birch II, S. 329 f.; Maspero, Mém. Miss. Franç.
Caire I, S. 590, Taf. 22; Smith, Ann. Serv. Ant. IV, S. 158;
Daressy, ib. VIII, S. 32. Auch in glasiertem Steingut
nachgeahmte Perücken fanden sich als Beigabe (Davis, „Tomb
of Siphtah", S. 32).

stellte[1]. Bei den Mumien einiger Königinnen fanden sich
Reste sorgfältig auf dem Kopfe befestigter Perücken und
außerdem für den Fall, daß diese in Verlust geraten sollten,
in einem Falle noch außerdem eine Ersatzperücke[2]. Statt
ganze Perücken mitzugeben, konnte man sich auch mit
einzelnen Haarsträhnen[3] begnügen oder mit einem Band, an
dem Locken hingen und das man dann über der Stirn befestigte[4]. Die Perücken wurden aus Pferdehaar oder aus Schafwolle oder aus einem Gemisch von Schafwolle und echtem
Menschenhaar hergestellt und entsprechend der jeweilig
herrschenden Mode in Locken oder in Strähnen
geflochten. Inwieweit es als angemessen galt, bei
feierlichen Gelegenheiten zu Lebzeiten Perücken
zu tragen, läßt sich im Einzelnen nicht verfolgen;
nur daß die Klageweiber bei den Osirisfeiern
Perücken aufzusetzen hatten, wird betont[5].

§ 110. Als Schmuck der Haare dienten lange, meist aus Knochen gearbeitete
Haarnadeln, welche bisweilen die
Gestalt $\stackrel{\text{o}}{\top}$ hatten[6], in andern Fällen
künstlerisch ausgestaltete Köpfe zeigten.
In ältester Zeit waren die Nadeln vielfach breite Platten mit einem Tierbild
als oberem Abschluß und unten mehreren nicht sehr eng zusammenstehenden
Spitzen (Abb. 24), wodurch sie an die
ägyptischen Kämme, die sowohl ein-

Abb. 24a. Abb. 24b.
Knöcherne Haar-
nadeln. Nagada-Zeit.

[1] Quibell, „Tomb of Yuaa", Taf. 48; Budge, „Guide to the
third and fourth Eg. Rooms, Brit. Mus.", S. 35.

[2] Smith, „Royal Mummies" (Kat. Kairo), S. 13, 20f.

[3] Daressy, Ann. Serv. Ant. VIII, S. 34.

[4] Petrie, „Abydos" I, Taf. 4, Fig. 7, S. 5.

[5] Die Annahme von Borchardt, daß der sog. Kriegshelm
des Pharao, der blau dargestellt wird, eigentlich eine Perücke
sei, ist von Steindorff, Äg. Z. LIII, S. 59ff. eingehend wider-
legt worden.

[6] Petrie-Capart, „Arts et Métiers de l'ancienne Égypte",
Fig. 58. Vgl. Weigall, Ann. Serv. Ant. XI, S. 176; Bénédite,
„Objets de Toilette" (Kat. Kairo), Taf. 1—2.

fach wie doppelt sein konnten, erinnern[1]. Auf ein
Kämmen der Haare, welches bei deren Länge notwendig
erschien, um einem Verfilzen vorzubeugen, haben die
Ägypter, wie bereits die sorgsame, symmetrische Lagerung
der Haare bei den statuarischen und Reliefdarstellungen
beweist, großes Gewicht gelegt, während sich Haarbürsten
bisher nicht gefunden haben.

4. Barttracht[2].

§ 111. Während das Haupthaar bei den Mumien so gut
wie regelmäßig vorhanden ist, fehlt ihnen fast immer der
Bart. Wenn bei einzelnen Leichen an den Lippen kleine
Bartstoppeln auftreten, so handelt es sich im allgemeinen
um Haarteile, welche infolge des Einschrumpfens der
Fleischteile des Gesichtes bei der Mumifizierung hervor-
traten. Vereinzelt konnte auch, wie bei einem Prinzen am
Anfange der 22. Dynastie[3], das Rasieren in den letzten
Tagen des Lebens unterlassen worden sein. Wenig scharfe
Rasiermesser aus Bronze sind erhalten geblieben[4], doch
wird man zum Abkratzen der Bartstoppeln wohl häufiger
die billigeren Steinmesser verwertet haben. Im Gegensatze
zu den Ägyptern erscheinen die Ausländer vielfach bärtig,
die Semiten mit breitem, vorn spitz oder rundlich zulaufen-
den Vollbart und bisweilen mit einem etwas über die Mund-
winkel herabhängenden Schnurrbart, die Libyer mit rötlichem Barte (Abb. 2).

Von der üblichen Bartlosigkeit gab es zu allen Zeiten
Ausnahmen. So ließ man oftmals unter dem Kinn eine Art
Fliege stehen, eine kleine runde, etwa drei Finger dicke
Masse Haare, welche man bis zu etwa zwei Fingerbreiten
lang wachsen ließ und dann in flacher Ebene abschnitt
(Taf.-Abb. 2). Etwas mehr Bart zeigen nicht selten Leute

---

[1] Bénédite, a. a. O., Taf. 1 ff., S. 1 ff.; Ahmed Bey Kamal,
Ann. Serv. Ant. II, S. 32; Garstang, ib. VIII, S. 141; Duncan,
„Exploration of Egypt", Taf. zu S. 26; Petrie, „Naqada",
Taf. 63—4. — Vgl. auch S. 46.
[2] Erman, „Ägypten", S. 309 ff.; Wiedemann, „Herodot",
S. 155 f.
[3] Smith, „Royal Mummies" (Kat. Kairo), S. 114.
[4] Borchardt, Äg. Z. XLII, S. 78 f.; Garstang, „Arábah",
Taf. 16; Petrie, „Illahun", Taf. 18, Nr. 44.

niederen Standes, Fischer, Hirten, Bauern, Sklaven, bei
denen kurz geschnittene Vollbärte (Abb. 1) und auch
Schnurrbärte vorkommen[1]. Es liegt hier nicht etwa ein
Hinweis auf besondere Schmutzigkeit und mangelhafte
Körperpflege dieser Leute vor, sondern nur eine gewisse
Bequemlichkeit derselben. In einem Falle wird auch ein
König in seinem Grabe mit kurzgeschnittenem Voll- und
Schnurrbart dargestellt[2].

§ 112. Auffallenderweise läuft neben der Sitte der
Bartlosigkeit die Vorstellung einher, daß bei feierlichen
Gelegenheiten ein Bart, vor allem bei dem Könige, zum
Ornate gehöre. Hierbei liegt, ähnlich wie bei anderen bereits
erwähnten Sitten, ein Überbleibsel einer alten Tracht vor,
welche man im Kulte nicht aufzugeben wagte. In der Nagada-
Zeit war von den Kriegern neben dem Vollbart[3] ein meist
nach vorn spitz zulaufender Bart getragen worden, den sie
später ablegten und den ausländischen Söldnern überließen,
welche ihre Bewaffnung und Tracht, einschließlich der
Bärtigkeit, aus der Heimat mitzubringen pflegten. Wie die
Soldaten (Taf.-Abb. 18), so legte auch der König im täglichen
Leben den Bart ab, und erkennt man beispielsweise bei der
Mumie Thutmosis' IV. deutlich, daß der Schnurr- und
Backenbart sorgsam abrasiert worden waren[4]. Bei Festlichkeiten aber legte der Pharao einen künstlichen
Kinnbart aus Wolle oder Pferdehaaren an, der die Gestalt eines stark stilisierten, steifen, dicken, etwas flachgedrückten Zopfes hatte[5] und vermittelst von Bändern hinter
den Ohren befestigt wurde (Abb. 3; Taf.-Abb. 7, 8). Ausnahmsweise wurde der gleiche Bart auch von Gaufürsten
in der Zeit der 12. Dynastie angelegt, und wollten diese
hierdurch wohl ihre Ansprüche auf königliche Vorrechte
innerhalb ihres Gaues andeuten. Weit häufiger findet sich
bei Privatleuten ein anderer, an die eben erwähnte natürliche Fliege erinnernder, Bart, ein kurzer Knebelbart,
welcher gleichfalls durch Bänder hinter den Ohren befestigt

---

[1] Scheil, Mém. Miss. Franç. Caire V, 4: „Tombeau d'Apoui"
Taf. 1 (bärtige Gartenarbeiter, farbig).
[2] Lepsius, „Denkm." III, 234 (Ramses IX.).
[3] Petrie-Capart, a. a. O., Fig. 17.
[4] Smith, Ann. Serv. Ant. IV, S. 113.
[5] Bisweilen wird dieser Bart bei Statuen blau gemalt
(Legrain, Ann. Serv. Ant. V, S. 32).

wurde. Ein etwas abweichend geformter künstlicher Bart
wird dem Gotte Osiris und den diesem gleichgestellten
Toten, daneben aber auch anderen Göttern zugeschrieben
(Abb. 15, 18; Taf.-Abb. 1, 5, 8). Bei ihm handelt es sich um
einen Kinnbart von kreisförmigen Durchschnitt, dessen Spitze
nach vorn vorsteht, sich sogar gelegentlich etwas nach oben
umrollt. Wie notwendig sein Besitz zeitweise für den Toten
erschien, geht daraus hervor, daß er sich in hölzernem Modell
als Grabbeigabe findet[1].

5. Beschneidung und Kastration.

§ 113. Auf Grund außerägyptischer Angaben hat man
die Beschneidung[2] im alten Ägypten bald als eine Sitte
der Priester, bei denen sie tatsächlich in hellenistischer Zeit
üblich war[3], bald als eine solche des gesamten Volkes[4]
angesehen, bald den Umfang ihrer Verbreitung im Lande
fraglich gelassen. Die ägyptischen Texte gewähren für diese
Frage wenig Aufschluß. Nur für die thebanische Zeit weisen
eine Textangabe und eine Darstellung auf das Vorhandensein des Gebrauches hin, während die übrigen hierfür
herangezogenen Stellen nur von einer unbestimmten, an
den Geschlechtsteilen vorzunehmenden Operation oder von
diesen selbst handeln[5]. Unter den statuarischen Darstellungen nackter Männer erscheinen einzelne beschnitten[6],
während sich bei den meisten hierüber kein sicherer Anhalt
gewinnen läßt. Eine Reihe von Mumien, wie die der Könige
Amenophis II., Thutmosis IV., Ramses IV., Ramses V.

[1] Daressy, Ann. Serv. Ant. I, S. 42.
[2] Heyes, „Bibel und Ägypten", S. 48 ff.; Wiedemann,
„Herodot", S. 410 f.; Foucart in „Encyclopaedia of Religion and
Ethics" III, S. 670 ff. Vgl. für die Sitte im allgemeinen: Andree,
AfA. XIII, S. 74; Westermarck, „Geschichte der menschlichen
Ehe", S. 199 ff.; Ploss, „Das Kind", 2. Aufl., I, S. 342 ff. In
Ägypten handelt es sich dabei augenscheinlich um die sog.
Circumcisio.
[3] Reitzenstein, „Zwei religionsgeschichtliche Fragen", Straß-
burg 1901; Krebs, Äg. Z. XXXI, S. 38; Foucart, Journ. des
Savants 1911, S. 1 ff.
[4] Wilcken, Gunkel und Wendland, Arch. f. Papyrusforschg.
II, S. 4 ff.; Bissing, Sphinx VI, S. 159.
[5] Wiedemann, Orient. Lit.-Z. VI, Sp. 98; X, Sp. 375 f.;
XI, Sp. 127.
[6] Borchardt, „Statuen" (Kat. Kairo) I, Nr. 23.

und mancher Privatpersonen, erwiesen sich mit mehr oder
weniger Sicherheit als beschnitten[1], während andere, wie
der hohe Beamte Maherpra unter der 18. Dynastie[2], unbeschnitten waren. Hieraus geht jedenfalls hervor, daß die
Beschneidung im Niltale keine tiefere religiöse Bedeutung
gehabt haben kann, auch nicht für alle Priester vorgeschrieben gewesen ist. Andernfalls müßte sie sich bei den
Königen nachweisen lassen, welche, wie bereits erwähnt,
zu priesterlicher Tätigkeit berechtigt und verpflichtet waren.
Es handelt sich in Ägypten offenbar um einen Gebrauch,
welcher der jeweiligen Mode oder individuellen Gründen
unterworfen war.

Bei der erwähnten Darstellung[3] wird die Operation an
zwei älteren Knaben vollzogen, wie auch die heutigen
Muhammedanern erst zwischen dem 6. und 14. Jahre beschnitten werden[4]. Die Mumienbefunde schwanken. Während unter der 18. Dynastie Knabenmumien unbeschnitten
zu sein pflegen, scheint man an dem 5—6 Jahre alten Prinzen
Sa-pa-ȧr die Operation bereits vollzogen zu haben[5]. Über
eine Beschneidung der Mädchen, welche von griechischen
Schriftstellern den Ägyptern zugeschrieben wird[6], ist nichts
Genaueres bekannt. Da sie aber im heutigen Ägypten auf
dem Lande und in den Städten, besonders in Kairo[7], und
in den südlichen Grenzländern[8] nachweisbar ist, so würde
ihr gelegentliches Auftreten nicht auffallend sein.

[1] Smith, „Royal Mummies" (Kat. Kairo), S. 37, 44, 89 f.;
Journ. Manchester Egypt. Soc. 1912/3, S. 75; Maspero, Mém.
Miss. Franç. Caire I, S. 550; Quibell, „Excavations at Saqqara
1906—7", S. 13 (Mittleres Reich); Czermak, Sitzb. Akad. Wien,
Math. Kl., 1852, S. 432; Ebers, ZDMG. XXX, S. 409; Blumen-
bach, „Beiträge zur Naturgeschichte" I, S. 81; „Descr. d'Égypte"
III, 83.
[2] Daressy, Ann. Serv. Ant. IV, S. 74; „Fouilles de la Vallée
des Rois" (Kat. Kairo), S. 61.
[3] Chabas, „Oeuvres diverses" II, S. 115 ff.
[4] Lane I, S. 48; III, S. 139 ff. Für die modernen Beschnei-
dungsgebräuche in Oberägypten vgl. Legrain, „Louqsor sans les
Pharaons", S. 145 ff.
[5] Smith, „Royal Mummies" (Kat. Kairo), S. 25; vgl. S. 26,
40 (Knabe von 11 Jahren unbeschnitten).
[6] Strabo XVII, 824; Paulus Aegineta III, Kap. 70.
[7] Burckhardt, „Arabische Sprüchwörter", S. 187; Schwally,
Sitzb. Heidelb. Akad. 1912, Nr. 17, S. 13.
[8] Zusammenstellungen bei Ploss und Bartels, „Das Weib",
10. Aufl. I, S. 272 ff.; „Das Kind", 2. Aufl. I, S. 377 ff.

§ 114. Das Vorkommen von Eunuchen im alten Ägypten
ist oft behauptet, aber bisher nicht nachgewiesen worden[1].
Die posthume Kastration, welche mehrfach an Leichen,
wie beispielsweise an denen von Königen der 18. Dynastie,
von Seti I., Ramses II. und III., vorgenommen worden ist[2],
hatte mit einem Eunuchentum nichts zu tun. Bei ihr handelte es sich um einen Überrest der alten Sitte der Leichen-
zerstückelung[3]. Wie das Abschneiden des Kopfes dem
Toten die Wiedergewinnung des Hauptes im Jenseits sichern
sollte[4], so erhoffte man von der Entfernung des Zeugungs-
gliedes ein entsprechendes Ergebnis[5].

6. Tätowieren und Schminken.

§ 115. Das Tätowieren kam in Ägypten vereinzelt
vor und ist dort als Mittel zur Abwehr von Dämonen und
dann unter Abschwächung dieses Grundgedankens als ein
Verschönerungsversuch anzusehen[6]. Meist gelangte es in
denjenigen Zeiten zur Anwendung, in welchen das Niltal
unter dem Einflusse der Libyer stand, bei denen das Tätowieren eine althergebrachte Sitte war[7]; bei den Frauen der

---

[1] Lefébure, Proc. Soc. Bibl. Arch. XIII, S. 333ff. (gute
Materialzusammenstellung, aber in den Schlüssen verfehlt);
Heyes, „Bibel und Ägypten", S. 117ff. Die vielfach als Bilder
von Eunuchen angeführten fetten Ägypter sind naturalistische,
gelegentlich karikaturenhaft übertreibende Darstellungen wohl-
beleibter Männer (vgl. S. 29; Abb. 75), nicht solche von
Kastraten. Das Abschneiden des Phallus getöteter Feinde
sollte allem Anscheine nach diese für das Jenseits zeugungs-
unfähig machen, und wurde daher das Glied von der Leiche
entfernt, während es bei der rituellen posthumen Kastration
neben der Leiche beigesetzt wurde.
[2] Smith, „Royal Mummies" (Kat. Kairo), S. 27, 31f., 34, 61;
Maspero, Mém. Miss. Franç. Caire I, S. 556, 563, 566.
[3] Vgl. § 85.
[4] Wiedemann bei de Morgan, „Recherches sur les Origines de
l'Égypte" II, S. 205ff.; „Die Amulette der alten Ägypter",
S. 27ff.; vgl. Naville, Äg. Z. XLVIII, S. 107ff.
[5] Wiedemann, Sphinx XVIII, S. 204.
[6] Wiedemann bei de Morgan, a. a. O., S. 221f.; Myers, JAI.
XXXIII, S. 82ff.; Berthelon, Arch. d'Anthrop. crim. Lyon
Nr. 130 (1904). — Für das Tätowieren und Bemalen der verschiedenen Völker, besonders der Neuzeit: A. Herz, „Tätowie-
rung, Art und Verbreitung", Leipzig (Diss. Erlangen) 1900.
[7] Lepsius, „Denkm." III, 136.

niederen Klassen hat es sich in Ägypten bis zur Jetztzeit erhalten[1]. Die eingestochenen und eingeschnittenen Zeichnungen waren sehr verschiedenartig; Familien- oder Standesabzeichen haben sich unter ihnen bisher nicht nachweisen lassen. In der Nagada-Zeit zeigt eine Frau einen Kranz von Punkten um den Nabel, ein Band um den Leib und die Bilder von Amuletten und Tieren am ganzen Körper verteilt[2]. Im Mittleren Reiche trug ein Mann Punktreihen von den Schultern zu den Brustwarzen[3], eine Frau zahlreiche Punktreihen am Bauche und an den Armen[4]. Im Neuen Reiche ließen sich hohe Beamte den Namen des Königs, unter dessen Herrschaft sie lebten, oder auch andere Zeichen auf den Oberarm oder auf den oberen Teil der Brust eingraben[5]. Amenophis IV. ließ sich die Namen und Titel seines Sonnengottes auf seine Arme und auf seine Brust einzeichnen[6].

Durch diese Eingrabungen wollte sich der Beamte als Eigentum und damit als Schutzbefohlenen des Königs, der König als einen solchen des Gottes hinstellen. Es entsprach demnach der Grundgedanke dieses Brauches der ägyptischen Sitte, Sklaven und Vieh zu stempeln und derart mit einer bestimmten Eigentumsmarke zu versehen[7]. Bei plastischen Eselbildern in Gräbern des Mittleren Reiches ist denn auch der Stempel mit berücksichtigt worden[8], um die Geschöpfe einem bestimmten Toten für das Jenseits zu sichern.

§ 116. Weit verbreiteter wie das Tätowieren war im alten Ägypten das vielfach mit ihm in seiner Anwendung Hand in Hand gehende Schminken. Zur Schminkung der Augen und ihrer Umgebung wurden eine schwarze und seltener eine grüne Schminke verwendet, welche für Lebende,

---

[1] Lane I, S. 35.
[2] Petrie, „Naqada", Taf. 59.
[3] Lange und Schäfer, „Grab- und Denksteine des Mittleren Reiches" (Kat. Kairo) IV, Taf. 86.
[4] Fouquet, Arch. d'Anthrop. crim. XIII (1898), S. 270f.
[5] Legrain, „Statues" (Kat. Kairo) I, Taf. 73—5; II, Taf. 28; III, Taf. 3; Ann. Serv. Ant. IV, S. 184, 213; V, S. 27; Ranke, Äg. Z. XLIV, S. 42; Capart, „Débuts de l'Art", Fig. 11.
[6] z. B. Petrie, „Tell el Amarna", Taf. 12.
[7] Wiedemann, „Herodot", S. 183 (Lit.); Spiegelberg, Äg. Z. XLIII, S. 158; Thaer, „Ägypt. Landwirthschaft", S. 27; Wilkinson-Birch II, S. 84 (Stempeln von Kühen).
[8] Ahmed Bey Kamal, Ann. Serv. Ant. XI, S. 23.

Tote und Götter in gleicher Weise als erforderlich galten[1].
Das ägyptische Schönheitsideal verlangte ein Auge, dessen
Pupille sich aus dem Weiß des Auges glänzend hervorhob
und dessen Weiß seinerseits von schwarzglänzenden Lidern
umrahmt war. Um diesen Eindruck hervorzurufen, wurde
von der Nagada-Periode[2] bis zu der hellenistischen Zeit
herab über den oberen Rand der Lider nach dem Augapfel
zu ein tiefschwarzer Strich gezogen und auf diese Weise eine
sehr starke Kontrastwirkung erzielt. Die dabei verwertete
Schminke wurde in kleinen Säcken oder Töpfen aus Alabaster, Marmor, glasierter Kieselerde, Holz aufbewahrt und
dann mit stempelartigen Stäbchen, die meist aus Roteisenstein
gefertigt waren, aufgetragen. In den in den Gräbern aufgestellten Töpfen haben sich zahlreiche Überreste der
Schminkstoffe so gut erhalten vorgefunden, daß ihre chemische Analyse möglich war[3]. In einem ganz vereinzelten
Falle aus der 19. Dynastie erwies sich die von den Ägyptern
mesdem oder *stem* (griechisch στίμμι) genannte schwarze
Schminke als metallisches Antimon[4], welches vermutlich
durch Tauschhandel über Land aus Indien gebracht worden
sein wird, wie bereits im Mittleren Reiche eine Augenschminke unbekannter Zusammensetzung durch semitische
Einwanderer nach Ägypten eingeführt wurde[5]. Meist bestand die Schminke aus natürlichem zerstampften Blei-

---

[1] Wiedemann, „Ägyptologische Studien", Bonn 1889,
S. 25 ff. (Lit.); ZfE. XXII (1890), Verh. S. (48 ff.). Das modern-
ägyptische Schminken mit Kohl und die dabei verwendeten
Stoffe besprach Lane I, S. 32.
[2] Quibell, „Hierakonpolis", Taf. 39; vgl. Wiedemann,
Orient. Lit.-Z. III, Sp. 333.
[3] Analysen bei Florence und Loret bei Morgan, „Dahchour"
I, S. 153 ff.; Wiedemann bei Petrie, „Medum", S. 41 ff.; Xaver
Fischer, „Über altägyptische Augenschminken", Berlin 1892
(Diss. Erlangen); Quibell, Ann. Serv. Ant. II, S. 143; vgl.
K. B. Hofmann, „Über Mesdem" (Mitt. d. Vereins d. Ärzte in
Steiermark 1894), Graz 1894.
[4] Für das vereinzelte sonstige Vorkommen von Antimon in
Ägypten vgl. Gladstone, Proc. Soc. Bibl. Arch. XIV, S. 227; in
Mesopotamien: Meißner, Orient. Lit.-Z. XVII, Sp. 52 ff.
[5] Newberry, „Beni Hasan" I, Taf. 31; Lepsius, „Denkm."
II, 133. — Die angeblich in ägyptischen Gräbern gefundenen
chinesischen Väschen sind erst in neuerer Zeit in diese hinein-
geschmuggelt worden (Wilkinson-Birch II, S. 153 f.; Nissen,
Bonner Jahrbücher XCV, S. 4 f.).

glanz oder aus Zusammensetzungen von diesem mit anderen
Stoffen, dann aus Braunstein oder, falls alle diese Dinge
dem Betreffenden oder seinen Hinterbliebenen zu kostspielig erschienen, aus schwarzem Nilschlamm. Es liegen
demnach hier ähnliche Verhältnisse vor, wie im heutigen
Ägypten, in welchem zu dem gleichen Zwecke neben den
verschiedensten dunkeln Farbstoffen Lampenruß, die Asche
verbrannter Nußschalen und ähnliches Verwendung findet.

Wie das Bestreichen des Auges mit Kohl nach arabischer
Ansicht[1], so sollte nach altägyptischer Meinung die Anwendung der Schminke die Augen nicht nur schmücken, sondern auch kräftigen und vor einer Reihe von Krankheiten
bewahren[2]. Wollte man diesen Zweck sicher erreichen, so
erschien es empfehlenswert, wenn man je nach der in Frage
kommenden Jahreszeit oder Krankheit verschiedene Zusammensetzungen der Schminke anwendete. Um diese für
den Einzelfall bequem zur Hand zu haben, zerlegte man die
Schminkbüchsen nicht selten in mehrere Abteilungen und
verzeichnete auf diesen ihren jeweiligen Zweck: zum Öffnen
der Augen, um Blutungen zu vermeiden, um Trübungen zu
vertreiben, für den Sommer, für den Winter usf.[3]. Wie das
Anmengen der Salbe für den praktischen Gebrauch jeweils
erfolgte, ist nicht bekannt. Der Gedanke, daß hierzu die
flachen Steinplatten der Nagada-Zeit dienten[4], ist irrtüm-
lich. Bei diesen handelt es sich um heilige Steine[5], und die
an ihnen gelegentlich sich findenden Spuren von Kupfer-
oxyd rühren von einer Schminkung des heiligen Gegen-

---

[1] Im Mittelalter wurde das neugeborene Kind vor allem
gereinigt und ihm mit Kohl die Augen schwarz gefärbt („Le
Livre des Mille Nuits et Une Nuit", übers. von Mardrus I,
S. 305; III, S. 304).
[2] In einem Briefe bittet ein Maler seinen Sohn um Honig,
schwarze Augenschminke und Fett als Heilmittel für seine
kranken Augen (Erman, Amtl. Ber. Preuß. Staatssammlungen
XL, S. 82 ff.).
[3] Schminkvasen publ.: Bénédite, „Objets de Toilette"
(Kat. Kairo), S. 20 ff., Taf. 11 ff.; Bissing, „Steingefäße" (Kat.
Kairo), Wien 1909. Vgl. auch die in Taf.-Abb. 13 wiedergegebene
hölzerne Schachtel.
[4] Petrie, „Naqada", S. 43; „Diospolis parva", S. 26; Proc.
Soc. Bibl. Arch. XXII, S. 141; Quibell, „Hierakonpolis" II,
S. 41 f.
[5] Vgl. S. 46 f.

standes her, wie ein Salben der heiligen Steine auch von den
Semiten[1] bekannt ist.

Außer dem Auge selbst wurde häufig auch dessen Umgebung geschminkt. Die Linie, in welcher das obere und
untere Augenlid nach außenhin aneinander stoßen, wurde
verlängert und hierdurch die Falte, welche sich bei dem
alternden Menschen hier nach dem Ohre zu bildet, betont.
Diese Schminklinie ist in der Nagada-Zeit meist kurz, doch
tritt sie bei Königen bereits damals in langer Gestalt auf[2].
Im Neuen Reiche reicht sie in sehr steifer Gestaltung im
allgemeinen fast bis zu dem Ohr, in der hellenistischen Zeit
wurde sie, wie die plastischen und gemalten Mumienporträts
zeigen, wieder kurz. Von dieser Allgemeinentwicklung gibt
es aber so zahlreiche Ausnahmen, daß eine Datierung von
Denkmälern auf Grund der Ausbildung der Schminklinie
nicht möglich ist.

In der vierten Dynastie ist man häufig, in anderen
Zeiten mehr vereinzelt weiter gegangen. Man hat unterhalb
des Auges parallel der Lidlinie einen Strich gezogen ⚊,
welcher ungefähr dem Verlaufe des Knochens unterhalb
des Auges folgte. Diese Linie war im allgemeinen schwarz,
in Ausnahmefällen grün gefärbt, wie dies auch für die
übrigen Schminkstriche vorkommen konnte. Wenn eine
solche grüne Färbung in historischer Zeit nur selten zur Verwendung kam, so scheint sie doch in der Vorzeit eine größere
Rolle gespielt zu haben. Hierfür spricht, daß die religiösen
Texte dauernd neben der schwarzen Schminkung der
grünen gedenken, und daß man dem Toten, auch als man
diese Färbung im täglichen Leben aufgegeben hatte, grüne
Schminke mit in das Grab gab. Diese bestand, wie die Analysen ihrer Reste in den Schminkbüchsen gezeigt haben,
aus Grünspan, Berggrün oder aus dem Gemisch einer
fettigen Substanz mit zerstoßenem grünen Glas. Die
isolierte Linie unter dem Auge wurde vielfach, besonders
wenn es sich um das Auge des Gottes oder Toten handelte,
mit den sonstigen Schminkstrichen zu einem Gesamtbild
verbunden, welches auch das Nasenbein betonen sollte.
Die auf diese Weise entstehende Bildung 𓂀 erinnerte

---

[1] Bei den Israeliten wurde auch der Altar gesalbt (II. Mose
29, 36).

[2] Wiedemann, Orient. Lit.-Z. III, Sp. 333.

den Ägypter zugleich an die Umrißlinie des Auges des
Falken, der Hauptverkörperungsform der Sonnengötter,
galt als Zeichen der Wohlfahrt und wurde in diesem Sinne
zu einem ihrer verbreitetsten Amulette[1].

§ 117. Von einem Färben der Lippen ist in den
Texten nirgends die Rede, doch stellt ein Papyrus der
thebanischen Zeit[2] eine Frau dar, welche in der einen Hand
einen Spiegel hält und mit der anderen einen Pinsel an die
Lippen führt, demnach wohl hier eine Färbung vornimmt.
Die jetzt in Ägypten stark verbreitete, sehr umständliche
Färbung der Finger und Zehen mit dem Safte der Henna-
pflanze (Lawsonia inermis), um eine grellgelbe oder rote
Färbung zu erzielen[3], läßt sich im Altertume vereinzelt
nachweisen. Sie tritt bei einer Mumie der jüngeren Zeit auf[4]
und wird bei einigen Statuen des Alten Reiches[5] angedeutet,
wobei es den Anschein hat, als wäre sie bei den Frauen
häufiger gewesen wie bei den Männern.

7. Salben.

§ 118. Das Salben des Körpers[6] war in Ägypten sehr
beliebt, wobei zu seiner Verbreitung klimatische Einflüsse
beigetragen haben werden, vor allem die Erkenntnis, daß
ein eingefetteter Körper den Einwirkungen der Hitze besser
widersteht wie ein fettloser. Infolgedessen wird das Ein-
salben im Niltale noch jetzt vielfach angewendet. Man ver-

---

[1] Wiedemann, „Die Amulette der alten Ägypter", S. 16 f.
Zahlreiche Beispiele der künstlerischen Ausgestaltung des
Amuletts: Reisner, „Amulets" (Kat. Kairo), Taf. 5 ff. Vgl. S. 33.
[2] Erotischer Papyrus (Pleyte und Rossi, „Papyrus de
Turin", Taf. 145).
[3] Lane I, S. 33 f.; Decostils und Berthollet, „Observations
sur les propriétés tinctoriales du Hhenné" in Mém. sur l'Égypte I,
S. 280 f.
[4] Budge, „Guide to the 1. and 2. Egypt. Rooms, Brit. Mus.",
S. 14.
[5] Borchardt, Äg. Z. XXXV, S. 168 ff.
[6] Über Salben, Räuchern, Handelsstraßen für aromatische
Stoffe handelte auf Grund der klassischen Quellen R. Sigismund,
„Die Aromata in ihrer Bedeutung für die Religion" usf., Leipzig
1884; über die im modernen Ägypten verwendeten Drogen und
Wohlgerüche unter Berücksichtigung der älteren Verhältnisse:
Meyerhof, Arch. für Wirtschaftforschung im Orient 1918, S. 1 f.,
185 ff. -- Über Waschen vgl. § 77.

wertet dabei gern, ebenso wie zahlreiche hamitische und
Negerstämme[1], ein sehr bald ranzig werdendes und für das
europäische Gefühl übelriechendes Rizinusöl. Im Altertume galt in Ägypten das Salben[2] als ein Erfordernis für
die Körperpflege aller Stände. In einer Beschwerdeschrift
aus dem Neuen Reiche klagen Arbeiter, daß man ihnen
keine Nahrung und keine Salben gebe. Ging es den Soldaten
bei einem Feldzuge gut, so betranken sie sich und salbten
sich mit Öl an jedem Tage, wie dies bei den Festen in
Ägypten zu geschehen pflegte[3]. Entsprechend der irdischen
Sitte gehörten Salben und Fette zu den regelmäßigen Beigaben, welche man in Töpfe eingefüllt oder doch wenigstens
im Bilde vorgeführt dem Toten in seinem Grabe weihte.
Die Salbtöpfe erscheinen in den Darstellungen[4] so gut
wie regelmäßig mit sorgfältig festgebundenem Deckel 𓏏,
um ein Verflüchtigen des Geruchs der Fette zu verhindern.
Mehrfach wird der Tote dargestellt, wie er den Salbtopf in
horizontaler Lage an die Nase hält, um sich an seinem
Wohlgeruche zu erfreuen[5], eine Haltung, welche gleichzeitig
zeigt, daß sich das Fett in verhärtetem Zustande in dem
Topfe befunden haben muß. In Erinnerung an den wohl-
riechenden Inhalt solcher Töpfe gab man bisweilen den
Blumensträußen ihre Gestalt. Man band aus Binsen den
Topf zusammen und ließ aus diesem die hineingesteckten
Blumen herausragen[6].

In andern Fällen handelte es sich um flüssige Öle.
Bei der Vorbereitung zu Festlichkeiten lassen sich Männer

---

[1] Vgl. z. B. Schweinfurth, Ann. Serv. Ant. VIII, S. 187f.;
Weule, „Negerleben in Ostafrika", S. 294.

[2] Etiketten von Ölgefäßen der Nagada-Zeit: Newberry,
Proc. Soc. Bibl. Arch. XXXIV, S. 285ff.; der Zeit des Apries:
Chassinat, Bull. Inst. Franç. Caire X, S. 163.

[3] Annalen Thutmosis' III., Z. 7 bei Bissing, „Die statistische
Tafel von Karnak", S. XXXV.

[4] z. B. Lepsius, „Älteste Texte des Todtenbuchs", Taf. 5, 20,
34; Lacau, „Sarcophages antérieurs au Nouvel Empire" (Kat.
Kairo) II, Taf. 31; Newberry, „El Bersheh" I, Taf. 28.

[5] Davies, „El Gebrâwi" II, Taf. 17, 21; Paget, „Ptah-hetep"
in Quibell, „Ramesseum", Taf. 38; Naville, „Deir el bahari" II,
Taf. 20.

[6] Davies, „Five Theban Tombs", Taf. 27—8.

und Frauen Öl über die Haare und den Kopf gießen, um diese
wohlriechend und fetttriefend zu machen[1]. Bei dem heißen
Klima des Landes verflüchtigte sich der Geruch eines derart
ausgegossenen Öles sehr schnell, und verwerteten daher
beide Geschlechter in der thebanischen Zeit häufig und dann
bis zur 26. Dynastie vereinzelt[2] den Salbkegel[3], welcher
noch jetzt bei den hamitischen Stämmen am oberen Nile
weit verbreitet ist[4]. Man formte aus einer Art Talg einen
Kegel (Abb. 5), häufig von etwa der halben, unter Amenophis IV. gelegentlich[5] sogar der ganzen Höhe des Kopfes,
übergoß diesen mit wohlriechendem Öl[6] und setzte ihn dann
auf die Mitte des Hauptes. Hier wurde er befestigt, so daß
er bei Bewegungen des Kopfes, sogar bei tiefen Verbeugungen, seine Stellung beibehielt. Dem Toten konnte man
den Salbkegel in Kartonnage nachgebildet mitgeben, nicht
als einen eigentlichen unmittelbar zu verwendenden Kopfschmuck[7], sondern als Grundlage für die Schaffung des tatsächlichen Salbkegels im Jenseits. Unter dem Einflusse der
Hitze der Luft schmolz der Kegel allmählich, das Fett
ergoß sich über das Haar und den Oberleib und ließ den
Besitzer „von Salben triefen". Im Kulte wurde die Salbe
vielfach nicht über dem Götterbilde ausgegossen oder ihm
auf das Haupt gesetzt, der Anbetende entnahm sie statt
dessen mit dem Zeigefinger oder dem fünften Finger dem
Salbtopfe und rieb sie dann der Götterstatue in das Gesicht[8].

§ 119. Im allgemeinen verwendete man einheimische
Salben und Öle, doch sprechen die Texte daneben auch
von guter Salbe aus Syrien, von Öl aus dem Weihrauchtale

---

[1] Wilkinson-Birch II, S. 353.

[2] Beispiele bei Birch, Transact. Soc. Bibl. Arch. VIII,
S. 147 f.

[3] Erman, „Ägypten", S. 317.

[4] Schweinfurth, Ann. Serv. Ant. VIII, S. 188 f.

[5] Davies, „El Amarna" I, Taf. 36; III, Taf. 2, 3.

[6] Lepsius, „Denkm." III, 42.

[7] Spiegelberg, RT. XXVIII, S. 174 f.

[8] Lepsius, „Denkm." III, 189; Champollion, „Mon." II,
Taf. 151; Moret, „Sarcophages de l'Époque Bubastide" (Kat.
Kairo), Taf. 28.

und von einem Öl des Hafens[1], dessen Herkunftsstelle unbekannt ist. Das Kemi, welches auch als Heilmittel diente
und welches man von der Südküste des Roten Meeres bezog,
war nicht, wie vermutet worden ist[2], eine ölige Salbe,
sondern das Gummi arabicum[3]. Dieses benutzten die Ägypter vielfach zum Zusammenkleben von Papyrus- und Lein-
wandschichten bei der Herstellung der sogenannten Mumienpappe und dann dazu, um mit ihm mit Stuck bedeckte
Holzsärge zu bestreichen und auf diese Weise ihre Oberfläche glänzend zu machen[4].

Die Zusammensetzung der ägyptischen Salben ist
unbekannt. Die Analysen[5] ihrer in Gräbern aufgefundenen
Überreste waren fast durchweg unergiebig, da sich die maßgebenden aromatischen Stoffe im Laufe der Zeit verflüch-
tigt oder zersetzt haben. Auch die an den Tempelwänden
der Spätzeit mehrfach aufgezeichneten Rezepte zur Herstellung zusammengesetzter Öle[6] helfen nicht weiter, da
eine Reihe der dabei in Betracht kommenden Bestandteile
bisher unbestimmbar geblieben ist. Die ägyptischen Opferlisten zeigen, daß die im Kulte verwendeten Fettarten zahlreich waren. Mehrfach ist von 7[7], in späterer Zeit gelegentlich sogar von 8—10 heiligen Ölen die Rede.

§ 120. Außer im Kulte und im praktischen Gebrauche des
täglichen Lebens findet sich das Salben auch bei feierlicher

---

[1] Pithom-Stele, Z. 17; Dümichen, „Tempelinschriften" I,
Taf. 71; Äg. Z. XI, S. 117.
[2] Erman, „Ägypten", S. 317.
[3] Vgl. z. B. Loret, RT. XVI, S. 147.
[4] Schilderung des gummierten Stucks von Särgen: Ahmed
Bey Kamal, Ann. Serv. Ant. IX, S. 13; nicht gelungene Analyse
des Lacks auf Inschriften der 18. Dynastie: Lucas, ib., S. 7.
[5] Wilkinson-Birch II, S. 401; Gowland, Proc. Soc. Bibl.
Arch. XX, S. 268f.; Walker, ib. XXI, S. 79; Lucas bei Quibell,
„Tomb of Yuaa", S. 75f. (vermutlich Rizinusöl).
[6] Dümichen, „Oasen der libyschen Wüste", S. 3ff. (Loret,
RT. XVI, S. 134ff.); Äg. Z. XVII, S. 97ff. Rezepte für Räuche-
rung, Öle, Salben aus Edfu: Dümichen, „Geogr. Inschr.",
Anhang; „Tempel-Inschriften" I, Taf. 52—75. Für die heiligen
Öle und Wohlgerüche vgl. Murray, „Saqqara Mastabas" I,
S. 30ff. Koptische Namen von Drogen, Räucherwerk und aroma-
tischen Stoffen: Loret, Ann. Serv. Ant. I, S. 49, 57ff.
[7] Pyramide Pepi II, Z. 308ff.; Petrie, „Dendereh", S. 45,
Taf. 4; Hilton Price, Proc. Soc. Bibl. Arch. XXV, S. 326ff.;
Dümichen, Äg. Z. XVII, S. 123f. usf.

Gelegenheit bei Staatshandlungen. Der höhere Beamte wurde bei der Einsetzung in sein Amt unter bestimmten Förmlichkeiten gesalbt[1], und galt es als ehrenvoll, wenn man dazu berufen war, die Beamten in dem Hause des Fürsten einzusalben[2].

8. Räuchern[3].

§ 121. Das Räuchern spielte, wie die Ritualbücher[4] zeigen, im ägyptischen Götter- und Totenkulte eine sehr große Rolle. Es galt als eine regelmäßig zu erfüllende Pflicht des Königs, dem Gotte das *senter neter* „den göttlichen Geruch" darzubringen, und verbrannte er zu diesem Zwecke vor dem Götterbilde Kügelchen, welche man aus dem Harze des Terebinthenbaumes fertigte[5].

Meist benutzte man in den Tempeln und dann in den Gräbern, in denen die Hinterbliebenen für den vergöttlichten Toten eine entsprechende Pflicht erfüllten, als Räuchergefäße ziemlich hohe, stabartige, viereckige oder runde Säulen, auf denen oben eine runde Schale aufgestellt oder ausgearbeitet wurde ⏀. In diese goß man ein Öl oder Fett, steckte einen oder mehrere Dochte hinein, die man dann in Brand setzte ⏀. In die hochauflodernde Flamme warf man die Weihrauchkügelchen. Dieses Gerät war nur benutzbar, wenn die Darbringung stets an der gleichen Stelle erfolgte. Hatte der Opfernde umherzugehen und an verschiedenen Stellen seine Tätigkeit auszuüben, so mußte das Räuchergerät leicht tragbar sein. Im Alten Reiche nahm der Opfernde daher ein topfartiges Gefäß, welches unten mit einem stabartigen Griff versehen war und in Folge dessen an die feststehenden Geräte erinnerte, in die eine Hand und füllte dieses mit der Räuchermasse, die man

---

[1] Spiegelberg, RT. XXVIII, S. 148 f.; AfR. IX, S. 143 f.; Stele aus der Zeit Thutmosis' III. bei Birch, Äg. Z. XIV, S. 5.

[2] Pichl, Sphinx IV, S. 16 (Mittleres Reich).

[3] Wilkinson-Birch III, S. 397 ff. Die antiken Räuchergefäße, einschließlich der ägyptischen, behandelte Weigand, Bonner Jahrbücher CXXII, S. 1 ff.

[4] Moret, „Rituel du Culte journalier en Égypte", Paris 1902; Budge, „The Liturgy of funeral Offerings", London 1909; „The Book of Opening the Mouth", London 1909.

[5] Loret, „Flore pharaonique", S. 110.

in Brand steckte. In der anderen Hand hielt er einen Deckel, den er abwechselnd auf das Räuchergefäß legte und in die Höhe hob, um hierdurch eine langsamere Verbrennung zu erzielen[1]. In späterer Zeit erhielt das Gerät eine längliche armartige Form (Abb. 36, Taf.-Abb. 9)[2]. In der Mitte des Armes stand ein kleiner Kasten, der die Weihrauchkörner enthielt, während vorn auf einem handartigen Abschlusse ein sich nach oben hin erweiterndes Gefäß ▽ stand, um das Fett und den brennenden Docht aufzunehmen. Das Gerät wurde mit der linken Hand wagerecht gehalten, mit der rechten entnahm man dem Kasten Weihrauchkügelchen und warf diese, eines nach dem andern, in die Flamme.

Außer dem Terebinthenharze, welches man bisweilen aus Syrien erhielt[3], werden noch verschiedene andere Räucherstoffe genannt, wie das Natron des Südens und das des Nordens und vor allem das auch als Malfarbe benutzte[4] Änti-Harz. Dieses letztere bezog man aus dem Lande Punt am südlichen Roten Meere, und ist bereits zur Zeit des Königs Saḥurā der 5. Dynastie von seiner Einfuhr die Rede[5]. Später wurden besondere Handelszüge ausgesendet, um es einzutauschen. Der bekannteste unter diesen, dessen Hauptereignisse die Königin Ḥātschepsut (um 1550 v. Chr.) an den Wänden ihres Totentempels zu Dêr el baḥari in Theben abbilden ließ, brachte nicht nur das Harz selbst, sondern auch einige der Bäume[6], von denen man es gewann und welche der Boswellia thurifera, nicht der Myrrhe entsprachen[7], nach Ägypten. Der Versuch, die Bäume zu ak-

---

[1] Wiedemann und Pörtner, „Ägyptische Grabreliefs aus Karlsruhe", S. 13 (Lit.); Steindorff, „Grabfunde des Mittleren Reiches zu Berlin" II, S. 31 f.; Davies, „Sheikh Saïd", Taf. 20; Newberry, „El Bersheh" I, Taf. 15; Blackman, Äg. Z. L, S. 66 ff. Darstellungen des Räucherns aus dem Alten Reiche verzeichnet Klebs, „Reliefs", S. 42, 130, 137, 140.

[2] Griffith, „El Bersheh" II, Taf. 17; Piehl, Sphinx II, S. 5 f.

[3] Spiegelberg, „Hieratic Ostraka", Taf. 35, Nr. 305.

[4] Piehl, Proc. Soc. Bibl. Arch. XVII, S. 264; Campbell, Sphinx XVI, S. 124.

[5] Schäfer, Abh. Akad. Berlin 1902, Anhang, S. 38.

[6] Bilder der Bäume: Naville, „Deir el bahari", Introduction, Taf. 9, 10; III, Taf. 69 ff. — Zu der Expedition selbst vgl. § 221.

[7] Loret, RT. XVI, S. 146 ff.; Naville bei Davis, „Tomb of Ḥâtschopsitû", S. 27; Lieblein, Christiania Videnskab Selskabs Forhandlingen 1910, Nr. 1 (Jéquier, Sphinx XVI, S. 23 ff.).

klimatisieren, gelang nicht, wie dies die auch späterhin sich
wiederholenden Züge nach Punt beweisen. Ebenso wenig
Erfolg hatte Ptolemäus Auletes, als er etwa anderthalb
Jahrtausende später der Gottheit eine Reihe aus Punt ein-
geführter Weihrauchbäume weihte[1].

Wie im Götterkulte, für den beispielsweise Amon-Rā
in der Zeit der 22. Dynastie einen Oberweihräucherer besaß[2],
so fanden auch im Totenkulte Räucherungen mit gewöhnlichem und mit Ānti-Harz statt[3], und wurde gelegentlich
für die Verwertung im Jenseits dem Verstorbenen Weihrauch in das Grab gelegt[4]. An andern Stellen ist die Rede
davon, daß man vor dem Könige oder auch in Privathäusern zu räuchern habe.

§ 122. Der Zweck des Räucherns war zunächst der,
durch den wallenden Dunst und den Geruch die umher-
flatternden Dämonen zu vertreiben und hierdurch Götter,
Lebende und Tote zu schützen und Kranke zu heilen.
Infolgedessen reinigte sich der König vor dem Betreten des
Allerheiligsten eines Tempels mit Weihrauch und wurde
eine eroberte Stadt mit Natron und Weihrauch gereinigt[5],
um alles Dämonische, was an dem Könige oder in dem
feindlichen Orte sein konnte, zu entfernen. Auf den gleichen
Grundgedanken weist es hin, wenn es heißt[6], das Räuchern
gebe dem Körper des Toten die Feuchtigkeit zurück. Der
die Austrocknung veranlassende Dämon wurde verjagt und
hierdurch die schädliche Folge seines Daseins aufgehoben.

An zweiter Stelle sollte der Weihrauch üble Gerüche
übertäuben und erfreuliche Gerüche verbreiten. Galt der
schöne Geruch doch als ein besonderes Kennzeichen der
Gottheit[7] und suchten die Menschen dieser hierin nachzu-
eifern. Man parfümierte mit dem Dampfe Wohnungen,

---

[1] Petrie, „Athribis", Taf. 16—9, S. 7f., 17ff.

[2] Daressy, RT. XVI, S. 56f.

[3] Baillet, RT. XXII, S. 186f.; Lefébure, Sphinx VII, S. 204ff.;
Meyer, Äg. Z. XV, S. 155.

[4] Analysen von Weihrauchresten: Berthelot, Ann. Serv. Ant.
II, S. 161; Reutter, ib. XIII, S. 49ff.; Péreonne bei Chabas,
„Oeuvres diverses" IV, S. 80f.

[5] Piānchi-Stele, Z. 103, 97 (Brugsch, „Geschichte Ägyptens",
S. 700, 698).

[6] Stellen bei Blackman, Äg. Z. L, S. 69ff.

[7] Wiedemann, „Rel. der alten Ägypter", S. 64; Bouriant,
RT. IX, S. 84.

Kleider und Menschen, wie es noch jetzt in Ägypten üblich
ist, den abschiednehmenden Gast zu beräuchern[1]. In anderen
Fällen wurde der Weihrauch zerstampft, mit Honig vermischt und zu Kugeln geknetet, welche besonders von den
Frauen gekaut wurden, um den Geruch ihres Mundes angenehm zu machen[2], ein Kauen, welches sich gleichfalls bis
zur Neuzeit erhalten hat[3].

§ 123. Zu medizinischen Zwecken und vielfach auch
bei anderen Gelegenheiten verwendete man nicht nur die
natürlichen Harzarten, sondern auch Mischungen, das sog.
Kap, das κῦφι der Griechen. Eine längere Reihe von Rezepten
zu seiner Herstellung ist erhalten geblieben. Ihnen zufolge
hatte man allerhand Harze, Pflanzenstoffe, Wein, Honig usf.
in sehr umständlicher und zeitraubender Weise zu mischen,
stehen zu lassen, zu trocknen[4], ehe man sicher sein konnte,
den gewünschten Stoff in der erforderlichen Zusammensetzung und Reinheit zu besitzen.

9. Spiegel.

§ 124. Wenn der Schmuck der Ägypter auch wesentlich auf andere wirken, Dämonen vertreiben und den Blick
der Mitlebenden auf den Träger lenken sollte, so wünschte
der Geschmückte doch naturgemäß auch sein eigenes Bild
zu sehen, um den Erfolg seiner Bemühungen zur Verschönerung seines Ichs selbst feststellen zu können. So ward ihm
der Besitz eines Spiegels zu einem Bedürfnisse, dessen Befriedigung er auch im Jenseits nicht entbehren wollte.
Der Spiegel erscheint daher in zahlreichen Fällen unter
den Grabbeigaben.

Der ägyptische Spiegel[5] bestand aus einer flachen

---

[1] Lane II, S. 8. Als der Sitte entsprechend wird das Räuchern der Kleider der kommenden Gäste bezeichnet: „Le Livre des
Mille Nuits et Une Nuit", übersetzt von Mardrus, IV, S. 258.
[2] Pap. Ebers, Taf. 98, Z. 23 ff.
[3] Lane I, S. 203; Burckhardt, „Arabische Sprüchwörter",
S. 97 („Sein Magen ist leer, aber er kaut doch Weihrauch").
[4] Loret, „Le Kyphi, parfum sacrée des anciens Égyptiens"
in JA. 8. Sér. X, S. 76ff. (Lit.); Joret, „Plantes dans l'Antiquité" I, S. 317ff.
[5] Bénédite, „Miroirs" (Kat. Kairo), Kairo 1907 (Lit.). Für
Darstellungen von Spiegeln aus dem Alten Reiche vgl. Klebs,
„Reliefs", S. 20f.

Kupfer- oder Bronzescheibe von kreisrunder oder von ellip-
tischer, oben und unten etwas abgeflachter Form. Letztere
ging darauf zurück, daß der Spiegel die Sonnenscheibe
nachahmen sollte und diese infolge einer optischen Täuschung beim Auf- und Untergange als eine leicht abgeplat-
tete Scheibe erscheint. Nach unten zu lief die Platte
häufig in einen Dorn aus, vermittels dessen sie in einen
Griff eingesteckt werden konnte. Verhältnismäßig selten
bestand dieser letztere aus einem einfachen rundlichen Stab.
Meist gab man ihm bereits im Alten Reiche die Gestalt
einer oben etwas verdickten, bisweilen sehr hübsch ausgeführten Pflanzensäule und damit die eines die Verjüngung verbürgenden Amulettes. Daneben konnten als
Träger andere Amulettformen verwendet werden, wie die
das Blut der Isis darstellende Tet-Schleife, das
Zeichen des Lebens, welches gelegentlich so angeordnet wurde, daß die obere Schleife die Spiegelplatte
umschloß[1], der Hathorkopf mit seinen Kuhhörnern, das
Bild der Göttin Hathor, das einer nackten weiblichen Gestalt usf. Sie alle sollten übelabwehrend wirken, denn auch
die Nacktheit selbst besaß, wie bereits angedeutet[2], nach
ägyptischer Vorstellung eine dämonenvertreibende Kraft.
Eine derartige Anbringung apotropäischer Zeichen am
Griffe des Spiegels oder auch religiöser Darstellungen auf
seiner Rückseite erschien erforderlich, da nach einer weitverbreiteten Ansicht in dem Spiegel dauernd ein Teil der
Persönlichkeit zurückbleibt, deren Bild in ihn gefallen ist.
Dieses Spiegelbild hat keine materiell faßbare Gestalt und
ist dementsprechend ohne Widerstandskraft den Angriffen
von Dämonen gegenüber, während andererseits seine Schädigung unmittelbar auf das Ich zurückwirkt, dessen Aus-
strahlung dieses verborgene Spiegelbild ist[3].
    Um den Spiegel gebrauchsfähig zu erhalten, mußte die
glatte Metalloberfläche vor Schädigungen bewahrt werden

---

[1] Man darf aus dieser Verwendung des Knotenamulettes
(vgl. für dieses S. 72) nicht schließen (so Loret, Sphinx V,
S. 138 ff.), daß dieses selbst einen Spiegel darstellte.
[2] Vgl. § 89.
[3] Wiedemann, KBIAEU. XLVIII, S. 23.

und fertigte man daher, meist aus Holz, Spiegelfutterale
in den Umrißlinien der Spiegel selbst; sie wurden gelegentlich
mit sehr geschmackvollen auf- und eingelegten Ornamenten und Gestalten in Ebenholz und Elfenbein verziert[1].

D. Wohnung.

1. Ortschaften und Befestigungsanlagen.

§ 125. Die Gestalt der ägyptischen Ortschaft[2] war ursprünglich, entsprechend der Rundform der ältesten Wohn-
hütten und der ältesten Tempel[3], eine runde. Eine der-
artig angelegte Stadt ist nicht erhalten geblieben, ihre Form
lebte aber in dem Deutzeichen für den Begriff Stadt ⊗
fort[4]. In historischer Zeit wurden die Ortschaften mehr in
die Länge gezogen und vielfach umwallt, wie die Umrahmung von Ortsnamen ⟨⟩, bei welcher die Spitzen die
Vorsprünge an der Stadtmauer darstellten, andeutet[5]. Die
Straßen waren in den größeren Städten meist schmal, die
Häuser eng aneinander gedrängt. Hatte man mehr Raum
zur Verfügung, wie Amenophis IV. bei der Neuanlage zu
El Amarna[6], so wurden durch das Stadtgebiet eine oder
mehrere, bis zu 45 m breite Straßen gezogen, an ihren
beiden Seiten pflanzte man Baumreihen an[7]. Die Häuser
in den bessern Vierteln standen villenartig isoliert, während die kleineren Besitzer und Arbeiter schon aus
Sicherheitsgründen enger wohnten. Abweichend von andern
Orten war das Weichbild dieser Stadt nicht umwallt, son-

---

[1] Bénédite, a. a. O., Taf. 23.

[2] Für die ägyptische Ortsverwaltung vgl. Baillet, „Oeuvres
diverses" I, S. 135 ff.

[3] Reste eines solchen Tempelrundbaues: Green bei Quibell,
„Hierakonpolis" II, Taf. 65, 72—3, S. 3 ff.

[4] Wiedemann, Sphinx XVI, S. 11 f. Die Begriffe Stadt,
Tempel, Festungsumwallung besprach Maspero, „Études de
Mythol." IV, S. 351 ff.

[5] Capart, „Débuts de l'Art", S. 237, 239.

[6] Petrie, „Tell el Amarna", London 1894; Borchardt, Mitt.
Deutsche Orient-Ges. Nr. 46, 50, 52.

[7] Borchardt, Zeitschr. für Bauwesen LXVI, Sp. 524.

dern durch Grenzstelen bezeichnet[1], wie solche bisweilen
auch die einzelnen Gaue[2] und Privatbesitze[3] umgaben.
An anderen Orten lagen die Bebauungsverhältnisse weit
ungünstiger. Die wesentlich von Beamten und Arbeitern
bewohnte Stadt von Kahun im Fayûm[4] zeigte eine sehr
enge Anlage, bei welcher die Straßen nach der Mitte zu
vertieft waren und hier eine Rinne lief, um dem Regen- und
Schmutzwasser Abfluß zu gewähren[5]. In den Großstädten,
welche, wie Memphis[6] und Theben, während Jahrtausenden
bewohnt blieben und daher immer wieder die alten Straßen-
fluchten und Häuser berücksichtigen mußten, werden die
Bewohner nicht besser untergebracht gewesen sein wie in
dem hellenistischen Alexandria oder in den großen Städten
des jetzigen Orients. Vor allem werden im alten wie im
neuen Ägypten die Stadtanlagen dadurch verwickelt, daß
man bei Neubauten die älteren Baureste nicht gleichmäßig
planiert, sondern einzelne Teile derselben in den Neubau
hineinzieht, andere niederwirft und auf ihnen weiterbaut.
Infolgedessen entstehen im Laufe der Zeit hoch über die
Ebene sich erhebende Stadthügel, in welchen beträchtliche
Niveauunterschiede für die einzelnen Hausbauten sich bilden
können[7].

§ 126. Neben den umwallten Städten gab es im Lande
zahlreiche Festungsanlagen. Diese bestanden vielfach in
Lagern[8], welche von einer über 10 m hohen Mauer aus
ungebrannten Nilziegeln umschlossen waren. Hierbei pflegte
man die Ziegel nicht durchweg in Horizontalreihen auf-
einanderzuschichten, sondern neben den Horizontallage-
rungen Schichtungen in Kreissegmenten anzuordnen, deren

[1] Daressy, RT. XV, S. 50 ff.; Davies, „El Amarna" V,
Taf. 25 ff., S. 19 ff.
[2] Inschrift des Chnum-hetep aus der 12. Dyn. bei Newberry,
„Beni Hasan" I, S. 57 ff.
[3] z. B. Lacau, „Stèles du Nouvel Empire" (Kat. Kairo),
S. 41.
[4] Plan bei Petrie, „Kahun", Taf. 15; Schilderung bei Petrie,
„Illahun", S. 5 ff.
[5] Petrie, „Illahun", S. 8.
[6] Für das hohe Alter von Memphis vgl. Wiedemann, Proc.
Soc. Bibl. Arch. IX, S. 184 ff.
[7] Typisches Beispiel bei Honrath, Äg. Z. XLVI, S. 17.
[8] Maspero, „Archéologie Égyptienne", S. 24 ff.; Weill, JA.
9. Sér. XV, S. 80 ff., 201 ff.

Spitze nach unten gerichtet war (Abb. 25)[1], da erfahrungs-
gemäß eine derartige Anlage der Mauer bei weichem Untergrunde eine weit größere Standfestigkeit zu geben vermag,
wie eine gleichmäßige Ziegelanordnung. Unter der Um-
wallungsmauer wurden gelegentlich, wie zu Tell el Retabe
im Delta, vielleicht unter semitischem Einflusse, Kinder als

Abb. 25.
Festungsmauer. Nagada-Zeit.

Bauopfer begraben[2]. Der Eingang wurde häufig, um einen
Angriff zu erschweren, nicht in der Mitte der Front angelegt,
sondern in eine Ecke verschoben und hier durch besonders

---

[1] Bouriant in „Études dédiées à Leemans", S. 36; Perrot-
Chipiez, „Ägypten", S. 213. Dieselbe Anlageart findet sich in
Stein bei Tempelumwallungen, Nilwerften usf.
[2] Petrie, „Hyksos and Israelite Cities", S. 29; Duncan, „The
Exploration of Egypt", S. 168.

Abb. 26.
Festung von Semne (Rekonstruktion).

starke Innenverschanzungen gedeckt. Innerhalb der Um-
wallung befanden sich die Wohnungen der Soldaten und
Magazine, in einigen Fällen auch ein als Zitadelle dienendes
Schloß, sonstige Häuser, Tempel und andere Anlagen.

Daneben gab es isoliert angelegte Burgen (Abb. 26),
wie sie seit alter Zeit vor allem an den Grenzen aufgeführt
wurden[1]. Bei ihnen fanden sich, wie ihre Überreste und
Reliefdarstellungen zeigen, Türme, hohe, gelegentlich ab-
geschrägte Mauern ohne
Fensteröffnungen nach
außenhin mit einer obe-
ren Brustwehr, hinter welcher Schutzkästen für
Bogenschützen standen,
und ähnlichen Schutz-
vorrichtungen. Als die
ägyptischen Heere am An-
fang des Neuen Reiches in
Asien eindrangen, lernten
sie dort die auf Höhen
oder, wie Kadesch am
Orontes, innerhalb von
Seen angelegten, auch im
Alten Testament erwähn-
ten Migdol kennen (Abb.
27). Es waren dies bis-
weilen durch Torvorbauten geschützte, turmartige Anlagen,
deren hoher Verteidigungswert den Ägyptern bei ihren Be-
lagerungen deutlich vor Augen trat. In dem Bau befanden sich
vor allem an gesicherter Stelle die Wohnräume des Fürsten
und seiner Umgebung, dann aber auch Gelasse, um eine mehr
oder weniger zahlreiche Besatzung und Vorräte aufzunehmen.

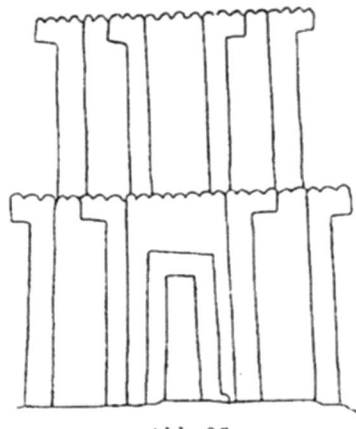

Abb. 27.
Migdol im Lande Kanaan.

---

[1] Burg von Semne, 12. Dyn.: Perrot-Chipiez, „Ägypten“,
S. 450 (innerhalb der Burgmauer befand sich auch hier eine Tempel-
anlage); nubische Burgen: Lepsius, „Denkm.“, Textband V. In
eingehender Weise schilderten Somers Clarke, Wells und Lyons,
Journ. Egypt. Arch. III, S. 155 ff. die altägyptischen Festungen
am zweiten Katarakte von Wadi Halfa bei Semne, wobei Clarke eine
von Perrot wesentlich abweichende Rekonstruktion letzterer
Festung vorschlug. Ein Verzeichnis der Festungen von etwas südlich Semne bis nach Silsilis aus der Zeit des beginnenden Neuen
Reiches veröffentlichte und erläuterte Gardiner, a. a. O., S. 184 ff.

Die Ägypter ahmten diese Bauwerke im eigenen Lande an
verschiedenen Stellen nach. Erhalten ist ein solches *Migdol*
in Theben, wo Ramses III. zur Erinnerung an seine asiatischen Feldzüge dem Eingangsvorbau seines Totentempels
zu Medinet Habu[1] die Gestalt einer derartigen Festungs-
anlage gab.

§ 127. Zur Sicherung der ägyptischen Landesgrenze
gegen das Ausland legte man lang sich hinziehende S c h u t z -
w e h r e n an. Eine solche, die Fürstenmauer, wurde gegen
Asien in der Gegend des jetzigen Suezkanals bereits in
ältester Zeit errichtet[2] und bestand noch zur Ptolemäerzeit[3], nachdem sie im Neuen Reiche durch eine Reihe von
Migdol verstärkt worden war[4]. Ein mit dem Nil in Verbindung stehender Kanal versah die Anlagen mit dem
nötigen Trinkwasser. Über ihn führte eine flache Brücke,
welche die siegreich nach Ägypten zurückkehrenden Truppen
für ihren Einzug in die Heimat benutzten[5]. Der Kanal lief
durch das Land Gosen, bewässerte dasselbe, traf dann auf
die Bitterseen und führte, wenigstens zeitweise, von diesen
weiter südwärts zum Roten Meere[6], er hatte demnach etwa
den gleichen Verlauf wie der heutige Süßwasserkanal.
In den Grenzorten, von denen sich einige, wie Daphnae
und Pelusium, allmählich zu wichtigen Städten entwickelten[7], wurde über die nach Asien ausziehenden und die von
dort zurückkehrenden Reisenden genau Buch geführt[8] und

---

[1] Hölscher, „Das hohe Tor von Medinet Habu", Leipzig 1910.
[2] Müller, „Asien und Europa", S. 43ff.; Lévy, Sphinx VIII,
S. 190f.; Daressy, Sphinx XIV, S. 168ff.; Küthmann, „Die
Ostgrenze Ägyptens", Berlin 1911; Naville, Proc. Soc. Bibl. Arch.
XXXIV, S. 308.
[3] Naville, Äg. Z. XL, S. 72.
[4] Von dem Namen dieser Festungsreihe (*mtr* „Festung")
leitet Spiegelberg, RT. XXI, S. 39ff. den hebräischen Namen
Mizraim für Ägypten ab.
[5] Vgl. § 49.
[6] Menant, RT. IX, S. 131ff.; Naville, „Store-City of Pithom", London 1885; „Goshen", London 1887; Küthmann,
a. a. O.
[7] Wiedemann, „Herodot", S. 129f., 87ff.; Spiegelberg,
Äg. Z. XLIX, S. 81ff.; Petrie, „Tanis II: Tell Defeneh",
London 1888.
[8] Bruchstück einer solchen Liste: Papyrus Anastasi III.,
Taf. 5—6, Rückseite (Brugsch, „Gesch. Ägyptens", S. 579f.;
Erman, Äg. Z. XVII, S. 29ff.).

auch sonst eine stetige Aufsicht über den auswärtigen Verkehr Ägyptens ausgeübt.

Gegen Libyen scheint man sich mit einer Grenzfeste,
dem späteren Marea, begnügt zu haben. Gegen Äthiopien
wurde eine 2 m breite, noch jetzt 4—6 m hohe Mauer aufgeführt, welche von der Höhe von Mahaṭṭa bei Assuan bis
Schellâl, Philae gegenüber, läuft. Sie besteht aus zwei
Wänden von ungebrannten Nilziegeln, zwischen denen man
Granitbrocken aufgehäuft hat, und sollte die Straße längs
des Niles und die Schiffahrt auf dem Strome gegen Angriffe
der räuberischen Wüstenstämme im Osten schützen[1]. Erwähnt wird die Mauer zum ersten Male in einer Inschrift
der Ptolemäerzeit. Ihre ganze Anlage macht es aber wahrscheinlich, daß ihre Entstehung in eine weit frühere Epoche,
vermutlich in die 12. Dynastie fällt, welche in der verschiedensten Weise suchte, den zwischen dem ersten und zweiten
Katarakt gelegenen Teil Nubiens endgültig für die ägyptische Herrschaft zu gewinnen[2] und gegen Feinde zu sichern.

2. Behausung.

§ 128. Die älteste Hausform in Ägypten war die Rundhütte[3]. Eine solche ist zwar in ihrer tatsächlichen Gestaltung infolge ihrer leichten Bauart aus Holz und Schilf nicht
erhalten geblieben; sie liegt aber in rohen Tonmodellen und
Andeutungen der Reliefs vor. Letzteren zufolge besaß sie
die Form eines langgestreckten Bienenkorbes, der oben
in eine kleine, wohl als Rauchfang dienende Erhöhung ausgezogen erscheint. Eine solche Rundhütte ahmte dauernd
das Heiligtum des Gottes Min von Koptos nach, einer Gottheit, welche auch sonst in ihrer grob naturalistischen Auffassung sich Züge aus der Vorzeit bewahrt hat. Die Gotteshütte erhielt dabei in späterer Zeit häufig einen Torvorbau,
an dem man übelabwehrende Rindshörner und Haken zum

---

[1] Morgan, „Cat. des Monuments de l'Égypte antique" I,
S. 2; Ebers, „Cicerone durch das alte und neue Ägypten" II,
S. 327 f.; Brugsch, „Die biblischen sieben Jahre der Hungersnot",
S. 55.

[2] Vgl. S. 10.

[3] Wiedemann, Sphinx XVI, S. 11 f.; Proc. Soc. Bibl. Arch.
XXXIV, S. 301 (Lit.).

Aufhängen von Opfergaben anbrachte (Abb. 28). Als
menschliche Behausung fand sich die bienenkorbförmige
Rundhütte in der Zeit der 18. Dynastie im Lande Punt,
dessen Bewohner mit den Ägyptern urverwandt waren, aber
auf einer niedrigeren Kulturstufe wie diese verharrten. Hier
wurde die Hütte, wahrscheinlich zum Schutze gegen wilde
Tiere und wohl auch gegen die Bodenfeuchtigkeit, auf Pfählen
erhöht errichtet und war nur mit Hilfe von Leitern zugänglich[1]. Die Beduinenstämme rechts und links vom Niltale
haben eine ähnlich gestaltete Rundhütte und im Zusammenhange damit rundlich angelegte
Gräber bis in späte Zeit hinein
beibehalten. Im Niltale selbst
blieb sie in den Sumpfgegenden
des Deltas üblich[2] und erscheint
vielfach in den auf hellenistisch-
alexandrinische Vorlagen zurückgehenden, in der Zeit des Kaisers
Augustus entstandenen sog. Cam-
pana-Reliefs als Bestandteil der
ägyptischen Landschaft. Häufig
sieht man dabei auf der hohen
Spitze der Baulichkeit einen Vogel

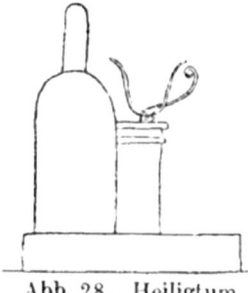

Abb. 28. Heiligtum
des Gottes Min.

sitzen oder das Nest eines solchen, eine genrehafte
Ausschmückung, welche in den altägyptischen Darstellungen fehlt. Endlich gab man bis in späte Zeit
hinein gern den Gartenhäusern die Rundform, wobei
man nicht selten in der Mitte eine Stützsäule anbrachte,
um die auffallend hohe und steil ansteigende Dachmitte
zu tragen.

§ 129. Eine zweite in ältester Zeit in Ägypten erschei-
nende, viereckige Wohnhütte erinnert an ein Schilder-
haus[3]. Vier Pfosten wurden in der Erde befestigt und an

---

[1] Naville „Deir el bahari" III, Taf. 69—71.
[2] Diodor I, 43 (aus Hekataeus von Abdera), der darin
die ältesten ägyptischen Behausungen sieht. Vgl. Drexel, Behn
und Pagenstecher, Germania II, S. 116 f.; III, S. 52 ff.
[3] Vgl. die Abbildungen derartiger Hütten und Naos in einer
Reihe von Illustrationen bei Perrot-Chipiez, „Ägypten", Leipzig
1884; ferner für die älteren Formen: Wiedemann, Proc. Soc. Bibl.
Arch. XX, S. 113 f.; für solche aus dem Neuen Reich: die Vignetten bei Naville, „Das ägyptische Todtenbuch der XVIII.—XX.
Dynastie" I, Berlin 1886.

drei Seiten durch Flechtwerk verbunden. Über das Ganze legte man ein Dach, welches bisweilen flach, gewöhnlich aber leicht gewölbt oder vorn erhöht und nach hinten abgeschrägt war, um dem Regen Abfluß zu gewähren. Vorn war die Hütte offen oder, falls sie umfangreicher war, abgesehen von einer Mitteltür, gleichfalls durch Flechtwerk geschlossen (Abb. 29). Vor ihr konnten übelabwehrende Stangen stehen und Haken angebracht werden, um Gegenstände daran aufzuhängen. Das Gebäude umgab ein Zaun von Pflöcken, Brettern oder Flechtwerk. Als diese Bauart aus dem täglichen Gebrauche verschwand, behielt man sie bei für die kleinen Kapellen, welche als Behausungen für die Hausgötter dienten, für den sog. Naos in den Tempeln der großen Götter, in

Abb. 29. Viereckige Hütten aus Flechtwerk.

welchem man deren Wohnzimmer sah, und für Gartenkioske. Dabei kam es vor, daß man die übelabwehrenden Stangen als Säulen verwertete, auf welche sich das Dach vorschob, so daß an dieser Stelle ein gedeckter Vorbau entstand[1].

§ 130. Die bisher geschilderten Hütten gewährten nur einen wenig umfangreichen Innenraum. Als der Wohlstand und das technische Können im Lande stiegen, entstand allmählich das eigentliche Wohnhaus[2], bei dessen Aufführung man das leicht zerfallende Flechtwerk durch ungebrannte Ziegel ersetzte, während die Verwendung von Bruchsteinen beim Hausbau auf einzelne besonders wichtige Architekturteile, wie vor allem die Umrahmungen der Türen, beschränkt blieb.

---

[1] Davies, „El Amarna" II, Taf. 10; Holzkapelle in Turin Nr. 2446, publ.: Capart, „L'Art égyptien", Taf. 183; Petrie, Photographieen, Italien Nr. 181—2.
[2] Vgl. für dieses im allgemeinen: Wilkinson-Birch 1, S. 339 ff.; Erman, „Ägypten", S. 239 ff.

Die Schlammziegel wurden beim Bauen ohne Verband-
material derart aufeinander geschichtet, daß die Fugen der
oberen Schicht etwa auf der Mitte der Ziegel der unteren
Schicht aufstanden. Gelegentlich wurden die Ziegel unmittelbar vor der Benutzung leicht angefeuchtet, um sie
aneinander kleben zu lassen. Bei höheren Mauern ließ man
eine leichte Verjüngung nach obenhin eintreten, wie eine
solche auch bei Steinmauern sich häufig findet. Sie erschien
erforderlich, da die Fundamentierung der ägyptischen
Bauten in sehr oberflächlicher Weise zu erfolgen pflegte[1]
und daher den Mauern keinerlei genügende Standsicher-
heit geben konnte. Wie sonst vielfach im Orient, so baute
man auch in Ägypten im allgemeinen für den Schein.
Bereits bei dem Vorbau des Grabtempels des Chephren zu
Gize finden sich Füllmauern[2]. An der Vorder- und an der
Rückseite derselben hat man die Steine sorgsam behauen
übereinander geschichtet, den Zwischenraum aber hat man
mit roh zugehauenen Steinen vollgeschüttet. An anderen
Stellen, wie an einem Bau Thutmosis' III. zu Karnak[3], hat
man nicht einmal für die Außenmauern gleichmäßige Steine
verwertet, sondern darauf gerechnet, daß der Stuck, mit
dem die Mauer nach ihrer Fertigstellung beworfen werden
sollte, die Ungleichheiten verdecken werde.

Als Bindematerial diente bei Steinbauten ein Kalk-
mörtel, den man in Trögen[4] anmengte. Bei der Cheops-
Pyramide bestand der Mörtel im wesentlichen aus Gips,
welcher in gebranntem Zustande mit Wasser vermengt und
gelegentlich mit gewöhnlichem Kalk vermischt als Teig
angewendet wurde[5]. Nicht selten fügte man aber auch die
Steine ohne oder nur mit ganz dünnem Verband übereinander. Hierbei und bei der ungenügenden Fundamentierung
trat leicht ein Sacken der Mauern ein, welches man durch

---

[1] Vgl. z. B. für Karnak: Ann. Serv. Ant. II, S. 174 ff.;
Moret, „Au Temps des Pharaons", S. 28 f.
[2] Perrot-Chipiez, „Ägypten", S. 109.
[3] Prisse, „Art égyptien", Texte S. 173.
[4] Ahmed Bey Kamal, Ann. Serv. Ant. IX, S. 89.
[5] John bei Minutoli, „Reise zur Oase des Jupiter Ammon",
S. 346; Rohland, Arch. f. Gesch. d. Naturwiss. I, S. 91 ff. Weitere
Mörtelanalysen: Lucas, Ann. Serv. Ant. VII, S. 4 ff. Über die
sehr ausgedehnte Verwendung von Gipsstuck in Ägypten vgl.
Petrie-Capart, „Arts et Métiers de l'ancienne Égypte", S. 165 ff.

Anwendung von Schwalbenschwänzen zu verhindern suchte.
Man grub in je zwei aneinanderstoßende Steine an der Be-
rührungsstelle Vertiefungen ein und befestigte in diesen ge-
schweifte Holzdübel, welche die Steine zusammenzuhalten
hatten[1]. Derartige Dübel waren der Größe der Bausteine
entsprechend umfangreich; Exemplare mit dem eingeschnittenen Namen Seti' I. sind beispielsweise 30,5 cm lang, an
der breitesten Stelle 6 cm, an der schmalsten 5,5 cm dick.
Metallklammern scheinen zu diesem Zwecke in älterer Zeit
nicht verwendet worden zu sein.

Die Außenwandung des Wohnhauses bildete meist
eine von Fenstern kaum unterbrochene einheitliche Fläche,
bei welcher man die Ziegelwandungen im allgemeinen roh
ließ und ihnen nur selten einen bunten Bewurf gab. Balkons
und Estraden finden sich straßenwärts nicht, dagegen kamen
sie nach dem inneren Hofraum zu vor[2] und zeigten auch
die Tempel an dieser Stelle derartige Anlagen[3], welche dem
König einen Standort zu geben hatten, von welchem aus
er die Prozessionen zu besichtigen vermochte.

Der Eingang des Hauses lag meist in der Mitte der
Vorderfront, seltener wurde er nach der Seite hin verschoben,
was den Vorteil darbot, daß bei einem Öffnen der Türe
nur ein Teil des Innern zu überblicken war und diese Anlage somit der Scheu des Orientalen, dem Fremden einen
Einblick in seine Häuslichkeit zu gewähren, entgegenkam.
Bei dem bröckligen Ziegelmaterial mußte die Türe eine
Umrahmung aus einheitlichen Pfosten erhalten, welche aus
Stein, seltener aus Holz bestanden und gelegentlich Inschriften trugen. Diese nannten den Besitzer des Hauses
oder das Haus selbst unter Hervorhebung einer löblichen
Eigenschaft, wie etwa seiner Schönheit. In anderen Fällen,
wie in El Amarna, wurde an dieser Stelle ein Hymnus an
die Gottheit aufgezeichnet, unter deren besonderen Schutz
der Besitzer sich und seine Häuslichkeit zu stellen wünschte.
Wollte man die Hausfront ansehnlicher gestalten, so zerlegte man sie in eine Reihe von Scheintüren, welche, um-

---

[1] Perrot-Chipiez, „Ägypten", S. 99; Legrain, „Aile nord du
Pylon d'Amenophis III.", Taf. 3 (Bau aus der Zeit Thutmosis' III.).
Dübel aus der 12. Dynastie: Morgan, „Fouilles à Dahchour",
S. 116; Gautier und Jéquier, „Fouilles de Licht", S. 59.

[2] Vgl. § 169.

[3] Daressy, RT. XX, S. 81 ff.; Sphinx I, S. 83 (Medînet Habu).

geben von vorspringenden und zurücktretenden viereckigen,
an die Wand gelehnten Scheinpfeilern, dem Ganzen das Aussehen eines befestigten Magazines gaben. Diese architek-
tonische Entwicklung der Hausfront wird bei zahlreichen
Außenwandungen von Tempeln, Gräbern, Kastensärgen
nachgeahmt, welche als Wohnung des Gottes oder Toten
angesehen wurden[1].

Die Türe war so gut wie immer eine hölzerne Doppeltüre,
welche in Ausnahmefällen durch eine Art Fenster durch-
brochen war[2]. Dieses war jedenfalls für gewöhnlich durch
ein Brett verschlossen, ermöglichte es aber nach dessen Entfernung einen Draußenstehenden zu erblicken, ohne daß
man die Türe selbst hätte öffnen müssen. Als Verzierung
brachte man auf den Türflügeln bei Privathäusern Name und
Bild des Besitzers, bei Tempeln Darstellungen der Anbetung
der Götter durch den Errichter des Baues an[3]. Oben und
unten war jeder Türflügel mit einem Zapfen versehen,
um den er sich beim Öffnen drehte. Meist waren die Zapfen
zusammen mit der Tür aus einem Stück gearbeitet[4], doch
kam es für große Türen auch vor, daß die Zapfen an Bronze-
beschlägen, welche die Türkante unten und oben umfingen,
angebracht waren[5]. Die Zapfen drehten sich oben in Vertiefungen im Türsturz, unten in Löchern oder in hier befestigten Tonklumpen oder Steinen. Letztere erhielten bisweilen die Gestalt des Kopfes eines Feindes der Ägypter,
dem dann durch Sympathiezauber jede Drehung der Türe
Schmerzen verursachen sollte[6]. Das Türschloß bestand
zunächst aus einem einfachen Riegel, später erhielt es die
Gestalt des jetzigen arabischen Schlosses[7], welches auch

---

[1] Wiedemann, Orient. Lit.-Z. VII, Sp. 285 ff.
[2] Petrie, „Tell el Amarna", Taf. 5.
[3] Naville, „Deir el bahari" II, Taf. 25—9.
[4] z. B. Lefébure, „Tombeau de Seti I", Taf. 48.
[5] Greene, „Fouilles à Thèbes", Taf. 9; Petrie, „Memphis"
III, Taf. 32—3, S. 40; „Tanis II: Nebesheh", Taf. 20; Wilkinson-
Birch I, S. 352; Clédat, RT. XXXVI, S. 103 ff. (meist saïtische
Zeit).
[6] Quibell, „Hierakonpolis" I, Taf. 3 (Nagada-Zeit). Als
Unterweltstrafe drehte sich der Türpfosten im Auge eines Misse-
täters (Maspero, „Contes populaires de l'Égypte ancienne",
4. Aufl., S. 159).
[7] Lane I, S. 14; Wilkinson-Birch I, S. 353 f.; v. Luschan,
ZfE. XLVIII, S. 406 f.

sonst in Afrika weit verbreitet ist[1] und im wesentlichen
darauf beruht, daß beim Schließen Zapfen herabfallen,
welche man beim Öffnen der Türe vermittelst eines mit
Spitzen versehenen Schlüssels heraufzudrücken hat. Andere
Schloßformen, die sich in Abessinien[2] oder in Persien[3]
wiederfinden oder als Verschluß eine Kette verwenden[4],
kommen nur vereinzelt vor.

Bei den modernen arabischen Wohnhäusern findet sich
häufig der *Malḳaf*, ein schräg gestelltes, nach Norden oder
Westen geöffnetes Schirmdach aus Brettern, welches auf

Abb. 30.
Haus mit zwei Malḳaf.

dem Dache aufgestellt wurde, um den Wind und damit
die kühle Luft in die darunter befindlichen Zimmer einzuführen[5]. Eine Reihe von Darstellungen ägyptischer Wohn-

---

[1] Gennep, „Études d'Ethnographie Algérienne, 2. Sér.: Les
Systèmes de Fermeture" (SA. aus RES. 1912—14), S. 52ff.;
Weule, „Negerleben in Ostafrika", S. 321f.
[2] Krencker und Schäfer, Äg. Z. XLIII, S. 60ff.; vgl. Whyte,
Proc. Soc. Bibl. Arch. XXI, S. 286; Devéria, „Mémoires" II,
S. 81f.
[3] Brugsch, Äg. Z. 1, S. 41ff.
[4] Daressy, Ann. Serv. Ant. VI, S. 234ff.
[5] Lane I, S. 14; Abd-Allatif, „Relation de l'Égypte",
traduite par de Sacy, S. 295, 301f.; Wilkinson-Birch I, S. 339.

häuser aus der thebanischen Zeit zeigt, daß diese Einrichtung auf dem, soweit wir wissen, stets flachen, aber häufig
von einer Brüstung eingefaßten Dache bereits damals in
ganz ähnlicher Weise üblich war (Abb. 30)[1].

Der Verschluß der Fensteröffnungen in den
jetzigen im arabischen Stile errichteten Bauten erfolgt
durch das Maßwerk der *Mascharabijen*[2]. Die Kostspieligkeit
des Glases und die Unmöglichkeit, größere Glasplatten zu
fertigen, machten im Altertume ähnliche Einrichtungen
erforderlich. Bei Tempeln stellte man in die Fensteröffnungen Steinpfeiler, die man in geraden Linien nebeneinander aufbaute oder zu Mustern zusammensetzte und
bisweilen mit Verzierungen, Ornamenten und Götterköpfen
versah[3]. In andern Fällen schnitt man aus den einzu-
setzenden Steinplatten Königsnamen und Sperberbilder
aus[4]. In Privathäusern konnte der Verschluß außer durch
nebeneinander gestellte Pfeiler und Stäbe (Abb. 30), wie in
dem modernen Hause, durch geschnitztes Holzwerk[5] oder,
wie besonders in den arabischen Moscheen während des
Mittelalters, durch in Gipsguß ausgeführte Muster[6] hergestellt werden.

Wenn gelegentlich Hausdarstellungen sich finden, bei
denen Fenster, turmartige Aufbauten, angelehnte Säulen,
offene von Säulen getragene Gallerien erscheinen[7], so

---

[1] Wilkinson-Birch I, S. 361 (Wreszinski, „Atlas", Taf. 48);
Papyrus des Necht bei Budge, „Osiris" I, Frontispiece. — Für
Regenwasserspeier vgl. S. 15.
[2] Lane I, S. 7f.; Bourgoin, „Précis de l'Art Arabe" (Mém.
Miss. Franç. Caire VII) III, Taf. 1 ff.
[3] Capart, „L'Art égyptien", Taf. 149, 152; „Le Temple
de Séti Ier", Taf. 16—7; Budge, „Guide to the Eg. Coll., Brit.
Mus.", S. 273.
[4] Burton, Bull. Metrop. Museum of Art, New York, XI,
S. 106 (Zeit Ramses' III.).
[5] Für solche Mascharabijen im Palaste Amenophis' III. zu
Medînet Habu vgl. Tytus, „A preleminary Report on the Re-
excavation of the Palace of Amenhetep III.", New York 1903
(Bissing, Sphinx VII, S. 231); für solche der 12. Dynastie die
Wandmalereien bei Petrie, „Illahun", Taf. 16 (Abb. 33).
[6] Borchardt, Mitt. Deutsche Orient-Ges. Nr. 52, S. 17.
Auch in den modernen arabischen Wohnhäusern finden sich
derartige ausgeschnittene Gipsplatten, deren Öffnungen durch
buntes Glas geschlossen wurden, die sog. *Ḳamarijen*.
[7] Wilkinson-Birch I, S. 359f. und andere Hausbilder in den
thebanischen Gräbern.

handelt es sich nicht um Baulichkeiten, welche an der Straße
angelegt waren. Es waren dies vielmehr villenartige Gebäude, welche sich innerhalb einer Umwallung erhoben und
durch diese vor den neugierigen Blicken der Vorüber-
gehenden geschützt wurden.

Die übliche Grundform des ägyptischen Hauses war ein
Rechteck, wie dies die Hieroglyphenzeichen für Haus ☐ und
☐ andeuten. Durch den Eingang gelangte man in einen
Hof, um den die von ihm aus zugänglichen und belichteten
Zimmer lagen. Sie fanden sich regelmäßig auf der Rück-
seite, häufig außerdem auf der rechten und linken Seite des
Hofes, seltener auch längs der Eingangswand. In großer
Zahl sind Hausmodelle in meist ziemlich roher Ausführung
in gebranntem Ton erhalten geblieben, welche man dem
Toten als Grundlagen für die Erschaffung eines eigenen
Hauses im Jenseits in das Grab gestellt hatte, oder auch
auf dieses setzte, um seiner Seele, wenn sie auf diese Erde
zurückkehrte, einen angemessenen Aufenthaltsort zu gewähren[1]. Aus diesen Votivgaben geht hervor, daß man
vielfach über den Rückzimmern der Häuser einen zweiten
Stock anlegte, zu dem man vermittelst einer Treppe
gelangen konnte. Von diesem Grundschema gab es zahlreiche Abarten, welche teilweise auch in den Plänen der
als Götterwohnung geltenden Tempel[2] Nachahmung gefunden haben. Je reicher ein Ägypter wurde, umsomehr Zimmer wollte er für sich, seine Familie und
Dienerschaft zur Verfügung haben, um so größer wurde
daher sein Wohnhaus und um so verwickelter dessen Plan.

---

[1] Derartige Modelle bei Petrie, ,,Gizeh and Rifeh", S. 14 ff.
(6.—11. Dyn.); Pleyte, Proc. Soc. Bibl. Arch. XXIV, S. 146;
Ahmed Bey Kamal, Ann. Serv. Ant. II, S. 31; XI, S. 14, 19;
Budge, ,,Guide to the Eg. Coll., Brit. Mus.", S. 88, 96; ,,Guide
to the third and fourth Eg. Rooms, Brit. Mus.", S. 111, 186;
Bissing, ,,Einführung in die ägypt. Kunst", Taf. 24, Nr. 1.
[2] Vgl. Steindorff, Äg. Z. XXXIV, S. 107 ff. (Haus und Tem-
pel); für Hauspläne im allgemeinen: Borchardt, Zentralbl. der
Bauverwaltung XIII, S. 517 f., 521; Deutsche Bauzeitung
XXVIII, S. 100; Zeitschr. f. Bauwesen LXVI, Sp. 509 ff. (Pläne
und Ausschmückung der Häuser zu El Amarna); Erman,
,,Ägypten", S. 239 ff.; der 18. Dynastie: Ayrton, ,,Abydos" III,
Taf. 53; der Römerzeit: Petrie, ,,Ehnasya" Taf. 35, S. 26 ff.;
Fr. Luckhard, ,,Das Privathaus im ptolemäischen und römischen
Ägypten", Leipzig 1914.

Durch Gänge verbundene weite Höfe, Hallen und Zimmer-
fluchten wurden hinter und nebeneinander gelegt, und
trennte man dabei gern die eigentlichen Wohnräume, besonders die Frauengemächer, von den für Fremde leichter
zugänglichen Besuchsräumen, ohne daß sich hierbei eine
Gesetzmäßigkeit in den Einzelheiten feststellen ließe.

Der für den Tagesaufenthalt des Hausherrn bestimmte
Raum entwickelte sich gelegentlich zu einer besonderen
Baulichkeit. Eine im Wesentlichen gut erhaltene Freske
in einem Grabe aus der zweiten Hälfte der 18. Dynastie
zu Theben[1] zeigt den Durchschnitt einer solchen mit
ihren zwei durch eine langsam ansteigende Innentreppe an
der einen Seite des Gebäudes verbundenen Stockwerken.
Im Erdgeschoß befinden sich Arbeitsräume, in welchen
Männer vor breiten stehenden Webstühlen sitzen, Frauen
Korn zerreiben, Teig in einen Topf füllen, sich mit einem
Garnballen beschäftigen. Eine andere Frau spinnt Garn;
der Faden läuft dabei aus einem Gefäß hinauf zu zwei
an der Decke befestigten Ringen und von diesen wieder
herunter zu den an ihnen hängenden Spindeln, deren eine
die auf einem niederen Schemel hockende Spinnerin in
der Hand hält. Im ersten Stock gelangt man durch ein
Vorzimmer zu einer Tür, deren oberer Teil durchbroche-
nes Maßwerk zeigt. Sie führt in das höher gestochene
Hauptgemach, das durch vier Fensteröffnungen erhellt
wird, doch sind diese so hoch angebracht, daß auch ein
stehender Mann nicht durch sie hindurch zu sehn vermag.
Der zweite Stock ist weit niederer. In ihm führt von
dem Vorzimmer eine kurze Treppe zu einer einfachen
Brettertüre und durch diese in ein zweites Wohngemach
für den Hausherrn. Die Haustreppe setzt sich dann noch
weiter bis auf das Dach fort, auf welchem sieben kegelförmige Behälter für Korn errichtet sind.

§ 131. Vielfach gestaltete der Wunsch des alten Ägypter,
seinen gesamten Besitz möglichst in der Nähe seines Wohnhauses zu haben, die Pläne um. Man liebte es, wenn es die
Mittel irgend gestatteten, nicht, die Wohnung als allein-
stehende Baulichkeit anzulegen. Meist wurde das Gebäude in
allen Perioden der ägyptischen Geschichte[2] innerhalb einer,

---

[1] Mackay, Ancient Egypt III, S. 169 ff.
[2] Für die Nagada-Zeit vgl. S. 45.

bisweilen mit Zinnen versehenen, Mauer aufgeführt, welche
außer ihm eine Reihe von Nebengebäuden, wie Kornspeicher und Magazine, und außerdem Gartenanlagen, kleine
Teiche usf. umschloß, wie sich dies besonders für die Stadt
Amenophis' IV. zu El Amarna aus den Reliefs und erhaltenen Überresten verfolgen läßt[1]. Beachtenswert ist es, daß
hier eine Reihe der Häuser gesonderte Abtrittsanlagen
besitzt, welche durch hindurchfließendes Wasser rein erhalten wurden[2], während auf dem Lande ebenso, wie im
heutigen Ägypten, die Schutthaufen vor den Ortschaften,
wo man auch, ebenso wie heutzutage, die Scherben der zerbrochenen Töpfe aufhäufte[3], zu Abtrittszwecken dienten.
Dabei verrichtete man im Gegensatz zu der heutigen Landes-
sitte, wie die Hieroglyphenzeichen zeigen, die Bedürfnisse
stehend, nur gelegentlich erfolgte kleinen statuarischen Darstellungen zufolge im ägyptischen Altertume die Entleerung
in hockender Stellung, aber ohne die Benutzung eines die
Haltung erleichternden Sitzes.

So gut wie niemals fehlten bei einem größeren Besitze
Kornspeicher[4], in welchen der Grundbesitzer das Getreide, dessen er für das kommende Jahr bedurfte, zurück-
behielt. Diese Anlagen wurden in Gestalt von kegelförmigen

---

[1] Petrie, „Tell el-Amarna", London 1894; Davies, „El
Amarna", 6 Bde., London 1903—8; Bouriant, Legrain und Jéquier,
Mém. Inst. Franç. Caire VIII, Kairo 1903. Über die bis 1914
fortgesetzten deutschen Ausgrabungen an dieser Stelle berichtete
Borchardt, Mitt. Deutsche Orient-Ges. Heft 34, 46, 50, 52, 55;
Klio XIV, S. 116 ff.; 477 ff.

[2] Borchardt, a. a. O. Heft 50, S. 19 ff.; 52, S. 21 f.; Zeitschr.
f. Bauwesen LXVI, Sp. 540 ff. Vgl. Quibell, Hierakonpolis II,
Taf. 65, S. 9, 50 (aus zerbrochenen Töpfen zusammengesetztes
Abtrittsrohr; Römische Zeit).

[3] Erman, Äg. Z. XXXIX, S. 148.

[4] Heyes, „Bibel und Ägypten", S. 279f. (Lit.); Wilkinson-
Birch I, S. 371 f.; Capart, „Chambre funéraire de la sixième
Dynastie", S. 17 ff. (ill.). Gute Bilder: Newberry, „Beni Hasan"
II, Taf. 17; Quibell, „El Kab", Taf. 5; Naville, „XIth dynasty
Temple at Deir el bahari" I, Taf. 20, 23; Wreszinski, „Atlas",
Taf. 63 (Neues Reich); Speichermodelle: Quibell, „Excavations
at Saqqara 1906—7", S. 10; Garstang, Ann. Serv. Ant. V, Taf. 2,
3, 5 zu S. 228; Budge, „Guide to the third and fourth Eg. Rooms,
Brit. Mus.", S. 182f. — Die Ansicht christlicher Pilger, die Pyra-
miden seien die Kornspeicher Josephs, besprach Wiedemann,
Globus LIII, S. 217f.; Proc. Soc. Bibl. Arch. XXXIV, S. 302ff.

Kornhaufen in langen Reihen nebeneinander geordnet und
dabei gern auf eine Plattform gestellt, welche, wie sie selbst,
aus festgestampftem Lehm bestand (Abb. 31). Durch diese
erhöhte und nach dem Erdboden zu besonders feste Lage
suchte man den Inhalt des Speichers gegen Bodenfeuchtigkeit und gegen das Eindringen von Mäusen zu schützen,
verließ sich also nicht auf die Hausmittel, welche die medizinischen Papyri[1] gegen diese Tiere empfahlen. Das Einfüllen

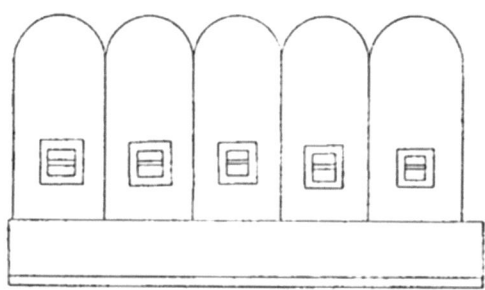

Abb. 31.
Kornspeicher.

des Kornes erfolgte von oben her durch eine Öffnung in
dem Kegel selbst, den man dann auf einer Leiter ersteigen
mußte, oder im Boden einer über der Kegelreihe angelegten Terrasse. Zur Entnahme des Korns benutzte man
etwas über dem Boden sich öffnende viereckige Türen, über
denen man gelegentlich die in dem betreffenden Raume
lagernde Getreideart durch eine Inschrift bezeichnete[2].

Unweit der Speicher erhoben sich Ställe für das Vieh[3],
dann Verwaltungsbureaus, deren Umfang bei größeren Be-
sitztümern sehr erheblich sein konnte[4], Schlachthäuser,

---

[1] Pap. Ebers, Taf. 98 (Katzenfett, Gazellenexkremente,
Mäusekot).
[2] Für die großen befestigten Speicheranlagen von Pithom
vgl. Naville, „The Store-City of Pithom", S. 9 ff.; Petrie, „Tanis"
I, Taf. 16.
[3] Vgl. Davies, „El Amarna" I, Taf. 25, 29.
[4] Für ägyptische Verwaltungsbureaus und ihre Einrichtung
vgl. Newberry, „Beni Hasan" I, Taf. 29; Wiedemann und
Pörtner, „Ägyptische Grabsteine", S. 2; Borchardt, Äg. Z. XLIV,
S. 59 ff.

Bierbrauereien, Küchen[1], Arbeitsräume für Tischler, Maler, Schmiede, Schuster, Glasarbeiter usf. Reiche Leute suchten hier alles zu vereinigen, was für die Herstellung der Bedürfnisse und zur Befriedigung des Luxus des Lebens erforderlich war[2], um von fremden Handwerkern und Gewerbetreibenden völlig unabhängig zu sein.

§ 132. Die innere Ausstattung war regelmäßig sowohl für Paläste wie für Wohnhäuser der Reichen und für Hütten der Armen äußerst einfach. Entsprechend dem milden Klima des Landes verbrachte der Ägypter im Altertume wie in der Neuzeit den größten Teil seines Lebens im Freien, und spielte daher der Wunsch, ein behagliches Heim zu besitzen, bei ihm eine sehr geringe Rolle.

Der nur ganz ausnahmsweise unterkellerte Fußboden bestand aus dem festgestampften natürlichen Lehmboden und wurde daher leicht staubig und schmutzig. Kam der Herr nach Hause, so hatten die Diener den Fußboden mit kurzen Besen zu kehren und mit Wasser zu besprengen, um hierdurch den Staub niederzuschlagen und gleichzeitig die Luft in dem Raume abzukühlen[3]. Eine Pflasterung mit größeren Steinplatten ist durch Funde nur für Tempel belegt, und wenn in einem Märchen der Fußboden mit echtem Lapis lazuli und echtem Smaragd bedeckt ist[4], so hat diese Angabe für die tatsächlichen Verhältnisse nicht mehr Wert, als wenn unsere Märchenschlösser aus Gold, Silber und Edelsteinen bestehen. Wollte man den Fußboden reicher ausstatten, so überzog man ihn mit einer Stuckschicht und bemalte diese in Fresko mit leicht hingeworfenen Bildern von Teichen, Sumpflandschaften mit herumspringenden Kälbern und flatternden Vögeln, gefesselten Gefangenen, Waffen. Wurde diese naturgemäß sehr empfindliche Bemalung schadhaft, so wurde sie nicht ausgebessert, sondern

---

[1] Modelle von Brauereien, Küchen usf. aus Beni Hasan: Garstang, „Burial Customs of the ancient Egyptians", London 1907; Ann. Serv. Ant. V, S. 215 ff.

[2] Inschrift des Chnum-hetep zu Beni Hasan (publ. Lepsius, „Denkm." II, 124), Z. 7 ff. (12. Dyn.).

[3] Petrie, „Tell el Amarna", Taf. 5; Davies, „El Amarna" VI, Taf. 19; Capart, „L'Art égyptien", Taf. 76; Borchardt, Äg. Z. XLIV, S. 61. Für den Handfeger vgl. Spiegelberg, RT. XXVIII, S. 178 f.

[4] Wiedemann, „Altägypt. Sagen", S. 139.

mit einer neuen Stuckschicht überzogen und diese frisch bemalt[1]. Man betrat den Fußboden meist mit nackten Füßen. Die Sandalen legte man an der Türe ab, befestigte sie an dem Stabe, den man draußen getragen hatte, und legte diesen über einen Stuhl (Abb. 32)[2], wo er liegen blieb, bis man das Haus wieder zu verlassen gedachte.

Abb. 32.
Stuhl mit abgelegtem
Spazierstock und
Sandalen.

An der Hinterwand der Zimmer, seltener auch längs ihrer übrigen Wände wurde eine Art Terrasse, entsprechend den heutigen Mastaba, angelegt, welche einen erhöhten Sitz und Schutz gegen die Bodenfeuchtigkeit darbot. Auf dieser Lehmbank hockte man in der Ruhestellung nieder, zog die Beine dicht an den Leib und ließ das Gewand glockenförmig herabfallen. Seltener kreuzte man die Beine und setzte sich auf diese oder nahm eine kniende Stellung ein[3]. Die Hauptgefahr, welche der Lehmfußboden mit sich brachte, war die, daß Skorpione und Schlangen leicht durch ihn hindurch in die Zimmer gelangen und die Insassen bedrohen konnten. Um sie hieran zu hindern, besprengte man den Boden mit einem Gemisch von Pflanzen mit Bier[4]. Sicherer aber war es, sich zum Schlafen in das obere Stockwerk zurückzuziehen, dessen Fußboden zwar gleichfalls nur aus einer Lehmschicht bestand, welche auf Tragbalken ruhte, wohin die Tiere aber doch weniger leicht kriechen konnten.

Die Zimmerwände wurden mit einer einheitlichen, schmutzig grauen, seltener weißlichen Stuckschicht überzogen, auf der man gelegentlich in Fresko in ähnlicher

---

[1] Petrie, „Tell el Amarna", Taf. 2—4. Die Technik dieser bemalten Fußböden behandelten Bissing und Reach, Ann. Serv. Ant. VII, S. 64 ff.

[2] Davies, „El Amarna" III, Taf. 24.

[3] Für die Feststellung der Sitzarten sind die Statuen (z. B. bei Borchardt, „Statuen" I [Kat. Kairo], Berlin 1911 [Altes Reich]; Legrain, „Statues", 3 Bde. [Kat. Kairo], Kairo 1906—14 [Neues Reich]) weit ergiebiger wie die Reliefs, bei denen die Art der ägyptischen Perspektive häufig sinnwidrige Verschiebungen veranlaßt.

[4] Piehl, RT. 1, S. 135 f.

Technik, wie auf den Fußboden, Bilder auftrug. Diese
stellten beispielsweise die Ankunft des Herrn in seinem
Hause und die Eilfertigkeit der Diener, welche alles für
ihn würdig herzurichten sich bestreben, dar[1] oder auch
ein Zimmer mit seinen Wänden und seinem Mobiliar
(Abb. 33)[2]. In anderen Fällen wurde die Zimmerwand und
nach ihrem Vorbilde die Wand des Grabes und Tempels
durch eine Kacheleinlage verziert, welche man meist in

Abb. 33.
Wandmalerei in Kahun: Das Innere eines Hauses.

eine die Lehmwand bedeckende Stuckschicht eindrückte.
Bisweilen hat man außerdem an der Rückseite der Kacheln
Ösen angebracht, durch diese Metallfäden gezogen und die
Kacheln an der Wand festgehängt[3]. Die Kacheln wurden
zu bunten Mustern zusammengestellt[4] oder lagen auch ein-
farbig auf der Wandfläche, während daneben als Türumrah-
mung dienende Kacheln buntfarbige, blaue, rote, grüne und
gelbe Hieroglypheninschriften auf einem chamoisgelben
Grunde zeigten[5]. Hergestellt wurden die Platten aus glasierter

[1] Petrie, „Tell el Amarna", Taf. 5.
[2] Petrie, „Illahun", Taf. 16, Nr. 4—6 (aus Kahun, 12. Dyn.).
[3] Platte aus Hierakonpolis: Quibell, „Hierakonpolis",
Taf. 18; aus der Stufenpyramide zu Saqqara: Perrot-Chipiez,
„Ägypten", Fig. 557; aus Memphis: „Descr. d'Égypte Ant." V,
S. 543; Atlas, Taf. 87, Fig. 1.
[4] Lepsius, „Denkm." I, 41; II, 96 (aus Saqqara).
[5] Tür der Stufenpyramide von Saqqara in Berlin (Lepsius,
„Denkm." II, 2f.; Phot. Mertens I, 110; Borchardt, Äg. Z. XXX,
S. 83 ff.). Vgl. für ähnliche Platten aus Abusir: Borchardt, Äg. Z.
XXXIX, S. 100 f.

Kieselerde, ihre Form war in älterer Zeit meist flach und viereckig, später stellte man aus runden und nahezu dreieckigen
Platten mit eingebrannten Rosetten und Blumen oder
Bildern von Menschen und Tieren größere Muster und Darstellungen zusammen[1]. Wie gelegentlich auf ihrer Rückseite eingegrabene griechische Buchstaben zeigen, blieben
derartige Kacheln bis in die hellenistische Zeit hinein im
Gebrauch[2].

Wollte man, was aber, soweit Funde vorliegen, häufiger
als in irdischen Wohnungen in Tempeln und Gräbern geschah, die Decke eines Raumes verzieren[3], so brachte man
hier ähnliche Muster, wie an den Wänden, oder Bilder des
Himmels mit seinen Sternen oder flatternden Vögeln auf
einer Stuckschicht an[4].

Fußteppiche wurden nicht benutzt. Es war zwar
bereits um 1500 v. Chr. im Niltale eine Art Gobelinweberei
mit verschiedenfarbigen Leinwandfäden bekannt[5], die Erzeugnisse dieser Technik müssen aber selten gewesen sein
und dienten wohl nur als besonders wertvolle Kleiderstoffe.
Die Zimmerwände verkleidete man bisweilen bereits in der
Pyramidenzeit mit Schilfmatten, welche aus länglichen
Schilfstreifen zu schachbrettartigen Mustern zusammen-
geflochten wurden und welche man bunt bemalen konnte[6].
Sie wurden mittelst Bändern und Ringen an den

---

[1] In Tell el-Jehûdîje (Lewis, Transact. Soc. Bibl. Arch. VII,
S. 177 f.); Medînet Habu (Daressy, Ann. Serv. Ant. XI, S. 49 ff.);
Karnak (Legrain, Ann. Serv. Ant. II, S. 173; IV, S. 20); Memphis
(Petrie, „Memphis" II, S. 15, Taf. 22). Für die Technik der
Platten vgl. Hofmann, Äg. Z. XXII, S. 62 ff.; Dedekind, „Ägyp-
tologische Untersuchungen", S. 161 ff.

[2] E. Brugsch, RT. VIII, S. 1 ff.

[3] Für Wand- und Deckenverzierung der thebanischen Zeit
vgl. Petrie, „Egyptian Decorative Art", London 1895; Jéquier,
„Decoration égyptienne", Paris 1911.

[4] Lepsius, „Denkm." III, 263; Perrot-Chipiez, „Ägypten",
S. 741, Fig. 537; Davis, „Tomb of Siphtah", S. 15.

[5] Carter und Newberry, „Tomb of Thoutmôsis IV." (Kat.
Kairo), S. 143 f., Taf. 1, 28 (farbig; ohne Farben teilweise Schäfer,
„Ägyptische Kunst", S. 31, Nr. 5).

[6] Prisse, „Hist. de l'Art Égyptien" II, 46; Perrot-Chipiez,
„Ägypten", Taf. 14; Davies, „Sheikh Saïd", Taf. 15; Quibell,
„Excavations at Saqqara 1911—2", Taf. 8—9.

Wänden befestigt[1] und verfolgten den Zweck, die Räume
behaglicher zu gestalten, ganz ähnlich wie dies in zahlreichen
Fällen die heutigen buntfarbigen orientalischen Teppiche
zu tun bestimmt sind. Zu demselben Behufe scheint man
auch Lederdecken mit aufgestickten Mustern verwertet
zu haben. Wenn eine solche im Originale sich auch nur als
Sargdecke benutzt vorgefunden hat[2], so weisen doch die
Wandmalereien der Gräber, welche derartige Decken nachahmen, auf ihre Verwendung auch als Verkleidungen der
kahlen Ziegelwände hin[3].

3. Hausrat[4].

§ 133. Die Einrichtungsgegenstände in dem modernen
wie in dem antiken ägyptischen Hause waren wenige an
Zahl und erstrebten in ihren Formen meist ausschließlich
praktische Gebrauchsfähigkeit, selten daneben auch ästhe-
tisch schöne Gestaltung und Ausschmückung.

§ 134. Als Lagerstätte benutzte man im allgemeinen
die Lehmterrassen, welche längs der Zimmerwände angebracht
waren. Man wickelte sich zum Schlafen, ebenso wie dies auch
der heutige Ägypter zu tun pflegt[5], in das hemdartige Gewand
und schob unter den Kopf, um diesem eine erhöhte Lage
zu geben, ein Kleiderbündel. Dieses Schlafen in den Kleidern galt als selbstverständlich; statt zu sagen: „er war
ein Jüngling", konnte man sich gewählter ausdrücken: „er
schlief in den Kleidern der Jünglinge"[6].

---

[1] Davies, „Ptah-hetep" I, Taf. 20, 20 A = Perrot-Chipiez,
„Ägypten", Taf. 13.
[2] Maspero, Mém. Miss. Franç. Caire I, S. 584 ff.; Villiers
Stuart, „The funeral Tent of an Egyptian Queen", London 1882.
[3] Vgl. Prisse, „Hist. de l'Art Égyptien" II, 34; Jéquier,
„Décoration Égyptienne", Paris 1912.
[4] Köppen und Breuer, „Geschichte des Möbels unter Berücksichtigung der architektonischen und tektonischen Formen",
Berlin 1904 (S. 47—83: Ägypten); Wilkinson-Birch I, S. 408 ff.
(zahlreiche Bilder); Erman, „Ägypten", S. 259 ff.; Foucart, Rev.
arch. 1898, II, S. 366 ff. (12. Dyn.); Champollion, „Mon." IV,
Taf. 429 f., 433 und Rosellini, „Mon. civ.", Taf. 74, 90 (gute
Bilder); R[ansom], Bull. Metrop. Museum, New York, VIII,
S. 72 ff. (Möbel in New York); Ransom, Jahrb. Archäol. Institut
1902, S. 125 ff. (Reste griechischer Möbel aus Ägypten in Berlin).
[5] Lane I, S. 161, 163.
[6] Inschrift des Schiffsführer Ahmes, Z. 5 (Breasted, „Ancient
Records of Egypt" II, S. 6).

Reichere Leute besaßen ein Ruhebett, auf dem man
sich auch bei Tage ausruhen konnte. Dann ließ man sich
zur Erhöhung der Behaglichkeit von Dienern den Kopf und
die Fußsohlen kratzen, eine Behandlungsweise, welche noch
jetzt in Ägypten als eine Annehmlichkeit gilt[1]. Das Bett
🛏[2] stand meist auf vier Beinen, denen man seit den
ältesten Zeiten gern die Gestalt von Löwenfüßen gab; sie
ruhten auf einem kleinen Sockel und wurden häufig sehr
geschmackvoll naturalistisch aus Holz und Elfenbein gefertigt[3]. Die vier-

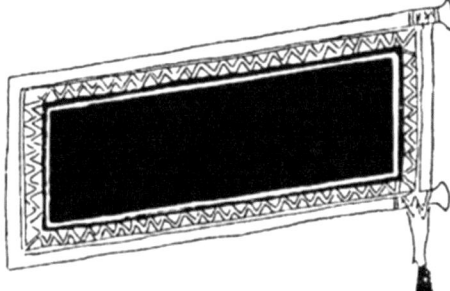

eckige Bettplatte
zeigte vielfach an
ihren vordern Ecken
jeweils einen nach
vorn gerichteten
Löwenkopf, an den
hintern beiden
Ecken einen nach
oben stehenden
Löwenschwanz.

Abb. 34.
Schräges Bett.

Diese Verzierungen
waren durch Bretter
verbunden, welche
am Oberende als Kopflager, am Unterende zum Anstemmen der Füße zu dienen hatten. Die Löwenköpfe,
statt denen vereinzelt der Kopf eines Nilpferdes oder das
Haupt der Göttin Hathor erscheinen, sollten hier, wie in
zahlreichen anderen Fällen, übelabwehrend wirken und den
Schlafenden gegen die Schädigung durch Dämone schützen.
Andere Bettformen sind selten. In der 18. Dynastie kamen
in der Mitte der Länge vertiefte Betten vor, welche am
Kopfende ein erhöhtes Brett zum Schutze gegen Zugluft
besaßen (Taf.-Abb. 11)[4]. In älterer Zeit traten Betten auf,

---

[1] Wiedemann, Sphinx XVIII, S. 172f.
[2] Gutes Beispiel u. a. bei Mariette, „Dendérah" IV, Taf. 62.
Betten mit Zubehör: Lacau, „Sarcophages antérieurs au Nouvel
Empire" (Kat. Kairo), Taf. 35, Nr. 101—2. Darstellungen von
Betten aus dem Alten Reiche, in welchem die Löwenköpfe
häufiger wie später fehlen, verzeichnet Klebs, „Reliefs", S. 26.
[3] Morgan, „Recherches sur les Origines de l'Égypte" II,
S. 189.
[4] Davies, „Tomb of Jouiya and Touiyou", S. 45, Taf. 37.

welche nur am Kopfende zwei Beine hatten, am Fußende
fehlten dieselben, so daß das ganze Bett schräg stand
(Abb. 34)[1]. Die Unterlage wurde hierbei, wie auch bei dem
üblichen Bett, vermittelst von Stricken an der Bettlade
befestigt und gewann auf diese Weise eine gewisse Elastizi-
tät. Um die haltenden Stricke bequem anbringen zu können,
war der Rand der Bettlade, wie Modelle von Betten zeigen,
an allen vier Seiten mit Löchern durchbohrt[2]. In römischer
Zeit finden sich aus Holzstangen zusammengesetzte Bettstellen[3], welche in ihrer Konstruktion an die modernen
einfachen eisernen Bettstellen erinnern.

Die innere Ausstattung des Bettes bestand aus einer
Matte oder einem Kissen, welche je nach Bedarf als Unterlage oder als Zudecke dienen konnten und bisweilen so
dick wie die jetzigen Federbetten waren[4]. Als Nackenstütze benutzte man häufig ein Gestell ⅄, wie es in
ähnlicher Gestalt bis in die Neuzeit hinein in Afrika, Asien,
Ozeanien üblich ist. Dasselbe sollte verhindern, daß der
Kopf sich auf dem Kissen fest aufdrückte und hierdurch
die oft sehr umständliche Haartracht verdorben wurde[5].
Dem die eigentliche Stütze tragenden Ständer gab man
hierbei gern die Gestalt eines Amulettes oder brachte auf
ihm Götterbilder an[6], um durch deren Zauberkraft, ebenso
wie durch die Löwenköpfe am Bette selbst, schädigenden
Zauber von dem Schlafenden fernzuhalten. Auch die Stütze
selbst galt als ein Amulett, welches den Verstorbenen, dem
man es mitgegeben hatte, gegen den Verlust seines Hauptes
und einen zweiten endgültigen Tod im Jenseits zu schützen
vermochte[7].

---

[1] Quibell, „Tomb of Hesy", S. 28, Taf. 19 (Ende der
3. Dyn.).
[2] Petrie, „The Labyrinth", S. 35, Taf. 30 (12. Dyn., aus
Hawara); vgl. ferner Petrie, „Memphis" V, Taf. 8f., S. 23f. (aus
Tarchan, Nagada-Zeit, wo noch die als Matraze dienende, aus
Schilf geflochtene Matte erhalten war).
[3] Petrie, „Hawara", Taf. 19, Fig. 5 (als Puppenbett).
[4] Davies, „El Amarna" III, Taf. 33.
[5] Hamy in „Études dédiées à Leemans", S. 32ff. (mit ethnographischen Parallelen).
[6] Daressy, Ann. Serv. Ant. X, S. 177ff.; Wiedemann, Proc.
Soc. Bibl. Arch. XXXVI, S. 54f.
[7] Wiedemann, „Die Amulette der alten Ägypter", S. 27ff.;
Naville, Äg. Z. XLVIII, S. 107ff.

Vor das Bett stellte man kleine Treppen, um das
Hineinsteigen zu erleichtern[1], und unter dasselbe nicht
selten für den nächtlichen Gebrauch einen Topf[2]. Als
Schutz gegen Mücken umgab man nach Herodots Schilderung das Bett mit einem Moskitonetz; Darstellungen aus
der Zeit der dritten Dynastie[3] weisen daraufhin, daß bereits
damals dieses Schutzmittel, welches besonders im Delta
und während der Überschwemmungszeit sehr notwendig
sein mußte, im Gebrauche war.

§ 135. Die Sitzplatte der Stühle[4] war meist verhältnismäßig hoch über dem Boden angebracht, so daß man,
um für die Füße einen Ruhepunkt zu gewinnen, eines
Fußkissens bedurfte (Taf.-Abb. 12)[5]. Die Rückenlehne stand
vielfach völlig senkrecht auf der Sitzplatte auf, und war der
Sitzende hierdurch gezwungen, eine sehr steife und damit
auf die Dauer ermüdende Haltung anzunehmen. Zur Er-
leichterung derselben verwendete man in zahlreichen Fällen
Seitenlehnen, deren Fläche man gern dazu benutzte, um
übelabwehrende Zeichen, Bilder des Dämonen vertreibenden
Gottes Bes und seiner gleichgestaltigen Genossen, der Göttin
Thueris (Taf.-Abb. 4, Abb. 7) usf. anzubringen[6]. Um den
flachen Sitz bequemer zu gestalten, konnte man ein Kissen
auflegen, wie man ein solches gelegentlich auch an der
Rückenlehne anbrachte. Als Träger der Sitzplatte wurden
vielfach in späterer Zeit zwischen die Beine gerade Stäbe

---

[1] Wiedemann, a. a. O., S. 29; Davies, „El Amarna" III,
Taf. 33. Gutes, vom Herausgeber mißverstandenes Beispiel:
Schäfer, „Grabfunde aus dem Totentempel des Ne-user-rē",
S. 51.

[2] Lacau, „Sarcophages" (Kat. Kairo), Taf. 35, Fig. 102.

[3] Herodot II, 95; Quibell, „Tomb of Hesy", S. 26.

[4] Bilder schöner fauteuilartiger Stühle im Grabe Ramses' III.:
Champollion, „Mon." III, Taf. 258 (Rosellini, „Mon. civ.",
Taf. 91; Wilkinson-Birch I, Taf. 10); Stuhl der Königin Hātschep-
sut: Edwards, RT. X, S. 126; breiter Stuhl und Klappstuhl:
Capart, „Rec. de Monuments égypt.", Taf. 89. Stuhlformen im
allgemeinen: Wilkinson-Birch I, S. 408 ff.; eine Stuhlform der
Nagada-Zeit: Wiedemann, Orient. Lit.-Z. I, Sp. 271 (mit Tafeln).
Für einen besonders von Priestern benutzten Stuhl vgl. Daressy,
Bull. Inst. Franç. Caire XI, S. 233 ff.

[5] Davis, „Tomb of Jouiya and Touiyou", Taf. 35; vgl.
Prisse, „Hist. de l'Art Égyptien" II, Taf. 87.

[6] Davis, a. a. O., Taf. 32 ff., S. 36 ff. (Capart, „L'Art égyptien", Taf. 78, 180—1).

in schräger Linie gestellt, in älterer Zeit wurde statt dessen
hier ein gebogenes Holz als Stütze verwendet[1]. Eine zweite
Stuhlform entbehrte im allgemeinen der Seitenlehnen und
wies nur eine ganze niedere Rückenlehne auf (Taf.-Abb. 2,
etwas höher Abb. 32). Ihrer bediente sich bisweilen der
König bei feierlichen Gelegenheiten, und wurden in einem
solchen Falle an ihr häufig Löwenköpfe als Schützer gegen
Bedrohungen des Herrschers angebracht. Weitere Stühle
besaßen unsere übliche Stuhlform[2].

Dann kannte man vierbeinige niedere Schemel ganz
ohne Lehne, deren Sitz durch eine Lederplatte oder durch
ein Strohgeflecht gebildet wurde[3], Klappstühle, bei denen
der Sitz aus weichem Leder oder Strohplatten bestand[4],
und einen dreibeinigen Stuhl, dessen Sitz durch ein in der
Mitte sich vertiefendes Brett gebildet wurde[5] und der in
seiner Gestalt dem jetzigen Schusterschemel entspricht[6].

Die Stühle benutzte man nicht nur im Hause. Vornehme
Herren ließen sich, wenn sie ihre Felder besichtigten, von
ihren Dienern außer einigen Waffen auch einen viereckigen
Stuhl nachtragen[7].

§ 136. Die Tische waren klein. Auf einem säulen-
förmigen, oben und unten sich verdickenden Fuße lag eine
kreisrunde Platte[8], auf welcher man die Speisen aufbaute
und die Getränke aufstellte. Letztere bedeckte und um-

---

[1] Wiedemann, Orient. Lit.-Z. I, Sp. 269 ff.

[2] Wilkinson-Birch I, S. 409.

[3] Petrie, „Qurneh“, Taf. 26, S. 7 (17. Dyn.).

[4] Capart, „Rec. de Mon. égypt.“, Taf. 89; Whyte, Proc. Soc.
Bibl. Arch. XXII, S. 117; abgebildet: Davies, „El Amarna“ III,
Taf. 24. Bisweilen erhält auch die Kopfstütze die Gestalt eines
solchen Klappstuhls (Petrie, „Kahun“, Taf. 16, Fig. 17 aus Gurob).

[5] Darstellung aus einem thebanischen Grabe: Champollion,
„Mon.“ II, Taf. 164.

[6] Ob die Gegenstände, auf denen die Ägypter gelegentlich
bei Gastmählern und sonst zu sitzen scheinen (vgl. Wilkinson-
Birch I, S. 290, 426, 430), aus Stabwerk hergestellte Sitze sind,
entsprechend den als Kasten, Käfig, Sitz dienenden modern-
arabischen Kuffa, oder — was wahrscheinlicher erscheint —
nach ägyptischer Perspektive in voller Breite von oben gesehene
Matten, auf denen die Leute dann hocken würden (die richtige
Stellung gäbe Wilkinson-Birch I, S. 427), läßt sich nicht mit
vollkommener Sicherheit entscheiden.

[7] Champollion, „Mon.“ II, Taf. 142 (17. Dyn.).

[8] Klebs, „Reliefs“, S. 79 f., 128 ff. (Darstellungen von An-
richte- und Speisetischen aus dem Alten Reiche); Wilkinson-

steckte man vielfach bis zum tatsächlichen Gebrauche mit
grünen Blättern oder Palmzweigen (Taf.-Abb. 2), welche als
Schutz gegen die im Niltale äußerst lästigen Fliegen zu
dienen hatten. Um das Anbringen der Blätter zu erleichtern, wurden bisweilen die Platten längs des Randes mit
Löchern durchbohrt, in welche man die Zweige hineinstecken konnte[1].

Man aß, wenn irgend möglich, auf dem Stuhle sitzend[2] und,
ebenso wie der Eingeborene im jetzigen Ägypten[3], aus freier
Hand. Löffel, Gabeln, Messer als Unterstützung beim Zerlegen im Speiseraum und beim Essen selbst werden nicht
erwähnt, während für das Zerschneiden der Tiere nach dem
Schlachten und, ehe ihre Stücke in die Kochkessel kamen,
Messer im Gebrauche waren.

Häufig finden sich in den Gräbern vor der Statue des
Toten meist flach auf dem Boden aufgestellt rechtwinklige,
seltener runde Platten, von denen erstere vielfach mit
einer Rinne versehen sind, um einer darauf gegossenen oder
verschütteten Flüssigkeit Abfluß zu gewähren, während die
übrige Platte in Relief Bilder von Speisen und von Gefäßen
für Getränke zeigt[4]. Diese Platten stellen nicht eigentliche
Eßtische dar, sondern die erhöhte Stelle, auf welcher man
die Nahrungsmittel aufstapelte, ehe man sie auf den vor
dem Herrn stehenden Eßtisch selbst brachte. Neben diesen
schwerfälligen Anrichten fanden sich leichtgearbeitete,
meist schmale und hohe Holzgestelle, welche zur Aufstellung der Getränke dienten[5]. Seltener sind diese Kredenztische größer und breiter und zeigen oben Löcher, um eine
Reihe von Gefäßen darin zu befestigen (vgl. Taf.-Abb. 2); sie

Birch I, S. 417. Gutes Bild des Fußes und der hinteren Tisch-
hälfte: Mariette, „Abydos" II, 41. Die Auffassung (Borchardt,
Äg. Z. XXXI, S. 1 ff.), es handle sich um viereckige, in falscher
Perspektive dargestellte Tische, hat sich als irrig erwiesen (vgl.
u. a. Maspero, „Études de Mythologie" VI, S. 321).

  [1] Wiedemann, Proc. Soc. Bibl. Arch. XXXIII, S. 203.
  [2] Darstellungen des vor dem Speisetisch sitzenden Mannes
und des Bringens der Speisen u. a. bei Klebs, „Reliefs", S. 17 f.
  [3] Lane I, S. 152 ff.
  [4] Zahlreiche Beispiele aus dem Mittleren und Neuen Reiche:
Ahmed Bey Kamal, „Tables d'Offrandes" (Kat. Kairo), Kairo 1909.
  [5] Wilkinson-Birch I, S. 427; Lange und Schäfer, „Grabsteine des Mittleren Reiches" (Kat. Kairo) IV, Taf. 101 ff.;
Lacau, „Sarcophages antérieurs au Nouvel Empire" (Kat. Kairo)
II, Taf. 32.

konnten auch im Modell dem Toten mitgegeben werden[1].
Vereinzelt tritt endlich ein großer viereckiger Holztisch
mit nur drei statt der sonst regelmäßig verwerteten vier
Beine auf[2].

§ 137. Zur Aufbewahrung von festen Gegenständen benutzte man Kästen von meist viereckiger Form, welche
man zum Schutze gegen Feuchtigkeit und Nagetiere auf
Beine zu stellen pflegte. Ihr Dach ist flach, satteldach-
förmig oder auf einer Seite erhöht und dann nach der
anderen in gebogener Linie abfallend, so daß die Profil-
linie an die eines ägyptischen Ruhelagers erinnert. Der
Deckel konnte vermittelst eines Knopfes aufgehoben oder
abgeschoben werden[3]. Bisweilen sind die Außenflächen der
Kästen mit seltenen Holzarten, Elfenbein, Glasflüssen aus-
gelegt und zeigen als Schmuck Inschriften, Ornamente und
Götterbilder. Die Grundlage besteht fast immer aus Holz.
Kästen aus hartem Stein oder glasierter Kieselerde[4] sind
weit seltener. Häufiger erscheinen käfigartige Kästen,
welche man, wie dies noch im heutigen Ägypten üblich
geblieben ist, aus Rohrstäben oder Palmrippen zusammensetzte und bei denen man gelegentlich die Zwischenwan-
dungen mit trockenen Schilfrindenstreifen bedeckte und
hierdurch schloß[5]. In ihrer offenen Form wurden diese
Gestelle während der ganzen Dauer der ägyptischen Geschichte auch als Särge benutzt und in ihnen die Mumie
niedergelegt[6]. Vereinzelt hat man in der 18. Dynastie bei
dieser Beisetzungsart auf den Aufbau des Kastens ver-

[1] Daressy, Ann. Serv. Ant. I, S. 34.

[2] Wilkinson-Birch I, S. 418.

[3] Abbildungen bei Wilkinson-Birch II, S. 200.

[4] Schöne Exemplare: Davis, „Tomb of Queen Tîyi",
Taf. 3—4, S. 33; „Tomb of Jouiya and Touiyou", Taf. 28—9.

[5] Sog. Hausapotheke zu Berlin, abgebildet: Meyer, „Geschichte des alten Ägyptens", S. 149; Photographie Mertens 1,
20; für ihr Alter vgl. Erman, Äg. Z. XXX, S. 46f.

[6] Petrie, „Memphis" V, Taf. 25—6, S. 27 (Nagada-Zeit);
„Deshasheh", Taf. 34, S. 35 (5. Dyn.); Quibell, „Excavations at
Saqqara 1907—8", Taf. 58, S. 114 (Thebanische Zeit; vgl. die
ähnlich konstruierten kleinen Kästen bei Jéquier, Bull. Inst. Franç.
Caire VII, S. 89ff.); Rubensohn und Knatz, Äg. Z. XLI, S. 11;
Loat, „Gurob", Taf. 18, Nr. 3, S. 2 in Murray, „Saqqara Masta-
bas" I (Spätzeit).

zichtet und ohne weiteres die Leiche mit Palmstäben um-
legt und diese dann mit einem Stricke zusammen gebunden[1].
Die Kästen konnten auch als Schrank Verwendung
finden. Man brachte in ihnen Zwischenbretter an, auf denen
man die Gegenstände in Reihen übereinander ordnete, und
richtete die Vorderwand so ein, daß man sie als Ganzes
fortnehmen konnte[2].

§ 138. Neben den Kästen waren zahlreiche Körbe vorhanden, welche man aus Rohr, Binsen und anderen Materialien in den verschiedensten Formen flocht. Besonders beliebt waren dabei flache, oben offene Schalen[3] und koffer-
artige Reisetaschen, welche man mit einem Henkel versah,
am Stocke befestigte und dann geschultert trug (Taf.-Abb. 22).
Zur schöneren Ausgestaltung bemalte man gelegentlich die
Körbe mit bunten Farben, vor allem in schachbrettartigen
Mustern[4].

§ 139. Eine kunstgeschichtlich wichtige Reihe von Be-
hältern wird durch die in den ersten Jahrhunderten des
Neuen Reiches, etwas seltener auch in anderen Zeiten gern
künstlerisch schön ausgeführten Schmuckschachteln
gebildet[5]. Während der 18.—19. Dynastie gab man ihnen
häufig die Gestalt von länglichen, viereckigen Holzkästen,
welche nach unten hin nahezu halbkreisförmig gerundet,
auf der Oberseite dagegen flach waren. Der flache Deckel
war abzuheben oder um einen Knopf drehbar, das Innere
durch Querwände in kleine Abteilungen zerlegt, welche
Schmuckstücke, Schminken und ähnliches aufnehmen
konnten (Taf.-Abb. 13). Die Gestaltung macht einen unägyp-
tischen Eindruck, und die Vermutung, daß sie aus dem
Auslande eingeführt worden ist, findet darin eine Bestäti-

---

[1] Loat, „Gurob", Taf. 7, S. 2.
[2] Budge, „Guide to the third and fourth Eg. Rooms, Brit.
Mus.", S. 227. Die innere Konstruktion ägyptischer Kästen behandelte u. a. Borchardt, Äg. Z. XXXII, S. 23 ff.
[3] Gutes Bild: Lepsius, „Denkm." II, 111.
[4] Erhaltene Körbe: Petrie, „Memphis" V, Taf. 10, S. 25
(Nagada-Zeit); „Deshasheh", Taf. 34, S. 33 (5. Dyn.); „Kahun",
Taf. 17, S. 26; Steindorff, „Grabfunde des Mittleren Reiches zu
Berlin" II, S. 30 (Mittleres Reich); Petrie, „Qurneh", Taf. 26, S. 7
(17. Dyn.). Vgl. Wilkinson-Birch I, S. 382 f., 401; Klebs,
„Reliefs", S. 147 unter „Körbe".
[5] Beispiele bei Capart, Ann. Soc. Arch. Bruxelles XXI,
S. 305 ff.; Wilkinson-Birch II, S. 13 ff.

gung, daß die Kästen außer mit eingeschnittenen Ornamenten häufig mit Bildern von Gruppen in unägyptischem
Stile verziert worden sind[1]. Bilder von Stierjagden, wie sie
im Kreise der Mykene-Kultur auftreten, und andere, auf
Einflüsse von seiten dieses Kulturkreises hinweisende Darstellungen sind nicht selten. Daneben kommen runde
hölzerne Schachteln mit eingegrabenen Bildern von stilisierten Blumen und flatternden Vögeln vor und besonders
häufig als Schmuckbehälter dienende Löffel (Taf.-Abb. 14)[2].
An dem einen Ende war bei diesen eine ovale oder oblonge
Vertiefung als Behälter angebracht. An diesen schloß sich
ein langer und breiter Stil an, welcher häufig bildliche
Ausschmückung, gelegentlich in durchbrochener Arbeit,
zeigte. Am beliebtesten war hierbei das Bild des Gottes Bes,
der gleichzeitig übelabwehrend wirken sollte, dann die Gestalten von schlanken, wenig bekleideten, durch eine Schilf-
landschaft schreitenden Mädchen. In anderen Fällen hat
man den ganzen Griff als eine einheitliche Gestalt gebildet,
wie als ein nacktes Mädchen in schwimmender Lage, welches
zwischen den beiden ausgestreckten Händen den eigentlichen Behälter hält. Als Material diente für diese Schmuckschachteln in ihren verschiedenen Formen im allgemeinen
Holz, seltener tritt glasiertes Steingut, Kalkstein oder
Alabaster auf. In letzteren Fällen wurde der Schale gern
die Gestalt einer gekrümmt daliegenden Ente oder eines
flachgedrückten Fisches gegeben[3], Motive, welche nicht auf
bestimmte Perioden beschränkt blieben, wenn auch die
Fischgestalt vor allem in den ersten Dynastien des Neuen
Reiches beliebt wurde[4].

---

[1] Capart, „Rec. de Mon. égypt.", Taf. 40 (Lit.); ohne Tier-
verzierungen: Quibell, „Excavations at Saqqara 1906—7",
Taf. 36. Lederbespannung von einem Kästchen in ähnlichem Stil
publ. Schäfer, Äg. Z. XXXI, S. 105ff.
[2] Wilkinson-Birch II, S. 13ff.; Capart, a. a. O., Taf. 70;
„L'Art égyptien", Taf. 79: Wiedemann, Proc. Soc. Bibl. Arch.
XXXIII, S. 201; Daressy, Ann. Serv. Ant. II, S. 11; Petrie,
„Naqada", Taf. 61 (Nagada-Zeit).
[3] z. B. Garstang, „El Arábah", Taf. 21; vgl. Bissing, „Steingefäße" (Kat. Kairo), S. 112f. Ähnliche Gefäße in Holz: Wilkinson-Birch II, S. 16.
[4] Was sonstigen Hausrat anbetrifft, vergleiche man über
Steingut- und Tongefäße die Literatur zu § 227 und § 231; über
Metallgefäße § 235; über Blumenvasen § 78; über Waschgerät
§ 77; über Speise- und Küchengerät § 209—216.

4. Feueranzünden und Licht.

§ 140. Die Gewinnung des Feuers[1] erfolgte mit
Hilfe des in Afrika weitverbreiteten[2] Feuerbohrers,
dessen Umrißlinien auch als Hieroglyphe ⌷ Verwendung
fanden[3]. Eine Anzahl solcher Bohrer sind im Originale erhalten geblieben[4] und lassen die Einrichtung deutlich erkennen. Sie bestanden aus zwei gesonderten Teilen, einem
länglichen flachen Holze mit einer Reihe von rundlichen
Löchern und aus einem Stempel, in dessen Stiel man gelegentlich rund umlaufende Rillen eingegraben hatte.
Durch diese oder auch einfach um den Stempel selbst
legte man einen Strick und zog diesen, gelegentlich mit
Hilfe der auch bei dem sonstigen Bohrer üblichen Violine,
hin und her. Hierdurch versetzte man den Stempel in
eine drehende Bewegung und brachte durch die Reibung
in den Löchern des unteren Holzes das sich hier bildende
Holzmehl zur Entzündung. Um die Reibung zu verstärken,
konnte man das obere Ende des Stempels mit einem
harten Steine[5] belasten und niederdrücken. Auf eine zweite
Art, Feuer zu erzeugen, scheint der Ausdruck „Feuer
schlagen oder werfen" (wie einen Pfeil) hinzuweisen, und
wird man dabei an ein Schlagen von Feuersteinen denken,
der erzielte Funke würde dann trockene Blätter oder Bast
in Brand gesetzt haben[6]. Dieses Feuerschlagen wird vor
allem bei der Schilderung von Kulthandlungen erwähnt,

[1] Für die Feuergewinnung der verschiedenen Völker vgl.:
Pauschmann, „Das Feuer und die Menschheit" I, Erlangen 1908;
für die im Altertume üblichen Arten (Reiben von Holz, Schlagen
zweier Steine gegeneinander, Schlagen von Stein an Eisen, mit
Hilfe der Sonnenstrahlen): M. Planck, „Die Feuerzeuge der
Griechen und Römer", Stuttgart 1884; Morgan in Harvard
Studies in classical Philology I, S. 13ff.
[2] Weule, „Negerleben in Ostafrika", S. 245f.
[3] Griffith, „Hieroglyphs", Fig. 42, 129; S. 50f.
[4] Petrie, „Kahun", Taf. 9, Nr. 6, S. 29; „Illahun", Taf. 7,
Nr. 24—6, S. 11; „Ten Years Digging", S. 117ff., Fig. 91. Darstellung des Feuerbohrens: Griffith, „Beni Hasan" III, Taf. 5
(auf S. 26 mißverstanden als Holzbohrer); Erwähnung desselben
im Märchen vom Schiffbrüchigen, Z. 54 (Ungnad, Äg. Z. XLIII,
S. 161f.; Golenischeff, ib. XLV, S. 85f.).
[5] Maspero, Rev. crit. XXV, S. 321.
[6] Maspero, „Lectures historiques", S. 4.

bei denen es die erste Aufgabe des Priesters bei der Darbringung des täglichen Opfers war, in dem dunklen Tempel-
raume Licht zu erzeugen[1]. Die erzielte Flamme galt als
göttlich und stand im Zusammenhange mit dem Sonnengotte[2]. Sie hatte die Kraft, Dämonen zu vertreiben, und
gewann durch diesen Erfolg das Entzünden der Flamme
für den Totenkult und im Grabe eine große Bedeutung.
Da in Verbindung hiermit vielfach von Dochten gesprochen
wird[3], so wurde der Funke bei dieser Gelegenheit vermutlich mit einem solchen, einem zerzupften Leinwandbausche
aufgefangen und so die Flamme gebildet. Eine Darstellung
dieser Art der Feuergewinnung hat sich bisher nicht gefunden.

Im allgemeinen wurde, wenigstens im Kulte, das Feuer an
jedem Tage von neuem entzündet, vermutlich damit die
Flamme immer rein sei, doch findet sich in einem Kalender
des Neuen Reiches[4] die Angabe, man dürfe am 29. des
Monats Thoth kein Licht mit der Hand entzünden, hatte
sich also dann des Lichtes des vorhergehenden Tages zu
bedienen. Außer den sich täglich wiederholenden Zeremonien der Lichterzeugung gab es noch ein besonderes Fest
des Lichtanzündens, welches vom 1. bis zum 30. des Monats
Payni dauerte[5] und noch im Jahre 215 n. Chr. im Tempel
des kapitolinischen Zeus zu Arsinoe im Fayûm nachweislich
gefeiert worden ist[6].

§ 141. Als Brennmaterial wird, wie im heutigen
Orient, getrockneter Mist und Stroh gedient haben, während
das in dem baumarmen Lande wertvolle Holz mehr zurücktrat. Man konnte letzteres als Holz und als Holzkohle verwerten. Das Zeichen für schwarz stellte ursprünglich einen
schwarzen Holzkohlenhaufen dar[7], aus dem Flammen her-
ausschlagen, und werden in geschäftlichen Urkunden ge-

---

[1] Moret, „Le Rituel du Culte divin journalier en Égypte",
S. 9ff. (Lit.).
[2] Lefébure, Sphinx VII, S. 203f.
[3] z. B. Verträge von Siut bei Erman, Äg. Z. XX, S. 164 ff.
[4] Pap. Sallier IV, 3.
[5] Brugsch, „Thesaurus Inscriptionum Aegyptiacarum",
S. 470.
[6] Wilcken, Hermes XX, S. 457.
[7] Vgl. S. 14.

legentlich Holzkohlen erwähnt[1]. In späterer Zeit ist von
der Verwendung von Olivenholzkohle bei besonderer Gelegenheit die Rede[2]. § 142. Zur Beleuchtung verwendete man Lampen,
deren Entdeckung im Altertume den Ägyptern zugeschrieben
wurde[3]. Die Texte sprechen häufig von Lampen, deren Zahl
bei einzelnen Feierlichkeiten eine sehr große, bei einem
Osirisfeste nicht weniger als 365[4], sein konnte, und besonderen Lampenfesten[5]. Geschildert werden dabei jedoch
weder die Lampen noch die verwendeten Brennstoffe. Da
die Gräber, deren Reliefs bei Licht hergestellt worden sein
müssen, keine Spuren von Verqualmung zeigen, so muß
man ein Mittel gekannt haben, um eine garnicht oder doch
nur ganz schwachrußende Lampe herzustellen. Eine solche
wird von Herodot[6] für Ägypten beschrieben, und dient die
gleiche Herstellungsart noch jetzt für hellbrennende Nacht-
lichte[7]. Man pflanzt einen sehr dünnen länglichen Docht
in eine Handvoll Salz derart ein, daß er den Boden des das
Salz enthaltenden Gefäßes gerade berührt und an der
Spitze ein wenig hervorsteht. Das Salz begießt man mit
Brennöl, bis es gesättigt ist, und entzündet dann den
Docht. In dem Massengrabe der Amonpriester zu Dêr el
baḥari waren eine Reihe von kleinen Nischen 1½ m über
dem Fußboden in die Wand eingegraben, um in ihnen
Lampen aufzustellen, aus denen dann eine an weißes
Wachs erinnernde Masse heruntergeflossen ist[8]. Fackeln,
welche stark gequalmt haben müssen, werden selten dar-
gestellt. Bisweilen hält sie die Göttin Thueris, welche den
Toten am Grabeingange in Empfang nahm[9], oder ein Toten-
priester[10] in der Hand.

---

[1] Maspero, RT. I, S. 52, 59; Spiegelberg, RT. XVII, S. 152,
157.

[2] Pap. gnost. London 3, Z. 5—6 (Spiegelberg, a. a. O.,
S. 157).

[3] Clemens Alexandrinus, Stromata I 16, S. 362.

[4] Loret, RT. IV, S. 27.

[5] Wiedemann, „Herodot", S. 262, 483, 433 (Lit.).

[6] II, 62.

[7] Wiedemann, a. a. O., S. 260.

[8] Daressy, Ann. Serv. Ant. I, S. 145.

[9] Budge, „Facsimile of the Papyrus of Ani", Taf. 37.

[10] Loret, Mém. Miss. Franç. Caire I, S. 31, Fig. 4.

Die Lampen wurden gelegentlich bereits unter der
4. Dynastie durch rundliche Gefäße gebildet, bei denen an
einer Stelle des Randes eine Vertiefung für den Docht ein-
gedrückt war[1]. Weitere Lampen bildeten vermutlich runde,
mittelgroße, flache Schalen aus hartem Stein oder gebranntem Ton, bei denen der etwas nach innen umgebogene
Rand[2] ein Verschütten des Öles oder Fettes beim Umher-
tragen verhindern sollte. Da sich bei ihnen keine Brand-
spuren am Rande erkennen lassen, wird der Docht in der
Mitte des Gefäßes angebracht gewesen sein. Die üblichste
Lampe bestand in einem ziemlich hohen, topfartigen
runden Gefäße ▽, welches oben erheblich breiter wie unten
war. Bei ihm brannte die Flamme entweder in der
Mitte, wie es die typische Darstellung der Weihrauchverbren-
nung 🔥 zeigt, oder sie schlug hoch aus dem ganzen Gefäße heraus ⋂. Im ersteren Falle handelt es sich wohl
um die von Herodot geschilderte Brennart, im zweiten um
einen festen, fettigen Stoff, der in der Hitze schmolz und
aus dem dann der Docht in hellodernder Flamme empor-
brannte. Letztere Brennart mußte eine starke Erhitzung
des Gefäßes mit sich bringen, und versah man dasselbe
daher bisweilen mit einem kurzen Fuß und Henkeln ⋂
oder stellte es auf einen etwa 1 m hohen säulenartigen Fuß[3]
oder vereinte auch mehrere derartige Lampen zu einer Art
Kandelaber ⚱. Lichterhäuschen, in welchen man die
Lampe zum Schutze gegen Zugwind aufstellte und denen
man dann gern die Gestalt eines Naos gab, haben sich in
Ägypten bisher erst in hellenistischer Zeit gefunden[4].

Im allgemeinen befindet sich in jeder Lampe nur ein
Brenner, wenn auch gelegentlich zwei solche vorkommen.
Eine Ausnahme bildete die Zeit Amenophis' IV., in welcher

[1] Lacau, CR. Acad. Inscr. 1913, S. 519.
[2] Derartige Gefäßformen bei Bissing, „Steingefäße" (Kat.
Kairo), Taf. 7.
[3] Petrie, „The Labyrinth", Taf. 28, 46; S. 34.
[4] Petrie, „Naukratis" I, S. 40; vgl. S. Löschcke, Bonner
Jahrbücher CXVIII, S. 370ff.; Pfuhl, Jahrb. Deutsch. Arch. Inst.
XXVII, S. 58f.

die Verwendung von vier Brennern häufig war[1], wie später auch die hellenistische Zeit mehrere Brenner liebte. Diese Sitte übernahmen die Kopten, bei denen die Lampe mit sieben Brennern bei der letzten Ölung Verwendung fand[2].

Das im Altertum verwendete Brennöl wurde vermutlich von der Rizinusstaude gewonnen[3], während das Olivenöl selten gewesen sein wird.

In späterer demotischer[4] und koptisch-griechischer Zeit[5] wird mehrfach eine Lampe bei Zauberhandlungen verwendet, wie dies auch im arabischen Mittelalter[6] üblich war. Für das alte Ägypten hat sich eine entsprechende Sitte bisher nicht nachweisen lassen.

5. Haustiere[7].

§ 143. Der alte Ägypter beschäftigte sich gern mit Tieren und beobachtete, wie die Reliefdarstellungen zeigen, liebevoll ihr Treiben, ein Bestreben, in welchem ihn auch die göttliche Verehrung und Hochachtung, welche er während der ganzen Dauer des nationalen Ägyptertumes zahlreichen

[1] Davies, „El Amarna" I, Taf. 12, 22, 31; IV, Taf. 15, 20, 24, 31; V, Taf. 3 (Lepsius, „Denkm." III, 102; vgl. Lepsius, Äg. Z. VI, S. 80).

[2] Legrain, Ann. Serv. Ant. VIII, S. 253 f.

[3] Für den Wert des Öles vgl. Revillout, Rev. égypt. II, S. 162 f.

[4] Maspero, RT. I, S. 35 ff.; Lefébure, Sphinx VI, S. 68.

[5] Erman, Äg. Z. XXI, S. 98.

[6] Vgl. z. B. „Tausend und Eine Nacht": Geschichte Aladdins und der Wunderlampe („Tausend und Eine Nacht", übersetzt von Weil, III, S. 68 ff.).

[7] Die vollständigste, Ägypten eingehend berücksichtigende Arbeit über die antiken Angaben über Tiere ist O. Keller, „Die antike Tierwelt", 2 Bde., Leipzig 1909—13; die Angaben der Klassiker sammelte O. Lenz, „Zoologie der alten Griechen und Römer", Gotha 1856. Zoologische Bestimmungen der in ägyptischen Reliefs dargestellten Tiere bei Bissing, „Mastaba des Gem-ni-kai" I, S. 34 ff.; Brugsch, Äg. Z. II, S. 7 ff., 19 ff. Ägyptische Tiernamen bei Brugsch, ib. XX, S. 69 f.; koptische bei Brugsch, ib. III, S. 47 ff.; VI, S. 55 ff.; Loret, Ann. Serv. Ant. I, S. 48 ff. Systematisches Verzeichnis der jetzt im Niltale lebenden Tiere mit Fundorten: Hartmann, „Nilländer", S. 185 ff. — Für Haustiere insbesondere vgl. Wilckens, „Naturgeschichte der Haustiere", 2. Aufl., Leipzig 1905; Kuschel, „Die Haustiere Ägyptens im Altertum", Görlitz 1911; E. v. Keitz, „Über Tierliebhaberei im Altertume", Darmstadt 1883.

Einzeltieren und Tierarten entgegenbrachte[1], bestärken mußte. Diese Tierliebe ist vielfach auf die heutigen Ägypter übergegangen, bei denen auch die Vorstellung von der Heiligkeit und dämonischen Natur einer Reihe der im Altertum göttlich verehrten Geschöpfe fortlebt[2].

§ 144. Das Lieblingstier der Ägypter war der in zahlreichen Spielarten auftretende Hund[3], dessen Bezeichnung *auau* das Bellen des Tieres nachahmen sollte. In älterer Zeit war seine verbreitetste Rasse ein langbeiniger Windhund mit eingeringeltem Schwanze, welcher an den Slugi des Sudan erinnert und den man nicht nur im Lande selbst aufzog, sondern auch im Mittleren und Neuen Reiche aus den Gegenden südlich von Ägypten bezog[4]. In der Spätzeit stellen die hellenistischen Terrakotten wesentlich Spitze dar, so daß der Windhund damals an Wertschätzung verloren zu haben scheint. Eine bisher vereinzelte derartige Terrakotte zeigt einen gelehrigen Pudel, der Männchen macht und auf dem Kopfe eine Feder und an den Ohren Metallringe trägt[5]. Auf die Erziehung der Hunde wurde bereits in früherer Zeit großes Gewicht gelegt, und erhielten sie bisweilen besondere Aufseher[6]. Sie gewannen hierdurch ihr schmeich-

---

[1] Wiedemann, „Der Tierkult der alten Ägypter", Leipzig 1912; Zimmermann, „Die ägyptische Religion", S. 87 ff. (auch Sonderausgabe: „Der ägyptische Tierkult", Kirchhain 1913); Hopfner, „Der Tierkult der alten Ägypter" in Denkschr. Akad. Wien LVII, Abh. 2 (sehr eingehend und grundlegend); Wilkinson-Birch III, S. 242 ff. (jetzt veraltet). — Für Tiermumien vgl. Lortet und Gaillard, „La Faune momifiée de l'ancienne Égypte", Lyon 1903—9; Gaillard und Daressy, „La Faune momifiée de l'antique Égypte" (Kat. Kairo), Kairo 1905.
[2] Vgl. z. B. Legrain, „Louqsor sans les Pharaons", S. 117 ff.
[3] Wiedemann, „Herodot", S. 285 ff. (Lit.); Klebs, „Reliefs", S. 34 f. (Verzeichnis der Darstellungen aus dem Alten Reiche); Lefébure, Sphinx II, S. 63 ff.; Albrecht, „Zur ältesten Geschichte des Hundes", München 1903; Orth, „Der Hund im Altertum", Schleusingen 1910; Lenormant, „Die Anfänge der Kultur" I, S. 229 ff.; Birch, Transact. Soc. Bibl. Arch. IV, S. 172 ff. (ill.). Hundebilder: Champollion, „Mon." IV, Taf. 426 ff.; Rosellini, „Mon. civ.", Taf. 16—7; Newberry, „Beni Hasan" IV, Taf. 2—4; Wilkinson-Birch II, S. 99.
[4] Märchen vom Schiffbrüchigen (Erman, Äg. Z. XLIII, S. 21); Dümichen, „Flotte einer ägyptischen Königin", Taf. 2.
[5] Lefébure, Ann. Serv. Ant. IX, S. 158.
[6] Bergmann, RT. VII, S. 177.

lerisch kriechendes Wesen, mit welchem in den ägyptischen Texten häufig das Benehmen Unterworfener verglichen wird.

Der Ägypter empfand zu seinem Hunde persönliche Zuneigung und gab ihm einen eigenen Namen. So hieß der Hund Ramses' II.: „Die Göttin Anta ist mächtig", andere heißen: „Lampe", „Gesunder", „Das Beutemachen gebar ihn" oder führen auswärtige, der lybischen Sprache entlehnte Namen[1], welche wohl mit dem betreffenden Tiere von Westen her nach Ägypten gekommen sind. Gern hatte man das Tier in seiner Nähe. In den Grabreliefs sieht man es unter dem Stuhle seines Herrn stehen oder sitzen; in einem Falle sogar eine Hündin, welche ihre drei Jungen säugt[2]. Bei Ausflügen und Jagden wurde der Hund mitgenommen, er saß neben den Arbeitern und sah aufmerksam ihrer Tätigkeit zu[3]. Auch im Jenseits wollte man den gewohnten Freund nicht entbehren und nahm ihn daher bereits zur Nagada-Zeit mit in das Grab oder ließ ihn in dessen unmittelbarer Nähe beisetzen[4]. Die Hundesärge, welche außer Haushunden auch heilige Hunde enthalten konnten, trugen bisweilen die gleichen Formeln, wie Menschensärge[5].

Außer den in festem Besitze befindlichen Haus- und Jagdhunden trieben sich in den ägyptischen Ortschaften, ebenso wie in denen des heutigen Orients, zahlreiche halbwilde Hunde umher, welche bei ihrer noch von späteren Schriftstellern[6] betonten Größe und Stärke den Bewohnern

---

[1] Maspero, „Études de Myth." VI, S. 493; Weill, RT. XXXVI, S. 15ff.

[2] Davies, „Deir el Gebrâwi" II, Taf. 4, 15.

[3] Scheil, Mém. Miss. Franç. Caire V, 4: „Tombeau d'Apoui", Taf. 1 (daraus Steindorff, „Blütezeit des Pharaonenreiches", S. 101).

[4] Petrie, „Naqada", S. 62. Für Hundemumien vgl. Gaillard und Daressy, „Faune momifiée", S. 1ff., 29, 91ff., 126ff.; Loat, „Gurob" in Murray, „Saqqara Mastabas" I, Taf. 12, Nr. 4, S. 6; Haddon in Naville, „The Cemeteries of Abydos" I, S. 40ff. (Hunde-Nekropole zu Abydos).

[5] Capart, Äg. Z. XLIV, S. 131. Für die Hundegötter, bei denen Hund, Wolf und Schakal nicht streng auseinandergehalten werden, vgl. Wiedemann, Proc. Soc. Bibl. Arch. XXXVI, S. 56; Mahler, ib., S. 143ff.

[6] Xenoph. Eph. IV, 6. Ein koptischer Zauberspruch, um einen Hund zu bändigen, bei Erman, Äg. Z. XXXIII, S. 132ff.

gelegentlich recht lästig geworden sein müssen. Ein Schreiber klagt denn auch um das Jahr 1200 v. Chr., daß sich in dem Orte, in dem er lebe, nicht weniger als 200 gewöhnliche und 300 Wolfshunde aufhielten und ihm das Leben verbitterten[1]. Gegessen scheint man das Hundefleisch nicht zu haben, doch wurden einzelne Teile des Tieres, wie beispielsweise die Geschlechtsteile der Hündin, zu medizinischen Zwecken verwendet[2].

§ 145. Neben dem Hunde spielte in dem ägyptischen Haushalte die Katze eine wesentliche Rolle, wenn man ihr auch stets mit einer gewissen Scheu begegnete. Sie galt in weit höherem Grade wie der Hund als ein gottgeliebtes Wesen, und war ihre Verletzung mit schweren Strafen bedroht[3], eine Vorstellung, welche im Volke derart fest eingewurzelt war, daß sie den Fall des Heidentums überdauerte. Noch jetzt wird im Niltale die Katze vielfach als ein gut zu behandelndes, dämonisches Wesen angesehen[4]. Die altägyptische Katze entspricht der Felis maniculata und der Felis chaus[5], sie war sehr kräftig gebaut und der Umgang mit dem erwachsenen Tier daher nicht ungefährlich. Die Darstellungen, welche es mit vortrefflicher Naturwahrheit wiederzugeben wissen[6], deuten mehrfach in der Haltung und dem Gesichtsausdrucke diese Wildheit nachdrücklich an[7]. Trotzdem liebten die Besitzerinnen ihre Katzen, nahmen ihre Mumie zusammen mit denen der Kinder mit in das Grab[8] und ließen die Kinder bei Lebzeiten mit ihnen spielen[9]. „Die Katze" oder „Der Kater" bildeten im Neuen Reiche häufige Eigennamen, während sie

---

[1] Maspero, „Études de Myth." V, S. 304 ff.; vgl. Piehl, Proc. Soc. Bibl. Arch. XIV, S. 133 ff.

[2] Papyrus Ebers 65, 21 (Ebers, Äg. Z. XXXIII, S. 12).

[3] Wiedemann, „Herodot", S. 283 ff. (Lit.); Zimmermann, „Die ägyptische Religion", S. 112 f.

[4] Lane II, S. 35 f., 113 f.; Legrain, Ann. Serv. Ant. VIII, S. 35 ff.

[5] Katzenmumien bei Gaillard und Daressy, a. a. O., S. 8 ff., 94 ff., 132 ff.

[6] Maspero, „Essais sur l'Art égyptien", S. 263 ff.: Carter, „Beni Hasan" IV, Taf. 5.

[7] Scheil, Mém. Miss. Franç. Caire V, S. 552.

[8] Rubensohn, Äg. Z. XLI, S. 10.

[9] a. a. O., S. 17.

sonst, wie unter der 11. Dynastie[1], nur vereinzelt vorkamen.
Eine praktische Verwendung der Katze läßt sich nicht nachweisen. Reliefs, welche man auf eine solche hat beziehen
wollen[2], stellen nicht ein Herbeibringen der Beute durch
eine abgerichtete Katze dar, sondern zeigen das Tier, wie
es sich für eigene Rechnung auf die Vogeljagd begeben hat[3].

§ 146. Mit der Katze läuft in Ägypten das gleichfalls
heilig gehaltene Ichneumon[4] parallel; die gleichen Nekropolen enthalten beide Tierarten, welche man für nahe verwandt angesehen zu haben scheint. Häufig stellte man das
Geschöpf auf dem Hinterteile sitzend und die Vorderpfoten
wie zur Verteidigung erhebend dar oder ließ es an Zweigen
hinaufklettern, um zu einem Vogelneste mit Eiern oder
Jungen zu gelangen, ohne daß es sich dabei um abgerichtete
Tiere zu handeln brauchte.

§ 147. Verhältnismäßig häufig werden gezähmte Affen[5]
erwähnt. Der Hundskopfaffe[6], welcher in der Frühzeit und
vielleicht noch am Anfange des Mittleren Reiches[7] in Ägypten wild vorgekommen zu sein scheint, wurde später aus
dem Süden bezogen[8], war also im Laufe der Zeit aus dem
Lande selbst verschwunden. Er galt als das heilige Tier
des Gottes der Weisheit Thoth[9] und damit der Schreiber,
wurde aber auch in den Häusern von Privatpersonen zum
Vergnügen gehalten. Er wurde am Stricke spazieren geführt und trieb dabei allerhand Unfug, packte in der Nähe
befindliche Männer am Beine[10] oder zog den heiligen Ibis
am Schwanze[11]. Ob er auch zu nützlichen Diensten ver-

---

[1] Lange, Äg. Z. XXXIV, S. 25; Sitzb. Akad. Berlin 1914,
S. 991 ff..
[2] Wilkinson-Birch II, S. 107.
[3] Maspero, a. a. O., S. 271 ff.
[4] Wiedemann, „Herodot", S. 288 f.; Lefébure, Sphinx VI,
S. 189 ff.; VII, S. 25 ff. (über Ichneumon, Spitzmaus, Ratte,
Maus, Iltis).
[5] Verzeichnis der Darstellungen aus dem Alten Reiche:
Klebs, „Reliefs", S. 33 f.
[6] Ehrenberg, Abb. Akad. Berlin 1833, S. 337 ff.
[7] Griffith, „El Bersheh" II, Taf. 11.
[8] Naville, „Deir el bahari" III, Taf. 74.
[9] Vgl. Bénédite, Mém. Acad. Inscr. Fondation Piot XIX,
S. 1 ff.
[10] Maspero, „Musée égypt." II, Taf. 11.
[11] Petrie, „Medum", Taf. 24.

wendet wurde, ist zweifelhaft. Ein Relief der 12. Dynastie
zeigt ihn bei der Ernte von Sykomorenfeigen auf dem
Baume sitzend[1], es läßt sich aber nicht ersehen, ob es abgerichtete Tiere sind, welche für ihren Herrn arbeiten, oder
wilde oder verwilderte, welche sich an den Früchten güt-
lich tun.

Mit Vorliebe fand sich in den Häusern die Meerkatze,
welche man aus dem Süden bezog, nachdem sie, ebenso wie der
Pavian, aus der einheimischen Tierwelt verschwunden war.
Ihr gab man in den Darstellungen gern erheiternde Haltungen. Sie sitzt unter dem Stuhle des Besitzers oder der
Besitzerin, springt umher, knabbert an Früchten, klettert
am Rücken des Besitzers in die Höhe, sitzt auf den Schultern eines Zwerges, spielt im Takelwerk eines Schiffes[2].
Meist handelte es sich dabei um männliche Tiere, doch kommt
es auch vor, daß man sich weibliche hielt und diese mit
Arm- und Fußringen und mit Halsbändern, gerade so wie
ein junges Mädchen, schmückte[3].

Eine dritte, bisher zoologisch unbestimmbare, ägyptisch
Kâri genannte Affenart bezog man gleichfalls aus dem
Süden, sie lernte Töpfe tragen und tanzen[4].

§ 148. Inwieweit man sich Vögel hielt, ist unbekannt.
Wenn Kinder ein solches Geschöpf, besonders einen Wiede-
hopf herumschleppten[5], so handelte es sich dabei wohl nur
um ein beliebiges Spielzeug und, wenn einmal eine Frau
eine Gans hätschelt[6], um eine vereinzelte Leidenschaft.
Eine allgemeiner verbreitete Sitte kann man aus solchen
Einzelerscheinungen nicht erschließen wollen.

---

[1] Lepsius, „Denkm." II, 127.

[2] Petrie, „Medum", Taf. 17, 18; „Deshasheh", Taf. 27;
Davies, „Deir el Gebrâwi" II, Taf. 9; Capart, „Rue de Tombeaux
à Saqqarah", Taf. 41; usf.

[3] Davies, „Deir el Gebrâwi" I, Taf. 19.

[4] Wiedemann, Proc. Soc. Bibl. Arch. XIII, S. 32. Märchen
vom Schiffbrüchigen, Z. 165 (Erman, Äg. Z. XLIII, S. 21).

[5] Ward, Proc. Soc. Bibl. Arch. XXII, S. 315 (Altes Reich)
und öfters. Gutes Bild des Wiedehopfes: Newberry, „Beni
Hasan" IV, Taf. 6.

[6] Erman, „Ägypten", S. 590.

E. Verkehrs- und Transportmittel.

1. Gehen.

§ 149. Wenn es galt, einen anderen Ort zu erreichen, so gingen ärmere Leute zu Fuß[1]. Sie nahmen dabei meist einen geraden und schweren Stock in die Hand, der zugleich als Waffe dienen konnte[2]. Häufig war er, wie zahlreiche ägyptische Szepter und Stäbe, unten in zwei Spitzen geteilt[3], um ihn beim Stehen in den Boden stecken und als feste Stütze verwenden zu können. Einen oben gegabelten Stock benutzte der Bettler und gelegentlich der Tote, wenn er durch Bezeigung seiner Unterwürfigkeit und Hilfsbedürftigkeit die Gunst der Jenseitsdämonen zu gewinnen trachtete[4]. War man zu arm, um sich einen geglätteten Stock zu kaufen, so konnte man sich einen dicken Baumzweig abbrechen und diesen ohne Entfernung der Astansätze als Wanderstab verwenden[5]. Bisweilen schulterte man auch den Stab und hing seine Schilfmatte an ihm auf 𓀛, um durch ihr Tragen nicht behindert zu werden. Wollte man sich möglichst leicht bewegen, so wird man sich, wie in der Neuzeit im Niltal, bei einem weitern Wege möglichst der Kleider entledigt haben. Frauen trugen sie dann gelegentlich auf dem Kopfe[6].

Für die Angehörigen höherer Stände kam das Gehen weniger in Betracht. Der Ägypter war im allgemeinen körperlich träge, und so begnügte sich der Reiche und Vornehme damit, feierlich im Hause und in seinem sonstigen Besitztum umherzugehen, um, soweit sich dies ohne weitere Anstrengung ermöglichen ließ, nach dem Rechten zu sehen. Hierbei ließ er sich, um der gewohnten Bequemlichkeit nicht zu entbehren, alles nachtragen, was er für ein jederzeitiges

---

[1] Über das Hintereinandergehen und Gehhaltungen vgl. § 218; über Straßen § 7, 8, 125 u. s. f.

[2] Vgl. § 177.

[3] Vgl. beispielsweise S. 57 und Wiedemann, RT. XVIII, S. 130.

[4] Naville, „Das ägypt. Todtenbuch der 18. bis 20. Dynastie", Taf. 6; Wiedemann, „Altägypt. Sagen", S. 135, 142.

[5] Chassinat, Bull. Inst. Franç. Caire I, S. 22 (Mittleres Reich).

[6] Griffith, Proc. Soc. Bibl. Arch. XIX, S. 299.

Ausruhen bedurfte, wie Sitz, Ruhebett, Kopfstütze, Stöcke,
Salbgefäße, Windschutzmatte u. s. f.[1] Das Vergnügen am
Spazierengehen lag dem alten Ägypter in dem heißen
Klima des Landes ebenso fern, wie dem modernen, dessen
Denkart am besten sein Sprichwort „Auf einem Roßkäfer
reiten, ist immer besser als selbst auf einem Teppiche gehen"
kennzeichnet[2].

2. Transporttiere.

§ 150. Von den Tieren, welche zum Reiten oder Tragen
Verwendung finden konnten, spielte das in der Neuzeit
für Ägypten charakteristische Kamel im Altertum keine
größere Rolle. Das Geschöpf, welches das Alte Testament[3]
als in Ägypten vorkommend nennt, war nachweislich dort
zu den verschiedensten Zeiten vorhanden. In der Nagada-
Zeit wurden Tonfiguren in Gestalt seines Kopfes und eine
Vase in der eines liegenden Lastkamels gefertigt. Aus der
thebanischen Zeit ist die Statuette eines mit Wasserkrügen
beladenen Kamels erhalten, aus hellenistischer Zeit liegen
zahlreiche Terrakotten von Lastkamelen, Kamelreitern und
ähnlichen Figuren vor. Eine Verwendung hat das Tier aber
in vorchristlicher Zeit in Ägypten nur ausnahmsweise gefunden. Vermutlich wurde es seit alter Zeit von den Beduinen
zum Durchqueren der Wüste benutzt und war daher auch
den Leuten an den Rändern Ägyptens eine gewohnte Erscheinung. Im Innern des Niltales erwies sich das unge-
schickt und schwerfällig schreitende Geschöpf bei den vielen
Gräben und Kanälen, welche das Land durchfurchten, als
weit weniger empfehlenswert[4]. Es hing mit dem Verfall
der ägyptischen Bewässerungsanlagen und der Landwirtschaft zusammen, wenn im späten klassischen Altertum
und im Mittelalter die Benutzung des Kamels im Lande
mehr und mehr an Umfang gewann[5].

---

[1] Klebs, „Reliefs" S. 29 ff. (Darstellungen aus dem Alten
Reiche).
[2] Burckhardt, „Arabische Sprüchwörter", S. 124.
[3] Moses I, 12, 16.
[4] Wiedemann, Sphinx XVIII, S. 174 ff. (Lit.).
[5] Die Stöcke der Kameltreiber im Gebiete zwischen Suez,
Kene und Kosêr haben, abgesehen von der Gabelung am unte-

§ 151. Sehr häufig findet sich auf den Denkmälern der Esel[1] dargestellt (Abb. 71), welcher bereits im Alten Reiche in großer Zahl gehalten wurde und bis in die Neuzeit hinein die weiteste Verbreitung besitzt. Er trug die Erzeugnisse des Ackerbaus vom Felde nach Hause, der Beduine lud ihm seine Waren auf, bei Wüstenwanderungen[2] wurde er, nicht das Kamel, als Lastenträger mitgeführt. Das einheimische Tier war größer und kräftiger wie der europäische Esel, man suchte aber außerdem aus dem Auslande gute Esel einzuführen, wie vor allem aus dem Süden[3], woher noch jetzt besonders starke Esel kommen, und aus Syrien, wo die Bedeutung des Esels groß genug war, um ihm Aufnahme in die Mythologie zu verschaffen[4]. In Ägypten wurde er meist mit dem Gotte Set in Verbindung gebracht, und wurden nach griechischer Angabe rothaarige Esel als Vertreter des bösen Prinzipes geopfert. Daneben stand das Tier mit dem Sonnengott in Beziehung und wurde ebenso, wie dieser, von der Schlange Āpep, einer Verkörperung des Bösen und der Finsternis, bedroht[5].

Der Besitz eines Esels erschien dem Ägypter derart notwendig, daß man das Tier auch im Jenseits nicht entbehren zu können glaubte. Infolgedessen hat ein vornehmer Herr in der Nagada-Zeit seine drei Esel gemeinsam mit sich selbst bestatten lassen[6]. Dabei wurden sie vor der Beisetzung, entsprechend der damaligen Art der Behandlung der menschlichen Leiche, enthauptet, offenbar um sie vermittelst einer derartigen Zerstückelung um so sicherer in das Jenseits zu senden.

ren Ende, völlig die Gestalt des ägyptischen Königsszepters (Seligmann, Journ. of Egypt. Arch. III, S. 127; für das Szepter vgl. oben S. 57).

[1] Wiedemann, „Herodot", S. 421, 450, 86.
[2] z. B. Maspero, „Contes populaires de l'Égypte ancienne", S. 49.
[3] Schiaparelli, „Tomba egizia inedita", S. 23. Gutes Bild eines Esels aus Punt: Prisse, „Hist. de l'Art égypt." II, Taf. 50 (Naville, „Deir el bahari" III, Taf. 69).
[4] Ebers, Äg. Z. XI, S. 3. Für den Esel in der semitischen Mythologie vgl. u. a. Ball, Proc. Soc. Bibl. Arch. XXXII, S. 64 ff.
[5] Lefébure, Sphinx V, S. 77 f.
[6] Petrie, „Memphis V and Tarkhan I", London 1913; Journ. of Egypt. Arch. I, S. 43.

Auffallender Weise ist von dem jetzt allgemein üblichen
Reiten auf dem Esel in den Texten nie die Rede, und wird
es auf den Denkmälern nicht dargestellt. Erst aus hellenistischer Zeit haben sich Terrakottafiguren gefunden, welche
gesattelte Esel abbilden[1] und zeigen, daß man damals,
wohl unter fremdem Einfluß, gelernt hatte, den Esel als
Reittier zu benutzen.

§ 152. Das Pferd[2] fehlte in Ägypten während des
Alten und Mittleren Reiches. Erst gegen Ende des letzteren
wurde es aus Asien eingeführt und diente in der klassischen
Zeit des Ägyptertums ausschließlich als Zugtier, obwohl
seine Benutzung als Reittier in dem benachbarten Asien
eine althergebrachte Sitte war, welche die Ägypter vielfach
beobachtet haben müssen. Wenn ihre Hauptfeinde, die
Cheta in Syrien, auch meist vom Wagen aus kämpften, so
werden sie doch nach der Niederlage dargestellt, wie sie
auf dem Pferde reitend zu entkommen suchen[3]. In Ägypten
galt es noch um 750 v. Chr. als etwas sehr Bemerkenswertes,
wenn ein Fürst ritt und nicht seinen Wagen bestieg[4]. Als
Zugtier fand das Pferd um so schnellere Verbreitung im
Lande und erschien bereits kurz nach seiner Einführung
bis nach Oberägypten hinauf im Besitze vornehmer Herren.
Meist handelte es sich dabei um im Lande selbst gezüchtete
Tiere, doch betrachtete man es als willkommene Beute,
wenn es gelang, von asiatischen Feldzügen Pferde mit
zurückzubringen, und vergaß man es nicht, einen derar-
tigen Erfolg in den Siegesberichten des Pharao zu erwähnen[5].
In den Keilschrifttexten von El Amarna werden ägyptische
Pferde aufgeführt, und galt der Ausdruck Pferdeknecht des

---

[1] Äg. Z. XXVIII, S. 55.
[2] Wiedemann, Umschau VIII, S. 1023 ff.; Proc. Soc. Bibl.
Arch. XXXVI, S. 109 f. (Lit.); Zippelius, „Das Pferd im Phara-
onenlande" in Zeitschr. f. Pferdezucht XVII, Nr. 17—20; Lenormant, „Die Anfänge der Cultur" I, S. 207 ff.
[3] Lepsius, „Denkm." III, 145 b.
[4] Piânchi-Stele, Z. 89 (Brugsch, „Geschichte Ägyptens",
S. 696). Eine angeblich aus der 17. oder 18. Dyn. stammende
Reiterstatuette im Museum zu New York (publ. W[inlock],
Bull. Metrop. Mus. of Art, New York, XI, S. 85 f.) ist allem
Anschein nach eine Fälschung.
[5] Legrain, Ann. Serv. Ant. IV, S. 132.

Königs als ein Ergebenheitstitel[1]. In der thebanischen
Blütezeit werden öfters der königliche Marstall und seine
Beamten genannt, und enthält vor allem eine aus dem fünften Regierungsjahre Ramses' II. datierte Lederrolle dies-
bezügliche Angaben[2]. Um das Jahr 1000 v. Chr. spricht
das Alte Testament von den Pferden, welche Salomo in
Ägypten kaufte und dann nach Syrien weiter verhandelte.
§ 153. Während das Reiten auf Esel und Pferd kaum
vorkam, ist gelegentlich von einem Reiten auf Rindern die Rede. In einem Märchen[3] reitet der Held der
Erzählung auf einem Stiere, und eine Sargmalerei der
jüngeren Zeit zeigt den Verstorbenen, wie er auf der kuh-
gestaltigen Göttin Hathor in das Jenseits reitet, während
sein Seelenvogel hinter ihm auf dem Tier Platz genommen
hat[4]. Diese Beförderungsart des Toten war aber ungewöhn-
lich. Meist wurde ein entsprechender Vorgang in der Weise
dargestellt, daß die Mumie lang ausgestreckt auf dem
Rücken des Apisstieres ruht, welcher mit ihr dem Jenseits
zueilt[5].

3. Tragen.

§ 154. Statt zu reiten, ließ sich der Ägypter, schon aus
Bequemlichkeitsgründen, lieber tragen[6]. Er setzte sich auf
einen breiten, langsitzigen Sessel, der gelegentlich über
den Rücken von zwei Eseln gestellt werden konnte, die
ihn dann zu tragen hatten (Taf.-Abb. 15). Weit häufiger
dienten Menschen als Träger (Abb. 35). Man befestigte
an der rechten und linken Seite des Stuhles jederseits
nach hinten und vorn vorspringende Griffe oder Trag-
stangen, welche von vier oder mehr Männern gefaßt

---

[1] Kupfernes Pferdegebiß aus El Amarna bei Borchardt,
Mitt. Deutsche Orient-Ges. Nr. 50, S. 35 ff.; Pferde-Trense bei
Lefebvre de Noëttes, Ann. Serv. Ant. XI, S. 283 ff.
[2] Publ.: Virey, Mém. Miss. Franç. Caire I, S. 481 ff.
[3] Wiedemann, ,,Altägypt. Sagen", S. 71 f.
[4] Bild auf einem Sarge zu Leiden, publ.: Lanzone, ,,Diz.
di mitol.", Taf. 322; Leemans, ,,Monumens égyptiens du Musée
à Leide" III, Taf. 12; Maspero, ,,Histoire ancienne de l'Orient
classique" I, S. 187.
[5] Wiedemann, Or. Lit.-Z. XX, Sp. 298 ff.
[6] Über Tragen von Gegenständen siehe § 16, 138, 149,
209 (Ende), 218 u. sonst.

und häufig auf die Schultern gelegt und so fortgebracht
wurden[1], wie dies noch jetzt bei den Negern in Afrika
üblich geblieben ist. Erst in römischer Zeit findet
sich die in Europa Jahrhunderte lang beliebte Art der
Beförderung in einer geschlossenen Sänfte. Eine als
Kinderspielzeug gedachte Terrakotta zeigt eine Frau
in einem geschlossenen, aber mit Fenstern und einer
Türe versehenen Kasten sitzend. Vorn und hinten sind
je zwei Griffe angebracht, welche je ein Mann mit
herunterhängenden Armen hält[2]. In dem Tragstuhl
pflegte man, ebenso wie jetzt noch die Neger, auf dem Boden
oder auf einer Art Bank zu hocken; den Rücken stemmte
man an eine Lehne, die an den Körper herangezogenen
Beine an ein quer am Boden der Trage befestigtes Brett.
Man gewann auf diese Weise eine halbliegende Stellung,
welche bei dem unvermeidlichen Schaukeln des Tragstuhles
mehr Halt und größere Sicherheit gegen das Herausgeschleu-
dertwerden bei unvorsichtigen Drehungen der Träger gewährte als ein einfaches Sitzen auf einem Stuhl. Etwas
bequemer noch ist eine von 12 Männern getragene Tragbahre
der 18. Dynastie hergestellt. Sie besteht aus einem Stuhle
mit Armlehnen, welcher auf einem Postamente steht. Vor
ihm ist eine Fußbank angebracht, welche durch einen Strick
mit dem Tragbalken verbunden und leicht beweglich ist[3].

Gelegentlich wurde hinter der Sänfte ein großer, nach
vorn offener Kasten einhergetragen[4] (Abb. 35), der nicht
als Sonnenschirm, wie man bisweilen angenommen hat, zu
dienen hatte, sondern als Windschutz, also in seiner
Bestimmung der von den Hirten auf dem Felde zu diesem
Zwecke verwendeten Schilfmatte[5] entsprach.

---

[1] Bissing, „Mastaba des Gem-ni-kai", S. 33 (Lit.). Vgl.
Klebs, „Reliefs", S. 27 ff. (Verzeichnis der Darstellungen des
Tragens auf der Tragbahre und den verschiedenen Tragstuhl-
arten aus dem Alten Reich).
[2] Petrie, „Hawara", Taf. 20, Fig. 7, S. 12.
[3] Naville, „Deir el bahari" V, Taf. 125. Ähnlich, aber einfacher ist die Sänfte der 20. Dyn. bei Lepsius, „Denkm." III, 2b.
[4] Champollion, „Mon." IV, Taf. 356 (Rosellini, „Mon.
civ.", Taf. 93; Newberry, „Beni Hasan" I, Taf. 29; Wilkinson-
Birch I, S. 421).
[5] Vgl. § 190 (Ende).

§ 155. Bei feierlichen Gelegenheiten wurde das Götter-
bild, die heilige Barke (Taf.-Abb. 26), der König, seltener der
vornehme Herr[1] in dem Festzuge herumgetragen. Der
Mensch hatte dabei eine steife Sitzstellung anzunehmen,
deren Unbequemlichkeit er höchstens durch ein Anstemmen
der Füße gegen eine Fußbank mildern konnte. Vor allem
bei dem im einzelnen noch nicht mit Sicherheit gedeuteten

Abb. 35.
Ägypter in einer Sänfte.

Sed-Feste, der Feier eines königlichen Regierungsjubiläums[2],
und bei dem großen Erntefeste zu Ehren des Gottes der
Fruchtbarkeit Min[3] hatte sich der König diesem Hinaus-
tragen zu unterziehen. Sein Stuhl wurde dabei auf eine aus
Brettern zusammengefügte Plattform gestellt, an deren
beiden Längsseiten starke Tragbalken befestigt waren. Diese
wurden von zahlreichen Männern ergriffen, auf die Schultern

---

[1] Petrie, „Medum", Taf. 21.

[2] Liste der bekannten Sed-Feste: Petrie, „Researches in
Sinai", S. 176ff.; ein Teil der umfangreichen dem Feste gewid-
meten Literatur aufgeführt bei Murray, „Osireion", S. 32ff.;
Naville, „Festival Hall of Osorkon II.", London 1892 (Lit.);
Schäfer, Sitzb. Ak, Berlin 1919, S. 477ff.

[3] Champollion, „Mon." III, Taf. 209ff. (Lepsius, „Denkm."
III, Taf. 212–3; nicht immer zuverlässige Übersicht bei Wilkinson-Birch III, Taf. 60).

gelegt, und dann setzte sich der Zug, umgeben von einer
großen Menge von Würdenträgern und Dienern, in Bewegung[1].

4. Wagen und Schlitten.

§ 156. Im Neuen Reiche trat an die Stelle des Getra-
genwerdens häufig, im Alten Reiche weit seltener das
Fahren[2]. Das Alte Reich benutzte als Zugtier das Rind,
welches die Gefährte nur sehr langsam vorwärts zu bringen
vermochte, während das Neue Reich in dem Pferde ein
weit gewandteres Geschöpf besaß. Das Rindergespann
blieb aber auch noch nach der Einführung des Pferdes
besonders bei den Nachbarn Ägyptens im Gebrauch. Wenn
eine äthiopische Fürstin gegen Ende der 18. Dynastie ihre
Abgaben nach Theben brachte, so hielt sie auf einem zweirädrigen Rinderkarren ihren Einzug[3]. Die syrischen
Stämme, welche unter Ramses III. gegen Ägypten vor-
drangen und dabei Weiber und Kinder mit sich brachten, benutzten für ihre zweirädrigen Lastwagen, auf denen viereckige Kasten standen, Rindergespanne[4]. Die Räder bestehen in letzterem Fall aus dicken Brettern, denen man eine
annähernd kreisrunde Form gegeben hatte. In der Mitte
wurden sie von der Achsenstange durchbohrt, welche man
durch einen Holzkeil derart befestigte, daß das Rad nicht
abgeschleudert werden konnte. In Ägypten selbst scheinen
solche sehr ursprüngliche Bretterräder nicht in größerem
Umfange üblich gewesen zu sein. Sie finden sich aber doch
beispielsweise am Anfange des Neuen Reiches bei einem
Karrenuntersatz, auf den man die Totenbarke mit dem
Sarge gestellt hat, um sie zum Grabe ziehen zu lassen[5].
Ferner zeigt sie ein als Kinderspielzeug dienender Vogel

---

[1] z. B. Lepsius, „Denkm." III, 121; Mariette, „Abydos"
I, Taf. 31; vgl. Devéria, „Mémoires" I, S. 145 f.

[2] Wilkinson-Birch I, S. 222 ff. (Abbildungen); Heyes, „Bibel
und Ägypten", S. 250 ff. (Lit.); Erman, „Ägypten", S. 649 ff.

[3] Lepsius, „Denkm." III, 117.

[4] Champollion, „Mon." III, Taf. 220 (Rosellini, „Mon.
stor." I, Taf. 128; Wilkinson-Birch I, S. 249).

[5] Champollion, „Mon." II, Taf. 140 (Rosellini, „Mon.
civ.", Taf. 127).

der römischen Zeit aus Terrakotta, der auf zwei solchen
Rädern hockt und den das Kind an einem Bindfaden hinter
sich herziehen konnte[1]. Einen sehr schwerfälligen Karren,
der auf 8 Bretträdern ruht, bei denen die Achsenstangen
durch Keile befestigt erscheinen, diente in der Spätzeit
gelegentlich zur Beförderung des toten Apis-Stiers[2]. Die
eben genannte äthiopische Königin verwendete ein weit
sorgsamer ausgeführtes Rad mit 6 Speichen[3]. Solche
Speichenräder sind im heutigen Ägypten bei Ochsenkarren noch im Gebrauche, wenn es sich um die Fortschaffung schwerer Gegenstände handelt, doch bringt
man dabei zahlreiche, bis zu 12 Speichen an[4], um bei
dem unebenen Untergrund der Wüste und des Fruchtlandes den Druck möglichst zu verteilen.

§ 157. Weit beliebter als Ochsenkarren waren im Neuen
Reiche von Pferden gezogene zweirädrige Wagen,
welche gleichzeitig mit dem Pferde selbst auftreten. Da sie
mehrfach mit einem dem Semitischen entlehnten Worte
(*markabutä*) bezeichnet werden, so sind sie vermutlich in
dieser Form und Verwendung zusammen mit dem Tiere aus
Asien eingeführt worden.

Für die Gestalt dieser ägyptischen Wagen liegt, abgesehen von einigen poetischen und daher sachlich wenig
ergiebigen Schilderungen[5], ein reichhaltiges zuverlässiges
Material vor[6]. In den Reliefs werden nicht nur zahlreiche
Wagen in häufig bis in das Einzelne genauer Weise abgebildet, es wird auch die Herstellung der einzelnen Wagenteile, Räder, Achsenstangen, Deichseln, Pferdejoche vorge-

---

[1] Petrie, „Hawara", Taf. 13, Nr. 21.

[2] Mariette, „Monuments divers", Taf. 35.

[3] Für die wechselnde Speichenzahl bei den ägyptischen
Rädern vgl. Wiedemann, RT. XX, S. 140.

[4] Ebers, „Ägypten" II, S. 272.

[5] Wiedemann, „Hieratische Texte aus Berlin und Paris",
S. 20; Erman, CR. Congrès des Orient. St. Étienne II, S. 430 ff.;
Äg. Z. XVIII, S. 94 f. Gardiner, „Egyptian Hieratic Texts",
Leipzig 1911 (Papyrus Koller zu Berlin).

[6] Ravisi, CR. Congrès des Orient. St. Étienne II, S. 439 ff.
(reiche Materialsammlung, aber unkritisch); Nuoffer, „Der
Rennwagen im Altertum" I, Leipzig 1904; Studniczka, Jahrb.
Deutsch. Arch. Inst. XXII, S. 147 ff.

führt[1]. Einzelne Wagenteile und auch ganze Wagen[2] sind in Gräbern erhalten geblieben (Taf.-Abb. 16). Sie sollten dem Toten die Möglichkeit gewähren, im Jenseits ohne weiteres seine Reisen in der ihm von dieser Welt her geläufigen Weise vorzunehmen. Was den ägyptischen Wagen durchweg fehlte, sind Federn, sie müssen daher auf den schlechten Straßen des Niltales sehr stark gestoßen haben. Sie waren regelmäßig zweirädrig, und wurde zwischen den Rädern ein nach hinten ganz oder wenigstens zur Hälfte offener Wagenkorb angebracht, in welchem man während der Fahrt stehen mußte. Zum Sitzen konnte man ihn nur benutzen, wenn man den Pferden den Rücken kehrte, sich auf den Boden des Korbes setzte und die Beine herunterhängen ließ, also eine Stellung einnahm, welche eine Lenkung des Gefährtes ausschloß. Gegenstände, welche man mit sich führte, steckte man in längliche, häufig an den Seiten des Wagenkorbes angebrachte Behälter. Sie durften demzufolge nicht sehr umfangreich sein, und war der Wagen daher zum Transport schwererer Gegenstände nicht geeignet.

Die Wagen waren stets zweispännig und konnten eine bis zwei Personen tragen. Der Gutsherr begab sich zu Wagen auf seine Felder[3], und der König benutzte ihn für seine Ausfahrten und lenkte dabei selbst die Rosse, deren jedes einen besonderen Namen trug[4]. Amenophis IV., aus dessen Zeit sich zahlreiche Wagen, die er und seine Umgebung benutzten, in den Gräbern abgebildet finden[5], ließ sich bei seinen Ausfahrten gern von seiner Gattin begleiten, welche

---

[1] Champollion, „Mon." II, Taf. 192; Rosellini, „Mon. civ.", Taf. 44; Virey, Mém. Miss. Franç. Caire V, S. 211 (besser bei Wreszinski, „Atlas", Taf. 41, 17, 69); Scheil, ib., S. 636, Taf. 4 (Davies, „Deir el Gebrâwi" I, Taf. 25).

[2] Wagen im Museum zu Florenz (publ. Champollion, „Mon." IV, Taf. 438; Rosellini, „Mon. civ.", Taf. 122; Wilkinson-Birch I, S. 236; nach Photographie Wiedemann, Umschau VIII, S. 1026; vgl. § 234); zu Kairo (Quibell, „Tomb of Yuaa", Taf. 51 ff., S. 65 ff.; Davis, „Tomb of Jouiyou", Taf. 1, 32, S. 35 f.); Wagenkorb in Kairo (Carter und Newberry, „The Tomb of Thoutmôsis IV.", S. 24 ff., Taf. 9 ff.).

[3] Budge, „Wall Decorations of Egyptian Tombs, British Museum", Taf. 7 (farbig).

[4] Guieysse, RT. XI, S. 52 ff. (Pferde Seti' I.).

[5] Davies, „El Amarna", vielfach.

dann im Wagen neben ihm aufrecht stand[1] (Abb. 9). Für
andere Könige sind derartige Familienausfahrten nicht belegt. Machte man bei der Ausfahrt einen längeren Halt,
so wurden die Pferde ausgeschirrt und ihnen in einem erhöht aufgestellten Kasten Futter vorgesetzt[2]. Die Wagen
müssen außerordentlich leicht gewesen sein, wie daraus
hervorgeht, daß sie mühelos von zwei Männern getragen
werden konnten[3]. In Assyrien war es üblich, daß der
König bei seinen Ausfahrten zum Schutze gegen die Sonnenstrahlen einen Schirm über sich halten ließ[4]. Diese asiatische Sitte hat in Ägypten gelegentlich Nachahmung gefunden, und ließen besonders empfindliche Persönlichkeiten an
ihrem Wagen einen Sonnenschirm anbringen, wie dies die
eben erwähnte äthiopische Fürstin tat[5].

Die gleichen zweirädrigen Wagen, wie im Frieden, verwendete man auch im Kriege für den König[6] und für die
Wagenkämpfer. Bei dem Auszuge standen diese allein auf
dem Wagen, während ein bewaffneter Mann nebenher
ging. Kam es zum Kampfe, so sprang letzterer auf den
Wagen, übergab dem Wagenkämpfer die Waffen und er-
griff die Zügel. Der Krieger hatte infolgedessen beide
Hände frei, um mit dem Bogen zu schießen oder die Lanze
zu handhaben. Wenn in den Reliefs der thebanischen
Zeit in solchen Fällen der König allein auf dem Wagen sich
befindet und der Lenker fehlt[7], so ist dies eine Übertreibung
der königlichen Leistungsfähigkeit, welche den Tatsachen
nicht entsprochen haben kann. Da die Bespannung der
Wagen mit feurigen Hengsten erfolgte und beim Angriff
stets galoppiert wurde, war zu ihrer Lenkung die volle
Kraft eines Mannes erforderlich und konnte sie der Käm-
pfende nicht nebenbei besorgen. Die Verwendung der

---

[1] a. a. O. III, Taf. 32.
[2] a. a. O. VI, Taf. 20.
[3] a. a. O. III, Taf. 14.
[4] Nuoffer, „Rennwagen" I, Taf. 6.
[5] Vgl. Wilkinson-Birch I, S. 235; vgl. auch Wilkinson,
„Popular Account", Fig. 86.
[6] Besonders gutes Bild eines königlichen Streitwagens auf
einer Stele Amenophis' III., publ.: Petrie, „Six Temples at
Thebes", Taf. 10 und Lacau, „Stèles du Nouvel Empire" (Kat.
Kairo), Taf. 20—1, S. 59ff.
[7] Vgl. S. 61.

Hengste zu diesem kriegerischen Zwecke war auch sonst nicht ohne Gefahr. Bei der Belagerung einer syrischen Stadt unter Thutmosis III. ließen die Belagerten eine Stute gegen die ägyptische Schlachtlinie anlaufen. Nur durch die Tapferkeit eines Offiziers, welcher die Stute tötete, wurde schweres Unheil von den Ägyptern abgewendet[1]. Die Bemannung der Wagen mit zwei Insassen in Ägypten steht im Gegensatze zu der Gepflogenheit in Asien, woher die Ägypter den Streitwagen erhalten hatten und wo derselbe

Abb. 36.
Vierrädriger Karren mit Sargboot.

mit drei Leuten besetzt wurde, deren einer den Wagen lenkte, während der zweite die Angriffswaffen führte und der dritte den Kämpfer mit seinem Schilde zu decken suchte[2].

§ 158. Für das Fortschaffen von Lasten wurden vereinzelt vierrädrige Karren verwendet. Bei diesen wurde zwischen den Rädern ein dickes Brett befestigt, auf welchem man die Last aufstellte. Unter den Schmuckgegenständen der Königin Āāḥ-ḥetep vom Anfange der 18. Dynastie fand sich das Modell eines solchen Karrens mit vierspeichigen Rädern, welches das Modell eines Bootes mit 12 Ruderern getragen hatte[3]. Auf einer Mumienbinde der Spätzeit wird ein ähnlicher Karren mit achtspeichigen Rädern

---

[1] Inschrift des Amen-em-ḥeb, Z. 25—7 (publ. Ebers, Äg. Z. XI, S. 6); vgl. Borchardt, Äg. Z. XXXI, S. 62 f.
[2] z. B. Brugsch, „Geographische Inschriften" II, Taf. 4 (Wagen der Cheta).
[3] Bissing, „Ein ägypt. Grabfund aus dem Anfang des Neuen Reiches", Taf. X.

abgebildet, welcher das Boot mit dem Sarge des Toten,
über dem sein Seelenvogel schwebt, und die Bildnisse der
Göttinnen Isis und Nephthys trug[1] (Abb. 36).

§ 159. Weit häufiger als Wagen verwendete man im
alten Ägypten zu derartigen Transporten Schlitten[2],
welche sich auf dem weichen und unebenen Untergrunde
des Landes mit weniger Erschütterungen fortbewegen ließen.
Ihre Konstruktion war, wie bereits das Hieroglyphenzeichen
für Schlitten ⳡ zeigt, eine äußerst einfache. Zwei
lange kräftige Hölzer, welche vorn gleichmäßig in die Höhe
gebogen waren, wurden parallel nebeneinander gelegt und
durch Querhölzer verbunden. Auf dieses Gestell legte man
ein Brett oder stellte einen Kasten, welche die Lasten selbst
tragen sollten. Vorn befand sich ein Strick, an dem man
Menschen oder Tiere, soweit bekannt, regelmäßig Rinder,
anspannte, um den Schlitten fortzubringen. Die einzige
Verzierung, welche man an ihm anbrachte, war die,
daß die vorderen Spitzen gelegentlich die Gestalt von
Göttertierköpfen erhielten, wie den des Schakals, des heiligen
Tieres des Gottes Áp-uat, des Eröffners des richtigen Weges,
welcher auch die Schlittenfahrt leiten und beschützen sollte.
Solche Schlitten konnten sehr umfangreich sein, ein erhaltenes Exemplar aus der 12. Dynastie hat eine Länge von
4 m 21 cm[3].

Mit Hilfe der Schlitten wurden die umfangreichen
Steinblöcke aus den Steinbrüchen zur Arbeitsstätte ge-
schleift[4], bei den Prozessionen die Kästen mit den heiligen
Symbolen und Götterbildern, bei den Beerdigungen die Särge
und Grabbeigaben (vgl. Abb. 15) befördert[5], wobei man
der Spitze des Schlittens gelegentlich die Gestalt des das

---

[1] Wilkinson-Birch I, S. 237; vgl. Offord, Proc. Soc. Bibl.
Arch. XXIV, S. 130 f., 308.
[2] Wilkinson-Birch II, S. 302 ff.; Erman, „Ägypten", S.
631 f.
[3] Reisner, „Models of Ships" (Kat. Kairo), S. 88 f.
[4] Lepsius, „Denkm." III, 3; Daressy, Ann. Serv. Ant. XI,
S, 263 f.
[5] Klebs, „Reliefs", S. 41 ff. (Darstellungen aus dem Alten
Reich); Vignette zum Totenbuch, Kap. 1 (Lepsius, „Das Todtenbuch der Ägypter", Taf. 1 ff.; Naville, „Das ägyptische Todtenbuch", Taf. 1 ff.). Für weitere entsprechende Darstellungen
vgl. die Literatur S. 116, Anm. 1.

Böse abwehrenden Löwenkopfes gab[1]. Auf gleiche Weise sind
aber auch die Riesenstatuen an ihre Aufstellungsstelle gebracht worden, doch waren hier naturgemäß zahlreiche
Kräfte zur Bewältigung der Last erforderlich. Ein
Relief aus der 12. Dynastie[2] zeigt 88 Männer bei einer
solchen Arbeit beschäftigt, sie ist so genau dargestellt, daß
man, bis in das Einzelste hinein, den Verlauf der Stricke
zu verfolgen vermag, vermittelst deren die Statue befestigt
war, der Knebelhölzer, mit denen man diese Stricke fest
angezogen hatte, usf. In diesem wie in zahlreichen anderen
Fällen erblickt man einen Mann, welcher vor den Schlitten
Wasser gießt, um hier eine feuchte Gleitfläche herzustellen
und die Reibung möglichst zu verringern, welche abgesehen
von einer Erhöhung der erforderlichen Arbeitskraft auch
das Holz des Schlittens mit Entzündung bedrohen konnte.

5. Schwimmen und Boote.

§ 160. Weit wichtiger als der Verkehr zu Lande war
in Ägypten der Verkehr zu Wasser. Der Nil zerschnitt
das Land in seinem Verlaufe etwa von Süden nach Norden
in zwei Hälften, zahlreiche Kanäle zerlegten es in der Richtung von Osten nach Westen und umgekehrt und parallel
dem Flusse in Inselreihen, denen entsprechend man sich
auch die Gefilde der Seligen als eine Inselwelt ausmalte,
auf deren Kanälen der Tote im Boote umher zu fahren
vermochte[3]. Brücken über den Nil waren im Altertum
nirgends vorhanden. Der wechselnde Wasserstand, der
unsichere Untergrund hat sogar die Römer, welche sonst
bis in die fernsten Provinzen hinein ihre Brücken schlugen,
an derartigen Anlagen im Niltale verhindert. Auch über
die Kanäle führten nur in seltenen Ausnahmefällen Brücken[4].
So war der Wasserweg im Niltale der gegebene, die Ausbildung der Schiffahrt eine der ersten Vorbedingungen für
eine Entwicklung der Kultur im Lande. Die Verwendung

---

[1] z. B. Davies, „Deir el Gebrâwi" I, Taf. 10.
[2] Davies, „El Bersheh" I, Taf. 12 ff. (Lepsius, „Denkm."
II, 134). Vgl. Chabas, „Mélanges égyptologiques" III, 2, S.
103 ff.; Maspero, „Études de Myth." I, S. 55 ff.
[3] Vignette zum Totenbuch, Kap. 110.
[4] Ein Beispiel: Lepsius, „Denkm." III, 128, aus dem sich
aber für die Konstruktion der Brücke nichts ersehen läßt.

des Schiffes, um von einem Orte zum anderen zu gelangen,
ging infolgedessen derart in das Volksbewußtsein über, daß
man statt „nach Norden reisen" sagte „stromabfahren",
statt „nach Süden reisen" dagegen „stromauffahren".
Diese Ausdrücke behielt man bei, auch wenn es sich um Reisen
zu Lande oder durch die Wüsten nach und von Asien handelte.

§ 161. Am nächsten lag es naturgemäß, die Durchquerung des Wassers durch Schwimmen zu versuchen.
Dieses war denn auch seit den ältesten Zeiten[1] in der Gestalt
des Pudelns bekannt; inwieweit daneben auch andere
Schwimmbewegungen[2] vorkamen, läßt sich nicht verfolgen. Ebensowenig ist ersichtlich, ob man beim Schwimmen gelegentlich Träger, Rohrbündel, Holzstämme, auf-
geblasene Tierhäute, wie sie im Altertum und in der Neuzeit in Assyrien und Babylonien üblich waren und stets
geblieben sind, verwertete. Man schwamm wohl meist in
Kanälen und in Teichen, in welchen auch die mehrfach
erwähnten Schwimmeister[3] den königlichen Kindern ihren
Unterricht erteilt haben werden. Den Nil selbst wird man
möglichst vermieden haben, da hier zahlreiche Wirbel,
welche noch jetzt selbst für geübte Schwimmer gefährlich
werden können, und die Krokodile bedrohlich waren.

Den Ertrunkenen schrieb man eine gewisse Heiligkeit
zu[4], wohl weil man annahm, der Nilgott habe zu dem betreffenden Menschen eine besondere Zuneigung empfunden
und ihn daher zu sich entrückt. Die Hochachtung war aber,
soweit die Angaben aus dem Altertum sichere Schlüsse zu-
lassen, eine begrenzte, und beruht es auf der anscheinend
unrichtigen Auffassung eines ägyptischen Ehrentitels,
wenn man angenommen hat[5], der Tempel zu Dendûr in
Nubien sei zwei ertrunkenen Männern geweiht gewesen.

---

[1] Quibell, „Archaic Objects" (Kat. Kairo), Taf. 5, 7 (Nagada-
zeit).
[2] Für Bezeichnungen der Schwimmbewegungen vgl. Chabas,
„Oeuvres diverses" III, S. 54 f.
[3] z. B. Dümichen, Äg. Z. XIV, S. 26 (13. Dyn.).
[4] Griffith, Äg. Z. XLVI, S. 132 ff.; Bissing, RT. XXXIV,
S. 37 f.; Spiegelberg, Äg. Z. LIII, S. 124 f.
[5] Blackman, „Temple of Dendûr", S. 82 ff.; vgl. Wiedemann,
AfR. XVII, S. 210.

Inwieweit neben dem durch das Bedürfnis geforderten Schwimmen auch ein Baden im Nil oder den Kanälen verbreitet war, läßt sich nicht verfolgen. Die modernen Gewohnheiten lassen sein Vorkommen aber als wahrscheinlich erscheinen. Die moralischen Bedenken, welche die Rabbiner gegen das in der Moses-Erzählung des Alten Testamentes erwähnte Baden der Tochter Pharaos im Nil geltend machten[1], würde der alte Ägypter, welcher im allgemeinen vor der Entblößung seines Körpers keine weitergehende Scheu empfand, nicht gehegt haben.

§ 162. Weit verbreiteter als das Schwimmen war bei den Ägyptern das Fahren in Booten, über deren Aussehen und Konstruktion sich aus den Darstellungen und Texten reichhaltige Aufschlüsse gewinnen lassen[2]. Die ältesten Fahrzeuge, welche erwähnt werden, waren die Papyrusboote, deren Verwendung auch der Göttin Isis zugeschrieben wurde, eine Vorstellung, an welche noch in hellenistischer Zeit das Fest der Schiffahrt der Isis anknüpfte[3], in welchem man neuerdings öfters, aber kaum mit Recht, eine der Grundlagen der Karnevalumzüge hat sehen wollen[4]. Roh gearbeitete Tonmodelle von Papyrusbooten sind mehrfach aus der Nagada-Zeit erhalten geblieben[5]. Auf den Töpfen der gleichen Periode werden dieselben vielfach abgebildet, wobei man ihnen aber, da es sich nicht um die Wiedergabe der im Diesseits benutzten, sondern der für das Jenseits erwünschten Schiffe handelte, einen über-

---

[1] Wiedemann, Proc. Soc. Bibl. Arch. XI, S. 273 f.
[2] Wilkinson-Birch II, S. 205 ff.; Erman, „Ägypten", S. 635 ff.; Wiedemann, „Herodot", S. 384 ff., 161, 378, 406 (Lit.); Breasted, „The earliest boats on the Nile" in Journ. Egypt. Arch. IV. Gute Schiffsbilder: Rosellini, „Mon. civ.", Taf. 104—110. Ägyptische Namen der Bootsteile: Lefébure, Proc. Soc. Bibl. Arch. XVII, S. 103 ff.; Jéquier, Bull. Inst. Franç. Caire IX, S. 37 ff. Schiffe im Altertum im allgemeinen: Lübeck, „Das Seewesen der Griechen und Römer", 2 Hfte., Hamburg 1890—1; Eins, „Das Rudern bei den Alten", Danzig 1896; Torr, „Ancient Ships", Cambridge 1894.
[3] Lefébure, Sphinx V, S. 212; VI, S. 4; Deubner, MAIA. XXXVII, S. 180 ff.; Pagenstecher in „Simbolae litterariae in honorem J. de Petra"; Breccia, Bull. Soc. Arch. Alexandrie III, S. 276 ff.
[4] Vgl. gegen diese Annahme: Clemen, AfR. XVII, S. 147 ff.
[5] Schäfer, Äg. Z. XXXIV, S. 159 f.; Petrie, „Diospolis parva", Taf. 16; Capart, „Débuts de l'Art", Fig. 141.

trieben großen Umfang und viel zu viele Ruder oder Stoßstangen zu geben pflegte[1]. Auch in den wenigen erhaltenen
Wandmalereien der Frühzeit fehlen sie nicht[2], das beste
Zeichen, für wie wichtig man sie bereits damals für Lebende
und Tote hielt.

Die Boote wurden, wie die Reliefs zeigen[3], aus Papyrus-
stengeln möglichst fest zusammengebunden, damit keine
Fugen zwischen den einzelnen Stengeln blieben, durch
welche das Wasser hätte eindringen können. Am Vorder-
und Hinterteil wurden die Stengel zu einem dicken Wulst
verbunden, nicht weit von dieser Stelle und bisweilen auch
in der Mitte stemmte man ein Brett zwischen die Stengel
und band sie um diese Bretter herum, um auf diese Weise
einen Schiffsbauch zu gewinnen, welcher nach oben offen
blieb, also kein Dach erhielt. Nur ausnahmsweise wurde
in das Boot ein erhöhtes Brett gelegt, um den Insassen ein
bequemeres Stehen zu ermöglichen[4]. Es ist ein Irrtum,
wenn man diese Nachen für Flöße gehalten hat, wie dies
sich ohne weiteres aus den erwähnten Tonmodellen ergibt.
Wenn in den Darstellungen die Insassen der Boote auf
deren oberem Rande zu stehen scheinen, so erklärt sich dies
aus einer ägyptischen Perspektivregel, derzufolge das
Unwesentlichere, also in diesem Fall das Boot, nicht das
Wesentlichere, die Beine der Menschen oder Götter, verdecken durfte.

Die Papyrusboote waren sehr leicht, so daß sie zur Not
über Untiefen getragen werden konnten[5]. Fortbewegt
wurden sie mit Stangen, mit denen man sie vorwärts stieß,
(Abb. 37), oder mit einem Ruder, mit dem man im Wasser
paddelte und gleichzeitig steuerte. Sie dienten vor allem

---

[1] Diese Übertreibung hat zur Folge gehabt, daß man (Torr,
L'Anthropologie IX, S. 32ff..; Naville, RT. XXXIII, S. 196f.;
Jéquier, „Hist. de la Civilisation égypt.", S. 83) irriger Weise
die Bilder als die Darstellung befestigter Ortschaften hat deuten
wollen.
[2] Quibell, „Hierakonpolis" II, Taf. 75—7, S. 21f.
[3] Petrie, „Medum", Taf. 23; Davies, „Sheikh Saïd", Taf. 12;
„Ptah-hetep" II, Taf. 13; Paget, „Ptah-hetep" in Quibell, „Ramesseum", Taf. 32; vgl. Klebs, „Reliefs", S. 100ff. (Altes Reich).
[4] Bädeker, „Ägypten", 7. Aufl., S. 151 (= Klebs, „Reliefs",
S. 36; Altes Reich); Budge, „Wall Decorations of Egyptian
Tombs, British Museum", Taf. 3 (Neues Reich).
[5] Achilles Tatius IV, 12.

dem Kleinverkehr; die Hirten benutzten sie, wenn sie
ihre Herden durch wenig tiefes Wasser geleiteten, der
Bürger, wenn er von einem Orte zum anderen gelangen
wollte, der Jäger, wenn er in die Sümpfe zur Vogeljagd
oder zum Fischfang auszog. Nur selten wurde versucht,
derartige Boote größer als für etwa 5 Personen zu fertigen
oder sie mit einer Kajüte[1] oder einem Segel zu versehen.
Das leichte Material besaß für derartige Einrichtungen eine
allzu geringe Tragfähig-
keit und wäre das Fahr-
zeug bei Windstößen
dem Umschlagen sehr
ausgesetzt gewesen.

§ 163. Nur ganz
vereinzelt finden sich
Flachboote verwen-
det, wie sie noch jetzt
im Gebrauch sind[2],
während sich die heut-
zutage in Ägypten vor-
kommenden, aus Töp-
fen zusammengesetzten
Boote[3] und die am obe-
ren Nil verwendeten aus-
gehöhlten Baumstämme,
welche 10—12 Personen

Abb. 37.
Papyrusboot.

zu tragen vermögen[4], bisher nicht haben nachweisen lassen.

§ 164. Größere Fahrzeuge erbaute man während
der ganzen Dauer der ägyptischen Geschichte aus Holz,
wobei freilich die Holzarmut des Landes große Schwierigkeiten bereitete. Der einzige gerade in die Höhe wachsende,
aber kein sehr dichtes Holz besitzende Baum, die Palme,
war durch seine Früchte zu wertvoll, als daß man ihn gern
als Nutzholz verwendet hätte. Man sah sich daher bereits
zur Pyramidenzeit gezwungen, das Holz für größere Bretter

---

[1] Ein derartiges größeres Boot mit Kajüte und 2 Steuerrudern: Davies, „Deir el Gebrâwi" II, Taf. 14.
[2] Reisner, „Models of Ships" (Kat. Kairo), S. XVIIf.;
Maspero, Ann. Serv. Ant. X, S. 138ff.; vgl. Pückler-Muskau,
„Aus Mehemed Alis Reich" 1, S. 150.
[3] Kleinpaul, „Die Dahabîye", S. 167f.
[4] Pückler-Muskau, a. a. O. III, S. 211.

vielfach aus dem Auslande zu beziehen[1]. Dies geschah zunächst aus Palästina, dann, als der Raubbau der Holzfäller
dessen Wälder vernichtet hatte, aus Syrien und, als auch
dieses sich zu erschöpfen begann, aus Kleinasien. Aus
dem Süden bezog man wesentlich das schwärzliche Ebenholz, welches zu Einlagen und kleinen kunstgewerblichen
Gegenständen Verwertung fand. Das ausländische Holz war
aber nur in geringen Mengen verfüg-
bar und kostspielig und mußte man
daher suchen, an sich wenig günstig
geformte ägyptische Holzarten, wie
das knorrige und krummwachsende
Akazien- und Sykomorenholz, auf
recht umständliche Weise verwert-
bar zu machen.

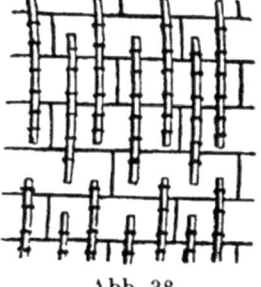

Abb. 38.
Moderne Schiffswandung.

Herodot[2] berichtet, die Ägypter
schlügen aus dem Stamme der Dornakazie Bretter heraus, welche sie
wie Dachziegel übereinander reih-
ten. Wenn sie aus diesen das
Schiff zusammengebaut hätten,
schlügen sie Querbalken darüber, während sie eigentliche Schiffsrippen und krumme gebogene Hölzer nicht
verwendeten. Die Fugen habe man von innen mit
Schilf zugestopft. In moderner Zeit legt man bei der
entsprechenden Bauart die einzelnen Bretter aneinander
und verbindet sie durch kleine, selten durch längere
darüber gelegte und dann an ihnen befestigte Querhölzer
(Abb. 38)[3]. Ähnlich verfuhr man, wie die nicht seltenen Darstellungen des Schiffsbaues (Abb. 39)[4] und erhaltene Boote[5]

---

[1] Sethe, Äg. Z. XLV, S. 14; Borchardt, Mitt. Deutsche Orient-
Ges. Nr. 37, S. 17; für spätere Zeit: Wiedemann, „Altägypt.
Sagen", S. 94 ff.
[2] II, 96.
[3] Schematisches Bild eines Teiles einer derart hergestellten
Schiffswandung: Wilkinson-Birch II, S. 208 (Abb. 38).
[4] Davies, „Deir el Gebrâwi" I, Taf. 15—6 (6. Dyn.), 24
(26. Dyn.); II, Taf. 10; „El Amarna" V, Taf. 5; Newberry,
„Beni Hasan" I, Taf. 29 (Champollion, „Mon." IV, Taf. 356);
Virey, Ann. Serv. Ant. IX, S. 30. Vgl. Klebs, „Reliefs", S. 100 ff.
(Altes Reich).
[5] Vgl. z. B. das Boot Usertesen' III. aus Dahschûr, abgebildet: Breasted-Ranke, „Geschichte Ägyptens", Abb. 82.

zeigen, im Altertum. Zur festeren Verbindung wurden damals,
wie auch sonst bei Holzarbeiten, nicht selten in die kleinen
Bretter Vertiefungen eingebohrt, welche sich bei je zwei
Brettern entsprachen und welche man durch kleine Holzstifte miteinander verband[1]. Der hierfür benutzte Bohrer[2],
der in ähnlicher, nur erheblich kräftigerer Ausführung auch
bei der Arbeit in hartem Stein[3] verwendet wurde, entsprach in seiner Ausgestaltung dem Feuerbohrer[4], nur war

Abb. 39.
Schiffsbau.

an seinem unteren Ende eine Spitze aus Metall, in älterer
Zeit wohl aus Feuerstein, befestigt. Besonders geschickte
Arbeiter stellten bei der Holzarbeit mehrere Drillbohrer
nebeneinander und bewegten dieselben gleichzeitig mit ein
und derselben Violine[5]. An wichtigen Stellen der Schiffs-
wandungen wurden in vorgebohrte Löcher mit schweren,
aus einem Stück gearbeiteten Holzhämmern, welche an
einem kurzen Griff einen sehr dicken, mehr oder weniger
kugligen Schlagteil trugen, Holzpflöcke als besonders

---

[1] Die bisweilen als Krummziehen des Schiffes gedeutete
Darstellung Lepsius, „Denkmäler“ II, 108 (vgl. Klebs, „Reliefs“,
S. 103) stellt wohl eher das Einbohren eines Loches für die Aufstellung des Mastbaumes dar.
[2] Wilkinson-Birch I, S. 400.
[3] Davies, „Deir el Gebrâwi“ I, Taf. 13 (6. Dynastie), 24
(26. Dyn.); Newberry, Proc. Soc. Bibl. Arch. XXII, S. 154. Für
einen Handbohrer zur Herstellung von Siegelzylindern vgl. Newberry, Proc. Soc. Bibl. Arch. XXVII, S. 286.
[4] Vgl. S. 187.
[5] Wreszinski, „Atlas“, Taf. 23.

sicherer Verband eingeschlagen[1]. Metallnägel wurden nicht
verwendet, scheinen infolge des hohen Wertes, welchen
das Metall im alten Ägypten besaß, überhaupt für Bedarfs-
gegenstände des täglichen Lebens nicht in Frage gekommen
zu sein. Die Dichtung der Fugen mit Schilf allein genügte
häufig nicht, um die vollkommene Schließung aller Spalten
zu erzielen. Man goß dieselben daher vielfach mit Asphalt
aus und überzog bisweilen auch, wie dies noch jetzt geschieht, das ganze Fahrzeug mit diesem Material[2].

Der Tiefgang der Schiffe durfte entsprechend der
Seichtheit des Nilbettes nur sehr gering sein. Um trotzdem
einen genügend großen Laderaum zu erhalten, wurden die
Fahrzeuge sehr breit gestaltet, so daß sie, ähnlich wie die
Schiffe der heutigen ägyptischen Landbevölkerung, mehr
breiten Schalden mit niederen Wandungen als den uns
geläufigen Schiffen glichen. Der niedere Wasserstand veranlaßte weiter die Ägypter, die Spitze der Schiffe verhältnismäßig schwer zu belasten. Fuhr ein derart beladenes
Fahrzeug auf eine Sandbank auf, so bohrte sich nur die
Spitze in den Sand ein, während das übrige Boot flott und
beweglich blieb. Andernfalls, bei leichterem Vorderteil,
hätte sich das ganze Schiff festgefahren und wäre weit
schwerer abzubringen gewesen. Während der Fahrt hatte,
wie noch heute, besonders wenn es stromabwärts ging, ein
Mann an der Spitze des Schiffes zu stehen und mit einer
langen Stange die Fahrrinne zu prüfen. Er gab dann dem
Steuermann und den Ruderern die erforderlichen Anweisungen, um eine nahende Sandbank zu vermeiden und
besseres Fahrwasser aufzusuchen.

Erfolgte die Herstellung eines Schiffes in der geschilderten Weise, so lagen keine technisch unüberwindlichen
Schwierigkeiten vor, wenn man dasselbe sehr umfangreich
gestalten wollte. So rühmte sich denn bereits im Alten
Reiche ein Beamter, er habe ein derartiges 60 Ellen langes
und 30 Ellen breites Fahrzeug herstellen lassen und für
die Ausführung der Arbeit nur 17 Tage gebraucht[3]. Ein

---

[1] a. a. O., Taf. 55.

[2] Vgl. Moses II, 2, 3 (Wiedemann, Proc. Soc. Bibl. Arch.
XI, S. 270f.).

[3] Inschrift des Una, Z. 44 (Erman, Äg. Z. XX, S. 24).

Märchentext spricht sogar von einem Schiff von 150 Ellen
Länge und 40 Ellen Breite[1]. Tatsächlich müssen die Fahrzeuge, in welchen die Königin Ḥātschepsut ihre Obelisken
von Assuan nach Theben bringen ließ[2], und diejenigen,
welche andere Pharaonen für das Fortschaffen ihrer Riesen-
denkmäler verwendeten, in gewaltiger Größe hergestellt
gewesen sein. Abgesehen aber von solchen Transport-
schiffen, von Seeschiffen, wie sie die Ägypter zu ihren Fahrten zum Lande Punt benutzten[3], und von Prunkbarken[4],
welche sich nur langsam und vielfach von anderen Fahr-
zeugen gezogen auf dem Nil bewegten, werden sich die
Nilboote in bescheidenem Umfange gehalten haben. Dies
mußte sich bei der vielfach geringen Breite der Fahrrinne empfehlen und, um die Manövrierfähigkeit der Schiffe
zu erhalten, notwendig erscheinen.

Wenn die Grabreliefs die Schiffe unverhältnismäßig
groß erscheinen lassen, so handelt es sich um im Jenseits
wünschenswerten, aber nicht um im Diesseits vorhandenen
Besitz. Da dieser aber wirklich verwendet werden sollte,
bilden, abgesehen von diesen Übertreibungen, die Darstellungen für eine Wiederherstellung der Ausgestaltung der
ägyptischen Schiffe einen zuverlässigen Ausgangspunkt.
Sie zeigen dabei in den wesentlichen Grundlagen sehr wenig
abwechslungsreiche Formen und haben sich in annähernd
der gleichen Gestaltung bis zur Neuzeit erhalten[5]. Diese
Gleichartigkeit der Grundform, neben der andererseits zahl-

---

[1] Wiedemann, „Altäg. Sagen", S. 27.
[2] Naville, „Deir el bahari" VI, Taf. 153—4, S. 2 ff.; Arch.
Rep. Egypt Explor. Fund 1895—6, S. 6 ff.; in Davis, „Tomb
of Ḥâtschopsîtu", S. 44 f.
[3] Naville in Davis, a. a. O., S. 30; Graser bei Dümichen,
„Resultate der 1868 nach Ägypten entsandten Expedition" I,
S. 1 ff.; Renouf, „Life-Work" III, S. 302 ff.; Maspero, „Hist.
anc. de l'Orient classique" II, S. 197 ff.; „Études de Myth."
IV, S. 85 ff.
[4] Davies, „El Amarna" I, Taf. 29.
[5] Für die Konstruktion der altägyptischen Schiffe vgl.:
Busley, Jahrb. der Schiffbautechnischen Gesellschaft 1919,
S. 187 ff. (mit Rekonstruktionen, grundlegend, von einem er-
fahrenen Techniker); Assmann in Borchardt, „Das Grabmal
des Königs Sahu-Re" II, S. 135 ff.; Dümichen, „Die Flotte
einer ägyptischen Königin", Leipzig 1868; Müller, Mitt. Vorderas.
Ges. IX, S. 135 ff.; der Modellboote: Belger, Äg. Z. XXXIII,
S. 24 ff.

reiche Verschiedenheiten in den Einzelheiten (Mast, Steuer, Ruder, Takelwerk usf.) einhergehen, wird bestätigt durch die Originalbarken, welche man in der Nähe der königlichen Gräber im Alten und Mittleren Reiche aufstellte und mit Sand bedeckte und von denen drei bei der Pyramide des Cheops 60 m Länge, 5 m Breite und 5 m Tiefe besaßen[1], während andere sich in kleineren Größenverhältnissen hielten[2]. Weitere entsprechende Schlüsse lassen sich aus den zahlreichen Barkenmodellen[3] ziehen, welche man vor allem im Mittleren Reiche dem Toten zur Fahrt zu dem Totenherrscher Osiris nach Abydos und auf den Seen des Jenseits in das Grab mitgab[4]. Im Neuen Reiche wurde die Beigabe von Barken seltener, doch haben sich beispielsweise im Grabe Amenophis' II. Mumien gefunden, welche auf über 2 m lange Boote gelagert worden waren[5].

So gut wie alle wichtigeren Gegenstände in Ägypten, trugen auch die Schiffe eigene Namen[6], unter der 18. Dynastie beispielsweise „Der Schlachtstier", „Das Glänzende in Theben", „Das Glänzende in Wahrheit".

Abgesehen von kleinen Ruderschiffen und leichten Papyrusbooten besaß jedes Schiff ein oder mehrere Kajüten, in denen die Mannschaft sich gegen den vielfach auf dem Nil sehr lästigen Zugwind zu schützen vermochte. In der Mitte des Schiffes, seltener an seiner Spitze wurde

---

[1] Daressy, Bull. Inst. Égypt. 5. Sér. III, S. 37 ff.

[2] Bei Abusir, etwa 32 m lang (Borchardt, Äg. Z. XLI, S. 95); bei Dahschûr (Reisner, „Models of Ships", S. 83 ff.).

[3] Reisner, „Models of Ships" (Kat. Kairo), Kairo 1913 (zahlreiche Tafeln, Besprechung der Konstruktion, Lit.); Garstang, „Burial Customs of ancient Egypt", London 1907 (vgl. Ann. Serv. Ant. V, S. 217 ff., Taf. 1, 4, 5); Schäfer, „Priestergräber vom Totentempel des Ne-user-rê", S. 69 ff., 97 ff. u. s. f.

[4] Wiedemann, Globus XCIV, S. 119 ff.; Lefébure, Sphinx VII, S. 185 ff.

[5] Daressy, „Fouilles de la Vallée des Rois" (Kat. Kairo), Taf. 48 ff., S. 239 ff., 245 ff.; Maspero, „Ruines et Paysages d'Égypte", S. 102. Ähnliche Modelle: Hilton Price und Nash, Proc. Soc. Bibl. Arch. XXII, S. 161.

[6] Sammlung von Schiffsnamen des Neuen Reiches: Spiegelberg, „Rechnungen aus der Zeit Seti' I.", S. 81 ff.; vgl. Newberry, Proc. Soc. Bibl. Arch. XXXV, S. 157 f.; Capart, ib. XXXVI, S. 8.

eine Standarte aufgepflanzt, welche das Bild der Gottheit
oder ihrer Verkörperungsform trug[1], unter deren besonderen
Schutz man das Fahrzeug stellen wollte.

Der Spitze des Fahrzeuges gab man nicht selten die
Gestalt des zurückgebogenen oder auch eines nach vorwärts
gerichteten Kopfes einer Gans, eines Schafes, eines hunde-
artigen Tieres, eines Löwen[2]. Bisweilen wird nicht nur die
Spitze, sondern auch das hintere Ende des Schiffes in Gestalt
eines Tierkopfes ausgearbeitet. So zeigt eine Barke der
6. Dynastie vorn den zurückgewandten Kopf einer Gans,
hinten den eines Vierfüßlers[3]. Bei den Götterbarken,
deren jeder Nomos eine besondere besaß, welche auch
einen eigenen Namen trug[4], erschien der Kopf des jeweiligen Gottes (Taf.-Abb. 26) oder des heiligen Tieres,
in welchem sich die betreffende Gottheit verkörperte, also
in Theben des Widders des Amon, in Memphis der Gazelle
des Sokaris, in Edfu des Sperbers des Horus. Diese Barken
wurden in feierlichen Prozessionen bei den Götterfeiern umher-
getragen, wie dies besonders mit der Barke des thebanischen
Amon geschah[5], eine Festlichkeit, deren Bedeutung so fest
in dem Volksbewußtsein haftete, daß sie den Fall des Ägyptertums überdauerte und noch jetzt in dem Schiffsumzug
für den Heiligen Abu-l-Haggag zu Luksor fortlebt[6].

§ 165. Die Fortbewegung der großen Fahrzeuge erfolgte
durch Segeln oder Rudern. Ersteres war bei der Stromauf-
fahrt die Regel, da dann der im allgemeinen herrschende
Nordwind im Rücken des Schiffes stand. Meist befestigte

---

[1] Morgan, „Recherches sur les Origines de l'Égypte" II,
S. 92 f.

[2] Wiedemann und Pörtner, „Ägypt. Grabreliefs aus Karlsruhe", S. 18 f. Spitzenformen der Papyrusboote siehe Abb. 15, 36.

[3] Ahmed Bey Kamal, Ann. Serv. Ant. XV, S. 217 (von Meïr).

[4] In den Inschriften häufig erwähnt; zusammengestellt in
der großen Nomosliste von Edfu (publ. Brugsch, „Dictionnaire
géographique de l'ancienne Égypte", S. 1358 ff., und E. de
Rougé, „Inscriptions d'Edfou", Taf. 138 ff.). Vgl. für die heiligen Barken: Lefébure, „Rites égyptiens", S. 86 ff.

[5] Darstellungen aus dem Tempel zu Luksor, publ.: Daressy,
Mém. Miss. Franç. Caire VIII, S. 380 ff.; Campbell, „The miraculous Birth of Amen-hotep III.", S. 96 ff.

[6] Legrain, „Luqsor sans les Pharaons", S. 84 ff.

man am Maste ein großes viereckiges Segel aus Leinwand
(Taf.-Abb. 17), seltener eine viereckige Matte aus gefärbtem
Schilf oder Bast, welcher zu Mustern ineinander geflochten
worden war[1]. An dem Segel waren dauernd Matrosen beschäftigt, um es sofort freizulassen, wenn ein Windstoß
das Schiff traf und umzuschlagen drohte.

Bei der Stromabfahrt war ein Treibenlassen des Schiffes
das Bequemste. Ohne weiteres erschien dies aber untunlich,
da ein in gleicher Geschwindigkeit mit der Strömung trei-
bendes Boot das Bestreben zeigt, sich quer zu legen, und
dem Steuer nicht gehorcht.

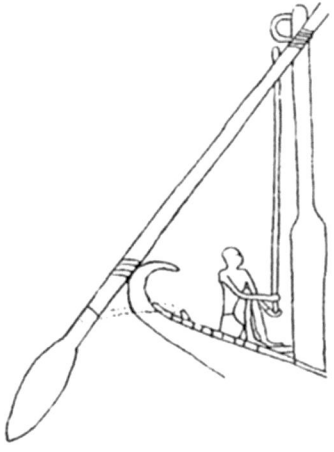

Diesen Übelständen arbeitete
das ägyptische Steuer entgegen, welches aus einem oder
mehreren nebeneinander am
Hinterteil angebrachten großen Rudern bestand[2]. Diese
wurden, ähnlich wie die modernen Floßruder, andauernd
hin und her bewegt, um dem
Schiffe die Richtung zu geben,
es gleichzeitig etwas anzu-
treiben und hierdurch manö-
vrierfähig zu erhalten. Diese
Steuerruder waren infolge
ihres erheblichen Umfanges
verhältnismäßig schwer und
mußten, um nicht allzuweit
aus dem Schiffe nach hinten

Abb. 40. Schiffshinterteil
mit Steuerruder.

hinauszuragen, möglichst steil gestellt werden. Man befestig-
te sie daher häufig an einer oder zwischen mehreren am
Ende des Bootes senkrecht aufgestellten Stangen und
brachte an ihrem oberen Ende senkrecht herabhängende
Hölzer an, deren Hin- und Herschieben hebelartig die
Steuerung in Kraft treten ließ (Abb. 40).

---

[1] Rosellini, „Mon. civ.", Taf. 107 — 8 (aus dem Grabe Ramses' III., farbig).

[2] Modelle von Steuerrudern und Rudern bei Reisner, „Models
of Ships" (Kat. Kairo), Taf. 25 ff.

Für schnellere Fahrten ordnete man Ruderer in dem
Schiffe meist nach der schwerer zu belastenden Spitze zu,
seltener durch das ganze Boot hin. Sie saßen an der Außenwandung rechts und links, nicht aber, wie bei den griechisch-
römischen Schiffen, in mehreren Reihen übereinander.
Bei kurzen Fahrten hockten sie auf dem Boden, bei längeren saßen sie auf quer durch das Boot laufenden Ruder-
bänken mit dem Rücken gegen die Fahrrichtung. Ihnen
gegenüber hinten im Boote saß oder stand der Steuermann
auf einer Erhöhung, welche es ihm ermöglichte, über den
Kopf der Ruderer und die Kajüte hinweg den Fahrrinnen-
beobachter zu sehen und dessen Winken entsprechende
Anordnungen zu treffen.

Besonders schwere Schiffe wurden bei der Fahrt strom-
aufwärts, leichtere auch auf Kanälen mit wenig Strömung
oder auf Gartenteichen[1] vom Ufer aus gezogen, eine Be-
wegungsart, welche man auch der Sonnenbarke bei einem
Teile ihrer Fahrt auf dem die Unterwelt durchströmenden
Flusse zuschrieb[2].

§ 166. War das Schiff am Ziel angelangt, so ließ man
es mit der Spitze der Strömung zugewendet an das Ufer
anlaufen, schlug am Lande einen großen Holzpflock ein
und band an diesem das Schiff fest[3]. Eigentliche Häfen
gab es im alten Ägypten ebensowenig, wie im heutigen,
wenn auch bei den Städten bestimmte „Anpflockungs-
plätze" angelegt waren. Sonst suchte man nur zu vermeiden,
daß man an die Stelle eines Wirbels geriet, an welcher
„das Anlanden schlecht war wegen des Umschlagens der
Boote."[4]

---

[1] z. B. Wreszinski, „Atlas", Taf. 3.

[2] Zahlreiche Darstellungen im Buche von dem, was ist in
der Unterwelt, und im Buche von den Toren (z. B. Grab Seti' I.,
publ. Lefébure, Mém. Miss. Franç. Caire II, Paris 1886; Sarg
Seti' I., publ. Bonomi und Sharpe, „The Sarcophagus of Oime-
nepthah, King of Egypt", London 1864).

[3] Wiedemann, „Altägypt. Sagen", S. 26; Maspero, RT.
XXIX, S. 106f. Darstellung: Wreszinski, „Atlas", Taf. 42.

[4] Inschrift des Aḥmes, Z. 31 (Brugsch, „Gesch. Ägyptens",
S. 234). Für Schiffbrüche in Ägypten vgl. die Stellen bei Spiegelberg, Äg. Z. XLIV, S. 100.

F. Der Krieg.

1. Heer und Kriegsführung[1].

§ 167. Das ägyptische Heer bestand im Alten und Mittleren Reiche ausschließlich aus Fußsoldaten[2] (Taf.-Abb. 18), im Neuen Reiche traten mit Einführung des Pferdes daneben Wagenkämpfer auf[3], während Reiter dauernd fehlten. Die Hauptwaffe blieb stets die Fußtruppe, ihr lag auch die Bedienung der Belagerungsmaschinen, die Besorgung des Trains, die Ausspähung der Wege ob. Bei der einzigen Seeschlacht, deren Darstellung erhalten geblieben ist, dem Kampfe Ramses' III. gegen die Seevölker[4], sind die Schiffe mit Landtruppen, welche mit Bogen und Schleudern bewaffnet sind, bemannt.

Das Heer setzte sich nur zum geringen Teil aus eingeborenen Ägyptern zusammen, deren Rekrutierung und Ausbildung in Reliefs der kriegerischen Zeit am Anfange des Neuen Reiches gelegentlich dargestellt wird[5]. Das Volk ermangelte im allgemeinen des persönlichen Mutes[6] und fand es daher vorteilhafter, für kriegerische Zwecke Söldner heranzuziehen. In der Frühzeit verwendete man hier-

---

[1] Müller, „Die alten Ägypter als Krieger und Eroberer", Leipzig 1903; „Asien und Europa", Leipzig 1893; E. A. Passypkinn, „Voennoe iskusstvo drevnägo Egipta" (Kriegskunst der alten Ägypter; russisch), St. Petersburg 1901; Wilkinson-Birch I, S. 187 ff. (besonders auf Grund der Angaben der Klassiker); Erman, „Ägypten", S. 686 ff. Für die spätere Zeit vgl. Lequier, „L'armée romaine d'Égypte d'Auguste à Dioclétien" (Mém. Inst. Franç. Arch. Caire XLI), Kairo 1918.

[2] Modellfiguren von 80 Soldaten, die mit Bogen, Pfeilen, Lanzen, Schilden bewaffnet sind, aus dem Mittleren Reiche fanden sich zu Siut (Taf.-Abb. 18), publ. Grébaut, „Le Musée Égyptien" I, Taf. 33—6, S. 30 ff. (von Maspero); Borchardt, „Statuen" (Kat. Kairo), Nr. 164 f.; Capart, „L'Art égyptien", Taf. 138, S. 41 (Lit.).

[3] Vgl. § 157.

[4] Champollion, „Mon." III, Taf. 222; vgl. Wilkinson-Birch I, S. 274 ff.; Maspero, „Hist. anc. de l'Orient classique" II, S. 467 ff.

[5] Scheil, Mém. Miss. Franç. Caire V, S. 592 (Maspero, RT. IV, S. 130 f.; Einzelepisode: Wreszinski, „Atlas", Taf. 23). Vgl. Bouriant, Mém. Miss. Franç. Caire V, S. 421 f.; Erman und Schäfer, Äg. Z. XXXVIII, S. 42 ff.

[6] Vgl. S. 36.

bei Neger, welche bereits unter der 6. Dynastie in größerer
Zahl auftreten. Im Neuen Reiche warb man die Truppen
im Norden an, wobei die öfters genannten semitischen
Pidti eine leicht bewaffnete Truppe von Bogenschützen
gebildet zu haben scheinen[1]; von Angehörigen der Seevölker
stellten unter Ramses II. die Schardana ein erhebliches
Kontingent. Später traten Libyer an ihre Stelle und erran-
gen großen Einfluß im Lande, aus ihren Führern gingen die
Könige der 22. Dynastie hervor. Seit dem 7. Jahrhundert
traten Kleinasiaten, besonders Karer und Griechen in
den Heeren auf. Die Mat'au, deren Namen dem eines Volkes an der Südwestgrenze Ägyptens entsprach, scheinen
gleichfalls ursprünglich Söldner gewesen zu sein. Sie dienten vor allem als Polizeitruppe und galten im Volke als
unbeliebt[2].

Neben den Truppen, welche der Staat unterhielt, gab
es solche, welche den verschiedenen Gaufürsten[3] und den
größeren Tempeln unterstanden[4]; sie hatten sich gegebenen
Falles dem Staate zur Verfügung zu stellen. Unter Amenophis IV. erscheint eine weibliche Garde[5], von welcher sonst
nirgends die Rede ist und bei welcher man es daher vermutlich mit einer persönlichen Laune des Herrschers zu tun
hat, nicht mit einer ständigen Heereseinrichtung.

§ 168. Eingeteilt wurde das gesamte Heer, jedenfalls
seit der 18. Dynastie, in zwei große Abteilungen, welche
Ober- und Unterägypten entsprachen, und aus denen die
Hermotybier und Kalasirier der Spätzeit hervorgegangen
sein werden[6]. Im übrigen teilte man die Truppen in Abteilungen, ägyptisch *sa* genannt[7], ein und gab diesen besondere
Namen, wie „Abteilung des Amon", „Abteilung glänzend
wie die Sonnenscheibe", „Abteilung Amon schützt seine

---

[1] Wiedemann, Proc. Soc. Bibl. Arch. XV, S. 347f.; Erman,
„Ägypten", S. 714f.
[2] Erman, a. a. O., S. 715f.; Stern, Äg. Z. XXII, S. 101ff.;
Schäfer, ib. XL, S. 32. Ein Vorsteher der Mat'a in Memphis
erscheint bereits unter Pepi I. (Borchardt, Äg. Z. XLII, S. 3).
[3] Maspero, RT. I, S. 180.
[4] Wiedemann, Äg. Z. XXIII, S. 82f.; Ledrain, RT. I, S. 90.
[5] Davies, „El Amarna", vielfach; I, Taf. 19 zu Wagen.
[6] Müller, Äg. Z. XXVI, S. 82f.; Spiegelberg, ib. XLIII,
S. 87ff., 158; Mallet, Mém. Miss. Franç. Caire XII, S. 412ff.
[7] Müller, Äg. Z. XXVI, S. 83f.; Bergmann, RT. IX, S. 38.

Soldaten". Größere Truppenteile nannte man jeweils nach
ihren Schutzgottheiten: „Die Soldatenschaft des Amon,
des Rā, des Ptah, des Sutech". Ob diese Kontingente besondere Abzeichen an ihrer Kleidung trugen und sich
hierdurch von anderen Truppen unterschieden, läßt sich
in den Darstellungen nicht verfolgen. Die Bewaffnung
war in den verschiedenen Kontingenten die gleiche. Wenn
in ihr ein Wechsel eintrat, so fand er sich innerhalb des
gleichen Korps, in dem die Mannschaften neben der Lanze
und dem Schild abwechselnd den kurzen Dolch oder das
Sichelschwert oder den kurzen Stab tragen konnten[1]. Als
Sammlungszeichen dienten seit der ältesten Zeit, ähnlich
wie auch in Assyrien, Standarten[2], auf denen heilige
Symbole aufgestellt waren und in denen man die göttlichen
Schützer der jeweiligen Abteilungen sah.

§ 169. Die Offiziere, welche die einzelnen Korps
befehligten, waren nur zum Teil Berufssoldaten, meist
waren es sonstige Würdenträger, welche für einige Zeit
die Führung übernahmen, wie etwa die Söhne Ramses' II.
und III. Der eigentliche Offiziersberuf galt als mühevoll
und unangenehm. Die Schreibertexte aus den thebanischen
Dynastien[3] heben hervor, der Offizier werde geprügelt,
wie ein Esel beladen müsse er einherziehen, schlechtes Wasser
trinken, käme arm und krank nach Hause. Nur, wenn er
es verstanden hatte, die nötige Schreiberweisheit sich anzu-
eignen, konnte er zu höheren Befehlshaberstellen gelangen
und bürgerliche, als besonders ehrenvoll geltende Aufgaben
übernehmen, wie den Transport von Steinen, die Anlage
von Kanälen und Ähnliches.

§ 170. Über die Art der Durchführung des Krieges
wird wenig berichtet. Die Inschriften begnügen sich in den
meisten Fällen damit hervorzuheben, der Pharao habe alle
Länder besiegt, sie seien unter seinen Füßen, er herrsche
bis zu den Enden der Welt, geben aber nur selten Einzelheiten über den Verlauf der Ereignisse an. So erzählt
unter der 6. Dynastie ein hoher Würdenträger Unâ, wie seine
Truppen zunächst undiszipliniert waren, der eine raubte

[1] Lepsius, „Denkm." III, 155 (Zeit Ramses' II.).
[2] Schäfer, Klio VI, S. 393ff.
[3] Maspero, Proc. Soc. Bibl. Arch. XIII, S. 302f.; Erman,
„Ägypten", S. 722f.

den Teig und die Sandalen von dem, der auf der Straße
war, der andere nahm Brot aus jedem Dorfe, der Dritte
nahm jede Ziege von allen Leuten. Unä gelang es, diese
Scharen auszubilden, er griff das Land der Feinde an, ver-
wüstete dasselbe, schnitt die Feigen- und Weinpflanzungen
ab und brachte eine große Menge lebender Gefangener
nach Ägypten[1]. In späterer Zeit schilderte Thutmosis III.
ausführlich seinen ersten Zug gegen Asien, wie er sich zunächst nach Gaza begab und hier genaue Erkundigungen
über die Wege, welche nach Norden führten, einholte.
Erst als alle Möglichkeiten erwogen waren, gab er den Be-
fehl zum Vormarsch und gelangte glücklich in die Ebene
von Megiddo, in welcher er seine Feinde besiegte[2]. Der
Feldzug Seti' I. am Anfang seiner Regierung gegen Asien
läßt sich auf Grund der Reliefs und Inschriften besonders
in Karnak wenigstens in seinen wesentlichen Zügen wieder-
herstellen[3].

Besonders eingehend ist der Bericht, welchen Ramses II.
über seinen Sieg über das Bundesvolk der Cheta im 5.
Jahre seiner Regierung hinterlassen hat. Er liegt in zwei
Fassungen vor, deren eine verhältnismäßig nüchtern berichtet, während die zweite, das fälschlich sog. Gedicht des
Pentaur, die Begebenheiten poetisch übertreibt und mit
wenig Rücksicht auf die Wahrheit färbt. Zahlreiche Reliefs
sind den Hauptepisoden des Kampfes, in dem der König
sich persönlich durch seine Tapferkeit ausgezeichnet haben
will, gewidmet[4]. Eine der Darstellungen zeigt das Lager
der Ägypter. Die Soldaten haben ihre Schilder nebeneinander gestellt und mit ihnen eine viereckige Umwallung
gebildet, deren Eingang durch Verhaue geschlossen und

---

[1] Erman, Äg. Z. XX, S. 1 ff.
[2] Maspero, „Études de Myth." IV, S. 203 ff.; Passypkinn,
RT. XXVI, S. 169 ff.
[3] Guieysse, RT. XI, S. 52 ff.; Lushington, Transact. Soc.
Bibl. Arch. VI, S. 509 ff.
[4] Pleyte, „De Veldslag van Ramses den Groote tegen
de Cheta" (ohne Ort und Jahr); Chabas, „Oeuvres" II, S. 1 ff.;
Tomkins, Transact. Soc. Bibl. Arch. VII, S. 390 ff.; Breasted,
„Battle of Kadesh" in Decennial Publ. of the Univ. of Chicago
V, S. 81 ff.; „Ancient Records of Egypt" III, S. 123 ff.;
Burchardt bei Röder, „Ägypter und Hethiter" (Alter Orient
XX), Leipzig 1919.

durch Truppen besetzt ist. Im Lager befindet sich außer
den Soldaten ein zahlreicher Troß von Leuten, Karren,
Ochsen, Eseln, sich zankenden und prügelnden Burschen[1].

An die Schlacht schloß sich die Belagerung und Eroberung der Festungen des Feindes an[2], welche bisweilen sehr
schnell erfolgen konnten[3]. Die Ägypter drangen bis zu den
Toren vor, schlugen diese mit Beilen ein, brachen Breschen
in die Mauer, legten Sturmleitern an, stiegen, den Schild
auf dem Rücken, den Dolch in den Händen, hinauf. Die
Belagerten weinten inzwischen verzweiflungsvoll, suchten
Frauen und Kinder über die Mauer herabzulassen oder
flehten um Gnade. In anderen Darstellungen rücken die
Ägypter unter Sturmdächern vor, um gegen die Steinwürfe
und Pfeilschüsse der Belagerten geschützt zu sein; in wieder
anderen schlagen sie die Waldungen im Feindesland nieder,
um das in Ägypten seltene Holz fortschaffen zu können,
oder richten sonstige Verwüstungen an.

Von Kriegszügen zur See wird öfters kurz berichtet,
ohne daß Einzelheiten über ihren Verlauf gegeben würden.
Die eben erwähnte Darstellung einer Seeschlacht stellt
einzelne Episoden aus dem Gefechte dar, das Schleudern
von Steinen vom Mastbaum aus, das Angreifen einzelner
Fahrzeuge, das Umschlagen von Schiffen usf., gestattet
aber nicht den Verlauf der Schlacht zu verfolgen.

2. Behandlung der Besiegten.

§ 171. Im allgemeinen wurde der Krieg bis zur vollständigen Unterwerfung und Vernichtung des Feindes
fortgesetzt, „bis er ist als wäre er nicht gewesen". Nur

---

[1] Lepsius, „Denkm." III, 153–4. Vgl. das Bruchstück
Schäfer, Amtl. Ber. Preuß. Kunstsamml. XL, Sp. 153 ff.
[2] Städtebelagerungen schildert die Piānchi-Inschrift, Z. 5,
28, 91 ff. (Brugsch, „Geschichte Ägyptens", S. 683, 688, 697).
Darstellung: zu Deschâsche (6. Dyn.) bei Petrie, „Deshasheh",
Taf. 4, S. 6 (daraus Bissing, „Einführung in die ägypt. Kunst",
Taf. 2; vgl. Bissing, RT. XXXII, S. 46 ff.; XXXIV, S. 18);
zu Beni Hasan bei Newberry, „Beni Hasan" I, Taf. 14; II, Taf.
5, 15; Champollion, „Mon.", Taf. 379 (daraus Perrot-Chipiez,
„Ägypten", Fig. 286); Rosellini, „Mon. civ.", Taf. 118 (hier
könnte es sich um ein Kampfspiel handeln); Lepsius, „Denkm."
III, 145 c; Champollion, „Mon." III, Taf. 228 (Zeit Ramses'
III.). Vgl. Wilkinson-Birch I, S. 242 ff.
[3] Passypkinn, RT. XXX, S. 208 f.

selten endete er, wie der Cheta-Krieg Ramses' II., mit einem
Vertrage[1] und der Vermählung des Pharao mit einer Tochter
des feindlichen Fürsten und dessen Besuch in Ägypten[2].

§ 172. Die im Kampfe gefallenen Gegner ließ man
auf dem Schlachtfelde liegen, wo sie wilden Tieren, Löwen
und Geiern zur Nahrung dienten[3]. Zeitweise war es üblich,
ihnen die Hände, seltener auch die Geschlechtsteile abzu-
hauen, diese vor dem Könige hinzulegen[4] und auf diese
Weise augenfällig den Beweis zu liefern, wieviele Feinde
der einzelne Ägypter oder auch das gesamte Heer getötet
habe.

§ 173. Den Gefangenen wurde in ältester Zeit gelegentlich ein Ring durch die Nase gezogen und an diesem
ein Strick befestigt[5], später kam es vor, daß man ihnen
Handschellen anlegte[6]. Meist begnügte man sich damit,
sie mit Stricken zu binden, und erinnert an diese Tatsache
die seit der 12. Dynastie typisch wiederholte symbolische
Darstellung des ägyptischen Sieges. Über dem umwallten
Ring, der seit alters die Namen befestigter Ortschaften
umschloß[7], brachte man das schematisch gezeichnete Brust-
bild eines Vertreters der Bewohner dieses Ortes an, dessen
Hände gefesselt waren. Je nach der Gegend, aus welcher
der Mann stammte, endeten die Fesseln vielfach in den
symbolischen Wappenpflanzen des Südens oder des Nordens.

---

[1] Cheta-Vertrag bei Müller, Mitt. Vorderas. Ges. VII, S.
193 ff.; Breasted, „Ancient Records" III, S. 163 ff. Für die
babylonische Fassung des Vertrages vgl. Meißner, Sitzb. Ak.
Berlin 1917, S. 282 ff.; „Zur Geschichte des Chattireiches" (aus
Jahresber. Schles. Ges. für vaterl. Kultur 1917), S. 20 ff.; Röder,
„Ägypter und Hethiter", S. 37 ff.
[2] Breasted, a. a. O., S. 174 ff.
[3] Schieferplatte der Nagadazeit, publ. Proc. Soc. Bibl.
Arch. XXII, Taf. 6; XXXI, Taf. 42.
[4] Am Anfange der 18. Dyn. (Ahmes-Inschrift, übersetzt:
Brugsch, „Geschichte Ägyptens", S. 230 ff.); unter Ramses II.
(Champollion, „Mon." I, Taf. 19 = Rosellini, „Mon. stor.",
Taf. 94; vgl. Guieysse, RT. VIII, S. 139 ff.); unter Ramses III.
(Champollion, „Mon." III, Taf. 206, 224 = Rosellini, „Mon.
stor.", Taf. 132, 135; vgl. Müller, Proc. Soc. Bibl. Arch. X,
S. 287).
[5] Äg. Z. XXXVI, Taf. 13.
[6] Davies, „El Amarna" IV, Taf. 26; Lepsius, „Denkm."
III, 211 (Wilkinson-Birch I, S. 338).
[7] Quibell, „Hierakonpolis" I, Taf. 29. Vgl. S. 157.

Die Zahl der Gefangenen war meist nicht sehr erheblich.
Aus den Annalen Thutmosis' III. geht hervor, daß dieser
von seinen Feldzügen nur etwa 8000 Gefangene mitbrachte[1],
Amenophis II. erbeutete auf seinem syrischen Feldzuge
ungefähr 550 Gefangene[2]. Die Leute wurden teilweise
den ägyptischen Offizieren, welche sie im Kampfe oder bei
der Ausraubung des feindlichen Landes sich gewonnen
hatten, zu Sklaven oder Sklavinnen gegeben[3]. Die Mehrzahl wurde den Tempeln überlassen und in deren Nähe
in geschlossenen Ansiedlungen untergebracht. Solche gab
es bei Theben unter der 18. Dynastie für Syrer und Äthiopen, in Memphis für Hethiter, unter der 20. Dynastie zu
Theben, Heliopolis, Memphis für verschiedene Stämme, zu
Anibe in Nubien für Cyperer, in der Spätzeit zu Memphis
für Tyrer und in der Nähe für Juden[4]. Ob auch die zu
Memphis wohnenden Idumäer[5] eine geschlossene Ansied-
lung bildeten, ist nicht klar zu erkennen.

Inwieweit die sonst aus dem Ausland einwandernden
Fremden in ähnlichen Reservaten untergebracht wurden,
ist unbekannt. Bei dem Gegensatze, in welchem dieselben
in Religion und Sitte zu den Ägyptern standen, ist es sehr
wahrscheinlich, daß man, um andauernde Zwistigkeiten zu
vermeiden, solche eingerichtet haben wird. Friedliche Einwanderungen fanden nicht selten statt, so kamen unter
der 12. Dynastie Beduinen von Osten her nach Mittelägypten[6], unter der 18. Dynastie kamen Semiten aus Asien[7],
zwei Einwanderungen, von denen genauere bildliche Darstellungen erhalten geblieben sind.

---

[1] Berechnet von Baikie, „The Story of the Pharaohs", S. 129.
[2] Ann. Serv. Ant. IV, S. 132.
[3] Listen solcher Kriegssklaven: Lepsius, „Denkm." III, 12 c
(Müller, Mitt. Vorderas. Ges. III, S. 114 ff.); Steindorff, Äg. Z.
XXXVIII, S. 15 ff. (Piehl, Sphinx IV, S. 234 f.).
[4] Borchardt, Äg. Z. XXXVI, S. 84; Bissing, ib. XXXVII,
S. 79 f.; Spiegelberg, RT. XX, S. 50; Maspero, „Études de Myth."
VII, S. 111 f.; Wiedemann, „Herodot", S. 433; Madsen, Äg. Z.
XLI, S. 114 f.; Daressy, Ann. Serv. Ant. XV, S. 141 f; Josephus,
Ant. Jud. XIV, 8, 2; Bell. Jud. I, 9, 4.
[5] Ann. Serv. Ant. II, S. 285 f.
[6] Lepsius, „Denkm." II, 131—2.
[7] Wiedemann, Proc. Soc. Bibl. Arch. XI, S. 425; Maspero
bei Davis, „Tomb of Harmhabi", S. 15 ff. (Lit.).

Ein beliebtes Motiv bei der Abbildung des ägyptischen
Königs war seit alter Zeit, unter seinem Sitz oder Stand
die Bilder besiegter Feinde anzubringen[1], ihn als Stier[2]
oder Sphinx[3] auf dieselben treten zu lassen, den Boden
des Palastes mit den Bildern gefangener Feinde zu bemalen.
Es ist nicht mit Sicherheit zu entscheiden, ob es sich hier
nur um eine symbolische Darstellungsweise handelte oder
um einen Sympathiezauber, der von dem Bilde aus auf die
Feinde selbst wirken sollte[4], oder vielmehr um die Wiedergabe eines tatsächlichen Vorganges, bei dem der Pharao
in eigener Person auf einen oder mehrere Vertreter des feindlichen Volkes trat. Das Setzen des Fußes auf den zu Boden
gestreckten Feind ist auch sonst eine alte, weit verbreitete
Sitte, um die vollständige Bezwingung durch den Sieger
zum Ausdruck zu bringen[5].

§ 174. Sicher geht es auf eine ägyptische Sitte zurück,
wenn in einer statuarischen Darstellung der König Ramses
VI. heranschreitet und mit der linken Hand einen gebundenen Libyer, den er am Haarschopf ergriffen hat, neben
sich herschleppt, während er in der rechten Hand eine kleine
Axt hält[6]. Es handelt sich hier um die Vorbereitung zu dem
Menschenopfer, welches man bei der Siegesfeier der
Gottheit darzubringen pflegte und bei dem man in ältester
Zeit die Gefangenen enthauptete und ihnen den Kopf zwischen die Füße legte[7]. Daneben wurde damals gelegentlich,
in späterer Zeit regelmäßiger, der Gefangene mit der Keule
erschlagen. An anderen Stellen spielt das Menschenopfer
in Ägypten eine sehr geringe Rolle, wenn es auch niemals
völlig verschwunden zu sein scheint. Es wurde vor allem
in der thebanischen Zeit beim Totenkult angewendet, um
auf diesem Wege dem Verstorbenen Diener in das Jenseits
nachzusenden, kam aber auch sonst vereinzelt vor[8]. Größe-

---

[1] Quibell, „Hierakonpolis" I, Taf. 40—1.
[2] a. a. O., Taf. 29.
[3] Meyer, „Pyramidenerbauer", Abb. 15.
[4] Wiedemann, Sphinx XVIII, S. 207 ff.
[5] Grimm, „Rechtsaltertümer", S. 142.
[6] Legrain, „Statues" (Kat. Kairo) II, Taf. 15, S. 17 (Capart,
„L'Art égyptien", Taf. 162).
[7] Wiedemann, Sphinx XVIII, S. 42 f.
[8] Wiedemann, „Herodot", S. 214 ff.; Maspero, Mém. Miss.
Franç. Caire V, S. 438 ff., 452 ff.; Lefébure, Sphinx III, S. 129 ff.;

ren Umfang gewann es nur in Äthiopien, wo sich in Gräbern
des Mittleren Reiches zahlreiche Männer und Frauen als
Opfer für den Toten mit diesem begraben fanden[1].
Während derart das Menschenopfer in Ägypten vorkam,
hat, soweit die Funde Rückschlüsse gestatten, Kanniba-
lismus im Niltal niemals bestanden. Es war bereits hervorzuheben, daß die zerstückelten Leichen der Nagadazeit
nicht auf solchen gedeutet werden dürfen[2], und wenn angeblich[3] in der Römerzeit bei religiösen Streitigkeiten einmal ein Mann erschlagen, in Stücke gerissen und verzehrt
wurde, so beruht dies, falls der Bericht einen tatsächlichen
Vorgang wiedergibt, auf einem Ausbruche fanatischer
Roheit, nicht auf einer Volkssitte.

3. Waffen[4].

§ 175. Als Schutzwaffe diente dem ägyptischen Soldaten, dessen Kleidung sich im allgemeinen nicht von der
des Bürgers unterschied, der gelegentlich leicht gewölbte,
meist aber flache Schild, der mit der linken Hand gehalten
wurde. Auf dem Marsche trug man ihn häufig an einem
über die Schulter laufenden Bande, auf dem Rücken. Er
bestand im allgemeinen aus Holz, über das man vielfach

VIII, S. 16ff.; Junker, Äg. Z. XLVIII, S. 70; Müller, Mitt. Vorderasiat. Ges. IX, S. 114ff.
  [1] Journ. of Egypt. Arch. 3, S. 218f. (Funde von Reisner);
Reisner, Äg. Z. LII, S. 36; Bull. Museum of Fine Arts Boston,
Nov. 1913, April 1914. Für das Menschenopfer bei den klassi-
schen Völkern vgl. Fr. Schwenn, „Die Menschenopfer bei den
Griechen und Römern", Gießen 1915.
  [2] Vgl. S. 109.
  [3] Juvenal, Sat. XV, 76.
  [4] Wilkinson-Birch I, S. 198ff. (zahlreiche Abbildungen);
Chabas, „Études sur l'Antiquité historique", S. 87ff.; Erman,
„Ägypten", S. 717ff.; Maspero, „Hist. anc. de l'Orient classique"
II, S. 209ff. Waffen finden sich in Gräbern im Original (Budge,
Archäologia LIII, S. 83ff.; Nash, Proc. Soc. Bibl. Arch. XXXIII,
S. 135; XXXIV, S. 35f.), im Modell (Daressy, Ann. Serv. Ant.
I, S. 42) und, besonders im Mittleren Reiche, auf Sargwände auf-
gemalt (Lacau, „Sarcophages antérieurs au Nouvel Empire" [Kat.
Kairo], Taf. 40ff.; Lepsius, „Älteste Texte des Todtenbuches"
Taf. 10, 23, 27, 28, 38). Herstellung von Waffen: Quibell,
„Excavations at Saqqara 1908—10", Taf. 75. Waffenkult:
Wiedemann, AfR. XIX, S. 452ff. — Für die Waffen der Nachbar-
völker Ägyptens vgl. Müller, „Asien und Europa", Leipzig 1893.

ein Tierfell spannte, dessen Haare nach außen standen,
um die Pfeile besser aufzuhalten. In der Mitte, etwa ein
Drittel vom oberen Rande entfernt, befand sich oftmals
ein besonders fest gearbeiteter Buckel, hinter welchem der
quer gestellte und nicht versenkte Haltegriff des Schildes
angebracht war. Seltener wird dieser Griff senkrecht gestellt oder unterhalb des Buckels auf der Innenseite des
Schildes angebracht. Die äußere Umrahmung der Schilde
hat die Gestalt eines Rund- und noch häufiger eines Spitz-
bogens (Taf.-Abb. 18); in ältester Zeit ist die Form abweichend
hiervon oval und in der Mitte eingezogen, so daß die Gesamt-
form an die einer 8 erinnert; unter der 18. und 20. Dynastie ist der Schild gelegentlich völlig oval[1]. Ganz vereinzelt kommt im Mittleren Reiche ein viereckiger Schild mit
Einschnitt am oberen und unteren Rande vor[2]. Die Schilde
waren verhältnismäßig dünn gearbeitet und nicht sehr
groß, so daß sie nur den Oberkörper des Trägers deckten[3],
daneben kam aber auch ein weit umfangreicherer Schild
vor, der den ganzen Mann zu schützen vermochte[4].

Außer durch den Schild sicherte man sich durch Bretter
⌖, welche vermittelst der an den Schmalseiten angebrachten Bänder am Unterarm festgebunden werden
konnten[5], und durch einen Brustharnisch. Letzterer bestand im allgemeinen aus einem Rock mit kurzen oder
auch ohne Ärmel, auf welchem Metallplatten in Horizontalreihen oder Bilder von Löwen und anderen Tieren aufgenäht wurden[6]. Im Grabe Amenophis' II. fanden sich
Reste eines Panzerhemdes aus feinem, lachsfarbigen Leder
mit aufgenähten Schuppen, die abwechselnd aus ge-

---

[1] Newberry, Proc. Soc. Bibl. Arch. XXVIII, S. 71f.,
dessen Schlüsse aus den Schildformen freilich viel zu weitgehende
sind.
[2] Newberry, „Beni Hasan" II, Taf. 15 (Wilkinson-Birch
I, S. 201).
[3] Newberry, „Beni Hasan" I, Taf. 14, 16; Naville, „Deir
el bahari", Introduction, Taf. 8; Davies, „El Amarna" I, Taf.
10, 15, 20; III, Taf. 31.
[4] Newberry, „El Bersheh" I, Taf. 13, 29; Wilkinson-Birch
I, S. 202.
[5] Wilkinson-Birch II, S. 72; Rosellini, „Mon. civ.", Taf.
103.
[6] Wiedemann, „Herodot", S. 613ff.

schnitztem gelbem Holz und aus weißem Leder bestehen[1]. In der Spätzeit wurden bei dem Panzerhemd Eisenplatten auf Leder aufgenäht[2]. Der König trug im Kriege seinen Brustharnisch regelmäßig. Wenn er ihn ausnahmsweise ablegte, so galt das als ein Ereignis, welches man an Tempelwänden zu verewigen für erforderlich hielt[3]. Auf dem Haupte trugen die ägyptischen Truppen die übliche leinene Mütze, an der gelegentlich, wohl wesentlich zur Verschönerung, eine oder zwei Straußenfedern, wie sie auch das Hieroglyphenzeichen für das Wort Soldat 𓀎 zeigt, befestigt wurden. Die auswärtigen Söldner aus dem Volke der Schardana behielten ihre heimischen Helme mit zahlreichen Buckeln[4] bei, ebenso wie auch die jonischen Söldner Erzhelme mit sich brachten. Die Entdeckung des großen Modells eines derartigen fremdländischen Helmes aus glasiertem Steingut aus saitischer Zeit[5] zeigt, daß auch Anhänger der ägyptischen Religionsvorstellungen sich ihrer im Jenseits bedienen zu können hofften. Seit dem Beginne des Neuen Reiches trug der Pharao einen Kriegshelm 𓋙, eine hohe, wohl aus Leder bestehende und mit Bronzeverzierungen versehene Mütze[6], welche bei bestimmten Veranlassungen auch in Friedenszeiten als ein Teil des königlichen Ornates galt (Abb. 9).

§ 176. Von in die Ferne wirkenden Waffen kommt zunächst die Schleuder vor[7]. Sie diente in friedlichen Zeiten zum Vogelfang[8] und zum Vertreiben der Vögel aus den Weingärten, im Kriege wurde sie bei der Seeschlacht Ramses' III. verwertet, und unter den Sargbildern ist die Schleuder 𓌽 sehr häufig.

[1] Schweinfurth, Sphinx II, S. 156. Sehr fein aus Leder geflochtene Jacken (Carter, Ann. Serv. Ant. IV, S. 46, Taf.) haben vermutlich gleichfalls als eine Art Panzer gedient.
[2] Petrie, „Nebesheh", S. 78.
[3] Sethe, Äg. Z. XLIV, S. 36ff. (Ramses II.).
[4] Lepsius, „Denkm." III, 209b, Nr. 4.
[5] Wallis, „Egyptian Ceramic Art", Taf. 18.
[6] Bissing, Äg. Z. XLI, S. 87; XLII, S. 83f.; RT. XXIX, S. 159ff.; Reinach, Ann. Serv. Ant. XI, S. 222. Die Deutung des Helms als eine Perücke (Borchardt, Äg. Z. XLII, S. 82) erscheint nicht möglich (vgl. oben S. 138).
[7] Newberry, Proc. Soc. Bibl. Arch. XXII, S. 65f.
[8] Petrie, „Deshasheh", Taf. 5.

Das meist ziemlich stark gebogene, flache Wurfholz (Bumerang) wird in historischer Zeit wesentlich zur Vogeljagd verwendet, doch sieht man es unter der 12. Dynastie in der Hand libyscher Truppen[1], und führten zur Zeit der Königin Ḥātschepsut Soldaten den „Tanz der Libyer" in der Weise aus, daß sie umhersprangen und ihre Wurfhölzer gegeneinander schlugen[2]. Den Toten gab man besonders im Mittleren und in den ersten Dynastien des Neuen Reiches, etwas seltener zu anderen Zeiten, den Bumerang als Waffe gegen die Dämonen in das Grab. Dabei war er gelegentlich aus Holz gearbeitet[3], meist aber verwendete man in jüngerer Zeit ein Modell aus glasiertem Steingut[4], in älterer ein solches aus Nilpferdknochen, auf welches man eine Reihe von Dämonenbildern eingegraben hatte[5]. Ob der Bumerang auch von den Lebenden als Dämonenvertreiber benutzt wurde, etwa um die Kinder im Schlafe zu schützen[6], läßt sich nicht belegen.

Sehr verbreitet war im alten Ägypten seit der Nagadazeit[7] der Gebrauch des Bogens[8] zur Jagd und im Kriege

[1] Lepsius, „Denkm." II, 141 (Carter, „Beni Hasan" IV, Taf. 23).

[2] Naville, „Temple of Deir el bahari" IV, Taf. 90.

[3] Zerbrochener und mit Stricken wieder zusammengebundener Bumerang der 12. Dynastie bei Petrie, „Kahun", Taf. 9, Fig. 30, S. 29.

[4] Davis, „Tomb of Queen Tîyi", S. 38 f.; Carter und Newberry, „Tomb of Thoutmôsis IV.", S. 110 ff., Taf. 25; Nash, Proc. Soc. Bibl. Arch. XXXII, S. 194; Budge, „Guide to the third and fourth Egypt. Rooms, Brit. Mus.", S. 255.

[5] Legge, Proc. Soc. Bibl. Arch. XXVII, S. 130 ff., 297 ff.; XXVIII, S. 159 ff.; Murray, ib. XXVIII, S. 33 ff. (die Deutung der Darstellungen als Horoskope erscheint verfehlt). Unter der 18. Dyn. trägt der asiatische Gott Sched den Bumerang als Waffe (Davies, Äg. Z. IL, S. 125 f.).

[6] Jéquier, RT. XXX, S. 40 ff.

[7] Vgl. z. B. Capart, „Les Débuts de l'Art en Égypte", S. 223, Taf. 1.

[8] Für Bogen und Pfeile im Altertum vgl.: Bulanda, Abh. des archäol.-epigr. Seminars der Univ. Wien, Heft 15; v. Luschan in „Festschrift für Benndorf", S. 193 ff.; Schaumberg, „Bogen und Bogenschütze bei den Griechen", Nürnberg 1910; für afrikanische Bogen: Ratzel, Ber. Ges. Wiss. Leipzig 1887, S. 234 ff.; 1893, S. 147 ff.; Abh. Ges. Wiss. Leipzig XIII, S. 293 ff.; für den altägyptischen Bogen: Lepsius, Äg. Z. X, S. 79 ff.; Wiedemann, Proc. Soc. Bibl. Arch. XV, S. 347 f.; Griffith, „Hieroglyphs",

(vgl. Taf.-Abb. 18). Öfters wird in den Reliefs seine Herstellung
vorgeführt, und da dabei gleichzeitig verschiedene Formen
gefertigt werden[1], so wurden diese auch nebeneinander
verwendet und entsprechen nicht bestimmten Zeitperioden.
Die Sehne war lose, man pflegte sie unmittelbar vor der Verwendung an den Bogenenden zu befestigen und dann so
scharf wie möglich anzuziehen[2]. Abgesehen von Soldaten
und Privatleuten verwendete auch der König vielfach den
Bogen, in dessen Gebrauch ihn, den Texten und Darstellungen zufolge, die Götter Horus und Set unterrichteten[3]. Es
wird dann mehrfach hervorgehoben, daß niemand imstande
sei, den königlichen Bogen zu spannen[4]. Für das Jenseits
galt der Bogen als notwendige Waffe, er wurde daher auch
vielfach in das Grab gelegt, und war es dabei[5] im Mittleren
Reiche Sitte, ihn zu zerbrechen, um ihn zu töten und damit
dem Verstorbenen nachzusenden.

Den meist befiederten Pfeil[6], der keine oder nur eine
schwache Kerbe besaß[7], bildete ein langes Rohr, an dessen
einem Ende die Spitze angebunden oder eingesteckt wurde.

S. 51; v. Luschan, ZfE. 31 (1899), Verh. S. (227)f. Gute Bogen-
bilder: Carter, „Beni Hasan" IV, Taf. 24; Lacau, „Sarcophages antérieurs au Nouvel Empire" (Kat. Kairo) II, Taf. 41;
Lange und Schäfer, „Grabsteine des Mittleren Reiches" (Kat.
Kairo) IV, Taf. 91; Lepsius, „Älteste Texte des Todtenbuches",
Taf. 10, 27, 38; Bogenmodelle: Steindorff, „Grabfunde des
Mittleren Reiches in Berlin" II, S. 31.
    [1] Lepsius, „Denkm." II, 108; Wreszinski, „Atlas", Taf. 80,
81; Virey, Mém. Miss. Franç. Caire V, S. 212f.; Moret, Rev.
arch. 1899, I, S. 231 ff. (18. Dyn.).
    [2] Newberry, „Beni Hasan" I, Taf. 14; Wilkinson-Birch
I, S. 203.
    [3] Lepsius, „Denkm." III, 36 (Prisse, „Mon. égypt.", Taf. 17;
Wilkinson-Birch III, S. 137); Lanzone, „Diz. di Mit.", Taf.
376. — Bogenschießende Göttin: Wilkinson-Birch I, S. 27;
Daressy, Ann. Serv. Ant. X, S. 177ff.; Wiedemann, Proc. Soc.
Bibl. Arch. XXXVI, S. 54f.
    [4] Schäfer, Äg. Z. XXXVIII, S. 66f. Vgl. zu dem Gedanken-
gange Herodot III 21, 30.
    [5] Quibell, „Excavations at Saqqara 1906—7", S. 14, 17;
vgl. Ahmed Bey Kamal, Ann. Serv. Ant. II, S. 221.
    [6] Chabas, „Études sur l'Antiquité historique", S. 379f.
Besonders kleine Pfeilspitzen erwähnt Paulus Aegineta, Kap. 88;
vgl. Lemm, „Kleine Koptische Studien", S. 403f.
    [7] Wenn gelegentlich (Davies, „El Amarna" IV, Taf. 26)
Pfeile mit einer tiefen Kerbe mit sehr dünnen Rändern abgebil-

Diese bestand in älterer Zeit aus Feuerstein, der seit dem Neuen Reiche durch Bronze ersetzt wurde. Vorn lief sie in der Frühzeit bisweilen[1], seit dem Neuen Reiche gewöhnlich spitz zu. Daneben trat eine schneidende Pfeilspitze auf, welche im Neuen Reiche vereinzelt bei der Jagd Verwendung fand[2], während sie früher allgemeiner üblich gewesen war. Diese Pfeilspitzengattung schloß vorn mit einer geraden oder eingebogenen Schneide (Abb. 41) ab, oder es wurden hier 2 oder 3 Spitzen angebracht[3], welche gelegentlich vergiftet wurden[4]. Der Köcher erscheint in früher Zeit in Ägypten nicht im tatsächlichen Gebrauche, obwohl ihn die Nachbarvölker verwendeten. Man trug damals die

Abb. 41. Schneidende Pfeilspitze aus Feuerstein.

Pfeile als Bündel mit sich und legte oder steckte sie während des Kampfes vor sich auf die Erde[5], brachte sie aber bis in das Mittlere Reich hinein nur selten in einem Behälter unter[6]. Erst mit dem Anfange des Neuen Reiches wurde der Köcher allgemein eingeführt und zwar, wie bereits sein dem Semitischen entlehnter Name áspatâ andeutet, im Anschluß an asiatische Sitten[7]. Er bestand, wie ein erhaltenes Exemplar[8] zeigt, aus Leder, war etwa 1 m lang und hatte die Gestalt eines länglichen steifen Sackes.

det werden, so ist es fraglich, ob es sich um eine besondere Form handelt oder um eine nach ägyptischer Zeichenart übertreibende Betonung einer Einzelheit.

[1] Petrie, „Naqada“, Taf. 72–3.

[2] Davies, „Five Theban Tombs“, Taf. 12.

[3] Capart, „Débuts de l'Art“, Fig. 25; Lepsius, „Älteste Texte des Todtenbuchs“, Taf. 26; Carter, „Beni Hasan“ IV, Taf. 24, Fig. 3; Grébaut, „Musée Égyptien“, S. 33 (Mittleres Reich); Chabas, a. a. O., S. 380f.

[4] Reisner, Ann. Serv. Ant. V, S. 108, Taf. 7 (6. Dyn.).

[5] Newberry, „Beni Hasan“ I, Taf. 14; II, Taf. 5.

[6] Lacau, „Sarcophages“ (Kat. Kairo), Taf. 41 (Köcherbilder von Särgen des Mittleren Reiches).

[7] Maspero, „Études de Myth.“ V, S. 388ff.

[8] Daressy, „Fouilles de la Vallée des Rois“ (Kat. Kairo), Taf. 10, S. 32f.

§ 177. Als älteste Schlagwaffen erscheinen ein an beiden Enden sich verdickender Knochen, welcher bis in späte Zeit hinein nicht selten bei dem Hieroglyphenzeichen ⌇ statt des Messers in der Hand liegt[1], und ein Beil, das aus einem zwischen zwei zusammengebundenen Stöcken befestigten Keil aus Quarzit bestand[2]. In historischer Zeit tritt eine andere Beilform ⌐ auf. Ihr Griff bestand aus Holz und ahmte in seiner Form gelegentlich einen Rindschenkel nach[3], offenbar in Erinnerung an eine der ursprünglichsten Waffen des Volkes. Die rechteckige, vorn meist leicht konvexe Klinge wurde in diesen Griff nach der Seite zu eingelassen und mit schmalen Lederbändern befestigt. Ihre Färbung ist in den Reliefs meist gelb im Andenken an den geschliffenen Feuerstein, aus welchem sie einst bestanden hatte und welcher erst später durch Kupfer und dann Bronze ersetzt worden war. Die Waffe erscheint nicht nur in den Händen der Soldaten[4], sondern auch als ein Würdezeichen hoher Beamter, welche sie dann auf den Rücken geschnallt trugen[5] (Abb. 4) oder sie sich zusammen mit ihren Sandalen von ihren Dienern nachtragen ließen[6]. Sie wurde im Lande in so großer Menge hergestellt, daß sie als Handelsgegenstand dienen und beispielsweise zusammen mit Perlenketten und Ringen nach dem Lande Punt ausgeführt werden konnte[7]. Eine, wie es scheint, erst im Mittleren Reiche auftretende Beilart, welche nicht nur die Ägypter[8], sondern auch die Beduinen und die Libyer[9] benutzten, hatte gleichfalls einen kurzen Stab als Griff. Ihre Klinge war halbkreisförmig, an der Ansatzseite nach dem Griff zu befanden sich drei Vorsprünge, welche in den Griffstab eingelassen wurden und damit die Befestigung der Klinge

---

[1] Maspero, „Études de Myth." V, S. 294 f.
[2] Weigall, Ann. Serv. Ant. VIII, S. 42.
[3] Wilkinson-Birch I, S. 278, Fig. 1 c.
[4] Mehrfach bei Naville, „Deir el bahari" und bei Davies, „El Amarna".
[5] Davies, „El Amarna" III, Taf. 28, 29; Champollion, „Mon." III, Taf. 209—10.
[6] Champollion, „Mon." II, Taf. 142 (17. Dyn.).
[7] Naville, „Deir el bahari" III, Taf. 69.
[8] Newberry, „El Bersheh" I, Taf. 29.
[9] Lepsius, „Denkm." II, 141; Rosellini, „Mon. civ.", Taf. 117.

bewerkstelligten[1] (Abb. 42). In anderen Fällen war die
Klinge ein einheitliches Halbrund und diente dieses Beil
außer als Waffe auch als Werkzeug[2] (Abb. 43), wobei die
Befestigung der auffallend dünnen Klinge am Griff durch
Rollen des hinteren
Endes der Metall-
platte um diesen er-
folgen konnte, wäh-
rend man sie im all-
gemeinen, ebenso wie
bei den sonstigen
Beilen[3], hier mit
schmalen Lederrie-
men festzubinden
pflegte. Vereinzelt
fand sich weiter in
der Nagadazeit ein
Doppelbeil mit je
einer halbmondförmigen Klinge nach jeder Seite[4].

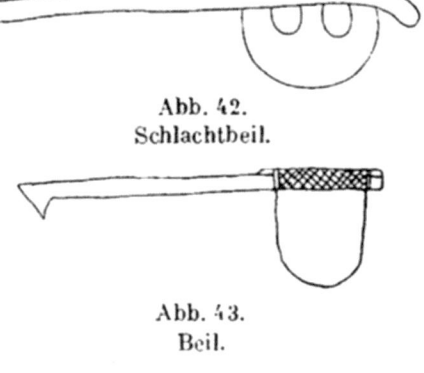

Abb. 42.
Schlachtbeil.

Abb. 43.
Beil.

Im Neuen Reiche war endlich die königliche Hiebwaffe
das Sichelschwert *Chepesch* ⟩, welches von der
Gottheit dem Pharao verliehen wurde[5], damit er es im
Kampfe gegen die Feinde Ägyptens, welche damit auch die
Feinde der Gottheit waren, benutze.

Neben dem Sichelschwert trägt der König häufig eine
Keule ᛒ, welche in der Nagadazeit als verbreitete Waffe

[1] Newberry, „El Bersheh" I, Taf. 13, 29; Carter, „Beni
Hasan" IV, Taf. 23; Müller, Mitt. Vorderas. Ges. III, S. 133ff.;
IX, S. 45 f.
[2] Modell: Davis, „Tomb of Hâtshopsîtû", Taf. 15; Original-
klinge z. B.: Petrie, „Diospolis parva", Taf. 27, 32 (Mittleres
Reich); Modell als Fundamentbeigabe Thutmosis' III. zu Koptos:
Nash, Proc. Soc. Bibl. Arch. XXXVI, Taf. 16, S. 251.
[3] Gutes Beispiel für diese Befestigungsart bei Bissing, „Ein
thebanischer Grabfund des Neuen Reiches", Taf. I, wo aber,
da es sich um ein Prunkbeil handelt, die üblichen Lederstreifen
durch Goldbänder ersetzt worden sind.
[4] Budge, „Guide to the Eg. Coll., Brit. Mus.", Fig. 23.
[5] Lepsius, „Denkm." III, 139a, 140a; Ahmed Bey Kamal,
Ann. Serv. Ant. IV, S. 236; Spiegelberg, Äg. Z. XXXIV, S. 10;
Maspero, „Études de Mythologie" V, S. 416f.

der Soldaten erscheint[1]. Sie bestand aus einem geraden
Stabe, an dem man einen rundlichen, meist birnenförmigen,
seltener halbkugeligen oder scheibenförmigen Stein befestigt hatte[2] (Abb. 44; 3, links). In späterer Zeit diente
diese einfache Form nur noch bei festlichen Gelegenheiten,
wie bei dem Menschenopfer, als zeremonielle Waffe[3], während
für die tatsächliche Verwendung im Kampfe der Schlag-
stein durch eine Metallkugel ersetzt wurde, mit welcher

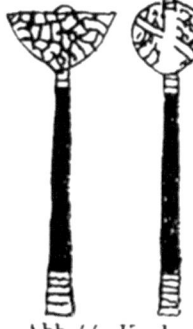

Abb. 44. Keulen
mit Steinköpfen.

eine messerartige Klinge ⌇ verbunden
war (Abb. 3, rechts). Eine weitere
Keule scheint die Gestalt des Zeichens
⌇ gehabt zu haben, dessen schwarze
Farbe wohl auf die Herstellung aus
einem schwarzen, harten Holze hinweist,
wie es noch heutzutage aus dem Sudan
in Ägypten eingeführt wird[4]. In den
Reliefs zu El Amarna erscheint eine
Art Dreschflegel als Waffe[5], während
andere Zeiten ihn nicht zu solchem
Zwecke herangezogen zu haben scheinen.

Wie noch heutzutage, so trug bereits im Altertum fast
jeder männliche Ägypter einen schweren, langen, geraden
Stock als Stütze[6], als eine Art Würdezeichen[7] und zum
Schutze. Kam es zu einem Handgemenge, so schlug man
mit der rechten Hand weit ausholend mit dem Stocke,
während man sich zugleich durch den vorgehaltenen linken
Arm gegen die Hiebe des Gegners zu schützen suchte. Man
fing die Schläge mit dem Unterarm auf, und erklärt es sich

---

[1] Jagdrelief bei Capart, „Débuts de l'Art en Égypte", Taf.
1. Die Keulenköpfe finden sich in sehr großer Zahl als Grabbeigabe in der Nagadazeit (vgl. u. a. Quibell und Green, „Hierakonpolis" II, Taf. 27, S. 4).
[2] Vgl. Griffith, „Hieroglyphs", S. 51, nr. 85; Carter, „Beni
Hasan" IV, Taf. 25.
[3] z. B. Lepsius, „Denkm." III, 210 (Ramses III.).
[4] Piehl, Sphinx II, S. 35; IV, S. 119f.; Borchardt, Äg. Z.
XXXVII, S. 82; Griffith, „Beni Hasan" III, S. 11, Fig. 44.
[5] Davies, „El Amarna" I, Taf. 10, 16, 20, 26.
[6] Vgl. S. 197.
[7] Chabas, „Oeuvres diverses" V, S. 151 ff. Vgl. Spiegelberg, RT. XXV, S. 184 ff. für den Stab- und Keulenkult.

hieraus, warum sich bei den Leichen der Ägypter verhältnismäßig viele Knochenbrüche an dieser Stelle gefunden
haben[1]. Die Heilung ist meist eine wenig gute, man wird
sie bei den geringen chirurgischen Kenntnissen der Ägypter
im wesentlichen der Natur überlassen haben.

§ 178. Wichtiger als die Hiebwaffen waren für den
Nahkampf der alten Ägypter die Stichwaffen, wie vor
allem ein spitzes Messer ⟍, welches auch in dem
Bildzeichen für den Gefolgsmann ⚑ oben über dem Schilde
sich zeigt. Bei dem ähnlich gebildeten Gebrauchsmesser
(Abb. 45) pflegt der Griff aus Holz zu bestehen und die

Abb. 45.
Bronzemesser in Holzgriff.

Spitze etwas abgerundet zu sein[2], während dieselbe bei der
Waffe spitz ist. Neben diesem geraden Messer fand sich
ein sichelförmig gebogenes ⟋ mit kurzem Hand-
griff[3]. Am verbreitetsten war der in verschiedenen, leicht voneinander abweichenden Formen auftretende Dolch, welcher in der Schrift regelmäßig als in seiner Scheide steckend
⚱ vorgeführt wurde. Die aus Leder bestehende Scheide
war häufig mit Verzierungen versehen, welche bald Ornamente bildeten, bald den Besitzer nannten oder Kampf-
und Jagdszenen zeigten. Die an beiden Seiten zugeschärfte,
gelegentlich in der Mitte etwas eingezogene bronzene Klinge
(Taf.-Abb. 19) ist verhältnismäßig breit und flach, vorn endet
sie in einer Spitze[4]. Bisweilen erscheint die Klinge lang

---

[1] Vgl. Jones in „Archaeol. Survey of Nubia" Nr. 2, S. 63.
[2] Modelle bei Davies, „Tomb of Hâtshopsîtû", Taf. 15;
„Tomb of Queen Tîyi", Taf. 2.
[3] Häufig unter Amenophis IV. (Davies, „El Amarna" II,
Taf. 13, u. s. f.). Ramses II. (Lepsius, „Denkm." III, 155), usw.
[4] Lortet und Gaillard, „Faune de l'ancienne Égypte" V, S. 232
(Nagadazeit; Klinge aus grünem Schiefer); Morgan, „Fouilles à
Dahchour" II, Taf. 6 (12. Dyn.); Daressy, Ann. Serv. Ant. VII,
S. 115 ff., Taf. (Hyksoszeit); Petrie, „Diospolis parva", Taf. 32

ausgezogen, so daß der Dolch eine schwertartige Gestalt
annimmt[1]. So trugen beispielsweise die Schardana unter
Ramses II. fast armlange derartige Dolche, welche gleichfalls als Stichwaffen dienten. Der Säbel ist dem Ägypter
unbekannt geblieben.

Für den Kampf in größerer Entfernung benutzte man die
Lanze, mit der gestochen, nicht geworfen wurde. Der
etwa mannslange hölzerne Schaft trägt an einem Ende
eine aus Metall gefertigte, flache, rhomben- oder blatt-
förmige Spitze (vgl. Taf.-Abb. 18), welche die gleiche, nur in
größeren Verhältnissen ausgeführte Gestaltung zeigt, wie
die übliche Spitzenform der Pfeile[2].

G. Jagd und Fischfang.

1. Vertilgung schädlicher Tiere.

§ 179. Das Vorhandensein von berufsmäßigen Jägern[3]
läßt sich für das alte Ägypten nicht erweisen. Wenn gelegentlich, besonders in Verbindung mit dem Hofe, von Jäger-
meistern die Rede ist, so handelt es sich nicht um einen
eigentlichen Beruf, sondern um Beamte, denen neben ihrer
sonstigen Tätigkeit die Vorbereitung der Jagd für ihren
Herrn oblag. Auch darüber liegen keine bestimmten Angaben vor, ob der Jäger vor dem Auszuge bestimmte Vor-
bereitungen zu treffen hatte, wie dies sonst vielfach üblich
ist[4], um sich gegen die Rache des Tieres und seiner Artgenossen zu schützen. Das Bestehen derartiger Sitten wird
aber durch die ägyptischen Anschauungen von der Men-
schenähnlichkeit der Tiere und der Unterstellung der je-

(Mittleres und beginnendes Neues Reich); Garstang, „Arábah",
Taf. 14, 16 (Mittleres Reich). Wenn derartige Waffen aus Edelmetall bestehen, handelt es sich nicht um solche für den praktischen Gebrauch, sondern um Prunkwaffen für das feierliche Auftreten des Königs und hoher Beamter bei festlichen Gelegenheiten.
— Für die Grifform vgl. auch Chabas, „Recherches sur l'Antiquité historique", S. 92; Wilkinson-Birch I, S. 219 f.
    [1] Burchardt, Äg. Z. L, S. 60 ff.; Amtl. Berichte Kgl. Kunst-
sammlungen Berlin XXXIII, S. 124 ff.
    [2] Soldaten mit der Lanze z. B. Davies, „El Amarna" I,
Taf. 15; III, Taf. 31.
    [3] Für die Jagd im allgemeinen vgl. Wilkinson-Birch II,
S. 78 ff. (zahlreiche Bilder).
    [4] Vgl. z. B. Weule, „Negerleben in Ostafrika", S. 251 ff.

weiligen Arten unter einen Tierherrscher, welcher für seine Artgenossen zu sorgen hatte[1], sehr wahrscheinlich.

§ 180. Unter den schädlichen Tieren ist in erster Reihe der Löwe zu nennen, welcher in älterer Zeit im Niltal häufig vorkam. Er galt als besonders mutiges Tier, und diente das Bild seines Kopfes 𓄂 als Schriftzeichen für das Wort „tapfer". Man nahm an, er könne mit seinen Blicken geradezu bezaubern[2], wie dies noch jetzt die Bewohner Algeriens behaupten[3]. Der bezaubernde Löwe gilt als eine Gottheit[4], und erinnert an diese Zauberkraft die Anbringung des Löwenkopfes an Möbeln und ähnlichen Gegenständen als eines übelabwehrenden Zeichens. Gern vergleicht man den König diesem bezaubernden Löwen oder auch dem Löwen allein, vor allem wenn von seiner kriegerischen Betätigung die Rede ist.

Die älteste Darstellung einer Löwenjagd findet sich auf einer Schieferplatte der Nagadazeit. Eine große Schar Krieger ist hier zum Kampfe gegen das Raubtier ausgezogen, welches man vermittelst eines Lockstieres bewogen hat, an eine für die Jäger günstige Stelle zu kommen[5]. Diese Art das Tier zur Stelle zu bringen, blieb im Alten Reiche üblich. Ein Relief zeigt, wie der Löwe den Lockstier, der entsetzt seinen Mist fallen läßt, am Kopfe gepackt hat, während der in der Nähe verborgene Jäger eben seine Hunde auf das Raubtier hetzt[6]. Im Neuen Reiche galt die Löwenjagd als eine Art Pflicht der Höchstgestellten im Lande. Der spätere König Thutmosis IV. fuhr als Prinz zu Wagen von zwei Dienern begleitet in die Gegend der großen Sphinx von Gize, um Löwen und Gazellen zu erjagen[7]. Ameno-

---

[1] Wiedemann, Muséon N. S. VI, S. 113ff.; AfR. XIV, S. 640f.

[2] Piehl, Sphinx III, S. 238f.

[3] Maspero, „Études de Mythologie" II, S. 415ff.

[4] Legrain, Ann. Serv. Ant. VIII, S. 124f. — Für die göttliche Verehrung des Löwen vgl. Wiedemann und Pörtner, „Ägypt. Grabsteine", S. 31f.; Zimmermann, „Ägypt. Religion", S. 113f.; Barsanti und Gauthier, Ann. Serv. Ant. XI, S. 64ff.

[5] Capart, „Débuts de l'Art", Taf. 1; Legge, Proc. Soc. Bibl. Arch. XXII, Taf. 2.

[6] Paget, „Ptah-hetep" in Quibell, „Ramesseum", Taf. 32 = Davies, „Ptah-hetep" I, Taf. 21—2, 25—6. Vgl. für Jagddarstellungen aus dem Alten Reiche Klebs, „Reliefs", S. 68f.

[7] Lepsius, „Denkm." III, 68 (Brugsch, Äg. Z. XIV, S. 89ff.; Erman, Sitzb. Akad. Berlin 1904, S. 428ff.).

phis III. behauptet, in den ersten 10 Jahren seiner Regierung 102 Löwen mit seinen Pfeilen erlegt zu haben[1]. Ramses III. ließ sich darstellen, wie er von seinem Wagen aus mit Pfeilschüssen und mit der Lanze, vermutlich in den Niederungen des Deltas, Löwen tötete[2]. Sonderbarerweise scheint es eine Schonzeit für Löwen gegeben zu haben. Ramses IV. erklärte unter seinen Verdiensten, er habe an dem Feste der Göttin Bast nicht mit Pfeilen gegen die Löwen geschossen[3].

Die Ägypter verstanden es, den Löwen zu zähmen. Eine Sagensammlung berichtet, ein Zauberer habe es zu erreichen vermocht, daß ihm der Löwe folgte, ohne an der Leine geführt zu werden[4], und Ramses II. wurde in dem Cheta-Kriege von seinem zahmen Löwen begleitet[5]. Damals scheint das Tier im eigentlichen Ägypten bereits seltener gewesen zu sein, denn der König ließ sich von den Südvölkern einen Löwen als Geschenk bringen[6].

Neben dem Löwen, aber weit seltener als dieser, traten der Panther und der Gepard[7] auf, welche noch im Mittleren Reiche als Jagdtiere galten, während sie seit Beginn des Neuen Reiches aus dem Ausland eingeführt wurden[8], in Ägypten also vermutlich ausgerottet worden waren. Aus unbekannten Gründen erschien der Besitz dieser Tiere für die Könige derart wichtig, daß sie sich aus Holz gearbeitete und mit Asphalt schwarz überzogene Pantherstatuetten in das Grab stellen ließen[9]. Auch die

---

[1] Newberry, „Scarabs", Taf. 32, S. 171.

[2] Champollion, „Mon.", Taf. 221 = Rosellini, „Mon. stor.", Taf. 129.

[3] Stele aus Abydos, Z. 16 (Piehl, Äg. Z. XIX, S. 22, 39; XXIII, S. 16).

[4] Wiedemann, „Altägypt. Sagen", S. 11.

[5] Champollion, „Mon." I, Taf. 15, 62 = Rosellini, „Mon. stor.", Taf. 65, 84, 107; Blackman, „Temple of Derr", Taf. 6—7.

[6] Champollion, „Mon." I, Taf. 70.

[7] Jéquier, „La Panthère dans l'ancienne Égypte" in RES. 1913.

[8] Naville, „Deir el bahari" V, Taf. 125; Davies, „El Amarna" II, Taf. 38; III, Taf. 15.

[9] Daressy, „Fouilles de la Vallée des Rois" (Kat. Kairo), S. 160f., Taf. 34; Carter und Newberry, „Tomb of Thoutmôsis IV." (Kat. Kairo), S. 15, Taf. 5; Davis, „Tomb of Harmhabi", Taf. 82.

Tatsache, daß einige Priesterklassen dauernd als Amtstracht
ein Pantherfell trugen (Abb 72, Taf.-Abb. 26), spricht für
eine besondere religiöse Bedeutung des Tieres. Die Hyäne
wurde im Alten Reiche in Gefangenschaft gehalten und ge-
mästet, also wohl gegessen[1], ebenso wie der Igel, dessen
Bildnis in glasiertem Steingut gefertigt eine häufige Grabbeigabe bildete und der noch jetzt in der ägyptischen Volksmedizin eine große Rolle spielt[2]. Von einem Erlegen des
Stachelschweins, des Schakals und anderer Tiere ist
nur gelegentlich die Rede, so daß auf sie keine besonderen
Jagden veranstaltet worden zu sein scheinen.

§ 181. Der Vertilgung der beiden gefährlichsten Tiere
im Bereiche des Fruchtlandes, welche vor allem den Nil
und seine Umgebung unsicher machten, des Krokodils
und des Nilpferdes, standen vielfach religiöse Bedenken
entgegen. Das Krokodil[3] galt an zahlreichen Orten, welche
über das ganze Land hin zerstreut lagen, als heilig und als
Verkörperungsform einer Reihe von großen Göttern, wie
des im Fayûm besonders hoch verehrten Sebak[4] und bisweilen des Totengottes Osiris. Es konnte daher Einbalsamierung und feierliche Bestattung fordern. Zahlreiche,
gelegentlich vergoldete Krokodilmumien sind vor allem
im Fayûm und in ausgedehnten Felsengrüften zu Ma-
'âbde gegenüber Manfalût in Mittelägypten erhalten geblieben[5]. In Ombos in Oberägypten galt es als Ehre, von
einem Krokodil gefressen zu werden. Wenn auch an anderen
Orten abweichende Anschauungen herrschten und man
beispielsweise in Dendera das Tier nicht nur eifrig jagte,
sondern auch zu Kunststücken abrichtete, so war doch der
Glaube an seine Göttlichkeit derart in das Empfinden des

---

[1] Murray, „Saqqara Mastabas" I, S. 29f.; Klebs, „Reliefs",
S. 64. Ein Kampf zwischen einem Ägypter und einer Hyäne:
Wreszinski, „Atlas", Taf. 21 (18. Dynastie).
[2] Rouschdy, Ann. Serv. Ant. XI, S. 281f.
[3] Wiedemann, „Herodot", S. 300ff.; Proc. Soc. Bibl. Arch.
XXXVI, S. 48ff.
[4] Röder in Roscher, „Lexikon der Mythologie" IV, Sp.
1093ff.
[5] Krokodilmumien: Gaillard und Daressy, „Faune momifiée", S. 66ff., 84f., 118ff., 152f. — CR. Acad. des Inscr. 1908,
S. 781; Gorostarzu, Ann. Serv. Ant. II, S. 182ff. (Fayûm);
Maspero, „Ruines et Paysages d'Égypte", S. 29ff.; Brehm,
„Tierleben", 2. Aufl., VII, S. 126 (Grotte von Ma'âbde).

Volkes übergegangen, daß sich bisher aus dem alten Ägypten keine Darstellung einer Krokodilsjagd hat nachweisen lassen. Abgebildet wird das Krokodil sehr häufig als ein Teil der Nilstaffage. In den Reliefs des Alten Reiches sieht man das Tier im Wasser liegen und die Herden bei dem Durchwaten der sumpfigen Niederungen beobachten, während die Hirten es durch Lärm zu verscheuchen suchen[1]. An einer anderen Stelle fahren eine Reihe von Leuten in einem Papyrusboote, einer von ihnen stößt mit einer Stange nach einem im Wasser liegenden Krokodil, vermutlich um zu sehen, ob das Geschöpf noch am Leben ist[2]. Diese Verwertung des Krokodils zur Charakterisierung der Nillandschaft ist dauernd üblich geblieben. Noch die auf alexandrinische Vorbilder zurückgehenden Terrakotten, Reliefs, Fresken und Mosaiken der römischen Kaiserzeit lassen den Nil außer von Nilpferden vor allem von Krokodilen belebt sein und zeigen diese gern in parodistisch zugespitzten Streitigkeiten mit dem fabelhaften Zwergvolke der Pygmäen[3]. Der Mensch half sich gegen das Krokodil, welches man gelegentlich mit der Waran-Eidechse, dem Landkrokodil der Alten, zusammengeworfen zu haben scheint[4], durch das Hersagen von Zauberformeln, deren sehr große Zahl[5] am besten zeigt, wie häufig es war und wie stark die Furcht war, welche man vor ihm empfand. Dem Ausland erschien es in so hohem Grade als Vertreter der ägyptischen Tierwelt, daß sich Tiglath-Pilesar I. von Assyrien aus Ägypten ein Krokodil als Geschenk schicken ließ[6].

Vermehrten sich die Krokodile sehr stark und wurden infolgedessen allzu lästig, so mußte man trotz aller religiösen Bedenken suchen, sich ihrer durch die Jagd zu entledigen. Der Legende zufolge hätte der Gott Horus den in Kroko-

---

[1] Lepsius, „Denkm." II, 43, 77, 105, 127, 130.
[2] Rosellini, „Mon. civ.", Taf. 24, nr. 4.
[3] Maspero, „Études de Myth." IV, S. 119ff.; Rostonzew, Mitt. Deutsch. Archäol. Inst. Rom XXVI, Heft 1—2; Wiedemann, Proc. Soc. Bibl. Arch. XXXIV, S. 300ff.
[4] Boussac, RT. XXXI, S. 58ff.; vgl. Keller, „Die antike Tierwelt" II, S. 275ff.
[5] Magischer Papyrus Harris (Budge, „Facsimiles of Egyptian Hieratic Papyri in the Brit. Mus.", Taf. 20ff., S. 23ff.; vgl. Akmar, Sphinx XX, S. 1ff.); Metternich-Stele (herausg. von Golenischeff, Leipzig 1877); Totenbuch, Kap. 32—3; usf.
[6] Maspero, „Hist. anc. de l'Orient classique" II, S. 661.

dilgestalt auftauchenden Gott Set mit der Lanze erstochen[1],
doch ist es zweifelhaft, ob eine so gefährliche Jagdart auch
von Menschen angewendet wurde. Im klassischen Altertum wird empfohlen[2], ein Netz zu benutzen oder einen An-
gelhaken mit Speck auszuwerfen und das Tier, wenn es
diesen verschlungen hatte, unschädlich zu machen. Gegessen scheint man Krokodilfleisch nicht zu haben, dagegen
stellte man aus seinem Fett, seiner zu Asche verbrannten
Haut und anderen Teilen Heilmittel her, das Blut diente
als Farbe, und noch im kaiserlichen Rom wurde aus Kroko-
dilstücken ein Schönheitsmittel gewonnen.

§ 182. Ähnlich, wie bei dem Krokodil, lagen die Verhältnisse bei dem Nilpferd. Auch dieses war in Ägypten
sehr verbreitet und gefürchtet; in den Bildern des Niltales
bildet es eine regelmäßig wiederkehrende Staffage. Es hat
es vermocht, trotz aller Verfolgungen sich lange im Lande
zu erhalten. Um 1600 n. Chr. wurden im Menzale-See die
letzten Nilpferde im Delta gefangen, 1658 bei Girge das
letzte in Ägypten getötet[3]. Das Tier galt im Altertum als
die Verkörperungsform einer Reihe von Gottheiten, nicht
nur solcher, welche, wie der Gott Set, als bedrohliche Mächte
galten, sondern auch hilfreicher Gestalten, wie der bei der
Geburt helfend tätigen Thueris. Die religiösen Bedenken,
welche man dementsprechend gegen eine Tötung des Tieres
hegen mußte, waren aber weit schwächer wie bei dem Krokodil; sie haben die Darstellung der Nilpferdjagd in Gräbern
nicht verhindert[4].

Um des Nilpferdes habhaft zu werden, begab man sich
in kleinen Papyrusnachen in die Sumpfgegenden, welche
ihm zum Schlupfwinkel dienten, und warf mit einer Harpune nach dem aufgestöberten Tier. Vorn hatte diese
lanzenartige Harpune einen doppelten Widerhaken, in der
Mitte war ein Strick herumgewickelt oder in einer Art

---

[1] Naville, „Textes du Mythe d'Horus dans le Temple d'Edfou", Taf. 14 ff.
[2] Aelian, „Hist. anim." X, 21; Herodot II, 70.
[3] Loret, Sphinx VIII, S. 150.
[4] Wiedemann, „Herodot", S. 306 ff.; Boussac, Rev. scienti-
fique 5. Sér. 1, S. 425 ff.; Klebs, „Reliefs", S. 69 f. (Darstellungen aus dem Alten Reich). Für statuarische Darstellungen vgl.
Wiedemann, Proc. Soc. Bibl. Arch. XXXIII, S. 197 f.; XXXV,
S. 259 f.; Bissing, Münchner Jahrb. f. bild. Kunst 1909, S. 127 ff.

Kasten befestigt. Sein eines Ende hielt der Jäger in der
Hand und ließ beim Wurfe den Strick, der gelegentlich auf
einer Rolle aufgewickelt sein konnte[1], ablaufen, um dann
mittels desselben das verwundete Tier heranziehen oder auf
Grund des Verlaufs des Strickes die Stelle, an der das ge-
tötete Geschöpf lag, feststellen zu können. Die Reliefs zeigen
mehrfach, wie sich das getroffene Tier auf das Hinterteil
gesetzt hat, den nach rückwärts gebogenen Rachen weit
aufsperrt und sich gegen das Fortgezogenwerden sträubt[2].
Weit seltener versuchte man das Nilpferd vom Nachen aus
mit einer Lanze zu erstechen, wie dies der Gott Horus
bei dem in ein Nilpferd verwandelten Set getan haben sollte[3].
Die dabei verwendete Lanze besaß entweder eine blattför-
mige oder eine mit doppeltem Widerhaken versehene Spitze[4]
oder eine Reihe Widerhaken auf beiden Seiten der Spitze.
Diese letztere Form gab man bisweilen Leichenbrettern, um
hierdurch dem auf diesen liegenden Toten den Schutz der
Horuswaffe zu gewährleisten[5]. In anderen Fällen suchte
man dem Nilpferd ein Netz über den Kopf zu werfen oder
legte im Delta überdeckte Gruben auf den von dem Tier bevorzugten Wegen an, um es in diese hineinstürzen zu lassen.

§ 183. Nicht als eigentliches Jagdwild, aber als schädliche und zum Schutze des menschlichen Lebens zu ver-
treibende und vernichtende Tiere birgt Ägypten die
Schlange[6] und den Skorpion. Von ersterer kommen im
Lande eine Reihe von harmlosen Arten vor, in denen man
sich gute Geister verkörpert dachte. Jeder Nomos verehrte
eine solche als heilig, und noch in hellenistischer Zeit opferte
man derartigen Tieren als Hausgöttern[7]. Von Giftschlangen
sind zwei Arten zu nennen, die Hornviper (*Cerastes cornutus*)

---

[1] Wilkinson-Birch II, S. 129.
[2] Wiedemann und Pörtner, „Ägypt. Grabreliefs zu Karlsruhe", S. 19f. (Lit.); Wreszinski, „Atlas", Taf. 77.
[3] Naville, „Textes relatifs au Mythe d'Horus", Taf. 1, 2, 3 usf.
[4] Wilkinson-Birch II, S. 129; Naville, a. a. O.
[5] Schäfer, Äg. Z. XLI, S. 68ff. Vgl. Brugsch, ib. XVII, S. 27;
Bissing, RT. XXX, S. 177f.; Petrie, „Koptos", Taf. 21.
[6] Wiedemann, „Herodot", S. 316f.
[7] Pseudo-Callisthenes 1, 32. Vgl. für die heiligen Schlangen:
Hopfner, Denkschr. Akad. Wien LVII, Abh. 2, S. 136ff.; Lefébure, „Rites égyptiens", S. 48ff.; Bissing, „La catacombe
de Kom el Chougafa", Taf. I; Thiersch, „Zwei antike Grabanlagen bei Alexandria", Taf. 5—6.

und die Brillenschlange (*Naja Haje*)[1]. Erstere wird selten erwähnt, doch stellte das Hieroglyphenzeichen ⳳ nicht nur eine Schnecke dar[2], sondern auch die Hornviper. Es wurde daher häufig zerschnitten abgebildet[3], damit es bei einer etwaigen Belebung der Hieroglyphenbilder im Grabe nicht herumzukriechen und den Toten zu bedrohen vermöge. In der Brillenschlange verkörperten sich zahlreiche Göttinnen, und diese Anschauung war derart verbreitet, daß man das Bild dieser Schlange 𓆗 als Zeichen für den Begriff Göttin verwenden konnte, ebenso wie das Bild des Sperbers oder Falken den Begriff Gott ausdrückte. Das Tier besitzt die Eigenschaft, daß es, wenn es gereizt wird, den in ruhigem Zustand im Verlaufe der Körperlinie lagernden Hals durch Zurückklappen der langen Halsrippen schildartig ausbreiten kann. Gleichzeitig richtet es den Vorderkörper in die Höhe und springt gegen den Feind. In dieser erregten Haltung galt das Geschöpf als ein Zeichen der königlichen Macht, und wurde daher sein Bild von dem Pharao und von der Königin, falls diese eigene Herrschermacht besaß, vorn an der Stirn getragen (Taf.-Abb. 8, 9). Dabei faßte man es als ein belebtes Wesen auf, welches selbständig gegen die Feinde wüte und ihnen Verderben bringe[4]. Auch sonst galt die Brillenschlange als sehr gefährlich, sie konnte sogar die höchsten Götter mit kaum zu ertragenden Leiden bedrohen[5]. Zu ihrer Bekämpfung legte man allerhand Dinge auf die Schlangenlöcher, um das Tier am Herauskriechen zu verhindern[6], oder stellte in einer Schale Milch auf, in welche man einen berauschenden Stoff getan hatte. Wenn es dann betäubt auf dem Rücken lag, konnte man es leicht töten[7]. Im allgemeinen

---

[1] Wiedemann, „Herodot", S. 316ff.

[2] Griffith, „Beni Hasan" III, S. 23, Fig. 69.

[3] Stellen bei Capart, „Chambre funéraire de la sixième dynastie", S. 13; Lacau, Äg. Z. LI, S. 1, 56.

[4] Stellen u. a. bei Erman, „Hymnen an das Diadem der Pharaonen" in Abh. Akad. Berlin 1911.

[5] Mythus vom Sonnengott (Wiedemann, „Religion der alten Ägypter", S. 29ff.).

[6] Papyrus Ebers, Taf. 97.

[7] Wiedemann, „Altägypt. Sagen", S. 84.

aber suchte man sich durch Zauberformeln zu schützen,
von denen sich eine sehr große Zahl vor allem in Gräbern
aufgezeichnet gefunden hat[1], in deren Dunkel die Tiere
für den Verstorbenen besonders schwere Gefahren zu bringen vermochten.

Auffallenderweise haben sich in den ägyptischen Texten
bisher keine Angaben über den Tod bestimmter Persönlichkeiten durch Schlangenbiß gefunden, während von Verletzungen durch Skorpionenstiche mehrfach die Rede
ist. Ein Ostrakon der thebanischen Zeit bemerkt, ein
Arbeiter sei krank, da ihn ein Skorpion gestochen habe[2].
Ein griechisches Mumientäfelchen spricht von einem Mann,
welchen ein Skorpionstich tötete, und eine griechische Inschrift nimmt Abschied von einem Mädchen, welches am
7. Sept. 8 n. Chr. von einem Skorpion gestochen wurde
und am Tage darauf starb[3]. Der Legende zufolge waren
selbst die Götter vor dem Tiere nicht sicher, und wurden der
jugendliche Horus und die göttliche Katze Bast von ihm
verletzt[4]. Hilfe brachten Zauberformeln[5], und noch heutzutage gibt es in Karnak Skorpionenbeschwörer, auf deren
Geheiß die Tiere aus den dunkeln Winkeln herauskommen
und auf ihn zukriechen[6].

§ 184. Eine eigenartige Gruppe von Tieren wird durch
Fabelwesen[7] gebildet, welche ursprünglich der Phantasie des Volkes entsprangen, die man dann aber für Wirk-
lichkeiten ansah, denen man in den Bergwüsten begegnen
konnte. So steht in einem Relief des Mittleren Reiches
neben Löwe, Gazellen, Steinböcken, wilden Katzen, Hasen

---

[1] Pyramide Unas, Z. 300ff., 532ff.; Pleyte, Proc. Soc.
Bibl. Arch. XIII, S. 12ff.; Metternich-Stele, herausgeg. von
Golenischeff; Totenbuch, Kap. 33; usf.
[2] Spiegelberg, RT. XV, S. 145.
[3] Krebs, Äg. Z. XXXII, S. 47.
[4] Metternich-Stele, Z. 9 (Moret, „Au Temps des Pharaons“,
S. 254).
[5] Äg. Z. XVII, S. 2ff. (aus der Metternich-Stele).
[6] Legrain, „Fellah de Karnak“ (Les Ouvriers des deux
Mondes III, 5), S. 299.
[7] Zusammenstellungen: Rosellini, „Mon. civ.“, Taf. 22;
Wilkinson-Birch II, S. 93; III, S. 309ff. Vgl. Newberry, „Beni
Hasan“ I, Taf. 30; II, Taf. 4, 13 (Mittleres Reich); Quibell,
„Hierakonpolis“ II, Taf. 28 (Nagadazeit).

ein langhalsiger Panther, aus dessen Rücken ein mensch-
liches Gesicht und zwei breite Flügel herauswachsen, während daneben ein Jäger seine Pfeile abschießt. An anderer
Stelle erscheinen bis in das Neue Reich hinein weitere
sonderbare Gestalten: eine Antilope mit zwei Flügeln auf
dem Rücken; ein sperberköpfiger Panther mit zwei Flügeln; eine Art Greif mit Raubtierbeinen, geringeltem
Schwanze, Adlerkopf, auf welchem drei steife Locken
stehen, und zwei Flügeln[1]; ein weiblicher Vierfüßler mit
Sperberkopf, dessen Schwanz durch eine Blume gebildet
wird und an dessen Hals ein Strick befestigt ist zum Zeichen, daß es gelungen war, dieses Geschöpf gefangen zu
nehmen. Das gleiche Geschick widerfuhr angeblich einem
Panther mit schlangenartigem Halse, dessen Gestaltung
auch auf altbabylonischen Zylindern erscheint[2]. In Darstellungen der Nagadazeit sieht man, wie er von einem Manne
an einem Stricke festgehalten wird[3]. In die Reihe dieser
Geschöpfe gehörte auch die Sphinx[4], ein meist männlicher,
selten weiblicher Löwe mit Menschenkopf, dessen Gestalt
die Gottheiten, besonders der Gott Aker[5], annahmen, wenn
sie als Wächter auf die Erde herniederstiegen, und welcher
auch selbst, vor allem in Gräbern[6] und längs der Prozes-
sionsstraßen, eine Wächterrolle übernehmen konnte.

2. Die Jagd auf nutzbringende Tiere.

§ 185. Für den Haushalt der alten Ägypter war zu allen
Zeiten das Gewinnen der zahlreichen, als Nahrungsmittel
benutzbaren Tiere, welche in den Grenzgebieten westlich

---

[1] Lefébure, Sphinx VII, S. 194 ff.
[2] Heuzey, CR. Acad. des Inscr. 1899, S. 62. Vgl. Wiedemann, Orient. Lit.-Z. III, Sp. 332; Weigall, Ann. Serv. Ant.
XI, S. 170 f.
[3] Quibell, Äg. Z. XXXVI, Taf. 12; „Hierakonpolis" I, Taf.
16, 29; Capart, „Débuts de l'Art", Fig. 155, 168.
[4] Wiedemann, Bonner Jahrbücher LXXXVII, S. 35 ff.
Material für die Sphinx: Röder in Roscher, „Lexikon der Mythologie" IV, Sp. 1297 ff.; ferner: Lepsius, Äg. Z. XX, S. 117 f.; Naville,
Sphinx V, S. 193 ff.
[5] Vgl. für diesen: Bergmann, RT. VI, S. 150 f.; Renouf,
Proc. Soc. Bibl. Arch. XV, S. 385 f.; Piehl, ib. XVI, S. 251 ff.
[6] Bergmann, Äg. Z. XVIII, S. 50.

und östlich des Niltales lebten, sehr wesentlich. Am häufigsten werden die Gazelle (*Gazella dorcas*) und die Säbel-
antilope (*Oryx leucoryx*)[1] genannt, welche man auf der
Jagd entweder zu töten oder, besonders während des Alten
Reiches, lebendig einzufangen suchte, um sie dann in den
Tiergärten zu späterer Verwendung aufzubewahren. Man
beobachtete das Leben der Geschöpfe mit großer Sorg-
samkeit, stellte sie selbst naturgetreu dar und führte einzelne Episoden aus ihrem Dasein vor, wie den Kampf der
brünstigen Tiere untereinander[2] und die Vorgänge bei
ihrer Fortpflanzung[3]. Im Jenseits hoffte man nicht gezwungen zu sein, des gewohnten Wildbratens zu entbehren, und
war ein Teil der erhaltenen Tiermumien dazu bestimmt,
dem Toten als Grundlage für die Nahrungsbeschaffung zu
dienen. Unter ihnen finden sich Gazella dorcas, Gazella
Isabella, Bubalis boselaphus und das Mähnenschaf
(*Ammotragus tragelaphus*)[4], welches mit seinem schönen
Gehörn auch mehrfach in Jagddarstellungen neben dem
ägyptischen Steinbock (*Capra nubiana*)[5], dem es in den
Reliefs sehr ähnelt, erscheint.

In den Jagdbildern treten auch Rinder auf. Bei diesen
handelte es sich zunächst um verwilderte Tiere, welche von
den sumpfigen Wiesen, die man als Weidegründe benutzte,
entflohen waren und nunmehr wieder erjagt werden mußten.
Es galt zeitweise als erforderlich, daß der für das Opfer
bestimmte Stier mit dem Lasso eingefangen[6] und nicht
aus dem Bestande an zahmem Rindvieh entnommen
wurde. Daneben kamen Jagden auf tatsächlich wilde
Rinder vor, und galt ihr Erlegen als ein königliches Ver-

---

[1] Bonnet und Loret bei Lortet und Gaillard, „Faune momifiée" IV, S. 159 ff.
[2] Legrain, Ann. Serv. Ant. IV, S. 219.
[3] Borchardt, Mitt. Deutsche Orient-Ges. Nr. 37, S. 15;
Äg. Z. XXXVIII, Taf. 5 (5. Dynastie); usf.
[4] Lortet und Gaillard, a. a. O. I, S. 73 ff., 103 ff.; Gaillard
und Daressy, „Faune momifiée" (Kat. Kairo), S. 12 ff., 98 ff.,
24 ff.
[5] Vgl. für dessen Darstellung Wiedemann, Proc. Soc. Bibl.
Arch. XXXVI, S. 208 ff.
[6] Mariette, „Abydos" I, Taf. 53; Capart, „Temple de Séti
Ier", Taf. 48.

gnügen, welchem sich nachweislich Amenophis III.[1] und Ramses III.[2] hingaben.

Sehr beliebt war das Fangen des langohrigen Wüstenhasen, den der Jäger an den Ohren zu packen und so nach Hause zu bringen suchte[3]. Seine Wichtigkeit als Nahrungsmittel geht auch aus der großen Zahl von kleinen Statuetten des Tieres aus glasierter Kieselerde hervor, welche man als Grundlagen für die Erschaffung wirklicher Hasen in den Gräbern niederlegte. Ob das Tier als heilig galt, hat sich bisher trotz mehrfach dahin gehender Versuche[4], nicht nachweisen lassen.

§ 186. Von Jagdarten kam seit dem Neuen Reiche und der Einführung des Pferdes die Einzeljagd im Wagen in Betracht[5]. Vor allem der König, aber gelegentlich auch der vornehme Herr[6] bestiegen ihr Gefährt und suchten nahe genug an das Wild heranzufahren, um es mit ihren Pfeilen erlegen zu können. In älterer Zeit[7], in welcher das Pferd fehlte, war die Jagd vom Anstand aus, welche später seltener erwähnt wird, sehr beliebt. Der Jäger verbarg sich allein oder von Dienern und Hunden begleitet hinter einem Felsen oder Strauch und wartete hier, bis das Wild nahe genug herankam, um von seinen Pfeilschüssen erlegt oder mit Hilfe des Lasso gefangen werden zu können[8]. Letzteres

[1] Fraser, Proc. Soc. Bibl. Arch. XXI, S. 155ff.; Daressy, Ann. Serv. Ant. IV, S. 167; Newberry, „Scarabs" pl. 33, S. 173—6.

[2] Capart, „L'Art égyptien", Taf. 73; Baikie, „Story of the Pharaohs", Taf. 23. Vgl. Hilzheimer, „Der Ur in Ägypten" in „Festschrift für Ed. Hahn", S. 9ff.

[3] z. B. Wreszinski, „Atlas", Taf. 32.

[4] Renouf, „Life-Work" II, S. 401ff.; Lefébure, Mélusine VIII, Sp. 25ff.

[5] Vgl. S. 242.

[6] Virey, Mém. Miss. Franç. Caire V, S. 355; Wreszinski, „Atlas", Taf. 1, 26; Davies, „Five Theban Tombs", Taf. 22 (18. Dynastie. An letzterer Stelle ist nur das Rad des Jagdwagens erhalten).

[7] Die Darstellungen der Jagd mit Bumerang, Pfeil und Bogen, Lasso aus dem Alten Reiche verzeichnete Klebs, „Reliefs", S. 68f.

[8] Vgl. z. B. Paget, „Tomb of Ptah-hetep" in Quibell, „Ramesseum", Taf. 32.

fand dabei in zwei Arten Verwendung[1]. Es war entweder
eine laufende Schlinge, welche man dem Tier über den
Kopf zu werfen suchte[2], oder ein Strick, an dem vorn ein
schwerer Stein unmittelbar oder an einer kurzen Stange
befestigt war. Diesen Stein schleuderte man gegen den
Kopf des Tieres und legte ihm, wenn es einen Augenblick
betäubt dastand, den Strick um.

Zögerten die Tiere, freiwillig heranzukommen, so konnte
man suchen, dieselben heranzulocken oder zu treiben.
Ersteres erfolgte, wie bei der Löwenjagd[3], durch Locktiere,
letzteres wurde durch Diener besorgt, welche für den Hof
einem Beamten unterstanden, der während seiner Tätigkeit
als Jägermeister den Bumerang als Amtszeichen trug und
einen Hund an der Leine führte[4]. Über die Hauptepisode
einer derartigen Treibjagd liegen zahlreiche Darstellungen
vor, welche durch topographische Befunde ergänzt werden.
Es gab in Ägypten am Wüstenrande nur vereinzelte Stellen,
an welchen ein lebhafterer Wildwechsel stattzufinden pflegte.
Meist geschah dies in der Nähe von kleinen Senkungen,
in denen sich Wasser sammelte und eine im allgemeinen
kärgliche Vegetation sich bildete. Unweit solcher Stellen
versammelten sich die Jagdgesellschaften und haben hier
die Zeit des Wartens sich vielfach dadurch zu verkürzen
gesucht, daß sie auf bequem erreichbare Felswände ihren
Namen, ein kurzes Gebet oder Bilder der erhofften Beute
einkratzten. Vor allem in dem Apu-Tale bei Abydos, in
der Nähe von Koptos, bei Achmim und bei Assuan haben
sich derartige Felsinschriften in größerer Zahl gefunden[5].
Sollte eine Jagd stattfinden, so ließ man durch die Diener
alle zur Tränke führenden Wege mit Ausnahme eines ein-

[1] Maspero, „Études de Myth." V, S. 322 ff.; Jéquier, RT.
XXX, S. 37 f. — Bilder: Wilkinson-Birch II, S. 87; Newberry,
„Beni Hasan" II, Taf. 14, 29.
[2] Davies, „Ptah-hetep" II, Taf. 22 hält ein Hirte dieses
Lasso in der Hand.
[3] Vgl. S. 242.
[4] Lepsius, „Denkm." II, 3.
[5] Morgan, „Cat. des Monuments de l'Égypte ancienne" I,
S. 25, 35, 204, 207 und Schweinfurth, ZfE. XLIV, S. 627 ff.
(Assuan); Bouriant, RT. XI, S. 148 f. und Maspero, „Études
de Myth." I, S. 238 f. (Achmim); Sayce, „Rev. des Études
Grecques" 1891, S. 46 ff. (Panopolis, griechische Texte).

zigen durch ausgespannte Netze absperren und auf diese
Weise „das Gebiet der Gazelle" umzingeln[1]. Dann stellten sich die Jäger auf und warteten, bis genug Tiere auf
dem Zugangswege zur Tränke gezogen waren und die
Diener auch diesen geschlossen hatten. Nun ließ man Hunde
in den Raum hinein, welche die Tiere hin und her hetzten
und auf den Stand der Jäger zutrieben, welche ihre Pfeile
in den wirr durcheinander rasenden Haufen entsandten
und ohne große Mühe reiche Beute davontragen konnten[2].

§ 187. Besonders schöne Exemplare schonte man.
Wenn sie ermattet zusammenbrachen, wurden sie ergriffen,
beruhigt, gefüttert und in die Tiergärten gebracht[3], wie
sie sich der vornehme Ägypter vor allem im Alten Reiche,
gelegentlich aber auch in späteren Zeiten anzulegen liebte.
Die Einrichtung einer solchen Menagerie hat besonders
auch bei den Königen eine Rolle gespielt. Im Neuen Reiche
bezog man zu ihrer Vervollständigung Tiere aus dem Auslande, Rehe und seltene Vogelarten aus dem Innern Asiens,
Strauße und Giraffen aus Afrika, Bären[4] und Elefanten
aus Syrien.

§ 188. Die Folge der schonungslos während Jahrhunderten fortgesetzten Jagden war trotz der schwachen Aus-
rüstung der Jäger eine andauernd wachsende Verminderung
der Tierwelt Ägyptens und die Ausrottung einer Reihe
von Tierarten. Der Elefant, welcher in der Nagadazeit
noch öfters dargestellt wurde[5] und dessen Umrisse die
Ägypter in denen der Insel Elephantine wieder zu erkennen
glaubten[6], verschwand kurz nachher. Das vielerwähnte
Elfenbein wurde in der historischen Zeit nicht mehr im Lande

---

[1] Pap. Anastasi IV, 10, 5 (Brugsch, Äg. Z. XX, S. 35).
[2] Wiedemann, Orient. Lit.-Z. III, Sp. 331 ff. (Lit.); ferner
Klebs, „Reliefs", S. 38 (Darstellung des Alten Reiches); Blackman, „The Rock-Tombs of Meir" I, London 1915 (Grab des
Senbi); Newberry, „El Bersheh" I, Taf. 7; Davies, „Five
Theban Tombs", Taf. 1, 12, 40; Wreszinski, „Atlas", Taf. 53
(Neues Reich).
[3] Lepsius, „Denkm." II, 46; Perrot-Chipiez, „Ägypten",
S. 729 (Champollion, „Mon.", Taf. 359).
[4] Bären bereits unter der 5. Dyn. (Borchardt, Mitt. Deutsche
Orient-Ges. Nr. 37, S. 16).
[5] Petrie, „Koptos", Taf. 3.
[6] Wiedemann, „Herodot", S. 118.

selbst gewonnen, sondern aus Äthiopien[1] und vereinzelt
wohl auch aus Asien bezogen, wo Thutmosis III. noch im
oberen Euphrattal Elefanten antraf[2]. Von dem dem Zebra
entfernt ähnlichen Okapi, dem heiligen Tier des Gottes
Set, lebte nur eine unklare Erinnerung fort. Die Künstler
haben daher seine Kopfform anderen Tieren, dem Esel,
Kamel, Hund angeglichen[3]. Die Giraffe wird in der Nagada-
zeit naturgetreu abgebildet[4], später aber nur noch aus dem
Auslande eingeführt[5]. Von dem tatsächlichen Aussehen
des Nashorns hatte man nur eine dunkle Kunde, wenn man
auch seine Hörner aus Punt bezog[6]. Der Hirsch wird bereits
im Mittleren Reiche so stark stilisiert dargestellt, daß die
Künstler kaum mehr Gelegenheit gehabt haben können, ihn
lebend vor sich zu sehen[7]. Wann das Erdferkel, welches
in seiner richtigen Gestaltung abgebildet wird[8] und welches
jetzt nicht mehr in Ägypten sich findet, sich aus dem Lande
zurückzog, ist nicht bekannt. Auf das Verschwinden der
Affen und die allmähliche Ausrottung der Löwen war bereits hinzuweisen[9]. Von Vögeln wurde wohl während
des Mittleren Reiches der Strauß ausgerottet, und etwa
um die gleiche Zeit verließen auch vermutlich einige kleinere
Vogelarten, der Papagei (Psitacus), der Schulschnabel
(*Balaeniceps rex*), die Sporengans (*Plectropterus Rüppelli*)
das Land[10].

---

[1] So besonders unter der 18. Dyn. (z. B. Davies, „El Amarna"
II, Taf. 38; III, Taf. 15; usf.), aber auch zu anderen Zeiten.
— Reiches Material ergeben für solche Importfragen die Tribut-
listen, die vor allem für Thutmosis III. in großem Umfange vor-
liegen (übersetzt: Brugsch, „Geschichte Ägyptens", S. 302 ff.;
Breasted, „Ancient Records of Egypt" II, S. 175 ff.).

[2] Inschrift des Amen-en-ḥeb, Z. 22 (Ebers, Äg. Z. XI, S. 5).

[3] Wiedemann, Orient. Lit.-Z. V, Sp. 220 ff.; Umschau VI,
S. 1002 ff.; AfR. XIV, S. 219; Sphinx XVIII, S. 178 f.

[4] Legge, Proc. Soc. Bibl. Arch. XXXI, Taf. 42—4.

[5] Lieblein, Äg. Z. XXIII, S. 130 ff.

[6] Naville, „Deir el bahari" III, Taf. 78, S. 14.

[7] Bissing, „Mastaba des Gem-ni-kai", S. 35; Blackman,
„The Rock Tombs of Meir" II, London 1915.

[8] Lortet und Gaillard, „Faune momifiée" IV, S. 179 f.

[9] Vgl. S. 195 f., 243.

[10] Boussac, RT. XXXIII, S. 56 ff.; XXXIV, S. 163 ff., 166 ff.

3. Vogeljagd[1].

§ 189. Neben der Jagd auf Vierfüßler wird die Jagd auf Vögel[2] häufig erwähnt. Die Ägypter hatten beobachtet, daß zu bestimmten Zeiten Zugvögel nach Ägypten flogen. Ein in Syrien festgehaltener Reisender[3] bemerkt um 1000 v. Chr.: „Siehst Du die Zugvögel, die wieder nach Ägypten und zu den kühlen Wassern des Nils ziehen?" Vor allem aus dem Lande Punt, aus welchem der reihergestaltige Vogel Phönix, die Verkörperung der neugeborenen, aus den Flammen der Morgenröte sich erhebenden Morgensonne[4] kam, sollten Zugvögel herbeikommen, welche in ihren Klauen Weihrauch mit sich führten und süßen Duft verbreiteten. Besonders wenn diese erstrebenswerte Beute nahte, zog man zum Fange der Geschöpfe aus[5], doch war die Jagd nicht auf diese Zeit beschränkt. Sie konnte das ganze Jahr hindurch statthaben und war bei allen Ständen gleichmäßig beliebt. Sie bildete ein königliches Vergnügen[6]; in einer auf altägyptische Vorbilder zurückgehenden koptischen Beschwörung fängt der Gott Horus einen Vogel[7]; in den Liebesliedern ziehen junge Mädchen auf den Fang; in den Reliefs gibt sich Hoch und Niedrig ihm hin.

§ 190. Für den Fang einzelner Vögel wurde ein kleines Netz als Falle aufgestellt, ein Wurm oder Lockvogel hineingetan, dann verbarg man sich hinter einen Busch und wartete,

---

[1] Wilkinson-Birch II, S. 103ff.; Erman, „Ägypten", S. 321 ff. (Belegstellen).

[2] Vogelbilder bei Wilkinson-Birch II, S. 112f. (nicht immer zuverlässig); Champollion, „Mon." IV, Taf. 350—5; Rosellini, „Mon. civ.", Taf. 7—13; Griffith, „Beni Hasan" IV (vgl. Loret, Sphinx V, S. 229ff.). Zoologische Bestimmung abgebildeter Vögel: Boussac, RT. XXXI—XXXV. Vogelmumien: Lortet und Gaillard, „Faune momifiée de l'ancienne Égypte" I, S. 113ff., 282ff.; II, S. 95ff., 145ff.; Gaillard und Daressy, „La Faune momifiée de l'antique Égypte" (Kat. Kairo), S. 33ff.

[3] Wiedemann, „Altägypt. Sagen", S. 108. Lieblein, Sphinx VI, S. 31 betont, daß der Vogelzug von Syrien nach Ägypten im September und Oktober stattfand. Lepsius, „Denkm." III, 76 werden neben einem aus Syrien kommenden Schiffe flatternde Vögel abgebildet.

[4] Vgl. die S. 16, Anm. 6 aufgeführte Literatur.

[5] Müller, „Die Liebespoesie der alten Ägypter", S. 20ff.

[6] Naville, RT. I, S. 108.

[7] Erman, Äg. Z. XXXIII, S. 48.

bis einer oder mehrere Vögel in das Netz gegangen waren, und zog nunmehr die Falle zu[1]. Ein automatisches Zuklappen der Falle, wenn das Lockmittel berührt wurde, kam bei einer zur Zeit der 18. Dynastie verwendeten Fallenart vor, über deren sonstige Verbreitung im alten Ägypten, welchem der technische Wert der Feder im allgemeinen unklar geblieben ist, Angaben fehlen. Es handelte sich dabei um eine auf einem Brett angebrachte rundliche Netzfalle. Die eine Hälfte des Netzes war am Rande der einen Hälfte des Brettes, die andere an einem Schlagbügel befestigt. Dieser Bügel wurde bei fangbereitem

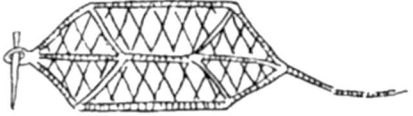

Abb. 46. Vogelnetz.

offenen Netz durch eine Klammer so festgehalten, daß die eine Hälfte des Brettes unbedeckt war. Sobald ein Vogel an dem Köder pickte und zerrte, wurde die Klammer gelöst, der Schlagbügel wurde frei, schlug zu und der Vogel war gefangen[2]. Wollte man größere Mengen von Vögeln gewinnen, so mußte man ein größeres Netz benutzen, welches man in einer wenig tiefen, von Wasser erfüllten und mit Schilf und niederem Buschwerk bestandenen Niederung aufstellte und dabei möglichst unter dem Grün verbarg. Die Umrahmung der Netze wurde durch Holzstangen oder feste Stricke gebildet, ein feines Maschenwerk in sorgsamer Knüpfarbeit von Leinenfäden diente innerhalb dieser Umrahmung als das eigentliche Netz (Abb. 46). Leider sind die Darstellungen allzu schematisch, als daß sich aus ihnen, trotz einer Reihe

[1] Newberry, „Beni Hasan" II, Taf. 6, 14, 16; Carter, „Beni Hasan" IV, Taf. 22; Rosellini, „Mon. civ.", Taf. 6; Wilkinson-Birch II, S. 103 (daraus Erman, „Ägypten", S. 325). Für den Vogelfang mit einer einfachen Schlinge im Alten Reiche vgl. Klebs, „Reliefs", S. 73.
[2] Schäfer, Amtl. Ber. aus den Preuß. Kunstsamml. XL, Sp. 163 ff., wo auch eine Schilderung der modernen ägyptischen Fallen für den Vogelfang.

dahin zielender Versuche[1], die genaue Konstruktion der
Netze im einzelnen hätte feststellen lassen. Vermittelst
eines Strickes konnte das Netz zugezogen werden, und
bereitete es reichen Herren Vergnügen, sich bequem auf
einen Stuhl hinter ein durchbohrtes Brett zu setzen, um
von hier aus, wenn das Netz sich gefüllt hatte, das Zuziehen zu besorgen[2]. Sichereren Erfolg versprach es, wenn
man mehrere Leute an dem Zuziehstrick aufstellte, während ein Aufseher daneben stand und die Vögel beobachtete.
Er hielt ein Tuch in den Händen und zog dieses, sobald der
richtige Augenblick zum Zuziehen des Strickes gekommen
war, mit hochgehobenen Armen als Signal breit aus[3]. Während der ganzen Arbeit mußte naturgemäß geschwiegen
werden, um nicht durch Sprechen und Rufen die Vögel,
welche man bisweilen mit Hilfe von Lockvögeln versammelt
hatte, vorzeitig zu verscheuchen und zu erschrecken.

War das Netz geschlossen, so zogen einige Männer den
Schlußstrick fest an, um ein Entweichen der Gefangenen
zu verhindern, andere entnahmen dem Netz einen Vogel
nach dem anderen[4] und knickten ihm die Flügel. Einzelnen
Vögeln brach man die Flügel auch vollständig ab[5], um diese
als Wedel beim Anfachen des Feuers[6] benutzen zu können.
War das Knicken beendet, so wurden die besten Stücke
ausgesucht und lebend zu den Geflügelhöfen[7] gebracht,
welche besonders während des Alten Reiches eine große

---

[1] Zuletzt Montet, Bull. Inst. Franç. Caire XI, S. 145 ff.
und Schäfer, a. a. O., Sp. 165.

[2] Newberry, „Beni Hasan" I, Taf. 33.

[3] Wiedemann und Pörtner, „Ägyptische Grabreliefs zu
Karlsruhe", S. 21 f. (Lit.); Bissing, „Mastaba des Gem-ni-kai"
I, Taf. 9, S. 29 (Lit.); Capart, „Rue de Tombeaux à Saqqarah",
Taf. 36—9, 85—9; Wreszinski, „Atlas", Taf. 24 (18. Dyn.);
Davies, „El Amarna" III, Taf. 8; Quibell, „Excavations at
Saqqara 1905—6", Taf. 20. Vgl. Klebs, „Reliefs", S. 70 ff.
(Darstellungen des Alten Reiches).

[4] Gute Darstellung des Einfangens einzelner Wachteln:
Wreszinski, „Atlas", Taf. 33; vgl. Schäfer, a. a. O., S. 174.

[5] Capart, „Rue de Tombeaux", Taf. 89.

[6] Vgl. S. 260.

[7] Darstellungen: Capart, a. a. O., Taf. 85 ff.; Bissing, „Mastaba des Gem-ni-kai" I, Taf. 8—9; Davies, „Deir el Gebrâwi" I,
Taf. 16. Vgl. Klebs, „Reliefs", S. 66.

Rolle spielten und neben zahlreichen Gänsearten[1], deren
Stopfen mehrfach dargestellt wird[2], Reiher und Kraniche[3],
welche man gegessen zu haben scheint, und Tauben[4] enthielten. Besondere Wächter hatten für die Tiere zu sorgen
und werden vorgeführt, wie sie einen Stab in der Hand
halten, welcher dem Herrscherszepter gleicht, dem aber die
unteren Spitzen fehlen. Sie packen mit dem oben befestigten Querholz einzelne Vögel am Halse und nehmen sie so
gefangen[5].

Der größte Teil der Tiere wurde gleich nach dem Fang
getötet und gerupft, dann auf ein schräges Brett gelegt,
Flügel und Beine abgeschnitten, der Leib mit Salz bestreut
und hierauf am oberen Balken der kleinen rechtwinkligen
Arbeitshütte, welche man unweit des Fangplatzes aufge-
schlagen hatte, aufgehängt und getrocknet[6]. War dies
geschehen, so wurden die Tiere in große Töpfe zur Aufbewahrung gesteckt[7], um bei späterer Gelegenheit gekocht
oder gebraten zu werden. Vor allem der Gänsebraten galt
als ein Hauptnahrungsmittel im Diesseits und im Jenseits,
welches in den Opferlisten häufig genannt und bei der
Gabenbringung dargestellt wird[8]. Daneben hat man auch

---

[1] Schöne Bilder von Gänsearten in einem Grabe zu Mêdûm
vom Anfang der 4. Dyn., vgl. Gaillard, Rev. égypt. XII, S.
212ff.; Lortet und Gaillard, „Faune momifiée de l'ancienne
Égypte" III, S. 95ff. Vgl. S. 154ff. — Registrierung von
Gänsen: Budge, „Wall Decorations of Egyptian Tombs, British
Museum", Taf. 2 (farbig). — Eine Liste der eßbaren Gänsearten und der zu ihrer Zubereitung erforderlichen Dinge: Maspero,
Ann. Serv. Ant. IX, S. 187.
[2] Capart, a. a. O., Taf. 85; Champollion, „Mon." IV, Taf.
359; Newberry, „El Bersheh" I, Taf. 20, 22; Wreszinski, „Atlas",
Taf. 27.
[3] Bissing, „Mastaba des Gem-ni-kai" I, S. 39 (Lit.).
[4] Wiedemann, „Herodot", S. 245 (Lit.).
[5] Rosellini, „Mon. civ.", Taf. 30, nr. 4. Für den gleichgestalteten Stab der Kameltreiber im Osten Ägyptens vgl.
S. 198, Anm. 5.
[6] Gute Darstellung: Wreszinski, „Atlas", Taf. 16 (18. Dyn.);
Ahmed Bey Kamal, Ann. Serv. Ant. XV, S. 231.
[7] Champollion, „Mon." II, Taf. 185 = Rosellini, „Mon.
civ.", Taf. 4; Wilkinson-Birch I, S. 290, 364; Maspero, Mém.
Miss. Franç. Caire V, S. 480; „Lectures historiques", Fig. 64.
[8] Davies, „Ptah-hetep" II, Taf. 30ff.; Newberry, „El Bersheh" I, Taf. 34; Davies, „El Amarna" V, Taf. 22.

den Entenbraten nicht verschmäht, obwohl die Ente in
alter Zeit ein heiliges Tier gewesen zu sein scheint und ihre
Gestalt unter den Schieferplatten der Nagadaperiode auftritt[1].
Um dem Toten ihren Genuß zu sichern, wurden ihm ein-
balsamierte Enten in das Grab gelegt[2].

Die Hirten auf dem Felde verzichteten auf die umständlichen Erhaltungsarbeiten, sie verzehrten die Wildgänse,

Abb. 47.
Braten der Gänse, Flechten und Benutzen von Schutzmatten.

die sie fingen, gleich an Ort und Stelle. Man steckte dem
gerupften und ausgenommenen Tiere einen Stock in den
Hals, um einen festen Griff zu gewinnen und die Gans über
das offene Feuer halten und braten zu können (Abb. 47).
In die zweite Hand nahm man einen abgeschnittenen
Flügel oder einen kleinen Wedel aus Schilfblättern, um das
Feuer anzufachen und um während des Bratens auch das
Tier selbst zu fächeln und vor dem Anbrennen zu schützen[3].
Bisweilen stellte man dabei, um ein gleichmäßigeres Brennen
des Feuers zu gewährleisten und lästigen Rauch zu verhin-

---

[1] Nash, Proc. Soc. Bibl. Arch. XXXIII, S. 136.
[2] Davis, „Tomb of Siphtah“, S. 18.
[3] Wiedemann und Pörtner, „Grabreliefs aus Karlsruhe“,
S. 30f. (Lit.); Capart, „Rue de Tombeaux“, Taf. 87; Petrie,
„Deshasheh“, Taf. 25; Davies, „Sheikh Saïd“, Taf. 10; Klebs,
„Reliefs“, S. 77 (Verzeichnis der Darstellungen des Alten Reiches).
Plastische Figuren des Gänsebratens: Borchardt, Äg. Z. XXXV,
S. 127f.

dern, eine Schutzmatte in der Windrichtung als Wind-
schirm hinter dem Feuer auf[1] (Abb. 47).

Außer dem Geflügel selbst scheint man auch dessen
Eier verzehrt zu haben. Das Eieressen wird zwar nirgends
dargestellt, und läßt es sich daher nicht entscheiden, ob man
sie roh verzehrte oder kochte, aber die Niederlegung von
Tonnachbildungen von Eiern in Gräbern[2] spricht dafür,
daß man sie als Nahrungsmittel benutzte und dem Toten
Gelegenheit geben wollte, sie sich mit Hilfe dieser Modelle
in das Dasein zu rufen.

§ 191. Eine zweite Art des Vogelfangs erfolgte mit
Hilfe des Bumerangs[3]. In den Sümpfen an den Rändern
des Niltals und innerhalb des Deltas gewährte eine üppige
Vegetation zahlreichen Insekten[4] und Vögelscharen Aufent-
halts- und Nistplätze. Um die Vögel zu erjagen, bestieg
man allein oder mit einigen wenigen Genossen einen flachen
Papyrusnachen[5], den man durch Stoßen mit einer Stange
oder durch Vorwärtsziehen an den langen Schilfstauden
fortbewegte. Der Jäger legte, um jederzeit ohne weiteres
in das Wasser steigen zu können, möglichst leichte Kleidung
an, so daß er sich von seinen Dienern nur durch das breite
Halsband, welches er anbehielt, unterschied. Dann stellte
er sich, um einen festen Stand in dem schwankenden Kahn
zu gewinnen, in Gehstellung in die Mitte des Nachens.
In der rechten Hand hielt er den Bumerang wurfbereit,
mit der linken umklammerte er die Beine einiger Vögel,
deren Geschrei andere Vögel in die Nähe locken sollte.

---

[1] Perrot-Chipiez, „Ägypten", Fig. 27 (hieraus Erman, „Ägypten", S. 267); Klebs, „Reliefs", S. 99. Vgl. für die Schutzmatte
S. 72.
[2] Müller, Orient. Lit.-Z. III, S. 55.
[3] Wiedemann und Pörtner, „Ägypt. Grabreliefs zu Karlsruhe", S. 18f. (Lit.); Klebs, „Reliefs", S. 35 (Verzeichnis der
Darstellungen aus dem Alten Reich); Budge, „Guide to the
third and fourth Rooms, Brit. Mus.", Taf. 2 (diese Darstellung
farbig: Budge, „Wall Decorations of the Egyptian Tombs, British
Museum", Taf. 3); Wreszinski, „Atlas", Taf. 2, 70 (18. Dyn.);
Grapow, Äg. Z. XLVII, S. 132ff. — Für den Bumerang als Waffe
vgl. S. 234.
[4] Gute Bilder von Schmetterlingen: Davies, „Ptah-hetep"
II, Taf. 13f.; „Sheikh Saïd", Taf. 11; einer Heuschrecke: Rosellini, „Mon. civ.", Taf. 14, nr. 9.
[5] Vgl. § 162.

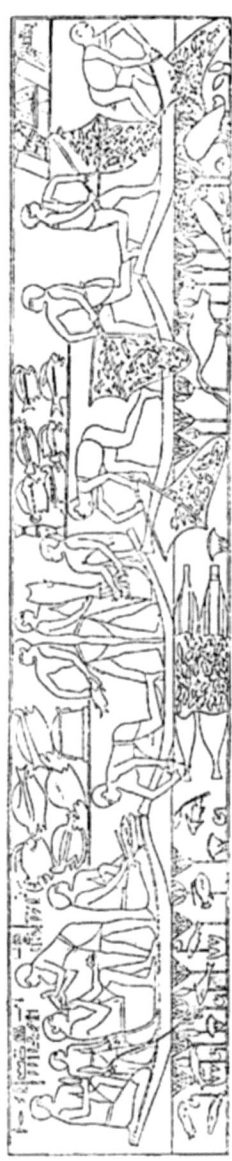

Abb. 48. Fischfang mit Angel, Reuse, Netz.

Kam ein schönes Tier in erreichbare Entfernung, so schleuderte er das Wurfholz nach ihm. Das Unbequeme dabei war, daß die Beute im allgemeinen in das Wasser fiel und daß der Herr daher, falls er keine Diener bei sich hatte, gleichfalls hineinsteigen mußte, um sich des Vogels zu bemächtigen. Trotz dieser Unannehmlichkeit ist die Jagd mit dem Wurfholze dauernd ein beliebter Sport im alten Ägypten geblieben.

4. Fischfang.

§ 192. Als Gegenstück zur Vogeljagd pflegen die Grabreliefs den Fischfang (Abb. 48) vorzuführen[1], wobei die Fische vielfach sehr gut naturalistisch und daher zoologisch bestimmbar gezeichnet erscheinen[2]. Die klassischen Autoren

[1] Wilkinson-Birch II, S. 115 ff.; Erman, „Ägypten", S. 326 f.; Bissing, „Mastaba des Gem-ni-kai" I, S. 29 ff.; Wiedemann und Pörtner, „Ägypt. Grabreliefs zu Karlsruhe", S. 23; Klebs, „Reliefs", S. 74 ff. (Altes Reich).

[2] Bissing, a. a. O. I, S. 39 ff.; Lortet und Gaillard, „Faune momifiée" II, S. 123 ff.; Montet, Bull. Inst. Franç. Caire XI, S. 39 ff. Gute Fischbilder: Rosellini, „Mon. civ.", Taf. 25. — Fischmumien: Lortet und Gaillard, a. a. O. I, S. 185 ff.; II, S. 305 f.; Gaillard und Daressy, „La Faune momifiée" (Kat. Kairo), S. 70 ff., 123 f.; Whyte, Proc. Soc. Bibl. Arch. XXI, S. 82; Lortet und Hugounenq, Ann. Serv. Ant. III, S. 15 ff.; Loat, „Gurob", Taf. 8—10, S. 3 ff. (große Fischnekropole; arabische Sage über eine solche bei Bouriant, RT. XIII, S. 110 f.).

sprechen mehrfach von einem Verbote der Fischnahrung,
welches besonders für die Priester gegolten habe, die
Denkmäler haben gezeigt, daß diese Angabe nur für
einzelne Orte und Zeiten zutreffend ist[1]. Im allgemeinen
stand der Genuß des Fischfleisches dem Ägypter frei,
wenn es auch wesentlich von den niederen Ständen als
ein billiges Nahrungsmittel verwertet wurde. Die höheren
Stände verschmähten meist die Fische, nicht aus religiösen Gründen, sondern weil die Nilfische nur geringen
Wohlgeschmack zu besitzen pflegen. Die Zahl der ver-
brauchten Fische war gelegentlich sehr erheblich, ein
Ostrakon der thebanischen Zeit spricht von 1830 gefangenen Fischen[2], bisweilen hat man dieselben auch nach
dem Ausland ausgeführt. Eine Erzählung aus der Zeit
um 1000 v. Chr.[3] erwähnt 35 Packen getrockneter Fische,
welche man von Tanis nach Byblos gebracht habe.

§ 193. Man fing die Fische zunächst einzeln mit Hilfe
einer Angel, welche vorn mit einem Widerhaken versehen
war. Der reiche Mann ließ sich einen Stuhl an das Ufer
eines Teiches bringen, setzte sich bequem mit einer Angel-
rute, an welcher mehrere Angelschnüre befestigt sein konnten, hin und wartete der kommenden Beute[4]. Das Volk
stand mit einer Rute oder mit einer treibenden Angel-
schnur am Ufer oder kauerte in einen kleinen Nachen,
welchen man über das Wasser treiben ließ[5]. Dabei nahm
man gern ein Messer mit, um die Fische sofort nach dem
Fange aufzuschneiden und ausnehmen zu können[6]. Eine
weitere, mehr sportmäßig betriebene Fangart war das
Stechen mit einer langen Lanze, an welcher sich vorn
zwei auseinandergehende Spitzen befanden. Mit ihr bewaffnet fuhr man im Papyrusboot an eine fischreiche Stelle
und wartete, bis besonders schöne Tiere in erreichbare
Nähe kamen. Sobald dies erfolgte, stach man zu, und galt

---

[1] Wiedemann, „Herodot", S. 175 ff.; Sphinx XIV, S. 231 ff.
[2] Devéria, „Mémoires" I, S. 129 ff.
[3] Wiedemann, „Altägypt. Sagen", S. 105 f.
[4] Wilkinson-Birch II, S. 115 (aus Theben).
[5] Klebs, „Reliefs", S. 76 (Altes Reich); Newberry, „Beni
Hasan" I, Taf. 29 (Rosellini, „Mon. civ.", Taf. 24; Wilkinson-
Birch II, S. 116; Lepsius, „Denkm." II. 127).
[6] Davies, „Ptah-hetep" II, Taf. 15.

es als eine besonders rühmenswerte, in den Reliefs häufig
abgebildete Tat, wenn es gelang, mit ein und demselben
Stich gleichzeitig zwei Fische zu durchbohren[1]. Andere
Ägypter verwendeten H a n d n e t z e. An zwei langen, sich
im Winkel kreuzenden Stangen wurde ein ziemlich fein-
maschiges, tiefes Netz befestigt. Dieses tauchte der Fischer
vom Ufer oder vom Boot aus in das Wasser, wartete, bis es
sich mit Fischen gefüllt hatte, klappte es dann ganz oder
teilweise zu oder hob es auch ohne weiteres mit der darin
befindlichen Beute heraus[2]. Dann kam ein Fang mit der
R e u s e vor. Diese bestand aus einem korbartigen Geflecht,
welches an der einen Seite eine breite Eingangsöffnung besaß
und sich nach der anderen Seite hin allmählich verengte. Dasselbe wurde flach in das Wasser gelegt und gewartet, bis
es sich mit Fischen gefüllt hatte. Dann hob man es
heraus und schüttete den Inhalt in bereitstehende Körbe[3].
Weit ertragreicher wie diese Fangarten, bei denen Glück
und persönliches Geschick sehr wesentlich in Betracht
kamen, gestaltete es sich, wenn mehrere Fischer gemeinsam einen Zug unternahmen. Ein großes, bisweilen
mit Schwimmern versehenes und wenigstens zeitweise
durch Bleigewichte beschwertes[4] N e t z wurde in das
Wasser versenkt und dann mit vereinten Kräften her-
ausgezogen. Ein Obmann stand dabei, beobachtete den
Augenblick, in welchem sich eine größere Zahl Fische im
Bereiche des Netzes befand und regelte dann das Heraus-
nehmen des Netzes, damit nicht durch Ungeschick eines
Teilnehmers die Tiere Gelegenheit zum Entweichen fänden[5].

[1] Quibell, „Excavations at Saqqara 1907—8", Taf. 51;
Ann. Serv. Ant. III, S. 258; Klebs, „Reliefs", S. 37 (Verzeichnis
der Darstellungen aus dem Alten Reiche); Newberry, „Beni
Hasan" I, Taf. 34; IV, Taf. 13 (12. Dyn.); Wilkinson-Birch II,
S. 107; Wreszinski, „Atlas", Taf. 2, 38 (gutes Bild der zwei
Spitzen), 40, 70 (Neues Reich).
[2] Davies, „Ptah-hetep" II, Taf. 16; „Deir el Gebrâwi" I,
Taf. 4; II, Taf. 5; Klebs, „Reliefs", S. 76 (Altes Reich); Wil-
kinson-Birch II, S. 117 (Neues Reich).
[3] Klebs, „Reliefs", S. 76 (Darstellungen des Alten Reiches).
[4] Petrie-Capart, „Arts et Métiers de l'ancienne Égypte",
S. 121; vgl. Wilkinson-Birch I, S. 292.
[5] Wiedemann und Pörtner, „Ägypt. Grabreliefs zu Karlsruhe", S. 22f. (Lit.); Morgan, „Fouilles à Dahchour" II, Taf. 23;
Lepsius, „Denkm." II, 9; Davies, „El Amarna" III, Taf. 8. Vgl.
Klebs, „Reliefs", S. 74f. (Altes Reich).

§ 194. Die verschiedensten Arten wurden gefangen,
und freute man sich besonders, wenn man auffallend großer
Tiere habhaft geworden war. Diese trug man dann ohne
weiteres im Arme nach Hause, oder man durchbohrte ihr
Maul und hing sie einzeln oder zu mehreren an das Steuerruder, welches hierauf zwei Leute auf die Schultern legten
und forttrugen[1]. Andere fanden es bequemer, die Beute
auf flachen Brettern oder kleinen Tischen aufzubauen und
auf diese Weise zu befördern[2]. Auch in taschenartigen
viereckigen Körben wurden bisweilen die Fische heimge-
tragen[3].

Gelegentlich wurden größere Fische sofort gebraten.
Man steckte einen Stab der Länge nach in das Tier und
röstete es über dem Kohlenfeuer, um es verzehren zu können[4]. Meist aber begann man, sobald der Fang beendet
war, mit dem Einsalzen der Beute, um dem in dem heißen
Klima des Landes sehr schnell zu erwartenden Eintreten
der Verwesung zuvorzukommen. Die Tiere wurden auf
flache, im allgemeinen unmittelbar auf den Boden gelegte
Bretter gebracht, seltener einfach in der Hand gehalten;
dann wurden sie mit einem großen Messer aufgeschnitten,
die Eingeweide herausgenommen, das Tier breit aufgeklappt
und zum Trocknen ausgebreitet[5]. Hierauf streute man Salz
über die Tiere und brachte sie in die Vorratshäuser[6]. Vor
der Verwendung wurde das überschüssige Salz abgespült
und der Fisch gekocht. Man scheint ihn nur in unverdorbe-
nem Zustande verwertet zu haben, eine durch „Fäulnis
gereifte" Fischkonserve, wie sie in dem modernen Ägypten
beliebt ist[7], wird im Altertume nicht erwähnt. Aus der
Spätzeit wird berichtet, daß der Fischfang und die Fisch-
zubereitung in Unterägypten in Großbetrieben erfolgte;

---

[1] Petrie, „Medum", Taf. 12; „Deshasheh", Taf. 5.
[2] Newberry, „El Bersheh" I, Taf. 20, 23; Davies, „El Amarna" II, Taf. 36.
[3] Bissing, „Mastaba des Gem-ni-kai" I, Taf. 18.
[4] Davies, „The Rock Tombs of Sheikh Saïd", Taf. 12.
[5] Petrie, „Medum", Taf. 12; Davies, „Deir el Gebrâwi",
Taf. 4, 20; Klebs, „Reliefs", S. 78f. (Altes Reich); Newberry,
„Beni Hasan" I, Taf. 12.
[6] Davies, „El Amarna" I, Taf. 31.
[7] Netolitzky, Z. f. Untersuchung der Lebensmittel XXVI,
S. 426f.

es entstanden hier umfangreiche, von den Griechen als
Taricheen bezeichnete Pökelanstalten[1], doch läßt sich nicht
verfolgen, in welcher Zeit ihre Gründung erfolgt ist.

§ 195. Inwieweit auch andere Wasserbewohner als
Nahrung dienten, ist unbekannt. Die Schildkröte wird
mehrfach in religiösen Texten erwähnt, ihre Schalen haben
sich in antiken Überresten gefunden, und scheint sie zu
medizinischen Zwecken benutzt worden zu sein[2], von ihrem
Verspeisen ist aber nicht die Rede. Ebensowenig geschieht
dies bei dem Krebs und bei den Muscheln. Da sich die
Schalen der letzteren vielfach in Speiseabfallhaufen gefunden haben, so sind diese Tiere aber wohl sicher verzehrt
worden. Daneben dienten eine Reihe von Arten, welche
man teilweise aus dem Roten Meere bezog, wie die Perl-
muschel, eine Columella, die Kauri-Muschel, vor allem
während der 12. Dynastie als Schmuck; in der Spätzeit
kommt auch Tridacna squamosa vor[3], der Fund eines
aus 78 Helix-Muscheln bestehenden Halsbandes aus der
12. Dynastie[4] ist bisher vereinzelt geblieben. Das bis in die
Neuzeit hinein weit verbreitete Essen der Schenkel des
Frosches scheint im alten Ägypten nicht üblich gewesen
zu sein, so häufig auch das Tier selbst im Niltal vorkommt.
Das Bild der Kaulquappe wurde infolge ihres massenhaften
Auftretens zum Zeichen für die Zahl 100 000. Vom Frosche
nahm man an, er entstehe von selbst aus dem Schlamme
des Nils und verbürge im Zusammenhange mit dieser
Geburtsart aus sich selbst die Auferstehung und Wiedererstehung nach dem Tode[5]. An diese Vorstellung erinnert
es, wenn besonders in hellenistischer und dann noch in
koptisch-christlicher Zeit nicht selten den Grablampen die
Gestalt eines Frosches oder der von den Völkern des Altertums mit ihm vielfach gleich aufgefaßten Kröte gegeben
wurde[6].

---

[1] Wiedemann, „Herodot", S. 87, 436.
[2] Wiedemann, Sphinx XIV, S. 242ff.
[3] Petrie, „Six Temples at Thebes", S. 31; „Naukratis" I,
S. 35f.; MacIver, „El Amrah", S. 49.
[4] Petrie, „Labyrinth", S. 36.
[5] Jacoby und Spiegelberg, Sphinx VII, S. 215ff.; VIII,
S. 78f.; Wiedemann, Orient.Lit.-Z. XI, Sp. 181.
[6] Petrie, „The Roman Ehnasya", Taf. 63—4.

H. Bodenbau und Viehzucht.

1. Ackerbau[1].

§ 196. Der Ackerbau war in Ägypten bereits in der ältesten bisher durch Denkmäler zugänglich gewordenen Zeit bekannt und ist in der Art seines Betriebes im wesentlichen bis in die Neuzeit hinein unverändert geblieben[2]. Erst in den letzten Jahrzehnten weichen die altüberlieferten Methoden langsam vor den europäischen Bebauungsarten zurück.

Am einfachsten war die Feldbestellung in den mittelhoch gelegenen Bezirken des Deltas und bei gleichmäßiger Überschwemmung Dann brauchte, wie bereits Herodot[3] beobachtete, der Bauer nur, wenn das Wasser zurückgetreten war, Schweine über das Feld zu treiben, um den Samen in den feuchten Boden einzutreten. Hierauf wartete er auf die Reife, schnitt das Getreide, ließ es von Schweinen austreten und sammelte die ausgelösten Körner.

Im übrigen Lande bedurfte man seit ältester Zeit zur Lockerung des weichen und feuchten Bodens eines leichten Pfluges ⸕[1]. Dieser war, soweit wir wissen, durchweg

[1] Thaer, „Die altägyptische Landwirtschaft" (aus: Landwirtschaftliche Jahrbücher X, S. 523 ff., mit Beiträgen von Wiedemann), Berlin 1881; Wiedemann, „Herodot", S. 82 ff. (Lit); Heyes, „Bibel und Ägypten", S. 273 ff.; Maspero, „Études égypt." II, S. 67 ff.; Wilkinson-Birch II, S. 361 f.; Erman, „Ägypten", S. 567 ff.; Klebs, „Reliefs", S. 45 ff. (Schilderung der Darstellungen aus dem Alten Reiche; die Reliefs aus dem Grabe des Achut-hetep-her zu Leiden auch bei Wreszinski, „Atlas", Taf. 95—100). Gute Darstellungen aus dem Neuen Reich: Lepsius, „Denkm." III, 10 == Tylor, „Tomb of Paheri", Taf. 4—5 (Maspero, Äg. Z. XVII, S. 58 ff.); Rosellini, „Mon. civ.", Taf. 32—5; Wreszinski, „Atlas", Taf. 9, 19, 20; Vignetten zum Totenbuch, Kap. 110 (Text dazu Kap. 109; vgl. Lefébure, Sphinx III, S. 191 ff.); Wiedemann und Pörtner, „Ägypt. Grabreliefs zu Karlsruhe", S. 23 ff., 32; usf. Für die modernen Verhältnisse vgl.: Anderlind, „Die Landwirtschaft in Ägypten", Dresden 1889.
[2] Vgl. für Nilüberschwemmung S. 17 ff., Stauseen S. 19 ff., Bewässerungseinrichtungen S. 22 ff., Düngung S. 22 f.
[3] II, 14.
[1] Schäfer, „Altägyptische Pflüge, Joche und andere landwirtschaftliche Geräte" in Schäfer, „Priestergräber vom Totentempel des Ne-user-Rê", S. 165 ff. Pflug mit Joch nach Originalstück: Schubert, „Ein Jahrtausend am Nil", S. 67.

aus Holz gearbeitet. Er bestand aus einer etwa 2 m
langen Deichsel, an deren einem Ende durch eine Quer-
öffnung ein Joch durchgesteckt wurde, in welches man
die Zugtiere paarweise derart einspannte, daß sie vielfach mit den Hörnern zogen. Man verwendete hierzu
regelmäßig Rinder, nur je einmal sieht man im Alten Reiche
ein Schaf mit dem Halse[1], im Neuen Reiche Knaben mit den
Händen[2] und Pferde mit dem Halse[3] den Pflug ziehen.
An der Deichsel waren am hinteren Ende die schräg dem
Boden zu laufenden Sterzen samt der Schar und Sohle

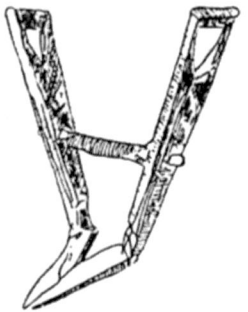

Abb. 50.
Hacken zur Boden-
bearbeitung.

Abb. 49. Pflugsterzen mit Pflugschar.

befestigt (Abb. 49). Diese Sterzen hielt der Pflüger mit der
einen Hand fest und drückte dabei den Pflug in den Boden.
In der anderen Hand schwang er die Geissel und trieb die
Zugtiere an (Taf.-Abb. 20). Bei schwerem Boden drückte
er den Pflug mit beiden Händen nieder und überließ das
Antreiben einem Genossen.

Sehr häufig wurde außer dem Pfluge noch eine hölzerne Hacke verwendet, welche die im alten Ägypten
unbekannte Egge ersetzen sollte. Diese Hacke bestand
aus einem spitzen oder einem breiten Schaufelstück und
einer Handhabe, welche durch Einzapfung und einen
geflochtenen Strick, welcher aus Palmbast, genau so, wie die

---

[1] „Description de l'Égypte" V, Taf. 17; Caillaud, „Recherches sur les Arts et les Métiers", Taf. 31.
[2] Lepsius, „Denkm." III, 10a.
[3] Ebers, „Ägypten" II, S. 211.

heutigen ägyptischen Stricke, gefertigt wurde[1], miteinander
verbunden waren (Abb. 50). Ein oder mehrere Männer
gingen mit dieser Hacke vor oder hinter dem Pfluge her
und zerkleinerten die Schollen.
Bei besonders sorgsamer Bestellung wurden dann
noch Tiere über das Feld getrieben, um die Schollen
völlig zu zerstampfen. Unmittelbar dahinter ging der
Sämann, der nur in Ausnahmefällen durch eine Frau
ersetzt werden konnte. Er hielt in der einen Hand
einen viereckigen, ziemlich flachen Korb mit dem Saat-
korn. Mit der andern Hand entnahm er diesem die
Körner und warf sie in weitem Bogen ![glyph] über das
Feld. Seltener griff man in den Korb und ließ die
herausgenommenen Körner ohne weiteres in die Furche
fallen (Taf.-Abb. 20). War dies geschehen, so wurden Tiere
hinübergetrieben, um das Korn einzutreten, es in die
Erde zu betten und damit zugleich vor den Vögeln zu
schützen. Die Reliefs zeigen hierbei Rinder und Schafe[2]
und nur selten Schweine[3] beschäftigt, obwohl letztere
nach dem sachverständigen Urteil von Landwirten[4] hierfür
besonders geeignet waren, da ihre Afterklauen ähnlich wie
eine Egge auf den Boden einwirken.
Das Mähen der reifen Frucht[5] erfolgte mit der Sichel
![glyph]. Diese[6] bestand anfangs aus einem gebogenen Holz,

---

[1] Vgl. für einen solchen Baststrick: Ahmed Bey Kamal,
Ann. Serv. Ant. IX, S. 29.
[2] Vgl. z. B. Davies, „Sheikh Saïd", Taf. 8, 16.
[3] Bouriant, RT. IX, S. 98; Carter bei Northampton, Spiegelberg und Newberry, „Report on some Excavations in the
Theban Necropolis"; Ruschdy, Ann. Serv. Ant. XI, S. 162f.
[4] Thaer, a. a. O., S. 11.
[5] Darstellungen: Davies, „Sheikh Saïd", Frontispiece, Taf.
16; „Ptah-hetep" II, Taf. 7—8; „Deir el Gebrâwi" II, Taf. 6, 17
(Altes Reich); Wreszinski, „Atlas", Taf. 14; Maspero, Mém. Miss.
Franç. Caire V, S. 477 (Neues Reich). Technische Ausdrücke
für die Einzelhandlungen bei der Ernte: Loret, RT. XI, S. 129.
Eine Art Erntefest: Bissing, „Mastaba des Gem-ni-kai" II,
S. 29ff.
[6] Griffith, „Hieroglyphs", S. 48; Petrie, „Kahun", Taf. 9,
nr. 22, S. 29; „Illahun", Taf. 7, nr. 27, S. 53ff.; „Medum", Taf.
28. — Für das sonstige Vorkommen der gezähnten Sichel vgl.
Mielke, ZfE. XLVII, S. 200ff.

in dessen Schneidefläche man Löcher eingeschnitten hatte.
In diese setzte man scharfe Feuersteinsplitter, mit denen
man das Korn mehr absägte als abschnitt. Die Form
ging auf die halbe Rindskinnlade zurück, welche in der
Urzeit als Sichel gedient haben wird und bei der man die
Rindszähne durch Steinsplitter ersetzte. Statt dieser Steine
benutzte man später zahnartig angebrachte Metallspitzen,
bis man zuletzt zu einer messerartigen Schneide überging.
Bei der Arbeit schritt der Arbeiter in leicht vorgebeugter
Haltung langsam voran, faßte mit der linken Hand ein
Bündel Ähren und schnitt diese etwa in der Mitte ihrer
Höhe ab, so daß die unteren Hälften als hohe Stoppeln
stehen blieben (Taf.-Abb. 20).

Bisweilen wurden in Kleinbetrieben die geschnittenen
Ähren gleich in einen Korb gesammelt. Meist wartete man
bis das Mähen beendet war, band dann die Ähren in Garben
zusammen und ließ sie von Eseln in Säcken oder auch in
Netzen, welche rechts und links gleichmäßig von dem
Eselsrücken herabhingen[1], zu einer Art Tenne bringen
und breitete sie hier auf einem glatt gestampften, bisweilen
von einer niederen Böschung umgebenen Boden aus. Hierüber trieb man unter Verwendung einer aus mehreren
Strähnen zusammengedrehten Peitsche[2] in älterer Zeit
Esel und Rinder, in späterer nur letztere; sie lösten durch
den Tritt ihrer Hufe die Körner von den Halmen, während
die Treiber dazu ein monotones Lied sangen[3]. War das
Dreschen beendet, so wurden Strohreste und Korn durch
Auseinanderwerfen mit einer großen Gabel oder durch
Worfeln mit kleinen, länglichen, schmalen Brettchen getrennt[4]. Hierbei fiel das Korn senkrecht zu Boden, während die leichte Spreu von dem in Ägypten so gut wie
immer herrschenden Luftzuge nach vorn getrieben wurde.
Das Korn wurde dann durchgesiebt, um es möglichst zu
reinigen, in hohe Haufen aufgeschüttet und endlich in Säcken[5]

---

[1] Wreszinski, „Atlas", Taf. 61.
[2] Borchardt, Äg. Z. XXXV, S. 106.
[3] Wiedemann, „Die Unterhaltungsliteratur der alten Ägypter", S. 5. Ein analoges Lied aus Korsika bei Renouf, „Life-
Work" III, S. 329f.
[4] Schäfer, Äg. Z. XXXVII, S. 85; Petrie, „Kahun". Taf.
9, nr. 11; Wreszinski, „Atlas", Taf. 83.
[5] Wilkinson-Birch I, S. 371; II, S. 422.

in die Kornmagazine[1] gebracht. Der Noreg der heutigen
Ägypter, eine Art Holzschlitten, dessen Unterseite mit
rundlichen Eisenstücken besetzt ist und neben dem auch
der bereits von den alten Israeliten verwendete Dreschwagen vorkommt[2], ist für das alte Ägypten bisher nicht
nachgewiesen worden.

§ 197. Unter den in Ägypten angebauten Getreide-
arten[3] steht obenan der Weizen (ägyptisch *su-t*), der im
Niltal sehr gut gedieh. Die in den Gräbern gefundenen
Weizenkörner stammen meist von dem Triticum dicoccum,
dem Emmer[4]. Die oft wiederholte Behauptung, die antiken
Körner seien so gut erhalten, daß sie noch keimfähig seien,
beruht auf Irrtum. Im allgemeinen wurde das Korn vor der
Beisetzung angeröstet, und wenn dies nicht der Fall war, so
ist bei ihm durch die Berührung mit dem Sauerstoff der
Luft eine langsame Verbrennung eingetreten. Der echte
Mumienweizen ist daher schwarz oder dunkelbraun gefärbt,
der wie frisch aussehende, angeblich in Gräbern gefundene Weizen ist modernen Ursprungs[5].

Der ägyptische Weizen war Winterkorn, seine Aussaat
fiel in den November, die Vegetationszeit lag in der kühlen
Jahreszeit, die Ernte im April und Mai. Im Altertum
wurde in der römischen Zeit viel Weizen nach Italien ausgeführt, doch schätzt Plinius das ägyptische Weizenmehl
geringer als das italische. Inwieweit bereits früher ein
geregelter Export stattfand, ist nicht bekannt. Seit alter
Zeit galt aber jedenfalls das Land als Kornkammer für die
vielfach durch Hungersnöte bedrohten Beduinen Palästi-
nas und Syriens. Andererseits wurde gelegentlich auch Ge-

---

[1] Vgl. S. 172 f.
[2] Socin in Guthe, „Kurzes Bibelwörterbuch", S. 131 f.;
Benzinger, „Hebräische Archäologie", S. 141 f.; Meyer-Lübke,
Wörter und Sachen I, S. 218 ff.; für den Dreschwagen ins-
besondere: Anderlind, a. a. O., S. 79 f.; Lane II, S. 160.
[3] Hrozný, Sitzb. Akad. Wien, Philos. Kl. CLXXIII, 1,
S. 18 f. (Lit.), 178; A. Schulz, Abh. Naturf. Ges. Halle N. F.
Nr. 5, 1916.
[4] Schweinfurth, Ann. Serv. Ant. V, S. 187 ff.; Loret, RT.
XVII, S. 179 ff.; Lindau, Sitzb. Akad. Berlin 1904, S. 1031 ff.
[5] Proc. Soc. Bibl. Arch. I, S. 35 f.; Gain, Ann. Serv. Ant.
III, S. 269 ff.; XI, S. 40 ff.; Petrie, Ancient Egypt I, S. 78 f.

treide nach Ägypten eingeführt, nicht nur von den Negern[1],
also von den Gegenden jenseits des ersten Katarakts, sondern auch aus Asien, woher sich Thutmosis III. als Tribut
regelmäßig Getreide abliefern ließ.

Das keimende Getreide galt als eine der Auferstehungs-
formen des Gottes Osiris, und stellte man daher bisweilen
in den Gräbern mit einer Leinwandlage bedeckte Bettstellen auf. Auf diese wurde Erde in den Umrissen des
Osirisbildes gestreut, hierhinein Korn gesät und sprossen
gelassen. Durch Sympathiezauber sollte sich dieses Sprossen auf den Toten übertragen und diesem seinerseits die
Wiedererstehung sichern[2].

Als zweite wichtige Halmfrucht ist die Gerste zu
nennen, welche als Speise und bei der Bereitung von Bier[3]
Verwendung fand. Zurück trat demgegenüber die Durra
(Sorghum vulgare), welche jetzt in Ägypten eine hervorragende Bedeutung gewonnen hat. Einzelne ihrer Körner
haben sich in Gräbern gefunden, ihr Ausraufen und das
Lösen der Körner von den Stengeln vermittelst eines kamm-
artigen Gerätes wird dargestellt, so daß sie jedenfalls bereits den alten Ägyptern bekannt war[4], wenn diese ihr auch
Weizen und Gerste vorzogen.

2. Garten- und Gemüsebau[5].

§ 198. Die Gartenkunst in dem modernen Sinne des
Wortes fand im alten Ägypten keinen Boden. Der Ägypter suchte sich zwar, wenn es ihm irgendwie möglich war,

---

[1] Pap. Anastasi V, 16, 6 (Maspero, „Genre épistolaire chez
les anciens Égyptiens", S. 39).
[2] Wiedemann, Muséon N. S. IV, S. 111 ff.; Davis, „Tomb
of Harmhabi". Taf. 88, S. 105.
[3] Vgl. § 215.
[4] Thaer, a. a. O., S. 19; Lepsius, „Denkm." III, 10e; Wilkinson-Birch II, S. 427 f. (hieraus Erman, „Ägypten", S. 578).
[5] Für die den Ägyptern bekannten Pflanzen vgl. Wönig,
„Die Pflanzen im alten Ägypten", 2. Aufl., Leipzig 1890; Wilkinson-Birch II, S. 398 ff.; Loret, „La Flore pharaonique", 2. Aufl.,
Paris 1892; RT. VII, S. 101 ff.; XV, S. 102, 105 ff.; XVI, S. 1 ff.,
92 ff.; Ann. Soc. botanique Lyon XVII. Wesentlich heilige Bäume
besprach Moldenke, „Über die in altägyptischen Texten erwähnten Bäume", Leipzig 1886 (Piehl, Sphinx IV, S. 133 ff.). Pflanzenreste aus ägyptischen Gräbern: Schweinfurth bei Schäfer,

bei seinem Hause einen Garten[1] anzulegen, doch handelte
es sich dabei nicht um geschmackvoll angelegte Blumen-
beete und schöne Baumgruppen, sondern ausschließlich
um einen rein praktischen Zwecken dienenden Teil seines
Besitzes. In gerader Linie wurden die Nutzbäume, Dattel-
palmen, Sykomoren, Wein, in schachbrettartiger Anordnung die Gemüsepflanzen aneinander gereiht[2]. Nur selten
suchte man den Garten dadurch reichhaltiger zu gestalten,
daß man in ihm eine größere Anzahl von Baumarten vereinigte. So brachte ein unter Thutmosis I. lebender Beamter 20 Baumgattungen in zusammen etwa 500 Exemplaren in seinem Garten unter[3] und ließ sich der König Thutmosis III. für seinen Garten fremdartige Gewächse aus
Asien und dem südlicher gelegenen Ta-neter bringen und
in einem Raume des Tempels zu Karnak abbilden[4]. Die
heiligen Haine bei den Tempeln[5] enthielten vermutlich

"Priestergräber", S. 152 ff.; Ann. Serv. Ant. XIV, S. 87; Loret
und Poisson, RT. XVII, S. 177 ff.; Jackson, Proc. Soc. Bibl.
Arch. I, S. 34 f.; Newberry bei Petrie, "Hawara", S. 46 ff. (Lit.)
und bei Petrie, "Kahun", S. 46 ff.; Ahmed Bey Kamal, Ann.
Serv. Ant. IX, S. 27. Holzarten untersuchte Beauvisage, RT.
XVIII, S. 78 ff. Koptische Pflanzennamen verzeichnete: Loret,
Ann. Serv. Ant. I, S. 48 ff. Die klassischen Angaben sammelte
Lenz, "Botanik der alten Griechen und Römer", Gotha 1859;
vgl. K. Koch, "Bäume und Sträucher des alten Griechenlands",
2. Aufl., Stuttgart 1884.
    [1] Joret, Ann. Faculté des Lettres Bordeaux 1894, Nr. 2;
"Les Plantes dans l'Antiquité et au Moyen-Âge, I: Les Plantes
dans l'Orient classique", Paris 1897 (Maspero, "Études de Myth."
VI, S. 249 ff.); Gothein, "Geschichte der Gartenkunst", Jena
1914, I, S. 1 ff. (illustriert); Wilkinson-Birch I, S. 376 ff.; Erman,
"Ägypten", S. 272 ff.
    [2] z. B. Wreszinski, "Atlas", Taf. 3 (Lit.), 66 (Virey, Mém.
Miss. Franç. Caire V, S. 270, 367) und die Pläne zu El Amarna
(Davies, "El Amarna", 6 Bde., London 1903—8), deren einer
sich farbig bei Rosellini, "Mon. civ.", Taf. 69 veröffentlicht
findet.
    [3] Moldenke, a. a. O., S. 18 ff. (Boussac, Mém. Miss. Franç.
Caire XVIII: "Tombeau d'Anna", Taf. 10; Wreszinski, "Atlas",
Taf. 60).
    [4] Mariette, "Karnak", Taf. 28—31; vgl. Schweinfurth,
Botanische Jahrbücher LV, S. 464 ff.
    [5] Der Garten des Amon zu Theben (Dêr el baḥari) erscheint
im Grabe des Sen-nefer aus der Zeit Amenophis' II. (Newberry,
Proc. Soc. Bibl. Arch. XXII, S.61; Naville bei Davis, "Tomb
of Hâtschopsîtû", S. 59).

wesentlich Exemplare des heiligen Baumes des betreffenden Gaues. Es waren dies den Listen zufolge über das
ganze Land verteilt 10 Arten, von denen bis zu drei in dem
gleichen Gau auftreten konnten. Die Dornakazie erscheint
in 24 Gauen, andere Bäume waren seltener zu finden[1].

Die Baumanlagen sollten zunächst verwertbare Früchte
bringen, dann aber auch Schatten und Kühlung während
der heißen Stunden des Tages gewähren. Aus dem gleichen
Grunde pflanzte man gelegentlich am Rande der Straßen
Bäume an. Längs des Zugangsweges zu dem Tempel der
11. Dynastie zu Dêr-el-bahari im Asasif zu Theben wurden
etwa 6 m voneinander entfernte, ungefähr 30' tiefe Schachte
in den Fels eingesenkt, mit fruchtbarer Erde gefüllt und
Bäume hier eingesetzt[2]. In den Gärten legte man zwischen
den Baumpflanzungen längliche, viereckige Wasserbecken
an, aus denen man das Wasser für die Bewässerung des
Gartens gewann und deren Verdunstung die Umgebung
abkühlte. In den Darstellungen werden Verbindungsgräben
zwischen diesen Becken und dem Nil nicht angedeutet;
Grabungen haben gezeigt, daß sie, wenigstens in El Amarna,
so tief eingesenkt waren, daß sie durch Grundwasser gespeist wurden[3]. Kleine derartige Anlagen wurden auch
in der Nähe der Gräber angebracht, um es dem Toten zu
ermöglichen, an den Ufern seines Wasserbeckens umherzu-
wandeln, damit sein Seelenvogel auf den Zweigen der
Baumpflanzungen weilen, er sich unter seinen Sykomoren
erfrischen und daselbst essen könne[4].

Innerhalb des Gartens wurden, häufig in größerer Zahl,
Kioske errichtet, in denen man gegen Sonne und Zugluft
geschützt sitzen, essen, brettspielen[5], sich Stelldichein
geben konnte[6]. In anderen Gartenhäusern wurden Hausgötter untergebracht[7] und während einzelner Perioden

---

[1] Moldenke, a. a. O., S. 13 ff.
[2] Winlock, Bull. Metropol. Museum of Art (New York)
IX, S. 15. Vgl. S. 157.
[3] Borchardt, Mitt. Deutsche Orient-Ges. Nr. 50, S. 12 ff.
[4] Maspero, „Études de Myth." IV, S. 241 ff.; Piehl, RT.
I, S. 197; Budge, Transact. Soc. Bibl. Arch. VIII, S. 307.
[5] Vignette zum Totenbuch, Kap. 17.
[6] Wiedemann, „Altägypt. Sagen und Märchen", S. 4 f.
[7] Moldenke, a. a. O., S. 41.

die Särge der verstorbenen Familienmitglieder eine Zeitlang bis zur endgültigen Beisetzung in der Totenstadt aufgestellt[1].

§ 199. Unter den Fruchtbäumen waren vor allem die Palmenarten wichtig, welche im Lande uralt und nicht erst später eingeführt worden sind[2]. Die Früchte der Dattelpalme wurden viel gegessen, und finden sich in den Gräbern neben getrockneten Datteln Modelle von solchen aus Holz[3], welchen man durch einen Anstrich die gelbliche oder rötliche Farbe der wirklichen Frucht gegeben hat, und aus rohgebranntem Ton. Der Stamm des Baumes gewährte dem Ägypter ein weit verbreitetes und während der ganzen Dauer seiner Geschichte verwendetes Motiv für die Herstellung und Ausschmückung seiner Säulen[4]. Neben der Dattelpalme findet sich in Oberägypten die sich verästelnde Dûmpalme (Crucifera aegyptiaca). Ihre Früchte, deren harte Schale einen kuchenartigen Geschmack besitzt, finden sich besonders in thebanischer Zeit sehr häufig als Grabbeigabe. Der Baum selbst galt in Dendera als heilig, er unterstand nach einer ägyptischen Ansicht einer eigenen Göttin, einer Sonderform der nilpferdgestaltigen Thueris[5]. Außerdem finden sich unter den Grabbeigaben die länglich-ovalen Früchte einer dritten Palmenart, der Hyphaena Argun, welche sich jetzt im eigentlichen Ägypten nicht mehr findet, aber einen Teil der Vegetation der Wüstentäler zwischen Korosko und Abu Hamed bildet[6].

Von sonstigen Bäumen, deren Früchte oder Blätter dem Ägypter wichtig erschienen, sind die folgenden hervorzuheben[7]:

---

[1] Wiedemann, Sphinx XVIII, S. 36ff. (Lit.).

[2] Köster, Äg. Z. XXXIX, S. 139; Loret, RT. II, S. 21 ff.; XVII, S. 182ff.

[3] z. B. Äg. Z. XXVIII, S. 59.

[4] Borchardt, „Die ägyptische Pflanzensäule", S. 44ff. Gute Bilder der Säule: Petrie-Capart, „Arts et Métiers de l'ancienne Égypte", Fig. 84 (5. Dyn.); Newberry, „El Bersheh" I, Taf. 4 (12. Dyn.); des Baumes aus einem Grabe: Nash, Proc. Soc. Bibl. Arch. XXIII, S. 361, Taf. 2 (Thebanische Zeit).

[5] Loret, RT. II, S. 27ff.; Moldenke, a. a. O., S. 66ff.; Wönig, „Pflanzen im alten Ägypten", S. 315ff.; Wiedemann, Proc. Soc. Bibl. Arch. XVI, S. 152f. — Gutes Bild des Baumes: Rosellini, „Mon. civ.", Taf. 40, 69, 88; Wreszinski, „Atlas", Taf. 19.

[6] Wönig, a. a. O., S. 317f. Vgl. für die Gegend: G. W. Murray, Cairo Scientific Journal VI, S. 264 ff.

[7] Wönig, a. a. O., S. 280ff. (Lit.).

Sykomore (Ficus sycomorus) mit ihren gelblichen, angenehm süßlich schmeckenden feigenartigen Früchten, deren Ernte bereits im Sonnenheiligtum eines Königs der fünften Dynastie[1] und dann später mehrfach dargestellt wird. In hohen Haufen wurden sie bei den Opfergaben aufgeschichtet, ihre in Ton gearbeiteten Modelle im Grabe niedergelegt und dem Toten gewünscht, daß er Sykomorenfeigen essen und Wein trinken möge[2].

Feige (Ficus carica), kommt nachweisbar seit der 12. Dynastie in Ägypten vor, ist aber als Totenbeigabe nicht häufig.

Balanites aegyptiaca mit anfangs herb, dann süßlich, fade und bitterlich schmeckenden Früchten, deren harte Kerne unter den Grabfunden nicht selten sind[3]. Sie sind dabei fast durchweg von einem Rüsselkäfer angebohrt.

Mimusops Schimperi spielte als heiliger Baum eine große Rolle. Sie entsprach der Persea der klassischen Schriftsteller[4], ihre Blätter wurden zu Blumenguirlanden und Totenkränzen verwendet, je ein Exemplar stand rechts und links des Einganges in den Tempel von Dêr-el-bahari[5] an der Stelle, an welcher sich sonst die Obelisken zu erheben pflegten. Auch der heilige Baum, in dessen Blätter zu Heliopolis die Gottheit den Namen des Königs eintrug, um ihm auf diesem Wege ewige Dauer zu verleihen[6], wird nicht, wie mehrfach angenommen worden ist[7], die Balanites aegyptiaca, sondern die Mimusops gewesen sein.

---

[1] Borchardt, Äg. Z. XXXVIII, S. 98, Taf. 5; Klebs, „Reliefs", S. 55f. (Verzeichnis der Darstellungen der Feigenernte aus dem Alten Reiche).
[2] Bissing, Äg. Z. XL, S. 119 (Mittleres Reich). Gabenbringende Frauen mit kleinen Sykomorenbäumen als Kopfschmuck bei Wreszinski, „Atlas", Taf. 52.
[3] Loret, RT. XVII, S. 196.
[4] Schweinfurth bei Schäfer, „Priestergräber", S. 159f.; Äg. Z. XLI, S. 12; Englers Botan. Jahrb. XLV, Beibl. Nr. 103, S. 28ff.
[5] Naville, Äg. Z. XXXVII, S. 52; bei Davis, „Tomb of Hâtshopsîtû", S. 65.
[6] Stellen bei Lefébure, Sphinx V, S. 6ff., 70; Wiedemann, Äg. Z. XVI, S. 94; Bergmann, ib. XXVIII, S. 39; Wilkinson-Birch III, Taf. 43. — Vgl. S. 16.
[7] Maspero, Proc. Soc. Bibl. Arch. XIII, S. 496ff.; Naville bei Davis, „Tomb of Hâtshopsîtû", S. 42.

Granatbaum (Punica granatum), kommt sehr häufig vor[1]. In den Gräbern aller Zeiten finden sich seine Früchte, seine Blüten wurden gern für Blumenguirlanden benutzt. Da sich diese Blüten leicht von ihren Stielen loslösen, so hat man die Stiele vielfach durch Holzstäbchen ersetzt, auf welche man die Blütenkelche aufspießte.

Cordia myxa, deren schleimige süße Steinfrucht wohl wesentlich medizinischen Zwecken diente, ebenso wie die Frucht des Zizyphus Spina Christi (ägyptisch *nebes*), welche ihr Ansehen als Heilmittel bis in die Neuzeit in Ägypten bewahrt hat[2].

§ 200. In großer Zahl gediehen in Ägypten eßbare Gemüse, welche daher unter den Speisen für die Lebenden oftmals erscheinen und als häufige Totenopfer besonders in den bildlichen Darstellungen auftreten[3]. Als Volksnahrungsmittel galten vor allem im Altertum wie in der Neuzeit Zwiebel (Allium Cepa), Knoblauch (Allium sativum) und Lauch (Allium Porrum)[4]. Von den klassischen Schriftstellern wird mehrfach angegeben, Zwiebel und Knoblauch und die durch sie veranlaßten Blähungen seien von den Ägyptern göttlich verehrt worden, doch hat sich, obwohl eine solche Tatsache sich in die ägyptischen Religionsvorstellungen leicht einfügen würde, bisher keine Bestätigung dieser Behauptung in den Inschriften finden lassen[5]. Unter den Totenbeigaben tritt die Zwiebel nicht selten auf[6], bei der Mumie des Königs Ramses' IV. hat man an die Stelle des eingefallenen Augapfels eine kleine Zwiebel gelegt[7].

---

[1] Moldenke in „Études dédiées à Leemans", S. 17f.; Newberry, Äg. Z. L, S. 78f.

[2] Ahmed Bey Kamal, Ann. Serv. Ant. XII, S. 240ff.; vgl. für den Baum selbst: Maspero, „Études de Myth." V, S. 336ff.

[3] Woenig, a. a. O., S. 190ff.; Thaer, „Landwirthschaft", S. 19ff. Gute Gemüsebilder von einem Altar zu Karlsruhe publ. Wiedemann, Proc. Soc. Bibl. Arch. XXXIII, S. 202f.

[4] Loret, Sphinx VIII, S. 135ff.; RT. XVI, S. 1ff.; XVII, S. 184.

[5] Jacoby, RT. XXXIV, S. 9ff.; F. S. de Schmidt, „De Cepa et Alliis ab Aegyptiis cultis" in „Opuscula", Karlsruhe 1765, S. 69ff.

[6] Daressy, Ann. Serv. Ant. VIII, S. 32, 34; Maspero, „Études de Myth." VI, S. 388; Smith, „Royal Mummies" (Kat. Kairo), S. 64.

[7] Smith, a. a. O., S. 88.

Weiter sind zu nennen die öfters dargestellte Wasser-
melone (Cucurbita Citrullus), mit der zusammen meist die
gemeine Melone (Cucumis Melo) und die Aggur-Gurke
(Cucumis Chate) erscheinen. Der Flaschenkürbis (Cucurbita lagenaria) fand sich mehrfach in Gräbern des Mittleren
Reiches. Das Vorkommen der Artischoke (Cynara scoly-
mus) ist unsicher. Die Saubohne (Vicia Faba) befand sich
mit kleinen, rundlichen, dicken Bohnen unter Totenspei-
sen der 12. Dynastie. In dem Bilde einer Bäckerei im Grabe
Ramses' III. erblickt man einen Diener, der in einem topfartigen Kessel für die Arbeiter Linsen (Ervum Lens) kocht[1],
und in kleinen Tonnäpfchen der 12. Dynastie fand sich
ein Breiklumpen, welcher aus grob geschrotenen Gersten-
körnern und aus Linsen bestand. Die Körner der letzteren
entsprachen vollkommen der noch jetzt in Ägypten kulti-
vierten Art[2]. Die indische Bohnenstaude (Cajanus indicus)
wurde als Same in Gräbern der 12. Dynastie nachgewiesen,
der Gartenrettig (Raphanus sativus) wird mehrfach, die
Bamia (Hibiscus esculentus) in Beni Hasan abgebildet.

Von den zahlreichen in Ägypten wachsenden Kohl- und
Salatpflanzen ist bisher keine als ein im Altertum verwerte-
tes Nahrungsmittel belegt. Zweifelhaft ist es auch, ob einige
Schötchen des Senf (Sinapis arvensis), welche zwischen
Opfergaben der 12. Dynastie zu Theben lagen, als Gemüsepflanzen den Speisen beigemischt wurden oder, was wahrscheinlicher zu sein scheint, zufällig als Unkraut hierher
gekommen sind. Sicher nur als Unkraut ist der Taumel-
loch (Lolium tremulentum) anzusehen, welcher sich in
Gräbern des Mittleren Reiches dem Emmer beigemischt
gefunden hat[3].

§ 201. Der Ölbaum (Olea europaea) wird auf den Denkmälern dargestellt und als in Ägypten einheimischer Baum
von den Klassikern genannt. In den Gräbern finden sich
zwar keine Früchte des Baumes, aber zahlreiche Blätter[4]
und Zweige. Vielfach legte man von der 20. Dynastie an
abwärts bis zur hellenistischen Zeit den Leichen einen

[1] Wilkinson-Birch II, S. 34.
[2] Wönig, a. a. O., S. 214 f.
[3] Schweinfurth, Ann. Serv. Ant. V, S. 187 ff.
[4] Schweinfurth, Sphinx II, S. 153.

Kranz von Ölzweigen um das Haupt[1]. Für die Ölgewinnung
erschien der Ricinus-Strauch (Ricinus communis) wichtiger[2]. Nach der wohl zutreffenden Angabe des Plinius
wurde die Pflanze in Ägypten mit Salz bestreut und dann
ausgedrückt, das Ergebnis sei als Öl sehr nützlich, als
Speise scheußlich. Wohlerhaltene Samen der Pflanze fanden sich in Gräbern, ihr ägyptischer Name *kek* ist als κίκι
zu den Griechen, als *kikion* zu den Israeliten gelangt. Das
Öl diente als Brennöl und daneben als Heilmittel, Strabo[3]
nennt es als solches gegen Durchfall, und wird es in einem
derartigen Falle wohl ebenso wie in der Neuzeit zur Reinigung
des Darmes gedient haben, an welche sich dann die weitere
Behandlung oder Selbstheilung anzuschließen hatte.

3. Viehzucht[4].

§ 202. Die Wartung des Viehes, insbesondere der
Rinder, erfolgte in zweierlei Weise. In kleinen Betrieben
trieb der Hirt, der nach der allem Anschein nach richtigen
Angabe der Klassiker wenig angesehen war und zu den niederen Bevölkerungsklassen gerechnet wurde[5], jeden Morgen die Tiere auf das Feld und achtete darauf, daß sie eine
Weide mit guten Kräutern fanden. Er selbst sammelte
tagsüber Gräser ein und brachte diese abends nach Hause,
um den Tieren auch nachts Nahrung gewähren zu können.
Bis zum Morgen wurde dann das Vieh in Steinkreisen[6],
in einer mit einer Tür versehenen ungedeckten Hürde
oder auch in Ställen von rechteckigem Grundriß unter-

---

[1] Wönig, a. a. O., S. 327 ff.; Loret, RT. VII, S. 101 ff.
[2] Loret, RT. XVII, S. 188; Rev. de Médecine XXI, Nr. 8;
Wönig, a. a. O., S. 337; Wiedemann, „Herodot", S. 382 f. (Lit.).
Vgl. S. 191.
[3] XVII, 824.
[4] Außer der S. 191, Anm. 7 aufgeführten Literatur vgl. Maspero,
„Études égyptiennes" II, S. 67 ff. (Altes Reich); Klebs, „Reliefs",
S. 59 ff. (Darstellungen aus dem Alten Reich); Wilkinson-
Birch II, S. 443 ff.; Erman, „Ägypten", S. 579 ff.; Gaillard, „Les
Tatonnements des Égyptiens de l'Ancienne Empire à domestiquer"
in RES. 1912, Nr. 11—12 (Andersson, Sphinx XVII, S. 77 ff.).
Gute Darstellung der Einzelepisoden z. B. Davies, „Ptah-hetep" II,
Taf. 11 ff.
[5] Wiedemann, „Herodot", S. 371, 220.
[6] Maspero, Proc. Soc. Bibl. Arch. XIV, S. 326.

gebracht, in welch letzteren es ähnlich, wie in den modernen
Ställen, in Reihen geordnet stand[1]. Der Hirte schlief bei
dem Vieh, um es dauernd unter Aufsicht zu behalten[2].

In großen Betrieben, besonders während des Alten
Reiches im Delta, gelegentlich aber auch in späteren Zeiten
und in anderen Gegenden des Landes blieb das Vieh längere
Zeit ununterbrochen auf dem Felde. Die Hirten zogen zu
größeren Gruppen vereint aus und blieben dann bei ihren
Tieren. In den Reliefs wird vielfach dargestellt, wie der
Gutsherr den Auszug oder die Rückkehr der gelegentlich
mit als Amulett dienenden Bändern geschmückten Rinder[3] besichtigt, wobei häufig eine Registrierung der Tiere
stattfand[4]. Dieser Vorführung werden dann zahlreiche
Einzelepisoden aus dem Leben und Treiben auf den Weide-
gründen beigefügt, das Überschreiten von Nilarmen angesichts der im Wasser liegenden Krokodile, das Mästen der
Tiere[5], das Melken der Kühe[6], das Tragen der Kälber, welche
die langen Märsche noch nicht mitzumachen vermögen.
Dann wird für kranke Tiere gesorgt[7], für deren Behandlung
auch besondere Schriften, von denen Bruchstücke erhalten
geblieben sind, Vorschriften gaben[8]. Vor allem interessierte
den Ägypter die Fortpflanzung der Tiere[9], welche für den

[1] Davies, „El Amarna" I, Taf. 29; IV, Taf. 9 (Wilkinson-
Birch I, S. 370).
[2] Für den Hirtenstab vgl. S. 62, Anm. 3; 259.
[3] Lepsius, „Denkm." II, 69; Davies, „Ptah-hetep" II,
Taf. 21; vgl. die zahlreichen Beispiele bei Klebs „Reliefs",
S. 119 ff. (Altes Reich).
[4] z. B. Budge, „Wall Decorations of Egyptian Tombs,
British Museum", Taf. 1 (farbig).
[5] Farbige Darstellung: Lepsius, „Denkm." II, 96. Vgl.
Klebs, „Reliefs", S. 63 f. (Darstellungen aus dem Alten Reich).
[6] Klebs, „Reliefs", S. 64 f. (Altes Reich).
[7] Davies, „Deir el Gebrâwi" I, Taf. 7, 11; Newberry, „Beni
Hasan" I, Taf. 27, 30 (Champollion, „Mon." II, Taf. 359—60;
Rosellini, „Mon. civ.", Taf. 31).
[8] Griffith, „Hieratic Papyri from Kahun", Taf. 7, S. 12
(Maspero, „Études de Myth." IV, S. 416 ff.); Neffgen, „Der
Veterinaer-Papyrus von Kahun", Berlin 1904; Oefele, Äg. Z.
XXXVII, S. 55 ff.; Deutsche Thierärztl. Wochenschr. 1899,
Nr. 37.
[9] Loret, RT. XVIII, S. 196 ff.; Klebs, „Reliefs", S. 61 ff.
(Darstellungen der Fortpflanzung der verschiedensten Tierarten
aus dem Alten Reich).

Bestand und das Wachstum der Herde und damit für den
Reichtum des Besitzers die Grundlage bildete. Die Darstellung ihrer Vorgänge an den Grabwänden sollte es dem
Toten ermöglichen unter Verwendung der vorgeschriebenen
Formeln auch im Jenseits für die Vermehrung seines Vieh-
standes Sorge zu tragen. Man erblickt zunächst den Kampf
zwischen den Stieren[1], seltener zwischen Widdern[2]. Die
Stiere bedrohen sich gegenseitig, senken in naturgetreuer
Weise den Kopf und scharren mit dem einen Vorder-
fuß in der Erde[3]. Dann stürzen sie sich aufeinander, ver-
schränken die Hörner, spießen den schwächeren Stier auf,
während die Hirten sich vergeblich bemühen, sie mit Stock-
schlägen auseinander zu treiben[4]. Es handelt sich bei derartigen Darstellungen um vortrefflich beobachtete Vorgänge
aus dem Naturleben der Tiere, nicht um sportmäßig organi-
sierte Stierkämpfe, wie man[5] hat annehmen wollen. Solche
sind erst für die hellenistische Zeit in Ägypten verbürgt[6],
während sie in den Ländern des mykenäischen Kulturkreises bereits im zweiten Jahrtausend v. Chr. auftraten.
Neben dem Kampfe der Stiere sieht man die saufende
brünstige Kuh mit der für diesen Zustand charakteristischen
scharfen Krümmung der Wirbelsäule. Ihr naht der Bulle
und beriecht ihr Hinterteil, während der Hirt ihm mit dem
Stock eine Kuh zutreibt. Dann wird die Kuh besprungen[7]
und endlich erfolgt das Gebären, welches in schematischer,
naturwidriger Weise vorgeführt wird, indem die Kuh
dabei steht oder geht[8]. Ein Hirt steht hinter ihr und nimmt
das Kälbchen in Empfang, während sich ein zweiter von ihr
die Hand lecken läßt.

---

[1] Gute Darstellung: Wreszinski, „Atlas“, Taf. 15 (18. Dyn.).
[2] Daressy, „Ostraka“ (Kat. Kairo), Taf. 13, S. 13; Boussac,
Mém. Miss. Franç. Caire XVIII: „Tombeau d'Anna“, Taf. 5.
[3] Schäfer, Äg. Z. XLIII, S. 74 ff.
[4] Davies, „Deir el Gebrâwi“ I, Taf. 11; Petrie, „Deshasheh“,
Taf. 18; „Athribis“, Taf. 7, 9, 12 (6. Dyn.); Newberry, „El
Bersheh“ I, Taf. 18; „Beni Hasan“ I, Taf. 30; II, Taf. 7, 12
(12. Dyn.); Wilkinson-Birch II, S. 75 (aus Theben).
[5] Wilkinson-Birch II, S. 70 f.; Maspero, RT. XXXVI, S. 16.
[6] Strabo XVII, 807.
[7] z. B. Rosellini, „Mon. civ.“, Taf. 26.
[8] z. B. Petrie, „Deshasheh“, Taf. 5; Paget, „Ptah-hetep“
in Quibell, „Ramesseum“, Taf. 31.

Die Herden waren sehr umfangreich, doch sind die
Zahlenangaben der Inschriften[1] nicht ohne weiteres als
zuverlässig anzusehen. Sie geben nicht immer den irdischen
Besitz des Toten an, sondern denjenigen, dessen er sich im
Jenseits erfreuen zu können hoffte. Um die Tiere der
verschiedenen Besitzer sofort herauserkennen zu können,
wurden sie mit einem eingebrannten Stempel versehen[2].
Es waren unter ihnen eine lange Reihe von verschiedenen
Rassen vertreten, unter denen sich auch eine hornlose
befand. Die Rassen erhielten sich, soweit sich verfolgen
läßt, während der ganzen Dauer des Ägyptertums unverändert, wenn auch in den verschiedenen Perioden bald die
eine, bald die andere für die Zucht bevorzugt wurde[3]. Vereinzelt ist der Versuch gemacht worden, die Hörner der
Rinder künstlich umzugestalten, indem man das eine
oder auch beide sich nach unten umbiegen ließ[4], während
die Neger an der Südgrenze Ägyptens ganz sonderbare
Gestaltungen (Hörner, welche in Hände zu enden schienen,
und ähnliches) herzustellen wußten[5].

Verwendet wurden die Rinder vor allem als Schlacht-
vieh, dann zur Milchgewinnung und zum Ziehen.
Im letzteren Fall bevorzugte man Kühe, wohl weil die
Stiere, über deren Verschneiden nichts bekannt ist, bei
ihrer Kraft und Erregbarkeit für den Benutzer allzu große
Gefahren mit sich brachten. Die genannten Eigenschaften
haben die Ägypter auch dazu veranlaßt, ihren König seit
alters her als den kräftigen Stier zu bezeichnen und gelegentlich als solchen darzustellen und sich die Zeugungs-
götter in Stieren verkörpert zu denken.

Die Aufsicht über den Gesamtviehbestand führte der
Staat, welcher von Zeit zu Zeit Viehzählungen veran-
staltete, nach denen man in älterer Zeit das fragliche Jahr

---

[1] Beispiele bei Erman, „Ägypten", S. 586.
[2] Vgl. S. 144.
[3] U. Dürst, „Die Rinder von Babylonien, Assyrien und
Ägypten", Berlin 1899; L'Anthropologie XI, S. 129 ff., 655 ff.;
C. Keller, „Die Abstammung der ältesten Haustiere", Zürich 1902;
„Die Stammesgeschichte unserer Haustiere", 2. Aufl., Leipzig
1919; Andersson, Sphinx XVI, S. 145 ff. (Lit.); Müller, Mitt.
Vorderas. Ges. IX, S. 34 ff.
[4] Lepsius, „Denkm." II, 47, 70, 102, 129.
[5] a. a. O. III, 117.

als „Das Jahr der zweiten Zählung des Rindviehs" oder
„Das Jahr der zweiten Zählung alles Rindviehs und des
Kleinviehs im Nord- und Südlande" usf. bezeichnen konnte[1].
Der Staat schrieb auch besondere Viehsteuern aus[2] und
konnte das Vieh, welches er in Eigenbesitz hatte, an Privat-
personen zur Benutzung vergeben[3].

§ 203. In den Darstellungen des Schafes[4] werden zwei
Abarten unterschieden, deren charakteristische Merkmale
die verschiedene Bildung der Hörner der Widder sind[5].
Bei der einen Art ist das Horn gewunden und legt sich in
rundlichem Bogen um das Ohr, bei der zweiten hebt es sich
über der Stirn nach oben und streckt sich dann in horizontaler Richtung weit ausladend nach den Seiten. Die erstere
Gestaltung war dem Gotte Amon von Theben geweiht[6]
und gelangte mit dessen Verehrung vermutlich im Verlaufe
des späteren Mittleren Reiches in die Oasen und von hier
in hellenistischer Zeit weiter in fernere libysche Gebiete[7].
Als Alexander der Große sich als den Sohn des Jupiter
Amon hatte begrüßen lassen, nahm er bei seinen Darstellungen in Büsten und Münzen dieses Amonshorn an in ähnlicher
Weise, wie es bereits etwa ein Jahrtausend früher bei
Darstellungen des vergöttlichten Königs Seti' I. erscheint[8].
Es handelte sich bei den ägyptischen Schafen um eine fein-
wollige Merino-Rasse, und hiermit stimmt es überein, daß
nach einer antiken Angabe die Widder in Ägypten gehörnt
geboren wurden, was bei den Merino-Schafen vorkommt[9].
Die zweite grobwollige Abart war dem vor allem in der
Katarakten-Gegend verehrten Chnuphis heilig, sie erinnert
durch ihre Hörner an Ziegen. Streng hat der Ägypter frei-

---

[1] Schäfer, Abh. Akad. Berlin 1902, Anhang, S. 8ff.; Sethe,
„Beiträge zur ältesten Geschichte Ägyptens", S. 75ff.
[2] Müller, Äg. Z. XXXII, S. 131; XXXIV, S. 167f.
[3] Müller, Äg. Z. XXVI, S. 86.
[4] Thilenius, RT. XXII, S. 199ff. (Schafarten); Dürst und
Gaillard, RT. XXIV, S. 44ff. (Hausschaf); Gaillard, Soc. d'Anthrop. Lyon, 4. Mai 1901 (Widder); Spiegelberg, RT. XXII,
S. 212ff. (ägyptische Worte für Schaf).
[5] Lepsius, Äg. Z. XV, S. 8ff.
[6] Skelette des Amon-Widders bei Lefebvre, Ann. Serv. Ant.
IX, S. 159.
[7] Schweinfurth, Ann. Serv. Ant. IX, S. 167.
[8] Mariette, „Abydos" I, Taf. 22—23 (Abydos); Lepsius,
„Denkm." III, 132n (Theben).
[9] Thaer, „Landwirthschaft", S. 28.

lich an der Zuteilung der beiden Formen der Hörner an bestimmte Götter nicht festgehalten, sie konnten miteinander
wechseln oder ein und derselbe Gott gleichzeitig beide
Hörnerarten tragen.

Das Schaf galt nach den Klassikern[1] in Ägypten als
heilig, das Volk oder doch die Priester hätten es nicht gegessen. Diese Angaben beruhen auf falscher Verallgemeinerung. Tatsächlich war der Kult des Tieres auf einzelne
Gegenden beschränkt, und sah man im allgemeinen das Verzehren seines Fleisches nicht als verpönt an. Die Schafzucht
wurde eifrig betrieben, und werden große Herden erwähnt;
die Fortpflanzung der Tiere wird bereits im Sonnenheiligtum des Königs Sahu-rā und sonst in älterer Zeit anschaulich
dargestellt[2]. Später scheint die Zucht zurückgegangen zu sein,
da in der Ptolemäerzeit arabische und euböische Schafe in
Ägypten auftreten. Das Hauptgewicht wird man auf das
Erzielen guten Fleisches gelegt haben, nicht auf das von
Wolle; denn wenn auch nach einem späten Schriftsteller[3] die
Erfindung des Wollspinnens einem Gotte zugeschrieben
wird, so finden sich Wollgespinste in Ägypten doch so selten, daß ihre Herstellung nur in beschränktem Umfange
erfolgt sein kann.

§ 204. Die Ziege[4] wurde seit dem Alten Reiche viel
gehalten und im Neuen Reiche auch aus dem Ausland eingeführt. Man ließ die Ziegen das Laub der Sträucher
und Bäume abfressen, und trug diese Sitte wohl einen Teil
der Schuld an der stetig wachsenden Holzarmut des Landes. Als heiliges Tier und als Bringer der Fruchtbarkeit
nennen die Klassiker meist den Bock; in den Inschriften wird
das Gleiche von dem Widder berichtet[5] und der Bock in
diesem Zusammenhange nur selten erwähnt[6]. Vermutlich
haben die Ägypter im allgemeinen beide Tiere nicht streng auseinander gehalten, wie ihnen überhaupt die moderne strenge
Scheidung zwischen den Tierarten fernlag und sie nahestehende Gattungen ohne weiteres als gleich behandelten.

---

[1] Wiedemann, „Herodot", S. 196 ff.
[2] Borchardt, Äg. Z. XXXVIII, Taf. 5; Davies, „Sheïkh
Saïd", Taf. 8.
[3] Tertullian, „de pallio", 3.
[4] Wiedemann, „Herodot", S. 216 ff. (Lit.).
[5] z. B. Brugsch, Äg. Z. IX, S. 81 ff.
[6] Wiedemann, Sphinx XVI, S. 15 ff.

§ 205. Das Schwein[1] findet sich nicht selten in den Inschriften genannt und dargestellt, scheint aber, wenn auch in den Texten kein ausdrückliches Speiseverbot erwähnt wird, nicht gegessen worden zu sein. In der Mythologie wurde es mit dem Schaden stiftenden Gotte Set in Verbindung gebracht und wechselte in dieser Auffassung mit dem Nilpferd. Das Wildschwein, welches jedenfalls im Altertum, so gut wie in der Neuzeit, im Niltal vorgekommen sein wird, hat sich bisher auf den Denkmälern nicht nachweisen lassen.

§ 206. Von dem Federvieh waren die wild eingefangenen und dann in den Geflügelhöfen gehaltenen Gänse, Enten, Reiher, Kraniche und Tauben bereits zu erwähnen[2]. Das Huhn wird in hellenistischer Zeit genannt und galt damals als Opfertier, der Hahn auch als Zaubertier[3], so gut wie bei den Griechen. In den Inschriften wird das Huhn nicht aufgeführt und in den Reliefs nirgends dargestellt, die Hieroglyphe 𓅭, die man als Hühnchen aufgefaßt hat, stellte, wie genauere Bilder[4] zeigen, vielmehr eine junge Wachtel dar. Vermutlich wurde das Huhn erst in der saïtischen Periode in das Land gebracht, dann aber sorgsam gepflegt. Bereits in der hellenistischen Zeit ist von dem künstlichen Ausbrüten der Hühnereier in Ägypten die Rede[5], welches dann während des Mittelalters im Lande eine große Rolle spielte[6] und bis in die Neuzeit hinein im Gebrauche blieb[7].

---

[1] Wiedemann, „Herodot", S. 85, 220 (Lit.); Lenormant, „Anfänge der Cultur" I, S. 220ff.; Piehl, Proc. Soc. Bibl. Arch. XIV, S. 137 f.; Griffith, ib., S. 486; Ransom, „The Stela of Menthuweser", S. 21.
[2] Vgl. S. 258f.
[3] Erman, Äg. Z. XXI, S. 97. Ob ein in den Annalen Thutmosis' III. genanntes ausländisches Geflügel tatsächlich das Haushuhn ist (Sethe, „Die älteste Erwähnung des Haushuhns in einem ägyptischen Texte" in „Festschrift für Fr. C. Andreas", Leipzig 1916), muß fraglich bleiben.
[4] Bissing, RT. XXVII, S. 169.
[5] Diodor I, 74; Vopiscus, „Saturninus", Kap. 8.
[6] Abd-allatif, „Relation de l'Égypte", trad. par de Sacy, S. 135ff., 148ff., 425ff.
[7] Lane II, S. 142ff.; Audouard, „Les Mystères de l'Égypte dévoilés", S. 340f.; Bay, Bull. Inst. Égypt. V, S. 177ff.

§ 207. Die Biene, deren Treiben die Völker des Altertums viel beschäftigte[1], galt bei den Ägyptern als ein fleißiges Geschöpf[2]. Ob aber das Zeichen für König von Unterägypten 🐝 ursprünglich eine Biene oder eine Wespe darstellen sollte, ist unsicher, wenn auch letzteres wahrscheinlicher erscheint. Vermutlich haben die Ägypter auch hier infolge ihrer mangelhaften zoologischen Differenzierung zwischen den beiden Tieren nicht streng geschieden. Bienenstöcke werden nirgends abgebildet oder in den Texten erwähnt, dagegen ist häufig die Rede von großen Mengen von Honig, welchen man zum Süßen brauchte. Bereits in Reliefs des Alten Reiches wurde dargestellt, wie man den Honig in Töpfe einfüllte und diese sorgsam zuband[3], ohne daß sich ersehen ließe, ob es sich um im Hausbetriebe gewonnenen oder um eingesammelten wilden Honig handelte. Ein eigentümliches angebliches Mittel, um Bienen zu erzeugen, schildern die Klassiker[4] als eine ägyptische Sitte, ohne daß dasselbe auf den Denkmälern nachweisbar wäre. Man habe einem Stier Nase und Mund verstopft und ihn dann derart geprügelt, daß das ganze Innere zu Brei wurde. Diesen Brei legte man in der Haut auf Thymian und Cassia und wartete. Bald darauf begann er sich zu beleben, und es entstanden Honigbienen, d. h. man hat die sich hier niederlassenden und der faulenden Masse herumkriechenden Schmeißfliegen mit Bienen verwechselt.

----

[1] Keller, „Die antike Tierwelt" II, S. 421 ff.; Lenz, „Zoologie der alten Griechen und Römer", S. 562 ff.; Lefébure, Sphinx XI, S. 1 ff. (Biene, Honig, Wachs im alten Ägypten); Dedekind, „Altägyptisches Bienenwesen im Lichte der modernen Welt-Bienenwirtschaft", Berlin 1901 (Zeichen für König); F. W. Vogel, „Die ägyptische Biene (Apis fasciata)", Berlin 1865 (die moderne ägyptische Biene).

[2] Pap. Sallier II, 5, 5 (Maspero, „Genre épistolaire chez les anciens Égyptiens", S. 51).

[3] Borchardt, Äg. Z. XXXVIII, Taf. 5; Dedekind, Ill. Monatsblätter f. Bienenzucht 1903, S. 64 ff.

[4] Wiedemann, „Herodot", S. 193; Robert-Tornow, „De apium mellisque significatione", Berlin 1893, S. 20 ff.; Virey, „Quelques Observations sur l'Épisode d'Aristée", Paris 1889; Oltramare, „Étude sur l'Épisode d'Aristée dans les Géorgiques de Virgile", Genf 1892.

Aus Wachs wurden nicht selten Amulette, Götterbilder und Zauberfiguren hergestellt[1], auch bei der Einbalsamierung wurde Honig und Wachs verwendet[2]. Es läßt
sich jedoch nicht feststellen, ob man dabei dem Material
selbst eine gewisse Heiligkeit zuschrieb und es aus diesem
Grunde für solche Zwecke für empfehlenswert hielt, oder
ob dies nur wegen seiner Weiche und leichten Bearbeitungs-
fähigkeit geschah.

J. Speise und Trank.

1. Allgemeines.

§ 208. Eine Übersicht über die wichtigsten Speisen
und Getränke der Ägypter gewähren Listen der für den
Toten bestimmten Nahrungsmittel, welche in den
Reliefs häufig über dem kleinen Tische angebracht sind[3],
an dem der Verstorbene selbst Platz genommen hat. Sie
bildeten hier eine Art Speisekarte, aus welcher er sich die ihm
jeweils zusagenden Dinge aussuchte und durch Einfügung
in eine geeignete Zauberformel und durch eine deren Hersagen
begleitende festgeregelte Handbewegung in das Dasein
rief[4]. Aus dieser ausführlichen Liste entnahm die verkürzte
Opferformel als die notwendigsten Dinge Brot, Kuchen,
Rind- und Gänsefleisch, Milch, Bier und Wein[5].

Zu diesen Nahrungsmitteln im engeren Sinn des Wortes
treten eine Reihe geistiger Dinge, welche man nach
ägyptischer Ansicht gleichfalls essen und trinken mußte,
um sie sich zu eigen zu machen. So sollte der tote König

---

[1] Für die Verwendung von Wachsfiguren als Götterbilder und
zu magischen Zwecken vgl. u. a. Budge, „The Life and Exploits
of Alexander the Great", S. Xff., XLV, XLVII, 4ff., 8.

[2] Vgl. Abd-allatif, „Relation de l'Égypte", traduite par de
Sacy, S. 199; Budge, a. a. O., S. 349, 376, 431 (äthiopische Fassung der Alexandersage); Wiedemann, „Herodot", S. 349.

[3] Maspero, „Études de Myth." VI, S. 321ff.; Wiedemann
und Pörtner, „Ägypt. Grabreliefs zu Karlsruhe", S. 15ff.; Bolla-
cher bei Bissing, „Mastaba des Gem-ni-kai" II, S. 37ff.

[4] Walker, Proc. Soc. Bibl. Arch. XXVI, S. 70f. Hierauf
könnten sich die ausgestreckten Elfenbein-Hände beziehen,
welche als Grabbeigabe vorkommen (Nash, ib. XXX, S. 292).

[5] Vgl. für Nahrungsmittel und deren Aufbewahrung weiter
§ 185 (Wild), 190 (Geflügel, Eier), 192, 194 (Fische), 199f.
(Fruchtbäume, Gemüse), 202 (Vieh, Geflügel, Honig).

nicht nur die Götter, sondern auch ihre Symbole verzehren,
um ihre Macht zu gewinnen[1]. Man aß und trank die Wahrheit[2], man trank mit der Milch der Göttinnen die diesen
innewohnende Unsterblichkeit[3], man verzehrte die magische Kraft[4]. Man konnte auf die gleiche Weise aber auch
unangenehme Dinge, wie Hunger und Durst, in sich aufnehmen, und gaben bereits die Pyramidentexte Mittel
und Wege an, um sich vor einer derartigen verhängnisvollen
Speise zu schützen[5].

Einen Einblick in die Dinge, welche die Ägypter kurz
vor ihrem Tode zu sich genommen haben, gewährt bisweilen
der Darminhalt der Mumien, wenn man bei einzelnen
Stoffen dabei auch im Zweifel sein kann, ob es sich bei
ihnen um tatsächliche Nahrungsmittel handelte oder um
Dinge, denen man einen medizinischen Wert zuschrieb und
welche man dem Kranken vor seinem Tode eingegeben hatte.
Nachgewiesen wurden u. a. Reste von Mäusen, Fischen,
Hirse, Erdmandeln, Boretsch[6].

2. Die wichtigsten Speisen[7].

§ 209. Das Hauptnahrungsmittel war, ebenso wie bei
den heutigen ägyptischen Bauern, seit den ältesten der
historischen Forschung bisher zugänglichen Zeiten das
Brot[8], welches in sehr verschiedenartiger Weise hergestellt
wurde. Die Opfergabenlisten nennen 16 Arten Brot und
Kuchen, der große Papyrus Harris aus der Zeit Ramses' III.

---

[1] Pyr. Unas, Z. 496ff. (Jéquier, RT. XXXIV, S. 125; doch
handelt es sich hier nicht um eine Erinnerung an eine Anthropophagie in der Frühzeit).
[2] Wiedemann, AMG. XI, S. 561ff.; Sphinx XIV, S. 236ff.;
Moret, „Le Rituel du Culte divin journalier en Égypte", S.
138ff.
[3] Vgl. S. 76.
[4] Pyr. Unas, Z. 506, 518 (Lefébure, Sphinx VIII, S. 28).
[5] Maspero, „Études de Myth." I, S. 154.
[6] Netolitzky in „Ξένια, Hommage à l'Université de Grèce",
S. 225ff. Für die in der Nagadazeit in Ägypten verzehrte Hirse
vgl. Netolitzky, Sitzb. Ak. Wien, Math.-naturw. Kl. CXXIII,
S. 725ff.
[7] Über die Art des Essens vgl. S. 183.
[8] Heyes, „Bibel und Ägypten", S. 188ff.

führt deren etwa 30 auf. Ihre tatsächlichen Unterschiede
sind nicht bekannt, inwieweit dieselben nur auf einer Ver-
schiedenheit der Formen der gebackenen Brote beruhten
oder abweichende Mehlsorten und Backarten in Betracht
kamen. Auch über örtlich verschiedene Brotsorten
wird nichts Zuverlässiges überliefert, denn, wenn nach
religiösen Texten bei bestimmten Gelegenheiten die Brote
an einer vorgeschriebenen Stelle gefertigt und ausgegeben
werden mußten[1], so brauchte dabei keine gesonderte

Abb. 51. Kornquetsche aus Stein.
Nagada-Periode.

Backart in Betracht zu
kommen, es konnte die
Ortswahl   auf   rein
mythologische   Gründe
zurückgehen. Aus dem
Ausland, aus Asien,
wurden Brote einge-
führt, über deren Her-
stellung genauere An-
gaben gleichfalls fehlen.
Die Wichtigkeit der Brotnahrung dauerte im Jenseits
fort, und stellte man daher in den Grabreliefs und in statu-
arischer Form häufig Einzelheiten der Backtätigkeit dar[2].
Dem Toten gab man Brote mit, welche im Grabe Amenophis' II. aus grobgemahlenem Weizen[3], in dem des Mentu-
hotep aus dem Mittleren Reiche aus grobem Gerstenmehl
bestanden[4]. Daneben legte man, besonders in den ersten
Dynastien des Neuen Reiches, Scheinbrote aus roh gebranntem Ton in die Gräber[5], welche meist eine spitze Kegelform,

---

[1] Erman, Äg. Z. XXXII, S. 16.

[2] Borchardt, Äg. Z. XXXV, S. 122 f.; „Statuen" (Kat. Kairo),
Nr. 240 f.; Wiedemann und Pörtner, „Ägypt. Grabreliefs zu
Karlsruhe", S. 28 ff. (Lit.); Klebs, „Reliefs", S. 92 ff. (Altes Reich);
Musée égyptien I, Taf. 42; Garstang, „Burial Customs of the
ancient Egyptians", London 1907; Ann. Serv. Ant. V, S. 228,
Taf. 2 (Mittleres Reich); Erman, „Ägypten", S. 267 ff. Hübsche
Modelle von Bäckereien: Naville, „The XIth Dynasty Temple
at Deir el bahari" I, Taf. 9.

[3] „Ausführliches Verzeichnis der ägyptischen Altertümer,
Berlin", S. 187.

[4] Wittmack, Sitzb. Ges. naturf. Freunde zu Berlin 1896,
S. 70 ff., 105.

[5] Wiedemann, Actes du 6e Congrès internat. des Orient.
(Leiden) IV, S. 131 ff.

selten eine andere Gestalt hatten und dem großen Verbrauch
an Brot entsprechend sehr zahlreich sein konnten[1].
Vor dem Backen wurde das Korn in topfartigen Mör-
sern mit schweren Keulen zerstampft[2] oder zwischen zwei
Mahlsteinen (Abb. 51) zerrieben[3]. Meist waren Frauen
bei dieser anstrengenden Arbeit tätig, doch galt es als eine
Pflicht verstorbener Männer vornehmen Standes, im Jenseits
für den Gott Osiris Korn zu quetschen[4]. Der Arbeiter kniete
vor einem konkaven Stein, der bisweilen nach vorn in einer
schüsselartigen Vertiefung endete, nieder, hielt in beiden
Händen einen zweiten Stein, zerdrückte und zerrieb mit
diesem das in der Höhlung des ersten Steines liegende
Korn und schob es in die schüsselartige Vertiefung oder
neben den Stein auf den Boden.

Sollte das Mehl weiter verarbeitet werden, so wurde ein
Teig angerührt und dieser bei großen Mengen in eine
Wanne geschüttet und, wie bereits Herodot[5] hervorhob,
mit den Füßen durchgeknetet. Bei geringeren Mengen
kniete oder hockte der Arbeiter vor einem länglichen am
Boden liegenden Brette oder einer Steinplatte, knetete mit
den Händen und formte auf der Unterlage mit Hilfe eines
ovalen Holzes oder eines Steines mit scharfen Kanten runde
oder viereckige Fladen[6]. Vor ihm stand ein aus vier Steinplatten aufgebauter Herd[7] (Taf.-Abb. 21). Drei der Platten
standen aufrecht, die vierte lag darüber, vorn blieb eine
Öffnung, um die Feuerung: Holz, Holzkohlen oder getrockneten Mist, hineinschieben zu können. War dies geschehen,
so wurde das Feuer angezündet und das Brot auf der sich
erhitzenden Deckelplatte oder auch in den schwach glühen-

---

[1] Mond, Ann. Serv. Ant. V, S. 65 (185 Stück).
[2] Rosellini, „Mon. civ.", Taf. 67, 85; Wilkinson-Birch II,
S. 204.
[3] Kornquetsche aus 2 Steinen aus der Nagadazeit: Petrie,
„Royal Tombs" II, Taf. 33, Fig. 25 (Abb. 51); für spätere vgl.
Petrie, „Koptos", S. 25. Darstellung der Arbeit z. B.: Wreszinski,
„Atlas", Taf. 87.
[4] Capart, „Rec. de Mon. Égypt.", Taf. 79; Äg. Z. XLIII,
S. 163.; Gardiner, ib., S. 55 ff.; Bissing, ib. XLII, S. 82.
[5] II, 36.
[6] Wiedemann, „Herodot", S. 159.
[7] Für ein Backen von Brotfladen unmittelbar in heißer
Asche oder auf einem Strohfeuer vgl. die von Klebs, „Reliefs",
S. 67 besprochenen Darstellungen des Alten Reiches.

den Kohlen selbst gebacken. Es war dabei nicht zu vermeiden, daß das Ergebnis sehr ungleichartig ausfiel; Asche
und Rauch gelangten in das Brot, dasselbe brannte bald an,
bald blieb es halb gar und ähnelte darin dem heutigen
orientalischen Bauernbrot. Außerdem enthielt es zahlreiche
harte, nicht genügend zerpreßte Getreidereste und kleine
Steinteile, welche von den Zerquetschern herrührten, und
ließ sich infolgedessen vielfach nur schlecht zerbeißen.
Die Ägypter haben daher das Brot, ähnlich wie zahlreiche
Negerstämme, wesentlich mit den Zähnen zermahlen und
diese Zerkleinerungsart hat hier wie dort[1] die gleiche Wirkung
gehabt. Bei zahlreichen Mumien zeigt sich eine sehr starke
Abnutzung der Zahnkronen, welche in einer Reihe von
Fällen zu Zahnabszessen und Karies geführt hat[2]. Gelegentlich scheint man übrigens in ältester Zeit auf ein Aus-
backen des Brotes überhaupt verzichtet zu haben. Man
röstete das Korn nur an und verzehrte es in diesem Zustande[3].

Hatte man mehr Zeit zur Verfügung, so knetete man den
Teig in einem Korbe, der auf einem Topfe stand, in welchem
das ausfließende Wasser aufgefangen wurde, und buk in
sorgfältigerer Weise. Man benutzte dann einen oben offenen
Topf und entzündete in diesem das Feuer, das gegen Zugwind geschützt war und gleichmäßiger brannte. Außen
an die Wandung des Topfes klebte man die Teigkuchen und
ließ sie hier gar werden. In anderen Fällen entzündete man
das Feuer unter einer auf Beinen stehenden Platte und legte
auf diese die Brote, deren Form man möglichst abwechs-
lungsreich gestaltete. In flache Fladen drückte man mit den
Fingern Verzierungen ein, dann bildete man längliche und
kegelförmige Brote oder solche in der Gestalt einer incin-
ander gelegten Spirale oder von Tieren und Phantasie-
gebilden[4].

Die Ausübung des Bäckergewerbes galt als wenig
erfreulich; es wird betont, daß der Bäcker bei seiner Arbeit

---

[1] Weule, „Negerleben in Ostafrika", S. 180.
[2] Smith in „Archäolog. Survey of Nubia", S. 33; Quibell,
„Excavations at Saqqara 1905—6", S. 8.
[3] Peet, Journ. of Egypt. Archaeology I, S. 37f.
[4] Bäckerei im Grabe Ramses' III. : Rosellini, „Mon. civ.",
Taf. 85; Wilkinson-Birch II, S. 34 = Erman, „Ägypten", S. 269.

den Kopf in den Ofen stecken müsse und leicht in das
Feuer fallen könne[1]. Ein selten erwähnter Gott Ba-ta-u[2],
nach welchem auch der Held des Märchens von den beiden
Brüdern[3] hieß, wird seinem Namen „Seele der Brote" entsprechend als ein Sondergott dieses Nahrungsmittels anzusehen sein. Eine Reihe von Papyris aus der Zeit Seti' I.[4]
enthält genaue Angaben über die Hofbäckerei. Die Ober-
aufsicht führte ein Fürst von Memphis, unter welchem der
Vorsteher des Backhauses und zahlreiche Bäcker standen.
In dem Texte wird verzeichnet, wie viel Mehl die Bäcker
täglich erhielten, wieviele Brote sie daraus zu backen hatten,
wie schwer diese waren und wieviel beim Backen an Gewicht
in Verlust geriet. Als Hauptbrotsorte erschienen Brote
mit einem Gewicht von etwa 1¼ Kilogramm. Bedeutend
kleiner waren die spitzen, etwa 300 Gramm schweren
Kyllestis-Brote, deren Namen *keruschtà* auf semitische
Herkunft hinweist, die aber seit dem Anfang des Neuen
Reiches in ganz Ägypten verwendet wurden und noch den
Klassikern bekannt waren[5].

Der Brotverbrauch war im Niltal ein so großer, daß
der um 500 v. Chr. lebende Staatsmann und Geograph
Hekataeus von Milet seine Bewohner als die „Brotesser"
bezeichnen konnte. Ausgetragen wurde das Brot von den
Bäckern in Körben oder auf flachen Platten auf dem Kopfe,
doch bestand sonst die von Herodot behauptete Scheidung,
daß Männer auf dem Kopfe, Frauen auf den Schultern die
Lasten trügen, in Ägypten nicht[6].

§ 210. Außer dem Brote bildeten Fische und Gänsebraten einen Hauptbestandteil der Nahrung aller Stände.

---

[1] Papyrus Sallier 1, Taf. 7, 7 = Papyrus Anastasi II, Taf.
8, 3 (Maspero, „Genre épistolaire chez les anciens Égyptiens",
S. 36; Eisenlohr, Proc. Soc. Bibl. Arch. XIX, S. 95).

[2] Spiegelberg, Äg. Z. XLIV, S. 98f.; Maspero, „Contes
populaires de l'Égypte ancienne", 4. Aufl., S. XX.

[3] Übersetzt z. B.: Wiedemann, „Altägypt. Sagen", S. 58ff.;
Maspero, a. a. O., S. 1ff.

[4] Beste Ausgabe und Bearbeitung: Spiegelberg, „Rechnungen aus der Zeit Seti I.", Straßburg 1896.

[5] Wiedemann, „Herodot", S. 326f.

[6] Wiedemann, a. a. O., S. 150; Heyes, „Bibel und Ägypten", S. 195.

Um für die Fertigstellung des letzteren[1] die erforderliche
Glut zu gewinnen, benutzte man als Ofen eine Art Tisch,
welcher auf starken Beinen stand, im Innern hohl war und
auf dessen oberer, jedenfalls durchbrochenen Platte die
Kohlen lagen, welche auf diese Weise Zug von unten erhielten.
Die Hirten nahmen dieses Gerät mit sich auf das Feld, um
sich dort den gewohnten Gänsebraten zu bereiten (Abb. 47)[2],
falls sie es nicht vorzogen, das Tier ohne weiteres über dem
offenen Feuer am Spieße zu braten. Der Bratofen konnte
in einzelnen Fällen auch auf allen vier Seiten geschlossen
und nur vorn mit einer Öffnung versehen sein, um das Feuer
vor allzu starkem Zuge zu schützen[3]. Im Hause wurde
diese Ofenart durch einen mit zahlreichen Öffnungen an
den Seitenwandungen versehenen Kasten ersetzt, in dessen
oberem Teile die Kohlen, über denen das Braten erfolgte,
gelegen haben werden[4]. Hergestellt wurden diese Öfen
wohl regelmäßig aus Ton, da das Kupfer, das einzige Metall,
welches für die ältere Zeit in Betracht kommen könnte,
der Kohlenglut gegenüber nicht widerstandsfähig genug
wäre.

§ 211. Neben Gänsebraten wurde Rindfleisch viel
gegessen. Das Tier wurde für Speisezwecke in der gleichen
Weise geschlachtet und zerlegt, wie dies bei dem Opfer geschah[5], dessen Zweck ein entsprechender war und dem
Gotte oder Toten Nahrung beschaffen sollte. Man warf das
Rind zu Boden und wälzte es auf den Rücken, während
die Schlächter seine Beine festhielten oder zusammen-
banden. Dann wetzte einer der Leute sorgfältig sein ziemlich langes, spitzes und mit einer abgerundeten Schneide
versehenes Messer[6], welches, abgesehen von der ältesten

---

[1] Über die erste Behandlung der erlegten Wildgans siehe
S. 259.

[2] Vgl. S. 260 f.

[3] Perrot-Chipiez, „Ägypten", S. 35 (Erman, „Ägypten",
S. 267).

[4] Lepsius, „Denkm." II, 52.

[5] Montet, Bull. Inst. Franç. Caire VII, S. 41 ff.; Äg. Z. XLIX,
S. 121 f.; Bissing, „Mastaba des Gem-ni-kai" II, S. 36 (Lit.);
Klebs, „Reliefs", S. 121 ff. (Darstellungen aus dem Alten Reich);
Maspero, „Études de Myth." I, S. 283 ff. (Schlachtopfer); Junker,
Äg. Z. XLVIII, S. 70 ff. (Zweck des Schlachtopfers); Naville,
„Deir el bahari" IV, Taf. 107 (gute Bilder).

[6] Davies, „Ptah-hetep" II, Taf. 23.

Zeit, aus Metall, nicht aus Feuerstein bestand[1], und öffnete
mit scharfem Schnitt die Halsarterie. Das Blut wurde in
einer Schale aufgefangen und sofort von einem dabeistehen-
den ärztlichen Beamten geprüft[2], um zu sehen, ob sich nicht
verdächtige Spuren in ihm zeigten, welche auf eine Be-
sessenheit des Tieres durch einen Dämon hinwiesen. Dieser
hätte sonst mit dem Fleische in den Körper des Essenden
gelangen können. Dann wurde das Blut allem Anscheine
nach fortgeschüttet, da man in ihm einen wesentlichen Bestandteil des Lebens und einen Sitz der Seele sah[3] und wohl,
wie vielfach das sonstige Altertum, frisches Stierblut für
giftig hielt[4].

War das Blut ausgeströmt, so wurde dem Tier die Haut
abgezogen, der Kopf abgeschnitten und der Körper zerlegt.
Man schnitt zuerst das rechte Vorderbein am Gelenke ab,
nahm dann das Herz heraus, löste Schultern, Hals, Rippen
usf. ab[5]. Die Stücke wurden in den Vorratsräumen an
Stricken aufgehängt, bis sie zum Gebrauche in die Küche
gebracht wurden[6]. Ein Einsalzen oder Anräuchern des
Rindfleisches hat sich bisher nicht nachweisen lassen. Gelegentlich hat man den Kopf als Nahrung verschmäht, nicht
weil er unter einem Speiseverbot stand, sondern weil er
weniger wohlschmeckend erschien; er konnte zu allen Zeiten als Opfergabe dargebracht werden. Häufig wurde er
als Übel abwehrendes Zeichen aufgepflanzt; auch sein
Bild oder das des mit der Göttin Hathor in Verbindung
gebrachten Kuhkopfes konnten in diesem Sinne wirksam sein[7].

---

[1] Im Mittleren Reiche handelt es sich bei solchen Gelegenheiten nicht, wie man angenommen hat, um Steinwerkzeuge,
sondern um solche aus Metall (vgl. S. 41, Anm. 5).
[2] Chassinat, Bull. Inst. Franç. Caire IV, S. 223ff.; vgl.
Paget, „Tomb of Ptah-hetep" in Quibell, „Ramesseum", Taf.
36, S. 31.
[3] Wiedemann, Am Ur-Quell III, S. 113ff.
[4] Apostolides, Bull. Mém. Soc. Médecine Caire, Febr. 1909.
[5] Wiedemann, „Herodot", S. 184ff.
[6] Wiedemann und Pörtner, „Ägypt. Grabreliefs zu Karlsruhe", S. 31 (Lit.); ferner: Steindorff, „Grab des Ti", Taf. 117;
Rosellini, „Mon. civ.", Taf. 83; Lepsius, „Denkm." II, 52;
Newberry, „Beni Hasan" I, Taf. 12.
[7] Wiedemann, Orient. Lit.-Z. II, Sp. 182f.; III, Sp. 331;
Lefébure, Sphinx VIII, S. 9; X, S. 67ff.; „Rites Égyptiennes",

Das Kochen erfolgte in großen Kesseln, welche auf
Füßen standen und unter denen das Kohlenfeuer brannte[1].
In älterer Zeit werden diese Kessel aus Ton bestanden
haben, der im Grabe Ramses' III. abgebildete[2] ist aus
Metall gefertigt, ein Küchenjunge rührt mit einer großen
zweizinkigen Gabel in ihm herum, während ein zweiter
mit einem langen Stabe das Feuer anfacht. Ein Braten des
Rindfleisches wird nicht erwähnt, man scheint es stets
gekocht zu haben. Über die Zubereitung anderer Fleisch-
arten liegen keine Angaben vor, doch wird sie vermutlich
der des Rindfleisches entsprochen haben.

3. Getränke.

§ 212. Das gegebene Getränk für den Ägypter war das
Nilwasser, welches er aus dem Flusse, aus Kanälen oder
aus Brunnen und Teichanlagen, welche durch Grundwasser
gespeist wurden[3], gewann. Dabei wird letzteres freilich,
wie noch heutzutage[4], infolge des starken Salzgehaltes des
ägyptischen Bodens vielfach salzig geschmeckt haben. Die
Aufbewahrung erfolgte, besonders wenn man das Wasser
für die Arbeitszeit oder auf Reisen mit sich führen wollte,
in Tierhäuten, vor allem in Ziegenfellen, deren man sich
noch jetzt in Ägypten bedient[5]. Es ist daher in den Texten
oftmals von dem Schlauchwasser die Rede, welches man zu
trinken hatte[6]. Um die Schläuche herzustellen, wurde
das Tier abgezogen, die Hautlappen am Kopfe und den
Beinen abgeschnitten, die hier entstandenen Löcher und
der Bauch fest zugenäht, die Öffnung am Halse aber nur
zugebunden, um hier eine Stelle für den Ein- und Ausguß
des Wassers zu gewinnen. Ob eine Zubereitung, Gerbung,

S. 21 ff.; Golenischeff, RT. XI, S. 98. Vereinzelt wurde auch
ein ganzer Stier als Übelabwehrer aufgepflanzt (Weigall, Ann.
Serv. Ant. VIII, S. 49).
   [1] Lepsius, „Denkm." II, 52; Klebs, „Reliefs", S. 78 (Altes
Reich).
   [2] Wilkinson-Birch II, S. 32 (das Relief ist jetzt sehr zerstört;
was noch erhalten ist, gibt Wreszinski, „Atlas", Taf. 53).
   [3] Vgl. S. 11, 274.
   [4] Lane I, S. 156.
   [5] Lane II, S. 152 f.
   [6] Stele von Kuban, Z. 11 (Piehl, RT. III, S. 69); Spiegelberg, Äg. Z. XXXIV, S. 16; Loret, RT. XI, S. 119 f.

Abkratzung des Felles stattfand, ist nicht erkennbar. Die
Feldarbeiter nahmen einen solchen Fellsack mit sich und
hingen ihn in der Nähe ihrer Arbeitsstätte an einen Baum,
um von Zeit zu Zeit einen Trunk zur Verfügung zu haben
(Abb. 52)[1], die Jäger trugen ihn bei ihren Zügen in die
Bergwüste bei sich[2].

Das Getränk wurde naturgemäß bald faulig und warm
und konnte daher dem Ägypter, der stets auf kühles Wasser
großes Gewicht legte, wenig
munden. Man stellte in Folge
dessen im Hause lieber, ebenso
wie noch in der Neuzeit, große
poröse Tongefäße, von denen
sich in den Ruinen von Ortschaften zahlreiche Bruchstücke
zu finden pflegen, auf und füllte
diese mit Wasser. Die langsame
Verdunstung der durch die

Abb. 52.
Bauern auf dem Felde.

Wandungen hindurchsickernden Flüssigkeit hatte eine
Abkühlung des Inhaltes zur Folge, gleichzeitig senkte
sich bei dem ruhigen Stehen des Wassers sein Schlamm-
inhalt auf den Boden und wurde das Getränk selbst
klar. Bei Bootfahrten band man wassergefüllte Töpfe
an Stricke und ließ sie, der heutigen Sitte auf dem Nil
entsprechend, in den Fluß herabhängen[3]. Hierdurch
erfuhr der Inhalt der Töpfe eine erhebliche Abkühlung.

Außer während der Zeit des grünen Nils[4] galt das Nilwasser als gesund und wohlschmeckend. Das beste war das vor
Tagesanbruch Geschöpfte, was insofern richtig beobachtet
ist, als dann das Wasser infolge der starken Wärmeausstrah-
lung um diese Zeit eine besonders niedere Temperatur besitzt.
Man sah in dem Nilwasser einen Ersatz für Wein; ägyptische Prinzessinnen, welche sich in die Fremde verheirateten,
ließen sich dorthin Nilwasser als Getränk nachsenden[5].

---

[1] Lepsius, „Denkm." III, 77 (Wreszinski, „Atlas", Taf. 51);
Petrie-Capart, „Arts et Métiers de l'ancienne Égypte", Fig. 80;
Petrie, Ancient Egypt I, Taf. zu S. 96.
[2] Legrain, Ann. Serv. Ant. I, S. 70.
[3] Ahmed Bey Kamal, Ann. Serv. Ant. XI, S. 17.
[4] Vgl. S. 18.
[5] Wiedemann, „Herodot", S. 100f.

Den Ruf seiner Vortrefflichkeit hat sich das Nilwasser
während des ganzen Mittelalters und bis in die Neuzeit
hinein zu bewahren gewußt[1]. Erst die modernen bakterio-
logischen Untersuchungen haben erwiesen, daß er unbegründet ist und das Nilwasser der Übertrager zahlreicher Krank-
heitskeime sein kann.

Der Arbeiter trank das Wasser unmittelbar aus dem
Schlauch, der Bessergestellte benutzte dazu niedrige flache
Schalen. Falls man zu einem Wasserlaufe kam und kein
Trinkgefäß zur Hand hatte, konnte man es mit der
hohlen Hand schöpfen und in den Mund schleudern[2], wie
dies vor allem der Tote auf seinem Wege zum Jenseits zu
tun gezwungen war[3].

§ 213. Als zweites Getränk ist die Kuhmilch[4] zu
nennen. Die Milchgefäße waren längliche Töpfe, welche
häufig oben einen an einer oder an mehreren Stellen
zuschnürbaren Schlauch zeigen, aus dem die Milch
gesogen werden konnte. Beim Melken wurden der Kuh im
allgemeinen die Hinterbeine zusammengebunden, ein Mann
verhinderte sie an lebhaften, den großen, meist nach oben
etwas verjüngten mit einem Rande versehenen Melktopf
gefährdenden Bewegungen, während ein zweiter Mann
neben dem Tier hockte und das eigentliche Melken besorgte[5].
Häufig steht das Kalb dabei und muß beaufsichtigt werden,
damit es nicht aus dem Melktopfe säuft[6]. Auch wenn ausnahmsweise die Kuh nicht festgebunden wird, bildet dieses
Erscheinen des Kalbes eine beliebte Episode in der Darstellung[7]. Bisweilen wartete der Durstige das Melken nicht

---

[1] z. B. Goltz, „Ein Kleinstädter in Ägypten", 3. Aufl.,
S. 372 f.
[2] Achilles Tatius IV, 18.
[3] Totenbuch, Vignette zu Kap. 60—3 (Naville, „Das
ägypt. Todtenbuch der XVIII. bis XX. Dynastie", Taf. 72—73;
Budge, „Papyrus Ani", Taf. 16).
[4] Stellen bei Loret, RT. XVIII, S. 176ff.
[5] Davies, „Ptah-hetep" II, Taf. 17; „Deir el Gebrâwi" I,
Taf. 7. Vgl. Klebs, „Reliefs", S. 63f. (Darstellungen aus dem
Alten Reich).
[6] Lepsius, „Denkm." II, 96.
[7] Naville, „The XIth Dynasty Temple at Deir el bahari"
I, Taf. 20 (Maspero, „Égypte", S. 115), 22; Rosellini, „Mon.
civ.", Taf. 27.

ab. In einem Relief der 12. Dynastie kniet ein Knabe
unter einer Kuh und saugt mit deren Kalb um die Wette
an dem Euter[1]. Nicht anders verfuhren gelegentlich die
Könige, wenn sie dargestellt werden, wie sie an der göttlichen Kuh saugen, um mit deren Milch die Unsterblichkeit
zu gewinnen[2]. Die Milch, welche unter den Totengaben
häufig neben dem Wasser und dem Wein erscheint, wurde
in frischem oder gekochtem Zustande getrunken, Butter
und Käse waren allem Anschein nach unbekannt. Um die
Milch frisch zu erhalten, scheint man mitunter ein großes
grünes Blatt in den Milchtopf gesteckt zu haben[3].

§ 214. Eine sehr große Rolle spielten während des ganzen
Altertums in Ägypten die alkoholischen, berauschenden Getränke, vor deren Genuß freilich die Moralisten
eifrig zu warnen pflegten. In den Schulbriefen wurden die
Jünglinge ermahnt, sich von ihnen fernzuhalten, und wurde
auf die schädlichen Folgen des Trinkens hingewiesen[4].
Man solle sich nicht in Kneipen herumtreiben, nicht betrun-
ken auf den Straßen durch gröblichen Unfug Ärgernis
erregen, nicht in der Trunkenheit unvorsichtige Reden
führen und arbeitsunfähig sein. Die Eindringlichkeit, mit
welcher derartige Lehren vorgeführt werden, weist darauf
hin, wie verbreitet die Unsitte des übermäßigen Trinkens
gewesen sein muß. Die Texte bestätigen auch sonst diese
Tatsache, und die Reliefs stellen die Herstellung der berauschenden Getränke, vor allem des Biers und Weins, häufig
dar, während der Granatwein zwar bekannt war[5], aber wenig
benutzt worden zu sein scheint.

§ 215. Den Namen des Bieres[6] ḥek-t brachten die
Ägypter in wortspielender Weise mit dem Satze ḥaka ḥeti
„Gefangen nehmen das Herz" zusammen. Sie dachten
dabei an einen im Bier verborgenen Dämon, welcher im
Rausche seine überwältigende Herrschaft zeigte. Ein sprach-

---

[1] Champollion, „Mon." III, Taf. 390 = Rosellini, „Mon.
civ.", Taf. 27.
[2] Wiedemann, Am Ur-Quell III, S. 261 f. Vgl. S. 288.
[3] Davies, „Ptah-hetep" I, Taf. 31, S. 38.
[4] Heyes, „Bibel und Ägypten", S. 179 (Lit.).
[5] Loret, „L'Egypte au temps des Pharaons", S. 122.
[6] Für das Bier im allgemeinen in Ägypten vgl. Wilkinson-
Birch I, S. 395 ff.; Wiedemann, „Herodot", S. 327 ff.

licher und sachlicher Zusammenhang mit dem zufällig ähnlich lautenden babylonischen Worte für Bier *ḫiku* ist nicht
anzunehmen[1]. Die Erfindung des Bieres wurde nach klassischen Angaben den Göttern zugeschrieben, was nicht
verhinderte, daß die Griechen mit einer gewissen Verachtung von den Gerstenbier trinkenden Ägyptern sprachen.
In den Rezeptsammlungen der griechischen Chemiker
finden sich eingehende Vorschriften für die Herstellung
des alexandrinischen Bieres[2], aus denen hervorgeht, daß es
etwa dem heutigen ägyptischen Bauernbier entsprach,
dessen Zubereitung in folgender Weise erfolgt[3]: „Man nimmt
Gerste oder eine andere Getreideart, feuchtet sie an oder
gräbt sie ein, bis sie eben anfängt zu keimen, dann mahlt
man sie ganz roh und formt daraus anscheinend unter Zusatz von Sauerteig große Brote. Diese werden angebacken,
so daß nur die äußere Kruste brotartig wird, während das
Innere roh bleibt. Dann zerstückelt man die Brote, tut die
Stücke in einen großen Topf, gießt Wasser darauf und läßt
es etwa einen Tag lang gären. Darnach wird die Flüssigkeit
durch ein auf einen zweiten großen Topf gesetztes Sieb
hindurch gearbeitet, indem man die aufgeweichten Brot-
stücke auf dem Siebe mit den Händen zerknetet. Manch-
mal wird an Stelle des Siebes ein großer Korb oder eine
Matte benutzt." Das weißliche schäumende Getränk hat
einen säuerlichen Geschmack und wird sofort getrunken,
da es nicht haltbar ist und abgefüllt jedes Gefäß bald zer-
sprengen würde. Zahlreiche Reliefs und Statuen[4] stellen
diese Brauart und ihre einzelnen Episoden dar, wobei

[1] Wiedemann, Sphinx XV, S. 130ff.
[2] „Chemici Graeci", ed. Berthelot, S. 372; „Zosimi Pano-
politani de Zythorum confectione fragmentum", ed. Grunner,
Solisbachi 1814; Wessely, „Zythos und Zythera" (Jahresber. des
Hernalser Gymn. XIII), Wien 1887, S.38ff. Für analoge Rezepte
vgl. Bondi, Äg. Z. XXXIII, S. 62ff.; Levy, Philologus LII, S. 382
(Rabbinische Literatur); Richter, Arch. f. Gesch. d. Naturw.
IV, S. 431ff.; Buschan, Ausland 1891, S. 928ff.; Grässe, „Bier-
studien", Dresden 1872.
[3] Borchardt, Äg. Z. XXXV, S. 128ff.
[4] Borchardt, Äg. Z. XXXV, S. 128ff.; XXXVII, S. 82f.;
„Statuen" (Kat. Kairo), Nr. 239 usf.; Garstang, Ann. Serv. Ant.
V, Taf. 2 zu S. 228; Schäfer, Äg. Z. XXXIV, S. 161 (Nagadazeit);
Newberry, „El Bersheh", Taf. 31; Wiedemann und Pörtner,
„Ägypt. Grabreliefs zu Karlsruhe", S. 26ff. (Lit.); Klebs, „Re-
liefs", S. 90ff. (Darstellungen aus dem Alten Reich).

kleinere zeitliche Unterschiede vorhanden gewesen zu sein
scheinen. Vor allem wurden gelegentlich dem Biere Bitter-
stoffe zugesetzt[1], und spielen in der Sage von der Vernichtung des Menschengeschlechts[2] zermalmte Früchte aus
Elephantine, deren botanische Deutung bisher nicht gelungen ist[3], diese Rolle.

Das Bier galt als eine notwendige **Erfrischung für
alle Stände**, nicht nur, wie später angeblich in Alexandrien[4], für die ärmere Bevölkerung. Die Mutter brachte
ihrem Sohne täglich zwei Krüge Bier zur Schule[5], für Priesterinnen wurde im äthiopischen Reiche neben Rindern
und Brot Bier gestiftet[6], im Verlaufe eines Prozesses wurden
die Richter bestraft, weil sie mit den Angeklagten zusammen Bier getrunken hatten[7]. Der König besaß eine eigene
Brauerei, welche *āb-t* „die Reine" hieß und mit der besondere Speicher verbunden waren, welche ein Beamter zu be-
aufsichtigen hatte[8]. Von einem besiegten Fürsten wird
hervorgehoben, er sitze nicht mehr im Bierhause, wo man
ihm die Harfe brachte, er äße nur Brot für den Hunger und
trinke Wasser für den Durst, während die gleiche Inschrift
betont, das Brot des Königs gäbe Speise, sein Bier stille
den Durst[9]. Gelegentlich sollen sogar die Göttinnen bemüht
gewesen sein, das Bier herzustellen, welches der König
trinken sollte[10].

---

[1] Columella, „de cult. hort." X, 114.
[2] Übersetzt u. a.: Wiedemann, „Die Religion der alten
Ägypter", S. 32ff.; Röder, „Urkunden zur Religion der alten
Ägypter", S. 142ff.
[3] Die Bedeutung „Alraune" (Brugsch, Äg. Z. XXIX, S. 31ff.)
oder „Rote Walkererde" (Gauthier, Rev. égypt. XI, S. 1ff.)
sind nicht erwiesen.
[4] Athenaeus I, 61. — Rechnungsbuch eines Bierlieferanten
aus dem ersten Jahrhundert: Greufell und Hunt, „Tebtunis
Papyri" II, S. 270ff., nr. 401.
[5] Papyrus Ani 20, 20 (Chabas, „Les Maximes du Scribe
Ani" II, S. 46).
[6] Schäfer, Äg. Z. XXXVII, S. 108.
[7] Erman, Äg. Z. XVII, S. 79.
[8] Erman, „Ägypten", S. 270; Müller, Äg. Z. XXVI, S. 77;
Borchardt, ib. XXVIII, S. 65ff. (über den Bierverbrauch im
königlichen Haushalt).
[9] Piānchi-Stele, Z. 134f., 15 (Brugsch, „Gesch. Ägyptens",
S. 705, 685).
[10] Piehl, Sphinx I, S. 175.

Im Kulte besaß das Bier große Bedeutung. Ramses
III. rühmte sich in seinem großen Rechenschaftsbericht
über seine Tätigkeit zugunsten der ägyptischen Tempel,
ihnen 466 303 Krug Bier geweiht zu haben[1]. Selbst den
Obelisken, in denen man besondere Gottheiten sah, wurde
neben Brot Bier dargebracht[2]. Als Totengabe erscheint Bier
entweder einfach als solches oder in verschiedenen Sorten
So nennen bereits die Pyramidentexte ein dunkles Bier, ein
Eisenbier, ein Bier des Namens Ḥes[3], ohne über den Unterschied Andeutungen zu machen. Andere Texte erwähnen
ein süßes Bier, welches vermutlich einen Zusatz von Honig
erhielt. Als Grabbeigabe finden sich Krüge mit Gersten-
maische, zerstampften Körnern und ähnlichen zur Bier-
zubereitung dienenden Stoffen[4]. Sogar von auswärts, aus
Syrien, wurde Bier bezogen. Von diesem waren zwei Sorten
im Niltal verbreitet, das aus dem Hafen, d. h. echtes einge-
führtes Bier, und ein in Ägypten von fremden Sklaven, vermutlich nach den syrischen Vorschriften, gebrautes, das
Importbier ersetzendes Getränk[5].

Die berauschende Wirkung des Bieres und die
Arbeitsunfähigkeit, welche sein übermäßiger Genuß für den
nächsten Tag zur Folge hatte, werden mehrfach erwähnt.
In der eben angeführten Sage von der Vernichtung des
Menschengeschlechtes betrinkt sich die Göttin Sechet derart, daß es ihr unmöglich wird, die beabsichtigte Ausrottung
der Menschen durchzuführen. Zur Erinnerung an diese
Rettung wurde ein Fest eingesetzt, bei welchem man große
Mengen Bier zu trinken hatte. Von dem König Amasis
berichtet ein Papyrus, er habe sich am Morgen nach einem
Zechgelage in großer Betäubung befunden, keine Arbeit
verrichten können und sich daher eine Geschichte erzählen
lassen[6]. Ein Papyrus aus der Zeit um 1200 v. Chr. enthält
eine Beschwörung, mit deren Hilfe man glaubte die ungün-

[1] Großer Papyrus Harris. Bierstiftungen aus der Zeit
Psammetichs' I.: Erman, Äg. Z. XXXV, S. 26. Bier in Ver-
trägen mit Totenpriestern: Erman, ib. XX, S. 171.
[2] Lepsius, „Denkm." III, 30b, Z. 16.
[3] z. B. Pyramide Unas. Z. 46, 53ff.
[4] Schweinfurth, Sphinx II, S. 153.
[5] Pap. Anastasi III, 3, 6; 8, 5; IV, 16, 3.
[6] Spiegelberg, „Die sogenannte demotische Chronik", S. 26ff.

stigen Folgen des Biergenusses vermeiden zu können[1].
Die Trunkenheit galt nicht als verwerflich, im Gegenteil
sah man bisweilen in der Liebe zum Trinken und sich Be-
trinken eine lobenswerte Eigenschaft[2]. Anderseits glaubte
man, daß der Rausch lebensgefährlich werden könne, und
führt eine magische Formel nacheinander den Tod infolge
von Hunger, von Durst, von Trinken, vom Fallen auf[3].
Insbesondere gegen das Berauschtwerden durch Wein sollen sich die Ägypter dadurch gesichert haben, daß sie vor
den sonstigen Speisen gekochten Kohl aßen[4]. Bei den Gastmählern wurde von Männern und Frauen Wein und Bier
bis zum Übermaß getrunken, und findet sich mehrfach dargestellt, wie einzelne der Gäste beiderlei Geschlechts von
Übelkeit ergriffen werden und inmitten der Trinkgenossen
sich erbrechen, ohne daß diese Handlung bei den Nachbarn
besonderes Aufsehen zu erregen scheint[5].

Die Trinkfreudigkeit suchte sich auch der Staat zunutze
zu machen. In der römischen Zeit wird eine besondere
Biersteuer erwähnt[6]; für das alte Ägypten ist dieselbe
bisher nicht zu belegen, ihr Vorhandensein aber bei der
großen Entwicklung des Steuerwesens im Niltal sehr wahrscheinlich.

Meist tranken die Gäste das Bier, ebenso wie andere
Getränke, aus flachen[7], selten mit einem kurzen Fuß
versehenen[8] Schalen, doch kommt daneben in der
thebanischen Zeit auch ein Saugen des Bieres durch ein
Rohr vor. Es sollte auf diese Weise verhindert werden,
daß die in dem Biere noch herumschwimmenden Gersten-

---

[1] Pleyte, „Étude sur un rouleau magique du Musée de Leide",
S. 142.

[2] Spiegelberg, „Randglossen zum Alten Testament", S. 41.

[3] Pleyte und Rossi, „Papyrus de Turin", Taf. 121, Z. 9ff.,
S. 154 (Loret, RT. XIV, S. 118).

[4] Suidas s. v. Κράμβη.

[5] Wilkinson-Birch I, S. 392f.; Capart, Bull. Musées Bruxelles I. Sér., III, S. 41.

[6] Krebs, Äg. Z. XXXI, S. 39.

[7] z. B. Prisse, „Histoire de l'Art égyptien", Taf. 45.

[8] Budge, „Wall Decorations of Egyptian Tombs, British
Museum", Taf. 4—5.

körner und Brotreste mitgetrunken wurden. Die Sitte
war in Syrien und Kleinasien weit verbreitet und wurde
noch von Xenophon[1] bei dem Rückzuge der zehntausend
Griechen im Jahre 401 v. Chr. hier vorgefunden. Im Niltal
erscheint sie bei asiatischen Söldnern und wird wohl von diesen aus ihrer Heimat mitgebracht worden sein. Sie wurde
dann aber auch von der einheimischen Bevölkerung übernommen, und auf einer Reihe von Skarabäen wird sogar
der Gott Bes dargestellt, wie er vermittelst eines Schlauches
Bier aus einem großen Topfe trinkt[2].

§ 216. Über das Vorkommen und den Umfang des
Weinbaues in Ägypten machen die klassischen Autoren
widerspruchsvolle Angaben. Während die einen das Auftreten der Traube im Niltal völlig in Abrede stellen, lassen
andere den Wein im Lande entdeckt werden und nennen
eine Reihe von Orten, welche durch besonders gut gedeihende
Trauben ausgezeichnet waren. Vor allem der mareotische
Wein war in der beginnenden römischen Kaiserzeit berühmt[3].
Wie sich der Widerspruch erklärt, ist nicht mit Sicherheit
festzustellen. Vermutlich hatten einzelne Schriftsteller das
Biertrinken in Ägypten stark betont und andere daraus
auf ein Fehlen des Weinbaues schließen zu sollen geglaubt.

Die Denkmäler zeigen, daß die Kultur der Reben in
Ägypten bereits zur Nagadazeit weit verbreitet war und
dies stetig blieb, bis durch die Einführung des Islam das
Weintrinken für die mohammedanische Bevölkerung verpönt wurde und unter dem Einflusse der Herren des Landes
auch unter den christlichen Kopten die Mäßigkeit zunahm[4].
Erst mit dem fortschreitenden Eindringen der Europäer
im Niltal begann der Weinbau, welcher sehr reichliche

---

[1] Anabasis IV, 5, 26.

[2] Wiedemann, Orient. Lit.-Z. IV, Sp. 7 f.; XXI, Sp. 280 f.
(Lit.); Spiegelberg, ib. XI, Sp. 530; Rubensohn, Äg. Z. XXXIX,
S. 83; Edgar, Bull. Soc. Arch. Alexandrie Nr. 8, S. 7 ff.; Gren-
fell, Proc. Soc. Bibl. Arch. XXIII, S. 139 ff.; XXXII, S. 268 ff.

[3] Wiedemann, „Herodot", S. 172 ff. (Lit.); Keppel, „Die
Weinbereitung im Altertum und in der Neuzeit", Bayreuth 1896
(technische Fragen); Schubart, „Ein Jahrtausend am Nil", S. 91
(nachchristliche Zeit).

[4] Der Vorwurf der Trunksucht gegen die Kopten (Cromer,
„Das heutige Ägypten" II, S. 199) ist übertrieben.

und gute Trauben zu erzielen vermag, wieder an Umfang
zu gewinnen. Im alten Ägypten[1] gehörte zu jedem größeren
Besitz ein Weingarten, in welchem die Reben in Gestalt
von Laubengängen, welche ihnen Schutz gegen die versen-
genden Sonnenstrahlen gewährten, gezogen[2] und zur Ver-
hütung der Austrocknung sorgfältig bewässert wurden. Begann die Reife, so wurden Knaben aufgestellt, welche mittelst einer Schleuder oder auch einfach durch Steinwürfe
die heranfliegenden Vögel zu verscheuchen hatten[3]. War die
Reife beendet, so wurden die Trauben gepflückt[4], die einzelnen Beeren von den Stengeln abgestreift und in kübel-
förmige, nach oben sich erweiternde Körbe getan[5]. Diese
schüttete man in die Kelter, welche aus einem umfangreichen flachen viereckigen Kasten bestand, aus. In diesen
stiegen halbnackte Männer und zerstampften, wie dies im
Mittelalter in Italien allgemein üblich war[6] und es im Süden
jetzt vielfach noch ist, die Trauben mit den Füßen.
Über dem Kasten war bisweilen eine Querstange befestigt,
an der sich die Männer unmittelbar oder mit Hilfe von Strik-
ken festhielten und in die Höhe zogen, um sich mit ver-
stärkter Wucht auf die Trauben herabfallen zu lassen.
Unten an dem Kasten war eine Öffnung und an dieser
gelegentlich eine Röhre angebracht, aus welcher der Saft

[1] Heyes, „Bibel und Ägypten“, S. 179ff.; Wönig, „Die
Pflanzen im alten Ägypten“, 2. Aufl., S. 254ff.; Wilkinson-
Birch I, S. 379ff.; Ebers, „Ägyptische Studien“, S. 339ff.; Er-
man, „Ägypten“, S. 276ff. Gute Darstellungen der Weinzuberei-
tung: Rosellini, „Mon. civ.“, Taf. 37; Newberry, „Beni Hasan“
I, Taf. 12. Vgl. dazu Klebs, „Reliefs“, S. 56ff. (Verzeichnis und
Besprechung der Darstellungen aus dem Alten Reich); Montet,
RT. XXXV, S. 117ff. (Altes und Mittleres Reich); Virey, Mém.
Miss. Franç. Caire V, S. 333; Maspero, ib., S. 480 (Neues Reich).

[2] Modelle derartiger Weingärten: Quibell, „Excavations
at Saqqara 1906—7“, S. 8, 11.

[3] Scheil, Mém. Miss. Franç. Caire V, 4: „Tombeau d'Apoui“,
Taf. 2.

[4] Davies, „Five Theban Tombs“, Taf. 31; Wreszinski,
„Atlas“, Taf. 12 (18. Dyn.).

[5] Newberry, „Beni Hasan“ I, Taf. 12 (Mittleres Reich);
Wreszinski, „Atlas“, Taf. 68 (Neues Reich).

[6] Vgl. z. B. Benozzo Gozzoli, „Weinernte Noah's“ in Pisa,
Campo Santo (Lübke, „Grundriß der Kunstgeschichte“, 9. Aufl.
II, S. 150).

in einen daneben gestellten viereckigen Kübel floß[1]. Die
in dem Kasten zurückbleibenden Traubenreste sammelte
man in ein Tuch, welches zusammengerollt wurde. Dann
steckte man in seine beiden Enden Stangen und ließ Männer
mit Aufbietung aller ihrer Kraft das Tuch zusammen-
drehen und auswringen, um alle Flüssigkeit aus den Trauben herauszupressen und in einen Topf oder eine sich nach
oben erweiternde Art
Kübel fließen zu lassen
(Abb. 53)[2].

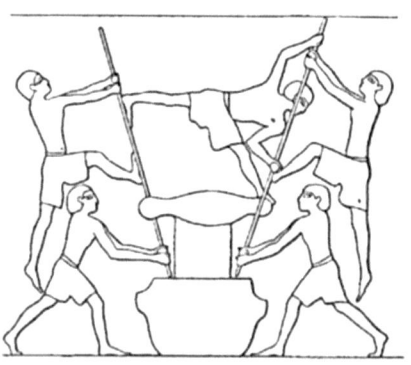

Abb. 53.   Weinpresse.

Den gewonnenen,
wenig klaren und jeden-
falls stark mit Schalen-
resten durchsetzten Saft
ließ man meist zunächst
stehen und gären, dann
goß man ihn in große
weithalsige Krüge, de-
ren Boden man mit
einer Harzschicht be-
deckt hatte oder in
welche man Stücke
Harz legte[3], um hier-
durch den Wein haltbarer zu machen und ihm den
astringierenden Geschmack zu geben, den noch jetzt der
Südländer vielfach an seinem Vino resinato schätzt. Die
Töpfe wurden mit einem Deckel versehen, dieser festgebunden und mit einer Lehm- oder Kalkschicht bedeckt, welche
den Luftzutritt von dem Wein fernhalten sollte. Um ein
heimliches, unbefugtes Öffnen und Verdünnen des Weines
zu verhindern, wurde auf diese Schicht ein Siegel aufgedrückt oder über sie hingerollt[4], eine Sitte, welche bereits
in der Nagadazeit auftritt. In größeren Betrieben wurden

---

[1] z. B. Newberry, a. a. O.; Lepsius, „Denkm." II, 96 (farbig).
Besonders sorgsam hergestellte Kelter: Wilkinson - Birch I,
S. 385; Wreszinski, „Atlas", Taf. 48.
[2] Newberry, „El Bersheh" I, Taf. 31; „Beni Hasan" I,
Taf. 12; Lepsius, a. a. O. (farbig); Wreszinski, „Atlas", Taf. 13
(18. Dyn.). Großes Bild einer Presse: Daressy, RT. XXI, S. 6.
[3] Wilkinson-Birch I, S. 386f.
[4] Petrie, „Tanis II: Tell Defeneh", S. 72; „Memphis"
II, Taf. 15; usf.

hierauf die Krüge von Schreibern gebucht und in oberirdischen Vorratskammern aufgestellt[1]. Zur Benutzung brachte man sie in die Speiseräume und stellte sie auf Kredenztischen[2] auf, hier entnahmen ihnen Diener je nach Bedarf den Wein und reichten ihn in flachen Schalen den Gästen. Die Verwaltung dieser Kredenztische, auf denen auch Salben, Waschgerät und Ähnliches aufgebaut werden konnten, galt als sehr wichtig; „Königliche Schreiber des Kredenztisches" werden öfters erwähnt[3].

Die Zahl der aufgespeicherten Töpfe konnte in einzelnen Privathäusern und Tempeln eine sehr große sein. Zahlreiche Scherben der einst in den Vorratskammern des Ramesseums zu Theben aufgestellten Töpfe sind erhalten geblieben. Sie trugen Aufschriften, welche die Güte des in ihnen befindlichen Weins, das Jahr seiner Gewinnung, den Namen des Weinberges, aus welchem er stammte, und den bei der Kelterung die Aufsicht führenden Beamten verzeichneten[4]. Diese Sorgfalt stand nicht vereinzelt da. In El Amarna haben sich ähnliche Weintopfaufschriften neben solchen für Öl, Honig usf. und Topfversiegelungen gefunden[5]. Hier handelte es sich um thebanischen und mittelägyptischen Wein. Die Inschriften erwähnen solchen von zahlreichen Orten von der Meeresküste an bis nach Assuan und außerdem aus den westlich von Ägypten gelegenen Oasen[6]. In einer Pyramideninschrift erscheinen beispielsweise nebeneinander Wein des Nordens, weißer Wein, Wein von Buto, Mareotischer Wein, Wein von Assuan[7]. In der

---

[1] Wilkinson-Birch I, S. 385 (der hier auf einer Reihe der Krüge sich erhebende Kreis stellt den von oben gesehenen Deckel dar).

[2] Vgl. S. 183. Gute farbige Darstellung bei Budge, „Wall Decorations of Egyptian Tombs, British Museum", Taf. 6.

[3] Wiedemann, RT. XVIII, S. 124 ff.; Naville, Äg. Z. XVI, S. 71; Müller, ib. XXVI, S. 87.

[4] Wiedemann, Äg. Z. XXI, S. 33 ff.; Spiegelberg, „Hieratic Ostraka found in the Ramesseum", Taf. 29 ff.; Davis, „Tomb of Siphtah", S. XXVI.

[5] Griffith bei Petrie, „Tell el Amarna", S. 32 ff., Taf. 21—5.

[6] Verzeichnis von Weinsorten aus thebanischer Zeit: Mariette, „Abydos" 1, 35 a (Maspero, „Études égypt." II, S. 267 ff.); aus der Zeit des Darius: Brugsch, „Reise zur Oase Khargeh", S. 90.

[7] Maspero, RT. XII, S. 91. Stellen für den Wein des Nordens: Sethe, Äg. Z. XLIV, S. 19.

Spätzeit ist häufig von dem Weine des Fayûm die Rede[1].
Außer einheimischen Weinen verwertete man auch aus dem
Ausland eingeführte Sorten. Den libyschen Wein bezog
man aus Gegenden nahe der ägyptischen Grenze, den asiatischen aus Palästina und seinem Hinterlande. Die Tribut-
listen Thutmosis' III. führen große Mengen Wein auf, welche
der König aus Asien erhielt, in der thebanischen Zeit ist
von Wein aus Syrien die Rede und noch in der Ptolemäerzeit spricht man von „Phö-
niziern, welche mit ihrem
Wein nach Ägypten fah-
ren"[2]. Im sechsten Jahrhundert v. Chr. wurde
auch aus Griechenland
Wein gebracht. In den
Ruinen des Ortes Daphnae
an der ägyptischen Ost-
grenze haben sich Wein-
töpfe griechischen Stils mit
dem Siegel des Königs Amasis gestempelt gefunden[3].

Abb. 54.
Herstellung von Verschnittwein.

Zwischen den verschiedenen Weinsorten wurde sorgfältig geschieden, und trank man meist jede Sorte für sich.
Daneben kam es vor, daß man Töpfe mit verschiedenen
Sorten nebeneinander aufstellte und dann vermittelst von
Saughebern den Inhalt der Töpfe in die Mischschale
zusammenlaufen ließ[4] (Abb. 54). Dieser Verschnittwein
wurde sofort getrunken, wohl um einem durch die Mischung
beschleunigten Verderben des Getränkes zuvorzukommen.

Der Weingenuß war in allen Kreisen verbreitet. Ein
Geschäfts-Tagebuch zeigt die große Bedeutung, welche der
Wein in der Verwaltung besaß[5]. In El Amarna wird dargestellt, wie die Königin dem Pharao zu trinken eingießt
und wie beide einander gegenüber sitzen und zusammen
mit einer Tochter trinken, während sich die jüngeren Töchter

---

[1] Schubart, „Ein Jahrtausend am Nil", S. LII.
[2] Brugsch, „Dict. géogr.", S. 650, 1088. Vgl. Bargès, „Papyrus Égypto-Araméens", S. 31 (Wein aus Sidon).
[3] Petrie, „Nebesheh", S. 64.
[4] Wilkinson-Birch II, S. 314 (Erman, „Ägypten", S. 279).
[5] Spiegelberg, RT. XVII, S. 143ff.

Sykomorenfeigen nehmen[1]. Bei Festlichkeiten bekamen
die Arbeiter reichlich Wein, so daß es vorkam, daß sie mit
ihren Kindern und Weibern vier Tage lang trinken konnten[2].
Bei Festen in Dendera wurde so viel getrunken, daß die
Stadt den Namen „Sitz der Trunkenheit" gewann und die
Ortsgöttin Hathor als Herrin der Trunkenheit galt; die
Bewohner der Stadt waren dann nach inschriftlichen An-
gaben trunken von Wein, Blumenkränze waren auf ihren
Häuptern[3].

In der Medizin fand der Wein vielfach Verwendung[4].
Als Totenopfer wurden gelegentlich Trauben gebracht und
als Grabbeigabe treten eingetrocknete Traubenkörner auf,
welche an mittelgroße Rosinen erinnern und auffallend
große Samenkörner enthalten[5]; aus ihnen konnte sich der
Tote den Wein selbst keltern. Um ihm die Möglichkeit zu
gewähren, zu diesem Zwecke stets neue Trauben zu schaffen,
legte man ihm auch Traubenmodelle in das Grab[6]. In den
Gabenlisten für den Toten erscheint regelmäßig Wein;
in der thebanischen Zeit kam es vor, daß man das Grab
derart ausschmückte, daß es das Innere einer Weinlaube
nachahmte[7].

Die Weintraube bildete ein beliebtes Ornament,
welches man an die Wände anmalte[8] oder aus glasiertem
Steingut in dunkelblauer Farbe gefertigt mosaikartig
eindrückte. An verschiedenen Stellen des Niltals, besonders in El Amarna, haben sich auch Formen aus roh gebranntem Ton gefunden, um derartige Traubenbilder für Einlagen
herzustellen[9].

---

[1] Davies, „El Amarna" II, Taf. 32, 46; III, Taf. 6.

[2] Spiegelberg, Orient. Lit.-Z. V, S. 316 f.

[3] Heyes, „Bibel und Ägypten", S. 187; Brugsch, Äg. Z.
XXIX, S. 33; Junker, ib. XLIII, S. 101 ff.; Ranke, ib. XLIV,
S. 46.

[4] Vgl. z. B. Papyrus Ebers, hrsg. von Ebers (Leipzig 1875),
Glossar von Stern unter dem Worte árp.

[5] Schweinfurth, Sphinx III, S. 105; Loret, RT. XVII,
S. 194.

[6] Davis, „Tomb of Queen Tiyi", S. 38, Taf. 2.

[7] Virey, RT. XX, S. 211 ff.; XXI, S. 127 ff., 137 ff.; XXII,
S. 83 ff.

[8] Jéquier, „Décoration égyptienne", Paris 1912.

[9] Petrie, „Tell el Amarna", Taf. 19, S. 30.

Ein erfrischendes Getränk, welches selbst bei Hofe verwendet wurde, wurde aus Trauben ohne Gärung hergestellt,
indem man die Beeren zerdrückte, den Saft in Wasser laufen
ließ und diese Mischung kredenzte[1]. Ob man Trauben roh
aß, ist nicht bekannt. Es wird gelegentlich dargestellt, wie
zahme Affen sich einer Traube bemächtigt haben und mit
ihr herumspringen, aber nicht angedeutet, ob sie diese auf
einem Speisetische gefunden oder aus dem Freien mitgebracht haben.

K. Handel[2].

§ 217. Der Handel erfolgte während des ganzen Altertums in Ägypten, sowohl im Inlande wie im Verkehr mit dem
Auslande, durch Tausch. Gemünztes Geld hat der alte
Orient nicht gekannt. Die älteste Münze, welche im Niltal
auftritt, ist die Dareike, das Goldstück, welches Darius I.
nicht lange vor 500 v. Chr. in seinem gesamten Reiche, zu
dem damals Ägypten gehörte, einführte. Im Niltal wurde
für die Dareike und ihre Teilstücke eine eigene Prägestätte
eingerichtet, welche das Geld aber nicht in ägyptisch einheimischen, sondern in den vorschriftsmäßigen persischen Formen
schlug. Auch in der griechisch-hellenistischen Zeit hat
Ägypten kein nationales Geld gewonnen. Im Umlauf
waren griechische, besonders athenische Münzen, welche
man gelegentlich in Ägypten selbst in Gold nachprägte und
dabei mit hieroglyphischen Beischriften versah, ohne im
übrigen die griechische Form und den hergebrachten Gehalt
der Münze zu ändern[3]. Die ptolemäischen Münzen hielten

---

[1] Naville, „Textes relatifs au Mythe d'Horus", Taf. 13,
Z. 3; Taf. 21, Z. 1; Moses I, 40, 11; Ebers, „Durch Gosen zum
Sinai", S. 480f.; Lefébure, Sphinx III, S. 131.
[2] Thurnwald, Z. f. Sozialw. IV, S. 782ff.; Naville, „Le
Commerce de l'ancienne Égypte avec les Nations voisines" in
CR. des Travaux du 3e Congrès internat. de Géogr. III; Mitteis
und Wilcken, „Grundzüge der Papyruskunde" I, 1, S. 262ff.;
2, S. 348ff. (hellenistische Zeit); Theodor Neumann, „Das
moderne Ägypten mit besonderer Rücksicht auf Handel und
Volkswirtschaft", Leipzig 1893. — Über Maß und Gewicht
vgl. § 298.
[3] Chassinat, Bull. Inst. Franç. Caire 1, S. 78ff.; VII, S. 165ff.;
Maspero, „Études de Myth." VII, S. 191ff.; Maurogordato,
Numismatical Chronicle 4. Ser., Nr. 31, S. 197ff.

sich völlig in der Gestaltung griechischer Erzeugnisse, und
als in der römischen Kaiserzeit die ägyptischen Gaue eigenes
Prägerecht erhielten und auf ihre Münzen ihre Gaugötter
und heiligen Tiere setzten, erschienen diese nicht in ihrer
steifen ägyptischen Formung, sondern in griechischer Um-
bildung. Das Gleiche war bei den in Alexandrien in großer
Zahl geprägten Reichsmünzen der Fall, deren Typen griechische, nicht ägyptische Künstler geschaffen hatten.

Wenn dergestalt das gemünzte Geld in Ägypten fehlte,
so hat sich doch das Volk aus Bequemlichkeitsgründen
Wertmesser geschaffen, um ohne weiteres den verhältnismäßigen Wert der bei einem Tausch in Frage kommenden
Waren bestimmen zu können. Als solche Messer benutzte
man verschiedene Metalle und Gebrauchsgegenstände. So
berechnete man gelegentlich den Lohn von Arbeitern in
Ziegeln, zahlte ihn aber nicht tatsächlich in solchen aus,
sondern in deren Gegenwert in Brot, Bier und Salben.
In einer Besitzübertragung des Alten Reiches wird der
Wert der einzelnen Teile des Übertragungsgegenstandes
in einer Art feinen Gebäcks abgeschätzt[1], naturgemäß nicht,
um den Preis dann in Gebäck zu erlegen, sondern nur um
einen Wertmesser zu gewinnen. Am beliebtesten war zu
diesem Zwecke das Kupfer, welches man nach dem Gewichte von Kupferbarren oder dickem Draht berechnete,
wobei als Gewichtseinheit das *Deben*[2] von 91 Gramm galt.
Das Gleiche geschah bei dem Golde, welches in flachen,
fast handgroßen Ringen gegossen wurde.

Weder Kupferbarren noch Goldringe wurden mit
einer Präge versehen, durch welche der Staat oder eine
Genossenschaft die Gewährleistung für ihre Vollwichtigkeit
übernommen hätte. Man mußte sie daher vor jeder Verwendung von neuem wiegen. Man pflegte dann auf der
einen Wagschale[3] die Goldringe aufzuhäufen, während auf
die andere die steinernen Gewichte zu stehen kamen, welche
die Gestalt von Barren, Stierköpfen, Tierkörpern, Kegeln
usf. hatten (Abb. 55), auf denen bisweilen das jeweilige
Einzelgewicht aufgezeichnet stand. Auf Grund des Kupfer-

---

[1] Sethe, Sitzb. Ges. Wiss. Leipzig LXIII, S. 135 ff.
[2] Für die Lesung *Deben* für das Gewicht statt der früher
üblichen Aussprache *Uten* vgl. Spiegelberg, RT. XV, S. 145 f.
[3] Vgl. für diese § 298 (Ende).

deben wurden häufig die einzelnen Dinge bewertet. So galt
um 1300 v. Chr. ein Stier 111 Deben Kupfer, ein Esel 40,
eine Ziege 2, eine zu einem Panzer verarbeitete Rindshaut
5, ein Spazierstock mit eingelegter Arbeit 4, ein einfacher
Stock 1, eine Hacke 2, ein Topf Honig 1 Deben usf. An
anderen Stellen wird nach Edelmetall gerechnet. So waren
7 Felder bei dem See von Abydos 1 Deben Silber wert[1].

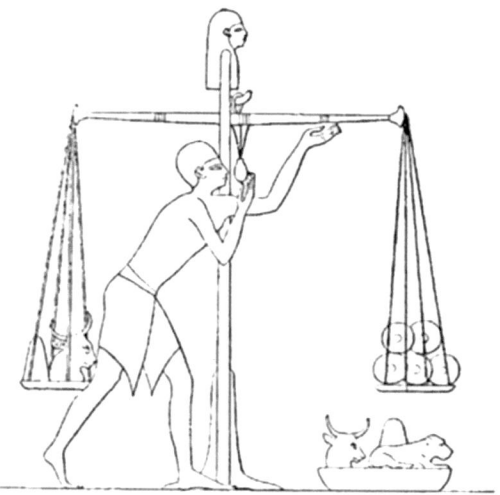

Abb. 55.   Wiegen der Goldringe.

Umständlicher berechnete man gelegentlich am Ende der
18. Dynastie den Wert der Arbeitskraft vermieteter Sklaven
je nach der Arbeitsdauer in verschiedenen Waren, Ziegen,
Korn, Kleiderstoffen, Kühen, deren Wert seinerseits dann
in Ringen, die einen Teilbetrag des Deben bildeten, ange-
setzt wurde[2].

---

[1] Weigall, „Weights" (Kat. Kairo), S. XVI. Angaben über
den Preis von Grundbesitz und den von Sklaven: Legrain
und Erman, Äg. Z. XXXV, S. 12ff.
[2] Gardiner, Äg. Z. XLIII, S. 27ff.; Griffith, Proc. Soc.
Bibl. Arch. XXX, S. 272ff. — Werte von Tieren, Fleischwaren,
Fischen, Wein, Honig, Holz, Geräten, Waffen usf. in Gold, Silber, Kupfer bei Spiegelberg, „Rechnungen aus der Zeit Seti
I.", S. 87ff. (Verbesserungen Sphinx I, S. 191); RT. XV, S. 141ff.;
Piehl, Proc. Soc. Bibl. Arch. XVII, S. 264.

Diese Umrechnung in Messer von einem mehr oder
weniger festen Wert, der aber niemals einen irgendwie
gearteten Zwangskurs gewonnen hat, erfolgte nur bei
größeren Betrieben, besonders bei staatlichen Abrechnun-
gen, bei denen eine ordnungsgemäße und übersichtliche
Buchung der einkommenden und ausgegebenen Natural-
lieferungen je nach ihrem relativen Werte erforderlich war.
Für den Verkehr der breiten Masse des Volkes erschien eine
derartige Umrechnung überflüssig. Sie tauschte im täglichen Leben, wie noch jetzt trotz des Vorhandenseins des
Geldes die ägyptische Landbevölkerung[1], das, was der
einzelne entbehren konnte, gegen das, was er zu besitzen
wünschte. Der jeweilige Preis richtete sich dementsprechend
nicht nach einem feststehenden Durchschnittswerte, sondern nach dem Werte, den die Ware im gegebenen Augenblick für Käufer und Verkäufer besaß. Er mußte daher
jeweils durch gegenseitiges Abwägen der beiderseitigen
Interessen neu festgestellt werden.

§ 218. Die Stelle, an der getauscht wurde, der Markt,
wird, wie im heutigen Ägypten, so bereits im alten, auf
einem freien Platz vor den Ortschaften gelegen haben.
Auf ihm versammelte sich an bestimmten Tagen die handels-
lustige Menge. Herodot behauptet an einer oft angeführten
Stelle[2], nur Frauen seien dabei erschienen, doch beruht
diese Angabe auf einer unrichtigen Verallgemeinerung.
In dem Vaterlande Herodots, in den kleinasiatischen Han-
delsstädten, galt es im allgemeinen als ein Vorrecht der
Männer, sich auf dem Markte aufzuhalten, zu handeln und
der Unterhaltung zu pflegen. Als der Reisende im Niltal
bei solchen Gelegenheiten auch Frauen erblickte, machte
ihm dies so tiefen Eindruck, daß er die mitanwesenden
Männer übersah und sich ihm nur das Vorhandensein der
Frauen einprägte. Wie die Denkmäler zeigen, waren tatsächlich Männer und Frauen in gleicher Weise an dem
Marktverkehr beteiligt[3].

War der Markttag gekommen, so lud der vermögendere

---

[1] Legrain, „Le Fellah de Karnak" (Les Ouvriers des deux
Mondes III, 5), S. 310.
[2] II, 35.
[3] Vgl. u. a. Lepsius, „Denkm." II, 96 (farbig).

Bauer seinem Esel die Lasten auf[1], der ärmere mußte sich
ohne einen solchen behelfen. Dann packte der Mann seine
Ware meist in einen kleinen, aus Bast oder Schilf geflochtenen Koffer, den er über die Schulter hing[2] oder auf der
flachen Hand (Taf.-Abb. 22) oder dem Kopfe trug. Die Frau
legte sie in viereckige oder ovale festwandige Körbe oder
Kästen, die sie auf den Kopf[3], seltener auf die Schulter
setzte und leicht mit der Hand stützte. Daneben verwertete
sie viereckige Körbe aus Palmstäben oder ein kleines kugel-
förmiges, oben offenes Körbchen, welches sie an den Arm
hängen konnte. In letzterer Weise wird in Bronzen
der saïtischen Zeit nicht selten die katzenköpfige, sonst
menschlich gebildete Göttin Bast dargestellt, wie sie in
ein langes Frauengewand gekleidet, das Sistrum und
ein Übel abwehrendes halbrundes Schild in der Hand,
mit ihrem Körbchen einherschreitet[4]. Gern vereinte man
sich auf dem Wege zu größeren Gruppen, ähnlich wie
die jetzigen ägyptischen Bauern, um mehr Gelegenheit
zur Unterhaltung zu haben und zugleich um gegen
etwaige Räuberei besser gesichert zu sein. Um auch
diese Seite des irdischen Lebens im Jenseits nicht
entbehren zu müssen, wurden gelegentlich dem Toten
Modelle solcher hintereinander herziehenden Männer und
Frauen mit in das Grab gestellt[5]. Hatte man nichts zu
tragen, so ließ man beim Gehen[6] beide Arme herunter-

[1] Maspero, „Contes populaires de l'Égypte ancienne", 4.
Aufl., S. 48f.
[2] Borchardt, „Statuen" (Kat. Kairo), Nr. 241; Äg. Z. XXXV,
S. 120f.
[3] Newberry, „Beni Hasan" I, Taf. 10; Quibell, „Excavations
at Saqqara 1906—7", S. 8, 74; Taf. 15, usf.
[4] Hilton Price, Transact. Soc. Bibl. Arch. III, S. 48f.,
Taf. 1; Arundale und Bonomi, „Gallery of Antiquities", Taf. 10
(Wilkinson-Birch III, S. 35; Budge, „Guide to the third and
fourth Egypt. Rooms, Brit. Mus.", S. 153); Leemans, „Monumens
égyptiens du Musée d'Antiquités à Leide" I, Taf. 4.
[5] Gruppe von 9 größeren Frauen und 10 kleineren Männern
aus dem Mittleren Reich: Quibell, a. a. O.
[6] Beim Stehen war die übliche Ruhehaltung der alten
Ägypter die, daß man beide Beine parallel nebeneinander stellte
oder noch häufiger das linke Bein etwas vorschob. Vereinzelt
kommt daneben ein Stehen auf einem Bein vor, wobei das andere
in rechtem Winkel zu diesem gehoben wird, ähnlich wie es noch
jetzt bei den Dinka am oberen Nil üblich ist (vgl. Wiedemann,
Sphinx XVIII, S. 179ff.).

hängen oder ließ den linken Arm hängen und legte die
rechte Hand auf die Brust, oder kreuzte beide Arme über
der Brust[1]. Solche unbeladenen Besucher werden sich in
großer Zahl eingefunden haben, um Neuigkeiten auszu-
tauschen und um von Vertrauenspersonen kleine Streitigkeiten, in welche sie verwickelt waren, schlichten zu lassen[2].

Abb. 56. Handeltreibende.

Auf dem Marktplatz hockte ein Teil der Verkäufer sich
auf den Boden und stellte seine Ware vor sich auf die Erde
oder etwas erhöht auf ein paar aufgelesene Steine. Andere
zogen von Stand zu Stand und suchten Brauchbares einzutauschen. Dabei wird es entsprechend den heutigen Gewohnheiten[3] nicht ohne langes Feilschen abgegangen sein,
ehe eine Einigung erzielt wurde. Macht doch dem Orientalen vielfach das Handeln an sich, das Bestreben, möglichst
großen Gewinn im Einzelfalle zu erzielen, Freude. In einem
Relief des Alten Reiches sieht man, wie ein Fisch gegen
einen Kasten, einige Kuchen gegen ein Halsband und Sandalen, Gemüse gegen bunte Perlen oder einen Fächer, Angel-
haken gegen eine Schreibtafel ausgehandelt werden[4]. Im

---

[1] Gehhaltungen z. B. Bissing, „Die Mastaba des Gem-ni-
kai" I, Taf. 26 (Altes Reich); Naville, „Deir el bahari" III, Taf.
61, 86 (Neues Reich).
[2] Vgl. S. 163.
[3] Lane II, S. 148 ff.
[4] Lepsius, „Denkm." II, 96 (Maspero, „Études de Myth."
IV, S. 253 ff.). Weitere Darstellungen aus dem Alten Reich:
Capart, „Rue de Tombeaux à Saqqarah", Taf. 31—2, S. 31 f.;
Klebs, „Reliefs", S. 116.

Neuen Reiche wird die Ankunft eines Schiffes dargestellt,
die Matrosen sind an das Ufer gegangen, auf dem sich
Händler eingefunden haben, die mit großer Lebhaftigkeit
ihre Waren anpreisen[1] (Abb. 56). Umgekehrt ging es zu,
wenn phönizische Handelsfahrzeuge anlangten, dann suchte
die Bemannung ihre Waren den ägyptischen Uferbewohnern
zu verhandeln[2]. Würdigerer Haltung befleißigen sich die
Ägypter, wenn sie zum Lande Punt gelangt sind. Dann
stehen sich beide Parteien in feierlicher Haltung gegenüber,
und schlägt man bisweilen eine kleine Bretterbude auf,
in welcher der Kaufmann gegen die Sonnenstrahlen geschützt ist und seine Waren, Sandalen, Goldschmuck und
ähnliches, an der Decke aufgehängt hat[3]. In der saïtischen
Zeit wird ein Handel von Frauen und Männern mit Hals-
und Armbändern vorgeführt[4]. Damals begannen bereits
statt der Phönizier die Griechen den Handel in Ägypten
in ihre Hand zu bringen[5], wie diese auch in der Neuzeit
die Hauptkaufleute in dem Lande geblieben sind, deren
Bakal genannte Läden bis in die kleinen Orte hinein die
allerverschiedensten Waren vertreiben[6].

§ 219. Im allgemeinen fließen die Quellen für die
Handelsverhältnisse des Altertums im Niltal sehr spärlich.
Die Mehrzahl der erhaltenen, mit Reliefs und Malerei aus-
gestatteten Gräber gehören Großgrundbesitzern an, welche
auf ihren eigenen Gütern und in ihren Werkstätten alles
Notwendige selbst herstellten. Die Beamten erhielten ihre
Besoldung in Naturalien ausbezahlt, kamen daher als
Käufer wenig in Betracht. Der Mittelstand und die nie-
deren Stände, für welche der Markt weit mehr Bedeutung

---

[1] Lepsius, „Denkm." III, 76 a.
[2] Daressy, Rev. arch. 3. Sér. XXVII, S. 286 ff.; ein phönizi-
sches Schiff publ. Müller, Mitt. Vorderas. Ges. IX, S. 135 ff.,
Taf. 3.
[3] Naville, „Deir el bahari" III, Taf. 69.
[4] Maspero, Musée égyptien II, Taf. 35—6; Capart, „L'Art
égyptien", Taf. 89, S. 29 (Lit.).
[5] Maspero, Proc. Soc. Bibl. Arch. XIII, S. 298 f. Die
Reisenden, die in griechisch-römischer Zeit Ägypten besuchten,
ihre Reiselinie und was sie im einzelnen sahen, besprach Milne,
Journ. Egypt. Arch. III, S. 76 ff.
[6] Klunzinger, „Bilder aus Oberägypten", S. 26 ff.; Cromer,
„Ägypten" II, S. 246.

besaß, waren meist nicht in der Lage, ihre Gräber mit Szenen aus ihrem irdischen und damit auch ihrem jenseitigen Dasein ausschmücken zu lassen. Aus vereinzelten Andeutungen und aus ergänzenden Angaben der klassischen Schriftsteller ergibt sich aber, daß neben den kleinen Märkten der einzelnen Ortschaften größere Messen stattfanden, welche mit Götterfesten in Verbindung standen.

Ein solches Fest mit Messe galt der Göttin Bast zu Bubastis im Delta, wobei nach Herodots[1] Schilderung etwa 700 000 Männer und Frauen zusammengeströmt sein sollen. In Schiffen sei man unter Musik, Händeklatschen und Gesang hingefahren, bei den Ortschaften, an denen man vorüberkam, habe man die ansässigen Frauen verhöhnt, getanzt und unanständige Gebärden vorgenommen. In Bubastis sei dann viel Wein getrunken worden. Eine Art Fortsetzung des alten Festes bildet im heutigen Ägypten die Feier des Mûlid des Seijid El-Bedawi in dem unweit von Bubastis gelegenen Ṭanṭa, bei welchem fast eine halbe Million Besucher zusammenkommen, unter denen Sängerinnen, Tänzerinnen, Schausteller aller Art einen sehr erheblichen Prozentsatz bilden und zügellose Ausgelassenheit zu herrschen pflegt[2].

Ähnliche Ausflüge scheinen nach Mendes zur Verehrung des dortigen heiligen Widders stattgefunden zu haben[3], und auch bei den sonstigen zahlreichen Wallfahrtsorten, in denen man bestimmte Gottheiten und Orakel aufsuchte, wird sich, sobald eine größere Menschenmenge sich versammelte, ein Meßverkehr entwickelt haben. Zu nennen wären unter diesen Wallfahrtsstellen die Kataraktengegend, in welcher zahlreiche Besucher ihre Namen in Felsinschriften verewigten[4], ein besonders im zweiten Jahrhundert n. Chr. besuchter Tempel zu Tenne[5] und ein Tempel zu

---

[1] II, 60; vgl. Madsen, Sphinx XIII, S. 263 f.
[2] Lane II, S. 54 f.; Audouard, „Les Mystères de l'Égypte dévoilés", S. 251 ff. Für das analoge Fest und Messe des Heiligen Abd-er-rahîm zu Kene vgl. Klunzinger, „Bilder aus Oberägypten", S. 174 ff.
[3] Inschrift bei Burchardt, Äg. Z. XLVII, S. 111 ff.
[4] Morgan, „Cat. des Monuments de l'Égypte ancienne" I, 1, Wien 1894. Für die Kataraktengötter vgl. Röder, Äg. Z. XLV, S. 22 ff.
[5] Lefébure, Ann. Serv. Ant. VI, S. 155 f.

Abydos, in dem sich ein Orakel des Gottes Bes befand,
welches nicht nur von Ägyptern, sondern auch von Semiten,
Cyperern, Griechen bis tief in die römische Kaiserzeit hinein
befragt wurde[1].

Bei derartigen Fahrten, bei denen die Teilnehmer auch
Waren mit sich führten, muß eine gewisse Schwierigkeit
und vor allem Zeitverlust durch die in Ägypten herrschenden
Binnenzölle bereitet worden sein. Wenn diese auch erst
für die hellenistische Zeit verbürgt sind[2], so kann es doch
als sicher gelten, daß sie bereits in pharaonischer Zeit bestanden haben. Die Befreiung von der Zollzahlung galt als
eine große Bevorzugung durch den König[3], während es
anderseits eine wertvolle Gabe war, wenn der Pharao das
Zollrecht verlieh[4].

§ 220. In allen diesen Fällen handelte es sich um Kleinverkehr, der einzige Großkaufmann im Lande war der
König. Daß die Fürsten des alten Orients Handel trieben,
berichtete bereits das Alte Testament[5], wenn es erzählte,
daß Salomo Pferde und Wagen aus Ägypten bezog und sie
an die Fürsten Syriens und des Hethiterreiches weiter ver-
kaufte. Die Entdeckungen der letzten Jahrzehnte haben
gezeigt, daß diese kaufmännischen Bestrebungen des israelitischen Herrschers keine vereinzelte Erscheinung waren
und auch sonst die Landesherren einen großen Teil des
Verkehrs von Land zu Land in die Hand nahmen. Das
Bedürfnis einer derartigen Betätigung war für die Krone
im Niltal dadurch gegeben, daß die Steuern in Naturalien
abgeliefert wurden. Wenn von diesen Einkünften auch ein
Teil für den Hofstaat verbraucht wurde, ein anderer als
Gehalt für Beamte und Diener diente[6], so blieb doch ein

---

[1] Murray, „The Osireion at Abydos", Taf. 21 ff., S. 36 ff.;
Garstang, „El Arábah", Taf. 38 ff., S. 23, 37 ff.; Sayce, Proc.
Soc. Bibl. Arch. VI, S. 209 ff.; X, S. 377 ff.; XI, S. 318 ff.; Lefébure, CR. Acad. des Inscr. 1913, S. 465 ff. Clermont-Ganneau,
Rev. d'Arch. orient. VI, S. 391 ff.; Pedrizet und Lefebvre,
„Les graffitis grecs du Memnonium d'Abydos", Paris 1919.
[2] Wilcken, „Griechische Ostraka aus Ägypten und Nubien",
S. 277.
[3] Mendes-Stele, Z. 15 (Brugsch, Äg. Z. XIII, S. 38).
[4] Piehl, Äg. Z. XXI, S. 131.
[5] I. Könige 10, 28—9.
[6] Vgl. Maspero, „Histoire ancienne de l'Orient classique"
I, S. 283 ff., 330 ff.

sehr erheblicher Rest übrig, den man suchen mußte nutzbar
zu machen. Dies geschah durch Tauschhandel, wie ihn auch
die auf guter Kenntnis der ägyptischen Verhältnisse auf-
bauende Schilderung der Finanztätigkeit des biblischen
Joseph voraussetzt.

Der König gestaltete seine Handelstätigkeit vor allem
dadurch ertragreich, daß er eine Reihe von Monopolen
für sich in Anspruch nahm. So standen ihm nach klassischen Schriftstellern[1] die Erzeugnisse der Bergwerke zu,
die Fischerei im Mörissee und anderen Gewässern, die Herstellung bestimmter feiner Gewebe, in späterer Zeit der
Vertrieb des Schreibpapyrus u. a. m.

Wie im Inlande, so war er auch im Auslande als Handels-
herr tätig[2]. In seinen Inschriften verzeichnete er zwar
nirgends die Ankunft von Handelsgegenständen aus fremden Ländern, sondern stets nur die Ablieferung von Tributen.
Besäße man von den betreffenden Staaten aus der gleichen
Zeit entsprechende Angaben, so würden diese ihrerseits
von der Zahlung von Tribut durch den Pharao zu erzählen
wissen. Daß die Verhältnisse tatsächlich derart lagen und
es sich bei den Sendungen nicht um Ergebenheitskund-
gebungen, sondern um kaufmännischen Verkehr handelte,
zeigt die keilschriftliche Korrespondenz von El Amarna
aus der Zeit um 1450 v. Chr.[3] Aus ihr ersieht man, wie der
Pharao und die vorderasiatischen Fürsten um den Wert
der gegenseitigen „Geschenke" feilschten, Gold und Silber,
Sklaven und Prinzessinnen für den Harem, Erzeugnisse des
Kunstgewerbes abschätzten und entsprechende Gegengaben
lieferten. Die Parteien teilten sich ihre jeweiligen Wünsche
mit und hatten zu der Ehrlichkeit ihrer Partner nur sehr
bedingtes Vertrauen.

[1] Vgl. Lumbroso, „Recherches sur l'Économie politique
sous les Lagides", S. 287ff.; Mitteis und Wilcken, „Grundzüge der Papyruskunde" I 1, S. 239ff.
[2] Für den ägyptischen Außenhandel vgl. Heyes, „Bibel
und Ägypten", S. 52ff. (Lit.); Erman, „Ägypten", S. 658ff.
Siehe auch S. 51f.
[3] Übersetzung von Knudtzon, „Die El-Amarna-Tafeln"
(Vorderas. Bibliothek II), Leipzig 1907—14. Populäre zusammenfassende Bearbeitungen: Niebuhr, „Die Amarna-Zeit" (Alter
Orient I, 2), Leipzig 1899; Miketta, „Die Amarnazeit" (Bibl.
Streitfragen X), Münster i. W. 1908.

§ 221. Was Ägypten vor allem nach Asien ausführte, war Rohmetall, besonders Gold. Was es zurückerhielt, war, abgesehen von Holz, in vielen Fällen Edelmetall in verarbeitetem Zustande, in der Gestalt von Vasen, Schalen, Tafelaufsätzen, in deren kunstvoller Herstellung die Völker des mykenäischen Kulturkreises Hervorragendes leistet en[1]. Dieser Handel blühte, solange Ägypten die Goldgruben Äthiopiens besaß. Als diese um 1100 v. Chr. infolge des Zusammenbruches des äthiopischen Besitzes den Pharaonen verloren gingen, versiegte die Goldquelle und war ein Rückgang des auswärtigen Handels die unmittelbare Folge einer derartigen Verkleinerung des ägyptischen Reiches. Die fremden Länder schickten nicht mehr ihre angeblichen Tribute nach dem Niltal; der Ägypter mußte daher selbst nach dem Auslande ziehen, um dort zu versuchen, die erforderlichen Waren möglichst billig einzutauschen.

Derartige Auslandsreisen hatten bereits früher gelegentlich stattgefunden, besonders nach Phönizien und dessen wichtigster Stadt Byblos war man gefahren[2], hatte sogar zwischen dieser und der Osirismythe Verbindungen herzustellen gesucht[3]. Eine solche Reise[4] war, wie die erhaltene kritische Behandlung der Schilderung einer nach Palästina und Phönizien unternommenen Fahrt aus der thebanischen Blütezeit beweist[5], ein gefährliches und daher nur selten gewagtes Unternehmen. Die vereinzelten ägyptischen

---

[1] Wilkinson-Birch II, S. 1 ff.; Müller, „Asien und Europa", S. 347 ff.; Jolles, „Die ägyptisch-mykenäischen Prunkgefäße" in Jahrb. Deutsch. Arch. Inst. XXIII, S. 209 ff.; Schäfer, „Die altägyptischen Prunkgefäße" (Untersuchungen zur Geschichte Ägyptens, hrsg. von Sethe, IV, 1), Leipzig 1903.

[2] Sethe, Sitzb. Akad. Berlin 1906, S. 356 ff.; Äg. Z. XLV, S. 7 ff.; XLVII, S. 71 ff.; Erman, ib. XLII, S. 109 f. Gegen die Gleichstellung des ägyptischen Kepni und Byblos sprach sich Weill, Sphinx XI, S. 201 ff. aus.

[3] Baudissin, „Adonis und Esmun", S. 192 ff.; Lefébure, Sphinx V, S. 14, 210 ff.; VI, S. 1 ff.

[4] Für Asien in den Texten des Alten und Mittleren Reiches vgl. Weill, Sphinx VIII, S. 179 ff.; IX, S. 1 ff., 63 ff.

[5] Papyrus Anastasi I (Chabas, „Voyage d'un Égyptien en Syrie", Châlon s. Saône 1866; Gardiner, „Egyptian Hieratic Texts", Leipzig 1911; Erman, „Ägypten", S. 509 ff.; Spiegelberg, Äg. Z. XLIV, S. 118 ff.).

Posten, welche in Asien standen, dort Inschriften anbrachten und Denkmäler errichteten[1], boten nur in ihrer unmittelbaren Nähe einen gewissen Schutz. Die Straßen waren im
allgemeinen schlecht und unsicher, wilde Tiere und Räuber
bedrohten den Reisenden, fremde Fürsten suchten ihn zu
berauben oder, um sich in den Besitz seines Eigentums zu
setzen, umzubringen. Vor allem war es die lange Seereise,
welche man scheute und deren Unsicherheit dem ägyptischen
Volke stets besonders bedrohlich erschien. Noch jetzt gilt
im Lande das Sprichwort „Das Bauchknurren der Kamele
ist besser als das Gebet der Fische", d. h. die beschwerlichste
Landreise ist der angenehmsten Seefahrt vorzuziehen[2].

Die Gefahren der Reise zu Lande und gleichzeitig im
Bereiche der Hafenstädte, deren Bewohner ihre Schiffe
gern zum Seeraub verwendeten, wuchsen, sobald die Macht
Ägyptens sank. Dann fürchteten die Beduinen und fremden
Fürsten nicht mehr die rächende Hand des Pharao und konnten andererseits nicht die Hoffnung hegen, durch einen Handel mit dem verarmten Lande reiche Schätze einzuheimsen. Eine unter derartigen ungünstigen Verhältnissen
unternommene Handelsfahrt nach Phönizien schildert ein
zum Teil erhaltener umfangreicher Papyrus aus der Zeit
um 1000 v. Chr.[3]. Wenn der Bericht auch nicht ein historischer in dem Sinne ist, daß er eine tatsächlich in der beschriebenen Form unternommene Fahrt beschreibt, sondern
eine literarische Bearbeitung eines solchen Zuges, so ist er
doch in seinen Angaben über die Verhältnisse, welche
damals für den Reisenden im Auslande in Betracht kamen,
zuverlässig. Dies geht vor allem daraus hervor, daß seine
Andeutungen für Ägypten durchaus nicht schmeichelhaft
sind und die üble Lage deutlich zeigen, in welche der Kaufmann geriet, wenn ihn kein starkes ägyptisches Heer schützte

---

[1] Erman, Äg. Z. XXXI, S. 100; Z. d. Palästina-Vereins XV,
S. 205 ff.; ZDMG. XXXVII, S. 440 ff.; Müller, Proc. Soc. Bibl.
Arch. XVI, S. 298 f.; Smith, Quarterly Statement Palestine
Explor. Fund 1901, S. 340 ff.; usf. Für die der Saïtenzeit angehörenden Funde von Renan in Phönizien vgl. de Rougé, „Oeuvres
diverses" IV, S. 213 ff.
[2] Burckhardt, „Arabische Sprüchwörter", S. 153.
[3] Golenischeff, RT. XXI, S. 74 ff.; übersetzt: Maspero,
„Contes populaires de l'Égypte ancienne", 4. Aufl., S. 214 ff.
(Lit.); Wiedemann, „Altägypt. Sagen", S. 94 ff.

und er nicht über die erforderlichen Geldmittel verfügte.
Dann war er auf die Hilfe des Reisegottes „Amon des
Weges", einer Sonderform des Gottes Amon von Theben,
angewiesen, dessen Bild er mit sich genommen hatte, an
dessen große Macht die phönizischen Stadtfürsten aber
nicht ohne weiteres glauben wollten.

So kam es, daß allmählich die Vermittlung des Handels
hier im Norden den ägyptischen Kaufleuten verloren ging
und erst die Phönizier und dann die kleinasiatischen
Griechen an ihre Stelle traten. Ihnen gelang es sogar, im
eigentlichen Ägypten festen Fuß zu fassen, im Delta
und bis nach Memphis, vereinzelt auch in Oberägypten,
Handelsniederlassungen zu begründen. Die saïtischen
Könige, welche aus Kleinasien ihre Söldner bezogen, begün-
stigten diese Anlagen besonders in Naukratis im Delta
und verliehen ihnen eigene Verfassung und Monopole,
welche freilich mehr den Fremden als den Ägyptern zugute
kamen[1].

Günstiger lagen während langer Jahrhunderte die Verhältnisse für die Ägypter an den Küsten des Roten Meeres.
Es war zwar hier eine lange Seefahrt unvermeidlich, ehe
man zu dem Lande Punt gelangte, es waren aber andererseits in diesen Gegenden nirgends mächtige Stadtfürsten
zu fürchten, welche den Reisenden hätten berauben, die
Preise allzusehr in die Höhe treiben können. Die Produkte,
welche man von hier einholte, waren Windhunde, Affen,
Elfenbein, Ebenholz, Gold, Pantherfelle, Gummi und vor
allem Weihrauch, den man noch in hellenistischer Zeit aus
diesen Gegenden nach Ägypten verfrachtete[2]. Die Expe-
ditionen nach Punt fanden, wenn auch mit großen Unterbrechungen, während der ganzen Dauer der ägyptischen
Geschichte statt. Genauer bekannt ist nur die bereits
öfters erwähnte Fahrt, welche die Königin Ḥātschepsut
hierhin unternehmen ließ[3].

---

[1] Mallet, „Les premiers Établissements des Grecs en Égypte"
(Mém. Miss. Franç. Caire XII, 1), Paris 1893; Petrie, „Naukratis I", London 1886; Gardner, „Naukratis II", London 1888;
H. Prinz, „Funde aus Naukratis" (Klio, Beiheft 7), Leipzig 1908.
[2] Rostonzew, Arch. f. Papyrusforsch. IV, S. 298ff.
[3] Darstellungen ihrer Episoden aus Dêr el baḥari veröffentlichte Dümichen, „Die Flotte einer ägyptischen Königin", Leip-

Eine große Erschwerung des Handelsverkehrs mit dem
Auslande mußte die lange Reihe verschiedenartiger Sprachen
bilden, welche im Kreise der Nachbarvölker Ägyptens im
Gebrauche waren. In der Zeit der 18. Dynastie galt, wie
die El Amarna-Tafeln zeigen, das Babylonische als eine Art
internationaler Sprache für den amtlichen Verkehr mit
dem Auslande und den Handel; in anderen Perioden fehlte
es an einem derartigen allgemein üblichen Verständigungs-
mittel. Das Selbsterlernen der fremden Sprachen wird von
den Reisenden nur in seltenen Fällen unternommen worden sein, im allgemeinen bediente man sich für die Verhandlungen mit den Ausländern bis in die griechische Zeit
hinein der Dolmetscher, welche gleichzeitig als Fremden-
führer auftraten, deren Zuverlässigkeit aber eine sehr geringe zu sein pflegte[1]. Zur Erledigung amtlicher Ausein-
andersetzungen mußte man sich daher in Ägypten nach
vertrauenswürdigeren Leuten umsehen und fand diese in
den Königlichen Boten für bestimmte Länder, für
Cheta[2], Syrien und Äthiopien[3], Kanaan[4], von denen mehrfach die Rede ist. Von ihnen, welche die Schreiben des
Pharao den fremden Fürsten zu überbringen hatten, wird
man auch eine genügende Kenntnis der Sprache der Länder, für welche sie angestellt waren, verlangt haben. Ob
diese Leute auch den Privatpostverkehr mit dem
Auslande zu übernehmen hatten, ist unbekannt. Im Innern
Ägyptens war die Besorgung der Post Privatboten überlassen und wurde nicht durch ein irgendwie geordnetes
staatliches Institut besorgt.

---

zig 1868; Mariette, „Deir-el-bahari", Leipzig 1877 und am
besten Naville, „Deir el bahari" III, Taf. 69 ff., S. 11 ff. Vgl.
Krall, „Studien zur Geschichte des alten Ägyptens" IV, Wien
1890; Lieblein, „Handel und Schiffahrt auf dem Roten Meere",
Christiania 1886; Naville bei Davis, „Tomb of Hâtschopsîtû",
S. 25 ff. — Vgl. S. 153.

[1] Wiedemann, „Herodot", S. 28. Die Deutung des Wortes
ā als Dragoman (Gardiner, Peet, Jéquier, Proc. Soc. Bibl. Arch.
XXXVI, S. 117 ff., 224, 246 ff.) ist sehr fraglich.

[2] Renouf, „Life-Work" III, S. 245 ff.

[3] Maspero bei Davis, „Tomb of Siphtah", S. XXV.

[4] Chassinat, Bull. Inst. Franç. Caire I, S. 98 ff.

L. Gewerbe[1].

§ 222.   Mehrere ägyptische Gewerbe waren bereits im Zusammenhang mit der Schilderung anderer ägyptischer Kulturverhältnisse zu besprechen, wie die Bäckerei[2], Bierbrauerei[3], Weinkelterei[4]. Hier sind einige weitere besonders wichtige Gewerbezweige nachzutragen[5].

1. Textilarbeit[6].

§ 223.   Das Vorhandensein des Flachses im alten Ägypten wird durch den Fund einer Reihe von Samenkapseln des Linum humile erwiesen, während Reliefs besonders

---

[1] Für die ägyptischen Gewerbe im allgemeinen vgl. Wilkinson-Birch II, S. 136 ff.; Petrie, „Arts and Crafts of the ancient Egyptians", London 1909, übersetzt von Capart, „Les Arts et Métiers de l'ancienne Égypte", Brüssel 1912 (Vernier, Bull. Inst. Franç. Caire XII, S. 35 ff.); Steindorff, „Das Kunstgewerbe im alten Ägypten" (Hochschulvorträge für Jedermann, Heft 12), Leipzig 1898; Wreszinski, „Vom altägyptischen Kunstgewerbe" in Verh. d. Ver. z. Beförderung d. Gewerbefleißes 1913, S. 179 ff. (populärer Vortrag); Reil, „Beiträge zur Kenntnis des Gewerbes im hellenistischen Ägypten", Leipzig 1914 (Spätzeit). Für die Arbeiterverhältnisse vgl. Spiegelberg, „Arbeiter und Arbeiterbewegung unter den Ramessiden", Straßburg 1895; „Zwei Beiträge zur Geschichte der thebanischen Necropolis", Straßburg 1898, S. 6 ff.; „Correspondances du Temps des Rois-prêtres" (Notices et Extraits de la Bibl. nat. Paris, XXXIV, 2), Paris 1895; Gardiner, Proc. Soc. Bibl. Arch. XXXI, S. 5 ff.; Daressy, RT. XXXIV, S. 3 ff.; „Ostraca" (Kat. Kairo), Kairo 1901; Erman, „Ägypten", S. 180 ff. (kurze Übersicht).

[2] Vgl. § 209.

[3] Vgl. § 215.

[4] Vgl. § 216.

[5] Über Lederarbeit siehe Wilkinson-Birch I, S. 232; II, S. 178; Erman, „Ägypten", S. 597 ff.; über die Herstellung lederner Sandalen vgl. die Literatur S. 126, Anm. 2.

[6] Wilkinson-Birch II, S. 157 ff.; Wiedemann, „Herodot", S. 149 ff., 358 f., 614 f. (Lit.); Heyes, „Bibel und Ägypten", S. 238 ff. (Lit.); Klebs, „Reliefs", S. 96 ff. (mit zahlreichen Darstellungen der Leinwandbehandlung, des Strickens von Netzen, des Spinnens, der Seilerei aus dem Alten Reich); Maspero, „Études égypt." I, S. 86 ff.; II, S. 160 f.; Erman, „Ägypten", S. 594 ff.; Garstang, „Burial Customs of ancient Egypt", S. 132 ff. (Spiegelberg, Äg. Z. XLV, S. 88 f.). Über Weberei im allgemeinen (unter Berücksichtigung der ägypt. Formen):

des Mittleren Reiches in eingehender Weise seine Behandlung und Verwertung zum Spinnen und Weben vorführen[1].
Zunächst wird von einer Reihe von Männern der Flachs
ausgerauft, den andere sofort zu Bündeln zusammenbin-
den. Dann wird Wasser in einen erhöhten Behälter getragen, um den Flachs zu begießen. An der entgegengesetzten
Seite des Behälters nimmt ein Mann die gerösteten Stengel
zum Trocknen heraus und legt an ihre Stelle frisch geerntete.
Daneben klopfen zwei Männer die Flachsstengel mit keulen-
förmigen Hölzern, die gewonnenen spröden Bastfasern
werden auf einem Steine mürbe geschlagen, von ihren
Rindenteilen befreit und schließlich zu einem Seile gedreht. Der Flachs, welcher zu Gespinsten verwendet

H. Ephraim, „Über die Entwicklung der Webetechnik und
ihre Verbreitung außerhalb Europas", Mitt. Städt. Mus. f.
Völkerk. Leipzig I, 1, Leipzig 1905; F. Gräbner, „Verbreitung
und Formen der Weberei", Naturwiss. Verein zu Krefeld, Jahrb.
1911/12, S. 86 ff. Brettchenweberei im alten Ägypten suchten
van Gennep und Jéquier, „Le Tissage aux Cartons et son Utili-
sation décorative dans l'Égypte ancienne", Neuchatel 1916 (vgl.
van Gennep, KBlAEU. XLIV, S. 82) nachzuweisen, doch liegt
bisher kein zwingender Anhalt für ihr Vorkommen vor. Für die
nur vereinzelt vorkommende Gobelin-Weberei vgl. S. 177f.
Funde von Spinn- und Webegerät in Holz aus verschiedenen
Zeiten sind nicht selten (z. B. Whyte, Proc. Soc. Bibl. Arch.
XXIV, S. 84 f.; Petrie, „Kahun", S. 27 f.). Für den Webstuhl vgl.
Roth, „Ancient Egyptian and Greek Looms" (Bankfield Museum
Notes, 2. Ser., Nr. 2), Halifax 1913; C. H. Johl, „Die Web-
stühle der Griechen und Römer," Kiel 1917 (besonders über
die Darstellung des Webstuhls zu Beni Hasan bei Lepsius,
„Denkm." II, 126). — Über die ägyptische Flechterei
ist nur wenig bekannt. Ihre Darstellungen (die des Alten
Reiches bei Klebs, „Reliefs", S. 98f.) ergeben kein klares,
in das einzelne gehendes Bild. Verschiedene Techniken
zeigen die Stuhlsitze bei Wilkinson-Birch I, S. 409ff.; die
Schachtel ib., S. 428; die Körbe ib. I, S. 401; II, S. 396 und
Photographie Mertens I, 15 („Ägypt. u. Vorderas. Altertümer
a. d. Kgl. Museen zu Berlin" I, Taf. 34); vgl. auch den Index
s. v. Körbe. Für Matten vgl. Perrot-Chipiez, „Ägypten", Taf. 13
u. 14; über Wandmatten vgl. in diesem Buch S. 177, über
Schlafmatten S. 180.
¹ Wönig, „Die Pflanzen im alten Ägypten", S. 183ff.;
Newberry, „Beni Hasan" I, Taf. 29; II, Taf. 4, 13; IV, Taf. 15
(Lepsius, „Denkm." II, 126; Rosellini, „Mon. civ.", Taf. 41—2);
„El Bersheh" I, Taf. 26, S. 35; Davies, „Five Theban Tombs",
Taf. 37, S. 34 (12. Dyn.). Für die wenig ergiebigen Darstellun-
gen aus dem Alten Reiche vgl. Klebs, „Reliefs", S. 53f.

werden sollte, wurde gehechelt, und sind mehrfach Hechel-
kämme erhalten geblieben. Bei hölzernen Exemplaren zu
Berlin sind zwischen den Zähnen noch Bastteile des Flachses erhalten.

Am Spinnen und Weben, deren Erfindung gelegentlich der Göttin Neith zugeschrieben wurde[1] und welche
bereits zur Nagadazeit bekannt waren[2], sind Männer und
Frauen beteiligt. In einem Relief der 12. Dynastie zu Beni
Hasan[3] hockt ein Mann vor einem aufrecht gestellten, langen, oben gegabelten Webstuhle, an welchen der Faden
geknüpft ist, und hält die Spindel. Daneben steht am
unteren Ende des Stabes ein Näpfchen, welches Wasser
zum Befeuchten des Flachses enthält. An anderen Stellen
sieht man Frauen an Spindel und Webstuhl[4]. Die eine der
Spinnerinnen zieht den einfachen Faden, die andere dreht
mehrere einfache Fäden zu einem starken zusammen (Taf.-
Abb. 23). Zwei weitere Spinnerinnen drehen das fertige Stück
Faden in einer Spirale um den eigenen Körper. Von zwei
Weberinnen an einem wagrechten Webstuhl besorgt die
eine den Aufzug, die andere den Einschlag. In einer Darstellung[5] der gleichen Zeit flicht ein Mann an einem zwischen
einem Rahmen ausgespannten Stoffe ein schachbrettartiges
Muster. In Theben zeigt ein Relief des Neuen Reiches[6]
einen Weber vor dem senkrechten Webstuhle sitzend und
mit Händen und Füßen arbeitend.

§ 224. Die Leinwanderzeugnisse Ägyptens waren
im Altertum wegen ihrer Güte berühmt und wurden vielfach aus dem Lande ausgeführt, vor allem werden feine,
halbdurchsichtige Stoffe gepriesen. Erhalten sind zahl-

---

[1] Wiedemann Proc. Soc. Bibl. Arch. XXXVI, S. 43ff.;
„Herodot“, S. 359; Mallet, „Le Culte de Neit à Sais“, Paris
1888. Für die Sondergottheit des Stoffes *Tait* vgl. Maspero,
„Études de Myth.“ VI, S. 347f.; Lefébure, Sphinx VIII, S. 25f.;
Chassinat, RT. XX, S. 7.
[2] Vgl. S. 45.
[3] Newberry, „Beni Hasan“ II, Taf. 13 (Wilkinson-Birch
II, S. 170).
[4] Newberry, „Beni Hasan“ I, Taf. 29 (= Lepsius, „Denkmäler“ II, 126); II, Taf. 4; „El Bersheh“ I, Taf. 26; vgl. auch
Wilkinson-Birch I, S. 317.
[5] Newberry, „Beni Hasan“ II, Taf. 13 (Wilkinson-Birch
II, S. 170).
[6] Wilkinson-Birch II, S. 171. Vgl. S. 171.

reiche Leinengewebe in den Mumienbinden von den ältesten Zeiten bis in die nachchristliche Periode hinab[1], ohne daß sich bei ihnen tiefer eingreifende zeitliche Veränderungen in der angewendeten Webetechnik nachweisen ließen, dagegen ist die Qualität der Leinwand bei den gleichen Mumien häufig sehr verschieden. Sie wechselte von dicht gewebten Stoffen bis zu äußerst feinen, wie sie besonders für die Einwicklung der Leichen der Könige Rä-mer-en und Pepi I. der 6. und Thutmosis III. der 18. Dynastie verwendet wurden; sie können sich hier mit dem feinsten Musselin messen. Im allgemeinen waren die Gewebe einheitlich weiß oder weißlichgelb mit Saflor (Carthamus tinctoria) gefärbt[2], nur selten finden sich blaue oder rötliche Bandmuster eingewebt oder Perlen aus glasiertem Steingut zwischen den Fäden befestigt. In den Texten werden im Neuen Reiche mehrfach Stoffe mit eingewebten bunten Figuren erwähnt[3], in größerer Menge sind verschiedenfarbige Stoffe aber erst aus der hellenistischen Zeit erhalten. Religiöse Texte nennen allerhand Stoffe, von denen weiße, grüne, rote und wohl auch mehrfarbige bei dem Götter- und Totenkulte dem Bildnisse des Gefeierten als Opfergabe darzureichen waren[4]. Bei Tanis wurde vor allem Königsleinwand, Leinen und gutes oberägyptisches Leinen gewebt, ohne daß der Unterschied zwischen diesen Sorten ersichtlich wäre[5]. Die Klassiker sprechen vor allem von der Leinwand aus dem nahegelegenen Pelusium, von dessen Namen man das französische Wort blouse abgeleitet hat[6].

[1] Midgly in Brit. School of Arch., Egypt. Hist. Studies, S. 37 ff. (3. Dyn.); Petrie, „Deshasheh", S. 31 f. (5. Dyn.); Smith, „Royal Mummies" (Kat. Kairo), Kairo 1912; Ann. Serv. Ant. VII, S. 166 ff.; Fox in Murray, „The Tomb of two Brothers", London 1912; Macalister, JAI. XXIII (1893), S. 101 ff.; John bei Minutoli, „Reise zur Oase Jupiter Ammon", S. 350; Braulik, „Altägyptische Gewebe", Stuttgart 1897.
[2] Hübner bei Murray, „Tomb of two Brothers", London 1912.
[3] Stellen bei Bissing, RT. XXIX, S. 183.
[4] Moret, „Rituel du Culte journalier", S. 178 ff., 168 (Budge, „Book of Opening the Mouth" 1, S. 229 ff., 226). Vgl. Capart, „Chambre funéraire de la 6e Dynastie", S. 24 (Lit.); Maspero, Ann. Serv. Ant. I, S. 253; Jéquier, Sphinx XVI, S. 119 ff.
[5] Pap. Anastasi VI, 1 ff.
[6] Lumbroso, „Recherches sur l'Économie politique de l'Égypte sous les Lagides", S. 108.

Unklar ist es, inwieweit von den alten Ägyptern neben
der Leinwand Baumwolle verarbeitet wurde. Bei den
Klassikern wird dieselbe mehrfach genannt, die öfters
ausgesprochene Vermutung aber, daß in erhaltenen Stoffen
Baumwolle sich finde, hat sich nicht bestätigt, so daß die
Benutzung dieses pflanzlichen Erzeugnisses jedenfalls selten
war[1].

§ 225. Unbekannt scheint der Hanf und seine Verwendung gewesen zu sein. Statt Hanfseile fertigten die
Ägypter Papyrusstricke, wie sie solche noch für
die Brücke des Xerxes über den Hellespont benutzten[2].
Das Flechten der Stricke wird in einem Grabe der
18. Dynastie zu Theben dargestellt[3]. Ein Mann sitzt in
der Mitte des Bildes auf einem niederen Schemel und
hält eine Reihe Papyrusstengel am Boden fest, um den
Flechtern einen festen Stützpunkt zu geben. Diese,
welche rechts und links von ihm stehen, haben die
Stengel an ein längliches Holz befestigt, das beiderseits
durch Kugeln beschwert ist, und verflechten durch dessen
Drehung die Stengel. Darüber sind Papyrusstengel, fertige
Stricke und die bei der Arbeit verwendeten Werkzeuge
abgebildet: ein Messer, um die Stengel abzuschneiden;
ein Stab mit Spitze, und ein solcher mit Widerhaken,
um sie zu spleißen und abzukratzen; ein Hammer, um
die in Wasser geweichten Stengel zu klopfen, und zwei
der zu dem Zusamendrehen der Stengel benutzten Holz-
stäbe mit Beschwerung.

2. Glasarbeit.

§ 226. Die Glas- und Fayence-Industrie[4] war in Ägypten weit verbreitet, doch war das Blasen des Glases, seine
Bearbeitung mit der Pfeife noch im 6. Jahrhundert v. Chr.

---

[1] Wönig, „Die Pflanzen im alten Ägypten", S. 189; Wiedemann, „Herodot", S. 358f.; Reinach, L'Anthropologie XXII,
S. 373f.
[2] Herodot VII, 34. Homer, Odyssee XVI, v. 391 erwähnt
ein Schiffstau aus Papyrus.
[3] Mackay, Journ. Egypt. Arch. III, S. 125 f., Taf. 15.
[4] Kisa, „Das Glas im Altertum" I, S. 1 ff., 33 ff. (ill., Lit.;
in diesen Teilen unter Mitwirkung von Wiedemann und Bissing);
Parodi, „La Verrerie en Égypte" (Diss. Grenoble), Kairo 1908;

im Niltal unbekannt[1]. Die ältesten Stücke einer glasartigen
Substanz finden sich bei Fayence-Einlagen und glasierten
Perlen der Nagadazeit[2]. Das Glas war bis zum Mittleren
Reiche eine undurchsichtige Masse von lebhafter, oft glän-
zender Farbe, welche in teigartig weichem Zustande mit
freier Hand zu Gefäßen, Perlen, Amuletten, Ringen, Auf-
und Einlege-Platten verarbeitet wurde, um farbige Edelsteine und emaillierte Tonware nachzuahmen. Die Zusammensetzung war chemisch die gleiche, wie bei dem heutigen
Glase; die Masse enthielt aber außer Kieselerde, Kalk,
Alkali, Soda verhältnismäßig viele natürliche fremde Bestandteile, Kupfer, Eisen, Manganoxyde, von welchen man
den Grundstoff nicht zu befreien vermochte. Die aus der
ersten Schmelze in bläulich-grüner Farbe hervorgegangene
Masse wurde in der zweiten Schmelze durch Beimischung
von Metalloxyden noch stärker und tiefer gefärbt. Durch
Kupfer und Kobalt blau, durch ersteres leuchtend grün,
durch Mangan violett und braun, durch Eisen gelb, durch
Blei und Zinn opak-weiß. Naturgemäß war die Theorie
der Färbung den Ägyptern unbekannt, sie verfuhren rein
empirisch, und war es in den meisten Fällen wohl reiner
Zufall, wenn eine besonders schöne Farbe bei dem Prozeß
herauskam.

Außerordentlich groß ist die Menge von erhaltenen
Glasflüssen aus den ersten Jahrhunderten des Neuen Reiches. In der Nähe der Paläste Amenophis' III. zu Theben[3]
und Amenophis' IV. zu El Amarna[4] waren Glaserwerkstätten
untergebracht, deren Abfallhaufen über die Durchführung
der Arbeit im einzelnen Aufschluß gewähren. Der Reichtum an hergestellten Formen war ein sehr großer, die ange-
wandte Technik so gut wie immer die gleiche. Das Glas
war meist porös und vielfach unklar gefärbt. Perlen

Bissing, Rev. Arch. XI, S. 211 ff.; Petrie-Capart, „Arts et Métiers de l'ancienne Égypte", S. 140 ff.; Dedekind, „Ägyptologische Untersuchungen", S. 209 ff. (Andersson, Sphinx VIII,
S. 93 ff.).
[1] Vgl. § 235.
[2] Vgl. Petrie-Capart, a. a. O., S. 127 ff.
[3] Bull. Metropolitan Museum (New-York) VII, S. 187.
Weiße Glasware aus dieser Zeit: Davis, „Tomb of Queen Tîyi",
S. 36 f.
[4] Petrie, „Tell el Amarna", S. 25 ff., Taf. 13.

und vielfarbige Gefäße stellte man vermittelst verschie-
denfarbiger Glasstäbchen zusammen, und zeigen dieselben
deutlich die Spuren der Aneinanderreihung dieser Stäbchen. Bei derartigen Gefäßen formte man zunächst das
Gefäß aus freier Hand aus einfarbiger Paste und legte dann
dünne farbige Glasfäden um diesen Kern. Endlich rollte
man das Gefäß solange auf einer Marmorunterlage, bis die
Fäden in die Masse eingedrungen waren. Für Einlage-
platten wurde das Glas in erkaltetem Zustande geschnitten
und graviert, dann wurden die Stücke in Schmuckgegenstände, Särge, Holzarbeiten eingelegt und befestigt. Ein
Einschmelzen der noch warmen Paste in die für sie bestimmten Facetten scheint nicht vorgekommen zu sein.
Die Zahl der erzielten Farben war eine sehr große: Purpur-
rot, opakes Violett, Grün, Blau, Gelb, opakes Rot, Schwarz
und Weiß sind in zahlreichen, wohl meist durch Zufall
hervorgerufenen Nuancierungen vertreten. Wirklich durch-
sichtiges Glas fehlt, besten Falls ist es durchscheinend,
meist aber sehr dicht.

§ 227. Noch stärker als die Herstellung von Gegenständen aus Glas war in Ägypten die von solchen aus glasiertem Steingut verbreitet[1], während die Versuche
Steine zu glasieren selten gewesen zu sein scheinen[2]. Als
Grundmaterial benutzte man für die Fayencen meist einen
weißen und sandigen Kieselsand oder ein feines, lichtgraues
Material, welches durch Pulverisierung eines in Oberägypten sich findenden Kalksteins hergestellt wurde, oder end-

---

[1] Technik der Fayence-Arbeit: außer Kisa, a. a. O., vgl.
Petrie-Capart, „Arts et Métiers de l'ancienne Égypte", S. 127ff.;
Petrie, „Naukratis" I, S. 36ff.; Töpferöfen aus römischer Zeit
zur Herstellung blau und grün glasierter Gefäße: Petrie, Brit.
School of Arch., Egypt. Hist. Studies, S. 34ff.; „Memphis"
I, S. 14, Taf. 49—50. Analysen von Fayencen: Minutoli, „Reise
zur Oase Jupiter Ammon", S. 337ff.; Chantelier, CR. Acad. des
Sciences CXXIX, S. 387f. Fayencearbeiten: Bissing, „Fayence-
gefäße" (Kat. Kairo), Kairo 1902; H. Wallis, „Egyptian ceramic
Art", 1898 (Privatdruck; besonders kunstvolle Stücke); Schäfer,
Amtl. Ber. Kgl. Kunstsammlgn. Berlin XXXIV, S. 49ff. (Stücke
in Berlin). Herstellung des ägyptischen Blau für Glasuren und
Farben: Laurie, McLintock und Miles, Proc. Roy. Soc. LXXXIX,
S. 418ff.

[2] Petrie-Capart, a. a. O., S. 126f. Ein Bruchstück einer
bläulich glasierten kleinen Vase aus Quarzit aus dem Palaste
Amenophis' III. zu Medînet Habu ist in meinem Besitze.

lich eine rötliche, mit Kreide und Ziegelpulver gemischte
Masse, welcher man soviel Ton beimengte, daß sie gut form-
bar wurde. Man preßte dieses Material in angefeuchtetem,
schlammartigen Zustande in Hohlformen aus gebranntem Ton. Dann tauchte man die geformten Gegenstände
in noch weichem Zustande in feinen Glasstaub, dessen
Flußmittel alkalisch, also vermutlich Soda, war, und brachte
sie so in das Feuer. Beim Schmelzen legte sich die farbige
Glasur als feine Haut über das Ganze. Bei größeren Stücken
wurde der Gegenstand vor der Glasur gebrannt und dann
in flüssige Glasur eingetaucht oder mit ihr bestrichen.
Als Färbung war in alter Zeit Lichtgrün am beliebtesten, im
Mittleren Reiche herrschen bläuliche Töne vor, im Neuen
Reiche treten sehr verschiedene Farben auf, und bringt
man bisweilen mehrere derselben an den gleichen Stücken
an[1], doch überwiegt in dieser Zeit ein Türkisblau. In der
saïtischen Periode tritt das Grün wieder in den Vordergrund.

§ 228. Die Hauptblüte der Industrie fällt, wie bemerkt,
in das Neue Reich, doch hat sie bis in die hellenistische
Zeit in großem Umfange bestanden, wenn auch damals die
Arbeit in reinem Glase weit größere Bedeutung gewann[2].
In Alexandrien wurden mit den technischen Methoden
der Ägypter unter dem Einflusse griechischen Geschmacks
die schönsten Erzeugnisse der Glasindustrie des Altertums
überhaupt hergestellt und von hier über das ganze römische
Reich hin verfrachtet. Vor allem die bis in das Rheinland
hinein auftretenden Gläser in Affengestalt und mit Affen
als Verzierung sind auf Alexandrien zurückzuführen[3].

3. Töpferei[4].

§ 229. Die Töpferei hat sich in Ägypten nie zu einer
Kunst entwickelt, wie in Griechenland; sie blieb stets ein
Handwerk, welches im allgemeinen als Hausindustrie be-

---

[1] Äg. Z. XXVIII, S. 58; Legrain, RT. XXVI, S. 81 ff.
[2] Edgar, „Greco-Egyptian Glass" (Kat. Kairo), Kairo 1905.
[3] Kisa, a. a. O., S. 83 (Bonner Jahrbücher XLI, S. 142,
Taf. 3; XLIV, S. 275).
[4] Wilkinson-Birch II, S. 192 ff.; Petrie-Capart, „Arts et
Métiers de l'ancienne Égypte", S. 148 ff.; Klebs, „Reliefs", S. 90
(Darstellungen aus dem Alten Reich); Rosellini, „Mon. civ.",

trieben wurde. Infolgedessen fehlte es an Kunstschulen
in der Keramik und entstand je nach der wechselnden
Geschicklichkeit und der Laune des einzelnen Arbeiters
eine ungemein große Zahl von wechselnden Formen. Selbst
in den gleichen Nekropolen waren nur wenige Gefäße
wirklich identisch, wenn sie auch im allgemeinen Varianten
der gleichen, durch die Bestimmung der Gefäße geforderten Grundtypen bildeten. Wenn künstlerisch höher stehende Gefäße auftraten, so handelte es sich so gut wie
regelmäßig um eingeführte Ware, welche vor allem seit
dem Neuen Reiche aus den Gebieten der mykenäischen
und syrischen, später auch aus denen der griechischen
Kultur gebracht wurde. Einzelne auswärtige Formen,
wie die mykenäische Bügelkanne, kamen dabei in erheblicher
Zahl[1] in das Niltal und wurden bisweilen von den Ägyptern
in ihrer einheimischen Fayence nachgeahmt[2].

§ 230. Am Anfang der Nagadazeit[3] war die Drehscheibe
für Ton- und Steinarbeit noch unbekannt. Sie wurde auch
später im Niltal nicht regelmäßig verwendet. Bis zur
Neuzeit erfolgt hier die Herstellung des gewöhnlichen
Geschirrs durch die Dorffrauen ohne Benutzung der Drehscheibe, während die bessere Ware von Männern mit deren
Hilfe hergestellt wird[4]. Die Frauen hocken bei der Arbeit
auf der Erde, nehmen ein großes Stück feuchten Ton,
drücken in die Mitte einen Stein, um die Gefäßtiefe zu erhalten, geben dem Ganzen eine rundliche Form, bestreuen

---

Taf. 50 (Einzelszenen aus der Arbeit); Quibell, „Excavations
at Saqqara 1906—7", S. 75 f., Taf. 17—8 (Modell einer Töpferei);
Bissing, Ann. Serv. Ant. V, S. 112 (Brennofen und aufgehäufte
gebrannte Töpfe); Barsanti, ib. I, S. 159 (plastisches Modell
eines Topfhaufens).
    [1] Petrie, „Tell el Amarna", S. 16 f., Taf. 26 ff. (Zeit Ameno-
phis' IV.); Rosellini, „Mon. civ.", Taf. 59 (Darstellung im Grabe
Ramses' III.).
    [2] Spiegelberg, „Geschichte der ägyptischen Kunst", S. 57.
    [3] Gefäße dieser Periode in Kairo: Quibell, „Archaic Ob-
jects" (Kat. Kairo), 2 Bde., Kairo 1904—5; Bissing, „Tongefäße"
I (Kat. Kairo), Wien 1913; in Menschengestalt: Naville, RT.
XXI, S. 212 ff.; XXII, S. 65 ff.
    [4] Naville, L'Anthropologie XXIII, S. 313 ff.; Arch. suisses
d'Anthrop. III, S. 143 ff.; Maspero, Rev. crit. LXXIV, S. 339 f.
Vgl. die Schilderung der Arbeit ohne Drehscheibe bei Weule,
„Negerleben in Ostafrika", S. 328 ff.

es mit gehacktem Stroh und lassen es in der Sonne trocknen, ehe es in dem Ofen gebrannt wird. Für kleinere Gefäße nimmt man keinen Stein, sondern drückt mit dem
Daumen in der Mitte den Ton ein und formt das Gefäß
mit den anderen Fingern. Griffe und Ausguß kann man
ohne weiteres aus der Masse herausdrücken. Statt Stroh
darauf zu streuen, benutzt man bisweilen einen zerstampften Schieferstaub, der dem Gefäß beim Brennen eine rötliche Färbung gibt.

Bei der Arbeit mit der Drehscheibe sitzt jetzt der Töpfer in
Ägypten auf dem Boden, zwischen
den gespreizten Beinen steht ein
Träger, auf dem, noch zwischen
den Beinen, ein rundes Brett
ruht, auf welchem der Ton liegt.
Der Arbeiter formt den Ton
mit den Händen, während er
mit den Beinen ein großes
Rad in Bewegung setzt, auf
welchem der Ständer befestigt
ist. Ähnlich wie die modernen
Töpfer beiderlei Geschlechts,
arbeiteten die Leute im Altertum,
nur pflegte der antike Töpfer
nicht auf der Erde, sondern

Abb. 57. Der Gott Ptah-
Tanen formt auf der Töpferscheibe das Weltei.

auf einem oben rundlich abschließenden Tonpfeiler zu
sitzen (Abb. 57). Eine etwas abweichende Arbeitsart findet sich in Reliefs des Mittleren Reiches dargestellt[1]. Hier
hockt der Arbeiter vor der Drehscheibe, welche aus einem
pilzartigen Aufsatz besteht, der oben in einer Fläche endet
und unten in einem Sockel ruht, in welchem er bewegt
werden kann. Bei der Arbeit wird die Platte mit der einen
Hand gedreht, während man mit der anderen aus dem auf
ihr liegenden Lehmkloß die Gefäße formt und sie gelegentlich nach Vollendung ihrer Formung vermittelst eines
Fadens von dem übrigen Lehmkloß abschneidet.

---

[1] Newberry, „Beni Hasan" I, Taf. 11; II, Taf. 7; IV, Taf.
20, S. 6f.; „El Bersheh" I, Taf. 25.

Der verwendete Ton wechselte je nach der Stelle, an der er gewonnen wurde, von einem fein geschlemmten Material bis zu roher, nicht selten mit Kieselstückchen versetzter Ware. Meist verarbeitete man den Ton allein, nur ausnahmsweise trat eine Färbung durch roten Ocker, Graphit oder Anrauchung ein[1], dagegen ist eine Bemalung der fertig hergestellten Töpfe in allen Perioden nicht selten.

§ 231. Eine regelmäßige Entwicklung der Gefäßtypen[2] fehlte in Ägypten. Im allgemeinen wählte jeder Arbeiter auf Grund des altüberlieferten Bestandes diejenigen Formen, welche ihm und seinen Kunden am meisten zusagten und im Einzelfalle am zweckentsprechendsten erschienen, und kümmerte sich dabei wenig um Zeitrichtungen. Die Versuche, chronologisch geordnete keramische Reihen aufzustellen und auf Grund einer angeblichen Entwicklung der Gefäßformen und Techniken Datierungen von Gräbern und Hausresten vorzunehmen, haben keinerlei zuverlässige Ergebnisse zu erzielen vermocht. Dies konnte um so weniger der Fall sein, als nicht selten alte Formen zeitweise aus dem Gebrauche verschwanden, dann aber nach Jahrhunderten wieder in Aufnahme kamen und weite Verbreitung gewannen[3].

4. Ziegelei.

§ 232. Die Herstellung der Ziegel erfolgte in der einfachsten Weise[4]. An einer sumpfigen Stelle innerhalb des Niltales wurde der Schlamm ausgehoben, in Haufen auf-

---

[1] Vgl. S. 44.

[2] Eine zusammenfassende Darstellung der ägyptischen Keramik fehlt. Man ist daher genötigt, sich die Gefäßtypen aus den Einzelpublikationen von Ausgrabungsergebnissen zusammenzusuchen. Es finden sich z. B. in größerer Zahl Gefäße der Nagadazeit bei: Bissing, „Tongefäße" (Kat. Kairo), Wien 1913; Petrie, „Naqada", London 1896; des Alten und Mittleren Reiches bei: Petrie, „Dendereh", London 1900; „El Kab", London 1898; der 12. Dynastie bei: Petrie, „Kahun", London 1890; „Illahun", London 1891; des Neuen Reiches bei: Petrie, „Six Temples at Thebes", London 1897; Naville, „The Mound of the Jew", London 1890; der Spätzeit bei: Petrie, „Hawara", London 1889; usf.

[3] Vgl. z. B. Wiedemann, Oriental. Lit.-Z. II, Sp. 181 f.

[4] Newberry, „Life of Rekhmara", Taf. 20—1 = Lepsius, „Denkm." III, 40.

geschüttet, mit der Hacke oder den Händen[1] durchgearbeitet
und zu einem einheitlichen dickflüssigen Brei gestaltet.
Sobald dieser halbtrocken war, zerlegte man ihn vermittelst
rechteckiger Formen aus hartem Holz (Abb. 58)[2] in längliche Ziegel. Diese Gestaltung galt als die wesentliche Arbeit
beim Ziegeln, und hatte sie daher der König bei den Grün-
dungszeremonien der Tempel persönlich vorzunehmen[3] und
wurden häufig den Fundamentbeigaben die Modelle solcher

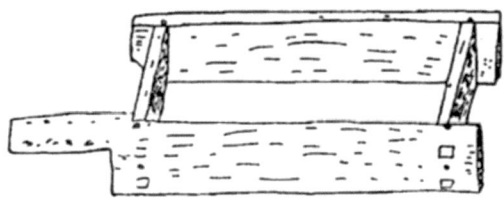

Abb. 58.　Ziegelform.

Ziegelformen beigefügt[4]. Die geformten Ziegel wurden in
schachbrettartigen Reihen nebeneinander aufgestellt und
trockneten in der Sonne in kurzer Zeit. Sie haben sich in dem
regenarmen Klima Ägyptens vortrefflich erhalten. Wenn man
bei einem antiken Ziegelbau die äußere Schicht entfernt,
so liegen die inneren Ziegelreihen noch jetzt in ihrer ursprünglichen Gestalt unverändert da. Häufig wurden der
Schlammasse Stroh[5] und, besonders in jüngerer Zeit, Tonscherben beigemischt, um ihr mehr Halt zu geben, ähnlich
wie die Römer Kieselstückchen in die Tonmasse ihrer Ziegel
einbuken.

　　Die Herstellung der Ziegel geht sehr schnell vor sich.
Ein Arbeiter vermag jetzt am Tage nahezu 2000 Ziegel
fertig zu stellen[6], und wird die Leistungsfähigkeit im Alter-

---

[1] Herodot II, 36.
[2] Ein Exemplar aus der 12. Dynastie (Petrie, „Kahun“,
Taf. 9, Nr. 23, S. 26) ergibt Ziegel von 28,5 : 14,2 : 8,6 cm.
[3] Brugsch, „Thesaurus Inscriptionum Aegyptiacarum“,
S. 1270.
[4] Neben anderen Modellen von Werkzeugen der Bau-
arbeiter (Ziegelglätter, Meißel, Hacke usf.) z. B. Davis, „Tomb
of Hâtshopsîtû“, Taf. 15.
[5] Moses II. 5, 6—8.
[6] Maspero, „L'Archéologie égyptienne“, Paris 1907, S. 10.

tume etwa die gleiche gewesen sein. Die Ziegelgröße wechselte zwischen ungefähr 22 : 11 : 14 cm und ungefähr
38 : 18 : 14 cm. Sie war zu verschiedenen Zeiten verschieden,
doch konnten gelegentlich auch in der gleichen Periode die
einzelnen Ziegeleien ihre Ziegel in voneinander abweichenden
Größen fertigen[1]. Für königliche Bauten und Tempel wurden die Ziegeleien in öffentlichem Auftrage betrieben und
die Ziegel häufig mit dem Namen des königlichen Bauherrn
gestempelt, seltener auch mit dem eines bestimmten Tempels,
für den sie Verwendung finden sollten, versehen[2]. Bisweilen
wurde auch der Name eines Privatmannes oder ein Hand-
zeichen auf den Ziegeln aufgetragen[3].

Das Brennen der Ziegel war in Ägypten bekannt,
wurde aber nur selten zur Anwendung gebracht; in größerem
Umfange hat nur ein König um 1000 v. Chr. die Umfassungs-
mauer eines Ortes bei dem heutigen el-Hibe in Mittelägypten aus gebrannten Ziegeln aufführen lassen. Dachziegel kommen erst unter der Herrschaft der Römer vor,
welche diese zusammen mit ihren sonstigen Ziegelformen
im Lande einführten.

5. Holzarbeit[4].

§ 233. Für die Bearbeitung des Holzes verwendete der
Ägypter zunächst eine Art Beil mit verhältnismäßig langem Griff ⌐══ und einer Klinge, welche in zahlreichen

---

[1] Ziegelgrößen der Nagada-Zeit: Petrie, „Royal Tombs" II,
S. 15; von dieser bis zur 18. Dynastie: Petrie, „Abydos" II,
S. 50 ff.; Quibell, „Hierakonpolis" II, S. 23; des Mittleren
Reiches: Petrie, „Hyksos and Israelite Cities", S. 7; der Spät-
zeit: Petrie, „Naukratis I", S. 89; „Tanis II: Tell Defenneh",
S. 95 f.
[2] Lepsius, „Denkm." III, 7, 25 bis 26, 39 usf.
[3] Lepsius, „Denkm." III, 25 bis (Name des hohen Beamten
Senmut aus der 18. Dyn.).
[4] Wilkinson-Birch I, S. 227 ff. (Wagenbau, vgl. oben S. 206,
Anm. 1); II, S. 194 ff.; Petrie-Capart, „Arts et Métiers", S. 160 ff.;
Erman, „Ägypten", S. 599 ff.; Klebs, „Reliefs", S. 87 ff. (Darstellungen von Tischlerarbeit aus dem Alten Reich; die auf
S. 89 besprochenen Reliefs sind zu unklar, um sichere Rückschlüsse auf ein Biegen des Holzes zu gestatten). Tischler
bei der Arbeit: Petrie, „Deshasheh", Taf. 21; Davies, „Deir

Fällen vorn nicht in einer geraden Linie, sondern leicht
gebogen abschloß (Abb. 39, 43, 59) und in ihrem hinteren
Teil meist dünner gewesen zu sein scheint wie bei dem
Kriegsbeil[1] (Abb. 42). Der Griff bestand stets aus Holz,
die Klinge in ältester Zeit aus Feuerstein, später aus Kupfer
und dann Bronze. Zum weiteren Verkleinern diente in einzel-

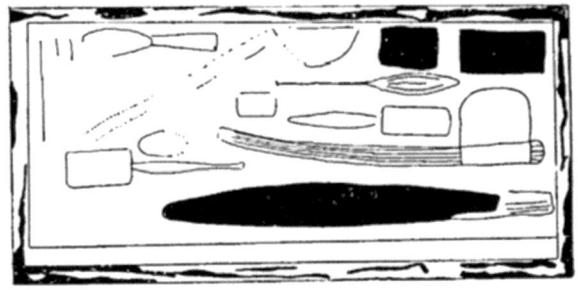

Abb. 59.
Werkzeugkasten mit Beil, Meißel, Lanzette, usf.

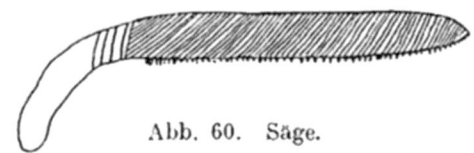

Abb. 60.　Säge.

el Gebrâwi" I, Taf. 14—6 (Altes Reich); Newberry, „Beni Ha-
san" I, Taf. 11, 29; IV, Taf. 27 (Mittleres Reich); „Rekhmara",
Taf. 17—8; Champollion, „Mon." II, Taf. 164, 180—1, 186;
Rosellini, „Mon. civ.", Taf. 43—6, 126; Scheil, Mém. Miss.
Franç. Caire V, 4: „Tombeau des Graveurs", Taf. 2 (Neues
Reich); Maspero, Musée égyptien II, Taf. 38 (saïtisch). —
Modelle einer Tischlerwerkstatt: Quibell, „Excavations at
Saqqara 1906—7", Taf. 17, S. 10; Ancient Egypt II, S. 6 ff.
— Die verschiedenen Zimmermannswerkzeuge wurden
nicht selten in kleinen Modellen neben solchen von Vasen,
Ziegeleigerät (vgl. S. 334), Proben der verwerteten Steinarten,
usf. als Fundamentbeigaben verwendet. Vgl. z. B. Petrie,
„Koptos", Taf. 14—6; Naville, „Deir el bahari" VI, Taf. 168,
S. 9; Quibell, „El Kab", Taf. 21; „Ramesseum", Taf. 15; Petrie,
„Six Temples at Thebes", Taf. 16—8, S. 14 ff. — Über die
festere Verbindung von Holzteilen durch Holzstifte
siehe S. 216.
　　[1] Vgl. S. 238.

nen Fällen die auf den Denkmälern verhältnismäßig selten
dargestellte Säge (Abb. 60)[1], während man gewöhnlich
dazu ein Messer benutzte[2]. Auch für dieses griff man
ursprünglich zu einem Feuerstein, dessen Griffteil man, um
eine bessere Handfassung zu gewinnen, umkleidete, wobei
Holz (Abb. 45) und für besonders reiche Persönlichkeiten
in der Nagadazeit dünne Goldblätter, in welche Tierfiguren
als Verzierung eingeschlagen sein konnten[3], Verwendung
fanden. Mitunter wurde das ganze Steinmesser zusammen

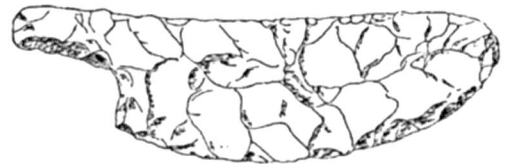

Abb. 61.   Feuersteinmesser.

mit dem Griff aus einem Stück gearbeitet (Abb. 61), und
hat sich diese Form neben dem Metallmesser bis in die
hellenistische Zeit erhalten.

Als weiteres Werkzeug besaß man für die Fortsetzung
der Arbeit den Meißel, dessen Wirkung man durch ein
Schlagen mit einem Holzklöppel auf seinen Kopfteil (Abb. 39)
verstärken konnte. Dieser Meißel wurde in historischer
Zeit aus Metall gefertigt und in einem Holzgriff eingelassen[4].
Dann trat ein schwerfälliger großer Bohrer[5] auf, während
ein kleiner Handbohrer sich bisher nicht hat nachweisen
lassen[6]. Kleinere Vorsprünge an dem Holze schlug man

---

[1] Vgl. z. B. Virey, „Tombeau de Rekhmara" (Mém. Mission
Franç. Caire V, 1), Taf. 15; Wilkinson-Birch III, Taf. 72.
[2] Vgl. S. 240.
[3] Morgan, „Recherches sur les Origines de l'Égypte" II,
Taf. 5.
[4] Leemans, „Monumens Égyptiens du Musée à Leide",
Taf. 90, Fig. 157, 159; vgl. Chabas, „Études sur l'Antiquité
historique", S. 78 f.
[5] Vgl. S. 216.
[6] Die Darstellung eines thebanischen Reliefs (Wilkinson-
Birch III, Taf. 72; daraus Erman, „Ägypten", S. 601) macht
den Eindruck, als werde in das Fußende eines Sarges mit einem
Handbohrer ein Loch eingebohrt. Diese Deutung ist aber un-

mit einem kleinen Dechsel ab, bei welchem an einem
knieförmigen Holzgriff ⌒ vorn ein meißelartiges
Metallstück mit Bändern befestigt war (Abb. 62, 39)[1]. Den
Hobel scheint man nicht gekannt zu haben, vielmehr erfolgte
das Glätten des Holzes durch Reiben mit Steinen, wie
man auch das Glätten von Steinen durch solches Reiben
erzielte. Die Pinzette wird bereits unter der 3. Dynastie
als Werkzeug abgebildet und erscheint auch in späterer
Zeit, doch war ihre Ver-
wertung in der Industrie
eine geringe, während
sie für medizinische
Zwecke neben der Lan-
zette häufigere Anwen-
dung gefunden zu haben
scheint[2]. Eine Zange
wurde von den Metall-
arbeitern zum Fassen
des heißen Metalles ver-
wendet[3], zum Heraus-
ziehen von Stücken aus
dem Holze wurde sie

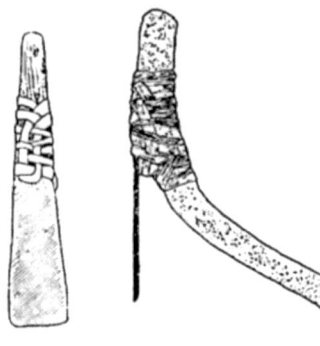

Abb. 62. Dechsel mit Bronzeklinge.

nicht gebraucht. Die Entfernung solcher lästigen Teile
erfolgte durch Heraussprengen mit Meißel oder Dechsel.

§ 234. Als Nutzholz kamen vor allem Sykomoren-
und Akazienholz in Betracht. Auch das öfters erwähnte
äsch-Holz, aus welchem man Särge, Türen, Schiffe usf.
herstellte und welches man gelegentlich bereits im Alten
Reiche aus dem Auslande, aus Asien, im Neuen Reiche
daneben aus Punt bezog, um bei der Armut an Bäumen
im Niltal größere Mengen Holz zur Verfügung zu haben,

sicher. Zunächst scheint der betreffende Sarg nicht aus Holz,
sondern, wie auch Erman vermutet, aus Mumienpappe zu bestehen; dann finden sich an der fraglichen Stelle auch bei Holz-
särgen keine Bohrlöcher.

[1] Lacau, „Sarcophages" (Kat. Kairo), Taf. 40, nr. 190ff.;
Davies, „El Amarna" III, Taf. 17 (wenig deutlich).

[2] Quibell, „Tomb of Hesy", S. 34; Garstang, „Arábah",
Taf. 16; Petrie, „Illahun", Taf. 18. Original aus der Nagada-
zeit: Petrie, „Royal Tombs", Taf. 43.

[3] Wilkinson-Birch II, S. 235.

entsprach nicht der Zeder[1] oder Zypresse[2], sondern einer
Akazie[3]. Aus Zedernholz wurden in Ausnahmefällen Särge
gefertigt[4], während allerhand sonstige von dem Baume
stammende Produkte sich häufiger verwendet fanden[5].
Särge des Mittleren Reiches waren aus dem Holze der
Taxus baccata hergestellt, welches vermutlich aus Syrien
bezogen wurde, jedenfalls wächst der Baum jetzt nicht mehr
in Ägypten[6]. Ein ägyptischer leichtgebauter Wagen des
Neuen Reiches[7] ist aus Ulmenholz, Eschenholz und Birken-
bast, also aus ausländischem Rohmaterial zusammengesetzt[8]. Unter den hölzernen Mumienetiketten der
Spätzeit findet sich Holz von Zedern, Tannen, Föhren,
Fichten, in Arten, welche in Kleinasien und in Europa ge-
deihen, vertreten[9]. Das schöne schwarze Ebenholz diente
außer zu medizinischen Zwecken[10] wesentlich für Einlagen,
bei denen es sich sehr gut von den neben ihm verwendeten
bunten Fayence-Platten abhob.

6. Metallarbeit.

§ 235. Für die Mischung und Verarbeitung der Metalle
sind Vorschriften erst aus griechisch-alexandrinischer Zeit

---

[1] Chabas, „Oeuvres diverses" II, S. 119ff.; Renouf, Äg. Z.
XV, S. 110; Horrack, „Oeuvres diverses", S. 15ff.; Schäfer,
Abh. Akad. Berlin 1902, Anhang; Sethe, Äg. Z. XLV, S. 11ff.;
XLVII, S. 71ff.

[2] Spiegelberg, RT. XX, S. 52; „Rechnungen aus der Zeit
Seti I.", S. 54ff. — Ducros, Ann. Serv. Ant. XIV hielt es für
Taxus baccata.

[3] Accacia Nilotica (Loret, RT. II, S. 60ff.; vgl. Golenischeff,
RT. XXI, S. 83) oder Accacia Seyal (Naville, Proc. Soc. Bibl.
Arch. XXXIV, S. 180ff.).

[4] Ebers, Abh. Ges. Wiss. Leipzig IX, S. 205.

[5] Loret und Poisson, RT. XVII, S. 186f.

[6] Beauvisage, RT. XVIII, S. 78ff.

[7] zu Florenz (vgl. § 157).

[8] Wittmack, PZ. IV, S. 447. Der Gedanke (zuletzt Moete-
findt in „Festschrift für Ed. Hahn", S. 211f.), der Wagen sei
als Fertigprodukt aus dem nordischen Kulturkreis eingeführt
worden, erscheint bei der weiten Entfernung und der Gleichheit
seiner Formen mit denen der übrigen ägyptischen Wagen nicht
wahrscheinlich.

[9] Jenčič in Wiesner-Festschrift, S. 497ff.

[10] Loret, RT. I, S. 132.

erhalten[1], von denen ein Teil vermutlich auf altägyptischen
Ursprung zurückgeht, ohne daß sich dies freilich im einzelnen nachweisen ließe. Für die ältereZeit ist man im wesentlichen auf sehr schematische Darstellungen der Bearbeitung
von Metallwaren (Taf.-Abb. 24) und diese selbst angewiesen[2].

Abb. 63.   Goldarbeiter.

[1] Leemans, „Papyri Graeci Musei Lugduni-Batavi" II,
S. 199ff. (übersetzt Berthelot, „Collection des anciens Alchi-
mistes Grecs", Introduction S. 28ff.); O. Lagercrantz, „Papyrus
Graecus Holmensis", Leipzig 1913. Ein alchimistischer koptischer Traktat publ.: Stern, Äg. Z. XXIII, S. 102ff. Für den Ofen
eines koptischen Alchimisten zu Siut vgl. Maspero, „Études
de Myth." I, S. 206ff.
[2] Wilkinson-Birch II, S. 234f.; Erman, „Ägypten", S.
609ff.; Petrie-Capart, „Arts et Métiers de l'ancienne Égypte",
S. 115ff.; Lepsius, „Die Metalle in den ägyptischen Inschriften"
(Abh. Akad. Berlin 1871), S. 27ff.; Morgan, „Recherches sur
les Origines de l'Égypte" I, S. 199ff.; Chabas, „Études sur
l'Antiquité historique", Paris 1872, S. 29ff.; Brugsch, „Wörterbuch" Suppl., S. 413ff.; Petrie, Ancient Egypt II, S. 12f.
(Übersicht der verwendeten Metalle). — Klebs, „Reliefs", S. 84f.
(Altes Reich); Newberry, „Beni Hasan" I, Taf. 11 (Lepsius,
„Denkm." II, 126); „Rekhmara", Taf. 17—8; Rosellini, „Mon.
civ.", Taf. 51—2; Budge, „Wall Decorations of Egyptian Tombs,
British Museum", S. 14; Wreszinski, „Atlas", Taf. 59, 82. —
Metalle in Vorderasien nach ägyptischen Quellen: Müller, Mitt.
Vorderasiat. Ges. III, S. 133ff.; Analysen von Metallen aus Tell
el-Hesy: Gladstone, Proc. Soc. Bibl. Arch. XVI, S. 95ff. —
Metallgegenstände: Bissing, „Metallgefäße" (Kat. Kairo), Wien
1905; vgl. Maspero, Musée égyptien II, Taf. 43—55 (19. Dyn.
aus Tell Basta), 22—8 (hellenistisch aus Tuch el Garmus).

Im allgemeinen scheinen sich die Ägypter auf die Herstellung einfacher Formen beschränkt zu haben, während man
schöne Prunkvasen und Tafelaufsätze aus Asien bezog[1].
Gelegentlich wurden im Niltal diese fremden Vorbilder
nachgeahmt[2], wobei sich aber aus den Darstellungen nicht
ersehen läßt, ob dann die ganze Arbeit in Ägypten erfolgte
oder ob man sich auf ein Nachziselieren der im wesentlichen
fertig gelieferten Stücke beschränkte.

Dargestellt wird (Abb. 63) vor allem das Abwiegen
des Goldes (Abb. 55), das Schmelzen des Silbergoldes in
einem offenen Kessel, das Treiben von Goldringen und in
einer früher mehrfach fälschlich als Glasbläserei gedeuteten
Szene[3] das Anblasen des Schmelzofens, um in ihm
Metall zu erhitzen[4]. Im Alten und Mittleren Reiche blasen
in einem solchen Falle zwei Männer mit sehr langen und
dünnen Metallrohren die Flammen an, wobei das Rohr
an der dem Feuer unmittelbar ausgesetzten Spitze mit einer
birnförmigen Hülle vermutlich feuerfesten Tons umgeben
ist[5]. Im Neuen Reiche kommt zwar diese Methode für
kleinere und feinere Arbeiten noch vor[6], meist strengen
aber die Arbeiter nicht mehr ihre Lungen an, sondern treten
mit den Füßen Blasebälge, um durch die von ihnen ausgehenden Rohre starken Zug in das Feuer zu treiben
(Taf.-Abb. 24)[7].

---

[1] Vgl. S. 319.
[2] Scheil, Mém. Miss. Franç. Caire V, 4: „Tombeau des
Graveurs", Taf. 2.
[3] Wilkinson-Birch II, S. 140.
[4] Vgl. Foy, „Zur Geschichte der Eisentechnik" in Ethnologica I, S. 185 ff.; v. Luschan, „Eisentechnik in Afrika" in ZfE.
1909, S. 22 ff.
[5] Bissing, „Mastaba des Gem-ni-kai" I, S. 29 (Lit.); RT.
XXVIII, S. 20 ff.; Capart, „Rue de Tombeaux à Saqqarah",
Taf. 33, S. 32; Petrie, Ancient Egypt I, S. 33.
[6] Scheil, Mém. Miss. Franç. Caire V, 4: „Tombeau des Graveurs", Taf. 2. Die Darstellung im Grabe des Aba der 26. Dyn.
(Davies, „Deir el Gebrâwi" I, Taf. 24) ist dem Grabe des Aba
der 6. Dyn. (a. a. O., Taf. 14, 16) entlehnt.
[7] Newberry, „Rekhmara", Taf. 18 (Champollion, „Mon."
II, Taf. 165; Rosellini, „Mon. civ.", Taf. 50); Loret, Mém. Miss.
Franç. Caire I, S. 29, Taf. 1. Arbeiter neben dem noch nicht in
Tätigkeit gesetzten Blasebalg: Champollion, „Mon." II, Taf.
163 (Rosellini, a. a. O.).

§ 236. Unter den von den Ägyptern verarbeiteten Metallen ist an erster Stelle das Gold zu nennen, welches man vor allem aus Nubien und aus Gruben in den Gebirgen östlich von dem südlichen Ägypten bezog[1], wo die antiken Fundorte im Laufe der Zeit im wesentlichen erschöpft worden zu sein scheinen[2]. Bereits in der ältesten Zeit gelangte es, wie die verhältnismäßig große Zahl von Goldgegenständen aus der Nagadazeit zeigt, häufig nach Ägypten. Unter der 12. Dynastie zog eine Expedition von 400 Soldaten aus, um Gold zu holen[3], und aus dem Neuen Reiche berichten Inschriften Seti' I. zu Redesiji und Ramses' II. zu Kuban von den Bestrebungen der Pharaonen, diese nubischen Gegenden leichter zugänglich zu machen, vor allem Brunnen zu graben[4], um die Gefahren des Zuges durch die wasserlose Wüste zu verringern. Eine Karte der goldführenden Distrikte zeigt, daß man gleichzeitig den Versuch unternahm, hier genaue topographische Feststellungen vorzunehmen[5]. Es handelte sich wesentlich um Waschgold, auf dessen Gewinnung von einzelnen Inschriften ausdrücklich hingewiesen wird[6], während der bergmännische Betrieb demgegenüber sehr zurücktrat. Die Entbehrungen der Arbeiter müssen an diesen Stellen in der Einsamkeit ungeheure, die Verluste an Menschenleben sehr große gewesen sein. Noch aus dem Beginn der Ptolemäerzeit liegt eine ergreifende Schilderung der Leiden der hierher Verschickten bei dem griechischen Geographen Agatharchides vor[7].

Außer aus Nubien kam, freilich in weit geringerem Umfange, Gold auch aus Asien. Die Gesamtmenge des eingeführten Metalls war den Texten zufolge eine sehr erhebliche. Ein Beamter Thutmosis' III. behauptet, während seiner

---

[1] Budge, „Egyptian Sudan" II, S. 324 ff.
[2] Schweinfurth, Ann. Serv. Ant. IV, S. 268 ff.
[3] Lepsius, „Denkm." II, 122.
[4] Vgl. S. 11.
[5] Chabas, „Oeuvres diverses" I, S. 21 ff.; II, S. 183 ff.; Birch, Archaeologia XXXIV, S. 357 ff.; Lauth, Sitzb. Akad. München 1870, II, S. 337 ff.; 1871, I, S. 190 ff.; Breasted, „Ancient Records of Egypt" III, S. 78 ff., 117 ff. Gardiner, Cairo Scientific Journal VIII, S. 41 ff. zeigte, daß es sich bei den Turiner Karten-Bruchstücken nur um eine, nicht um zwei Karten handelt.
[6] Birch, Äg. Z. XII, S. 112.
[7] Bei Diodor III, 11 ff.

Amtsführung 36 392 Deben, d. h. etwa 3311½ Kilogramm,
Gold vereinnahmt zu haben[1]. Die sehr große Zahl von
Goldgefäßen, von denen die Inschriften berichten, läßt
diese Zahl als nicht unglaublich erscheinen. Wenn die
Menge erhaltener Goldarbeiten dazu in keinem rechten
Verhältnis steht, so erklärt sich dies aus dem hohen Wert
des Metalles, welches man bei Grabbeigaben lieber durch
minderwertige Stoffe ersetzte. Dazu kam, daß, wenn man
es wirklich in einem Grabe niederlegte, es bald dem Grab-
raube zum Opfer gefallen sein wird.

Man arbeitete meist in massivem Golde, welches regelmäßig einen natürlichen Zusatz von Silber zeigte, den man
erst in der Perserzeit zu entfernen gelernt hat[2]. Das Feuer-
vergolden haben die Ägypter nicht gekannt, dagegen schlugen sie aus dem Metalle ganz dünne Blättchen und überzogen mit diesen die Gegenstände, wobei ein in geringer Menge
aufgetragener Klebstoff zur besseren Verbindung diente[3].

Geweiht war das Metall einer Sondergöttin Nub-t
„Gold", welche man mit der Unterweltsgöttin Hathor zu-
sammenbrachte[4]; auch nahm man an, daß dem Golde eine
dämonenverscheuchende Kraft eigen sei[5].

§ 237. Das Silber wurde, wie sein Name *nub het* „das
weiße Gold" zeigt, den Ägyptern erst nach dem Golde bekannt. In den älteren Listen wird es vor diesem genannt,
besaß demnach einen höheren Wert. Erst im Neuen
Reiche, in welchem die Silberfundorte Asiens zugänglicher
wurden und es die Syrer in großen Mengen brachten, änderte

---

[1] Lepsius, „Denkm." III, 39 d.
[2] Berthelot, Ann. Serv. Ant. II, S. 157 ff. Analysen von
Goldgegenständen: Morgan, „Fouilles à Dahchour" I, S. 145;
Gladstone, Chemical News LXXXI, S. 2140; Lucas bei Quibell,
„Tomb of Yuaa", S. 77 ff. (Gold, Silber, Elektron).
[3] Theobald, „Die Herstellung des Blattgoldmetalls in Alter-
tum und Neuzeit", Berlin 1912; Berthelot, Journ. des Savants
1901, S. 206 ff., 269 ff. Für die Goldbearbeitung überhaupt vgl.
Vernier, „La Bijouterie et la Joaillerie Égyptienne" (Mém.
Inst. Franç. Caire II), Kairo 1907; Klebs, „Reliefs", S. 85 ff.
(Darstellungen aus dem Alten Reich).
[4] Devéria, „Mémoires" I, S. 1 ff. Der Sarg eines Priesters
der Goldschmiede des Königs Hor-em-heb befindet sich in
Leiden (Boeser, „Beschreibung der ägyptischen Sammlung in
Leiden: Mumiensärge des Neuen Reiches", Haag 1916).
[5] Stellen bei Moret, RT. XXIII, S. 26 ff.

sich dieses Verhältnis. Dieser Entwicklung entspricht der
Umfang der Silberfunde. Aus der Nagadazeit besitzt man
einen Vasendeckel und einen kleinen Löffel aus Silber, in
der 12. Dynastie diente es zur Herstellung von Kronen[1] und
Amuletten, im Neuen Reiche für die von allerhand Gebrauchs-
gegenständen[2].

§ 238. Häufiger als das reine Silber verarbeitete man
das messingfarbige Elektron (ägyptisch *ásem*, griechisch
ἄσημος)[3], eine Legierung von Gold und Silber[4], welche
man künstlich herstellte und welche bequemer zu bearbeiten
war, wie die beiden Grundmetalle für sich allein.

§ 239. Sehr zurück trat die Verwendung des Eisens,
wenn dieses auch, wie eine längere Reihe vereinzelter
Funde zeigen, während der ganzen Dauer der ägyptischen
Geschichte bekannt war[5]. In ältester Zeit wurde es für
Schmuckperlen benutzt[6], später gelegentlich für Werkzeuge,
es fehlt aber so gut wie durchweg unter den Grabbeigaben.
Hierbei mögen religiöse Gründe mitgewirkt und das Metall
als typhonisch und damit als verpönt haben ansehen lassen,
wesentlicher war jedoch, daß es offenbar nur in geringen
Mengen vermutlich aus den südlich von Ägypten gelegenen
Teilen des innern Afrikas kam und daher für allzu wertvoll
galt, als daß man es dem Toten überlassen hätte. Tiefer
im Süden, in Meroe, hat sich dagegen bereits frühzeitig eine
ausgedehnte Eisenindustrie entwickelt, und ersetzte hier

---

[1] Analyse: Lucas, Ann. Serv. Ant. 1, S. 286.
[2] Petrie-Capart, „Arts et Métiers de l'ancienne Égypte",
II, S. 113; Vernier, Bull. Inst. Franç. Caire XII, S. 35 ff.;
Bissing, Ancient Egypt I, S. 112 ff. Fund eines Silberklumpens
in der Werkstatt eines Silberarbeiters: Brugsch, Ann. Serv.
Ant. VII, S. 16.
[3] Pleyte, Mededeelingen Akad. Amsterdam 3. Ser. III,
S. 211 ff. Die Lesung des ägyptischen Namens wird gegenüber
anderweitigen Vorschlägen (Gardiner, Äg. Z. XLI, S. 73 ff.;
Sethe, ib. XLIV, S. 132) durch die griechische Umschrift fest-
gestellt.
[4] Analyse von Elektronstücken: Gladstone bei Petrie,
„Deshasheh", S. 61 f.
[5] Wiedemann, Proc. Soc. Bibl. Arch. XXXVI, S. 58 ff.
(Lit.); Petrie-Capart, „Arts et Métiers de l'ancienne Égypte",
S. 122 ff.; Foy in Ethnologica 1, S. 185 ff.; Montelius, PZ. V,
S. 289 ff. (schöpft aus zweiter Hand).
[6] Wainwright bei Petrie „Labyrinth", S. 15—9. Vgl.
Petrie und Mackay, „Heliopolis", London 1915.

das Metall die in Ägypten verbreiteteren Kupfer und Bronze[1]. In Ägypten selbst spielte es in der saïtischen Zeit eine zunehmende Rolle; von etwa 600 v. Chr. an wurden in den unter dem Einflusse der griechisch-kleinasiatischen Einwanderungen stehenden Städten Naukratis und Daphnae zahlreiche Eisengegenstände gefertigt[2]. Die mehrfach[3] den Ägyptern zugeschriebene Herstellung von Stahl erscheint wenig wahrscheinlich und wird jedenfalls durch Funde bisher nicht bestätigt.

Magneteisen wurde vereinzelt für die Fertigung kleiner Statuetten benutzt[4].

§ 240. Ersetzt wurde das Eisen für Werkzeuge in älterer Zeit durch das Kupfer, welches man vor allem in den Gruben der Sinai-Halbinsel zu Wadi Maghâra und Sarbût el Châdem gewann[5], wo bereits die Könige der Nagadazeit hatten arbeiten lassen. Diese Minen ließen den Besitz der Halbinsel für die Ägypter unentbehrlich erscheinen, und wurden daher, um die in ihnen beschäftigten Arbeiter gegen die Bedrohung durch die Beduinen zu sichern, häufig Züge in diese Gegenden unternommen[6].

---

[1] Garstang und Sayce, Annals of Archaeology (Liverpool) IV, S. 45 ff.

[2] Petrie, „Naukratis" I, S. 39; „Tanis II: Nebesheh", S. 77 ff.

[3] Gsell, „Eisen, Kupfer und Bronze bei den alten Ägyptern", Karlsruhe 1910 (Lit.).

[4] Minutoli, „Reise zur Oase Jupiter Ammon", S. 345 f.; Brugsch, Äg. Z. XXX, S. 110 ff.; vgl. dazu Müller, Orient. Lit.-Z. II, Sp. 293 ff.

[5] Weill, „Recueil des Inscriptions Égyptiennes du Sinai", Paris 1904; „La Presqu'île du Sinai", Paris 1908; Sphinx VIII, S. 180 ff.; Petrie, „Researches in Sinai", London 1906 (ill.); Gensler, Äg. Z. VIII, S. 137 ff.; Ducros, Ann. Serv. Ant. VII, S. 27 ff., 19 ff. (Analysen von Gesteinen der Sinai-Halbinsel). Für die hier verwendeten Steinwerkzeuge vgl. S. 42.

[6] Analysen von Kupfergeräten: Lucas und Garland bei Quibell, „Tomb of Hesy", S. 40 (3. Dyn.; Spuren von Zinn); Gladstone bei Quibell, „El Kab", S. 4; bei Petrie, „Dendereh", S. 61 (Altes Reich); Proc. Soc. Bibl. Arch. XII, S. 227 ff. (Kupfer und Bronze); XIV, S. 223 ff. (Kupfer, Zinn, Antimon); Berthelot bei Morgan, „Fouilles à Dahchour" I, S. 136 ff.; Lucas, Ann. Serv. Ant. I, S. 287; Berthelot, a. a. O. II, S. 162 (Spuren von Zinn). Kupferbarre mit den Namen eines Beamten der 6. Dyn.: Orient. Lit.-Z. XI, Sp. 517. Statuette aus Malachit: Ebers, Äg. Z. XIX, S. 70.

§ 241. Reines Zinn ist selten gefunden worden[1], und
ist es nicht ersichtlich, woher man es bezog, wenn es auch
naheliegt anzunehmen, daß es, wie das Antimon[2], auf dem
Landwege aus dem Innern Asiens und aus Indien eingeführt
wurde. Jedenfalls muß es seit dem Mittleren Reiche in großer
Menge nach dem Niltal gelangt sein, da es einen Hauptbestandteil der damals allmählich das weichere Kupfer ersetzenden Bronze bildete.

Bei der Bronze ist der Zinnzusatz im Mittleren Reiche[3]
meist nur schwach, etwa 2%, wenn er auch vereinzelt auf
16% steigen konnte. Im Neuen Reiche wurde der Durch-
schnittszusatz erheblich größer, etwa 8%, übersteigt aber
selten 14%[4]. Eine Datierung von Fundgegenständen auf
Grund der Zusammensetzung der verwendeten Bronze ist
nicht möglich, da die Ägypter die Gewohnheit hatten, alte,
unbrauchbar gewordene Bronzestücke und Statuetten ein-
zuschmelzen und das hierbei erzielte Metall ohne Umlegie-
rung weiter zu verwenden[5]. Sobald die Bronze bekannter
wurde, löste sie das Kupfer so gut wie durchweg ab, nicht
nur bei Werkzeugen und Geräten, sondern auch in der
Kunst. Kleinere Statuetten wurden dabei selten in massivem Guß gefertigt, häufiger in Hohlguß[6] um einen ent-
fernbaren Kern aus Wachs oder um einen bleibenden aus
einer porösen kohlenartigen Masse. Größere Statuen
wurden aus einzelnen Teilen zusammengesetzt, wobei meist
nach dem Gusse eine Nachziselierung stattfand, um etwaige
Ansatzspuren und Ungleichmäßigkeiten der Oberfläche zum
Verschwinden zu bringen[7].

---

[1] Gladstone, Proc. Soc. Bibl. Arch. XIV, S. 223ff. Sprach-
liches über das Zinn: Müller, Orient. Lit.-Z. II, Sp. 293ff.
[2] Vgl. S. 145.
[3] Ein vereinzeltes Bronzestück der 3. Dynastie (Petrie-
Capart; „Arts et Métiers de l'ancienne Égypte", S. 118) beruht
wohl auf zufälliger Mischung.
[4] Analysen von Bronzen: Wilkinson-Birch II, S. 232, 401;
Garstang, „Burial Customs of ancient Egypt", S. 196; Colson,
Ann. Serv. Ant. IV, S. 190ff.; Burchardt, Äg. Z. L, S. 61; Mosso,
Acad. dei Lincei 5. Ser. XII, S. 484ff.; Perrot-Chipiez, „Ägypten", S. 889.
[5] Daressy, Ann. Serv. Ant. III, S. 150.
[6] Vgl. Lepsius, Abh. Akad. Berlin 1871, S. 98.
[7] Vgl. Maspero, „Égypte", S. 82, 210.

§ 242. Blei war bereits zur Nagadazeit bekannt[1], hat sich aber nur selten gefunden. Sein Wert kann kein bedeutender gewesen sein, da es in der Zeit der 18. Dynastie zur Herstellung von Gewichten für Fischnetze diente[2]. Wenn es für Amulette verwendet wurde[3], so beruhte dies vermutlich auf der weit verbreiteten Vorstellung von einem Zusammenhange des Bleis mit Zauberwirkungen.

§ 243. Platin kommt in ägyptischen Artefakten vor, ist dann aber nur als eine zufällige Beimischung anzusehen[4].

§ 244. Kobalt findet sich vereinzelt in Glas und Glasuren als Färbemittel[5].

Die Farben, welche die Ägypter zum Bemalen ihrer Gräber, Statuen, Särge und sonstiger Gegenstände benutzten, waren insgesamt Mineralfarben[6], und verdanken sie diesem Umstande ihre geringe Lichtempfindlichkeit und ihre gute Erhaltung.

7. Steinarbeit.

§ 245. Für die Herstellung von Statuen, Erzeugnissen der Kleinkunst und vor allem von Gefäßen[7] kamen an Steinarten[8] in Ägypten in erster Reihe von harten Gestei-

---

[1] Reinach, „L'Égypte préhistorique", S. 38.

[2] Petrie-Capart „Arts et Métiers de l'ancienne Égypte", S. 121.

[3] Daressy, Ann. Serv. Ant. VIII, S. 33.

[4] Berthelot, AAOJ. Nr. 252 (1903).

[5] Wiedemann, Proc. Soc. Bibl. Arch. XV, S. 113f. Vgl. § 226.

[6] Analysen: Minutoli, „Reise zur Oase des Jupiter Ammon", S. 330ff.; Geiger, „Chemische Untersuchungen altägyptischer und altrömischer Farben", Karlsruhe 1826; Crow, Ann. Serv. Ant. IV, S. 242f.; Fouqué, Bull. Soc. Franç. des Min. XII (1889), S. 436.; Z. f. Kristallographie XX, S. 270; Spurrel und Russell bei Petrie, „Medum", S. 28f., 44ff., 50; vgl. Wilkinson-Birch II, S. 287f.

[7] Übersicht der Formen der ägyptischen Steingefäße: Bissing, „Steingefäße" (Kat. Kairo), Wien 1904—7.

[8] Wendel, „Über die in altägyptischen Texten erwähnten Bau- und Edelsteine", Leipzig 1888; Schneider, ZfE. XXIV, S. 41ff.; Lepsius, Abh. Akad. Berlin 1871, S. 27ff. (Halbedelsteine); Cayeux, Ann. Serv. Ant. VIII, S. 116ff.; Couyat, Bull. Inst. Franç. Caire VI, S. 50ff. (Bau- und Schmucksteine); Petrie-Capart, „Arts et Métiers de l'ancienne Égypte", S. 31ff. (in der

nen Granit und Diorit, von welchen verschiedene Arten
von Kalksinter (sog. Alabaster) und seltener Marmor, welcher erst in christlicher Zeit in großen Mengen eingeführt
wurde[1], in Betracht. Für flache Gegenstände, seltener für
Statuen benutzte man in alter Zeit Schiefer, welcher später
kaum mehr Verwendung fand. Das üblichste Material
für Stelen, Statuen und auch zu Bauzwecken war in Unter-
und Mittelägypten dauernd ein feinkörniger Kalk, welcher
den Vorteil darbot, daß er verhältnismäßig weich und leicht
zu bearbeiten aus den Brüchen kam, dann aber, der Einwirkung der Luft ausgesetzt, in kurzer Zeit verhärtete und
widerstandskräftiger wurde. In Oberägypten und Nubien
trat ihm ein meist grobkörniger, seltener harter und leicht
polierbarer Sandstein zur Seite, welcher im allgemeinen
erst, wenn er einen Stucküberzug und einen farbigen Anstrich erhalten hatte, künstlerisch zu wirken vermochte.

§ 246. Die Bearbeitung der Steine[2] erfolgte mit annähernd denselben Werkzeugen, wie die des Holzes, nur
daß diese in Anbetracht des zu bewältigenden härteren
Materials kräftiger gebildet zu sein pflegten. Eigenartig
war nur ein Bohrer, welcher neben dem gewöhnlichen
Holzbohrer[3] vorkommt und mit zwei Spitzen versehen
wurde (Abb. 64). Mit diesem bohrte man[4] (Abb. 65) die
aus weichem Stein bestehenden Gefäße längs der Wandung
aus und ließ in der Mitte einen Steinkern stehen, den man
erst zum Schlusse der Arbeit ausbrach (Abb. 66). Die
spiralig in die Tiefe gehenden Bohrlinien längs der Innen-

Kunst verwendete Steine): Lenz, „Mineralogie der alten Griechen und Römer" (klassische Stellen). Ägyptische Steinnamen:
Daressy, RT. X, S. 143; Brugsch, „Wörterbuch" Suppl., S. 410ff.;
koptisch-arabische Steinnamen: Heuglin, Äg. Z. VI, S. 54f.

[1] Strzygowski, „Koptische Kunst" (Kat. Kairo), S. 8.

[2] Petrie-Capart, „Arts et Métiers de l'ancienne Égypte",
S. 83ff.; Petrie, „Pyramids of Gizeh", 2. Aufl., S. 74ff.; Platt,
Proc. Soc. Bibl. Arch. XXXI, S. 172ff.; Klebs, „Reliefs", S.
80f. (Darstellung der Herstellung von Statuen mittelst Hammer,
Meißel, Dechsel und dem Glätten mit Steinen aus dem Alten
Reich).

[3] Vgl. S. 216.

[4] Davies, „Deir el Gebrâwi" I, Taf. 13, S. 18 (6. Dyn.);
Scheil, Mém. Miss. Franç. Caire V, 4, S. 636 (26. Dyn.). Dar-
stellungen des Ausbohrens aus dem Alten Reiche verzeichnete
Klebs, „Reliefs", S. 82ff.

seite der Wandung ließ man im allgemeinen stehen, nur bei
besonders sorgsam hergestellten Gefäßen wurden sie ab-
gearbeitet und das Gefäß von innen geglättet[1], während
eine sorgfältige Glättung von außen die Regel war[2].

Die Steinbrüche[3], deren Zahl eine sehr große war
und die von Memphis bis tief nach Nubien hinein den Nil

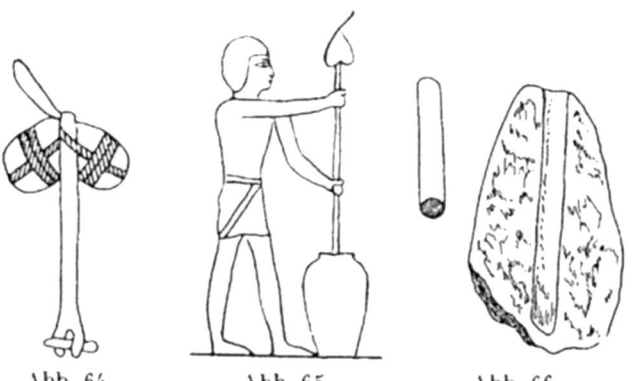

Abb. 64.   Abb. 65.   Abb. 66.
Steinbohrer mit dem   Ausbohren eines   Ausgebohrtes Topf-
ausgebohrten Kern   Steintopfes.   stück mit Kern.
zwischen den Spitzen.

mit verhältnismäßig kurzen Unterbrechungen auf beiden
Ufern begleiteten, wurden an oder in den Randgebirgen,
seltener in größerer Entfernung vom Strome angelegt.
Erschien der Stein an der Oberfläche des Berges brauch-
bar, so wurde er gleich an dieser gebrochen. War er, wie

---

[1] Petrie, „Memphis" I, Taf. 45, S. 14. Vgl. Borchardt,
Äg. Z. XXXV, S. 107. Über die Zusammensetzung einer besonderen Abart des ägyptischen Bohrers aus zwei Stücken handelte,
von den Reliefs in Musée égyptien III, Taf. 22 (daraus Klebs,
„Reliefs", S. 83) ausgehend, Bissing, RT. XXXII, S. 193 (Lit.).
[2] Für die Herstellung der Steingefäße zur Nagadazeit vgl.
S. 45.
[3] Zahlreiche Steinbrüche werden verzeichnet und kurz
geschildert von Steindorff in Bädeker, „Ägypten", 7. Aufl.,
Leipzig 1913. Für die Spätzeit vgl. Fitzler, „Steinbrüche und
Bergwerke im ptolemäischen und römischen Ägypten", Leipzig
1910; Archiv f. Papyrusforschung V, S. 422f. Die meist hellenistischen Graffiti zu Silsigke veröffentlichten Preisigke und
Spiegelberg, „Ägyptische und griechische Inschriften und Graffiti
aus den Steinbrüchen des Gebel Silsile", Straßburg 1915.

dies bei den Kalk- und Sandsteingebirgen Ägyptens meist
der Fall war, an der Außenfläche verwittert und von Spalten
durchzogen, so grub man Höhlen in den Berg, deren Dach
man durch stehen gelassene Steinpfosten stützte, und
gewann hier den von atmosphärischen Einflüssen nicht an-
gegriffenen Stein. In beiden Fällen stellte man zunächst

senkrecht abfallende glatte
Flächen her. Diese überzog
man, um die Größe der er-
forderlichen Blöcke bestimmen
zu können, mit einer Qua-
drierung oder deutete durch
einige gerade Linien, Striche
und Punkte die zu entfernende
Wandmasse an. Ähnlich verfuhr man beim Ausbrechen
bestimmter architektonischer
Gebilde. Man quadrierte die
auszulösenden Teile der Wand
oder zeichnete hier in ein
Netz von Rechtecken die Ar-
chitekturform vor (Abb. 67),
um auf diese Weise die Linien

Abb. 67. Vorzeichnung eines   zu gewinnen, längs deren
    Hathor-Kapitells.   man in die Tiefe zu arbeiten
                             hatte, um den gewünschten
Block auslösen zu können[1]. Man arbeitete dann um den
Block eine Vertiefung ein, welche groß genug war, um den
Arm hineinstecken und darin bewegen zu können, so daß
man von hier aus die Hinterwand des Blockes abzulösen
vermochte. War der erforderliche Block zu umfangreich,
um das Herumgreifen zu gestatten, so wurde die Vertiefung
solange vergrößert, bis der Arbeiter sich selbst hineinstellen
konnte und dann von der Seite her die Hinterwand des
Blockes freizulegen imstande war.

Wollte man die Blöcke nicht sofort in der richtigen
Gestaltung ausbrechen, sondern sie nur freilegen, um sie

---

[1] Petrie, „Season in Egypt", Taf. 25. Eine ähnliche Vorzeichnung, welche aber dazu dienen sollte, während des Eingra-
bens eines Gewölbes jederzeit dessen Masse nachprüfen zu
können: Daressy, Ann. Serv. Ant. VIII, S. 237 ff.

später weiter zu bearbeiten, so geschah die Loslösung bei
hartem Gestein vielfach durch Sprengung. Man grub
längs der loszulösenden Ränder des Blockes Löcher oder
rechteckige Vertiefungen von oben her in den Stein ein.
Innerhalb jedes dieser Becken wurde in der Mitte ein kleines
viereckiges Loch tiefer eingearbeitet und in dieses ein Holzpflock fest eingeschlagen. Hierauf füllte man das Becken
mit Wasser. Dieses drang in das Holz ein, brachte es zum
Quellen und veranlaßte auf diese Weise ein Abspringen
des Blockes. Es ist dies die gleiche Methode, welche später
die christlichen Kopten und die Mohammedaner in Anwendung brachten, als sie die Werke der alten Ägypter, besonders die Statuen, in denen sie den Sitz schädigender Dämonen vermuteten, zu vernichten suchten[1].

Die weitere Arbeit an den Steinen erfolgte zunächst
in den Brüchen selbst, hier gab man den Baublöcken eine
viereckige oder längliche Ziegelform und vollendete auch
bei Statuen, Sphinxen usf. die Roharbeit. Dann wurden
erstere an die Baustelle gebracht, wobei man sie gelegentlich mit flüchtig aufgemalten Inschriften versah, dem
Datum der Arbeit, dem Namen des regierenden Königs,
der Bestimmungsstelle, Größenangaben, Versatzmarken und
ähnlichen für die Berechnung oder Fortführung der Arbeit
nützlichen Bemerkungen[2]. Beschädigungen, welche der
Transport verursacht hatte, wurden an der Baustelle ausgebessert. Künstlerischer gestaltete Werke wurden, wenn
sie sehr umfangreich waren, möglichst in den Brüchen vollendet, kleinere kamen in die Bildhauerwerkstätten[3],
wo die letzte Hand an sie angelegt wurde.

Für die Roharbeit benutzte man dauernd mit Vorliebe
Werkzeuge aus Stein, messerartige Klingen und Schaber

---

[1] Legrain, Ann. Serv. Ant. V, S. 10. Jetzt zerlegt man
Granitblöcke in Ägypten in der Weise, daß man oben auf ihnen
zahlreiche Vertiefungen eingräbt, in diese Keile eintreibt und
auf diese mit Hämmern schlägt (Somers Clarke, Ancient Egypt
III, S. 110 ff.).
[2] Petrie, „Memphis" III, Taf. 5, S. 9 (Zeit des Snefru);
Lepsius, „Denkm." II, 1 (Zeit des Cheops).
[3] Darstellung einer solchen: Wreszinski, „Atlas", Taf. 5
(= Lepsius, „Denkm." III, 41). Für die äußerst reichhaltige
Werkstatt des Thutmosis zu El Amarna vgl. Borchardt, Mitt.
Deutsche Orient-Ges. LII, S. 28 ff.; LV, S. 25 ff.; LVII, S. 1 ff.

aus Feuerstein, rundliche Schlagsteine aus Granit, wie
man sie in der Kataraktengegend fand, weichere, bequem
in der Hand liegende Steine zum Glätten. Metallwerkzeuge
dienten wesentlich für die feinere Arbeit, da das Kupfer
und auch die ägyptische Bronze zu weich waren, um harten
Steinen gegenüber bei größerem Kraftaufwand die erforderliche Widerstandskraft zu besitzen; sie mußten in kurzer
Zeit stumpf werden und sich verbiegen.

Über die Zeitdauer der
Arbeit in den Brüchen und
die Leistungsfähigkeit der
Arbeiter ist wenig bekannt
und die diesbezüglichen Angaben der Inschriften nicht
sehr glaubhaft. Wenn bei-
spielsweise die Königin Ḥātschepsut behauptet, die Arbeit an ihren Obelisken habe

Abb. 68.
Gerät zum Steinheben.

vom Ausbrechen aus der Felswand bei Assuan bis zur
fertigen Aufrichtung in Theben nur 7 Monate gedauert[1],
so ist dieser Zeitraum so kurz bemessen, daß er kaum
der Wahrheit entsprechen kann. Er wird erfunden sein,
um die Macht der Königin über alle Maßen groß erscheinen
zu lassen. Möglich erscheinen Bemerkungen über die Tätigkeit einzelner Arbeiter, wie die, daß ein solcher in
60 Tagen 24 Alabaster-Totenstatuetten vollendet habe[2].

§ 247. Die Fortschaffung der Blöcke und Statuen
erfolgte vermittelst von Schlitten[3], ihre Aufstellung
unter Zuhilfenahme zahlreicher Menschenkräfte durch
Ziehen mit Stricken unter Anlage schiefer Ebenen, um sie
in die Höhe zu bringen; Hebel und Flaschenzug werden
nirgends erwähnt und waren daher wohl unbekannt. Dagegen wurde zur Überwindung nicht sehr erheblicher Höhen-
unterschiede eine Art Wiege benutzt (Abb. 68), welche
im Durchschnitt nach unten ein Halbrund, oben eine ebene
Fläche zeigt. Sie wurde derart aufgestellt, daß diese

---

[1] Brugsch, „Geschichte Ägyptens", S. 290.
[2] Birch, Proc. Soc. Bibl. Arch. VII, S. 54. Über die Verteilung der Arbeiter bei der Eingrabung von Grabinschriften
vgl. Maspero, ib. XIV, S. 316ff.
[3] Vgl. § 159f.

Fläche schräg stand und an der einen Seite den Boden be-
rührte, der Stein wurde hinauf geschoben, hierauf die
andere Seite der Wiege niedergedrückt und damit der Stein
selbst in die Höhe gehoben[1].

§ 248. Die Arbeit in den Brüchen und die Zubereitung
der Steine war zeitraubend und umständlich[2], die königlichen Bauherrn in Ägypten haben es daher vielfach vor-
gezogen, statt neue Steine zurichten zu lassen, Bauwerke
ihrer Vorgänger abzutragen und deren bereits zugehauene
Steine weiter zu verwenden. Diese Sitte war während der
ganzen Dauer der ägyptischen Geschichte stark verbreitet,
bereits im Alten Reiche sah man sich gezwungen, den Versuch zu machen, Bauwerke durch Dekrete gegen eine derartige Verwüstung zu schützen[3]. Erfolg haben solche
Maßregeln nicht gehabt, die Pietät gegen die Werke der
älteren Zeiten war in Ägypten stets gering, und sind zahlreiche Tempel, gelegentlich bereits kurze Zeit nach dem
Tode ihres Errichters, der Abtragung zum Opfer gefallen.
Der Steinbruchbetrieb seinerseits erfolgte gleichfalls wenig
rücksichtsvoll, bei ihm konnten ältere Gräber und Kapellen
nicht auf Schonung rechnen, wenn sie im Gebiete der aus-
zubeutenden Felswände gelegen waren. Auch als heilig geltende Berge wurden von den Unternehmern bisweilen in
den Bereich ihrer Tätigkeit gezogen, und waren auch hier,
wie für den heiligen Berg von Abydos, königliche Erlasse[4]
erforderlich, um ihnen einen gewissen Schutz angedeihen
zu lassen. Die Höhe der angedrohten Strafe, Abhauen der
Glieder, zeigt, wie gering die Neigung des Volkes war, von
einem Abbau von Bergen abzustehen, falls diese ein brauchbares Steinmaterial zu ergeben versprachen.

---

[1] Choisy, „L'Art de bâtir chez les Égyptiens", S. 80ff.;
Moret, „Au Temps des Pharaons", S. 35ff. Modell einer solchen
Wiege: Naville, „Deir el bahari" VI, Taf. 168, S. 9. — Über die
Methode beim Herablassen schwerer Steindeckel auf Sarkophage
vgl. Barsanti, Ann. Serv. Ant. I, S. 283f.; Capart, „Un Problème
de Mécanique Égyptienne", Brüssel 1901.
[2] Für ein Stauwerk aus der frühen Pyramidenzeit in der
Bergwüste hinter Heluan im Wadi Gerraui, um die hier tätigen
Steinbrucharbeiter mit Trinkwasser zu versorgen, vgl. Schwein-
furth in Westermanns Monatsheften, April 1895, S. 35ff.;
Mackay in Petrie, „Heliopolis, Kafr Ammar and Schurafa",
London 1915.
[3] Borchardt, Äg. Z. XLII, S. 3f.
[4] Borchardt, ib. XLIV, S. 55ff.

M. Religion[1].

§ 249. Die Ägypter waren ein frommes Volk, bei welchem die Religion in allen Erscheinungen des staatlichen wie des privaten Lebens die leitende Stellung einnahm. Die steinernen Prachtbauten des Landes waren Tempel und Gräber[2], welche als die ewigen Wohnungen der Götter und Toten galten, die Behausungen der Lebenden wurden nur auf kurze Zeit aus vergänglichem Material errichtet. An den Geräten wurden heilige Zeichen angebracht[3], den Körper bedeckte man mit Amuletten[4], die Literatur war eine wesentlich religiöse, die Gedankenwelt war von Geister- und Dämonenvorstellungen erfüllt. Das Schicksal des einzelnen wie das der Gesamtheit lag in der Hand der Gottheit, und galt es als Pflicht, neben dem bürgerlichen Berufe eine Stellung im Dienste der Götter einzunehmen und als Stunden- oder Monatspriester[5] zeitweise Handreichungen in den Tempeln zu leisten. Die Zahl dieser hilfsbereiten Kräfte war so erheblich, daß auch für die großen

---

[1] Brugsch, „Religion und Mythologie der alten Ägypter", Leipzig 1884—8 (reiches Material aus der Spätzeit, häufig allzu spekulativ); Budge, „The Gods of the Egyptians", 2 Bde., London 1904 (Material); Erman, „Die ägyptische Religion", 2. Aufl., Berlin 1909 (ill.): Naville, „La Religion des anciens Égyptiens", Paris 1906 (populär); Sayce, „The Religion of ancient Egypt", 2. Aufl., Edinburgh 1913 (dilettantisch); Maspero, „Études de Mythologie", 7 Bde., Paris 1893—1914 (Einzeluntersuchungen); Otto, „Priester und Tempel im hellenistischen Ägypten", 2 Bde., Leipzig 1905—8 (Spätzeit); Wiedemann, „Die Religion der alten Ägypter", Münster 1890 (ill. englische Ausgabe: London 1897); in Hasting's „Dictionary of the Bible" V, Sp. 175ff. (Religion of Egypt); in Hasting's „Encyclopaedia of Religion" VI, S. 274ff. (Gottesbegriff); AfR. VII, S. 471ff.; IX, S. 481ff.; XIII, S. 344ff. XVII, S. 197ff. (Berichte über Arbeiten über die ägyptische Religion 1903—1913); Lanzone, „Dizionario di Mitologia egizia", Turin 1881—6 (alphabetisch geordnet, zahlreiche Bildertafeln); Röder, „Urkunden der Religion des alten Ägyptens", Jena 1915 (Übersetzungen religiöser Texte mit Einleitung über die ägyptische Religion). -- Über religiöse Literatur vgl. § 280.
[2] Über Tempel siehe S. 361f.; über Gräber die S. 114, Anm. 4 genannte Literatur.
[3] Vgl. z. B. S. 156 (Spiegel), 179 (Bett), 180 (Nackenstütze), 181 (Stuhl), 209 (Schlitten) usf.
[4] Vgl. S. 79, 118f., 129f., 132.
[5] Borchardt, Äg. Z. XXXVII, S. 94; XLI, S. 34ff.; Erman, ib. XX, S. 163.

Heiligtümer nur verhältnismäßig wenige Berufspriester
für die Vollziehung der allerwichtigsten Zeremonien erforderlich waren. Noch in seinen Grabinschriften bezeichnete sich der Ägypter gern als den Ergebenen des einen
oder anderen Gottes, zugleich mit dem Wunsche, sich auf
diese Weise der Gunst der betreffenden Gestalt für das
Jenseits besonders zu empfehlen[1].

§ 250. Bei diesen religiösen Bestrebungen handelte
es sich aber im allgemeinen nicht um den Ausfluß eines
tieferen Gefühls, sondern im wesentlichen um eine ängst-
liche Erfüllung von Formen und die Kenntnis von Zauberformeln[2], welche Macht über die Götter verliehen und
daher Erfolge im Diesseits und im Jenseits gewährleisteten.
Sie erschienen zu diesem Zwecke weit wichtiger als ein
tugendhaftes Leben, welches nur nebenbei für die Gewinnung der göttlichen Gunst oder Gnade in Betracht kam.
Die Götter[3] wurden in ihrer äußeren Erscheinung ebenso
wie in ihren inneren Charaktereigenschaften völlig dem Vorbilde des Menschen, des Tieres, seltener der Pflanze, des
Steines oder anderer Naturgegenstände angepaßt[4]. Sie
bedurften daher der Speise, Trank, Wohnung, Kleidung,
Schmuck, Dienerschaft, und mußte es das Hauptbestreben
ihrer Anhänger sein, durch Kulthandlungen derartige Dinge
zu beschaffen und sie den Göttern in das Jenseits zu über-
mitteln. Diese niedere Auffassung der Gottheit findet sich
im Niltal nicht nur in der älteren Zeit, es ist an ihr dauernd
festgehalten worden. Die vor allem in religiösen Dingen
stark in die Erscheinung tretende konservative Denkart des
Volkes hat es daran verhindert, die alten Vorstellungen aufzugeben. Wenn von Zeit zu Zeit neue Gedankengänge auftraten, so wurden sie nicht an die Stelle der älteren gesetzt,
sondern standen ihnen gleichberechtigt zur Seite, so daß

---

[1] Über den König als Priester siehe S. 53f.
[2] Über Zauberformeln und Magie vgl. § 280, 302, 294—5.
Eine Reihe magischer Gebräuche sind in anderem Zusammenhang erwähnt; vgl. den Index unter „Magie" und „Amulette".
[3] Über einzelne Götter und den Götterkult ist in diesem
Werke verschiedentlich an sonstigen Stellen gehandelt worden
(vgl. den Index unter „Götterkult" und „Gottheiten"). Über
die Götterbilder vgl. die auf S. 360, Anm. 2 genannte Literatur.
[4] Über Tier-, Baum- und Steinkult siehe auch die
Stellen im Index unter diesen Stichwörtern.

sich auf diese Weise im Laufe der Zeit der ägyptische
Götterglaube in wachsendem Maße verwickelter und
widerspruchsvoller gestalten mußte.

Jm Grunde genommen besitzen in historischer Zeit alle
ägyptischen Gottheiten trotz ihrer individuellen Selbständigkeit gleiche Bedeutung. Wenn die Texte bei dem einen
die Schöpfermacht, bei dem anderen die Herrschergewalt
oder die kriegerische Gesinnung betonen, so wollen sie damit
den sonstigen Gottheiten in keiner Weise die gleichen Eigenschaften absprechen. Die Gleichartigkeit der Götter mußte
jeden durchgreifenden Versuch, sie in ein festes System
einzuordnen, unmöglich machen. Nur beschränkte Gruppen
hat man bisweilen als Familien, Herrscherfolgen, göttlichen
Hofstaat zusammengefaßt, ohne daß diese Aufstellungen
kanonischen Wert zu gewinnen vermocht hätten. Auch
die Durchführung eines geregelten Synkretismus und
Pantheismus scheiterte an dem Bestreben, stets die althergebrachte Individualität der einzelnen Gestalten unange-
tastet zu lassen.

§ 251. In der Nagadazeit hatten die Urbewohner des
Landes in den einzelnen Ortschaften und Bezirken
verschiedene heilige Tiere verehrt. Als das eindringende
Ostvolk geistig höher stehende, meist menschengestaltige
Gottheiten mit sich brachte, hatte man diese jeweils mit
demjenigen heiligen Tier verbunden, welches die Einwanderer an dem Orte, an welchem sie sich niederließen, an-
trafen[1]. So entstand an jedem dieser Orte eine besondere
Religionsform, welche von der des Nachbarortes abweichen
konnte und sich völlig selbständig entwickelte. In jedem
Gau galt der dort verehrte Hauptgott als der Schöpfer der
Welt, der Leiter des Himmels und der Erde, der berufene
Schützer der Gaugenossen. Im allgemeinen standen alle
diese Ortskulte friedlich nebeneinander; der Gedanke,
für seinen Gott über die Grenzen seines Gaues hinaus
Propaganda zu machen, lag dem Ägypter fern. Nur wenn
man seinen Gott geradezu zu schädigen suchte, sein heiliges
Tier schlachtete, seinen Tempel beraubte, konnte der An-
hänger der einzelnen Gestalt zur Abwehr gereizt werden.

---

[1] Wiedemann, „Der Tierkult der alten Ägypter", S. 27ff.;
Muséon VI, S. 113ff. Vgl. Hopfner, „Der Tierkult der alten
Ägypter" (Denkschriften Akad. Wien LVII, Abh. 2), S. 23ff.

Größere Macht über die Gaugrenzen hinaus erlang-
ten bisweilen einzelne Götter aus politischen Gründen.
Wenn ein ägyptischer Pharao auf den Thron kam, so verehrte er vor allem seinen Gaugott und errichtete diesem
auch an anderen Stellen des Niltales Heiligtümer. Dem
königlichen Kulte schlossen sich jeweils zahlreiche Untertanen an, teils aus der Loyalität dem Herrscherhause gegenüber, welche der Ägypter in hohem Grade besaß, teils aus
Nützlichkeitsgründen. Der Gott des Königs hatte dadurch,
daß er seinen Anhänger auf Kosten der übrigen Gaugötter
zum Herrn des ganzen Landes gemacht hatte, gezeigt, daß
er mächtiger wie diese war und daß er seine Verehrer entsprechend zu belohnen wußte. Die hierdurch veranlaßte
Begünstigung bestimmter Gottheiten war aber eine zeitlich beschränkte. Sie hörte auf, sobald eine andere Dynastie
an das Ruder kam, welche andere Gottheiten zu Ehren
brachte. Entsprechend der Zeitdauer der Macht der sie
verehrenden Dynastien haben einige Götter während
kurzer Zeit allgemeineres Ansehen besessen, wie der widderköpfige Gott Chnuphis der Kataraktengegend, der Kroko-
dilgott Sebak des Fayûm, die Katzengöttin Bast von
Bubastis, die kriegerische Göttin Neith von Saïs. Andere
dagegen herrschten lange Zeit im Lande, wie der
Widdergott Amon von Theben und der menschengestaltige Ptah von Memphis. Nur einmal ist der Versuch
gemacht worden, mit Gewalt den Kult eines solchen Gottes
auch widerstrebenden Kreisen aufzudrängen. Es geschah
dies, als Amenophis IV. sich bemühte, die Verehrung seines
Sonnengottes Aten im ganzen Lande zu verbreiten und
insbesondere in der Hauptstadt des Landes, in Theben,
einzuführen. Die Absicht, den Kult des dortigen Gottes
Amon zurückzudrängen und zu vernichten, mißlang. Als
der König starb, ließen seine Nachfolger nach kurzer Zeit
seine Bestrebungen fallen, Aten verlor schnell sein Ansehen
und wurde in der Folgezeit nur sehr selten als Gott genannt.
      § 252. Neben diesen Gottheiten von zunächst lokaler
Bedeutung gab es während der ganzen Dauer der historischen Zeit zwei Gestalten, welche in dem gesamten Lande
hervorragende Wichtigkeit besaßen. Es war dies ein Gott
der Lebenden, der Sonnengott Râ, welcher den Mittelpunkt
seiner Verehrung in dem politisch unbedeutenden Heliopo-

lis besaß, und ein Gott der Toten, der Herrscher des Jenseits
Osiris, dessen Kultmittelpunkt im allgemeinen bei der
nicht sehr umfangreichen Stadt Abydos in Oberägypten
gelegen war.

Die Sonne wurde in Ägypten seit den ältesten Zeiten
hoch verehrt. Wenn auch der heilige Stein, in welchem sie
ihre wichtigste Verkörperung fand, in dem Tempel zu
Heliopolis aufbewahrt wurde, so reichte ihre Bedeutung
doch weit über das Weichbild dieser Stadt hinaus. Die
Pharaonen sahen in dem Sonnengotte ihren Erzeuger und
errichteten ihm an verschiedenen Stellen Heiligtümer, unter
denen die von mehreren Königen der 5. Dynastie bei ihrer
Hauptstadt Memphis seiner obeliskengestaltigen Verkörperung geweihten Anlagen besonders großartig waren[1].
In späterer Zeit trat der Kult des reinen Sonnengottes
mehr zurück; man suchte dagegen zahlreiche andere Götter
mit ihm zu einer Einheit zu verschmelzen. Unter diesen
Mischformen ist der in der Blütezeit des Neuen Reiches
in Theben und dann in ganz Ägypten hochverehrte Amon-
Rā die wichtigste. Unter Amenophis IV. war der Sonnengott
der *āten*, die materiell als Naturkörper aufgefaßte Sonnenscheibe, in anderen Zeiten sah man in dem Gestirn ein Organ
der Tätigkeit eines intelligenten, menschen- oder sperberge-
staltigen höheren Wesens. Dieses erschien im allgemeinen
als ein Gott der Lebenden, dessen Einfluß für das Jenseits
gering war. Nur zeitweise, besonders in der ersten Hälfte des
Neuen Reiches zu Theben, sah man in ihm auch einen Herrn
des Jenseits. Während der Nacht durchfuhr er die Unterwelt
zu Schiffe in der Richtung von West nach Ost und traf hier,
wie dies vor allem die Reliefs der thebanischen Königsgräber
darstellen, zahllose verschiedengestaltige Dämonen und die
verstorbenen Menschen[2].

[1] Liste der Sonnenheiligtümer: Daressy, RT. XVII, S.
113f.; Sethe, Äg. Z. XXVII, S. 111ff. Für das sorgsam ausgegra-
bene des Rā-en-user vgl. Bissing, „Das Re-Heiligtum des Königs
Ne-Woser-Re", I: Borchardt, „Der Bau", Berlin 1905; Schäfer,
Äg. Z. XXXVII, S. 1ff.; Borchardt, ib. XXXVIII, S. 94ff.; Bissing, RT. XXIV, S. 167; Foucart, Sphinx X, S. 160ff.; Wiedemann, Orient Lit.-Z. VI, S. 49ff.; Umschau VII, S. 501ff., 532ff.;
Maspero, „Causeries d'Égypte", S. 327ff. Für die Darstellung
der Sonne auf ägyptischen Denkmälern vgl. Prinz, „Altorient.
Symbolik", Berlin 1915, S. 9ff.
[2] Vgl. § 280 (Ende).

Im allgemeinen galt als der Fürst der Toten der bekannteste unter allen ägyptischen Göttern, der menschengestaltige Osiris. Eine fortlaufende Lebensbeschreibung
dieses Gottes findet sich erst in einer um 130 n. Chr. verfaßten Schrift des Plutarch[1]. Aus den Denkmälern läßt
sich aber nachweisen, daß die Einzelzüge, welche der griechische Schriftsteller in seiner Erzählung zusammenarbeitete,
alten Ursprungs sind. Wenn die Ägypter nicht bereits
früher versuchten, eine Biographie des Gottes zu gestalten,
so lag dies daran, daß außer diesen Zügen aus seinem Dasein
noch zahlreiche andere verbreitet waren, welche ihnen wider-
sprachen und sich nicht in ein einheitliches Leben einreihen
lassen wollten. Der Ägypter wagte es nicht, aus diesem
Material eine willkürliche Auswahl zu treffen und einzelne
Berichte als richtig zu verwerten, andere als falsch auszuscheiden, da für sein Empfinden alle trotz ihrer innern
Widersprüche als gleich wahr angesehen werden mußten.

Die Hauptbedeutung des Osiris für den Ägypter beruhte
auf seiner Auferstehung. Osiris hatte als König über
Ägypten geherrscht und viele wohltätige Einrichtungen
für das Land und Volk getroffen, bis er zuletzt von seinem
Bruder Set in heimtückischer Weise ermordet wurde. Allein
sein Tod war kein endgültiger gewesen, er war wieder auf-
erstanden und hatte in seiner irdischen Gestalt ein neues,
ewiges Leben gewonnen, nur daß er jetzt nicht mehr über
das Diesseits, sondern über das Jenseits herrschte. Hier
saß er in Mumienkleidung feierlich auf dem Thron oder stand
aufrecht da (Taf.-Abb. 8). In den Händen hielt er als
Herrscherzeichen Hirtenstab und Geißel, auf dem Kopfe trug
er die Krone von Oberägypten, wo sein hochverehrtes Grab
in Abydos gelegen war, und an ihr befestigt die Federn der
Wahrheit. Das Schicksal des Osiris war vorbildlich für den
Menschen. Wie der Gott, so mußte auch der Mensch sterben; aber wie jener, sollte auch dieser auferstehen, um ein
ewiges Leben in seiner irdischen Stellung zu führen. Da
Osiris dergestalt das menschliche Schicksal in seinem Durchgange durch den Tod darstellte, so hat man das Sterben
und Begrabenwerden des Gottes sich jeweils nach Maßgabe
der irdischen, im Laufe der Zeit vielfach wechselnden

[1] Plutarch, „Über Isis und Osiris", hrsg. von Parthey,
Berlin 1850.

Totengebräuche und Unsterblichkeitslehren[1] ausgemalt.
Sie wurden alle auf Osiris bezogen. So wurde er nach
einer Ansicht zerstückelt, nach einer anderen einer sekun-
dären Bestattung unterworfen, nach einer dritten mumi-
fiziert usf. Alle diese Totenbehandlungen galten als gleichberechtigt und für den Gott als gleich gut verbürgt, trotz
der Unmöglichkeit, sie miteinander in Einklang zu bringen. Es findet sich hier die Systemlosigkeit, die Gleich-
gültigkeit gegen innere Widersprüche, welche auch sonst
dem geistigen Leben Ägyptens seinen Stempel aufgedrückt
hat und welche für den modernen Menschen die religiöse
Empfindungswelt des Volkes schwer verständlich macht.

N. Kunst und Literatur.

1. Bildende Kunst[2].

§ 253. Die ägyptische Kunst hat ihre eindrucksvollsten
Werke in der Architektur geschaffen. Die Wohnungen

---

[1] Vgl. § 84—86.
[2] Maspero, „Égypte" (Histoire générale de l'Art), Paris
1912, deutsch von Rusch, Stuttgart 1912 (ill., Lit.); „Archéologie Égyptienne", Nouv. éd., Paris 1907 (deutsch nach der
ersten Auflage: Steindorff, „Ägyptische Kunstgeschichte",
Leipzig 1889); „Essais sur l'Art Égyptien", Paris 1912; Perrot
et Chipiez, „Histoire de l'Art dans l'Antiquité: I. Égypte",
Paris 1880 (deutsch von Pietschmann, „Ägypten", Leipzig 1884);
Schäfer, „Von ägyptischer Kunst, besonders der Zeichenkunst",
2 Bde., 53 Tafeln, Leipzig 1919 (vgl. Schäfer, Äg. Z. XLVII,
S. 134 ff.; LII, S. 1 ff.; wichtige Arbeiten über grundlegende
Fragen); Petrie, „Egyptian decorative Art", London 1895 (besonders Ornamente) Spiegelberg, „Geschichte der ägyptischen Kunst",
Leipzig 1903 (Übersicht); Bissing, „Einführung in die Geschichte
der ägyptischen Kunst", Berlin 1908 (ill. Übersicht); Rev. Arch.
XV (1910), S. 244 ff. (Anfänge der Plastik); RT. XX, S. 120 ff. (Bemalung der Statuen); Choisy, „L'Art de bâtir chez les Égyptiens",
Paris 1902 (Technik). — Klebs, „Reliefs", S. 1 ff. (Ausschmük-
kung der Gräber und dabei angewendete Techniken). Bilder-
werke: Bissing „Denkmäler ägyptischer Skulptur", München
1906—11 (eingehender Text); Capart, „Recueil de Monuments
Égyptiens", 2 Bde., Brüssel 1902—5; „L'Art Égyptien", 2 Bde.,
Brüssel 1909—11 (gute, billige Reproduktionen); Schäfer, „Ägyp-
tische Kunst" (Kunstgeschichte in Bildern 1, 4), Leipzig 1913;
Hunger und Lamer, „Altorientalische Kultur im Bilde",
Leipzig 1912. — Über die Ornamentik, für die eine vollstän-

der Lebenden[1] waren im Innern wie im Äußeren einfach
gehalten, um so großartiger erscheinen neben den „ewigen
Häusern"[2], den Grabanlagen, wie sie in Pyramiden, Mastaba, Felsengrüften erhalten geblieben sind, die Wohnungen der Götter, die Tempel, welche, sobald es die verfügbaren Mittel irgendwie gestatteten, aus Stein erbaut

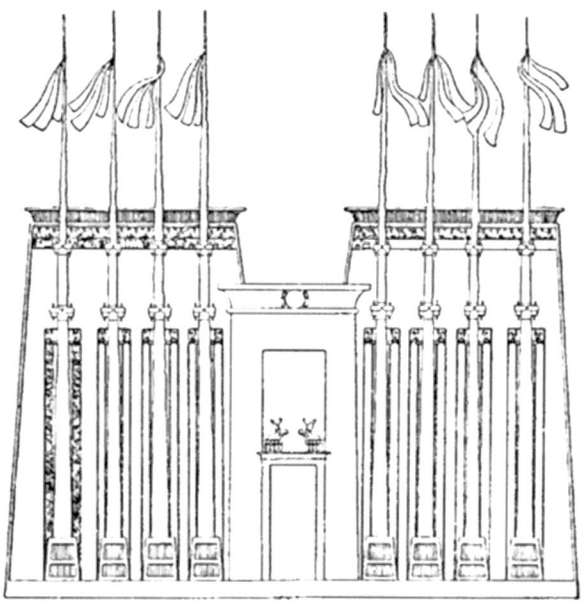

Abb. 69. Tempeleingang.

wurden (Abb. 69, Taf.-Abb. 25). Ihren Kern bildete der Naos,
in welchem der Gott selbst in Gestalt eines heiligen
Tieres, Steines oder sonstigen Gegenstandes dauernd
weilte oder in welchem eine Statue oder ein Symbol stand,

dige Darstellung noch fehlt, unterrichtet im allgemeinen das
oben genannte Buch von Petrie, sowie Jéquier, „Décoration
Égyptienne", Paris 1912. — Einflüsse der ägyptischen Kunst
auf andere Völker und Zeiten: Bissing, „Der Anteil der ägyptischen Kunst am Kunstleben der Völker", München 1913 (Lit.).
  [1] Vgl. § 128—132 (wo auch S. 165 f. die Aufführung der Steinmauern im allgemeinen besprochen wurde). Über Befestigungs-
anlagen § 126—127.
  [2] Diodor I, 51.

in dem sich die Gottheit zeitweise aus freiem Entschlusse
verkörperte, um inmitten ihrer Anhänger zu weilen, Gebete
und Opfer in Empfang zu nehmen. Kam der Gott nicht
von selbst, so konnte ihn der zauberkräftige Priester durch
seine magischen Formeln zwingen, hier persönlich zu erscheinen und dem Anrufenden zu Willen zu sein. Um den
Naos lagen Räume, welche den Besitz des Gottes, Barken,
Kleider, Gefäße, Schmuck u. a. m., bargen. Davor waren

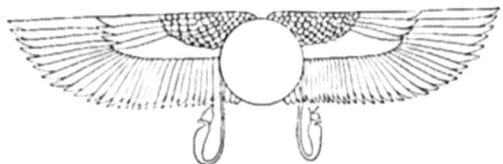

Abb. 70.   Geflügelte Sonnenscheibe.

Säle in wechselnder Zahl und Größe angelegt, zunächst
dem Allerheiligsten ein gedeckter Raum und dann davor
ein ungedeckter Hof, in welchem die Gläubigen sich versammelten, opferten und beteten, während die Priester
oder besonders begünstigte Persönlichkeiten vor den Gott
selbst traten und ihm Speise und Trank darreichten. Anschließende Räume und Baulichkeiten beherbergten verwandte und befreundete Gottheiten, welche hier dauernd
wohnten oder zeitweise zum Besuche des Tempelgottes
gekommen waren. Das Ganze wurde als eine möglichst
feste und widerstandsfähige Burg ausgestaltet. Hohe Mauern
hielten irdische Feinde ab; heilige Zeichen, wie das ungemein häufig angebrachte Bild der geflügelten Sonnenscheibe (Abb. 70)[1], der Uräusschlange, der Hathormaske,
oder auch Flaggenstangen (Abb. 69) mit bunten Wimpeln
vertrieben feindliche Dämonen. Neben dem Tempel befanden sich schattenspendende Haine, Teiche für die Fahrten
der Götterbarke, Wohnungen für Priester, Tempeldiener
und Sklaven, Ställe für das Opfervieh. Alle diese Anlagen

---

[1] Sage von der geflügelten Sonnenscheibe: Naville, „Textes
relatifs au Mythe d'Horus", Taf. 12—8; übersetzt: Brugsch,
Abh. Akad. Göttingen XIV; in den wesentlichen Teilen: Wiedemann, „Religion der alten Ägypter", S. 38ff. Zahlreiche Beispiele für die Darstellung: Prinz, „Altorientalische Symbolik",
S. 11 f., 42ff.

umgab eine hohe Mauer aus ungebrannten Nilziegeln, durch
welche, um die Sicherheit der Insassen zu erhöhen, nur
wenige Tore führten. Von den Eingängen aus liefen nicht selten Straßen zu anderen Heiligtümern oder zu dem Nile,
längs deren im Neuen Reiche häufig dämonenvertreibende
Bilder heiliger Tiere oder Sphinxe aufgestellt wurden.

§ 254. Die ägyptische Rundplastik sah ihre Aufgabe
wesentlich in der Wiedergabe des Menschen, welche angeblich porträtmäßig, tatsächlich im allgemeinen auf Grund
des Schönheitsideales[1] zu erfolgen hatte. In die Reihe dieser
Darstellungen gehören auch die mumiengestaltigen Särge,
welche den Toten, und die Sphinxe und Götterbildnisse,
welche den jeweils herrschenden König, vor allem in seinen
Gesichtszügen, vorführen sollten. Die Künstler verfuhren
hierbei meist derart schematisch, daß man mehrfach[2] angenommen hat, sie hätten überhaupt nicht nach Vorbildern
in der Natur gearbeitet, sondern hätten ihre Werke auf
Grund eines im Laufe der Zeit mehrfach wechselnden
Proportionskanons konstruiert. Tatsächlich hat ein solcher
Kanon, wie eine genauere Untersuchung der Denkmäler
lehrt, in Ägypten nicht bestanden. Die Quadrierungen
und ähnlichen Linien- und Strichnetze, welche sich auf den
Wänden der Gräber und Tempel und auf Modellfiguren
finden, weisen nicht auf eine derartige gesetzmäßig festgelegte Regelung der Proportionen hin. Sie bilden nur
Hilfslinien, um die Vorlagen für die Wandausschmückung
auf diese zu übertragen oder um die in kleinen Verhältnissen
ausgeführten Modelle in bequemer Weise vergrößert wiederholen zu können[3]. Wie wenig Gewicht der Ägypter bei den
angeblichen Porträts auf wirkliche Ähnlichkeit legte, zeigt
die stark verbreitete Sitte, ältere Statuen zu usurpieren.
Die Könige ließen den Namen des ursprünglich dargestellten Herrschers auf den Denkmälern ausmeißeln und statt
dessen den ihrigen einsetzen. Nur in Ausnahmefällen
wurde dabei das Gesicht überarbeitet, um wenigstens
eine gewisse Annäherung an die tatsächliche äußere Er-

---

[1] Vgl. S. 28 ff.
[2] Edgar, „Sculptor's Studies" (Kat. Kairo), Kairo 1906;
RT. XXVII, S. 137 ff.
[3] Vgl. Perrot-Chipiez, „Ägypten", S. 702 ff. und für die
Quadrierungen in den Steinbrüchen oben, S. 350.

scheinung des neuen Inhabers der Statue zu gewinnen.
Der Privatmann suchte während des größten Teiles der
ägyptischen Geschichte in seinen Bildern möglichst dem
Könige zu gleichen, eine Bestrebung, welche dadurch unterstützt wurde, daß die in den Gräbern aufgestellten Statuen
den Menschen nicht in seiner irdischen Erscheinung, sondern
als verklärten Toten vorführen wollten.

Weit naturgetreuer wie den Menschen stellten die
Ägypter die Tiere dar. Die von der Königin Ḥātschepsut
zu Dêr-el-bahari geweihte Statue einer Kuh[1] und die jetzt
im Vatikan befindlichen, von Nektanebus I. gestifteten
Statuen liegender Löwen gehören zu den besten aus dem
Altertum überkommenen Tierbildnissen.

§ 255. Für die Beurteilung der Reliefs und der mit
ihnen vollkommen parallel laufenden Malerei sind eine
Reihe ägyptischer Perspektivregeln, welche das Volk
mit der Zeichenkunst der Kinder und zahlreicher Völker
beim Beginn ihrer zeichnerischen Bestrebungen teilt, von
grundlegender Bedeutung[2]. Für den Ägypter war von den
ältesten Zeiten bis zu denen der Griechen und Römer herab
die darzustellende Person, Gruppe oder Sache kein einheitliches Ganzes, sondern ein Mosaik von Einzelteilen, deren
jeder für sich von seiner wichtigsten Seite gesehen vorgeführt
werden mußte. Bei dem Menschen zeichnete man dementsprechend das Gesicht im Profil, das Auge mit den dasselbe
umgebenden Schminklinien von vorn, die Brust in ganzer
Breite von vorn, die Brustwölbung im Profil an der Seite
des Brustkastens, die Beine und Arme im Profil, die Hand
von oben (Taf.-Abb. 2, 8). Nur sehr selten hat man versucht, die Gliedmaßen richtiger zusammenzusetzen, wobei
man jedoch regelmäßig völlig verunglückte, wie Karikaturen
wirkende Gestalten erhalten hat[3]. Bei einem Esel, der eine
Last trägt, steht das Tier im Profil da, die Last schwebt
von vorn gesehen halb vor, halb über ihm (Abb. 71). Ein
Teich erscheint von oben, die ihn umgebenden Bäume von

---

[1] Naville, Gazette des Beaux-Arts XXXVIII, S. 265ff.;
Maspero „Essais sur l'Art égyptien", S. 121ff.
[2] Wiedemann, Umschau X, S. 785ff., 804ff. (ill.).
[3] Lepsius, „Denkm." II, 133; Mariette, „Mastaba", S. 414;
Capart, „Rue de Tombeaux à Saqqarah", Taf. 16—7, 78—79;
Schäfer, „Priestergräber", S. 9, 11; Madsen, Äg. Z. XLII, S. 65ff.

vorn gesehen. Bei einer Karte wird der Weg von oben gesehen, die Berge klappt man in Vorderansicht scheinbar
nach rechts und links neben denselben[1].

Das Bestreben, möglichst deutlich zu sein, veranlaßte
weiter dazu, die Einzelteile des Bildes so zu verschieben,
daß jeder Teil möglichst zur Geltung kam und vor allem
nicht das Unwichtige die
Hauptsache verdeckte. So
ließ man einen Gott, der
die Hände auf einen Sarg
legt, vor diesem stehen und
die Hände frei in die Luft
halten, da der Gott in der
Darstellung nicht hinter dem
Sarge zurücktreten durfte[2].
Ein Gott, welcher das Weltei
auf der Töpferscheibe bildet,
sitzt frei im Vordergrund,
hinter ihm steht sein Gestell,
das Brett, welches er mit dem

Abb. 71. Beladener Esel.

rechten Fuß in Drehung versetzt, und das Ei, welches er mit
den Händen formt (Abb. 57). Ein weiteres Mittel, um das
Wichtige besonders zu betonen, wurde durch die Größen-
verhältnisse gegeben, das Wesentliche und im Range
Höchste in einer Darstellung wurde als körperlich am
größten vorgeführt. Der Gott ist größer als der Mensch,
nur der König, welcher selbst als Gott galt, konnte sich
an Größe mit ihm messen. Der Pharao, welcher auf
seinem Wagen in die Schlacht eilte, war im Bilde so groß
wie die Bergfeste, welche er erstürmen wollte; die Feinde
bewegten sich klein wie Riesenspielzeug zwischen den
Beinen seiner Pferde.

Die Individualität des Künstlers konnte solchen Grund-
regeln gegenüber kaum in Betracht kommen. Die einzelnen ausführenden Arbeiter unterschieden sich wesentlich

---

[1] Karte der Goldminen (vgl. S. 342), von Königsgräbern
(Lepsius, Abh. Akad. Berlin 1867, S. 1 ff.; Carter und Gardiner,
„The tomb of Ramses VI and the Turin plan of a royal tomb"
in Journ. Egypt. Arch. IV; Daressy, „Ostraka" [Kat. Kairo],
S. 35, Taf. 32), von Feldern (Spiegelberg, „Demotische Papyrus"
[Kat. Kairo], S. 261ff., Taf. 105).
[2] Für ein weiteres Beispiel vgl. S. 213.

durch technisches Können, durch ein mehr oder weniger
geschicktes Auswählen und Kopieren aus ihren während
Jahrtausenden von Hand zu Hand überlieferten Schablonen-
zusammenstellungen[1]. Bei den gelegentlich in den Gräbern
und in den Tempeln auftretenden Bildern und Namen von
Künstlern[2] oder der Angabe, ein Mann sei besonders kunst-
reich gewesen[3], handelt es sich um Kopisten und Stein-
metzen, nicht um die Schöpfer von Originalwerken.

§ 256. Die erwähnten Regeln haben Jahrtausende lang
im wesentlichen unverändert bestanden, waren aber nicht
streng dogmatisch festgestellt und konnten daher das Auftreten einer freien Kunst nicht verhindern, wenn auch
diese ihrerseits die schablonenhafte altüberlieferte Kunstrichtung nicht zu verdrängen vermochte[4]. Die ältesten Beispiele einer solchen freieren Richtung finden sich in der
Nagadazeit, obwohl in dieser im allgemeinen bereits der
spätere Schematismus seine Festlegung erfahren hatte.
Flachreliefs mit Kämpfen zwischen Männern und Stieren,
mit einem Schlachtfeld, auf dem Löwen an Gefallenen nagen,
mit Tierbildern, Jagdszenen und sonstigen Darstellungen tragen, ebenso wie kleinere Statuetten, einen naturalistischen Charakter. Im Alten Reiche lebte dieser Realismus
besonders in den Darstellungen dienender Persönlichkeiten
fort, bei Höhergestellten wurden gelegentlich wenigstens
die Gesichter naturgetreu gebildet, und hing es vermutlich
mit derartigen naturalistischen Bestrebungen zusammen,
daß man Totenmasken herstellte. So fand sich eine solche
in dem Totentempel des Königs Tetá der 6. Dynastie, welche
vermutlich über dem König selbst abgenommen worden
ist[5]. Im Mittleren Reiche zeigen sich Ringer und spielende

---

[1] Vgl. S. 3.
[2] Madsen, Sphinx XII, S. 242ff. (Lit.); Sottas, RT. XXXVI,
S. 153ff.; Maspero, Ann. Serv. Ant. XI, S. 158f.; Röder, Äg. Z.
L, S. 76ff.
[3] Spiegelberg, RT. XXIV, S. 185ff.; Maspero, Transact.
Soc. Bibl. Arch. V, S. 554ff.
[4] Wiedemann, Bonner Jahrbücher LXXVII, S. 1ff.
[5] Quibell, „Excavations at Saqqara 1907—8", S. 21. 113,
Taf. 55. Sonst sind Gipsabgüsse und Vorlagen in Gips in Ägypten
selten, es liegen aber solche aus der Zeit Amenophis' IV. (Petrie,
„Tell el Amarna", S. 31; Schäfer, Äg. Z. LII, S. 85ff.; Bissing,
Zeitschr. f. bildende Kunst, Kunstchronik XXV, Sp. 368ff.;
vgl. für die plastischen Arbeiten dieser Periode: Borchardt, Mitt.

Frauen naturgetreu und bisweilen humoristisch aufgefaßt.
Im Neuen Reiche wurde der Naturalismus stärker zurück-
gedrängt, doch findet sich mitunter eine gesunde Natur-
beobachtung in Landschaftsbildern auf Stelen[1], in An-
betungsszenen in Papyris, in Zeichnungen auf Tonscherben[2] bei lebhaft arbeitenden Männern, klagenden
Frauen, Marktszenen (Abb. 56), parodistischen Bildern,
bei Verzierungen von kunstgewerblichen Gegenständen
(Taf.-Abb. 14), bei Statuen alter Männer mit verfallenden
Gesichtszügen und weichem hängendem Fett an Brust und
Bauch (Taf.-Abb. 3). Vor allem die Zeit Amenophis' IV. hat,
vermutlich unter Beeinflussung durch den mykenäischen
Kulturkreis, Werke in dieser freieren Kunstrichtung hervor-
gebracht.

§ 257. Den ersten Beobachtern, welche an die ägyptischen
Kunstdenkmäler herantraten, schienen dieselben alle annähernd den gleichen Kunstcharakter zu zeigen. Als das
Material reichhaltiger wurde und vor allem in größerer Zahl
datierbare Werke vorlagen, zwischen denen sich wesentliche
Unterschiede bemerkbar machten, versuchte man eine h i s t o -
r i s c h e E n t w i c k l u n g der ägyptischen Kunst aufzustellen,
ohne freilich bisher zu allseitig feststehenden Ergebnissen
gelangt zu sein. Vor allem haben a r c h a i s i e r e n d e Be-
s t r e b u n g e n und das absichtliche K o p i e r e n alter Muster
die Entwicklung mehrfach in tiefgehender Weise beeinflußt
und unterbrochen. Außerdem ergab es sich[3], daß die Entwicklung im Lande keine einheitliche war, es vielmehr
eine Reihe lokal verschiedener K u n s t s c h u l e n gab, welche

---

Deutsche Orient-Ges. Nr. 50, 52, 55, 57; Schäfer, Äg. Z. LV,
S. 1 ff.; u. s. f.) und aus der Spätzeit (Rubensohn, „Hellenistisches
Silbergerät in antiken Gipsabgüssen", Berlin 1911) vor.   In
Memphis fand sich der nach dem Leben gefertigte, 19 Zoll hohe
Gipsabguß des Kopfes eines jungen Nilpferdes (Petrie, „Memphis"
III, Taf. 39, Fig. 3, S. 40).   Für Gipsmasken auf Mumien des
alten Reiches vgl. Borchardt, Amtl. Berichte Kgl. Kunstsamm-
lungen Berlin XXXVII, Sp. 267 ff. — Für Modellierungen in
einer wachsartigen Masse vgl. Borchardt, Mitt. Deutsche
Orient-Ges. Nr. 55, S. 26 ff.
   [1] Maspero, RT. II, Taf. 1.
   [2] Schäfer, Jahrb. Preuß. Kunstsammlungen XXXVII,
S. 23 ff. (Spiegelberg, Äg. Z. LIV, S. 77 ff.).
   [3] Maspero, Ann. Serv. Ant. III, S. 94 f.; „Essais sur l'Art
Égyptien", Paris 1912, S. 1 ff.

während Jahrtausenden im· wesentlichen selbständig wirkten und von der herrschenden Gesamtrichtung in vielen
Stücken unabhängig blieben. Ein in das einzelne gehendes
Bild der sich derart herausbildenden örtlichen Verschiedenheiten haben jedoch die Funde bisher nicht festzustellen
gestattet.

2. Dramatische Aufführungen[1].

§ 258. Eine dramatische Poesie im eigentlichen Sinne
des Wortes fehlte in Ägypten, dagegen finden sich hier eine
Reihe der Ansätze wieder, aus welchen sich bei anderen
Völkern das Drama entwickelte. Die im neueren Orient
beliebten stark erotischen Possen in der Art des heutigen
ägyptischen Mohabbazîn oder des türkischen Kara Gjuz[2]
werden zwar auf den Denkmälern nicht dargestellt,
doch weisen Schilderungen der Klassiker auf ihr Vorhandensein hin. In das Gebiet der Pantomimen gehören die mehrfach im Alten und Mittleren Reiche auftretenden lebenden
Bilder, bei denen ruhig stehende oder auch bewegte Männer
und Frauen von den Denkmälern her bekannte plastische
Gruppen oder Hieroglyphenzeichen stellten[3]. Ferner sind
hierher zu rechnen die Darbringung der Gebete und
Opfer mit ihren festgeregelten Begleitbewegungen und die
taktmäßig erfolgenden Tänze der Klageweiber bei den
Beerdigungen.

§ 259. Wichtiger waren die Zeremonien, welche während oder nach der Beisetzung vor der Grabtüre stattfanden und deren Zweck „das Öffnen des Mundes" des
Verstorbenen war, damit er wieder Speise und Trank zu
sich nehmen könne. Die Haupthandlung erfolgte mittelst
eines Zauberstabes (Abb. 72), war aber nur dann wirkungs-
voll, wenn sie von einer umständlichen Aufführung begleitet
wurde, welche sich nach feststehenden und, soweit sich verfolgen läßt, von der Zeit der Pyramidenerbauer bis zu der
Spätzeit im wesentlichen gleichbleibenden Vorschriften ab-
spielte[4]. Bei dieser heiligen Handlung waren mehrere

---

[1] Wiedemann in „Mélanges Nicole", S. 561 ff.
[2] Lane II, S. 226 ff.
[3] Wiedemann, Z. d. Vereins f. rhein. Volksk. IX, S. 182 (Lit.).
[4] Vgl. die S. 116, Anm. 1 aufgeführten Sammlungen von
Budge.

Personen beteiligt. Die wichtigste war der *Cher-ḥeb*, ein
priesterlicher Beamter, welcher hier als eine Art Regisseur
die Papyrusrolle in den Händen hielt, den Mitwirkenden
die nötigen Anweisungen gab und entweder die Formeln
selbst ablas oder sie seinen Genossen vorsprach. Neben
ihm tätig war der *Sem*, ein dienender Priester; der *Sechmer*,
ein Freund des Toten, dessen Rolle, wenn irgend möglich,
der Sohn des Verstorbenen übernahm; zwei Klagefrauen,

Abb. 72.
Das Öffnen des Mundes (Totenzeremonie).

deren größere Isis und deren kleinere Nephthys darstellte;
ein Schlächter; ein Grabbeamter und mehrere Leute niederen Ranges, deren Zahl je nach dem Vermögen des zu
Bestattenden wechselte. Diese Leute sprachen und bewegten sich nach peinlich genauen Vorschriften um den Sarg
oder die Statue des Verstorbenen. Sie wiederholten dabei
die Handlungen, welche einst die Hinterbliebenen des Osiris
vorgenommen hatten, um dem Gotte das Wiederaufleben
im Jenseits zu sichern und welche jetzt bei dem irdischen
Toten den gleichen Erfolg haben sollten. Ob die Mitspieler
dabei mitunter maskiert waren, ist unsicher. Wo sich
bisher in den Reliefs Darstellungen des schakalköpfigen
Anubis, des sperberköpfigen Horus und ähnlicher Misch-
gestalten gefunden haben, welche Zeremonien bei dem
Toten verrichten, handelte es sich regelmäßig um Vorgänge,

welche sich im Jenseits oder in dem bereits geschlossenen,
für die Überlebenden unzugänglich gemachten Grabe abspielten[1] und welche nicht ohne weiteres in gleicher Form
ein Widerspiel im Diesseits gehabt zu haben brauchen.

§ 260. In weiteren Aufführungen, welche in manchem
an die religiösen Spiele anderer Völker und auch an die
Mysterienspiele des christlichen Mittelalters erinnerten,
hat man andere Ereignisse, welche den Legenden zufolge
den Tod des Osiris begleiteten, vorgeführt. Einzelne der
Szenen, welche man alljährlich bei der Wiederkehr der
Leidenstage des Gottes darstellte, trugen einen volkstümlichen Charakter, und beteiligten sich die Zuschauer an
ihrer Wiedergabe; andere hatten ein geschlosseneres Gepräge und besaßen nur einen ausgewählten Zuschauerkreis,
vor dem die Priesterschaft auftrat. Am ausführlichsten
schildern die klassischen Schriftsteller und die Inschriften
eine Feier, welche im Monate Choiak stattfand, um die
Zeit des kürzesten Tages, wenn die in späterer Zeit dem Gotte
Osiris angeglichene Sonne starb und gleichzeitig die Sonne
des kommenden Jahres zum Leben erwachte. An anderen
Orten, an welchen diese Gleichstellung nicht durchgedrun-
gen war, wurde das Fest bis in die römische Zeit hinein
in dem Monate Athyr begangen. Bei den seine Feier begleitenden dramatischen Aufführungen, welche sich über mehrere
Tage erstreckten, kam die Leidensgeschichte des Gottes
und seine Auferstehung zur Vorführung und wurde im Freien
und bei einzelnen Szenen auch auf einer Bühne gespielt[2].
Diese Festspiele sind die Grundlagen der Isisfeiern[3] geworden, welche sich in der Zeit der römischen Kaiser in
Griechenland und Rom in den weitesten Kreisen großen
Anklangs erfreuten.

---

[1] Auch in einer Darstellung auf einer Tonscherbe (Gardiner,
Proc. Soc. Bibl. Arch. XXXV, S. 229) ist dies der Fall.

[2] Wiedemann, „Herodot", S. 261 f., 585 ff. (Lit.); Schäfer,
„Die Mysterien des Osiris in Abydos" (Untersuchungen zur
Geschichte Ägyptens, hrsg. von Sethe, IV, 2), Leipzig 1904;
Moret, „Mystères Égyptiens", S. 1 ff.

[3] Schilderung bei Apulejus, Metamorph., Buch XI.
Vgl. Lafaye, „Culte des Divinités d'Alexandrie", Paris 1884;
Dibelius, „Die Isisweihe bei Apuleius" (Sitzb. Ak. Heidelberg,
VIII, nr. 4, 1917).

3. Tanz[1].

§ 261. Der Tanz war in Ägypten von weitreichender Bedeutung, wenn auch die höheren Stände ebensowenig, wie die heutigen Orientalen, zu ihrem eigenen Vergnügen tanzten. Als Zeichen der Freude galt ein Umherspringen auf einem Bein, wobei man gelegentlich das andere Bein steif nach vorn streckte 𓀒, die eine Hand 𓀘 oder auch beide 𓀜 in die Höhe hob oder endlich die eine Hand auf die Brust 𓀠 legen konnte. Diese Freudestellungen und Bewegungen spielten sich vermutlich nicht immer nach freiem Belieben ab. So hatten beim Erscheinen des Königs oder vornehmen Herren die Untergebenen geregelte Freudensprünge zu machen und diese bisweilen mit Ringkämpfen und einer Prügelei zu begleiten[2]. Ähnliche Sprünge führen bei einem Festzuge zwei mit Wurfhölzern bewaffnete Männer vor, während drei daneben stehende Männer mit Wurfhölzern den Takt dazu schlagen[3]. Eine entsprechende Sitte hat sich im Niltal bis in die Neuzeit erhalten, in welcher bei den Brautzügen mit Stöcken bewaffnete Fechter erscheinen[4].

§ 262. Bei den festlichen Umzügen wurde die Tragbahre, auf welcher das Bild des Gottes oder heiligen Tieres, häufig in einer Barke[5], stand, von Frauen nach bestimmten Regeln unter Musikbegleitung umtanzt, wobei die Tänzerinnen entweder unbekleidet waren oder ein langes, an der Vorderseite offenes Gewand trugen (Taf.-Abb. 26), um durch die völlige oder teilweise Entblößung dämonenvertreibend zu wirken. Die Teilnahme an derartigen Zere-

---

[1] Wiedemann, Am Ur-Quell IV, S. 3ff.; Z. d. Ver. f. rhein. Volksk. IX, S. 176ff. (Lit.); Wilkinson-Birch I, S. 448ff.; II, S. 37 (die Darstellung Wilkinson-Birch I, Taf. 11 besser bei Wreszinski, „Atlas", Taf. 39); Erman, „Ägypten", S. 335ff.; Klebs, „Reliefs", S. 109ff. (Darstellungen aus dem Alten Reich); Groß, Rev. arch. XXIII, 1914, S. 332ff. (Vergleich einiger altägyptischer Tänze mit modernen).
[2] Davies, „El Amarna" VI, Taf. 29 (Lepsius, „Denkm." III, 104); II, Taf. 27—8.
[3] Vgl. S. 234.
[4] Lane I, S. 179.
[5] Vgl. S. 220.

monien war fest bestimmt, und sind Verzeichnisse von
Leuten erhalten geblieben[1], welche bei bestimmten Festlichkeiten zu tanzen oder zu singen hatten. Auch der
König oder sein Stellvertreter[2] hatte bei einer Gelegenheit
einen feierlichen Tanz aufzuführen. Es geschah dies in dem
Augenblicke, in welchem er bei dem großen Erntefeste
vor dem Gotte der Fruchtbarkeit Min von Koptos erschien,
um der Freude und der Dankbarkeit für die Gaben der
Gottheit Ausdruck zu geben. Dagegen sind die Laufbewe-
gungen, welche der Pharao bei den verschiedensten Opfer-
handlungen vornahm, nicht als ein Opfertanz aufzufassen,
sie sollten nur die Eilfertigkeit andeuten, mit welcher der
Herrscher bestrebt war, zu der Gottheit zu gelangen, um
ihr seine Gaben zu überreichen[3].

§ 263. Sehr wichtig schienen den Ägyptern die religiösen
Tänze bei den Beerdigungen zu sein. In den Leichen-
zügen erschienen häufig Frauen in langen Gewändern und
mit langen, gelegentlich durch Perücken gebildeten Haaren.
Sie spielten auf Musikinstrumenten und schlugen unter
heftigen Bewegungen mit Zweigen in die Luft. War man bis
zur Gruft gelangt, so begann „der schöne Tanz für die göttliche Persönlichkeit (den sog. *Ka*) des Verstorbenen". Männer,
welche bisweilen hohe, aus Schilf zusammengebundene
Mützen auf dem Kopfe trugen[4], bewegten sich mit langsamen
Schritten hin und her, während Frauen dazu taktmäßig
in die Hände klatschten. An anderen Stellen waren die
Bewegungen lebhafter, und führte man schnelle Drehungen
unter Hochhebung des einen oder anderen Beines vor.
In wieder anderen Fällen eilte man unter Leitung eines
Vortänzers schnell vorwärts, warf den Oberkörper zurück
und schwang mit den Händen die Gerätschaften für die
verschiedenen Grabzeremonien[5]. Weit lebhafter als bei
den Männern waren bei dieser Gelegenheit die Bewegungen bei den Frauen. Sie begannen zwar mit feierlichen

[1] Griffith, „Hieratic Papyri from Kahun", Taf. 24 f., S. 59 ff.
[2] Lepsius, „Denkm." IV, 83 c.
[3] Kees, „Der Opfertanz des ägyptischen Königs", Leipzig
1912; Nachträge: Äg. Z. LII, S. 61 ff.
[4] Wiedemann, Proc. Soc. Bibl. Arch. XXXVI, S. 61 f.;
Müller, Mitt. Vorderas. Ges. IX, S. 3.
[5] Petrie, „Deshasheh", Taf. 12 (Capart, „Débuts de l'Art",
Fig. 189).

Schritten anzutreten, dann aber warfen sie Arme und
Beine in jähen Bewegungen mit möglichster Kraft in die
Höhe (Abb. 73)[1]. Die Erinnerung an diese Frauentänze
ist nicht verloren gegangen. Bei den Beerdigungen in
Ägypten kommt noch jetzt ein Tanz der weiblichen An-
verwandten vor[2], wie ähnliche Tänze bei den Beerdigungen
auch bei den südlichen Grenznachbarn Ägyptens erhalten
blieben[3].

Abb. 73.   Tänzerin am Grabe.

Der Zweck der Tänze war nicht nur den Toten zu erfreuen,
sondern vor allem die bösen Geister zu verscheuchen, welche
versuchen konnten, den Verstorbenen in seinem hilflosen
Zustande zu schädigen, und wird daher gelegentlich[4] um die

---

[1] Davies, „Deir el Gebrâwi" I, Frontispiece, Taf. 9—10,
S. 15; II, Taf. 17, 20, 7; Capart, „Rue de Tombeaux à Saqqarah",
Taf. 69 (Altes Reich); Petrie, „Qurneh", Taf. 1 (17. Dyn.).
[2] Lane III, S. 165 f.; Legrain, „Louqsor sans les Pharaons",
S. 216; Schäfer, Äg. Z. XLI, S. 66.
[3] Hartmann, „Nilländer", S. 244.
[4] Preisigke und Spiegelberg, „Ägyptische und griechische
Graffiti aus den Steinbrüchen des Gebel Silsile", S. 17.

Ausführung eines solchen Tanzes vor der Gottheit ausdrücklich gebeten. Als Vorbild diente der tanzfreudige
Gott Bes, welcher allein oder mit gleichgestalteten Genossen
das Sonnenkind gegen Gefahren geschützt hatte[1]. Entsprechend seiner Zwerggestalt galt es als besonders wir-
kungsvoll, wenn man die Grabtänze durch verwachsene
Zwerge ausführen lassen konnte. Der Pharao suchte
solche Wesen sogar aus dem Auslande zu beziehen, und
war die Stellung eines gewandten Zwerges derart erfreulich, daß der König wünschen konnte, im Jenseits ein
Tanzzwerg des Gottes zu werden[2]. Konnte man keinen
auswärtigen Zwerg beibringen, so wird man einen der
zahlreichen Zwerge herangezogen haben, welche sich in
Ägypten fanden und in den verschiedensten Zeiten in den
Haushaltungen als Diener beschäftigt zu werden pflegten[3],
wobei es sich nicht, wie man hat annehmen wollen, um An-
gehörige der Zwergvölker des innern Afrikas handelte,
sondern, wie die Darstellungen deutlich zeigen, um Verwachsene[4].

§ 264. Neben dem religiösen Tanze kam in Ägypten
ein zum Vergnügen der Zuschauer bestimmter bei Gastmählern vor. Bei diesen erschienen Frauen[5] mit vielfach in einen langen Zopf, der in einer Art Kugel endete,
zusammengefaßten Haaren[6]; bekleidet waren sie bisweilen
mit trikotartigen Stoffen und langen, selten kurzen Ge-

---

[1] Vgl. S. 71f.
[2] In der thebanischen Zeit erscheint auch „Tänzer des
Gottes Amon" als Titel (Wiedemann, Proc. Soc. Bibl. Arch.
XIII, S. 34).
[3] Erman, Äg. Z. XXXV, S. 12 (Nagadazeit); Klebs, „Reliefs",
S. 32f. (Verzeichnis der Darstellungen aus dem Alten Reich);
Paget und Pirie, „Ptah-hetep" in Quibell, „Ramesseum", Taf.
35; Petrie, „Athribis", Taf. 1; Bergmann, RT. XII, S. 16; Ahmed
Bey Kamal, Ann. Serv. Ant. II, S. 34 (Mittleres Reich). Weitere
Stellen bei Lefébure, Muséon XII, S. 155ff.; Pleyte, „Chapitres
supplémentaires du Livre des Morts 162—3", S. 149ff.; Naville,
„Festival-Hall of Osorkon II.", S. 31.
[4] Ruffer, Bull. Soc. Arch. Alexandrie, N. S. III, S. 162ff.
[5] Vgl. außer den S. 371, Anm. 1 angeführten Arbeiten:
Gauthier, Bull. Inst. Franç. Caire VI, S. 162f., Taf. 7—10; VIII,
S. 151ff. (Petrie, „Qurneh", S. 10f. und Tafeln; Weigall, „Trea-
sury of Ancient Egypt", Taf. 13).
[6] Vgl. S. 136. Derselbe Zopf findet sich auch bei Toten-
tänzerinnen (Abb. 73).

wändern oder Schurzen[1]; sie hielten gelegentlich Musikinstrumente in den Händen und machten zu deren Klang langsame Schrittbewegungen. In anderen Fällen waren die
Mädchen nackend oder trugen abgesehen von Schmuck-
bändern nur einen kurzen Gurt um die Hüfte[2]. In Gruppen
zu je 2 oder 3, selten einzeln oder in größerer Zahl schleu-
derten sie zur Musik einer hinter ihnen sitzenden Damen-
kapelle oder zum Händeklatschen anderer Mädchen ihre
Glieder lebhaft hin und her. Soweit die Darstellungen
Rückschlüsse gestatten, handelte es sich im wesentlichen
um schnelle Bewegungen nur des Unterleibs oder nur des
Oberleibs, selten um solche des ganzen Körpers, also um
Vorläufer des modernen Bauchtanzes[3], wie ihn in Ägypten
vor allem die Ghawâsî[4] vorführen.

Weit seltener wie Frauen zeigten sich bei den Gastmählern Männer als Tänzer, bei denen das größte Gewicht
auf die turnerische Geschicklichkeit und die karikaturenhaft wirkende Komik einzelner Stellungen und Bewegungen gelegt wurde. Zum Klange von Castagnetten und zum
Händeklatschen von Frauen bemühten sich die Männer
vor allem in schwierigen Haltungen in die Höhe zu springen. Ähnliche Männertänze fanden auch auf der Straße
statt. Die Leute trugen dann eigenartige Haarschöpfe
und führten unter Trommelbegleitung und unter lebhaften
Verrenkungen des Körpers groteske Sprünge aus[5], welche
an die Negertänze des heutigen Nordafrika erinnern.

4. Spiel.

§ 265. Bei den Spielen der Ägypter[6] läßt sich eine feste
Grenze zwischen den Spielen der Kinder und denen der

---

[1] Wreszinski, „Atlas", Taf. 45 (Anfang des Neuen Reiches).
[2] Stratz, Äg. Z. XXXVIII, S. 148f. Vgl. S. 100.
[3] Lane II, S. 212ff.
[4] Burkhardt, „Arabische Sprüchwörter", S. 221ff.
[5] Bouriant, Mém. Miss. Franç. Caire V: „Tombeau de
Harmhabi", Taf. 4.
[6] Wilkinson-Birch II, S. 54ff.; Wiedemann, „Das Spiel
im alten Ägypten" in Z. d. Ver. f. rhein. Volksk. IX, S. 161ff.
(Lit.). Weiteres Material bei Quibell, „Tomb of Hesy" (Excavations at Saqqara 1911–12), besonders Taf. 11, 16, und Carnar-
von und Carter, „Five Years Exploration at Thebes", besonders
Taf. 50.

Erwachsenen nicht ziehen. Die meisten der Bewegungs-
spiele der Jugend wurden als eine Art theatralische Vorführung von Erwachsenen niederen Standes bei Festlichkeiten ausgeübt, während sich die höheren Stände schon
aus körperlicher Bequemlichkeit von jedem irgendwie anstrengenden Spiele fernhielten. Die einzelnen Spiele haben
sich im Laufe der Zeit kaum verändert, und beruht es wohl
nur auf Zufall, wenn bestimmte
Spiele und Spielarten bisher nur
aus einzelnen Zeiten verbürgt sind.

§ 266. Das Lieblingsspielzeug
der ägyptischen Kinder waren
die Puppen. Diese waren fast
alle weiblichen Geschlechts, und
wurden dabei die Körperformen
stark betont. Die Kinder waren
gewohnt, die Dienerinnen im
Hause unbekleidet zu sehen, und
wollten daher die Gestaltungen,
welche sie im Leben täglich vor
Augen hatten, auch bei ihrem
Spielzeuge wiederfinden. Gefertigt
wurden die Puppen aus Holz,

Abb. 74.
Puppe aus Lumpen.

seltener aus Elfenbein, glasierter
Kieselerde, in der Spätzeit auch
gebranntem Ton. Ärmere Kinder
banden sich ein paar Lumpen zusammen und gaben diesen
in etwa eine menschliche Gestalt (Abb. 74). Bessere
Puppen haben gelegentlich bewegliche Arme und Beine
und auf dem Kopfe natürliche Haare oder künstliche Frisuren aus Leinwandfäden, an welche man Lehmkügelchen
geklebt hat, um die Fettklumpen nachzuahmen, mit denen
die Nubier ihre Haare zu verzieren pflegten. In anderen
Fällen war die Puppe ein längliches flaches kleines Brett
mit Ansätzen für Kopf und Arme. Ersterer wurde dann
durch eine angeklebte Lehmkugel gebildet, statt der letzteren
band man Lumpen an die Armansätze. Den eigentlichen
Puppen trat ein Hampelmann zur Seite, die Gestalt eines
Bäckers, welcher sich über ein Brett lehnt und in den Händen einen Klumpen hält. Zog man an einem Faden, so
bewegte sich die Figur und schob den Klumpen als Mehlteig

hin und her. Aus römischer Zeit stammt eine Sänfte, in
welcher eine Frau sitzt. Dann gab es Puppenmöbel,
eine Bettstelle, Tische, Kleiderkasten, Toilettenschachteln,
Spiegel usf. Neben menschlichen Gestalten waren solche
von Tieren vorhanden, Kälber aus Holz, ein Vogel, der
auf Rädern saß und hin und her gezogen werden konnte,
Holzfische, die im Wasser zu schwimmen vermochten,
Krokodile, deren Unterkiefer mitunter beweglich war und
deren Rachen sich daher zuklappen ließ.

§ 267. Als Geschicklichkeitsspiel wird häufig das
Ballspiel dargestellt, bei welchem mehrere, fast immer
weibliche Personen beteiligt zu sein pflegten. Man warf
mehrere Bälle gleichzeitig in die Höhe, fing sie selbst auf
oder ließ sie von Mitspielern auffangen, wobei man unbequeme, wechselnde Stellungen annahm, usf. Die Bälle
waren entweder aus je 2 Halbkugeln von Leder oder eng-
maschiger Leinwand, welche man mit Stroh oder zerschnitte-
nem Schilf gefüllt hatte, zusammengenäht, oder bestanden aus bunt glasiertem, sehr zerbrechlichem Steingut.

§ 268. Die Männer bevorzugten Spiele, welche größere
Kraftanstrengungen beanspruchten. Man bestieg leichte
Boote, bewaffnete sich mit langen Stangen und suchte
sich gegenseitig in das Wasser zu stoßen und über den
Kopf zu schlagen[1]. Andere fochten zu je zweien zu Lande
Ringkämpfe aus und waren bemüht, sich mit allerhand
wechselnden Griffen zu Boden zu werfen. Nur selten waren
die Männer bei solchen Gelegenheiten bewaffnet. Sie banden sich dann Brettchen als Schild an den linken Arm[2]
und schlugen mit kurzen Stöcken aufeinander los. Andere
standen auf dem Kopf, kletterten auf- und übereinander,
sprangen aus unbequemen sitzenden oder liegenden Stellungen allein oder zu mehreren in die Höhe. Die Haupt-
künstler erhielten als Siegespreis Halsbänder überreicht.
Soldaten machten als Einleitung zu Kampfspielen mit
Bogen und Pfeilen in der Hand Sprünge und Scheinan-
griffe[3]. Selten beteiligten sich Frauen an derartigen Kraft-

---

[1] Darstellungen aus dem Alten Reiche bei Klebs, „Reliefs",
S. 115.

[2] Vgl. S. 232.

[3] Champollion, „Mon." IV, Taf. 164; Rosellini, „Mon. civ.",
Taf. 117 (aus Beni Hasan).

spielen und schnellten sich in wenig bekleidetem Zustande
aus der Rückenlage in die Höhe (Abb. 21).

In zahlreichen Fällen wurden Spielgerätschaften zu
Hilfe genommen. Männer, welche nubische Tracht angelegt hatten, kletterten bei dem Feste des Gottes Min an
schräg gestellten Stangen der Spitze zu ⛰ [1]. Andere hoben
Säcke in die Höhe, suchten sich mit krummgebogenen
Haken einen zwischen ihnen stehenden Ring zu entreißen,
trieben spitze Stäbe in Bretter ein oder schossen mit dem
Bogen nach einer Scheibe, welche meist durch ein aufge-
hängtes Fellstück mit langem Schwanze ⛏ gebildet wurde.

§ 269. Gefehlt haben vermutlich die Zufallsspiele.
Nirgends wird ein Kartenspiel, Würfeln, Knobeln oder
etwas Ähnliches dargestellt oder erwähnt. Die in ägyptischen Trümmerhügeln entdeckten Würfel aus Knochen,
Stein und Elfenbein stammen aus römischer Zeit, werden
demnach durch die fremden Einwanderer in das Land mitgebracht worden sein.

§ 270. Von weiteren Spielen ist ein kleines Kegelspiel
zu nennen, welches bereits in früher Zeit auftritt und bei
dem man die Kugel durch ein Törchen rollen ließ, um die
neun Kegel alle oder zum Teil zu Falle zu bringen.

§ 271. Dann fand sich in der thebanischen Zeit das
im Altertum wie in der Neuzeit in Südeuropa weit verbreitete
Mora-Spiel, bei welchem die beiden Mitspielenden einander
gegenüber saßen und einige Finger der einen Hand oder
auch beider Hände schnell ausstreckten und wieder zurück-
zogen. Der Partner hatte die Anzahl der ausgestreckt
gewesenen Finger anzugeben; als Spieleinsatz diente ein
Topf. Bei einem anderen Spiele hockte der eine Teilnehmer,
das Gesicht der Erde zugekehrt, auf dem Boden. Von
seinen beiden Genossen versetzte ihm der eine einen
Schlag auf den Rücken, und mußte er nun angeben, wer
der Schlagende gewesen sei.

§ 272. Zu mehreren Spielarten benutzte man Spiel-
bretter. Bei einem im Alten Reiche öfters erwähnten
lag auf dem Spielbrett eine Erhöhung in der Gestalt einer

---

[1] Vgl. hierfür auch Müller, „Egyptian Researches", S.
34 f., Taf. 42; Spiegelberg, RT. XVII, S. 99.

spiralig gewundenen, bisweilen durch zahlreiche Querfur-
chen zerteilten Schlange. Als Spielfiguren erschienen die
Gestalten liegender Löwen[1]; über den Verlauf des Spieles
werden keinerlei Andeutungen gemacht. Am verbreitetsten
waren zwei Brettspiele, welche an unser Dame- oder Festung-
spiel erinnert haben müssen[2]. Bei dem einen derselben
war das Spielbrett der Länge nach in 12 Felder zerlegt,
an die oberen 4 dieser Felder stießen jederseits je 4 weitere
Felder. Über die Spielart ist auch hier nichts bekannt.
Bei dem zweiten Spiel war das Brett so gut wie immer in
dreimal zehn Felder zerlegt. Es war dies das Lieblings-
spiel der alten Ägypter, welches häufig in den Grabreliefs
und Totenpapyris dargestellt wird, dessen Spielkästen und
Figuren vielfach eine Grabbeigabe bildeten und das man
demnach noch im Jenseits weiter spielen zu können hoffte.
In Papyris finden sich Musterspiele verzeichnet, welche
freilich die Kenntnis der Spielregeln voraussetzen und daher
jetzt, wo diese verloren gegangen sind, größtenteils unverständlich bleiben müssen. Man ersieht aber aus ihnen,
daß bei dem Spiele die beiden Partner die Züge und das
Springen in bestimmter Reihenfolge vornahmen. Die
Stellung der Figuren des einen Spielers war von Bedeutung
für die Figuren des Gegners. Durch geschickte Züge konnte
man diesen in Bedrängnis bringen. Der Verlust von Figuren
bedeutete eine Schädigung, doch scheint der Ausgang des
Spieles nicht auf der Fortnahme aller gegnerischen Figuren
beruht zu haben, sondern darauf, daß es dem einen Spieler
gelang, eine Reihe bestimmter Felder auf dem Brette mit
seinen Figuren zu besetzen.

--- ----

[1] Quibell, „Tomb of Hesy", S. 18f., Taf. 11, 16, wo auch
andere Brettspiele dargestellt werden und bemerkt wird, daß
in der Darstellung des Spieles bei Lepsius, „Denkm." II, 61
(daraus Klebs, „Reliefs", S. 113) statt der Kugeln in der Hand
der Spieler Tierfiguren einzusetzen sind. — Ein abweichendes
Spielbrett: Ayrton, „Pre-dynastic Cemetery at El Mahasna",
Taf. 17, S. 30.
[2] Wiedemann, Actes du X. Congrès des Orient. (Genf)
IV, S. 37ff. (Nachträge: RT. XX, S. 142f.; Wochenschr. f.
klass. Philologie XXVI, Sp. 865ff.). Vgl. ferner Nash, Proc.
Soc. Bibl. Arch. XXIV, S. 341ff.; Quibell, „Excavations at
Saqqara 1907–8", Taf. 58, 64; Pieper, „Das Brettspiel der
alten Ägypter", Berlin 1909.

5. Musik[1].

§ 273. Nirgends finden sich in den ägyptischen Texten Andeutungen einer Notenschrift oder Anweisungen, wie ein Gesang- oder Musikstück vorgetragen werden sollte. Diese Tatsache ist um so mehr zu bedauern, als die große Zahl von Darstellungen zeigt, daß musikalische Aufführungen im Volksleben eine wichtige Rolle spielten und bei keinem Feste fehlen durften. Wenn man von der heutigen ägyptischen Volksmusik[2] Rückschlüsse ziehen darf, so handelte es sich bei dem Gesang um das monotone Vortragen oft wiederholter, verhältnismäßig kurzer Strophen in einem näselnden, nicht sehr lauten Tone. In gleichmäßigen Abständen wurde der Vortrag von einem lauten Aufschrei unterbrochen, welcher als Refrain diente oder auch ohne innern Zusammenhang mit dem Texte eine Anrufung Gottes enthielt. Großes Gewicht wurde bereits im Altertum auf den Rhythmus gelegt, der dadurch festgehalten zu werden pflegte, daß die Sänger alle oder zum Teil während des Vortrages taktmäßig in die Hände klatschten, wie dies die volkstümliche Musik in den verschiedensten Ländern in ähnlicher Weise durchgeführt hat[3].

Man sang im allgemeinen zur Musikbegleitung, nur während des Alten Reiches scheint das Singen von Frauen ohne eine solche üblich gewesen zu sein. Im allgemeinen traten als Sänger Frauen und Männer auf, unter letzteren

---

[1] Wilkinson-Birch I, S. 431 ff. (zahlreiche Bilder der Musikinstrumente); Erman, „Ägypten", S. 340 ff.; Klebs, „Reliefs", S. 107 ff. (Verzeichnis der Darstellungen von Musik und Gesang aus dem Alten Reich); Villoteau in „Description d'Égypte" VI, S. 413 ff.; VIII, S. 211 ff.; XIII, S. 221 ff. (übersetzt: „Abhandlung über die Musik des alten Ägyptens", Leipzig 1821); C. Engel, „The Music of the most ancient Nations, particularly of the Assyrians, Egyptians and Hebrews", London 1909; Kiesewetter, „Die Musik der neuern Griechen", Leipzig 1838 (S. 41 ff., Taf. 6—8 die ägyptische Harfe und Laute). Für die modernen Musikinstrumente in Ägypten vgl. Lane II, S. 187 ff.; für afrikanische Musikinstrumente überhaupt: B. Ankermann, „Die afrikanischen Musikinstrumente" in Ethn. Notizbl. III, 1, S. 1—134 (zahlreiche Abbildungen).

[2] Proben bei Loret, Mém. Miss. Franç. Caire 1, S. 305 ff.

[3] Für die Handbewegungen der ägyptischen Sänger vgl. Volbach, Orient. Lit.-Z. XXIII, Sp. 1 f.

zur Zeit Amenophis' IV. besonders Blinde[1], ein Gebrauch,
welcher wohl aus Asien eingeführt wurde, wo die Harems-
einrichtungen blinde Männer zur Aufführung von Musik-
stücken vor Frauen empfehlenswert erscheinen lassen mußten. Aus demselben Grunde finden sich noch heutzutage
unter den Sängern im Orient auffallend viele Blinde[2]. Die
Zuhörer hielten vielfach, um den Gesang besser hören zu
können, eine Hand an das Ohr (Abb. 77), ein künstlerisches
Motiv, welches auch in Rundplastik ausgeführt vorkommt[3].
Am Hofe waren zahlreiche Sänger und Sängerinnen angestellt, welche unter Vorstehern tätig waren. Auch für den
Gottesdienst war der Gesang von Hymnen vorgeschrieben;
man erwartete hier, ebenso wie im Totenkulte, von dem
richtigen Vortrage derartiger Texte eine eindringliche magische Wirkung.

§ 274. Unter den Musikinstrumenten, welche teils
durch Darstellungen bekannt geworden sind, teils als
Grabbeigaben sich im Originale gefunden haben, sind die
folgenden hervorzuheben[4]:

Die Harfe , eines der beliebtesten unter den ägyptischen Instrumenten, tritt seit dem Alten Reiche in wechselnder Größe und in verschiedenen Abarten auf[5]. Sie wurde
von Männern und Frauen in stehender und sitzender Haltung gespielt (Abb. 75), wobei man sie je nach ihrem Umfange auf den Boden stellte oder um den Hals befestigt
mit sich trug. Die Saitenzahl wechselte zwischen 4 und 21,
Schlüssel ermöglichten es, dieselben straff anzuziehen;
ein häufig am unteren Ende angebrachter Resonanzboden
verstärkte den Ton. Vereinzelt findet sich zur Zeit Seti' I.

---

[1] Davies, „El Amarna" I, Taf. 21—3 (Capart, „L'Art
égyptien", Taf. 172).
[2] Meyerhof, „Blindheit im Orient" in Deutsche optische
Wochenschrift, 20. Febr. 1916.
[3] Maspero, Ann. Serv. Ant. VIII, S. 282f.
[4] Der gelegentlich (Wilkinson-Birch 1, S. 442) als Musikinstrument aufgefaßte fahnenartige Gegenstand in der Hand
einer hinter einer Harfenspielerin stehenden Frau ist, wie die
genauere Veröffentlichung (Carter, „Beni Hasan" IV, Taf. 16)
zeigt, eine Art Fächer.
[5] Originale: R[ansom], Bull. Metropolitan Museum (New
York) VIII, S. 77ff.; Budge, „Guide to the third and fourth
Rooms, Brit. Mus.", S. 173.

eine Harfe, bei welcher die Saiten nicht, wie sonst, regelmäßig parallel von oben nach unten verlaufen, sondern sich
in schräger Richtung kreuzen (Abb. 76)[1]. Gelegentlich
begnügte man sich nicht mit dem Tone nur einer Harfe,
sondern ließ mehrere, nach einem Relief der 6. Dynastie
bis zu 7 Harfen[2], zu gleicher Zeit spielen.

Die Leier erscheint im Mittleren Reiche in der Hand
semitischer Einwanderer, welche mit beiden Händen auf

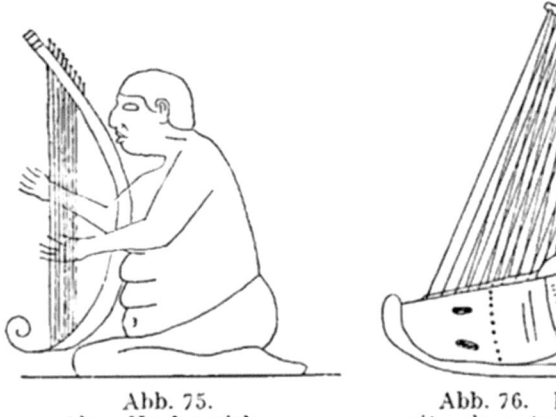

Abb. 75.   Abb. 76. Harfe
Alter Harfenspieler.   mit gekreuzten Saiten.

ihr spielen. Im Neuen Reiche wird sie auch in Ägypten
selbst üblich, ist dann mit 7—18 Saiten versehen und wird
vielfach von stehenden, gehenden oder tanzenden Frauen
unter der Schulter gehalten und mit beiden Händen gespielt (Taf.-Abb. 26)[3]. In El Amarna, wo in den Magazinen
den Reliefs zufolge zahlreiche Leiern aufgestellt waren,
scheint an einer schlecht erhaltenen und daher nicht mit
Sicherheit deutbaren Stelle eine auf den Boden gelehnte
Leier von einem Manne mit einem Stabe geschlagen zu
werden.

Die Laute oder Guitarre[4] scheint ebenso, wie die

---

[1] Caulfield, „Temple of the Kings", Taf. 20, S. 19.
[2] Davies, „Deir el Gebrâwi" I, Taf. 8.
[3] Wreszinski, „Atlas", Taf. 71.
[4] Vgl. Biernath, „Die Guitarre seit dem 3. Jahrtausend
v. Chr.", Berlin 1907.

Leier, im Alten Reiche gefehlt zu haben[1]. Im Neuen Reiche war sie häufig und bestand aus einem gelegentlich auffallend langen[2] Griff, an welchem unten ein längliches ovales Brett mit darunter befindlichem Resonanzkasten angebracht war. Das Instrument war leicht und wurde von Frauen zwischen den Armen oder mit beiden Händen getragen oder auch um den Hals gehängt.

Eine in thebanischer Zeit mehrfach dargestellte längliche faßförmige Handtrommel[3] wurde von beiden Seiten mit den Händen geschlagen und von Soldaten und herumziehenden Tanztruppen benutzt. Daneben erschienen kleine plattenförmige oder auch mit einem Resonanzboden versehene Trommeln, auf denen Tänzerinnen und Musikantinnen beim Gottesdienste spielten. Die Verwendung eines Trommelschlegels wird nirgends dargestellt.

Die Castagnetten hatten vielfach die Gestalt leicht gebogener Arme und Hände, oder es saß auf dem einen Ende des gebogenen Holzes ein Kopf an. Man schlug sie zu je zwei gegeneinander, um einen durchdringenden, klappernden Lärm hervorzurufen[4].

Die Trompete war auf die ersten Dynastien des Neuen Reiches beschränkt, sie wurde von den Soldaten im Kriege und bei Festzügen benutzt[5].

Die Flöten[6] waren während der ganzen Dauer der

---

[1] Die Deutung des Hieroglyphenzeichens ⌡̥ *nefer* als eine Laute ist ganz unsicher (vgl. Griffith, „Beni Hasan" III, S. 65).
[2] Vgl. Wreszinski, „Atlas", Taf. 10 (18. Dyn.).
[3] Vgl. beispielsweise a. a. O., Taf. 23.
[4] Beispiele: Petrie, „Diospolis parva", Taf. 27 (12. Dyn.); Morgan, „Fouilles à Dahchour" I, S. 52, Fig. 113; Garstang, „Arábah", Taf. 14; Nash, Proc. Soc. Bibl. Arch. XXX, S. 292; Wreszinski, „Atlas", Taf. 76; Wilkinson-Birch I, S. 454. — Über die Benutzung von Wurfhölzern als Taktinstrumente vgl. S. 371.
[5] Davies, „El Amarna" III, Taf. 31; Naville, „Deir el bahari" VI, Taf. 155; Rosellini, „Mon. stor.", Taf. 102 (Zeit Ramses' II., im Chetakriege); Champollion, „Mon." III, Taf. 209, 218 (bei Festzügen Ramses' III., zu Medînet Habu). — Spiegelberg, Äg. Z. LIII, S. 91 f. (Wort für Trompetenbläser).
[6] Loret, JA. 8. Sér. XIV, S. 111 ff., 197 ff.; Wiedemann, „Herodot", S. 255; vgl. Howard, „Studies in classical Philology" IV, S. 1 ff. (besonders die griechisch-römische, daneben die ägyptische Flöte); Curtis, Journ. Hell. Stud. XXXIV, S. 89 ff. (Flöte aus Achmîm, vermutlich griechischer Import).

ägyptischen Geschichte sehr beliebt. Nach den Darstellungen scheint man sie gelegenlich seitlich angeblasen zu haben, falls nicht in den betreffenden Reliefs die Art der ägyptischen Perspektivauffassung eine Verschiebung der einzelnen Teile der Bilder veranlaßt hat. Man konnte auf einer Röhre blasen (Abb. 77) oder gleichzeitig auf zweien, welche dann entweder neben einander lagen oder in spitzem Winkel gegeneinander gestellt und sehr lang waren. Trotz zahlreicher erhaltener Exemplare hat sich über die Tonfolge nichts Sicheres feststellen lassen.

Abb. 77. Konzert.

Meist beschränkte man sich nicht auf das Spielen eines einzigen Instrumentes. Bei Gesellschaften und Festen wurden deren mehrere herangezogen und wurde gleichzeitig auch gesungen. Im Alten Reiche sieht man mehrfach ein oder zwei Harfen und zwei Flöten zusammen verwendet (Abb. 77)[1]. im Neuen Reiche waren eine Harfe, zwei Lauten oder eine Laute, eine Leier und eine Doppelflöte oder ähnliche Zusammenstellungen beliebter[2]. Dabei scheint es sich aber nicht um eine feststehende Regel gehandelt zu haben, sondern blieb die jeweilige Auswahl dem persönlichen Geschmack überlassen.

Bei dem Götterkulte und zur Vertreibung von Dämonen[3] kam seit dem Mittleren und vor allem während des Neuen Reiches in erster Linie das Sistrum in zwei Ausführungen[4] in Betracht. Sehr beliebt war es am Hofe Amenophis' IV., an dem es bei den verschiedensten Gelegenheiten von den

---

[1] Flötenspieler und zwei Harfenspielerinnen in Meïr, 6. Dyn. (Ahmed Bey Kamal, Ann. Serv. Ant. XV, S. 209 ff.).
[2] Plastisch ausgeführte Musiker-Gesellschaft: Quibell, „Excavations at Saqqara 1906—7", S. 10, 74, Taf. 16.
[3] Piehl, Sphinx VII, S. 73.
[4] Gardiner, RT. XXXIV, S. 74 ff.

Prinzessinnen gespielt wurde (Abb. 78)[1]. In seiner einfachsten Form bestand das Sistrum ⚷ aus einem Handgriffe,
welcher meist als ein rundlicher Stab, seltener als eine Säule
oder ein Bild des Gottes Bes gestaltet war. Hierüber erhob
sich ein Architrav, welcher sehr häufig durch zwei Rücken an
Rücken gestellte, nach vorn und hinten gerichtete Hathor-
masken gebildet wurde und welchen oben
eine flachePlatte abschloß. Aus dieser stieg
ein längliches breites Metallband, welches
auf der rechten und linken Seite auflag,
in flachem Bogen in die Höhe. Es war
beiderseits von 3—4 Löchern durchbohrt,
in welchen Metallstäbe staken, welche
nach außen hin hakenförmig umgebogen
waren, um sie an dem Herausgleiten durch
die Löcher zu verhindern. Zwischen den
Bandseiten waren an diesen Stäben je
3 Metallringe aufgehängt. Das Instrument
wurde geschüttelt und erzeugten dann die
aneinander schlagenden Metallteile einen
lauten klirrenden Ton. Mit dem Isiskulte

Abb. 78.
Sistrumspielerin.

hat das Sistrum seinen Weg nach Rom gefunden, es wird
hier bei den Schilderungen der Isisfeiern erwähnt und
den Statuen der Isispriesterinnen in die Hand gegeben.
   Neben dem Sistrum war noch ein zweites Klapperinstru-
ment im Gebrauche[2], welches an einem Henkel getragen
wurde und in einem viereckigen flachen Kasten, in
dem Metallstäbe hingen, bestanden zu haben scheint.
Bei den Hathorfesten, seltener bei anderen Gelegenheiten,
wurde weiter von Frauen das Tamburin geschlagen (Taf.-
Abb. 26)[3], und wurde dessen Verwendung auch dem Gotte
Bes bei seinen Tänzen zugeschrieben. Dann erscheinen
Zymbeln, mit denen die königlichen Kinder ihren Gesang
begleiteten und welche herumziehende Musikantinnen zusam-

---

[1] Davies, „El Amarna" II, Taf. 8; IV, Taf. 23, 31; V, Taf.
3, 26. Fast genau das gleiche Sistrum dient noch jetzt in
Abessinien als Musikinstrument (Lüpke, „Profan- und Kult-
bauten Nordabessiniens", S. 97).
[2] Wilkinson-Birch I, S. 443, Nr. 219.
[3] Junker, Äg. Z. XLIII, S. 123.

men mit dem Sistrum benutzten[1]. Dagegen beruht es auf
Irrtum, wenn man mehrfach[2] das häufig dargestellte und in
Tonmodellen sich findende Menát 𓊽 für ein Musikinstrument gehalten hat. Es handelte sich bei diesem um ein
Halsband[3], welches mit der Göttin Hathor in Verbindung
stand, Leben, Heil und Schutz gewährte und dessen Gestaltung daher als Amulett verwertet wurde.

6. Literatur.

§ 275. Die erhaltene ägyptische Literatur[4] umfaßt so
gut wie alle literarischen Gebiete und stammt aus den verschiedensten Zeiten des Ägyptertums, zeigt dabei aber
keinerlei stärker ausgebildete Entwicklung. Die konservative Gesinnung des Volkes veranlaßte es, alte, als mustergültig geltende Schriftwerke immer wieder abzuschreiben
und, wenn auch oftmals nicht mit vollem Erfolge, zu versuchen, ihre Denkart und Darstellungsweise auch auf neu
entstehende Werke zu übertragen. Infolge dessen unter-
scheiden sich die Schriftwerke der verschiedenen Perioden
mehr durch die veränderte Sprache und durch Äußerlich-
keiten als durch einen Wechsel in der Gesamtauffassung
und in den Grundgedanken. Wenn bestimmte Literatur-
gattungen wesentlich aus begrenzten Zeitabschnitten vorliegen, so beruht dies vermutlich im allgemeinen auf zufäl-
ligen, außerhalb der Werke selbst zu suchenden Ursachen.
Die hiermit zusammenhängende Lückenhaftigkeit des Materials macht einstweilen die Aufstellung einer Literaturge-
schichte im eigentlichen Sinne des Wortes zu einer Unmöglichkeit.

---

[1] Wiedemann, „Altägypt. Sagen", S. 54, 18. Für die Cym-
beln vgl. Loret, Sphinx V, S. 93 ff.; für ein cymbelartiges Musikinstrument: Whyte, Proc. Soc. Bibl. Arch. XXI, S. 143 f.; Nash,
ib. XXII, S. 116 f.

[2] Vgl. Lefébure, Proc. Soc. Bibl. Arch. XIII, S. 333 f.

[3] Gardiner, RT. XXXIV, S. 72 ff.

[4] Lincke, „Skizze der altägyptischen Literatur", Leipzig
1883; Budge, „The Literature of the Egyptians", London 1914.
Kurze Übersicht: Erman, „Ägyptische Literatur" in „Kultur
der Gegenwart" I. Abt., VII, S. 28 ff.; „Ägypten", S. 493 ff.

Die große Zahl der auf uns gekommenen erzählenden
Texte aus dem Mittleren und dem beginnenden Neuen Reiche
wird darauf zurückzuführen sein, daß man damals dem
Toten zur Unterhaltung im Grabe derartige Werke mitzugeben pflegte, während man in anderen Zeiten bei einer
solchen Gelegenheit die Niederlegung religiöser Literatur
vorzog. Da man im Einzelfalle im Zweifel sein konnte,
welches Werk dem Verstorbenen jeweils als Lektüre genehm
sein werde, hat man bisweilen darauf verzichtet, ihm bestimmte Schriften mitzugeben. Man hat ihm statt dessen
Modelle von Papyrusrollen in das Grab gelegt[1] und es ihm
überlassen, sich vermittelst seiner magischen Kraft aus
diesen das erwünschte literarische Erzeugnis selbst zu verschaffen. Die Häufigkeit der Königslisten im Neuen
Reiche beruhte nicht auf einem wachsenden Ansehen
dieser Literaturgattung, sondern auf dem damaligen Auf-
schwunge des Ahnenkultes, welcher sich in erster Reihe
an die verstorbenen Pharaonen wandte. Die größere Menge
biographischer Inschriften aus den ersten Jahrzehnten der
18. Dynastie hing mit der wachsenden Bedeutung zusammen,
welche in den Zeiten des Kampfes um die Weltmacht die
einzelnen Persönlichkeiten zu erringen vermochten.

§ 276. Von historischen Texten[2] ist ein Verzeichnis der Könige Ägyptens von den Zeiten der Götter bis zu
denen der Hyksos unter Angabe ihrer Regierungsdauern
und Andeutungen ihrer Zugehörigkeit zu größeren Gruppen
in den Bruchstücken eines jetzt zu Turin aufbewahrten
Papyrus vom Beginne des Neuen Reiches erhalten geblieben. Eine ähnliche bis zur Perserzeit herabgeführte Liste
lag dem griechisch gebildeten ägyptischen Priester Manetho
vor, als er unter Ptolemäus Philadelphus die ägyptische
Geschichte in einem wenigstens in Auszügen erhaltenen
umfangreichen Werke in griechischer Sprache darstellte.
Auf das Vorhandensein weiterer entsprechender Verzeichnisse weisen vereinzelte Andeutungen hin. Aus dem Alten
Reiche besitzt man eine annalistisch geordnete Aufzählung
geschichtlicher Ereignisse, Steuererhebungen und Fest-

---

[1] Davis, „Tomb of Queen Tiyi", S. 30; Carter und Newberry „Tomb of Thoutmôsis IV."(Kat. Kairo), S. 114ff.; Daressy,
„Fouilles de la Vallée des Rois" (Kat. Kairo), S. 138ff.
[2] Wiedemann, „Ägyptische Geschichte", S. 73ff.

feiern auf einer ursprünglich wohl aus einem Tempel zu
Heliopolis stammenden, in mehreren Bruchstücken überkommenen Steinplatte[1]. Ausgedehnte Königsannalen treten
um 1500 v. Chr. unter Thutmosis III. auf, welcher auf Grund
eines umfassenden, auf einer Lederrolle aufgezeichneten
Berichtes die wichtigsten Ereignisse seiner Regierung nach
Jahren geordnet an Tempelwänden zu Karnak eingraben
ließ. Daneben verzeichnete er eingehender in dem gleichen
Heiligtume besonders wichtige kriegerische Erfolge und
größere Tempelausschmückungen. Die gleiche Sitte fand
sich unter den folgenden Dynastien, nur wurden die Berichte
damals stärker poetisch ausgeschmückt und entsprachen
weniger den Tatsachen. Einen Rechenschaftsbericht über
seine gesamte Regierung, welcher im Jenseits den Göttern
vorgelegt werden sollte, ließ Ramses III. herstellen; er ist
in dem sog. Großen Papyrus Harris erhalten geblieben[2].
Lebensbeschreibungen von Privatleuten[3] liegen, wie bemerkt,
in größerer Zahl aus der 18. Dynastie, daneben aber auch
aus dem Alten Reiche und aus der 12. Dynastie vor. Sie
wurden dann in der saïtischen Zeit wieder verbreiteter,
nicht lange nachdem die Könige von Äthiopien dazu übergegangen waren, auf umfangreichen in ihrer Hauptstadt
Napata aufgestellten Stelen eingehend über Ereignisse
aus ihrer Regierung zu berichten. Der wichtigste dieser
Texte[4], dessen bereits mehrfach zu gedenken war, rührte
von dem Könige Piānchi her, der um 740 v. Chr., von

---

[1] Das umfangreichste Fragment, jetzt in Palermo, veröffentlicht: Schäfer, Abh. Akad. Berlin 1902, Anhang. Für
neu gefundene Bruchstücke dieser Platte und andere Exemplare
der gleichen Annalen vgl. u. a. Gauthier, CR. Acad. Inscr. 1914,
S. 489 ff.; Daressy, Bull. Inst. Franç. Caire XII, S. 161 ff.; Read,
ib., S. 215 ff.; Petrie, Ancient Egypt III, S. 114 ff.; Borchardt,
„Die Annalen und die zeitliche Festlegung des alten Reiches
der ägyptischen Geschichte", Berlin 1917 (vgl. Borchardt, Intern.
Monatsschr. f. Wissenschaft XII, S. 501 ff.; Mitt. Vorderasiat.
Ges. XXII, S. 342 ff.).
[2] Wiedemann, a. a. O., S. 504 f.; Erman, Sitzb. Akad.
Berlin 1903, S. 456 ff.
[3] Übersetzungen bei Röder, „Aus dem Leben vornehmer
Ägypter" (Voigtländers Quellenbücher 17), Leipzig 1912.
[4] Publiziert zuletzt: Schäfer, „Urkunden der älteren Äthio-
penzeit", S. 1 ff.; übersetzt: Brugsch, „Geschichte Ägyptens",
S. 682 ff.; de Rougé, „Chréstomatie égyptienne", Heft 4, Paris
1876; Breasted, „Ancient Records of Egypt" IV, S. 406 ff.

Äthiopien aus, Ägypten bis nach Memphis und Athribis
durchzog und hier die sich unterwerfenden Fürsten des
Delta empfing.

§ 277. Von juristischer Literatur ist eine Reihe
von Verwaltungstexten erhalten: Königliche Dekrete, Ein-
setzungen von Beamten, Adoptionsurkunden, Stiftungen
zu frommen Zwecken, Verträge mit Priestern über Stiftungen, Prozeßakten[1]. Hieran schließen sich Musterbriefe
über Verwaltungsangelegenheiten, Lobpreisungen des Schreiberberufes und ähnliche Schultexte an[2].

§ 278. Der Unterhaltungsliteratur gehören die
zahlreichen Sagen und Märchen an, welche zum Teil
in mehreren Abschriften ganz oder bruchstückweise erhalten
geblieben sind[3]. Dann sind einige, gelegentlich warm
empfundene Liebeslieder zu nennen[4] und vereinzelte
sehr monotone Volks- und Arbeiterlieder[5].

§ 279. Die wissenschaftliche Literatur ist spärlich
vertreten. Verhältnismäßig zahlreich sind medizinische
Texte mit häufig stark magischem Einschlag[6], seltener
mathematische Beispielsammlungen, astronomisch-astrolo-
gische Sternaufganglisten, Schicksalskalender[7], Schultexte
über ägyptische Schriftzeichen und geographische Dinge[8].

§ 280. Weit umfangreicher wie die profane Literatur
war in Ägypten die religiöse. Literarischen Wert besitzen
dabei vor allem die zahlreichen Hymnen auf die verschiedenen Gottheiten, welche zuweilen Ansätze zu einer gebundenen poetischen Fassung zeigen: strophische Anordnung einer Reihe etwa gleichlanger Sätze, Anfänge einer

---

[1] Vgl. S. 104 ff.
[2] Vgl. S. 84, 86.
[3] Vgl. S. 87 f. Über das Fehlen einer Tierfabel vgl. S. 38,
Anm. 1.
[4] Müller, „Die Liebespoesie der alten Ägypter", Leipzig
1899 (Lit.). Kleines Bruchstück: Erman, Äg. Z. XXXIX, S. 147.
[5] Lied der Rindertreiber beim Kornaustreten vgl. S. 270;
Klagelied des Schaftreibers: Wiedemann und Pörtner, „Ägyptische Grabreliefs zu Karlsruhe", S. 25; Quibell, „Excavations
at Saqqara 1908—10", S. 146; Lieder der Sänfteträger: Erman,
Äg. Z. XXXVIII, S. 64 f. Vgl. Erman, Abh. Akad. Berlin 1918,
Nr. 15.
[6] Vgl. § 301 f.
[7] Vgl. § 291, 295.
[8] Vgl. S. 85, Anm. 1.

Reihe von Sätzen mit den gleichen Worten[1], Alliteration einer Reihe von Worten[2], Parallelismus der Glieder, wie er besonders aus den hebräischen Psalmen bekannt ist; dagegen hat sich bisher trotz dahin gehender Versuche[3] der Reim im Ägyptischen nicht nachweisen lassen. Er tritt erst in der koptischen Kirchenpoesie auf und ist hier allem Anscheine nach eine Nachahmung griechisch-byzantinischer Dichtart. Die genannten verschiedenen Versuche einer dichterischen Bindung treten in den ägyptischen Texten nur vereinzelt auf, sie haben sich nicht zu einem durchgeführten poetischen oder metrischen System zu entwickeln vermocht.

In größerer Zahl blieben besonders aus der thebanischen und aus der Spätzeit meist sehr breit erzählte Göttermythen[4] erhalten, in welchen die Götter vollkommen menschenähnlich mit allen Fehlern, Leiden und Gebrechen dargestellt wurden. Wie Andeutungen in den Pyramidentexten zeigen, gingen diese Mythen in ihren Ursprüngen vielfach in sehr frühe Zeit zurück, sind also nicht Ergebnisse einer Vermenschlichung der Gottheiten in religiös weniger tief empfindenden Zeiten. Wann sie die jetzt vorliegende literarische Form erhielten, läßt sich im einzelnen Falle meist nicht feststellen.

In den Tempeln und in Papyris finden sich ausführliche Rituale für einen Teil des Opferdienstes für verschiedene

------

[1] Hymnus auf Usertesen III. (Griffith, „Hieratic Papyri from Kahun", Taf. 1—3, S. 1ff.; Maspero, „Études de Myth." IV, S. 406ff.); Poetische Stele Thutmôsis' III. (in 2 Exemplaren erhalten, zuletzt veröffentlicht: Lacau, „Stèles du Nouvel Empire" [Kat. Kairo], S. 17ff., Taf. 7—8); Inschrift der Zeit Psammetich' I. (Ranke, Äg. Z. XLIV, S. 46f.).

[2] Mariette, Rev. arch., N. S. XV, S. 290ff.; Brugsch, Äg. Z. XIII, S. 9ff.; Dümichen, „Tempelinschriften I: Edfu", Taf. 15, 47—8. 77—82 (Ptolemäerzeit).

[3] Ebers, Äg. Z. XV, S. 43ff.; XVI, S. 50ff.; in „Études dédiées à Leemans", S. 21ff.

[4] Budge, „Egyptian Literature I: Legends of the Gods", London 1912; Murray, „Ancient Egyptian Legends", London 1913. Die wichtigsten übersetzt: Wiedemann, „Die Religion der alten Ägypter", S. 28ff.; Röder, „Urkunden zur Religion des alten Ägypten", Jena 1915. Eine zusammenfassende wissenschaftliche Behandlung der Götterlegenden fehlt bisher.

Götter[1], denen zufolge die Art der Darbringung der Gaben
in den Heiligtümern Ägyptens wenig Abwechslung zeigte.
Die Totenrituale sind diesen Götterritualen sehr ähnlich.
Unter ihnen sind besonders wichtig das Ritual vom Öffnen
des Mundes und das vom Darbringen der Opfergaben,
welche bei der Beisetzung Verwendung finden sollten[2].
Schilderungen einzelner heiliger Handlungen bei Götterfesten, besonders bei der Feier der Auferstehung des Gottes
Osiris, schließen sich dem an[3]. Rein formelhaft waren
meist die Totenstelen abgefaßt, welche vor allem auf die
Darbringung der Königlichen Opfergabe[4] hinweisen. Dekrete des Götterkönigs zugunsten des Verstorbenen wurden
seit der Mitte des Neuen Reiches üblich[5].

Die Zahl der erhaltenen Sammlungen magischer
Formeln war eine ungemein große. Sie zeigt, welche hohe
Bedeutung die Ägypter der Zauberkunst zuschrieben und
wie sehr dieselbe ihre Gedanken während der ganzen Dauer
ihrer Geschichte beschäftigte. Die Menge und der Umfang
dieser Texte wuchs andauernd durch die Aufnahme neuer
Formeln, vor allem da man sich dabei nicht zu einem Auf-
geben der alten Formeln veranlaßt sah. Die Sammlungen
finden sich in Papyris, besonders der thebanischen, aber
daneben auch anderer Perioden[6], und auf Stelen, welche
in jüngerer Zeit gern über den Texten das Bild des jugend-

---

[1] Moret, „Le Rituel du Culte divin journalier", Paris 1902;
Lemm, „Das Ritualbuch des Amondienstes", Leipzig 1882.
[2] Vgl. S. 368.
[3] Vgl. S. 370f.
[4] Vgl. S. 54.
[5] Vgl. S. 102, Anm. 5.
[6] Besonders wichtig sind der Magische Papyrus Harris
(Chabas, „Le Papyrus magique Harris", Châlon-sur-Saone 1860:
Budge, „Facsimiles of Egyptian Hieratic Papyri in the British
Museum", Taf. 20ff., S. 23ff.; übersetzt: Brugsch, „Religion
der alten Ägypter", S. 717ff.; vgl. Akmar, Sphinx XX, S. 1ff.)
und die Texte bei Pleyte, „Étude sur un Rouleau magique du
Musée de Leide", Leyden 1866; Pleyte und Rossi „Papyrus
de Turin", 2 Bde., Leyden 1869—76. Aus der Spätzeit:
Griffith und Thompson, „The Demotic and Magical Papyrus
of London and Leiden", 3 Bde., London 1904—9 (Griffith,
Äg. Z. XLVI, S. 117ff.). Koptische Beschwörungen: Erman,
Äg. Z. XXXIII, S. 47ff.; Lidzbarski, ib. XXXVIII, S. 62f.
Für das Fortleben ägyptischer religiöser und magischer Vor-
stellungen in arabischer Zeit vgl. Maspero, „Études de Myth."
VI, S. 443ff.; Wiedemann, Anthropos VIII, S. 427f. (Lit.).

lichen Gottes Horus zeigen, wie er auf Krokodilen steht
und in den Händen eine Reihe schädlicher Tiere festhält[1].
Die Formeln beriefen sich vielfach auf Ereignisse aus den
Götterlegenden, um hierdurch widerspenstige Dämonen
zum Gehorsam zu zwingen. Infolgedessen fanden sie sich
auch häufig in den medizinischen Werken, wenn es galt,
den die Krankheit verursachenden Dämon zum Abzuge
zu veranlassen. Vor allem aber bildeten sie den Hauptteil
der dem Toten in das Grab mitgegebenen Texte. Sie sollten
diesem behilflich sein, im Jenseits das ewige Leben, Macht,
Grundbesitz, Speise und Trank zu gewinnen.

Derartige Formeln wurden in Ägypten bereits sehr frühzeitig in Sammlungen vereinigt, ohne darum ihre Selbständigkeit zu verlieren. Infolgedessen hat auch keine der
Sammlungen einen kanonischen Wert gewonnen. Man
konnte sich für seinen Privatgebrauch die einzelnen Formeln, welche der Ägypter als Burg, Kapitel (eigentlich:
Mund), Buch usf. bezeichnete, beliebig auswählen und ord-
nen, ihre Zahl nach persönlichem Gutdünken vermehren
oder vermindern. Die älteste dieser Sammlungen bilden die
Texte, welche in wechselnder Anordnung in den Pyramiden
der Könige der 5. und 6. Dynastie auftraten[2], dann seltener
wurden, um in der Spätzeit, welche vielfach auf das älteste
erreichbare religiöse Material zurückgriff, wieder größere
Verbreitung zu finden[3]. Die zweite große Sammlung, welche
im Mittleren Reiche für die Ausschmückung der Särge,
seltener der Grabwände Verwendung fand[4], entlehnte eine

---

[1] Golenischeff, „Die Metternichstele", Leipzig 1877 (Brugsch,
„Religion der Ägypter", S. 400ff.; Röder, a. a. O., S. 82ff.);
Daressy, „Textes et Dessins magiques" (Kat. Kairo), Kairo 1903;
Chabas, „Oeuvres diverses" IV, S. 9ff.

[2] Publiziert und übersetzt: Maspero, „Les Inscriptions des
Pyramides de Saqqarah", Paris 1894 (aus RT. III—XIV);
publ.: Sethe, „Die altägyptischen Pyramidentexte", 2 Bde.,
Leipzig 1908—10.

[3] Publ.: Ann. Serv. Ant. I, S. 166ff., 238ff., 272ff.;
II, S. 106ff.; V, 78ff.; G. Möller, „Über die in einem späthiera-
tischen Papyrus des Berliner Museums erhaltenen Pyramidentexte", Berlin 1900.

[4] Lepsius, „Älteste Texte des Todtenbuchs", Berlin 1867;
Lacau, „Sarcophages antérieurs au Nouvel Empire" (Kat. Kairo),
2 Bde., Kairo 1904—6. Vgl. Röder, AfR. XVI, S. 66ff.; Wiedemann, ib. XVII, S. 221. Teilweise übersetzt: Röder, „Urkunden
zur Religion des alten Ägypten", S. 199ff.

Reihe von Formeln den Pyramidentexten, fügte dem aber
viel neues Material bei. Als dritte Sammlung trat das sog.
Totenbuch auf, dessen älteste Schicht[1] vom Anfange des
Neuen Reiches bis etwa zur 20. Dynastie verbreitet war.
Dann folgte eine zweite, wesentlich in hieratischen Papyris
erhaltene, in Form und Inhalt der ersten sehr nahestehende
Schicht[2] und dieser endlich eine dritte, vielfach in Linear-
hieroglyphen auf Papyrus aufgezeichnete Schicht, welche
bis in die Ptolemäerzeit hinein im Gebrauche blieb[3]. Die
Schichten unterschieden sich wesentlich durch die Schreibung einzelner Worte, durch kleine Änderungen und Zu-
sätze, welche die älteren Angaben leichter verständlich
machen sollten. In das Totenbuch selbst haben Teile der
älteren Sammlungen in oft erheblich veränderter Form
Aufnahme gefunden, und ist in einem Falle auch der Versuch gemacht worden, ein altes schwer verständliches
Kapitel mit ausgedehnten Erklärungen zu versehen[4] und
bei dieser Gelegenheit dem Synkretismus ägyptischer Götter
und Gedankenkreise Vorschub zu leisten. Ergänzt wurden
diese Sammlungen durch andere Texte, „das Buch vom
Atmen"[5], „das Buch vom Durchschreiten die Ewigkeit"[6],
das Buch „Es blühe der Name"[7] usf., welche meist einzelne

---

[1] Naville, „Das ägyptische Todtenbuch der 18. bis 20. Dyna-
stie", Berlin 1886; übersetzt: Renouf, „Life-Work" IV, Paris
1907 (von Kap. 140 an von Naville); Budge, „The Book of the
Dead", 3 Bde., London 1909 (zusammen mit dem Buch vom
Atmen, vom Blühen des Namens, usf.); teilweise Röder, a. a. O.,
S. 224 ff.

[2] Naville, „Papyrus funéraires de la XXIe Dynastie",
2 Bde., Paris 1912—4; Budge, „The Grenfell Papyrus", London 1912.

[3] Lepsius, „Das Todtenbuch der Ägypter", Berlin 1842.
Die Übersetzung von Pierret, „Le Livre des Morts des anciens
Égyptiens", Paris 1882, ist völlig veraltet.

[4] Kap. 17; veröffentlicht und besprochen: Grapow, „Das
17. Kapitel des ägypt. Totenbuches und seine religionsgeschichtliche Bedeutung", Berlin 1912; „Religiöse Urkunden", Heft 1—2,
Leipzig 1915—16. Vgl. Wiedemann, „Die Religion der alten
Ägypter", S. 137 ff.

[5] Horrack, „Oeuvres diverses", S. 109 ff.

[6] Bergmann, Sitzb. Akad. Wien, Phil.-hist. Kl. LXXXVI,
S. 369 ff.; abweichende Fassung: Wreszinski, Äg. Z. XLV, S.
111 ff.

[7] Lieblein, „Le Livre égyptien Que mon nom fleurisse",
Leipzig 1895.

Formeln und Lehren des Totenbuches weiter ausspannen und mit anderen ähnlichen Texten verknüpften.

Eine eigenartige Stellung nehmen Texte ein, welche in freilich wenig systematischer Weise versuchten, das Jenseits und seine Teile topographisch festzulegen. Einzelne derartige Gedankengänge hat das Totenbuch verwertet, wie die Darstellung der wasserreichen Gefilde der Ackerbau treibenden Seligen (Kapitel 110)[1] oder die Darstellung des Grabes mit seinem Inhalte und den in ihm um die Leiche sich bemühenden Gottheiten (Kapitel 151)[2]. Umfangreicher war ein Versuch, welcher im Mittleren Reiche im Buche von den zwei Wegen gemacht wurde[3], und vor allem die ausführliche, von zahlreichen Bildern begleitete Schilderung der Nachtfahrt der Sonne durch die 12 je einer Nachtstunde entsprechenden Abteilungen der Unterwelt. Diese hat bereits im Mittleren Reiche die Phantasie der Ägypter beschäftigt, fand aber ihre ausführliche Durcharbeitung erst in den thebanischen Dynastien in zwei verschiedenen Auffassungen, in dem Buche von dem, was ist in der Unterwelt, und in dem Buche von den Toren[4].

Systematische Werke über die ägyptische Religion haben sich nicht erhalten und sind bei dem Mangel an Sinn für Systematik bei den alten Ägyptern vermutlich niemals vorhanden gewesen. Auch die Zusammenstellungen von moralischen Vorschriften in dem Totenbuch (Kapitel 125) und in den sogenannten Moralischen Papyris entbehren jeder logischen Anordnung[5].

---

[1] Ein Stück aus einer solchen Darstellung s. Taf.-Abb. 20.

[2] Vgl. Wiedemann, Sphinx XVI, S. 49ff.

[3] Schack-Schackenburg, „Das Buch von den zwei Wegen des seligen Toten" I, Leipzig 1903. Für den Zusammenhang des Buches mit dem Totenbuche vgl. Grapow, Äg. Z. XLVI, S. 77ff.

[4] Lefébure, „Les Hypogées Royaux de Thèbes" (Mém. Miss. Franç. Caire II—III), Paris 1886—9 (Maspero, „Études de Myth." II, S. 1ff.); Budge, „The Egyptian Heaven and Hell", 3 Bde., London 1906; „An Account of the Sarcophagus of Seti I.", London 1908; Jéquier, „Le Livre de ce qu'il y a dans l'Hadès", Paris 1894.

[5] Vgl. S. 38f., 86.

O. Schrift und Sprache.

§ 281. Die ägyptische Schrift[1] mit ihren eigenartigen
Zeichen hat bereits die Schriftsteller des Altertums vielfach
beschäftigt[2], einen Einblick in ihre Zusammensetzung hat
aber erst die Entzifferung der Hieroglyphen zu bringen vermocht. Die Kenntnis der Schrift ist im Niltal uralt. Wenn
auch die Versuche, in den Töpferzeichen der Nagadazeit
eine Schrift zu sehen und diese mit ihnen ähnelnden Zeichen
in den sonstigen Mittelmeerländern in Beziehung zu setzen,
keinerlei Ergebnisse zu bringen vermochten[3], so zeigen sich
doch auf anderen Denkmälern der neolithen Frühzeit zahlreiche wirkliche Inschriften. Die dabei verwendeten Hieroglyphenzeichen besitzen weniger schematische Formen
wie die in den jüngeren Texten erscheinenden Bildreihen.
Einige später fehlende Zeichen sind in der Nagadazeit nachweisbar, während umgekehrt andere im Laufe der Jahrhunderte zu ihrem Zeichenschatze hinzutraten; eine prin-
zipielle Änderung im Schriftsystem ist jedoch in der Folgezeit nicht eingetreten.

Zu Grunde lag der ägyptischen Schrift eine Bilderschrift. Um ein Wort wiederzugeben, zeichnete man den
Gegenstand, den das Wort bezeichnete. Diese Ausdrucks-
weise genügte im allgemeinen, solange es sich um konkrete
Dinge handelte, sie versagte aber Abstrakten gegenüber,
und hat man daher bereits vor der ältesten bisher bekannt
gewordenen Periode einen weiteren Schritt in der Schrift-
entwicklung getan. Das Bildzeichen wurde gelesen und besaß infolgedessen einen bestimmten Lautwert. Man nahm

---

[1] Eine eingehende wissenschaftliche Bearbeitung der ägyptischen Schrift steht noch aus. Eine gute Übersicht gibt Spiegelberg, „Die Schrift und Sprache der alten Ägypter" (Der alte
Orient VIII, 2), Leipzig 1907. Vgl. auch die Einleitungen zu
den S. 399, Anm. 2 genannten Grammatiken. Die neu entdeckten Sinai-Inschriften und ihre Bedeutung für einen Zusammenhang der semitischen Alphabete mit hieroglyphischen
Schriftzeichen erörterten Gardiner, Journ. of Egypt. Arch. III,
S. 1 ff.; Sethe, Nachr. Ges. Wiss. Göttingen 1917, S. 446 ff.
(vgl. 1916, S. 88 ff.); Eisler, „Die kenitischen Weihinschriften
der Hyksoszeit", Freiburg 1919.
[2] Vgl. Schwartze, „Das alte Ägypten" I, 1, S. 143 ff.;
Marestaing, „Les Écritures égyptiennes", Paris 1913.
[3] Vgl. Weill, Rev. arch. 1903, I, S. 213 ff.

nun an, es könne alle diejenigen Worte bezeichnen, welche den gleichen Lautwert besaßen. So konnte ⊂⊐ *per* nicht nur „das Haus" bezeichnen, dessen Plan das Zeichen darstellte, sondern auch *per* „herausgehen". Die sich auf diese Weise ergebenden Lautzeichen konnten je nach dem Grundbegriffe Silben oder Silbengruppen entsprechen. Einige von ihnen bedeuteten Silben, bei denen ein Konsonant mit einem kurzen Vokal verbunden war. Aus diesen wählte man eine Reihe aus und verwertete sie ohne Rücksicht auf diesen Vokal als Buchstabenzeichen, ohne dabei auf die älteren Lesungen zu verzichten, so daß ⊂⊃ *re* „Mund" auch die Silbe *re* und dann den Buchstaben *r* bezeichnete.

Diese Art der Entstehung der Schrift brachte für die Lesung eine große Schwierigkeit mit sich. Manche Bildzeichen konnten verschieden ausgesprochen werden, da nicht selten der durch das Bild dargestellte Gegenstand verschiedene sprachliche Bezeichnungen besaß. Um dem Leser die Wahl zwischen diesen verschiedenen Werten zu erleichtern, fügte man den Silbenzeichen ihre Aussprache in alphabetischen Zeichen vollständig oder teilweise bei, stellte also etwa zu dem Silbenzeichen 🦅 *pa* dessen Buchstabenwerte *p* oder *a* oder *pa*.

Während diese phonetischen Ergänzungen die Lesung sicherten, geschah dies durch andere Zeichen für die Bedeutung. Man setzte hinter das Wort für einen Begriff dessen Bild, welches dann als Determinativ diente, und zwar entweder als spezielles oder als generelles. So zeigt das Krokodil ⇒ hinter dem Worte *msuḥ*, daß dieses Wort „Krokodil" bedeutet, während ⼚ hinter einem Worte nur anzeigt, daß dies ein Wort für Vierfüßler ist, 𓀀 hinter einem anderen, daß es sich um ein männliches Wesen oder einen männlichen Eigennamen, ⼈, daß es sich um ein Wort für gehen handelt.

Im Prinzip ist diese Zusammensetzung der ägyptischen Schrift aus Ideogrammen, Silbenzeichen, Buchstabenzeichen, lautlichen Ergänzungen und Determinativen dauernd herrschend geblieben. Auf den Gedanken, nach Einführung der Silbenschrift die Bilderschrift aufzugeben oder nach Aufstellung von Buchstabenzeichen auf die Silbenschrift zu

verzichten, ist das nationale Ägypten nicht gekommen.
Wenn einzelne Zeiten und Schreibschulen bald mehr alphabetisch, bald mehr syllabisch die Worte schrieben oder lieber Ideogramme verwendeten, so beruhte dies nicht auf
sprachlogischen Gesichtspunkten, welche eine bestimmte
Schriftart zur Durchführung bringen wollten. Der Grund
lag in rein äußerlichen oder in praktischen Erwägungen.
Die ideographischen Zeichen wurden mit Vorliebe in den
Tempelinschriften zur Anwendung gebracht, da diese
Texte nicht nur als Lesestoff gedacht waren, sondern zugleich den Bau schmücken sollten, und solche Zeichen dem
Ganzen ein abwechslungsreicheres und bunteres Gepräge
gaben. Die Buchstabenschrift wurde bei der Aufzeichnung
religiöser und besonders magischer Formeln bevorzugt,
da es hier auf die Wiedergabe des ganz genauen Buchstaben-
gehaltes des einzelnen Wortes ankam. Aus religiösen
Gründen wurden auch, vor allem in Gräbern, gelegentlich
einzelne Zeichen unvollständig geschrieben[1], um zu verhindern, daß sich die Tier- und Menschenbilder belebten
und den Toten bedrohten.

§ 282. Eine andersartige Erwägung hat die sog. aenig-
matische oder kryptographische Schreibweise hervorgerufen, welche darauf beruhte, daß man statt einfach
aussehender Schriftzeichen möglichst komplizierte wählte,
um auf diesem Wege die betreffende Inschrift in ihrem ganzen Aussehen geheimnisvoll erscheinen zu lassen. Diese
Schriftart findet sich mehrfach in den Königsgräbern zu
Theben[2], kam daneben aber auch in sonstigen Inschriften
der 18. Dynastie, welche Hymnen und Gebete enthalten[3],
und auf Tonscherben[4] vor. Eine ähnliche Spielerei liebten
in späterer Zeit die Ptolemäerinschriften[5], in denen man die
sonst üblichen abgekürzten Hieroglyphen zu einem Bilde

---

[1] Beispiele bei Lacau, Äg. Z. LI, S. 1 ff.
[2] Devéria, ,,Mémoires" II, S. 49 ff.; Renouf, ,,Life-Work"
III, S. 121 ff.; Goodwin, Äg. Z. XI, S. 138 ff.; Lefébure, Sphinx
V, S. 129 ff.
[3] Northampton, Spiegelberg, Newberry, ,,Report on some
Excavations at the Theban Necropolis during the winter of
1898–99"; Lauth, Äg. Z. IV, S. 24 ff.
[4] Daressy, ,,Ostraca" (Kat. Kairo), S. 92.
[5] Vgl. Junker, ,,Über das Schriftsystem im Tempel der
Hathor in Dendera", Berlin 1903.

ausgestaltete, also beispielsweise das Zeichen ⚲ einem Manne in die Hand gab ⚲, ohne dadurch seinen Silbenwert *du*, der auf seine ideographische Bedeutung „geben“ zurückging, zu verändern. Bisweilen schrieb man dann außerdem die Zeichen nicht in ihrer richtigen Reihenfolge, sondern in spielerischer Anordnung[1].

§ 283. Aus der hieroglyphischen Schrift, deren Zeichen dauernd den Bildcharakter behielten, entwickelte sich für die Schrift auf Papyrus, seltener auf Stein und für flüchtige Notizen das sogenannte Hieratische, welches die einzelnen Zeichen abkürzte und flüchtiger gestaltete, um ihre Umrisse bequemer schreibbar zu machen, dabei aber in keiner Weise systematisch verfuhr. Im allgemeinen wurden die hieratischen Zeichen[2] im Laufe der Zeit immer mehr abgekürzt und entfernten sich daher immer weiter von ihrem Ausgangspunkte, wenn daneben auch zeitweise einzelne Schreibschulen den Versuch machten, wieder mehr dem Hieroglyphischen ähnelnde Zeichen einzuführen. Eine noch stärkere Abkürzung wie das Hieratische bildete das sich seit dem 8. Jahrhundert v. Chr. entwickelnde Demotische[3]. Zuletzt sind einige stark stilisierte ägyptische Zeichen noch in das in nachchristlicher Zeit entstandene Koptische aufgenommen worden, dessen Schriftzeichen sonst auf das Griechische zurückgehen.

§ 284. Das Ägyptische schrieb im allgemeinen nur die Konsonanten der Worte und überließ es dem Leser, die jeweils erforderlichen Vokale zu ergänzen. Neben den rein konsonantischen Zeichen gab es aber eine Reihe von Buchstaben, welche bei der Umschrift semitischer Worte dazu dienten, um deren Halbvokale wiederzugeben, während sie bei Umschriften aus dem Griechischen und Lateinischen, die besonders bei Eigennamen in Frage kamen, Vokale bezeichneten. Eine Reihe von Ägyptologen[4] haben diese Zeichen für analoge Bildungen erklärt, wie die semitischen Halb-

---

[1] Legrain, Ann. Serv. Ant. IV, S. 136f.
[2] G. Möller, „Hieratische Paläographie“, 3 Bde., Leipzig 1909—11.
[3] Vgl. Spiegelberg, Äg. Z. XXXVII, S. 18ff.
[4] Vgl. besonders Erman, Äg. Z. XXXIV, S. 51ff.

vokale, während andere[1] in ihnen im allgemeinen tatsächliche Vokalzeichen erkennen, welche der Ägypter in denjenigen Fällen der konsonantischen Schreibung der Worte
beifügte, in denen es ihm unbedingt erforderlich erschien,
die genaue Aussprache eines Wortes festzulegen. Wenn
diese letztere Auffassung auch ihre Berechtigung hat und
nicht nur für die Spätzeit, sondern auch für die alten
Perioden gilt, so steht doch andererseits daneben der
halbvokalische Charakter der betreffenden Zeichen in der
Stammbildung und sonstigen grammatischen Behandlung
fest.

§ 285. Das Ägyptische ist als Sprache[2] verwandt mit
den libyschen Sprachen Nordafrikas und, wie besonders
Reinisch[3] eingehend bewiesen hat, mit den Nuba-Sprachen
Ostafrikas. Mit diesen vereint steht es den semitischen
Sprachen näher als den indogermanischen. Der Versuch[4],
es weitergehend in den eng umgrenzten Kreis der semitischen Sprachen hineinzubeziehen und seine Grammatik
auf Grund der semitischen Sprachgrundsätze aufzubauen,
hat keine allgemeine Zustimmung zu finden vermocht
und zu wachsenden Schwierigkeiten geführt. Wie das
Ägyptische in historischer Zeit vorliegt, bildet es überhaupt
keine einheitliche Sprache. Fremde Einwanderungen haben
bereits in der Frühzeit der Sprache der Landesbewohner

---

[1] Vgl. die Meinungsäußerung einer Reihe von Ägyptologen: Proc. Soc. Bibl. Arch. XXIV—XXVI.

[2] Grammatiken: E. de Rougé, „Chréstomathie égyptienne",
4 Hefte, Paris 1867—74 (wichtig); Brugsch, „Hieroglyphische
Grammatik", Leipzig 1872 (übersichtlich, aber vielfach über-
holt); Erman, „Ägyptische Grammatik", 3. Aufl., Berlin 1911
(Hauptwerk; ergänzt durch Erman, „Ägyptische Chrestomathie",
Berlin 1904 und „Ägyptisches Glossar", Berlin 1904); „Kurzer
Abriß der ägyptischen Grammatik", Berlin 1919; „Die Hieroglyphen", Neudruck, Berlin 1917 (populär gehaltene Übersicht);
Röder, „Ägyptisch", München 1913 (Einführung). Wörter-
bücher: Brugsch, „Hieroglyphisch-demotisches Wörterbuch",
7 Bde., Leipzig 1867—81; Levi, „Vocabulario geroglifico-copto-
ebraico", 8 Bde., Turin 1887—94 (Compilation).

[3] „Das persönliche Fürwort und die Verbalflexion in den
chamito-semitischen Sprachen", Wien 1909; „Die sprachliche
Stellung des Nuba", Wien 1911.

[4] Vgl. Erman, ZDMG. XLVI, S. 93ff.; Sitzb. Akad. Berlin
1900, S. 317ff.; Sethe, „Das ägyptische Verbum", 3 Bde., Leipzig 1899—1902; Proc. Soc. Bibl. Arch. XXIV, S. 355ff.

zahlreiche fremde Elemente, Lehnworte und auch gramma-
tische Bildungen zugeführt. Späterhin haben andauernd
wiederholte unmittelbare Entlehnungen aus den semitischen Nachbarsprachen stattgefunden[1], während Übernahmen aus anderen Sprachkreisen vereinzelt blieben.

Die Tatsache, daß das Koptische, die in nachchristlicher Zeit festgelegte Tochtersprache des Ägyptischen, in
eine Reihe von scharf geschiedenen Dialekten zerfällt,
legt die Vermutung nahe, daß es bereits im älteren Ägyptisch
Dialekte gab[2]. In der Tat hebt ein Papyrus der Ramessiden-
zeit hervor, daß die Worte eines Mannes aus dem Delta
einem Manne aus Elephantine unverständlich waren. Über
die Unterschiede der Dialekte ist aber nichts bekannt, da
das allein erhalten gebliebene Schriftägyptisch auf solche
keine Rücksicht nahm, vielmehr jeweils im ganzen Lande
das gleiche war. Nur zeitlich zeigen die Texte in sprach-
licher Beziehung Verschiedenheiten. Das älteste Ägyptisch
unterschied sich merklich von der Schriftsprache des Mittleren Reiches und diese wiederum von der des Neuen Reiches
und der der Spätzeit, wenn auch die Unterschiede im allgemeinen nicht so erhebliche waren, wie etwa zwischen dem
Lateinischen und dem Italienischen.

P. Wissenschaft.

1. Mathematik[3].

§ 286. Im Anschluß an klassische Angaben[4] hat man
vielfach den Ägyptern sehr ausgedehnte mathematische
Kenntnisse zuschreiben wollen. Die Denkmäler, auf denen
bisweilen Rechnungen verzeichnet stehen, und einige
erhaltene Papyri[5] mit den Ausführungen von Rechen-

---

[1] Vgl. S. 88.
[2] Baillet, „Oeuvres diverses" I, S. 57ff.; Piehl, „Dialectes
égyptiens retrouvés au Papyrus Harris No. 1", Stockholm
1882.
[3] Für die ägyptische Mathematik im allgemeinen vgl.
Simon, „Geschichte der Mathematik im Altertum", Berlin 1909;
Erman, „Ägypten", S. 486ff.
[4] Wiedemann, „Herodot", S. 423f.
[5] Bruchstücke eines Papyrus der 12. Dynastie, publ. Griffith,
„Hieratic Papyri from Kahun", Taf. 8, S. 15ff. (Maspero, „Études de Myth." IV, S. 419ff.). In dem Papyrus hat man Hinweise

aufgaben ergeben ein wesentlich anderes Bild. Sie zeigen,
daß das tatsächliche Wissen auf diesem Gebiete nur gering
war und daß der Aufschwung der mathematischen Studien
im Lande erst in hellenistischer Zeit eingetreten sein kann,
um dann in Ägypten zur höchsten Blüte zu gelangen.

§ 287. Für die Arithmetik galt das Dezimalsystem,
das Duodezimalsystem wurde nur der Zeiteinteilung, der
Zahl der Monate (12), der Stunden (2mal 12), der Dekane
(3mal 12) zugrunde gelegt. Es gab Zahlzeichen für 1, 10,
100 usf. Um ihre Vielfachen zu schreiben, wiederholte man
das Zahlzeichen für 1, 10, 100 usf. bis zu neunmal. Gelangte
man bis zur nächsten Dezimale, so fehlte zu deren Andeutung ein Zeichen für die Null und mußte man daher zu dem
Zeichen für die neue Dezimalreihe greifen, so daß größere
Zahlen eine sehr umständliche Schreibung erforderten.
Theoretisch gab es Bezeichnungen bis zu der Dezimale
10 Millionen, in der Praxis pflegte man bereits 1000 als
Andeutung einer ziemlich unbestimmten großen Zahl zu
verwenden.

Der alte Ägypter kannte nur die Addition und Sub-
traktion, während er die Multiplikation und Division

auf quadratische Gleichungen und Quadratwurzeln (vgl. Cantor,
Orient. Lit.-Z. I, Sp. 306ff. und für eine analoge Aufgabe im
Papyrus Berlin 6619: Schack, Äg. Z. XXXVIII, S. 135ff.; XL,
S. 65f.) und auf die Berechnung des Inhaltes der Halbkugel
(Borchardt, Äg. Z. XXXV, S. 150ff.; dagegen Schack, Äg. Z.
XXXVII, S. 78f.) finden wollen, doch erscheint diese Deutung
sehr zweifelhaft. – Holztafeln mit Rechnungen aus dem Mitt-
leren Reiche: Daressy, RT. XXVIII, S. 62ff. – Mathematischer
Papyrus Rhind vom Ende der Hyksoszeit publ. und eingehend
behandelt: Eisenlohr, „Ein mathematisches Handbuch der
alten Ägypter", Leipzig 1877; der Text auch: Budge, „Facsimile
of the Rhind Mathematical Papyrus in the British Museum",
London 1893. Neuere Einzelstudien: Griffith, Proc. Soc. Bibl.
Arch. XIII, S. 328ff. (dagegen Eisenlohr, ib., S. 596ff.); XIV,
S. 26ff.; XVI, S. 164ff., 201ff., 230ff.; Borchardt, Äg. Z. XXXI,
S. 9ff.; Calice, ib. XL, S. 147; Schack, ib. XLI, S. 79f.; Gardi-
ner, ib. XLIII, S. 46f. Für einen weiteren mathematischen
Papyrus in der Sammlung Golenischeff vgl. Turajeff, Ancient
Egypt 1917, S. 100f. – Thebanische Ostraka mit Rechnungen:
Daressy, „Ostraca" (Kat. Kairo), S. 84ff. – Griechischer mathe-
matischer Papyrus aus dem 7. Jahrhundert n. Chr. publ. und
behandelt: Baillet, Mém. Miss. Franç. Caire IX, S. 1ff. –
Kerbholz für eine Kornlieferung aus koptischer Zeit: Äg. Z.
XXVIII, S. 56.

durch diese beiden Rechnungsarten ersetzen mußte, da ihm der Begriff des Einmaleins unbekannt blieb. Besonders große Schwierigkeit bereitete ihm die Berechnung von Brüchen, schon infolge ihrer sehr umständlichen Schreibung. Abgesehen von $^2/_3$ und $^3/_4$ kannte man nur Brüche mit dem Zähler 1 und mußte daher alle Brüche mit höherem Zähler in eine Addition auflösen. Man schrieb demnach statt $^5/_8$ vielmehr $^1/_8$ $^1/_8$ $^1/_8$ $^1/_8$ $^1/_8$ und konnte nur insofern eine Kürzung eintreten lassen, daß man schrieb $^1/_2$ $^1/_8$. Trotz ihrer Unübersichtlichkeit ist in der Ptolemäerzeit die Bruchrechnung in spielerischer Weise bei der Angabe der Monatstage in Datierungen verwendet worden[1], und schrieb man beispielsweise statt der 24 te: $^2/_3$ $^1/_{10}$ $^1/_{30}$ des Monats oder statt der 7 te: $^1/_5$ $^1/_{30}$ des Monats. Im übrigen ließ der Ägypter bei Rechnungen gern unbequeme Faktoren fort. Wenn die Ergebnisse in solchen Fällen auch nur annähernde waren, so erschienen sie doch für die Bedürfnisse des täglichen Lebens genügend genau zu sein.

§ 288. In der Geometrie gehen die Berechnungsarten insgesamt von der empirischen Erfahrung, nicht von theoretischen Studien aus. Nur für die einfachsten Fälle sind ihre Ergebnisse wirklich richtige. Bei schwierigeren Aufgaben, wie der Berechnung des Inhalts von komplizierten Flächen und kubischen Körpern, treten so zahlreiche Fehlerquellen in den angewandten Methoden auf, daß die Resultate vielfach auch in wesentlichen Größen irrig sein mußten. Sie genügten in keiner Weise den Ansprüchen, welche man zu stellen hätte, um die Rechnungsergebnisse zur Feststellung schwieriger Probleme der höheren Mathematik verwenden zu können.

2. Astronomie.

§ 289. Mit der ungenügenden Ausbildung der Mathematik hing der niedere Stand derjenigen Wissenschaft zusammen, welche nur auf entsprechender mathematischer Grundlage wirklich brauchbare Ergebnisse zu gewinnen vermag, der Astronomie. Auch hier haben die Angaben der Klassiker[2] die Forscher lange getäuscht und veranlaßt,

---

[1] Lepsius, Äg. Z. III, S. 101 ff.
[2] Wiedemann, „Herodot", S. 343 ff., 506 f.

den Ägyptern die Kenntnis höchst verwickelter astronomischer Tatsachen zuzuschreiben[1]. Die nüchterne Untersuchung der Texte erschließt demgegenüber ein weit ungünstigeres Bild von dem Wissen der Ägypter. Schon das Festhalten an einer altüberlieferten, den wahren Verhältnissen aber nicht entsprechenden Form des Jahres weist auf ihren geringen wissenschaftlichen Sinn hin.

§ 290. Das Jahr bestand bereits in der ältesten Zeit aus 3 Jahreszeiten, jede von 4 Monaten zu je 30 Tagen. Am Schluß fügte man dann 5 Schalttage bei. Dieses Jahr von 365 Tagen[2] ist dauernd im Gebrauch geblieben, obwohl sich die Differenz von $\frac{1}{4}$ Tag gegenüber dem wahren Jahre bei der Regelmäßigkeit, mit welcher sich im Niltal Naturvorgänge, wie etwa die Nilüberschwemmung, abspielten, bereits nach kurzer Zeit fühlbar machen mußte. Trotzdem kam es in älterer Zeit zu keiner durchgreifenden Kalenderreform. Es ist vermutet worden, man habe von Zeit zu Zeit den Kalender wieder richtig gestellt, wenn die Daten allzugroße Differenzen gegenüber der Wirklichkeit boten. So wahrscheinlich diese Annahme auch erscheinen mag, in den Texten findet sich eine derartige Sitte nirgends erwähnt. In der Spätzeit wurde von Ptolemäus Euergetes I. verordnet, daß alle 4 Jahre ein regelmäßiger Schalttag einzufügen sei. Die Durchführung dieser Neuerung scheiterte an dem Beharrungsvermögen des Volkes, trotz der praktischen Vorteile, welche sie darbot. Erst als Julius Cäsar sein julianisches Jahr (1. Jan. 45 v. Chr.) einführte, zwang das Schwergewicht der römischen Macht die Ägypter, sich diesem zu fügen.

Man hat vielfach angenommen, die Ägypter hätten als Korrektur des Jahres von 365 Tagen die sog. Sothisperiode verwendet. Diese Periode ergibt sich daraus, daß

---

[1] Lepsius, „Die Chronologie der alten Ägypter" I, Berlin 1849; Brugsch, „Die Ägyptologie", S. 315 ff., wo sich die wesentlichen Angaben über die ägyptische Astronomie zusammengestellt finden. Eine Übersicht der altägyptischen astronomischen Kenntnisse gab Röder, „Die Himmelsbeobachtung der alten Ägypter" in Sirius 1917, S. 1 ff.

[2] Wenn in Kontrakten das Jahr auf 360 Tage berechnet wird (vgl. Erman, Äg. Z. XX, S. 171, 177), so handelt es sich um eine bequemere Rechnung, nicht um eine besondere Jahresform (so Griffith, Proc. Soc. Bibl. Arch. XIII, S. 260 ff.).

das Fehlen von $\frac{1}{4}$ Tag im Jahre in 365 mal 4 = 1460 Jahren
365 volle Tage, also ein ganzes Jahr ausmacht und damit
die Jahreszeiten wieder richtig fallen und sich mit den
Festdaten decken[1]. Ihren Namen hat die Periode davon,
daß nach ihrem Ablauf die Sothis, unser Sirius, wieder zu
der gleichen Stunde aufging, wie am ersten Tage der Periode.
Gesprochen wird von der Periode in hellenistischer Zeit,
aber nirgends in älteren Texten. Wenn in diesen von einem
Hervorgehen der Sothis die Rede ist, so bezieht sich dieses
auf ein Erscheinen der Göttin Sothis[2] bei einem festlichen
Aufzuge, nicht auf einen heliakischen Aufgang des Sterns.
Die Versuche[3], die Datierung derartiger Erscheinungen der
Sothis auf bestimmte Tage chronologisch zu verwerten[4],
haben daher nur Vermutungen, keine Gewißheiten zu er-
bringen vermocht, um so weniger, als sie teilweise zu Ergebnissen führten, welche aus anderen Gründen wenig wahrscheinlich erscheinen mußten. Die den Ägyptern von modernen Forschern zugeschriebenen Apis- und Phönixperioden
werden im ägyptischen Altertum nicht erwähnt, die in den
Denkmälern gelegentlich angeführte Ära des Nubti, einer
Form des Gottes Set, ist eine mythologische, keine historische Periode[5].

Die Zählung der Jahre erfolgte nicht nach einer
Ära, sondern nach den Regierungsjahren des jeweiligen
Herrschers, wobei das am 1. des Monats Thoth beginnende
bürgerliche Jahr des Regierungsantrittes als erstes Jahr des

---

[1] Die Differenz zwischen dem julianischen und dem ge-
naueren gregorianischen Kalender kann hier außer Acht bleiben.
[2] Vgl. für diese Göttin: Röder, Äg. Z. XLV, S. 22 ff. und in
Roscher's „Lexikon der Mythologie" IV, Sp. 1273 ff.
[3] Einen dabei vielfach gemachten astronomischen Fehler
besprach Legge, RT. XXXI, S. 106 ff.
[4] Borchardt, Äg. Z. XXXVII, S. 99 ff. (dagegen Wiedemann,
Orient. Lit.-Z. III, Sp. 312 ff.); Brix und Sethe, Äg. Z. XLI, S. 26 ff.;
Lieblein, Proc. Soc. Bibl. Arch. XXII, S. 352 ff.; Meyer, „Ägyptische Chronologie", Abh. Akad. Berlin 1904 (Nachträge: Äg. Z.
XLIV, S. 115 ff.). Besonders wichtig sind die Arbeiten von
Mahler, Äg. Z. XXVII, S. 97 ff.; XXVIII, S. 32 ff., 115 ff.; XXXII,
S. 99 ff.; XL, S. 78 ff.; Orient. Lit.-Z. III, Sp. 202 ff. (ein Teil
der genannten Schriften behandelt auch weitere chronologische
Fragen).
[5] Cara, „Gli Hyksos o re pastori d'Egitto", Rom 1889,
S. 54 f., 211 f.

Königs im allgemeinen voll gerechnet wurde und daher
meist mit dem letzten Jahre des Vorgängers zusammenfiel.
Eine zweite, besonders in älterer Zeit übliche Datierungsart
ging von einem in dem betreffenden Jahre vorgefallenen
Ereignisse aus. Es gab dann etwa: „Das Jahr des Kampfes
und des Besiegens der Nordvölker", „Das Jahr der zweiten Zählung des Rindviehs", „Das Jahr der Vereinigung
beider Länder", usf.[1]

In jeder der drei Jahreszeiten[2], welche sich der Ägypter
in Menschengestalt verkörpert dachte[3], wurden die Monate
von 1 bis 4 gezählt. Außerdem trug jeder Monat einen eigenen Namen, welcher ursprünglich mit dem Namen der
Sondergottheit, welche dem einzelnen Monat vorstand, in
Zusammenhang stand. Später suchte man, freilich in den
meisten Fällen vergebens, diese Sondergottheiten zurückzudrängen und für die einzelnen Monate durch Gottheiten
von umfassenderer Bedeutung zu ersetzen[4]. Die Gestaltung, welche auf diese Weise die Monatsnamen in griechischer Zeit angenommen haben, sind: Thoyth (Thoth),
Phaophi, Athyr, Choiak, Tybi, Mechir, Phamenoth, Phar-
muthi, Pachon, Payni, Epiphi, Mesore. Dann folgten die
fünf Epagomenen (Schalttage), welche vielfach als die
Geburtstage der Hauptgottheiten des Osiriskreises: Osiris,
Horus, Set, Isis, Nephthys galten[5]. Jeder Tag zerfiel in
Tag und Nacht, die jeweils in 12 Stunden zerlegt
wurden. Dabei reichte der Tag, wie bei den ägyptischen
Arabern bis in die Neuzeit hinein[6], von Sonnenaufgang bis

---

[1] Maspero, Rev. crit. LI, S. 383f.; Schäfer, Abh. Akad.
Berlin 1902, Anhang; Äg. Z. XXXIX, S. 153. Vgl. Sethe, „Die
Entwicklung der Jahresdatierung bei den alten Ägyptern"
(Untersuchungen zur Geschichte Ägyptens, hrsg. von Sethe,
III), S. 60ff.; Spiegelberg, Äg. Z. LIII, S. 106f. („Das Jahr
der Hyäne, als man hungerte").
[2] Der Eintritt des Neujahrs wurde festlich begangen, und
pflegte man bei ihm Geschenke zu machen (vgl. Wiedemann,
Proc. Soc. Bibl. Arch. XXXVI, S. 199ff.).
[3] Schäfer, Äg. Z. XXXVIII, S. 98; Erman, ib., S. 107f.
[4] Wiedemann, Orient. Lit.-Z. VI, Sp. 1ff.; Erman, Äg. Z.
XXXIX, S. 128f.
[5] Vgl. für die wechselnde Datierung dieser Geburten: Wiedemann, RT. XVIII, S. 126f.; Budge, Transact. Soc. Bibl.
Arch. VIII, S. 328.
[6] Lane II, S. 29.

zu Sonnenuntergang, die Nacht von da bis zum nächsten
Sonnenaufgang. In jedem Abschnitte waren die Stunden
gleich lang. Im Sommer waren demzufolge die Tages-
stunden länger wie die Nachtstunden, im Winter trat das
umgekehrte Verhältnis ein. Die Stunde war damit in ihrer
Länge kein absoluter Zeitbegriff, sondern eine je nach der
Jahreszeit wechselnde Größe. Eine systematische Zerlegung dieser verschieden langen Stunden in eine feststehende Anzahl kleinerer Teile ist nicht überliefert. Man
spricht in den Texten zwar von kleineren Zeiträumen, doch
scheinen diese keine bestimmte Länge gehabt zu haben.

§ 291. An dem Sternhimmel teilte man jedenfalls
seit dem Mittleren Reiche, vermutlich aber bereits seit
weit früherer Zeit, den Tierkreis in die 36 Dekane[1], während
die Zerlegung in die 12 Tierzeichen erst in später Zeit vorkam und, wie ihre Ausgestaltung und die Auffassung der
Tierbilder zeigt[2], auf griechische Vorbilder zurückging[3].
Man vereinte bereits in früher Zeit Sterngruppen zu Sternbildern, in denen man Menschen, Tiere und deren Teile
zu erkennen glaubte. An den Decken der thebanischen
Königsgräber und einer Reihe von Tempeln von der 19.
Dynastie bis zur Ptolemäerzeit, in Gräbern und auf Särgen
der Spätzeit finden sich Darstellungen derartiger Sternbilder, von denen jedes einen eigenen Namen trug[4]. Daneben treten in einer Reihe der Königsgräber Verzeichnisse

[1] Daressy, Ann. Serv. Ant. I, S. 79ff. (Mittleres Reich);
Lepsius, „Chronologie", S. 68ff.; Brugsch, „Ägyptologie",
S. 339ff.

[2] Spiegelberg, Äg. Z. XLVIII, S. 146ff. (Lit.); Daressy, RT.
XXIII, S. 126f.; Petrie, „Athribis", Taf. 36—8, S. 12, 23f.
Daressy, Bull. Inst. Franç. Caire XII, S. 1ff. suchte einen Zusammenhang zwischen der himmlischen Geographie der ägyptischen Zodiakuse der hellenistischen Zeit und den Gottheiten
der ägyptischen Nomen festzustellen.

[3] Für arabische Sphären aus Ägypten und deren Einteilung
in Sternbilder vgl. Casanova, Mém. Miss. Franç. Caire VI, S.
313ff.

[4] z. B. Lefébure, „Hypogées Royaux de Thèbes" (Mém.
Miss. Franç. Caire II und III) I, 4, Taf. 36; II, S. 5 usf.; Bénédite, „Temple de Philae" (Mém. Miss. Franç. Caire XIII), Taf.
51; Maspero, „Sarcophages d'Époque Persane" (Kat. Kairo),
S. 30); Daressy, Ann. Serv. Ant. III, S. 175ff. Vgl. Gensler,
Äg. Z. X, S. 60ff.; Brugsch, „Ägyptologie", S. 342ff.; Boll, „Sphära", Leipzig 1903.

auf, welche angeben, wann sich bestimmte Sternbilder an
bestimmten Stellen des Himmels befanden[1]. Diese Listen
sind äußerst fehlerhaft und verfolgen zweifelsohne keinen
wissenschaftlich astronomischen, sondern ausschließlich
einen freilich infolge der schlechten Überlieferung der
Listen im einzelnen nicht mehr feststellbaren astrologischen
Zweck. Eine wirkliche Sternbeobachtung fand nachweislich während der umständlichen, bereits im Alten Reiche
ausgebildeten Zeremonien bei der Grundsteinlegung der
Tempel statt[2]. Durch diese Beobachtung gewann man
einen Anhalt für die Orientierung des Tempels[3]; ihr wesentlicher Zweck war aber auf astrologischem Wege den günstigen Augenblick für den Beginn der Feierlichkeit festzustellen.

§ 292. Von richtigen Himmelsbeobachtungen ist zu
erwähnen, daß den Ägyptern die Tatsache auffiel, daß die
Sonnenstrahlung bisweilen bei Sonnenauf- und Untergang infolge einer optischen Täuschung grünlich erscheint[4]. Dagegen
hat sich der Gedanke, daß man das Zodiakallicht kannte
und göttlich verehrte[5], nicht bestätigt. Der Versuch aus
der Angabe, ein Beamter sei das Steuerruder der Erde, die
Erde fahre dahin angesichts seines Befehles, zu schließen,
die Ägypter hätten die Eigenbewegung der Erde gekannt[6], will aus einem poetischen Bilde allzu weitgehende
Schlüsse ziehen. Die Bemerkung einer Inschrift des Königs
Takelot' II.[7] „nicht verschlang der Himmel den Mond"
ist zu wenig klar, als daß man daraus die Beobachtung
einer Eklipse entnehmen könnte.

---

[1] Schack, „Ägyptologische Studien", Heft 2, Leipzig 1894;
Renouf, „Life-Work" III, S. 97ff.; de Rougé, „Oeuvres diverses" II, S. 291ff.; Borchardt, Äg. Z. XXXVII, S. 15ff.
[2] Borchardt, Äg. Z. XXXVII, S. 12 (Instrument zur Vornahme der Beobachtung; vgl. Spiegelberg, ib. LIII, S. 113f.);
XXXVIII, S. 97; XLVIII, S. 9ff.; Brugsch, ib. VIII, S. 153ff.;
Dümichen, ib. X, S. 33ff.; Legrain, Ann. Serv. Ant. III, S. 39f.
[3] Nissen, „Orientation", S. 29ff.
[4] Groff, „Oeuvres diverses", S. 171ff., 248ff., 321ff.
[5] Gruson und Brugsch, Proc. Soc. Bibl. Arch. XV, S. 231ff.,
387ff. Vgl. dagegen Spiegelberg, RT. XXVIII, S. 165ff.
[6] Chabas, „Oeuvres diverses" III, S. 1ff.
[7] Vgl. Renouf, „Life-Work" II, S. 295ff.; Read, Proc. Soc.
Bibl. Arch. XXI, S. 309; Chabas, „Oeuvres diverses" IV, S. 1ff.;
Goodwin, Äg. Z. VI, S. 25ff.; Brugsch, ib., S. 29ff.

§ 293. Die Reihenfolge der Himmelsrichtungen bei ihrer Aufzählung ist Süden, Norden, Westen, Osten. Nur selten erscheint der Osten vor dem Westen[1], während Süden und Norden[2] niemals ihre auch sonst bis in das Mittelalter hinein allgemein übliche und noch jetzt in Ostafrika verbreitete[3] Folge ändern.

3. Astrologie.

§ 294. Weit mehr Interesse als einer nüchterne Tatsachen sammelnden Astronomie brachten die Ägypter der Astrologie entgegen, welche die Beziehungen zwischen den Vorgängen am Himmel und Ereignissen auf der Erde feststellen sollte. Sie stand im Niltal, wie in zahlreichen anderen Ländern, dauernd mit der Dämonenlehre in engem Zusammenhang[4]. Jeder Monat war, wie bereits erwähnt[5], einer Gottheit unterstellt. Das Gleiche war bei den Monatstagen der Fall, dem ersten stand Thoth, dem 2. Horus, dem 3. Osiris usf. vor. Jede Stunde des Tages und der Nacht unterstand einer Sondergöttin[6], welche im Verein mit ihren Genossinnen gelegentlich in Grabinschriften und sonstigen religiösen Texten auch als Schützerin des Toten erscheint[7]. Sie waren verhältnismäßig selbständige Gestalten, welche man niemals versucht hat durch Gottheiten von umfassenderer Wirksamkeit zu ersetzen.

§ 295. Selbstverständlich drückte die Gottheit dem Zeitabschnitte, dem sie vorstand, ihren Stempel auf. Kannte man daher die in Frage kommenden Gestalten und ihre Eigenschaften, so ergaben sich hieraus Rückschlüsse auf den Charakter der jeweiligen Zeit. Mitwirkend waren dabei

---

[1] Lepsius, „Denkm." III, 163; vgl. Naville, Äg. Z. XII, S. 29 f.

[2] Zahlreiche Beispiele bei Sethe, Äg. Z. XLIV, S. 1 ff.

[3] Weule, „Negerleben in Ostafrika", S. 455.

[4] Wiedemann, „Magie und Zauberei im alten Ägypten", Leipzig 1905.

[5] Vgl. S. 405.

[6] Verzeichnisse bei Brugsch, „Thesaurus Inscriptionum Aegyptiacarum", S. 819 ff.; Dümichen, Äg. Z. III, S. 1 ff.; Bénédite, „Temple de Philae" (Mém. Miss. Franç. Caire XIII), S. 137 ff.; Daressy, Ann. Serv. Ant. III, S. 175 ff. Vgl. für sonstige Gottheiten von Zeitabschnitten: Daressy, ib. X, S. 21 ff., 180 ff.

[7] Daressy, Ann. Serv. Ant. III, S. 171 ff.; Junker, Denkschr. Akad. Wien LIV, Nr. 1.

die Sterne, welche gleichfalls bestimmten Gottheiten unterstanden, vor allem die Planeten[1], deren scheinbar willkürliche, und doch Gesetzen unterworfene Bewegungen alle
der Astrologie sich hingebenden Völker lebhaft beschäftigt
hat. Von solchen Gesichtspunkten ausgehend, wurden
Prognosen aufgestellt, wie die, daß ein beim Aufgange
des Hundsterns geborener Mensch vor dem Ertrinken im
Meere sicher sei. Andere Vorhersagungen gewann man mit
Hilfe von sog. Sphären, bei denen den Sternbildern, Gottheiten usf. Zahlen entsprachen, aus denen man in häufig
sehr umständlicher Weise eine andere Zahl berechnete,
welche die Zukunft des Menschen bestimmte[2]. Horoskope
im strengen Sinne des Wortes sind im Niltal erst in hellenistischer Zeit nachweisbar[3]. Die Feststellung des Wertes
der verschiedenen himmlischen Erscheinungen war bei der
ungenügenden Ausbildung der Beobachtungsmethoden nicht
immer leicht, sie wurde bereits frühzeitig[4] besonderen Stern-
deutern übertragen.

Trotz aller aufgewendeten Mühe blieben die Schlüsse
aus dem geschilderten Material unsicher, da die für den Einzelfall gleichzeitig in Betracht kommenden Gottheiten
widersprechenden Charakter haben konnten und es schwer
abzuschätzen war, welche von ihnen im Einzelfalle mit
ihrem Einflusse überwiegen werde. So entstanden denn
Kalender, welche für jeden Tag des Jahres angaben, ob
er günstig, ungünstig oder zweifelhaft sei, was man an ihm
zu tun und zu lassen habe, was dem an ihm geborenen Menschen begegnen werde und ähnliches mehr. Begründet
wurde dieses Prognostikum dadurch, daß sich an dem
fraglichen Tage bestimmte mythologische Ereignisse abge-

---

[1] Für ihre ägyptischen Namen vgl. de Rougé, „Oeuvres
diverses" III, S. 111 ff.
[2] Vgl. für die hellenistisch-griechischen Erscheinungen, besonders die ägyptischen Verfassern zugeschriebenen Werke des
Nechepso und Petosiris: Kroll, „Aus der Geschichte der Astrologie" in Neue Jahrb. f. klass. Altertumsk. 1901, Bd. 7—8;
Boll, „Sphära", Leipzig 1903; Häbler, „Astrologie im Altertum",
Zwickau 1879 und die bei Boll, „Sternglaube und Sterndeutung",
2. Aufl., Leipzig 1919, S. 105 aufgeführte Literatur.
[3] Thompson, Proc. Soc. Bibl. Arch. XXXIV, S. 227 ff.
(Lit., demotisch); Schram, Mitt. Samml. Papyrus Erzherzog
Rainer II, S. 37 ff. (vom 4. Dez. 137 n. Chr.).
[4] Spiegelberg, Äg. Z. XXXIV, S. 19 (19. Dyn.).

spielt hätten, deren Verlauf den Charakter des Tages für
alle Zeiten bestimmte. Drei solcher Kalender, welche in
ihren Einzelangaben nicht miteinander übereinstimmen,
sind erhalten geblieben[1]. Der älteste, aus dem Mittleren
Reiche stammende Text gibt für die Monatstage jeweils
eine Prognose, ob sie günstig, ungünstig oder, was seltener
der Fall ist, von zweifelhaftem Werte seien. Diese Prognosen
waren für alle Monate die gleichen[2]. Von den beiden anderen
Papyris, welche aus dem Neuen Reiche herrühren, gibt der
eine[3] den Charakter des Tages an, welcher in den verschiedenen Monaten wechseln konnte, und schrieb dabei die
Angabe „günstig" schwarz, die „ungünstig" dagegen rot,
offenbar in Anlehnung an die Vorstellung, daß Rot die
Farbe des Gottes Set und hiervon ausgehend die alles
Bösen und Schlechten wäre. Am ausführlichsten ist der
dritte Kalender, welcher dem Charakter des Tages die für
diesen maßgebenden mythologischen Ereignisse und Rat-
schläge für das Verhalten des Menschen an dem betreffenden Tage beifügt[4]. Ergänzt wird derselbe durch einen
vierten Text, welcher die fünf Schalttage unter Beifügung
ihres Charakters, des in Betracht kommenden mythologischen Ereignisses und der an ihm zu sprechenden Gebete
behandelte[5]. Es ist interessant, daß eine Reihe der Prognosen
des drittgenannten Textes noch nach Jahrtausenden wiederholt werden und sich heute in den koptischen Kalendern
wiederfinden[6].

---

[1] Wreszinski, AfR. XVI, S. 86 ff.

[2] Griffith, „Hieratic Papyri from Kahun", Taf. 25, S. 62.

[3] Papyrus London nr. 10 474; publ.: Budge, „Facsimiles of
Egyptian Papyri in the British Museum", Taf. 31—2, S. XVI,
41 ff.

[4] Papyrus Sallier IV; publ.: „Select Papyri in the Hieratic
Character from the British Museum", Taf. 144—68; behandelt:
Chabas, „Le Calendrier des Jours fastes et néfastes de l'Année
Égyptienne", Chalon 1863 (abgedruckt Chabas, „Oeuvres diver-
ses" IV, S. 127 ff.). Vgl. Piehl, Äg. Z. XXIV, S. 76 ff.; de Rougé,
„Oeuvres diverses" II, S. 363 ff.; Maspero, „Contes populaires
de l'Égypte ancienne", 4. Aufl., S. LII ff.; Wiedemann, „Magie
und Zauberei", S. 9 f.

[5] Papyrus Leyden J 346; vgl. Chabas, a. a. O., S. 101 ff.
(abgedruckt „Oeuvres diverses" IV, S. 206 ff.).

[6] Daressy, Bull. Inst. Égypt. 5. Sér. VI, S. 153 ff.; Seligmann
in „Essays presented to Ridgeway", S. 456 f. Koptischer Kalender der Glücks- und Unglückstage: Krall in „Führer durch die

Anschließend an derartige Gedankengänge pflegt sich
die Vorstellung zu entwickeln, daß, wenn einmal ein auf-
fallendes Ereignis am Himmel sich gezeigt hatte und gleichzeitig ein Ereignis auf Erden eintrat, dann bei Wieder-
holung des Himmelsvorganges auch die irdische Tatsache
sich wiederholen werde. Um für die derart ermöglichten
Prophezeiungen die nötigen Grundlagen zu gewinnen, legte
man Verzeichnisse wunderbarer Erscheinungen und der
zugehörigen irdischen Ereignisse an. Wenn sich solche
Verzeichnisse in altägyptischen Texten auch bisher nicht
gefunden haben, so weisen doch auf ihr Vorhandensein
die Prodigien hin, welche in den Bruchstücken des kurz
nach 271 v. Chr. verfaßten[1] Geschichtswerkes des Manetho
erhalten geblieben sind und auf alte Überlieferung zurückgehen.

Es konnte nicht ausbleiben, daß die Prognosen gelegentlich nicht eintrafen. Dann lag dies aber nicht daran, daß die
Prophezeiung falsch gewesen wäre, sondern nur daran, daß
es einer widerstrebenden Macht gelungen war, ihre Erfüllung zu vereiteln. Die Gottheit konnte bisweilen in die
Weltgesetze eingreifen, bald aus freien Stücken, um ihre
Lieblinge zu schützen oder ihre Feinde zu schädigen, bald,
und dies war in den meisten Fällen die Veranlassung, durch
magische Formeln hierzu gezwungen. Denn nach ägyptischer Ansicht ist die Magie die treibende Macht, welche in
allem Wesentlichen das Verhältnis der höheren Mächte
untereinander und ihre Beziehungen zu den Menschen
regelt. Sie gewährt Einfluß und Macht über Mitmenschen,
Tote und Götter. Der wahre Herr der Welt ist der formel-
erfahrene Zauberer, dem sich alles beugen muß. Die magische Formel bildet den Hauptinhalt der religiösen Interessen,
ihre Gewinnung ist gleichzeitig das höchste Ziel in jedem
Wissenszweige[2].

Ausstellung Papyrus Rainer" I, S. 33f. Auszüge aus einem ähnlichen arabischen Kalender: Klunzinger, ,,Bilder aus Oberägypten", S. 126ff. Vgl. für die glücklichen und unglücklichen
Tage der heutigen Ägypter auch Lane II, S. 82f.

[1] Wiedemann, ,,Ägyptische Geschichte", S. 122.

[2] Wiedemann, ,,Die Amulette der alten Ägypter", Leipzig
1910; ,,Magie und Zauberei im alten Ägypten", Leipzig 1905.

§ 296. Zu erwähnen ist in diesem Zusammenhange noch, daß die Ägypter einer Reihe von Zahlen eine gewisse Heiligkeit zuschrieben und sie bei der Anordnung ihrer Götterkreise, heiligen Bücher, heiligen Öle, der Länge der erstrebenswerten Lebensdauer usf. zugrunde legten[1]. In Betracht kamen dabei vor allem 3 und 7, seltener 8, 9, 27, 42, 77 und 110.

4. Physik.

§ 297. Die tatsächlichen physikalischen Kenntnisse der alten Ägypter waren, soweit die Texte und Funde Rückschlüsse gestatten, unerheblich. Wenn man gelegentlich Spuren eines tiefergehenden, auf wissenschaftliche Beobachtungen gestützten Wissens zu finden geglaubt hat, so hat sich diese Annahme bisher stets als unbegründet herausgestellt. So glaubte man in einem gewölbten Glase aus römischer Zeit aus Kahun im Fayûm[2] eine Linse vor sich zu haben. Das Glas erwies sich aber dann als zu stark gewölbt, um überhaupt als Vergrößerungsglas dienen zu können[3], und war vermutlich nur dazu bestimmt, als Einlage an einem Möbel oder einem ähnlichen Gegenstande verwendet zu werden. Weitere linsenartige Gläser aus hellenistischer Zeit können gleichfalls nicht als Vergrößerungsgläser benutzt worden sein, sondern höchstens dazu, um das Licht einer Lampe auf einen bestimmten Punkt zu vereinigen[4], falls nicht auch sie gewölbte Einlagegläser waren.

Die Behauptung, die Pylonenstangen und die Obelisken hätten als Blitzableiter gedient[5], beruht auf einer unrichtigen Auffassung ägyptischer Stellen, an denen von dem Schutze die Rede ist, welcher durch diese Anlagen gegen

---

[1] Über die ägyptischen Zahlen, ihre Namen, ihre Verwendung als runde und heilige Zahlen, die Bruchrechnung und Bruchbezeichnung vgl. Sethe, Schriften d. Wiss. Ges. Straßburg, Heft 25.
[2] „Catalogue of Antiquities discovered by Petrie 1890", S. 13.
[3] Petrie, „Kahun", S. 20.
[4] Petrie, „Tanis" I, S. 49; „Hawara", S. 12.
[5] Brugsch, Äg. Z. IX, S. 144; Zentral-Z. f. Optik u. Mechanik XIII, Nr. 6, S. 65.

Dämonen gewährt werden sollte[1]. Die mangelnde Verbindung der Metallkappen oben auf den Stangen[2] und auf den
Obelisken mit der Erde hätte ohnehin jede Verwendung
als Blitzableiter unmöglich gemacht.

Die Sonnenuhr und der Sonnenzeiger sind im
alten Ägypten bisher nicht nachgewiesen worden. Der
Gedanke, daß die Obelisken als Sonnenzeiger dienten,
wie später in Rom, wird durch deren Stellung unmittelbar
vor den Pylonen, welche eine Schattenbildung sehr er-
schwerte und deren praktischen Gebrauch ausschloß, wider-
legt. In hellenistischer Zeit auftretende Anlagen, wie beispielsweise ein 211 n. Chr. in Kerdasse in Nubien aufge-
stellter Sonnenzeiger[3], Sonnenuhren aus römischer Zeit aus
Hawara und von anderen Orten[4], mechanische Spielereien,
Wasseruhren usf. aus der hellenistischen Periode können
naturgemäß für altägyptische Verhältnisse nicht herangezogen werden.

§ 298. Über das ägyptische Maß und Gewicht liegt
ein sehr umfangreiches, inhaltlich aber wenig ergiebiges
Material vor[5]. Systematische Zusammenstellungen aus dem
ägyptischen Altertum fehlen, die Angaben der Inschriften

---

[1] Spiegelberg, RT. XLV, S. 34f. (Lit.).
[2] Für die Befestigung dieser Masten in der Erde und in
ihren einzelnen Teilen vgl. Legrain, Ann. Serv. Ant. V, S. 13ff.;
Brugsch, „Thesaurus Inscriptionum Aegyptiacarum", S. 1262.
[3] Röder und Zucker, „Von Debod bis Bab Kalabsche (Temples immergés de la Nubie)" II, Taf. 78; III, S. 131, 23f.; vgl.
Deubner, Orient. Lit.-Z. XVI, Sp. 504.
[4] Petrie, „Memphis" IV, Taf. 16, 23, S. 20; Budge, „Guide
to the Eg. Coll. Brit. Mus.", S. 72; Borchardt, Äg. Z. IL,
S. 66ff. Über ägyptische Zeitmesser-Instrumente vgl. Schäfer,
Amtl. Ber. Königl. Kunstsamml. Berlin XXXI, S. 156ff. (die
Vasen mit den Bildern der Monatsgötter sind aber Tempel-
reinigungsgefäße: Wiedemann, Proc. Soc. Bibl. Arch. XXIII,
S. 269ff.). Die Ausführungen von Romieu, RT. XXIV, S. 135ff.
uber die Berechnung der Stunde und die von Gensler, „Thebanische Tafeln stündlicher Sternaufgänge", S. 25ff. über
ägyptische Wasseruhren bauen auf Vermutungen auf.
[5] Zusammenstellungen bei Nissen, „Griechische und römische Metrologie" (Handbuch der klassischen Altertumswissen-
schaft, 2. Aufl.), S. 19ff., 1ff. (Lit.); Brugsch, „Ägyptologie",
S. 370ff.; Mitteis und Wilcken, „Grundzüge der Papyruskunde"
I, 1, S. LXVIIff. (hellenistische Zeit); Viedebandt, „Forschungen zur Metrologie des Altertums", Abschnitt XII, in Abh. Ges.
Wiss. Leipzig XXXIV.

sind meist wenig klar, und die besser bekannten hellenistischen Verhältnisse können nicht ohne weiteres auf ältere
Zeiten übertragen werden. Die erhaltenen Maßstäbe sind
sehr genau, auf die Länge einer Elle weichen sie nur um
1—2 mm voneinander ab. Auch die Tatsache, daß man die
einzelnen Teile der Elle unter den Schutz von Gottheiten
stellte, spricht dafür, daß man auf sie und damit auf ihre
Genauigkeit großes Gewicht legte. Die übliche Elle war
450 mm lang. Neben ihr gab es, wie mehrfach im Orient,
eine größere königliche Elle, welche in Ägypten 525 mm
lang war. Beide Ellen wurden in Spannen ($^1/_2$ Elle), Hände
($^1/_6$ Elle), Finger ($^1/_{24}$ Elle) usf. zerlegt, deren Länge je nach
der zugrunde gelegten Elle wechselte. Daneben gab es
größere Maße, wie den oft erwähnten *Schoinos*, dessen Länge
Schwarz auf 7,875 Kilometer, andere Gelehrte auf andere
Werte veranschlagen[1]. Als Flächenmaß diente die *Arura*,
ein Quadrat von 100 großen Ellen, also von 2756 m², welches
dauernd in Verwendung blieb. Das Ausmessen erfolgte
mit Hilfe von Stricken von bestimmter Länge, an deren
Spitze in Theben ein Widderkopf befestigt war, ein Zeichen,
daß die mit ihnen beschäftigten Beamten jedenfalls hier
priesterlichen Ranges waren und mit dem Gotte Amon in
Verbindung standen. In den Reliefs werden solche Leute
bei ihrer Arbeit dargestellt, und auch Statuen von Feld-
messern sind erhalten geblieben[2].

Das Haupthohlmaß war das *Hin*. Mehrfach wird auf
Gefäßen ihr Inhalt in Hin angegeben, und schwankt dabei
seine Größe zwischen 41 und 47 Zentilitern. Ob dies infolge
einer Ungenauigkeit der ägyptischen Angaben der Fall
ist, oder ob ein Wechsel in der Größe des Hin stattgefunden
hat, ist unklar. Die modernen Forscher berechnen das Hin
meist auf 0,4548 Liter. Das Hin zerfiel in kleinere Teile
und war seinerseits ein Teil größerer Einheiten, deren Inhalt
je nach dem Ansatze des Hin verschieden berechnet wird.

[1] W. Schwarz, „Der Schoinos bei den Ägyptern, Griechen
und Römern" (Berliner Studien für klass. Philologie XV, 3),
Berlin 1894; Sethe, „Dodekaschoinos" in „Untersuchungen zur
Geschichte Ägyptens" II, S. 59 ff.; Äg. Z. XLI, S. 58 ff.; Schäfer,
ib., S. 147 f. Einen Versuch, die Grundmaße der Bauten der
Nagadazeit zu Abydos festzustellen, machte Decourdemanche,
Ann. Serv. Ant. XII, S. 216 ff.
[2] Borchardt, Äg. Z. XLII, S. 70 ff.; Legrain, „Statues"
(Kat. Kairo) I, S. 80, Taf. 77. Vgl. Wreszinski, „Atlas", Taf. 11.

Für das Gewicht war bereits im Alten Reiche und dann
dauernd die Einheit das *Deben*[1] von etwa 91 Gramm, welches
man genauer auf 90,959 Gramm zu veranschlagen und mit
dem babylonischen Gewichte zu vergleichen pflegt[2]. Es
zerfiel in eine Reihe von Unterabteilungen. In den ägyptischen Ruinenstädten haben sich in großer Zahl Stücke
gefunden, welche Gewichte sind oder solchen gleichen[3].
Aus ihrer Wägung hat man gesucht Gewichtssysteme
festzustellen, ist aber dabei zu so verschiedenartigen und
verwickelten Ergebnissen gelangt, daß die Richtigkeit der
Resultate sehr fraglich erscheinen muß, um so mehr als
meist das Alter der Stücke nicht feststeht. Eine Reihe
von ihnen scheint auch ausländischen Gewichtsskalen anzu-
gehören und Handelszwecken gedient zu haben, ohne
darum auch für innerägyptische Verhältnisse in Betracht
zu kommen. Die ägyptische Wage[4] wird seit dem Alten
Reiche sehr häufig dargestellt. Sie bestand in einer einfachen gleicharmigen Standwage, bei welcher ein Haken
oben am Ständer an einem Faden ein Senkloth trug, um die
Vertikalstellung des Ständers feststellen zu können (Abb. 55),
oder in einer ähnlich konstruierten Handwage (Abb. 63).
Der Gedanke, daß die Ägypter sich für feinere Messungen eines Reiters an der Wage bedient hätten, bestätigt
sich angesichts der Darstellungen nicht.

5. Medizin.

§ 299. Für die Heilkunde in Ägypten[5] liegen, abgesehen
von einer langen Reihe von Stellen bei den klassischen

---

[1] Vgl. S. 310.
[2] Lehmann-Haupt, ZDMG. LXVI, S. 601 ff.; LXVII, S. 182.
[3] Weigall, „Weights and Balances" (Kat. Kairo) Kairo 1908
(Lit.). Vgl. dazu Decourdemanche, Ann. Serv. Ant. XIII, S. 125 ff.
Ein Gewicht (?)-Satz abgebildet in einem Grabe vom Ende der
3. Dynastie (Quibell, „Tomb of Hesy", S. 23, Taf. 16).
[4] Weigall, a. a. O., S. 62 f., Taf. 8—9; Ducros, Ann. Serv.
Ant. IX, S. 32 ff.; X, S. 240 ff.; XI, S. 251 ff.; Ibel, „Die Wage
im Altertum und Mittelalter" (Diss. Erlangen), 1908; Wiedemann in Wiedemann's Annalen der Physik III, S. 320; Klebs,
„Reliefs", S. 84.
[5] Reichhaltiges Verzeichnis der Literatur über die ägyptische
Medizin: Pagel-Sudhoff, „Einführung in die Geschichte der
Medizin", 2. Aufl., Berlin 1915, S. 29 ff., 35 ff. Für die medizinische Behandlung von Tieren vgl. S. 280.

Schriftstellern[1], zahlreiche Angaben der Texte vor. Der
Ärzte, denen auch die Prüfung der rituellen Reinheit der
Opfertiere zufiel[2], und der Oberärzte wird vielfach gedacht,
aus der Zeit des Kambyses wird eine Ärzteschule zu Saïs
erwähnt[3], ohne daß über deren Einrichtung und die Ausbildung der Ärzte überhaupt etwas bekannt wäre.

§ 300. Die Mumienfunde haben gezeigt, daß man bei
Knochenverletzung chirurgische Behandlung eintreten
ließ und dabei das Schienen der Glieder mit Holzbrettchen
in Anwendung brachte. Die erzielten Erfolge waren geringe,
Verwachsungen und Verkürzungen an den Bruchstellen
traten so gut wie regelmäßig ein[4]. Wenn die Patienten vielfach auch bei schweren Verletzungen am Leben blieben, so
verdankten sie dies weniger der Kunst der Ärzte als der
gesunden Konstitution, welche der Ägypter zu besitzen
pflegte und welche zum Teil wohl darauf zurückzuführen
ist, daß bei der mangelhaften Kinderpflege schwächliche
Wesen bereits früh starben und nur wirklich kräftige zu
überleben vermochten. Die Angaben über besonders geschickte ärztliche Leistungen, wie der angebliche Fund
einer mit einem Verband versehenen Fontanelle am Arm
einer Mumie[5] oder künstlicher Zähne bei andern Mumien[6],
haben sich nicht bestätigt oder beruhen auf modernen
Vornahmen von Altertumshändlern an den Mumien, um deren
Verkaufswert zu erhöhen. Dargestellt wird in den Reliefs
das Massieren eines Fußes[7], das einer Hand und daneben
eine in ihren Einzelheiten nicht klare Operation am Fuße[8].

------

[1] Wiedemann, „Herodot", S. 323ff.
[2] Vgl. S. 294.
[3] Schäfer, Äg. Z. XXXVII, S. 72ff.
[4] Angaben über Leichenbefunde besonders: Jones in
„Archaeolog. Survey of Nubia" II, S. 293ff. (mit Tafeln). Vgl.
in diesem Buche S. 32f. und die weitere Literatur bei Pagel-
Sudhoff, a. a. O., S. 33f. — Chirurgische Instrumente bei
Sudhoff, Arch. Gesch. der Medizin V, S. 161ff.
[5] Pruner, „Krankheiten des Orients", S. 468.
[6] Vgl. Grawinkel, „Zähne und Zahnbehandlung der alten
Ägypter", Berlin 1906. In hellenistischer Zeit ist der Versuch
gemacht worden, einen losen Zahn durch dünne Goldfäden an
seine festen Nachbarn anzubinden (Borchardt, Klio XIV,
S. 486).
[7] Rosellini, „Mon. civ.", Taf. 103.
[8] Capart, „Rue de Tombeaux à Saqqarah", Taf. 67.

Über die im Altertum viel gerühmte Tätigkeit der ägyptischen Augenärzte[1] läßt sich trotz einer Reihe erhaltener
Rezepte für Augenkrankheiten[2] kein Bild gewinnen.

§ 301. Für die innere Medizin sind eine längere Reihe
von Papyris mit Rezeptsammlungen[3] erhalten geblieben, welche meist dem Beginne des Neuen Reiches ange-
hören und in zahlreichen Fällen die gleichen Vorschriften
ergeben, also nicht die Einzelerfahrungen eines bestimmten Arztes zugrunde legen, sondern die Überlieferung der
Ärzteschulen. Die Rezepte führen die jeweils in Betracht
kommende Krankheit auf, nennen gelegentlich ihre Symptome, geben das Rezept und seine Zusammensetzung an
und weisen darauf hin, ob das Ergebnis einzunehmen oder
einzureiben sei, fügen dann die heranzuziehende Zauberformel bei und betonen vereinzelt, ob sich das Mittel
in der Praxis bewährt habe. Trotz ihrer scheinbaren Genauigkeit sind diese Vorschriften für die Geschichte der
Medizin wenig ergiebig. Für zahlreiche Bezeichnungen von
Krankheiten, Körperteilen[4], Tieren, Pflanzen, Mineral-
stoffen ist eine zuverlässige Übersetzung nicht möglich,
um so weniger als die Ägypter selbst auf eine scharfe Schei-

---

[1] Griechisches Papyrusfragment über Augenkrankheiten:
Chassinat, Bull. Inst. Franç. Caire VIII, S. 111 f. (Nicole und Il-
berg, Arch. f. Papyrusforschung IV, S. 269 ff.). Für Augenärzte nnd Darmärzte vgl. Spiegelberg, Äg. Z. LIII, S. 111.

[2] Besonders im Papyrus Ebers (Ebers, Abh. Ges. Wissensch.
Leipzig XI, S. 201 ff.). Auf Mörser für Augenärzte wies Maspero,
„Études de Myth." V, S. 423 ff. hin.

[3] Gesamtpublikation der medizinischen Papyri mit Übersetzung von Wreszinski: I. „Der große medizinische Papyrus
des Berliner Museums (Pap. Berlin 3032)", Leipzig 1909; II.
„Der Londoner medizinische Papyrus (Brit. Museum 10 059)
und der Papyrus Hearst", Leipzig 1912; III. „Der Papyrus
Ebers, I. Umschrift", Leipzig 1913 (erste Ausgabe von Ebers,
„Papyros Ebers", Leipzig 1875, mit Glossar von Stern. Die
Übersetzung von Joachim, „Papyros Ebers", Berlin 1890, ist
veraltet. Vgl. Lippmann, „Chemisches aus dem Papyrus Ebers"
in Arch. f. Gesch. der Naturwissenschaften und Technik I,
S. 87 ff.; Reinhardt, „Gynäkologie und Geburtshilfe der alt-
ägyptischen Papyri" in Arch. Gesch. der Medizin IX, S. 315 ff.,
X, S. 124 ff.). — Für die Rezepte gegen Frauenkrankheiten im
Papyrus Kahun (publ. Griffith, „Hieratic Papyri from Kahun",
Taf. 5—6, S. 5 ff.) vgl. Maspero, „Études de Myth." IV, S. 412 ff.

[4] Für diese und ihre Bedeutung für das altägyptische Volksempfinden vgl. Ebers, Abh. Akad. München XXI, 1.

dung der Begriffe wenig Gewicht legten. Das gleiche Wort
konnte beispielsweise den Bauch im allgemeinen und jeden
seiner einzelnen Teile bezeichnen, ein anderes alle die verschiedenen Körperöffnungen, ein drittes alle flüssigen Stoffe
im Körper, wie Wasser, Blut, Schleim usf.

Unter den Mitteln spielen, wie noch jetzt im Orient[1] und
in der Volksmedizin überhaupt, möglichst drastisch wirkende
Abführ- und Brechmittel eine große Rolle. Als ersteres
war das Rizinusöl bekannt[2], als letzteres wurde beispielsweise zerstampfter fauler Fisch mit Bier gemischt eingegeben.
Als Bestandteile der Heilmittel verwertete man die verschiedensten Stoffe aus dem Tier-, Pflanzen- und Mineralreich
und sah es, wie dies auch die Volksmedizin anderer Länder
tut, nicht ungern, wenn das Mittel schlecht schmeckte und
ekelerregend war. So verwendete man[3] den Kot von Menschen, Eseln, Hunden, Schweinen, Katzen und anderen
Tieren, Feuchtigkeit von Schweinsohren und ähnliche
Stoffe mehr. Charakteristisch für das Volksempfinden ist
es, daß diese wenig erfreulichen Teile der ägyptischen
Medizin sich am längsten zu erhalten vermochten
und von dem Heilmittelschatze anderer Völker übernommen worden sind. Einzelne derartige Mittel haben sich
in dem heutigen Ägypten wiedergefunden, andere sind zu
griechischen Ärzten, wie Hippocrates, gelangt oder haben
auf im einzelnen naturgemäß nicht mehr nachweisbaren
Wegen in die Volksmedizin des sonstigen Europas Eingang
gefunden und sich dort bis in die Neuzeit erhalten[4].

---

[1] Die moderne arabische Heilkunst in Ägypten besprach
eingehend: Hartmann, „Naturgeschichtlich-medicinische Skizze
der Nilländer", Berlin 1865—6, S. 318ff. Vgl. weiter Klunzinger, „Bilder aus Oberägypten", S. 389ff.; Cromer, „Ägypten"
II, S. 474ff.; Meyerhof in „Festschrift f. Ed. Hahn", S. 320ff.
(Volksmedizin).
[2] Vgl. § 201.
[3] Vgl. Chabas, „Oeuvres diverses" II, S. 173ff.
[4] Renouf, „Life-Work" II, S. 9ff.; Lieblein, Äg. Z. XVIII,
S. 127ff.; Sphinx III, S. 61; Ebers, Äg. Z. XXXIII, S. 1ff. —
Analoge Rezepte z. B. bei Paullini, „Neuvermehrte heylsame
Dreck-Apotheke", Frankfurt 1748 (Neudruck bei Scheible,
„Schatzgräber" III—IV, Stuttgart 1847; den 1643—1712
lebenden Verfasser behandelte Marx, Abh. Akad. Göttingen
XVIII, S. 54ff.); Bourke, „Scatologic Rites of all Nations",
Washington 1891; in den von F. S. Krauß herausgegebenen
Anthropophyteia, Leipzig 1904ff.; usf.

Sehr wenig klar sind die aufgeführten Diagnosen von Krankheiten, in denen meist die Erwähnung wirklich ausschlaggebender Symptome fehlt[1]. Die Kenntnis der Anatomie und Physiologie stand auf einer sehr niederen Stufe; die Versuche[2], hier in den Angaben der Papyri Teile physiologisch durchdachter Systeme nachzuweisen, haben keinen befriedigenden Erfolg gehabt. Die Leichenöffnung bei der Einbalsamierung erfolgte in allzu schematischer Weise, als daß sie über den Körperbau und die Funktionen der innern Organe hätte Aufschluß gewähren können, um so weniger als die Ägypter schlechte Beobachter waren. Sektionen zu wissenschaftlichen Zwecken wurden erst in der hellenistischen Zeit im Niltal unternommen.

Die Einsicht in die Wirkung der einzelnen Bestandteile der Rezepte war infolgedessen gleichfalls wenig entwickelt. Man suchte diesem Übelstande dadurch zu begegnen, daß man die Mittel aus möglichst vielen Ingredienzien bestehen ließ, in der Hoffnung, dadurch die Aussicht zu vermehren, daß sich unter ihnen der richtige Heilstoff befinde. Im großen und ganzen hat man aber überhaupt diesen Mitteln keinen sehr großen Wert zugeschrieben. Nach ägyptischer Ansicht konnten dieselben nur die Symptome einer Krankheit bekämpfen; um dieser selbst Herr zu werden, hatte man nicht irdische Mittel heranzuziehen, man mußte zu der Magie seine Zuflucht nehmen.

§ 302. Der Schutz des Menschen und seiner Gesundheit[3] war einer Reihe von Heilgottheiten anvertraut, unter denen Isis, Thoth, der von den Griechen dem Asklepios gleichgestellte Imuthes und der unter Amenophis III.

---

[1] z. B. Pap. Ebers 51, 15ff.; übersetzt: Stern, Äg. Z. XIII, S. 177.

[2] Vgl. Goodwin, Äg. Z. XI, 14f.; Schäfer, ib. XXX, S. 35ff., 107ff.; Piehl, ib. XVIII, S. 129ff. (Maspero, „Études de Myth." III, S. 293ff., 302ff.).

[3] Wiedemann, „Magie und Zauberei im alten Ägypten", Leipzig 1905; Moret, „La Magie dans l'Égypte ancienne", Paris 1907; „Au Temps des Pharaons", S. 245ff.; Lefébure, Sphinx I, S. 199ff.; VI, S. 61ff. — Vgl. für moderne afrikanische Verhältnisse: Doutté, „Magie et Religion dans l'Afrique du Nord", Algier 1909 (Becker in Der Islam II, S. 31ff.); für die moderne arabisch-ägyptische Magie: Lane II, S. 32ff.; Klunzinger, „Bilder aus Oberägypten", S. 374ff.; Legrain, „Louqsor sans les Pharaons", Brüssel 1914; Lefébure, Revue Africaine Nr. 257 (1905), S. 206ff.

lebende, nach seinem Tode vergöttlichte weise Amenophis
(Taf.-Abb. 3) hervorragten. Außerdem aber dachte man sich
den menschlichen Körper in einzelne Teile zerlegt, deren
jeder seinen besonderen göttlichen Schützer besaß. Er-
krankte der Mensch, so lag dies daran, daß die Schutzgott-
heit versagt hatte und es daher einem feindlichen Dämon
gelungen war, in den Körper einzudringen, in welchem er
nunmehr durch die Krankheitserscheinungen seine Anwe-
senheit kundgab. Eine wirkliche Heilung konnte nur erfolgen, wenn es gelang, den Dämon zu entfernen. Dies
konnte auf gütlichem Wege, durch Bitten und Opfer geschehen oder dadurch, daß man andere Götter zu Hilfe rief
und diese den Dämon bekämpften, oder endlich, und dieses
war der gebräuchlichste Weg, durch die Anwendung von
Zauberformeln.

Letztere konnte man dann entweder unmittelbar über
dem Kranken sprechen, oder man sprach sie während der
Bereitung der Heilmittel. Dann drangen sie in diese ein
und wurden mit ihnen von dem Patienten eingenommen,
in dessen Innern sie nunmehr ihre Wirkung auf den Dämon
auszuüben vermochten. Dabei verwertete man entweder
allgemeine Formeln, welche man bei jeder Krankheit zur
Anwendung bringen konnte, oder wirkungsvollere spezielle,
welche bei bestimmten Erkrankungen Hilfe brachten. Von
beiden Arten ist eine große Zahl in den medizinischen
Texten neben den Rezepten und außerdem auch in gesonderten Sammlungen erhalten geblieben[1]. Der Arzt oder Zauberer, welcher die Formel sprach, verwies dabei gern auf mythologische Ereignisse, um seine Kenntnis der Götterwelt
und ihrer Geschichte zu erweisen[2]. In anderen Fällen gab
er sich selbst für eine Gottheit aus und drohte, wenn nicht
sein Wille geschähe, von seiner göttlichen Kraft Gebrauch
machen und alles vernichten zu wollen[3]. Häufig erschien

---

[1] Beispiele: Papyrus Ebers, Taf. 69 (Schäfer, Äg. Z. XXXVI,
S. 129ff.); Erman, „Zaubersprüche für Mutter und Kind" in
Abh. Akad. Berlin 1901, S. 1ff. (publ. „Hieratische Papyri aus
den Museen zu Berlin" III, Heft 2); Spiegelberg, Äg. Z. XLIX,
S. 34ff.

[2] Vgl. S. 392.

[3] Pleyte, „Étude sur un Rouleau magique du Musée de
Leide", S. 176ff. — Drohungen von Toten gegen die Götter
stellte Grapow, Äg. Z. IL, S. 48ff. zusammen.

es nicht genügend, wenn man die Formeln einfach aus-
sprach, es mußte dies auch in einer genau vorgeschriebenen
Weise geschehen. Wer dies vermochte, wer ein Richtig-
sprechender (maā-cheru) war, dem war große Macht im
Diesseits und Jenseits sicher[1].

Außerdem mußte man bestimmte Amulette verwerten[2],
dieselben entweder selbst anlegen oder dem Kranken über-
mitteln.

Endlich kamen bestimmte Bewegungen mit der Hand
oder mit dem Zauberstabe in Betracht. Als Zauberstab
diente in vielen Fällen eine lebende ägyptische Brillenschlange. Dieses Tier besitzt am Nacken eine Stelle, an
welcher ein heftiger Druck genügt, um die Schlange in eine
Art Starrkrampf zu versetzen, in welchem sie sich stab-
artig steif ausstreckt. Hört der Druck auf und wirft man
das Tier auf den Boden, so tritt wieder Beweglichkeit ein.
Dieses Verwandeln der Schlange in einen Stab und des
Stabes in eine Schlange, welches auch das Alte Testament[3]
erwähnt, wird noch jetzt von den ägyptischen Schlangen-
beschwörern vielfach ausgeführt[4]. Es hat es auch veranlaßt, daß dem Zauberstabe bis in das Mittelalter hinein
zeitweise Schlangengestalt zugeschrieben wurde[5]. In den
antiken Reliefs erscheint häufig eine ausgestreckte, aber
sich noch leicht krümmende Schlange 𓆙 als Zauberszepter
der Gottheiten. Dem Toten gab man als Zauberstab
Schlangenbildnisse oder Schlangenköpfe aus glasiertem
Steingut, welche an dem vorderen Ende eines Stockes
befestigt werden konnten, mit in das Grab[6]. Die Schlangen-

---

[1] Maspero, „Études de Myth." I, S. 93ff.; Moret, „Rituel
du Culte divin", S. 152ff.; Lefébure, Sphinx VIII, S. 34ff.

[2] Wiedemann, „Die Amulette der alten Ägypter", Leipzig
1910. Übersicht der Formen bei Reisner, „Amulets" (Kat. Kairo),
Kairo 1907; Newberry, „Scarab-shaped Seals" (Kat. Kairo),
London 1907; Petrie, „Amulets", London 1913. Vgl. Schäfer,
Äg. Z. XLIII, S. 66ff.

[3] Moses II, 7, 9ff.

[4] Brehm, „Tierleben", 2. Aufl., VII, S. 430, 434. Vgl. für
die sonstige Bedeutung der Brillenschlange im alten Ägypten
S. 248f.

[5] z. B. „Le Livre des Mille Nuits et Une Nuit", übersetzt
von Mardrus, XV, S. 34.

[6] Davis, „Tomb of Queen Tîyi"; Maspero, „Études de
Myth." V, S. 433ff.

gestalten selbst, welche im allgemeinen gleichfalls aus Steingut bestehen, stellen meist nicht vollständige Schlangen dar,
sondern nur deren vordere Hälfte (Abb. 22)[1]. Durch diese
Halbierung wurde die Zauberkraft der Gestaltung nicht
geschädigt, sie bot aber den Vorteil dar, daß, wenn durch
magische Formeln ihre Belebung eintrat, sie nicht herum-
kriechen und den Toten zu bedrohen vermochte. Neben
dem Schlangenbilde (Abb. 72), aber weit seltener als dieses,
benutzte man als Zauberstab Stäbe, welche vorn in einem
Widderkopfe endeten[2]. Dabei dachte man an die welt-
beherrschende Macht des widderköpfigen Gottes Amon und
besonders an die mit ihm verbundene gleichgestaltige Nacht-
sonne, welche in der Unterwelt alle ihr entgegentretenden
Dämonen zu besiegen wußte. Häufig verwendete man,
besonders bei den Zauberbewegungen, welche die Zeremo-
nieen des symbolischen Öffnens des Mundes des Toten begleiteten[3], einen Stierschenkel ⌇ im Original oder in
Nachbildung[4] oder auch ein an der Spitze hakenförmig
umgebogenes Werkzeug ⌐, welches Risse hervorzu-
bringen vermochte. Statt einen derartigen Zauberstab
zur Hand zu nehmen, konnte man endlich diese selbst
ballen, so daß nur der fünfte Finger ausgestreckt blieb, und
nun mit diesem die vorgeschriebenen Berührungen und
Bestreichungen vornehmen.

---

[1] Reisner, „Amulets" (Kat. Kairo), Taf. 2.
[2] Leemans, „Monumens égyptiens du Musée de Leide"
I, Taf. 26, Fig. 545; Budge, „Guide to the first and second
Egypt. Rooms, British Museum", S. 155.
[3] Vgl. S. 368f. Gute Darstellungen der Verwendung der
verschiedenen Geräte bei diesen Zeremonien in den illustrier-
ten Texten des a. a. O. besprochenen Buches vom Öffnen des
Mundes, wie z. B. im Grabe Seti' I. (Schiaparelli, „Il Libro
dei Funerali degli antichi Egiziani", Taf. 50ff.).
[4] Zahlreiche, freilich häufig nur äußerliche Parallelen zu
dieser Verwendung des Stierschenkels: Lefébure, Sphinx VIII,
S. 19ff.

Index.

Verzeichnis

der in der kulturgeschichtlichen Bibliothek zur Anwendung kommenden
Zeitschriften-Abkürzungen.

AAE. = Archivio per l'Antropologia e la Etnologia.
AAOJ. = American Antiquarian and Oriental Journal.
ABMD. = Abhandlungen und Berichte des (Kgl.) Zoologischen und
    Anthropologisch-Ethnographischen Museums zu Dresden.
ADA. = Anzeiger für Deutsches Altertum.
AfA. = Archiv für Anthropologie.
AfR. = Archiv für Religionswissenschaft.
AGNM. = Anzeiger des Germanischen Nationalmuseums.
AKDV. = Anzeiger für Kunde deutscher Vorzeit.
AMG. = Annales du Musée Guimet.
APAM. = Anthropological Papers of the American Museum of
    Natural History.
AQR. = Asiatic Quarterly Review.
ARBE. = Annual Report of the Bureau of Ethnology.
ASPh. = Archiv für Slavische Philologie.
ASTP. = Archivio por lo Studio delle Tradizioni Popolari.
BA. = Baeßler-Archiv.
BAM. = Bulletin of the American Museum of Natural History.
BAUB. = Beiträge zur Anthropologie und Urgeschichte Bayerns.
BB. = Bezzenbergers Beiträge zur Kunde der Indogermanischen
    Sprachen.
BEEO. = Bulletin de l'École Française d'Extrême Orient.
BOR. = Babylonian and Oriental Record.
BSAP. = Bulletin de la Société d'Anthropologie de Paris.
BSBG. = Bulletin de la Société Royale Belge de Géographie.
BSEICh. = Bulletin de la Société des Études Indo-Chinoises.
BSNG. = Bulletin de la Société Neuchâteloise de Géographie.
BTLV. = Bijdragen tot de Taal-, Land- en Volkenkunde van
    Nederlandsch-Indië.
CBlAEU. = Correspondenz-Blatt der deutschen Gesellschaft für
    Anthropologie, Ethnologie und Urgeschichte.
CR. = Compte rendue.
FDLV. = Forschungen zur Deutschen Landes- und Volkskunde.
FMP. = Field (Columbian) Museum of Natural History: Publi-
    cations.

GGA. = Göttingische Gelehrte Anzeigen.
GJ. = Geographical Journal.
GSAI. = Giornale della Società Asiatica Italiana.
GZ. = Geographische Zeitschrift.
HJb. = Historisches Jahrbuch.
HV. = Historische Vierteljahrsschrift.
HZ. = Historische Zeitschrift.
IA. = Indian Antiquary.
IAE. = Internationales Archiv für Ethnographie.
IF. = Indogermanische Forschungen.
IG. = Indische Gids.
JA. = Journal Asiatique.
JAF. = Journal of American Folk-Lore.
JAI. = Journal of the (Royal) Anthropological Institute of Great Britain and Ireland.
JAOS. = Journal of the American Oriental Society.
JASB. = Journal of the Asiatic Society of Bengal.
JBBAS. = Journal of the Bombay Branch of the Royal Asiatic Society.
JbMVL. = Jahrbuch des Museums für Völkerkunde zu Leipzig.
JCBAS. = Journal of the Ceylon Branch of the Royal Asiatic Society.
JNChBAS. = Journal of the North China Branch of the Royal Asiatic Society.
JRAS. = Journal of the Royal Asiatic Society.
JPS. = Journal of the Polynesian Society.
JRGS. = Journal of the Royal Geographical Society.
KBlAEU. = Korrespondenz-Blatt der deutschen Gesellschaft für Anthropologie, Ethnologie und Urgeschichte.
KERL. = Katalog des Ethnographischen Reichsmuseums (Leiden).
KSz. = Keleti Szemle (Revue Orientale).
KZ. = Kuhns Zeitschrift für vergleichende Sprachforschung.
MAAA. = Memoirs of the American Anthropological Association.
MAGW. = Mitteilungen der Anthropologischen Gesellschaft in Wien.
MAIA. = Mitteilungen des deutschen Archäologischen Institutes in Athen.
MAIR. = Mitteilungen des (Kaiserlich) deutschen Archäologischen Institutes, Römische Abteilung.
MAM. = Memoirs of the American Museum of Natural History.
MASB. = Memoirs of the Asiatic Society of Bengal.
MBM. = Memoirs of the Bernice Pauahi Bishop Museum of Polynesian Ethnology and Natural History.
MDSch. = Mitteilungen von Forschungsreisenden und Gelehrten aus den Deutschen Schutzgebieten.
MGNM. = Mitteilungen aus dem Germanischen Nationalmuseum.

MMVH. = Mitteilungen aus d. Museum f. Völkerkunde, Hamburg.
MNZG. = Mededeelingen van wege het Nederlandsch Zendeling-
      genootschap.
MPM. = Memoirs of the Peabody Museum of American Archaeo-
      logy and Ethnology, Harvard University.
MSOS. = Mitteilungen des Seminars für Orientalische Sprachen.
NBG. = Notulen van de algemeene en directievergaderingen van
      het Bataviaasch Genootschap van Kunsten en Weten-
      schappen.
OA. = Orientalisches Archiv.
ÖM. = Österreichische Monatsschrift für den Orient.
OPBM. = Occasional Papers of the Bernice Pauahi Bishop Mu-
      seum of Polynesian Ethnology and Natural History.
PASB. = Proceedings of the Asiatic Society of Bengal.
PEMD. = Publikationen aus dem(Kgl.)Ethnographischen Museum
      zu Dresden.
PM. = Petermanns Mitteilungen.
PPM. = (Archaeological and Ethnological) Papers of the Peabody
      Museum of American Archaeology and Ethnology, Harvard
      University.
PZ. = Prähistorische Zeitschrift.
RAM. = Records of the Australian Museum.
REES. = Revue des Études Ethnographiques et Sociologiques.
RES. = Revue d'Ethnographie et de Sociologie.
RHR. = Revue de l'Histoire des Religions.
RT. = Recueil de Travaux relatifs à la Philologie et l'Archéologie
      égyptiennes et assyriennes.
RTP. = Revue des Traditions Populaires.
RUSNM. = Report of the United States National Museum.
SCKn. = Smithsonian Contributions to Knowledge.
SR. = Smithsonian Report (Annual Report of the Board of
      Regents of the Smithsonian Institution).
TAG. = Tijdschrift van het Koninklijk Nederlandsch Aardrijks-
      kundig Genootschap.
TASJ. = Transactions of the Asiatic Society of Japan.
TNI. = Tijdschrift voor Nederlandsch-Indië.
TP. = T'oung Pao.
TPNZI. = Transactions (and Proceedings) of the New Zealand
      Institute.
TTLV. = Tijdschrift voor Indische Taal-, Land- en Volkenkunde.
VGEB. = Verhandlungen der Gesellschaft für Erdkunde, Berlin.
VMVB. = Veröffentlichungen aus dem Museum für Völkerkunde
      zu Berlin.
VVMF. = Veröffentlichungen aus dem StädtischenVölker-Museum
      Frankfurt a. M.
WuS. = Wörter und Sachen.

WZKM. = Wiener Zeitschrift für die Kunde des Morgenlandes.
ZA. = Zeitschrift für Assyriologie.
ZAOS. = Zeitschrift für afrikanische und ozeanische Sprachen.
ZDA. = Zeitschrift für Deutsches Altertum.
ZDMG. = Zeitschrift der Deutschen Morgenländischen Gesell-
    schaft.
ZfE. = Zeitschrift für Ethnologie.
ZGEB. = Zeitschrift der Gesellschaft für Erdkunde, Berlin.
ZKspr. = Zeitschrift für Kolonialsprachen.
ZÖV. = Zeitschrift für österreichische Volkskunde.
ZvglR. = Zeitschrift für vergleichende Rechtswissenschaft.
ZVV. = Zeitschrift des Vereins für Volkskunde in Berlin.

Tafel-Abbildungen.

Abb. 1. Die beiden Nilgötter.

Abb. 2. Ehepaar am Gabentisch.

Abb. 3.
Der weise Amenophis.

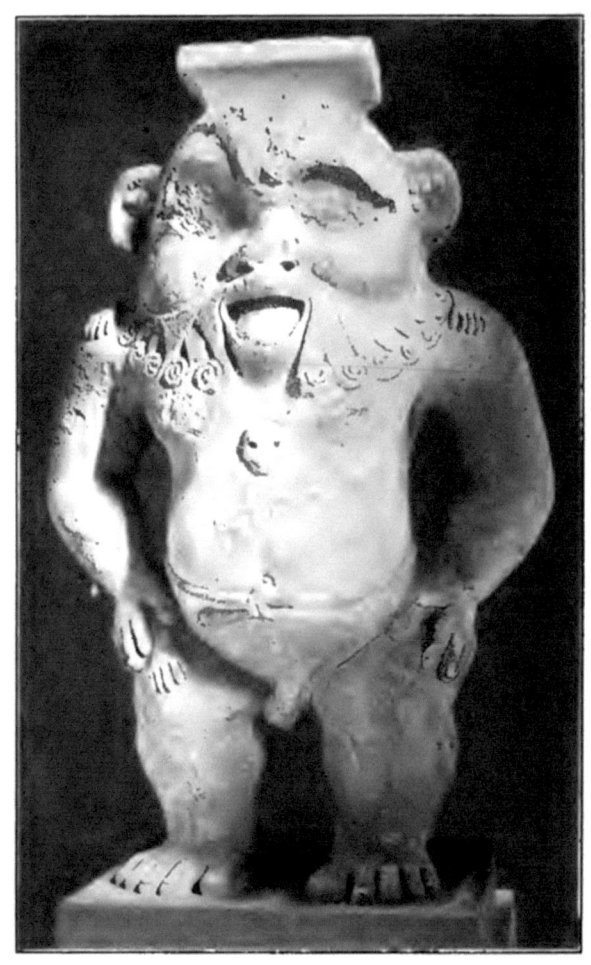

Abb. 4.
Der Gott Bes.

Abb. 5.
Der Gott Chunsu mit der Jugendlocke.

Abb. 6.
Junges Mädchen.

Abb. 8.
Seti I. vor Osiris.

Abb. 7.
Büste des Königs Hor-em-ḥeb.

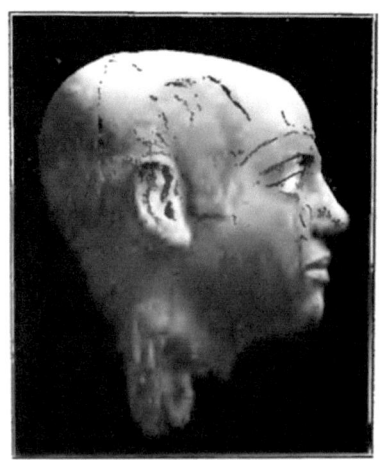

Abb. 9.
Weihräuchernde Königin.

Abb. 10. Holzkopf
aus dem alten Reiche.

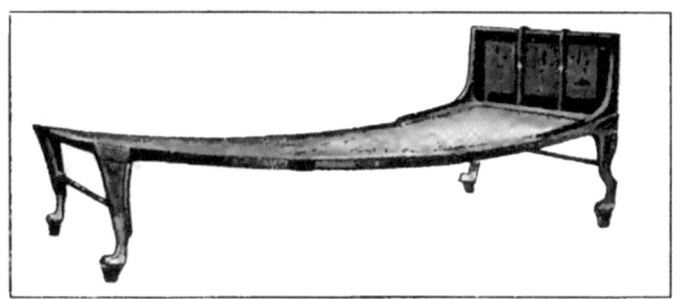

Abb. 11.
Bett der 18. Dynastie.

Abb. 12.
Stuhl mit Fußkissen.

Abb. 13.
Holzschachtel für Schminken.

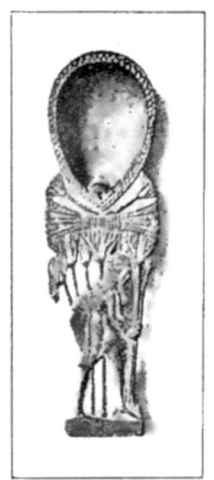

Abb. 14.
Hölzerne, als Schmuckbehälter dienende Löffel.

Abb. 15. Sänfte auf zwei Eseln.

Abb. 16. Zweirädriger Wagen.

Abb. 18. Fußsoldaten (Holzfiguren).

Abb. 17.
Segelboot (Modell).

Abb. 19. Bronzedolch
mit goldenem Griff.

Abb. 21.
Backherd (Modell).

Abb. 20.
Ackerbau: Pflügen, Säen, Ernten.

Abb. 22.
Mann mit Koffer und Korb.

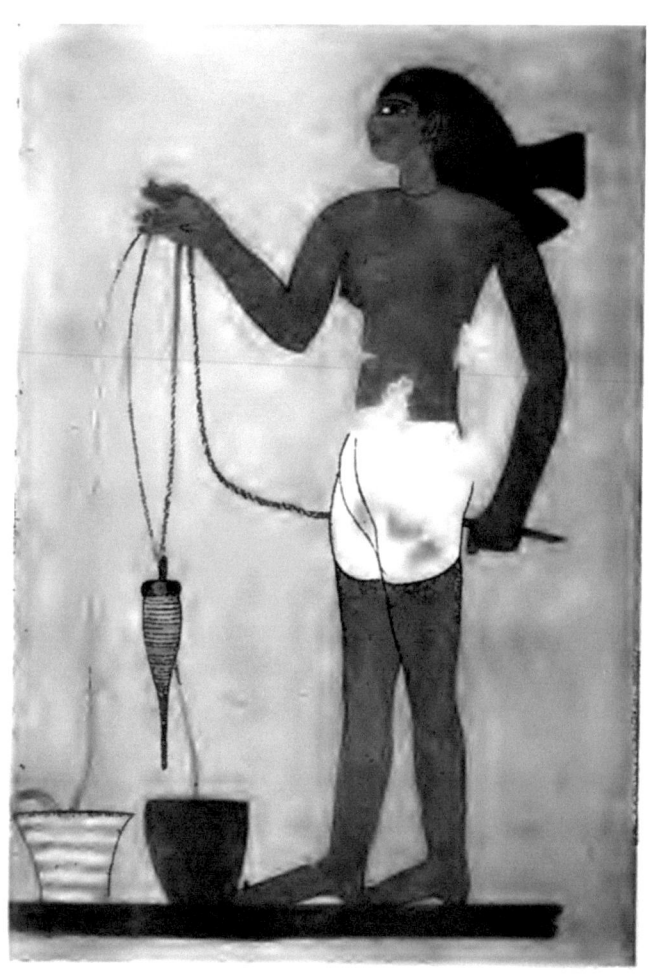

Abb. 23.
Frau mit Spindel.

Abb. 24.
Maler, Metallarbeiter, Schuster, Wagen.

Abb. 25.
Tempel von Edfu, vom ersten Pylon aus gesehen.

Abb. 26.
Festzug mit der Tempelbarke.